근현대 중국관내지역 한인사 연구

근현대 중국관내지역 한인사 연구

김광재 지음

景仁文化社

머리말

이 책은 필자가 근현대 중국관내지역(산해관 이남의 중국본토지역) 한인사와 관련하여 쓴 논문들을 묶은 것이다. 원래 필자는 근현대 중국 관내지역의 한인사에 대해 관심이 많았다. 그 첫 번째 결과물이 중일전쟁 이후 천진지역 한인들을 수용하여 건설된 노대농장에 대한 논문이었다. 1999년 이 논문을 발표한 이후 필자는 자료 부족과 능력의 한계로 관내지역 한인사에 대한 더 이상의 본격적인 연구에는 나아가지 못했다.

때마침 필자에게는 박사학위논문을 제출해야 하는 현실적인 문제가 있었다. 한국광복군의 한미공동작전을 학위논문 주제로 선정했다. 당시 관내지역 연구자들이 주로 독립운동사 연구를 하고 있던 분위기에서 필자도 예외는 아니었다. 한미공동작전을 둘러싼 한중미영 4개국의 복잡다단했던 국제관계의 일면을 밝힐 수 있었던 것은 하나의 성과로 생각된다.

박사학위논문을 제출한 이후 필자는 남달리 관운이 좋았다. 2000년 초부터 국가보훈처에서 2년 동안 근무했다. 이어서 현재까지 국사편찬위원회에서 봉직하고 있다. 항산을 얻은 대가일까. 연구 방면에서는 이렇다 할 성과를 내지 못했다. 당시 중국관내지역 연구의 주류를 이루고 있던 독립운동사 연구를 벗어나 사회사, 문화사, 생활사, 이주사 등 연구 영역의 확대를 시도하였지만 여의치 못했다.

필자에게 돌파구를 제공해 준 것은 상해에서의 장기 현지 연구였다. 2008년부터 만 2년 동안 중국 상해사회과학원 역사연구소의 방문학자로 갈 수 있게 됐다. 상해에 체재하면서 시간을 가지고 관내지역 한인사 연구에 관심을 기울수 있게 되었다. 덕분에 중국 생활을 마치고 귀국한 후 이 방면에 대한 논문을 틈틈이 발표할 수 있었다. 관내지역에서 활동한 한인 실업가와 상인들, 재중 한인의 국적 문제, 상해 한인의 교민단체, 교민학교와 자신들의 전시대일협력에 대한 인식 등이 그것들이다.

책 제목을 '근현대 중국관내지역 한인사 연구'라고 했지만, 내용이 제목을 아우르지 못한다. 한인사라는 범주에는 관내지역 한인들의 문화사, 사회사, 생활사, 이주사, 교민사, 사회경제사 등 다양한 영역이 포함될 수 있을 것으로 생각한다. 물론 독립운동사가 여기에서 배제되는 것은 결코 아니다. 오히려 독립운동도 시야에 넣어야 관내지역 한인사에 대한 총체적인 전망이 가능할 것이다.

이 책에서 필자는 그동안 발표한 관내지역 한인사 관련 논문들을 나름대로 분류해 보았다. 관내지역 한인들의 독립운동, 실업활동, 교민단체, 이산과 유동이라는 4개 영역이다. 독립운동에는 관내지역에서 활동했던 독립운동가들의 활동과 관련된 논문들을 묶었다. 실업활동에는 중국 하문과 상해에서 활동했던 한인 실업가와 관련된 글들을, 교민단체에는 북경과 상해의 한인교민단체를, 이산과 유동에서는 한인들의 국적문제, 중일전쟁 이후 천진 인근 한인 농장의 설립과 변천, 상해 한인사회의 전시대일협력에 대한 자기 인식과 관련된 글들을 묶었다.

지난 글들을 모아 놓기는 했지만 만족스럽지 못하다. 처음부터 기획된 주제들이 아니었기 때문에 중복되는 내용이 없지 않다. 예전의 글 가운데 지금은 생각이 달라졌지만 당시의 문제의식을 보여주는 것으로 판단되어 그대로 두었다. 여유를 가지고 대폭 손질하고 싶었지만 여러 가지 현실적인 핑계로 그것은 최소화되고 말았다. 여러 군데 흩어져 있던 것들을 한자리에 모았다는 데에 의미를 두어야 할 것 같다. 독자제현의 넓은 아량을 구할 따름이다.

여러 가지로 부족한 이 책이 나오기까지 많은 분들의 도움이 있었다.

석사과정 때부터 부족한 필자를 한결같이 지도해주신 김창수 교수님께 감사드린다. 고령으로 몸이 불편하신 선생님의 쾌유를 기원 드린다. 평소의 학문적인 편달과 함께 그동안의 글들을 묶어 책을 내도록 격려해주신 최기영 선생님께 깊은 감사를 드린다. 오래전에 출판사를 주선해주신 성주현 선생님께는 죄송한 마음과 고마운 말씀을 드린다. 잊을 수 없는 상해 체재 시절 필자에게 상해사에 대한 가르침을 주신 상해사회과학원 역사연구소 熊月之 소장님, 馬學强 선생님, 東華大學의 陳祖恩 교수님, 許洪新 선생님께 특별히 감사의 말씀을 드린다. 상해와 서울에서 늘 유익한 조언을 해준 靑島科技大學의 石建國 교수께도 감사드린다. 오랜 시간동안 필자를 성원해주신 모교 동국대학교 사학과의 교수님들과 국사편찬위원회의 선후배님들, 한국근현대사학회와 한국민족운동사학회의 선배, 동학들에게도 감사의 말씀을 드린다.

　두서없는 글들을 모아 깔끔한 책으로 내주신 경인문화사 신학태 부장님, 직원분들께도 감사를 드린다. 바쁘다는 핑계로 평소 전화도 자주 드리지 못한 부모님께 지면을 통해서나마 용서를 구하고 싶다. 아무런 불평 없이 묵묵히 필자를 지켜 봐준 아내와 아이들도 고마울 따름이다. 수민, 동현, 정민 세 아이는 이제는 다 커서 그리 자상하지 못한 아빠를 이해 해주었다. 늘 한결같이 가족들을 위해 헌신하는 아내 소영희에게 이 책을 바친다.

2015년 7월
관악산 삼봉 아래에서
김광재

차 례

제4부 이산과 유동

제1장 중국관내지역 한인의 국적 문제 일고찰

제2장 중일전쟁기 중국 화북지방의 한인 이주와 '蘆臺農場'

출전

제1부 독립운동

제1장 「李滉玉·李孝相 부자의 독립운동과 가족사」, 『한국근현대사연구』 제65집, 2013.

제2장 「김성숙의 1930년대 중국관내지역의 독립운동」, 『한국근현대사연구』 제44집, 2008.

제3장 「이청천의 재중독립운동」, 백산지청천장군 50주기 추모학술회의 발표문, 서울 백범기념관, 2006.

제4장 「조경한의 중국관내지역 독립운동」, 『남도문화연구』 제13집, 2007.

제2부 실업활동

제1장 「義州상인 鄭濟亨의 생애와 재중활동」, 『한국사연구』 제164집, 2014.

제2장 「玉觀彬의 상해 망명과 활동」, 『한국근현대사연구』 제59집, 2011.

제3장 「상해시기 玉觀彬 밀정설에 대한 재검토」, 『한국근현대사연구』 제63집, 2012.

제3부 교민단체

제1장 「중일전쟁 이후 北京지역의 한인단체 연구」, 『한국독립운동사연구』 제23집, 2004.

제2장 「'上海居留朝鮮人會'(1933-1941) 硏究」, 『한국근현대사연구』 제35집, 2005.

제3장 「광복 이후 上海韓國僑民團의 설립과 활동 - 교민신문 『大韓日報』의 기사내용을 중심으로」, 『한국민족운동사연구』 제78집, 2014.

제4부 이산과 유동

제1부
독립운동

제1장 이명옥·이효상 부자의 독립운동과
비극적 가족사

1. 머리말

..... 李溟玉 군은 본시 金川人으로 3·1운동에 참가하여 일본의 偵探을
암살한 후 上海에 도래하여 民團 사무원이 되었다가 그 처자가 나온 후는
생활을 위하여 英商 전차 査票員을 시무하면서 내가 南京으로 이주한 후
에도 종종 비밀한 공작으로 왕래하다가 日寇에게 被捕되어 본국에 가서
20년 징역을 受하였고 명옥 군의 부인 李貞淑 여사는 그대로 자녀를 데리
고 上海生活을 계속하므로 내가 南京에 거주시는 생활비를 보조하다가 대
가족으로 편입하기를 통지한즉 李부인은 상해 생활을 하면서야 본국 감옥
에 있는 남편에게 兩月 1차씩 왕복하는 서신할 성심으로 不忍離上海하고
지내던 바 長子 好相(李孝相-인용자)이 朝鮮義勇隊에 참가하여 浙東 일대
에서 공작하다가 모친과 弟妹들이 그립던 모양인저 33인(3인-인용자)의 동
지를 대동하고 상해에 잠입활동하며 간간 자기 모친에게를 비밀 왕래하다
가 왜구에게 발각되어 李부인이 피포되어 愛子 好相의 所住를 嚴訊하나
直告치 않으므로 당장에 타살을 당하고 好相은 동지 3인과 火車를 乘하고
도망하다가 차중에서 4인이 피포하여 好相은 당장 피포되어 내지로 호송
중 船中에서 작은 親妹를 相見 즉 妹兒가 모친과 어린동생은 왜놈에게 피
살되고 자기는 내지로 압송한다는 말을 듣고 好相은 氣絶而死 云云하니
痛哉라 哀哉라 上天이 無心乎. 幼子幼女도 毒手에 致命乎아. 尙在人間乎
아. 亡國 이래에 왜구에게 全家 屠戮이 凡幾百幾千家이랴마는 己未 이래
상해에서 운동하던 장면에는 이명옥 군이 당한 慘毒이 제1위에 居하겠다.
凡我同胞 子孫들에게 一言을 遺하노니 光復 완성 후에 이명옥 일가를 위
하여 忠烈門을 遂安 本鄕에 立하여 永久 기념케 하기를 부탁하여 두노라.
(『白凡逸志』, 544-545쪽)

일본군의 공습이 한창이던 1942년 어느날 重慶 和平路 吳師爺巷 대한민국 임시정부 청사에서 金九는 『백범일지』 하권을 집필하면서 말미의 '大家族'이라는 장에서 중국에서 독립운동을 하다 불행하게 생애를 마친 이들에 대해 써내려갔다.[1] 김구는 임시정부와 한국독립당, 한국광복군 등을 비롯한 광범위한 독립운동자와 그 가족들을 '대가족'이라는 '육친적 가족'으로 개념하고 그들의 사적을 기술, 평론하였던 것이다.[2]

그중에서 김구가 가장 안타깝게 여긴 경우가 상해에서 독립운동을 하다 가족 전체가 기구한 삶을 살았던 李溟玉(李光福, 1896-미상)·李孝相(張文海, 1921-1941) 부자의 가족 이야기이다. 이는 '독립운동에 희생된 일가족의 사랑과 죽음'에 관한 감동적인 이야기이기도 하였다.[3] 김구는 이명옥·이효상 부자와 가까운 사이였기 때문에 그들의 불운에 대해 인간적으로 더더욱 가슴 아파 했던 것이다.

김구는 후대인에게 그들 일가를 위해 고향인 黃海道 遂安(金川의 오기)에 충렬문을 세워 기념해 줄 것을 간곡하게 부탁하였다. 지금은 북한 땅인 그곳에 충렬문이 세워졌는지는 확인할 길이 없다. 『백범일지』에 소개된 이 이야기는 당시 사람들 사이에 회자되던 것으로 사실 착오나 작위적인 내용이 없지 않다. 회고록의 특성상 어느 정도 사실 착오나 오류를 피할 수 없다는 점을 감안할 때 『백범일지』의 내용의 가치를 굳이 폄하할 필요는 없을 것이다. 왜냐하면 그것은 당시 재중 독립운동진영과 한인사회의 이명옥·이효상 부자의 독립운동과 가족사에 대한 인식을 잘 보여주고 있기 때문이다. 이명옥·이효상 부자의 독립운동과 기구했던 가족사는 구전되는 과정에서 내용의 가감, 영웅을 기다리는 독립운동진

---

1) 『白凡逸志』(白凡金九先生全集編纂委員會 編, 『白凡金九全集』 제1권, 親筆 『白凡逸志』·『屠倭實記』, 대한매일신보사, 1999, 542-547쪽).

2) 尹炳奭, 「解題」(白凡金九先生全集編纂委員會 編, 『白凡金九全集』 제1권, 92쪽).

3) 윤유석, 「백범일지의 한국근대사 내러티브(이야기 서술) 특징」, 『백범과 민족운동연구』 제8집, 2010, 297쪽.

영의 여망 등이 어우러져 하나의 신화로 발전해가고 있었다.

어쨌거나 김구의 간곡한 당부에도 불구하고 그동안 이명옥·이효상 부자의 독립운동과 불우했던 가족사는 사람들의 뇌리에서 잊혀져있었다. 만시지탄의 느낌이 없지 않지만 망각된 그들 가족의 역사를 불러내어 조명하는 것도 의미가 없지 않을 것이다. 그들의 가족사는 독립운동사 뿐만 아니라 상해 한인의 생활사, 사회사, 교육사 등 다양한 영역에 걸치고 있는 만큼 연구사적인 의의가 적지 않을 것으로 생각된다.

다만 이명옥·이효상 부자의 가족사를 복원하는 데는 자료가 충분치 않은 것이 현실이다. 특히 이효상의 최후에 대해서 그렇다. 그러므로 현재 남아 있는 관변문서, 판결문 등 일본측 문서와 신문, 회고록 및 구술 등 한국측이 남긴 자료들을 최대한 활용하되, 아울러 사료비판을 통해 비판적으로 활용하고자 한다.

본고는 먼저 이명옥의 생애 및 상해 망명과 독립운동을 살펴보고자 한다. 다음으로 이효상이 어린 시절 부친과 김구 등의 영향을 받고 민족의식을 키워가는 과정과 민족혁명당, 조선의용대에서의 활동과 상해 적후 공작 중 체포되어 순국함으로써 영웅으로 신화화되는 과정을 고찰하고자 한다.

2. 이명옥의 상해 망명과 독립운동

1) 이명옥의 생애

1930년 상해에서 흥사단에 가입하면서 제출한 단우 이력서에 의하면,[4] 이명옥은 1896년 黃海道 金川郡 好賢面 白陽里에서 출생하였다. 금천은 황해도 동남부에 있는 군으로 경기도, 강원도와 접해 있다. 예성

강 및 구연천 유역의 넓은 평지는 호현면의 주요생산지대 및 거주지역이
었다. 주민의 대부분이 농업에 종사하였는데, 주요농산물은 콩, 쌀, 보리,
밀, 조, 인삼 등이다. 농가의 부업으로는 누에치기를 하였다.[5] 『金川郡
誌』에 의하면, 이명옥이 태어난 백양리에 전주이씨가 자작일촌을 이루
고 있었다고 하므로 그의 본관이 전주가 아닌가 추측된다.[6]

그는 상민 신분으로 농사꾼 집안에서 태어났다. 부는 春迪으로 농사
에 종사하고 있었다. 그가 태어날 무렵 한반도는 안으로는 봉건체제가
붕괴되기 시작하였으며 밖으로는 일본 및 서구 제국주의세력의 침략이
본격화되고 있던 혼란기였다. 1876년 일본의 강압에 의한 개항으로 조
선은 세계 자본주의 체제의 한 고리로 편입되고 이후 급격한 변화를 경
험하게 되었다. 조선은 더 이상 세계사의 조류에서 벗어나 존재할 수 없
게 되었다. 이때 위정척사운동, 갑신정변, 동학농민전쟁 등 조선의 운명
을 결정짓는 일련의 반봉건·반침략 민족운동이 전개되었다. 그러나 이
들 운동은 모두 실패로 돌아가고 한반도는 결국 일본의 식민지로 전락하
고 말았던 것이다.

유년시절 그는 집안의 농사일을 거드는 한편 한학을 익혔다.[7] 1911년
부터는 금천에 인접한 개성의 韓英書院을 다녔다. 한영서원은 남감리교
신자였던 尹致昊가 미국 남감리교 감독 캔들러와 선교사 왓슨의 주선으
로 개성에 설립한 사립학교였다. 기독교 정신을 계승한 봉사의 교훈 아
래, 국어·영어·국사 등의 인문교육과 실업교육을 위주로 하였다. 한영서
원이라고 하는 학교 이름은 윤치호 자신이 다녔던 상해의 남감리교 계통
학교인 中西書院에서 따온 것이었다.

---

4) 「興士團 第二四五團友 李溟玉」(도산안창호선생전집편찬위원회, 『島山安昌浩全集』
   제10권 동우회Ⅱ·흥사단우 이력서, 2000, 959쪽).

5) 「金川郡」(한국학중앙연구원, 『한국민족문화대백과사전』 4, 1991, 335쪽).

6) 金川郡誌編纂委員會, 『金川郡誌』, 1980, 154쪽.

7) 「李光福 身分帳指紋原紙」, 昭和十一年(국가보훈처 소장).

이명옥은 한영서원에 다니면서 실업을 중시하는 기풍을 배우는 한편 기독교를 수용하였던 것으로 보인다. 아울러 민족의식도 키워갔을 것으로 짐작된다. 이명옥의 판결문에 의하면, 그가 한영서원 재학 중 이미 일본제국의 조선통치에 반감을 품었다고 하고 있기 때문이다.[8] 이명옥이 재학 중인 1914년에 한영서원 교사 申永淳 등이 배일사상을 고취할 목적으로 국권회복을 고무하는 창가집을 편찬·배포하였다가 22명의 교사 및 학생들이 체포된 이른바 '한영서원 애국창가집사건'이 있었다.[9] 그가 "한영서원 3학년 수업 중 중도 퇴교"[10]하였다고 한 것이 이 사건과 어떤 관련이 있는지는 확인되지 않는다.

이명옥은 한영서원을 퇴교한 다음 해인 1918년부터 1919년까지 海州 蠶業敎習所를 다녔다. 구한말의 잠업전습소가 전신인 이곳은 잠업에 뜻을 둔 사람들을 선발하여 누에 기르는 법, 뽕나무 관리하는 법 등을 이론과 실습을 통하여 교육하고 그를 통해 농촌 소득 증대를 교육 목표로 삼았던 교육기관이었다. 이명옥이 잠업강습소를 선택한 데에는 자신의 고향에서 양잠을 많이 했던 것 외에 실업을 중시하는 한영서원의 영향도 있었을 것이다. 1919년 잠업강습소를 졸업한 그는 다음해인 1920년까지 春蠶指導員으로 있었다. 1920년 5월에는 고향 호현면 사무소에서 서기로 잠시 근무하기도 했다. 장녀인 相愛가 1919년에 출생한 것으로 보아 늦어도 1918년에는 결혼한 것으로 보인다. 부인은 이정숙이었다.

이때까지만 하더라도 이명옥은 마음속으로는 반일의식을 가지고 있었지만 겉으로 볼 때는 지방의 어느 평범한 면서기이자 건실한 가장에서 크게 벗어나지 않았다. 그의 인생에 중대한 변화를 가져오는 계기는

---

8) 「李光福 判決文」, 昭和十一年刑公合第三十號(국가보훈처 소장).
9) 권대웅, 『1910년대 국내독립운동』, 한국독립운동의 역사 15, 독립기념관, 2008, 245-250쪽.
10) 「李光福 判決文」, 昭和十一年刑公合第三十號.

1919년 3·1운동이었다. 3·1운동을 계기로 잠재되었던 그의 반일의식은
드러나기 시작했다. 주지하다시피 3월 1일부터 전국에서 일본의 식민통
치를 반대하는 만세시위운동이 전개되었다. 遂安 군청에 근무하던 이명
옥은 3·1운동의 대열에 뛰어들었다. 그리고 다음해 그의 독립운동 경력
에 있어 중요한 만남이 이루어진다. 1920년 4월 상해 임시정부 통신원
으로 활동하고 있던 丁義道와의 만남이다.[11] 정의도는 개성 출신으로
일찍이 1909년 이완용 암살계획에 가담하였다가 李在明 등과 함께 체포
되어 옥고를 치른 바 있던 지사였다. 1919년 임시정부가 수립되자 그는
황해도에 교통국을 설치하고 임시정부 문서 배포, 공채 모집, 군자금 모
금 등 활동을 벌이고 있었다.[12] 이명옥은 당시 平山에 거주하는 정의도
로부터 임시정부의 『독립신문』, 『신한청년』 등 신문잡지를 빌려 읽고
그와 함께 면담하면서 민족의식을 고취하였다.[13] 이명옥은 그를 통해
軍事籌備團에 가입하여 활동하였다.

　군사주비단은 임시정부 군무부 산하에 설치된 국내 비밀 군사조직이
었다. 1919년 12월 18일 임시정부는 군무부령 제1호 「臨時軍事籌備團制」
를 발표하고, 군사주비단을 조직하였다. 군사주비단은 국내에서 단원모
집과 군수품 확보 및 모험 공작을 벌였다. 이명옥은 임시정부의 연락원
으로 활동하면서[14] 금천 일대에서 임시정부의 『독립신문』, 『신한청년』
등의 신문과 잡지의 배포에 힘썼다. 그리고 그 자신이 직접 한인 관리에
대한 경고문 등 선전물을 작성하고 배포하였다.[15] 자신이 일하는 호현
면 사무소의 등사판을 이용하여 일제 기관에서 근무하는 한인 관리들에

---

11) 「李光福 判決文」, 昭和十一年刑公合第三十號. 판결문에는 丁熙道로 나오는데, 이
　　는 丁義道의 오기이다.
12) 국가보훈처, 『독립유공자공훈록』 5, 1988, 783쪽.
13) 「李光福 身分帳指紋原紙」, 昭和十一年.
14) 「李光福 身分帳指紋原紙」, 昭和十一年.
15) 「李光福 判決文」, 昭和十一年刑公合第三十號.

게 퇴직을 종용하는 경고문 약 2백매를 등사하여 배포하였던 것이다.[16)

1920년 1월 이명옥은 羅錫疇, 孫在興, 金德永 등과 함께 독립운동 동지를 일본경찰에 밀고한 李壽永, 吳義濟, 金學範 등 3인을 처단하였다.[17) 의열단의 동양척식회사 폭파시도 사건으로 유명했던 나석주도 이즘에는 황해도에서 군자금 모집활동을 벌이고 있었다. 손재홍과 김덕영도 임시정부와 연계되어 활동하고 있었다. 그런데 나석주의 전기에서는 나석주를 비롯한 '6인 권총단'의 군자금 모집 및 친일파 처단 활동을 소개하고 있는데[18), 다만 위의 李壽永 등 처단 활동은 확인되지 않고 있다. 1935년 이명옥이 체포되어 국내로 압송될 때, 국내 언론은 이명옥이 3·1운동 당시 "黃海道 金川에서 군자금 모집활동을 하다가 富豪 2명을 총살하고 上海방면으로 피신하야 활동을 계속하든 ○○운동의 거두"[19) 라고 보도하였다. 이는 밀정 이수영 처단 사건이 부호 총살로 와전된 것으로 보인다.[20)

그의 국내 활동은 1920년 8월 정의도가 체포되면서 끝났다. 일제의 군사주비단에 대한 대대적인 검거에 직면한 이명옥은 임시정부가 있는 상해로 탈출하고자 하였다. 우선 그는 만주로 탈출하였는데, 한동안 길림에 은거하면서 농업에 종사하였다.[21)

---

16) 「李光福 身分帳指紋原紙」, 昭和十一年.
17) 「李光福 判決文」, 昭和十一年刑公合第三十號. 일본 밀정 처단은 1921년이 아니라 1920년으로 판단된다. 왜냐하면 나석주가 국내 활동으로 일제의 추격을 피해 상해로 망명한 것이 1920년 9월이기 때문이다. 김상옥·나석주 열사 기념사업회, 『김상옥·나석주 항일실록』, 삼경당, 1986, 245쪽.
18) 김상옥·나석주 열사 기념사업회, 『김상옥·나석주 항일실록』, 237-244쪽.
19) 『조선중앙일보』 1935년 7월 26일, 「海州에서 金川署에 李光福을 押送」.
20) 신문보도 기사에 따라 이명옥이 부호 3명과 경관을 살해했다고 하는 확인되지 않은 기사도 보이고 있다. 『東亞日報』 1935년 3월 30일, 「黃海道一帶를 휩쓸은 李溟玉(李光福) 上海서 被逮 대정 十년에 ○○자금 모코저 三名을 殺害 警官에 發砲」.
21) 「興士團 第二四五團友 李溟玉」(도산안창호선생전집편찬위원회, 『島山安昌浩全集』 제10권, 959쪽).

2) 상해 망명

이명옥은 만주를 거처 1921년 1월 상순경 임시정부가 있는 상해로 망명하였다.[22] 아시아 제일의 국제도시인 상해에는 약소민족국가의 수많은 망명가들과 혁명가들이 각국 열강의 조계지내 세력 관계를 이용하여 활동하고 있었다. 1919년 4월 수립된 임시정부도 그 가운데 하나였다. 황포강 가의 우뚝 솟은 웅장한 서양 건축군으로 유명한 "동양의 런던" 상해는 19세기 후반부터 한국과는 특별한 인연을 가지고 있었다. 우선 상해는 한인들에게는 독립운동을 위한 망명지였다. 한국근대사에서 독립운동을 상징했던 임시정부의 탄생지이자 독립운동의 '책원지'였다. 임시정부 외에도 숱한 독립운동단체와 망명가들이 상해를 중심으로 활동했다. 뿐만 아니라 상해는 한반도에서 직접 외국으로 갈 수 없던 한인들이 미국 등 외국으로 가는 중계지 역할도 톡톡히 하고 있었다.

이명옥이 도착할 즈음 상해의 독립운동진영은 혼란에 휩싸이기 시작했다. 한국역사상 최초의 공화제를 표방한 임시정부는 초창기 좌우합작 정부로서의 활력을 잃어가고 있었다. 이승만의 위임통치 문제로 내외의 거센 비판을 받고 있었고 반임시정부세력은 北京에 모여 임시정부 불신임안을 제출하는 등 혼미를 거듭하고 있었다.

상해에 도착한 이명옥은 즉시 프랑스조계 霞飛路(현재의 淮海中路)에 위치한 대한교민단의 梁瀗 단장을 방문하였다. 프랑스조계를 동에서 서로 관통하는 간선도로인 하비로는 프랑스 분위기가 물씬 배어나는 거리로 임시정부도 1919년 당초에는 이 거리의 번듯한 건물을 임대하여 집무를 보고 있었다. 한인들도 하비로 부근에 많이 거주하였다. 그는 양헌에게 국내에서의 독립운동상황을 설명하고 경찰의 추적을 받고 있는 자신의 보호를 요청하였다. 그는 임시정부가 운영하고 있던 무료진료소에

---

22) 「李光福 判決文」, 昭和十一年刑公合第三十號.

서 일할 수 있게 되었다.[23)]

1926년에는 康景善의 권유로 대한교민단에서 단비 징수 사무를 담당하였다. 1933년에는 교민단의 의사원에 선임되어 교민단의 확대 강화에 노력하였다. 그리고 교민단이 개최하는 3·1절 기념식, 국치기념일, 개천절 등 각종 기념일 행사에 적극적으로 참여하면서 독립사상의 선전과 고양에 힘썼다.[24)]

상해에서 그는 李光福, 崔英心, 張時玉이라는 가명을 사용하였다. 상해 한인사회에서는 이광복이라는 이름이 통용되었다. 최영심이라는 이름은 중국에 귀화할 때 사용한 이름이다. 張時玉이라는 이름도 사용했는데, 그리 많이 사용되지는 않은 것 같다.[25)]

상해에서 이명옥은 독립운동에 종사하였지만 한편으로는 못다한 학업도 계속하였다. 상해시절 초기 그는 도착 직후부터 1922년까지 上海赤十字社에서 활동하다가 1923년부터 1924년까지 蘇州工業專門學社에서 공업 기술을 배운 것으로 나타나고 있다. 1925년 7월 蘇州에서 학업을 마친 그는 다시 상해로 돌아왔다. 그는 이 무렵 중국에 귀화였다. 중국 국적을 취득한 목적은 국내 독립운동에 대한 일제의 추격을 피하고 생계를 위한 현실적인 목적도 있었을 것이다.

동시에 그는 朴昌世와 崔昇鳳의 추천으로 上海電車公司의 검표원(인스펙터)으로 취직하였다. 이들은 흥사단 단원들이었다. 이로 보아 이명옥은 상해에 온 뒤로 흥사단 계열 사람들과 가깝게 지낸 것으로 보인다. 몇 년이 더 지난 1930년에는 흥사단에 직접 가입하게 된다. 여기서 검표원에 대해서는 부언하지 않을 수 없다. 검표원은 상해 한인들을 먹여 살리던 직업이었다.[26)] 1919년 이후 상해 한인들은 상해에 와서 다양한 직

---

23) 국사편찬위원회, 『한국독립운동사』 자료 21 임정편 Ⅵ, 1992, 3-4쪽.

24) 「李光福 判決文」, 昭和十一年刑公合第三十號.

25) 국사편찬위원회, 『한국독립운동사』 자료 21 임정편 Ⅵ, 7쪽.

업에 종사하였는데, 대부분 힘들고 고단한 생활을 꾸려나갔다. 특별한 자본이나 기술이 없던 일반적인 상해 한인들이 가장 선호했던 직업 가운데 하나가 바로 검표원이었다. 주된 일은 중국인 전차 차장들이 승객들의 요금을 횡령하는 것을 감시하는 것이었다. 영국 전차회사는 검표원 업무에 중국인 차장과의 협잡을 막기 위해 중국인들과 말이 통하지 않는 한인을 많이 고용하였다. 때문에 월급은 일반 노동자에 비해 훨씬 많았다. 많을 때는 수십 명의 한인들이 전차회사에 근무하였는데, 이들은 한인 검표원 친목단체를 조직하였으며 수입 가운데 일부를 독립운동단체와 인성학교에 기부함으로써 상해 한인사회의 안정에 기여한 바가 컸다.

검표원 생활을 하면서 어느 정도 생활의 안정을 찾은 이명옥은 그동안 떨어져 있던 국내의 부인과 자녀들을 상해로 불러들였다. 단신으로 탈출했기 때문에 고향 금천에는 노부모와 동생들, 부인과 상애와 효상 등 자녀들이 남아 있었다. 이명옥이 상해로 망명할 무렵 효상이 태어났기 때문에 이명옥은 아들의 얼굴을 보지 못하고 있었다. 부인과 자녀들이 상해로 건너와 합류하면서 이명옥은 모처럼 단란한 가정 생활을 다시 누릴 수 있게 되었다. 1929년 경에는 차녀이자 셋째인 英相이 출생하였다.

1934년 김구를 돕기 위해 오랜 검표원 생활을 그만두고 남경으로 갔다가 다시 상해로 돌아온 그는 만년필 행상이나 인삼행상도 했다. 구체적인 내용을 알려주는 자료는 없지만 만년필 행상은 상해의 독립운동가 林得山의 만년필 회사에 고용되어 했던 것으로 보인다. 나중에 체포되어 국내에서 신문받을 때, 자신의 직업을 '萬年筆商'으로 밝힌 바 있어 이채를 띤다.[27] 그 외에 인삼행상에도 나섰다. 이것은 특별한 자본이나 기술이 필요한 것이 아니었기 때문에 많은 한인들이 인삼행상을 통해 생

---

26) 孫安石, 『一九二〇年代, 上海の朝鮮人コミュニティ研究』, 東京: 東京大學 博士學位 論文, 1998, 163-181쪽.

27) 「李光福 判決文」, 昭和十一年刑公合第三十號.

계를 이어갔다. 인삼행상은 인삼 보따리를 들고 이집 저집을 다니면서 판매하는 식이었다.[28] 1931년 상해에 왔던 윤봉길도 생활고에 쫓겨 인삼행상에 나섰던 것은 기억할 만하다.[29]

이명옥이 독립운동과 함께 직업생활을 병행했던 데는 국내 시절부터 몸에 밴 실업 중시 기풍 외에도 경제 자립을 중시한 안창호의 영향과 무관하지 않았던 것으로 보인다. 그는 흥사단 계열 인사들과 가까이 지내면서 흥사단의 무실역행이라는 취지에 공감했던 것으로 보인다. 안창호는 흥사단을 이끌면서 단원들의 경제적 자립을 강조하면서 단원들에게 일정 수입이 보장되는 직업을 가져야 함을 강조했다. 안창호의 이러한 사상은 "우리의 주의와 정신이 아무리 좋다하더라도 물질, 금력이 없으면 그 좋은 주의와 좋은 정신을 실현키 불능할 것이요, 그 주의와 정신을 실지상 실현이 없으면 공상과 허론이 되고 말지니 좋은 주의와 정신이라 하는 것이 무슨 의미 있는 것이 되겠소"[30]라고 하는 그의 발언에서도 잘 알 수 있다.

이러한 배경에서 이명옥은 흥사단에 가입하여 활동하였다. 그가 흥사단 가입 서약을 한 것은 1930년 5월 13일이었다.[31] 이명옥은 흥사단 원동위원부 제3반 반장을 역임하였다.[32] 그는 반장으로서 반원 간의 연락 혹은 반원들의 동정을 위원부에 보고하였다. 아울러 흥사단의 年會, 매월 첫 번째 토요일 위원부에서 열리는 월례회에도 적극적으로 참여하였다.[33]

---

28) 金光, 『尹奉吉傳』, 上海: 韓光社, 1934, 81쪽.

29) 김광재, 「일제시기 上海 고려인삼 상인들의 활동」, 『한국독립운동사연구』 제40집, 2011, 245쪽.

30) 「興士團第七回遠東大會經過(1920.12.29)」(李明花, 『島山安昌浩의 獨立運動과 統一路線』, 景仁文化社, 2002, 323쪽에서 재인용함).

31) 「興士團 第二四五團友 李溟玉」(도산안창호선생전집편찬위원회, 『島山安昌浩全集』 제10권, 959쪽).

32) 國會圖書館編, 『韓國民族運動史料』 中國篇, 1976, 767쪽.

1931년에는 흥사단에서 운영한 公平社의 조장으로도 활동하였다. 공평사는 상해 흥사단 단원들이 교민들과 함께 설립한 일종의 협동조합운동이었다. 공평사는 "단결은 우리의 생명이다. 공평사를 위하여 진심진력하자, 경제합작운동을 전민족적으로 하자, 自活自衛의 방침은 오직 경제합작이다"라는 취지를 내걸었다.[34] 생활필수품을 염가에 단체로 구입하여 회원들에게 나눠주는 것이 주된 일이었다. 다음해인 1932년 1월 이명옥은 嚴恒燮과 함께 공평사의 이사로 선출되었다.[35]

이명옥은 자신의 아들 이효상이 재학하고 있던 인성학교에 대한 지원 활동에도 참여하였다. 재정난으로 인한 인성학교의 폐교를 막기 위한 유지운동은 1920년부터 본격적으로 시작되었다. 상해 한인사회에서는 仁成學校維持會를 조직하여 인성학교를 후원하였다. 이명옥이 전차회사 검표원으로 일하면서 인성학교에 얼마씩 기부하기는 했지만 유지회의 임원으로 참여하는 것은 1929년에 가서였다. 이해 10월 이명옥은 유지회 상무위원으로 선출되었다. 그는 유지회에서 韓鎭敎 등과 더불어 주로 재무와 관련하여 학교의 유지, 운영에 관한 업무를 관장하였다.[36]

3) 군관학교 입교생 모집활동과 체포, 국내압송

1932년 4월 29일 윤봉길의 홍구공원의거를 계기로 상해지역 독립운동진영은 큰 변화를 겪었다. 윤봉길의거 이후 임시정부는 상해라는 독립운동 근거지를 잃고 말았지만 중국측의 한국독립운동에 대한 적극적인 지원을 기대할 수 있게 되었다. 윤봉길의거를 통해 중국은 한국독립운동

---

33) 「李光福 判決文」, 昭和十一年刑公合第三十號.

34) 「공평사 組 조직표」, 1931년 4월(독립기념관 소장).

35) 「공평사 통고문 제15회」, 1932년 1월 12일(독립기념관 소장).

36) 『在外朝鮮人學校敎育關係雜件 第一卷 3. 中國 (2)上海仁成學校』(日本 國立公文書館 アジア歷史資料センター 데이터베이스).

에 대한 인식을 새롭게 하였고 이후 중국 각계의 한국독립운동에 대한
원조 활동이 활발하게 전개되었다. 그리하여 1933년 전반기 김구와 중
국 국민정부 주석 蔣介石의 역사적인 면담이 성사되었다. 그 결과 중국
군관학교 洛陽분교에 한인특별반이 설립되었다. 이는 한인 청년 학생들
을 이곳에 입교시켜 군사인재로 양성하기 위한 목적이었다. 김구는 한인
특별반의 교관을 물색하는 한편, 북경·천진·상해 등지에서 입교생을 모
집하였다.

이를 위해 이명옥은 1934년 1월 김구의 한인애국단에 정식으로 가입
하여 군관학교 입교생 모집원으로 활동하였다.[37] 상해에서 여러 명의
한인 청년이 그를 거쳐 낙양분교에 입교하였다. 全奉南, 李在天, 申聖
鳳, 秋元奎 등 한인 청년들이 그들이다. 全奉南은 1932년 제1차 上海事
變 직후 상해에 왔다가 이명옥의 설득으로 1934년 2월 낙양분교에 입학
하였다.[38] 李龍煥(李斗煥)의 장남 李在天도 이명옥의 소개로 낙양분교
생도에 응모하였다.[39] 이밖에도 상해 프랑스조계 辣飛德路(현재의 復興
中路) 諸聖堂이라는 성공회 예배당에서 申聖鳳, 秋元奎를 설득하여 입
교의 승낙을 받고 남경의 廉溫東이 보내온 여비를 지급하여 낙양분교에
입교시켰다.[40]

1934년 2월 말 김구를 돕기 위해 전차회사를 사직하고 남경으로 갔던
이명옥은 생활고로 다음달 다시 상해로 돌아왔다. 그는 만년필 행상이나
인삼행상을 전전하면서 군관학교 입교생을 모집하였다. 그러던 중 군관
학교 한인특별반의 훈련 전개과정을 감시하던 상해 일본영사관은 군관

---

37) 白凡金九先生全集編纂委員會 編, 『白凡金九全集』 제4권 대한민국임시정부 I, 대
　　한매일신보사, 1999, 681-685쪽.
38) 「南京中央陸軍軍官學校 全奉南事件」(국사편찬위원회, 『韓民族獨立運動史資料集』
　　43, 中國地域獨立運動 裁判記錄 1, 2000, 226쪽).
39) 白凡金九先生全集編纂委員會 編, 『白凡金九全集』 제4권, 1007-1010쪽.
40) 「李光福 判決文」, 昭和十一年刑公合第三十號.

학교 관계자들을 검거하기 시작했다. 이명옥도 프랑스조계 경찰에 의해 체포되었다.[41] 프랑스조계 당국의 이명옥 체포는 상해 일본영사관의 요청에 의한 것이었다. 이명옥은 1935년 3월 26일 아침 7시 경 馬浪路(현재의 馬當路) 協成里 3호 자택에서 체포되었다.[42] 체포된 협성리는 인성학교가 있던 곳으로 이명옥 가족은 인성학교가 있던 협성리 1호의 바로 옆에 살고 있었다. 그는 당일 저녁 6시 상해 일본영사관으로 인도되었다.

체포 당시 이명옥은 중국 귀화증명서를 제시하였으나 프랑스경찰은 이를 무시하였다. 이명옥이 체포되자 부인 이정숙은 다방면으로 남편의 구명운동에 나섰다. 임시정부나 교민단에 이 소식을 알리는 한편 上海律師公會의 樓允梅, 徐傑 등 중국인 변호사에게 사건 해결을 의뢰하였다. 이들 중국인 변호사는 프랑스조계 당국과 교섭하였다. 즉 영장도 없이 이명옥을 체포한 프랑스경찰의 행위는 중국의 사법권을 침해한 것이며 중국의 주권을 무시한 행위로 엄중히 항의하였다. 아울러 이명옥에게 죄가 있다면 중국 법정에서 다룰 것을 요청하였다.

부인과 한인사회의 적극적인 구명운동에도 불구하고 이명옥은 국내로 압송되었다. 국내 언론은 이명옥이 압송되어 오자 그에 대해 "己未年 ○○운동 소요 당시 黃海道 金川郡에서 군자금 모집활동을 하다가 富豪 2명을 총살하고 上海방면으로 피신"하였던 그를 '기미년 ○○운동의 거두' 혹은 '上海義警隊의 巨頭'로 지칭하면서 연일 관련내용을 보도하였다.

이명옥은 황해도 경찰부에서 취조를 완료한 다음 1935년 6월 25일 금천경찰서로 압송되었다.[43] 이명옥은 1936년 5월 해주지방법원에서 이

---

41) 『申報』 1935년 4월 2일, 「李明玉家屬委請律師」.

42) 국사편찬위원회, 『한국독립운동사』 자료 21 임정편 Ⅵ, 3-4쪽, 5-13쪽, 19쪽.

43) 『조선중앙일보』 1935년 7월 26일, 「海州에서 金川署에 李光福을 押送」.

른바 '살인 및 치안유지법 위반' 등으로 징역 15년의 판결을 받았다. 이
에 불복한 그는 평양복심법원에 공소하였다.[44] 여기서 13년 징역으로
감형되었으나 다시 불복하여 경성고등법원에 상고하였다. 결국 상고 기
각이 되어 징역 13년으로 최종 확정되었다.[45] 이명옥은 1936년 9월 1일
경성형무소로 이감되었다.[46] 그후 10년 가까운 장기간의 옥고 끝에 이
명옥은 1944년 9월 경성형무소에서 가출옥하였다.[47]

석방된 그는 향리 황해도 금천으로 돌아갔던 것으로 보인다. 고향에
는 부 춘적이 70여 세로 생존해 있었고 이명옥의 동생도 농사를 짓고
있었다. 향리로 돌아간 이명옥은 그후 어떻게 되었을까. 이에 대해서는
박은식의 며느리인 崔允信의 증언을 들을 수 있다. 최윤신은 광복 후
1946년 6월 중국 중경에서 이명옥의 딸 李相愛(李錦相)와 함께 귀국했
다고 한다. 이상애는 중국군에 복무하던 독립운동가 李致爕과 결혼하여
광복 당시에는 중경에서 두 아이를 키우고 있었다. 이상애는 어려운 집
안 형편으로 인해 일찌감치 출가하여 상해의 어머니와는 떨어져 살고 있
었다. 광복후 귀국한 이상애는 고향 금천으로 가서 부친 이명옥과 상봉
하였다. 이곳에는 상해에서 사망한 어머니의 유골을 들고 온 이효상의
동생 李英相이 먼저 와 있었다. 이상애는 고향에 머물면서 이명옥을 부
양하였다. 북한에 들어온 金枓奉도 이명옥을 독립운동가로 우대하고 연
금을 지급하였다고 한다.[48] 주지하다시피 김두봉은 저명한 한글학자이
자 독립운동가로 민족혁명당 중앙집행위원, 연안 조선독립동맹 주석을

---

44) 韓國國民黨, 『韓民』 제3호, 1936년 5월 25일(국사편찬위원회, 『대한민국임시정부
    자료집』 35, 한국국민당Ⅰ, 2009, 194쪽).
45) 韓國國民黨, 『韓民』 제9호, 1936년 11월 30일(국사편찬위원회, 『대한민국임시정
    부자료집』 35, 288쪽).
46) 「京城刑務所 受刑者카드」(국사편찬위원회, 『한민족독립운동사자료집』 별집5, 1992,
    569쪽).
47) 「李光福 假出獄關系書類」, 1944年(국가보훈처 소장).
48) 崔允信 구술(김광재 전화), 2013년 4월 26일, 6월 10일.

거쳐 일제 패망 후 북한으로 들어갔다. 그후 북조선인민회의 의장, 북조선임시인민위원회 부위원장 등 고위직을 역임하였는데, 1960년 경 김일성에 의해 숙청되었던 인물이다. 김두봉이 상해 시절부터 이명옥을 잘 알고 있었기 때문에 자연스럽게 그들 가족에게 도움을 주었을 것이다. 이명옥이 언제 어떻게 사망했는지에 대해서는 여전히 알려지지 않고 있다.

3. 이효상의 조선의용대 활동과 순국

1) 인성학교 수학

이효상은 1921년 황해도 금천에서 태어났다. 1925년 경 어린 이효상은 가족을 따라 부친이 있던 상해로 가게 되었다. 5세 때 금천을 떠났으므로 이효상에게 상해는 사실상 고향이나 마찬가지였다. 6세가 되던 1926년 그는 상해 인성학교에 입학하였다. 당시 인성학교는 상해의 유일한 교민 초등교육기관이었다. 한국이 일제의 식민지로 전락하던 1910년대 초부터 상해에는 소규모의 한인사회가 형성되기 시작하였다. 상해에 거주하는 한인들이 늘어나면서 자녀 교육을 위한 인성학교가 설립되었다. 1916년 9월 1일 개교한 인성학교는 민족교육을 중시했으며 교장을 비롯한 교원들은 임시정부와 관계있는 독립운동가들로 구성되었다.[49]

하지만 인성학교는 설립 직후부터 만성적인 재정난에 시달렸다. 교민단이나 유지회, 찬조회 등을 조직하여 인성학교의 재정을 지원하고자 하

---

49) 김광재, 「일제시기 상해 仁成學校의 설립과 운영」, 『동국사학』 제50집, 2011, 216-226쪽.

였다. 그럼에도 불구하고 인성학교의 재정적인 어려움은 좀처럼 개선되지 않았다. 설상가상으로 1932년 4월 홍구공원의거 이후 임시정부가 상해를 떠나가자 상해 일본총영사관은 인성학교에 일본어교육을 실시하라고 강요하였다. 결국 1935년 11월 11일 鮮于爀 교장을 비롯하여 학교 교직원들이 일제의 요구를 거부, 모두 사직하면서 인성학교는 사실상 폐교되고 말았다.[50]

인성학교 재학시 이효상은 반일에 대해서는 누구 못지않게 기염을 토했던 것으로 보인다. 이효상과 함께 인성학교를 다녔던 韓泰東에 의하면, 이효상은 일본에 대한 적개심이 대단했다고 한다.[51] 무엇보다도 자신의 부친이 국내에서 일본 밀정을 처단하고 상해로 망명한 독립운동가였기 때문에 그에 대한 자부심이 있었을 것으로 보여진다.[52]

아버지 외에도 이효상에게 큰 영향을 준 인물들이 있다. 김구와 李景山을 꼽아야 할 것이다. 특히 김구는 이효상의 어린 시절 우상이자 롤모델이었다. 부친 이명옥은 김구와 동향이나 마찬가지였으므로 가까이 지냈다. 김구는 이효상을 '好相'이라는 애칭으로 부르면서 귀여워했다. 이효상은 어릴 적부터 김구가 약관의 나이에 일본인 土田讓亮을 처단한 鴟河浦사건 얘기를 많이 들었을 것이다. 그래서인지는 몰라도 이효상도 평소에 "일본놈의 간을 꺼내 씹어 먹겠다"는 얘기를 많이 했다고 한다. 또한 항상 "한 손에는 총을 들고...."하는 유럽 오페라곡에 개사한 노래를 부르고 다니면서 일제에 대한 적의를 불태웠다고 한다.[53] 이효상의

---

50) 김광재, 「상해 仁成學校 유지운동과 폐교」, 『백범과 민족운동 연구』 제9집, 2012, 92-93쪽.

51) 韓泰東 구술(김광재 면담), 2010년 4월 9일 서울 자택에서. 韓泰東은 1924년 상해 海松洋行주 겸 독립운동가인 韓鎭敎의 3남으로 태어나 이효상과 함께 인성학교를 다녔다.

52) 한태동에 의하면, 이효상은 인성학교 재학시 童子軍 활동에 열심히 참여하였다. 상대적으로 학과 공부에 등한시했기 때문에 유급되어 후배인 자신과 같은 학년에 다녔다고 한다.

이런 발언과 행동은 김구의 『白凡逸志』에 나오는 "왜검으로 왜놈을 머리로부터 발까지 점점이 난도를 친다. 2월 천기라 마당에는 빙판이다. 血如湧泉하여 마당에 흐른다. 나는 손으로 倭血을 움켜 마시고 왜혈로 塗面하고……"라는 치하포사건에 모티브를 둔 것으로 보아도 무리가 아닐 것이다.

치하포사건은 『백범일지』에서 전체 215쪽 가운데 24쪽 가량을 할애할 정도로 김구 개인으로서는 임시정부에 참여하기 이전 그가 경험한 가장 의미 있는 사건이었다. 실제로 치하포사건은 김구가 황해도 학무총감 자격으로 황해도의 각 군을 순회할 때, 사람들의 애국심을 함양하기 위해 교재로 사용하였을 정도로 자부심을 주었던 사건이었다.[54] 그러므로 상해시절은 물론이고 환국 후에도 치하포사건 등과 같은 독립운동 이야기를 즐겨 했던 것으로 보인다. 김구의 비서를 지냈던 선우진은 김구가 "보통 때는 좀처럼 말씀을 안 하시다가도, 일단 시작하면 (독립운동 이야기를-인용자) 시간 가는 줄 모를 정도로 재미있게 말씀을 하셨다"[55]고 회고하였다.

상해에서 '테러왕'이라고 알려진 이경산도 이효상의 반일의식에 깊은 영향을 주었을 것으로 여겨진다. 후일 李蘇民으로 개명한 이경산은 일제에 의해 '김구파'로 분류되었던 만큼 누구보다도 일제 주구 처단에 적극적이었다.[56] 실제로 그는 1933년 8월 조선총독부가 김구의 뒤를 쫓기 위해 파견한 헌병보 石鉉九를 처단한 후 廣東으로 탈출한 바 있었다.[57]

---

53) 한태동 구술(김광재 면담), 2013년 3월 2일 서울 자택에서.

54) 양윤모, 「백범 김구의 '치하포사건' 관련기록 검토」, 『고문서연구』 22, 2003, 277쪽.

55) 선우진 지음·최기영 엮음, 『백범선생과 함께 한 나날들 - 백범김구 비서 선우진 회고록』, 푸른역사, 2008, 327쪽.

56) 「金九 일파의 군사훈련생의 검거에 관한 건」, 1935년 10월 28일(국사편찬위원회, 『대한민국임시정부자료집』 9, 군무부, 2006, 187쪽).

57) 일제문서에 의하면, 이경산의 본명은 李殷壤로 1904년 평안북도 江界郡 徒南面 長坪里 출신이다. 그는 이경산이라는 이름 외에도 李英, 朴義一, 李蘇民 등의 가명

1920년대 후반 이경산이 인성학교 교사를 담임한 적이 있었기 때문에 이효상이 그로부터 직접 배웠을 가능성이 크다. 이경산이 이효상의 반일 의식을 자극하고 고취했을 것임은 짐작하기 어렵지 않다. 후일 이효상은 이경산을 따라 민족혁명당, 조선의용대에서 함께 활동하게 된다.

2) 군관학교 입학과 조선의용대 활동

1935년 3월 부친 이명옥이 일본영사관 경찰에 의해 체포되어 국내로 압송되자 이효상은 그 길로 남경으로 갔다. 당시 그는 인성학교를 졸업한 후 프랑스인이 경영하던 中法學堂에 입학하여 공부하고 있었다. 부친의 체포와 국내 압송은 그로 하여금 더 이상 학교에서 공부할 수 없게 만들었다. 그는 남경에서 관내지역 통일전선정당으로 창립된 민족혁명당에 가입하였다. 이즈음 그는 張文海라는 이름으로 바꾸었던 것으로 보인다. 이효상이 남경으로 가는 광경에 대해 당시 민족혁명당 기관지인 『앞길』은 이렇게 묘사하고 있다.

> 南京으로 떠날 準備가 되엿을 때 한便에서는 누님 錦相 同志(現在 重慶에 있다)가 아우 孝相의 行李를 꾸려주는데 仁慈하신 어머니는 光明의 길 −革命의 길로 떠나는 아들을 慰安하며 하는 말삼이 孝相아, 南京에 가면 尹虬雲, 金白淵 先生님들이 좋은 길로 잘 引導하여 주실 것이다. 아버지는 얼마 않이되면 監獄에서 나오시겟지? 말을 채 맛치지 못하고 치마자락으로 눈물을 씻는다. 偉大한 어머니이라고 나는 참으로 感歎했다. 男便은 監

을 사용하였다. 1930년대 후반 함께 활동했던 金學鐵에 의하면, 박의일은 일찍이 강계군청 서기로 일하다가 공금을 훔쳐 상해로 탈출하였다. 그는 상해로 망명한 후 의경대, 병인의용대, 한국독립당, 조선민족혁명당, 조선의용대, 한국광복군을 두루 거친 중국내 독립운동계의 풍운아였다. 이경산에 대해서는 다음의 논고를 참고하기 바란다. 김광재, 「중국관내지역 韓人의 국적 문제 일고찰 - 1933년 廣州에서의 '朴義一' 체포를 둘러싼 中日佛 교섭을 중심으로 -」, 『사학연구』 제110호, 2013.

獄에 있고, 孤寂과 生活難 中에서 苦悶하고 있는 그에게는 唯一한 精神의 寄託이요, 將來의 希望인 아들 - 孝相을 깁부게 革命의 길로 내여보내는 것은 普通 어머니로서는 到底히 할 수 없는 일이다. 新時代의 어머니, 朝鮮의 革命的 어머니만이 갖일 수 있는 偉大하고 眞正한 母性愛이엿엇다.[58]

민족혁명당의 중견 간부인 金鐸(王通)은 K. T. 라는 필명으로 이효상 사후에 그가 독립운동에 뛰어들기 위해 남경으로 가는 모습을 감동어린 필치로 그리고 있다. 다소의 각색이 없지 않겠지만 이효상이 부친 이명옥의 뜻을 잇기 위해 15세의 어린 나이에도 불구하고 혁명운동의 대열에 뛰어들었음은 부인할 수 없는 사실이다.

이효상이 혁명운동의 대열에 투신한지 2년이 지난 1937년 7월 7일 중일간에 전면적인 중일전쟁이 발발하였다. 평소부터 일제와의 일전을 기다려마지 않았던 이효상으로서는 중일전쟁이 무엇보다도 기쁜 소식이었을 것이다. 중일전쟁 직후 이효상은 崔錫淳, 이경산, 김탁 등 기라성과 같은 민족혁명당의 선배 독립운동가들과 함께 상해에 잠입하여 적정을 관찰한 적이 있었다. 당시 상해는 중일간의 전투로 "火光이 沖天"했지만 조계는 보통때와 같은 평온한 일상이 반복되고 있었다. 이효상은 '프랑스조계의 안전한 곳'에서 생활하는 자기 친구들에게 남경으로 가서 독립운동에 뛰어들 것을 설득하였다. 하지만 용기가 부족해서 남경행을 주저하는 친구들을 독려하는 이효상의 애국심은 동행했던 선배 독립운동가들에게 강렬한 인상을 심어주기에 부족함이 없었다.

그후 이효상은 대일전에 참전할 한인무장단체 설립을 위한 청년 군사교육에 참여하였다. 1937년 12월 그는 중앙군관학교 江西省 星子分校

---

58) K. T., 「模範的 革命黨員 李孝相 同志 獄死記」, 『앞길』 제36기, 1944년 8월 29일 (국사편찬위원회, 『대한민국임시정부자료집』 37, 조선민족혁명당 및 기타 정당, 2009, 514쪽).

에 군관학교 13기 특별6반에 입학하여 6개월에 걸친 군사훈련을 수료하
였다.[59] 이때 졸업한 한인 군사간부를 기간으로 해서 1938년 10월 10일
漢口에서 조선의용대가 창설되었다.[60] 주지하다시피 조선의용대는 중국
관내지역 최초의 한인 무장단체였다. 여기에 이효상이 대원으로 참여했
던 것은 두 말할 나위 없다. 이효상은 어린 나이였지만 조선의용대에서
용감한 활약상을 보여준 것 같다. 湖南省 북부 최전선에서 항일전쟁에
참가하는 등 활약상으로 이효상은 '模範少年軍人'이라는 칭호를 받았
다.[61] 이때 이효상의 활약상을 보여주는 대목을 보자.

模範的 革命黨員, 義勇隊 隊員이 되엿다

孝相 同志는 南京을 것처 다시 江陵에 가서 訓練班에 入學하엿다. 이때
부터 孝相 同志는 어머니가 尊敬하는 革命老先輩들의 極盡한 사랑과 百餘
名 靑年同志들의 도움우에서 熱心히 革命理論과 武器使用의 方法을 學習
했다. 나희는 第一 어렷고 또 모든 것이 처음이엿섯지만 다른 사람에게 조
곰도 落伍되지 않을려고 非常히 努力하엿다. 訓練을 終了한 後, 朝鮮義勇
隊 前方工作에 參加하게 되면서부터 革命理論의 知識은 매우 豊富해젓고
革命的 意志도 따라서 堅强해젓다. 同志와 組織에 對해서 非常히 忠實햇
다. 孝相 同志는 비록 나희는 어렷지만 非常한 努力과 奮發에 依하여 同志
들의 寵愛를 一身에 集中하게 되엿고, 따라서 朝鮮民族革命黨의 優秀한
黨員, 朝鮮義勇隊의 模範的 隊員이 되엿다.[62]

---

59) 김학철문학연구회 편, 『조선의용군 최후의 분대장 김학철』, 연길: 연변인민출판
   사, 1995, 572-575쪽. 여기에는 군관학교 13기 특별6반을 졸업한 78명의 성명과
   간단한 이력이 제시되어 있다.
60) 김학철문학연구회 편, 『조선의용군 최후의 분대장 김학철』. 이 책의 앞에 수록되
   어 있는 1938년 조선의용대 창립 기념 사진에는 앞줄 오른쪽 첫 번째 여성인 金
   煒 바로 뒤에 있는 이효상을 볼 수 있다. 이효상과 김위 사이에 양복을 입고 있는
   이가 이경산이다.
61) 『解放日報』 1942년 9월 20일, 「朝鮮義勇軍犧牲同志略歷」(독립기념관, 『중국신문
   한국독립운동기사집(1)』 조선의용대(군), 2008, 162쪽).
62) K. T., 「模範的 革命黨員 李孝相 同志 獄死記」, 『앞길』 제36기, 1944년 8월 29일
   (국사편찬위원회, 『대한민국임시정부자료집』 37, 514쪽).

조선의용대 창설 멤버로 참여했던 이효상은 1939년 중국공산당 新四
軍에 파견되어 6개월간의 단기 군사훈련을 받았다. 그후 이효상은 조선
의용대 독립분대에 배치되어 중국군 제3전구 金華 일대에서 반일공작을
전개하게 된다.

1941년 봄 조선의용대 총대의 명령으로 이효상은 조선의용대 독립분
대라는 명칭으로 이경산, 李万英, 王道 등과 함께 중국군 제3전구 金華
에 파견되었다. 독립분대의 분대장은 이효상이 상해 시절부터 믿고 따랐
던 이경산이었다. 李万英, 王道가 누구인지는 자료상으로 확인되지 않는
다. 당시 절강성 金華는 대만의용대 본부가 있던 곳으로 그들의 주된 활
동무대였다. 임시정부가 있었던 상해가 그리 멀지 않은 곳이었다. 金華
는 상해로의 적후방 공작원을 파견하는 전초기지였던 셈이었다. 金華에
배치된 조선의용대 독립분대는 金華 酒坊巷에 자리잡고 있던 대만의용
대 본부에 판사처를 설치하였다. 조선의용대와 대만의용대의 관계는 매
우 밀접하였다. 그들은 대만의용대 본부에서 함께 생활하면서 서로의 반
일운동 경험을 학습하면서 활동하였다.

조선의용대 독립분대의 임무는 대만의용대와 연계하여 국민군 제3전
구 사령장관부 소재인인 上饒 부근에 훈련소를 설치하고, 절강성 및 강
소성 일원을 대상으로 모집한 한인, 대만인 청년들에게 훈련을 실시하
여, 이들을 조선의용대와 대만의용대에 편입시키는 것이었다. 일제자
료에 의하면, 조선의용대 독립분대원들은 중국공산당 상해지역 공작담
당자 겸 대만의용대 상해파견원, 대만의용대 상해연락원 등과도 연계
되었다.[63]

중경의 조선의용대 총대는 이효상 등 대원들을 상해 공작원으로 파견
하였다. 이효상이 상해 사정에 익숙하였기 때문이다. 金華에 온지 얼마

---

63) 한상도, 「조선의용대의 국제연대 의식과 대만의용대」, 『한국근현대사연구』 11,
    1999, 131쪽.

지나지 않아 다시 상해로 파견되게 된 것이다. 金華의 조선의용대 독립
분대는 이효상이 상해로 출발하기 전에 상해지역 공작의 기반을 마련하
고자 하였다. 독립분대장 이경산은 중국공산당 상해지역 담당자가 상해
로 가는 길에 구두 서신 전달을 부탁하였다. 하나는 상해의 이효상 모친
에게 조선의용대의 후방 상황을 알리는 것이었다. 또 다른 하나는 상해
에서 피아노를 가르치는 한인 여성을 찾아가는 것이었다. 한인 여성은
이경산의 친한 친구라고 하였는데, 趙尙燮의 딸 趙東善이 아닌가 생각
된다. 조상섭은 프랑스조계 寶康里 안쪽 麥賽爾蒂羅路(현재의 興安路)
24호에서 상해 독립운동의 연락거점 역할을 했던 元昌公司를 경영하였
던 인물이었다. 조동선은 근처 아이들에게 피아노를 가르치고 있었다.[64]
당시 한인 부녀 가운데 피아노를 치거나 교습까지 했던 경우는 흔치 않
았다. 여하튼 이경산의 목적은 상해의 이효상 모친과 조동선을 통해 상
해에 연락거점을 만드는 것이었다.[65]

이러한 사전 정지 작업 위에 이효상은 1941년 3월 15일 분대장 이경
산으로부터 활동자금 6백원을 받고 金華를 출발하였다. 상해에 도착한
이효상은 6년 가까이 만나지 못했던 어머니를 만나 그간의 상해 상황에
대한 얘기를 들을 수 있었다. 이효상의 상해 잠입 공작의 구체적인 목적
은 다음과 같다.

1. 조선의용대의 母黨인 金元鳳이 주재하는 조선민족혁명당 입당자의
   획득
2. 일본측 각 공공기관, 즉 일본 군사기관, 영사관, 경찰서, 헌병대 등의
   조직, 인원, 성명 등의 조사

---

64) 김광재, 『어느 상인독립군 이야기 - 상해 한상 김시문의 생활사』, 선인, 2012, 80
   쪽, 95-96쪽.
65) 張畢來, 「臺灣義勇隊」, 『革命史資料』 第8輯, 北京: 全國政協, 1982(金振林 主編,
   『臺灣義勇隊在金華』, 北京: 九州出版社, 2005, 349쪽).

    3. 일본측 각 기관의 첩보연락자의 주소, 성명의 조사
    4. 일본군의 이동상황, 부대명, 병참창고 기타 군사시설의 상황조사
    5. 시내 및 항만의 경비상황의 조사[66]

  그후 이효상은 상해에서 체포될 때까지 상해의 적정 탐지, 한인들의
정황 조사, 한인들에 대한 조직 사업을 전개했다. 특히 상해 한인청년들
을 대상으로 후방의 조선의용대에 보낼 다수의 인원을 모집하였다.

3) 체포와 순국

  1941년 8월 상해 프랑스공원에서 이효상과 동지들은 그동안 모집된
12명의 한인 청년들을 중경으로 보낼 방법을 상의하고 있던 중 상해의
일본대사관 中支警務部에 의해 체포되었다.[67] 일본 중지경무부는 1939
년 상해 일본영사관 경찰을 포함한 중국 화중지방에 산재해 있던 일본영
사관 경찰업무를 총괄하기 위해 조직된 일본 외무성 경찰기구였다.[68]
이효상 외에 李万英 등도 체포되었다. 이효상이 체포되자 병약했던 어
머니는 그 충격으로 몸져누웠다. 남편이 감옥에 있는데다 아들까지 일본
경찰에 체포되었으니 그 심경은 이루 말할 수 없었을 것이다. 상해 한인
들은 병석에 누운 이효상의 어머니를 위해 모금을 하였으며 상해 한인
유지들은 연명으로 이효상의 보석운동을 전개하였다. 하지만 이효상은
일제의 보석을 받을 수 없다고 거부하였다. 결국 이효상의 어머니도 병
석에서 일어나지 못하고 세상을 떠났다.[69]

---

66) 金正明編, 『朝鮮獨立運動』 2, 東京: 原書房, 1967, 734쪽.
67) 『獨立新聞』 1944년 8월 15일, 「一個悲慘的韓國革命故事」. 민족혁명당 기관지 『앞
   길』에는 이효상이 열차 안에서 체포되었다고 하는데, 현실성이 떨어진다고 하
   겠다.
68) 荻野富士夫, 『外務省警察史 - 在留民保護取締と特高警察機能』, 東京: 校倉書房, 2005,
   797-800쪽

안타깝지만 이효상의 최후를 알려주는 확실한 1차 자료가 남아 있지 않다. 이효상의 순국 이후 가장 가까운 시기에 나온 중국공산당 기관지 『解放日報』(1942년 9월 20일자)는 이효상이 체포되어 '처형' 당했다고 했는데[70] 확실한 근거가 있는 것은 아니다. 1944년 일본군을 탈출하여 한국광복군에 투신한 다음 상해에 잠입하여 활동하다가 체포되어 군법재판에서 사형을 받은 韓聖洙의 경우가 있다. 하지만 일본군이 아니었던 이효상은 군법재판을 받지 않았을 것이다. 조선의용대 대원으로서 1941년 화북 胡家莊 전투에서 체포되어 일본 長崎의 민간 법정에 섰던 김학철의 경우에서도 알 수 있다.

1942년 김구도 『백범일지』에서 이효상이 국내로 압송되는 선상에서 어머니의 유골을 들고 가는 동생들을 만나 그 충격으로 '氣絶而死'하였다고 하는데, 그 가능성은 매우 희박하다. 1944년 8월 국치일이 가까워지면서 중경의 『독립신문』과 각 단체의 기관지들은 앞다투어 이효상에 대한 글들을 실으면서 그의 독립운동과 순국을 기렸다. 임시정부 기관지 『독립신문』은 「어느 비참한 한국혁명 이야기(一個悲慘的韓國革命故事)」라는 제목으로 글을 실어 이효상이 국내로 압송되어 '옥사'했다고 하였다.[71]

『독립신문』의 뒤를 이어 민족혁명당의 기관지 『앞길』은 1944년 상해에서 중경에 온 모 인사의 구전을 근거로 이효상이 국내로 압송되어 '옥사'했다고 하였다. 하지만 이 역시 객관적인 자료로 뒷받침이 되는 것은 아니다. 다만 그 내용은 이효상의 최후에 대해 당시 독립운동진영과 한

---

69) 이효상의 어머니와 동생이 일제에 의해 타살되었다고 하는 『백범일지』의 내용은 당시 사람들의 입에 오르내리던 얘기로 보아야 할 것이다. 이는 김구도 누군가로부터 들은 얘기들을 적었기 때문일 것이다.

70) 『解放日報』 1942년 9월 20일, 「朝鮮義勇軍犧牲同志略歷」(독립기념관, 『중국신문 한국독립운동기사집(1)』 조선의용대(군), 162쪽).

71) 『獨立新聞』 1944년 8월 15일, 「一個悲慘的韓國革命故事」.

인사회에서 어떻게 회자되고 있는지 잘 보여주고 있다.

> **어머니는 徹天의 怨恨을 품고 죽엇다.**
>
> 同胞들은 藥品과 慰勞品을 秘密히 孝相 어머니에게 보내주며 精誠으로 看護하여 주엇스나 敵에 對한 徹天의 怨恨을 품은 체 '孝相아!'를 부르며 世上을 떠낫다. 敵이 이 어머니의 屍體를 火葬할 때, 同胞들이 火葬場에 몰려가는 것을 一律 禁止햇고 孝相同志의 갈곧 없는 3男妹(14歲, 12歲, 7歲)를 同胞들이 責任지고 敎育식히겟다는 要求도 敵은 拒絶하고 '不逞鮮人'의 家族은 이곧에 둘 수 없다하고 어머니의 灰骨을 3男妹에게 안기여 朝鮮 國內 某孤兒院으로 보내기로 하고 惡毒한 敵은 孝相 同志를 國內로 護送하는 한 連絡船에 故意로 가치 타게 하엿다.
>
> **護送되여 內地로 가는 汽船 우에서, 어머니의 遺骨과 同生들을 맛나 氣絶하엿다!**
>
> 汽船이 떠나서 몇 時間 後, 孝相 同志는 千萬意外로 甲板 우에서 어린 동생들을 맛나게 되니 "너이들이 웬일이냐? 그 안은 것이 무엇이냐"고 물엇다. 동생들은 목을 노아 울면서 "어머니가 죽엇서! 이 속에 어머니가 잇서!" 하면서 옵바에게 매여달리며 氣絶햇다. 어린 同生 셋을 쓰러안은채 옵바도 甲板 우에 昏倒되고 마럿다. 이 悲絶慘絶한 光景을 目睹한 汽船 우의 各國人 船客들은 눈물을 않이 흘인 사람이 없고, 그들의 입을 通하여 上海와 內地에 넓이 流傳되고 있다고 한다. 同生 셋은 孤兒院에도 있게 못되고 故鄕의 어느 遠戚 집에 가서 苦役을 하여 주며 있다고 한다.[72]

이효상과 함께 군관학교에서 훈련을 받고 조선의용대에서 활동했던 김학철은 이효상이 상해 일본영사관 경찰에 의해 체포되어 '옥사'했다고 회고하였다.[73] 이처럼 그가 체포 후 처형되었는지 아니면 상해 혹은 국내로 이송되어 옥사했는지에 대해서는 여러 가지 이야기들이 회자되고 있었다. 확실한 것은 이효상이 일경에 체포된 후 오래지 않아 사망함으

---

72) K. T., 「模範的 革命黨員 李孝相 同志 獄死記」, 『앞길』 제36기, 1944년 8월 29일 (국사편찬위원회, 『대한민국임시정부자료집』 37, 516쪽).

73) 김학철, 『최후의 분대장』, 문학과지성사, 1995, 135쪽.

로써 '순국'했다는 사실이다. 그가 순국하는 데는 체포 후의 육체적 고통과 함께 가족들의 비극적 결과에 의한 극심한 심적 고통이 주요인이었음은 물론이다.

요컨대, 이효상의 최후에 대해서는 그의 순국을 기념하고 재중 한인들의 애국심을 고취하는 과정에서 여러 가지 이야기들이 섞이면서 더해지거나 빠지는 과정을 거치면서 극적인 효과를 더하였고 그럼으로써 하나의 영웅담이나 신화로 승화되고 있었다. 그의 최후에 대해서는 보다 더 구체적이고 객관적인 자료를 기다리면서 그 구체적인 고증은 추후의 과제로 남긴다.

4. 맺음말

이명옥·이효상 부자의 독립운동과 그 가족사는 『백범일지』에서 김구가 가장 안타깝게 여긴 대목으로 후대인들에게 광복후 그들의 사적을 기념하도록 간곡하게 당부하기까지 하였다. 만시지탄의 느낌이 없지 않지만 본고는 망각된 그들 가족의 역사를 불러내어 복원을 시도하였다.

1896년 황해도 금천에서 태어난 이명옥은 1919년 3·1운동 이전까지는 평범한 식민지 청년에서 크게 벗어나지 않았다. 그의 인생에 중대한 변화를 가져온 계기는 1919년의 3·1운동이었다. 당시 그는 임시정부와 연계를 맺고 있던 독립주비단의 정의도와 만나면서 본격적인 독립운동 대열에 뛰어들었다. 그러나 정의도가 체포되면서 그는 일제의 검거를 피해 만주를 거쳐 1921년 독립운동의 근거지이자 임시정부가 있던 상해로 망명하였다.

상해에 도착한 그는 독립운동에 종사하면서 공업 기술을 배우는 등

배움의 끈을 놓지 않았다. 그는 1925년 경 일경의 추적을 따돌리고 생활
상의 편의를 위해 중국에 귀화하였으며 상해의 영국전차회사 검표원으
로도 일하였다. 어느 정도 생활 안정을 되찾은 그는 국내의 부인과 딸
상애, 아들 효상을 상해로 불러들여 단란한 가정을 꾸렸다. 그는 상해의
흥사단 인사들과 가까이 지내면서 흥사단에도 가입하였다. 또한 그는 자
신의 자녀들이 다니던 인성학교의 유지회 상무위원으로 참여하는 등 교
민 교육에 대해서도 높은 관심을 보여주었다.

동시에 그는 독립운동에도 적극적이었다. 상해에 온 이후 그는 같은
황해도 출신인 김구와 가깝게 지냈다. 특히 1932년 4월 윤봉길의거 이
후 상해를 탈출한 김구와 연락을 유지하였다. 그는 김구가 중국 장개석
을 면담하여 성사시킨 중국군관학교 한인특별반에 입교시킬 한인 청년
들을 모집하는 임무를 수행하였다. 이 일로 인해 그는 상해 일본 경찰에
체포되어 국내로 압송되고 말았다.

이명옥의 아들 이효상은 어린 시절부터 독립운동가였던 아버지의 영
향을 받으면서 성장하였다. 그는 인성학교 재학시 일제에 대한 강렬한
적개심을 표출하였다. 치하포사건의 주인공인 김구가 그의 롤모델이었
다. '테러왕'으로 불리던 이경산도 어린 이효상에게 영향을 미쳤다.
1935년 아버지 이명옥이 일제에 의해 체포된 사건은 15세의 이효상에게
는 충격적인 사건이었다. 그는 주저없이 남경으로 가서 민족혁명당에 가
입하면서 본격적으로 독립운동에 뛰어들었다. 1937년 12월 중국군관학
교에 입교하여 6개월에 걸친 군사훈련을 수료하고 1938년 10월 관내지
역 최초의 무장단체로 창설된 조선의용대에 참여하였다. 용감한 활약상
을 보여준 그에게는 '모범소년군인'이라는 칭호가 부여되기도 했다.

그는 1941년 이경산을 분대장으로 하는 조선의용대 독립분대 대원으
로 절강성 金華 및 상해에 파견되어 적후방 공작활동을 전개하였다. 조
선의용대의 공작에 참여할 한인청년들을 모집하던 중 그는 상해 일본경

찰에 체포되었다. 이 소식을 들은 어머니는 남편에 이어 아들마저 감옥
에 보내야 하는 현실에 충격을 받고 병사하고 말았다. 이효상도 체포 직
후의 육체적인 고통과 가족들의 불행으로 인한 정신적인 충격으로 오래
지 않아 순국하고 말았다.

그가 어디에서 어떻게 순국했는지에 대해서는 구체적인 자료가 없어
추측만 할 수 있을 뿐이다. 그의 순국과 험난했던 가족사는 당시 상해와
중경의 한인사회에서 구전되어 독립운동 신화로 승화되었다. 이명옥·이
효상 부자의 독립운동과 가족사에 대한 신화는 구전되는 과정에서의 내
용의 가감, 영웅을 기다리는 독립운동진영의 여망 등이 어우러져 탄생한
역사적 산물이었다.

[추기] 필자는 본서를 간행한 후 우연한 기회에 연합뉴스(1999.8.13.)에서
<인터뷰: 독립운동가 이효상선생 삼촌 이명복씨>라는 기사를 접하게 되었다
(http://media.daum.net/breakingnews/newsview?newsid=19990813101900415, 검
색일 2016.7.4). 1999년 당시 83세이던 이명복씨는 이효상의 독립유공자 포상에
즈음하여 조카인 이효상이 1941년 상해에서 체포된 후 심한 고문과 식음 전폐
로 심신이 만신창이가 되었다고 회고하였다. 상해에서 국내로 압송된 이효상은
황해도 해주의 한 병원에 입원하였지만 끝내 숨졌다고 전하였다. 뒤늦었지만 필
자는 본서의 재판에 즈음하여 이러한 사실을 특기한다.

제2장 김성숙의 1930년대 중국관내지역의 독립운동

1. 머리말

님웨일즈의 『아리랑』(Song of Ariran : The Life Story of Korean Rebel)에 나오는 '금강산의 붉은 승려'로 잘 알려진 金星淑(1898-1969)은 한국독립운동사상 그 누구보다도 파란만장한 생애를 보냈다. 일찍이 그는 奉先寺의 승려 신분으로 1919년 3·1운동때 만세시위를 주도하였으며 중국으로 망명한 후에는 사회주의 혁명활동이나 의열단의 적극적인 투쟁에 종사한 바 있다. 아울러 중국관내지역의 한인독립운동단체인 조선민족해방동맹, 조선민족전선연맹, 조선의용대 창설에 참여하였으며 대한민국 임시정부에서 활동하다 8·15를 맞이하였다. 귀국후 그는 해방정국과 이승만 정권하에서 혁신계 정치운동을 전개하다 굴곡많았던 생애를 마감하였다. 그런만큼 그의 일생은 바로 한국 근현대사의 험난했던 노정 그 자체였다.

지금까지 그에 대해서는 사상적으로 공산주의자, 무정부주의자, 민족주의 좌파 내지 중도좌파, 진보적 민족주의자 등으로 다양하게 평가되고 있다. 인적계열로 볼 때, 김원봉계열에서 김구계열로도 분류되는 등 다양한 정치 이력을 보여주었다. 그처럼 파란만장했던 생애와 항일민족운동 역정에도 불구하고 그에 대해서는 몇편의 라이프 스토리에 가까운 글들을 제외하고는[1] 아직도 전문적인 인물연구가 이루어지지 않고 있다.[2]

---

1) 金午星, 「金星淑論」, 『指導者群像』, 秀英社, 1946(金南植 편, 『南勞黨研究資料集』 제2집, 아세아문제연구소, 1974에 재수록됨) ; 金在明, 「金星淑선생의 墓碑銘」,

다만 기존의 연구에서는 1930년대 후반 중국관내지역의 민족협동전선
운동을 다루는 과정에서 그의 활동이나 이론에 대해서만 간략하게 언급
할 뿐이었다.[3] 그 이유는 관련 자료 자체가 영성할 뿐만 아니라 복잡했
던 그의 노선이나 행로에 기인하는 바가 크다고 할 것이다.

　본고는 김성숙의 독립운동 가운데 광주봉기 실패 이후 상해로 돌아왔
던 1928년부터 태평양전쟁 발발에 즈음하여 임시정부에 참여하는 1941
년 12월까지의 약 14년 동안의 그의 활동사를 살펴보고자 한다. 이 14년
동안의 시기는 그가 본격적으로 독립운동에 투신하는 1935년을 경계로
하여 두 시기로 나눌 수 있다. 1928년부터 1934년까지의 7년 동안의 시
기는 김성숙으로서는 사상적 모색기이자 저작활동에 몰두하면서 대중조
직에서 활동하는 이른바 재충전기였다. 중일간의 전운이 고조되던 1935
년부터 1941년까지의 7년은 그가 다시 본격적으로 관내지역의 독립운동
에 뛰어들었던 시기였다.

　따라서 본고는 이러한 시기구분을 염두에 두면서, 광주봉기 실패 직
후인 1920년대 말, 1930년대 전반기 그의 사상적 모색, 노선 전환과

　　『政經文化』, 1985년 10월호 ; 水野直樹, 「民族運動史上の人物, 金星淑」, 『朝鮮民
　　族運動史研究』 4, 1987 ; 木偶, 「진보적 민족주의자의 비극적 일생」, 『민족불교』
　　창간호, 동광출판사, 1989 ; 김재명, 「김성숙: 민족해방과 통일 위해 바친 자의 묘
　　비명」, 『한국현대사의 비극 : 중간파의 이상과 좌절』, 도서출판 선인, 2003.
　2) 1920년대 김성숙의 의열단 운동과 관련해서는 다음의 역저가 있다. 김영범, 『한
　　국 근대민족운동과 의열단』, 창작과비평사, 1997. 그의 1930년대 후반 통일전선
　　운동과 관련해서는 필자의 졸고가 있다. 김광재, 「在中 抗日協同戰線運動과 金星
　　淑」, 『한국민족운동사연구』 13, 1996. 그리고 김성숙의 조선민족해방동맹에서의
　　활동은 다음의 논고를 참고할 수 있다. 양영석, 「조선민족해방동맹의 노선과 활동」,
　　『한국독립운동사연구』 4, 1990.
　3) 지금까지 1930년대 후반 중국관내지역 한인민족운동진영의 전선통일운동에 대해
　　서는 지면에 모두 소개하지 못할 정도로 많은 연구가 축적되어 있다. 연구사적 정
　　리는 다음의 논저를 참고할 수 있다. 김희곤, 「대한민국임시정부에 대한 연구의
　　회고와 전망」 ; 한시준, 「중국관내지역 독립운동에 대한 연구의 성과와 과제」(이
　　상 국사편찬위원회, 『한국사론』 26, 한국사연구의 회고와 전망 IV, 1996에 수록).

1930년대 중후반 조선민족해방동맹, 조선민족전선연맹, 조선의용대에서의 활동, 마지막으로 임시정부에 참여하는 과정 등을 자료가 허용하는대로 살펴 보고자 한다.4)

끝으로 지적해야 할 것은 1928년초 광주에서 상해로 돌아온 이후부터 1935년 조선민족해방동맹을 결성하기 전까지의 약 7년에 걸친 시기의 김성숙에 대해서는 아직도 밝혀야 할 것이 많은 실정이다. 그의 활동 생애를 연속선상에서 파악하기 위해서는 향후 이 시기 관련자료의 발굴에 노력하여야 할 것이다.5)

2. 조선민족해방동맹의 결성과 김성숙

1) 광주봉기 이후 左聯에서의 활동

1927년 12월 김성숙은 중국 국민혁명의 좌절 이후 중국공산당이 일으킨 일련의 무장봉기 가운데 하나였던 이른바 '廣州蜂起'에 적극적으로 참여하였다. 장개석이 쿠데타를 일으켜 국공합작이 결렬되고 공산당에 대한 탄압이 가중되자 중국공산당은 무장봉기를 일으켜 광주를 점령

---

4) 김성숙에 대해서는 관련자료가 많지 않은 실정이다. 그가 1960년대 자신의 생애에 대해 구술자료를 남긴 것은 그나마 다행이 아닐 수 없다. 현재 김성숙을 이해하는데 있어 가장 중요한 자료 가운데 하나가 바로 이 구술자료이다(李庭植 면담 / 金學俊 편집·해설, 『혁명가들의 항일회상』, 민음사, 1988). 다만 구술이 1960년대 후반 경색된 반공 분위기하에서 이루어졌기 때문에 자의든 타의든 그 자신이 중국공산당과 무관했음을 강조한 부분들이 눈에 뜬다. 자료활용시에는 이러한 측면을 충분히 감안하여야 할 것이다.

5) 1920년 후반부터 1930년 중반까지 김성숙은 상해 등지에서 문필활동에 종사하면서 번역서를 출간하거나 중국의 잡지, 신문에 글을 기고하였다고 한다. 향후 이들 관련자료들을 체계적으로 수집할 필요가 있다.

하였던 것이다. 여기에는 김성숙, 오성륜, 김산 등을 비롯하여 200명 가량의 한인들이 참여하였다. 무장봉기에 참여한 한인혁명가들은 대부분 봉기의 주력부대인 敎導團에 집중되었다. 특히 第2營(대대-필자) 第5聯(중대-필자)은 기본적으로 한인청년들로 조직되었다.[6]

그는 봉기군의 주력부대인 교도단의 連隊級(중대-필자) 부대의 중공당 당조직 책임자로 활동하고 있었다.[7] 그는 봉기에 참여한 한인 가운데 가장 지위가 높은 지도자 가운데 한 사람이었다.[8] 그는 광동소비에트정부의 한인을 대표하는 대표 7-8명 중의 한 사람으로 혁명정부의 肅反(反革命肅淸)委員會의 위원에 피선되어 활동하기도 하였다.[9] 봉기기간 동안 그는 직접적인 군사활동보다도 정치공작을 담당하였다.[10] 그의 임무는 교도단에 소속되어 있던 한인청년들을 정치적으로 교육시키는 일이었다.

광주봉기는 영국, 미국, 프랑스, 일본 등 열강의 지원을 업은 국민당의 유혈진압으로 3일 천하로 끝났다. 그 과정에서 중국 공산주의자들은 물론, 봉기에 참여했던 많은 한인청년들이 피살되었다.[11]

광주봉기는 당시 풍미하고 있던 중국공산당의 '左翼冒險主義' 내지 '左翼盲動主義'에 의한 유혈폭동이었다. 당시 瞿秋白이 이끌던 중공당

---

6) 현룡순, 『조선족백년사화』 2, 심양: 료녕인민출판사, 1984, 41쪽.

7) 김성숙은 1925년 광주의 중산대학에 재학할 무렵 중국공산당에 가입하였던 것으로 보인다.

8) 현룡순, 『조선족백년사화』 2, 55쪽 ; 杜君惠,「廣主起義見聞」,『廣東文史資料』 27 (楊昭全 編,『關內地區朝鮮人反日運動資料彙編』 上冊, 沈陽: 遼寧民族出版社, 1987, 160-161쪽에 재수록됨) ; 류자명,『나의 회억』, 심양: 료녕인민출판사, 1984, 102쪽.

9) 현룡순, 『조선족백년사화』 2, 54-55쪽.

10) 中國共産黨 廣東省委員會,『양성만보』, 1982. 12. 8일자(이회성·미즈노 나오끼 엮음, 윤해동 외 옮김,『김산과 님 웨일즈 : 아리랑 그 후』, 동녘, 1993, 99-102쪽에서 재인용함).

11) 현룡순, 『조선족백년사화』 2, 62쪽.

은 혁명의 고조기가 계속되고 있으며 봉기를 호소하기만하면 농촌이나
도시 어디에서나 이에 호응해 일어날 것으로 판단하고 공공연한 무장봉
기의 노선을 추진하였다. 이는 결과적으로 당시 상황에 대한 중대한 오
판이었다. 그 결과 1928년 2월 코민테른에서 이들 일련의 무장봉기 시
도가 '모험주의'였다는 비판을 받았다.[12]

광주봉기가 실패로 돌아간 후 김성숙은 중국 국민당정부의 백색테러
를 피해 중산대학에 재학하고 있던 杜君惠[13)와 함께 홍콩을 거쳐 상해
로 탈출하였다. 광주봉기의 비참한 결과는 그로서는 큰 충격이었음에 틀
림없다. 광주봉기 과정에서 그는 '一國一黨의 원칙'과 프롤레타리아 국
제주의정신에 입각해 중국의 공산혁명을 위하여 희생되는 많은 한인청
년들을 보면서 좌경모험주의에 의한 혁명실패의 교훈과 국제주의의 허
망함에 깊이 고민하였을 것이다. 중국혁명(북벌)에 참가하게 되면서 본
의아니게 중국 내부의 이념갈등이나 권력투쟁에 휩쓸려 피흘리는 것은
결코 조국독립의 길과는 거리가 먼 의미없는 희생이었다.[14) 때문에 중
국혁명운동에 앞장서 참가했던 한인 독립운동자들은 한동안 깊은 좌절
감과 무력감을 맛보아야만 했다. 중국혁명의 성공이 한국독립으로 이어
지리라던 기대도 허망하게 무너지고 말았다. 그 결과 1920년대 후반 중
국지역에서의 유일당촉성운동이 1928년 이후로 답보를 면치 못하다 급

---

12) 姬田光義 외, 편집부 옮김, 『中國近現代史』, 일월서각, 1985, 280쪽.

13) 李盛平 主編, 『中國近現代人名大辭典』, 北京: 中國國際廣播出版社, 1989, 214쪽.
   김성숙의 부인 杜君惠(1904-1981)는 廣東省 廣州人이다. 1924년 廣東大學에 입학
   하였으며, 1928년 중국공산당에 가입하였다. 1930년 中國左翼作家聯盟에 참여하
   였으며 1935년 월간지 『婦女生活』을 창간하였다. 후에 上海婦女界救國會 조직부
   장을 역임하였다. 1944년 중경에서 『職業婦女』를 창간하였다. 1945년 中國婦女
   聯誼會 상무이사를 지냈다. 1949년 중화인민공화국 성립후에는 중등학교 교장 등
   을 역임하였으며 全國政協委員, 中共八大代表에 당선되었다. 1981년 2월 7일 북
   경에서 사망하였다.

14) 김영범, 『한국 근대민족운동과 의열단』, 181쪽.

기야는 중단되는 사태를 가져왔다. 광주봉기의 비참한 결과는 재중 한인 독립운동진영의 전체적인 분위기와 운동형세에도 적지 않은 영향을 미치게 되었다.[15]

중공 당원으로서 아무런 망설임없이 광주봉기에 참여하여 적극적으로 활동했던 김성숙의 모습은 더 이상 볼 수 없게 되었다. 그로서는 국민당의 백색테러가 자행되는 시국에서 우선 살아남아 후일을 도모하는 것이 중요했다. 특히 그는 중공 당원이었기 때문에 국민당의 탄압에 노출되어 있었다. 당시 국민당이 통치하던 상해에는 좌익인사에 대한 공공연한 백색테러가 자행되고 있었다. 때문에 그로서는 국민당 당국에 의해 위험시되는 비밀 당조직 활동이나 과격한 활동보다는 비교적 안전한 저술활동이나 공개적이인 항일구국운동단체 등에서 활동하였다. 그는 "백색테러가 자행될 때는 어떻게든 살아남아 장차 중요한 일을 지도하기 위한 준비를 하는 것이 중요하다"면서 이론적 작업과 저술활동에만 전념할 결심을 굳혔다고 한다.[16]

그럼으로써 그는 광주봉기에 함께 참여하였던 오성륜이나 김산과는 다른 길을 가게 되었다. 오성륜이나 김산이 광주봉기 이후에도 계속하여 중공당 당조직 활동을 적극적으로 전개했던 것과는 달리, 김성숙은 중공당과는 일정한 거리를 유지하였다. 물론 그가 중공 당원 신분을 완전히 벗어나지는 않았던 것으로 보인다. 즉 중국좌익작가연맹에 가입하여 당조직 활동을 수행하거나 이 연맹의 지도자 가운데 한 사람인 丁玲이 조직한 小組에서 활동했다는 구술로 보아 계속하여 중공당과 어느 정도의 연계를 가지고 있었던 것으로 생각된다.[17] 하지만 그가 전개한 활동의

---

15) 김영범, 『한국 근대민족운동과 의열단』, 182-183쪽.

16) 님웨일즈 저·조우화 역, 『아리랑』, 동녘, 1984, 186쪽. 김산은 김성숙이 결혼한 후 집에 틀어박혀 하루종일 글쓰는 일에 만족하고 있다고 하였다.

17) 中國社會科學院 文學研究所 編, 『左聯回憶錄』, 北京: 中國社會科學出版社, 1982, 827쪽(水野直樹, 「民族運動史上の人物, 金星淑」, 122쪽에서 재인용함).

촛점은 중공당 당조직 보다는 사회주의 문학운동단체나 항일구국운동
단체에서의 활동에 맞추어졌다. 다시 말해, 지하조직의 비밀활동보다는
표면단체의 공개적이고 대중적인 활동방면에 더 큰 비중을 두었던 것
이다.[18)

그는 상해지역에서 전개되고 있던 한인독립운동에 직접적으로 나서
지 않았다. 중국관내지역의 유일당운동이 좌절된 후 좌파그룹은 1929년
10월 留滬韓國獨立運動者同盟을 조직하였고, 우파그룹은 임시정부 세
력과 연합하여 1930년 1월 한국독립당을 창당하였다. 그후 '만주사변'이
일어나자 한인독립운동진영은 민족유일당운동의 좌절을 딛고 새로운 항
일 진로를 모색하였다. 더욱이 1932년 4월 윤봉길의거를 계기로 반만항
일의 한중연합이 급속히 진전되었다. 이러한 정세변화를 배경으로 1932
년 10월 김규식, 최동오 등은 한국대일전선통일동맹을 결성하여 독립운
동세력의 통합과 단결을 위한 노력을 공식화하였다. 김성숙이 관내지역
의 좌우익 독립운동에 관여한 흔적이 발견되지 않고 있는 것으로 보아
상해지역의 한인독립운동과도 일정한 거리를 두고 있었다.

<표 1> 1920년대 후반 이후 김성숙의 이동 경로[19)

연도	이동 및 활동지역	비고
1925년-1927년	광주	중산대학 수학, 광주봉기 참여
1928년초	광주→상해	두군혜와 광주 탈출
1928년-1930년	상해	두군혜와 결혼(1929), 문필활동
1930년	상해→광주	광주에서 민국일보 기자 등 역임
1930년	광주→상해	
1930년-1932년	상해	좌련 가입, 송호전쟁 참여

18) 님웨일즈,『아리랑』, 188쪽. 김산은 이 무렵 김성숙이 그의 특성상 비밀이 요구되
   는 일보다는 공개적인 활동을 좋아하였다고 지적하였다.
19) 광주봉기 이후 김성숙의 이동범위는 매우 넓은데, 참고를 위하여 연도별로 그의
   행적을 표로 제시하였다.

1932년	상해→광서성	광서성 사범대학 교수 역임
1933년	광서성→상해	
1933년-1937년	상해	좌련 활동, 해맹 창설
1937년	상해→남경→한구	민선 성립
1938년	한구	조선의용대 창설
1938년말	한구→계림	조선의용대 본부 이전
1939년초-1939년 2월	계림	조선의용대 정치조장 역임
1939년 2월 하순	계림→중경	통일전선운동을 위해 중경으로 이동
1939년	기강	합당회의 참여, 탈퇴
1940년	중경→낙양	투쟁동맹 결성
1941년 11월	낙양→중경	해맹 복원, 임시정부 참여
1941년-1945년	중경	임시정부에 참여하여 활동 전개

상해로 돌아온 다음해인 1929년 김성숙은 두군혜와 결혼하였다.[20] 그는 우선 생계를 유지하기 위해 노력하였다. 그는 왕성한 원고 집필 및 번역활동을 통해 이를 어느 정도 해결하였다. 그리고 김산이나 오성륜 같이 어려운 처지에 있던 동지들에게도 도움을 주었다.[21] 따라서 이 시기는 그의 일생에서 가장 행복했던 시기였을 것이다.[22]

두군혜와 결혼한 김성숙은 이듬해 1930년경 부인의 고향인 광주로 옮겼다. 그는 광주에서 『民國日報』기자로서 활동하다가 자신의 모교인 中山大學 日本語飜譯系(일어통역)에 초빙되어 근무하였다.[23] 그러다가 이곳을 퇴직하고 文明路에 있는 일어연구소에 일본어 교수로 활동하기도 하였다.[24]

---

20) 姚辛 編著, 『左聯詞典』, 北京: 光明日報出版社, 1994, 103쪽.
21) 님웨일즈, 『아리랑』, 180쪽.
22) 金午星, 「金星淑論」, 680쪽.
23) 朝鮮總督府 警務局, 『國外ニ於ケル容疑朝鮮人名簿』, 1934, 98쪽 ; 『日本外務省警察史』, 支那ノ部, 在廣東總領事館, 34924쪽(손염홍교수 제공).
24) 위의 『日本外務省警察史』 자료.

그러나 김성숙의『약력』에는 광주봉기 실패 이후 광주를 떠났다가 다시 광주에 가서 기자나 교수 생활을 했다는 기록이 누락되어 있다.25) 그가 상해에서 다시 광주로 간 까닭은 아마도 두군혜와 결혼한 이후 상해에서의 생활고를 타개하기 위한 것이 아닐까 생각된다. 광주에서는 처갓집의 도움을 받을 수 있었을 것이다. 하지만 광주에서의 생활은 그리 오래가지 않았다.

다시 상해로 돌아온 그는 문필활동에 종사하거나 중국의 공개적인 단체에서 활동하였다. 그는 1930년 8월경 중국공산당 산하의 혁명문학운동단체인 中國左翼作家聯盟(이하 '左聯')에 부인 두군혜와 함께 가입하였다.26) 혁명가 부부로서 두사람이 함께 左聯에 가입한 사실이『左聯史』에 소개되는 것으로 보아 당시로서는 매우 특이한 경우였다. 김성숙 부부는 좌련이 전개했던 각종 사회정치 활동에 적극적으로 참여하였다.

좌련은 중공당이 지도한 좌익문학단체로 반제, 반국민당 반동파, 소비에트혁명 옹호의 기치를 내걸었다. 때문에 좌련의 구성원 가운데 절반이상이 중공 당원이었다.27) 좌련은 1936년초 일제의 화북침략으로 중일전쟁이 기운이 높아지자 문화단체의 통일전선을 위해 해산되었다.

좌련은 黨團(당의 지도기구), 집행위원회, 비서처, 조직부, 선전부를 설치하였다. 일상업무를 지도하고 전개하는 조직으로 대중문예위원회, 창작비평위원회, 마르크스주의문예이론위원회, 국제연락위원회, 소설연구위원회, 詩歌연구위원회 등이 있었다. 김성숙은 이 가운데 창작비평위원회 소속원으로서 魯迅, 茅盾 등과 함께 문학창작 및 이론비평 활동을 전개하였다.28) 이외에도 이 위원회는 좌익작가들의 작품을 심사하여 우

---

25) 1969년 김성숙의 장례식때 간행된 「雲岩 金星淑先生 略曆」(이하『약력』) 참조.
26) 姚辛 編著,『左聯詞典』, 164쪽. 좌련은 한국의 좌익계 문학단체였던 카프(조선프롤레타리아예술동맹, 1925-1935년)와 유사한 성격의 단체였다.
27) 張小紅 著,『左聯與中國共產黨』, 上海人民出版社, 2006, 69쪽.
28) 姚辛 著,『左聯史』, 北京: 光明日報出版社, 2006, 8쪽.

수한 작품에 대해서는 게재를 추천하고 수준이 떨어지는 작품은 수정의
견을 제시하는 등 비평활동을 수행하였다.[29]

그는 좌련의 맹원으로 각종 항일구국운동에 참여하였다. 1932년 1월
일본군이 상해를 침략하여 송호전쟁을 발동하였다. 이때 그는 魯迅, 茅
盾, 丁玲 등 좌련의 지도자들과 함께 연명으로 일본군의 상해침략과 민
중의 학살을 반대하는 선언을 발표하였다.[30] 동시에 『烽火』라고 하는
전시 특별간행물과 『反日民衆』이라는 신문의 편집을 담당하였다. 그는
송호항일전쟁의 현황을 널리 알리고 중국 민중들의 항일정서를 고취하
는 필봉투쟁을 전개하였다.[31]

1932년초 송호전쟁 패배후 광서성 성립사범대학에서 1년간 교수생활
을 하다 이듬해 다시 상해로 돌아온 그는 저술과 번역활동에 전력하였
다.[32] 그는 1928년부터 몇년간에 걸쳐 여러권의 정치·철학·경제이론에
관한 저서를 번역하였다. 『日本經濟史論』, 『統制經濟論』, 『産業合理化』,
『中國學生運動』, 『辨證法全程』 등의 책들을 번역하였다고 한다. 저자
가 누구인지 알려지지 않고 있으나 제목에서 알 수 있듯이 당시의 정치
정세, 사회주의 경제체제에 관심을 기울였음을 알수 있다.[33]

이렇듯이 김성숙의 문필활동 및 공개단체에서의 활동은 1934년까지

---

29) 姚辛 編著, 『左聯詞典』, 8쪽.

30) 姚辛 著, 『左聯史』, 124쪽.

31) 姚辛 編著, 『左聯詞典』, 164쪽. 『약력』에 따르면, 그는 1932년 1월 당시 중국 19
    로군 채정혜 장군이 지휘한 송호항일전쟁에 적극 참여하였다. 송호전쟁의 실패
    후 그는 廣西省 省立師範大學에서 1년간 교수생활을 하였다고 한다.

32) 목우, 「진보적 민족주의자의 비극적 일생」, 65쪽.

33) 『약력』 참조. 그는 이 기간 동안의 논설을 묶어 모두 20권에 가까운 책을 펴낸
    것으로 알려져 있다. 『아리랑』(187쪽)에서도, 김성숙은 1928년부터 1930년까지
    언론출판 일에 종사하며 파시즘에 관한 책을 여러 권 번역하였으며, 그밖에 식민
    지 등 여러 가지 주제에 대한 논문을 묶은 훌륭한 책을 출간하는 등 여러 가지
    필명을 사용하여 도합 20권의 책을 출판하였다고 한다.

지속되었다. 요컨대 그에게 있어 이 7년의 기간은 좌경모험주의의 노선
을 반성하고 새로운 길을 모색하는 재충전의 기간이었다.

2) 조선민족해방동맹의 결성

김성숙이 민족운동에 다시 투신한 것은 1935년 무렵이었다. 1935년
에 들어서면서 일제가 만주에 이어 중국 화북을 침략함으로써 중국 전역
에서 항일 기운이 고조되어 갔다. 아울러 중국공산당이 발표한 8·1선언
의 항일구국 호소에 호응하여 중국 각지에서 청년학생들의 시위운동이
진행되었다.

김성숙도 중국대륙의 항일구국운동 대열에 적극적으로 참여하였다.
左聯의 일원으로 활동하고 있던 김성숙은 문화계 인사 沈均儒 등과 밀
접한 연계하에 항일구국운동의 대열에 적극적으로 참가하였다. 1935년
12월 12일 김성숙은 심균유, 鄒韜奮 등 상해의 좌련 및 문화계 인사와
함께 연명으로 「上海文化界救國運動宣言」을 발표하였다.34) 이 선언에
는 부인 두군혜도 김성숙과 함께 서명하였다.35) 김성숙은 부인 두군혜
가 관여하고 있던 상해여성구국회에도 가입하여 중국 여성계가 벌이는
항일구국운동에도 참여하였다.36)

1935년 중국의 항일구국운동에 참여하던 김성숙은 중국공산당을 탈
퇴하였다.37) 그는 중국에 산재해 있는 한인 공산주의자들을 규합하여

---

34) 姚辛 著, 『左聯史』, 317쪽.

35) 姚辛 著, 『左聯史』, 457쪽.

36) 최용수, 「"12.9"에서의 조선인 혁명자들」.

37) 김성숙이 언제 중공당을 탈당했는지에 대한 1차자료는 남아 있지 않다. 아마
    1935년경 조선민족해방동맹을 창설하기 위해 한인공산주의자들을 규합하기 시작
    할 무렵 중공당을 탈당했던 것으로 보인다. 이는 조선의용대 대원으로 활동하였
    던 文正一의 "김규광은 중국공산당을 탈당하여 상해에서 조선민족해방동맹을 조
    직"하였다(이회성·미즈노 나오끼 엮음, 『김산과 님웨일즈 : 아리랑 그후』, 150쪽

'조선공산주의동맹'을 조직함으로써 중국 관내지역의 독립운동에 본격적으로 투신하였다.

1936년에 들어서면서 중국 대륙의 정세도 급변하였다. 중국의 제2차 국공합작운동이 급속하게 전개되어 갔다. 이러한 상황속에서 김성숙은 상해에서 朴建雄·김산 등 한인공산주의자 약 20명과 함께 조선공산주의자동맹을 개편하여 조선민족해방동맹(이하 해맹)을 결성하였다.[38] 해맹의 결성 동기와 배경에 대해 김성숙은 다음과 같이 회고하였다.

> "…… 조선민족해방동맹을 만들때 이런 생각을 가졌어요. '우리 공산주의자들이 전부 중국공산당원이 되어 버렸다. 조선공산당이 중국공산당이 되었다. 이래서는 안된다. 나 혼자만이라도 조선혁명을 하도록 노력해보자. 그런데 나 말고도 중국공산당에 들어가지 않은 채 조선의 공산운동이나 조선의 혁명에 몸바치려는 동지들이 있지 않으냐? 이들이 함께 일할 곳을 만들자' 이래서 조선민족해방동맹을 만들었지요. 이 이름안에 공산주의라는 말을 넣지 않았습니다. 나는 공산주의보다 조국의 해방이 더욱 중요하다고 보았기 때문입니다. 그러나 다른 사람들이 이 단체를 공산주의 단체로 본 것은 사실입니다. 임정에서도 우리를 그렇게 인정했읍니다."[39]

; 백선기, 『미완의 해방노래』, 正字社, 60쪽)는 증언에 의해서도 잘 알 수 있다. 그리고 중국인 친한인사였던 羅靑은 1935년경의 김성숙을 중공당원이라고 지칭하였다[羅靑, 「憶我的三個朝鮮朋友」, (楊昭全 編, 『關內地區朝鮮人反日運動資料彙編』 下册, 沈陽: 遼寧民族出版社, 1987, 1353쪽].

38) 李庭植 면담 / 金學俊 편집·해설, 『혁명가들의 항일회상』, 65, 100쪽 ; 金午星, 「金星淑論」, 680쪽. 이들 자료에는 해맹이 '조선민족해방연맹'이라는 명칭으로 나타나고 있으며 박건웅, 金在浩, 申貞琬 등과 함께 결성한 것으로 되어 있다. 하지만 『아리랑』이나 文正一의 증언(이회성·미즈노 나오끼 엮음, 『김산과 님 웨일즈 : 아리랑 그 후』 참조)에는 해맹을 결성한 중심인물의 한 사람으로 김산도 언급되어 있다. 「韓國黨派之調査與分析」(秋憲樹 編, 『資料 韓國獨立運動』 2, 연세대 출판부, 1972, 77쪽)에도 해맹의 구성원으로 김산이 '張明'이라는 이름으로 소개되어 있다. 김성숙은 구술 당시의 엄혹한 반공 분위기 때문인지는 몰라도 김산에 대해서는 한 번도 언급하지 않았다.

39) 李庭植 면담 / 金學俊 편집·해설, 『혁명가들의 항일회상』, 100쪽.

해맹은 비록 몸은 중국에서 활동하고 있지만 중국을 위한 혁명보다는
조선을 위한 혁명, 곧 '민족혁명'을 지향해야 한다는 노선을 내걸었다.
여기에는 중국혁명을 위해 광주봉기에서 한인들이 무의미하게 희생되었
던 사실에 대한 반성의 의미도 없지 않았을 것이다. 프롤레타리아 국제
주의나 중국혁명을 통한 한국독립이 아니라 곧바로 한국독립의 기치를
내걸었던 것이다. 그는 당시의 공산주의운동에 대해 가지고 있었던 문제
의식을 다음과 같이 술회하고 있다.

> "……그때 우리나라의 사회주의자들과 공산주의자들은 민족주의라는 것
> 을 무시하고 있었어요. 민족주의를 부르조아 이데올로기라고 단정하고 프
> 롤레타리아 국제주의를 강조한 마르크시즘-레닌이즘을 그대로 받아들인
> 것이지요. 여기에 맞서서 나와 내 동지들은 '민족문제가 더 크다. 민족이
> 독립된 뒤에야 공산주의고 사회주의고 무엇이든지 되지 민족의 독립이 없
> 이 무엇이 되느냐'라고 역설했지요. 그리고 '우리가 독립하기 위해서는 전
> 민족이 단결해야 한다. 이것이 바로 민족주의이다. 이 민족주의와 합작해
> 서 자본주의와 싸워야 한다'고 주장했지요."[40]

위와 같이 김성숙은 계급문제나 계급혁명보다 민족문제를 우선하여
민족해방을 앞세우고 민족해방이 이루어지고 난 다음이라야 사회주의고
공산주의가 있다는 민족 우선의 노선을 견지하였다.[41] 다시 말해 김성
숙의 사상적 지향점은 결국 민족주의 이념과 반자본주의(공산주의) 이념
을 접합시키되 전자를 支柱로 하고 후자를 거기에 접목시킨다는 것이었
다. 그런데 민족주의 이념은 그 실천과정에서 필연적으로 프롤레타리아
국제주의와 상충하게 되는데, 그 경우에는 민족주의 이념을 취하고 국제
주의 원칙을 버리려 했다는 것이다.[42] 따라서 김성숙과 해맹은 당시 프

---

40) 李庭植 면담 / 金學俊 편집·해설, 『혁명가들의 항일회상』, 65-66쪽.
41) 「韓國黨派之調査與分析」, 76쪽 ; 양영석, 「조선민족해방동맹의 노선과 활동」, 405쪽.
42) 김영범, 『한국 근대민족운동과 의열단』, 151쪽.

롤레타리아 국제주의 및 일국일당원칙에 입각해 활동하던 '정통' 공산주의 노선과는 다른 행로를 걸어갔다. 그 결과 해맹은 중국공산당, 코민테른의 승인이나 지원없이 독자적으로 활동하지 않으면 안되었다.[43]

해맹은 일제 타도 후 민주공화국의 건설을 궁극적 목표로 제시하였다. 이 점은 김산의 회고를 통해서 뒷받침되고 있다. 김산은 해맹의 행동강령을 다음과 같이 소개하였다.

"······ 항일투쟁의 기초 위에서 자유로운 공화국을 건설하여 한국혁명의 부르조아 민주주의 단계를 달성한다고 하는 것이었다. 우리의 주안점은 일체의 일본제국주의 그리고 한국에서의 그 기득권의 타도와 몰수, 민주주의적인 시민적 자유의 보장과 한국민중에 대한 교육받을 권리의 보장, 생활조건의 개선과 가혹한 세금의 폐지, 공공사업과 독점기업(현재는 모두 왜놈의 지배하에 있다)의 국유화, 한국민족해방운동에 동정적인 모든 민족이나 국가와의 우호였다."[44]

이로보아 해맹이 해방 이후에 건설할 국가상에 대하여 진정한 민주공화국의 건설을 전망하였던 것으로 보인다. 그리고 당면 주요 목표로 민족운동진영의 전선통일을 내걸었다. 김성숙과 해맹은 현단계의 조선혁명이 무엇보다도 자주독립을 쟁취하는 민족적 과업에 있으며, 이러한 민족적 과업을 성취하기 위해서는 각계 각층의 혁명세력을 결집하지 않으면 안된다고 인식하였다.[45]

그 결과 김성숙이 민족주의 좌파세력의 연합전선인 조선민족전선연맹의 결성과정에서 중요한 역할을 수행하였다. 나아가 후일 임시정부에

---

43) 중국에서 활동하는 공산주의단체가 중공당의 지원없이 활동하는데는 현실적으로 많은 어려움이 있었다. 때문에 해맹의 중화소비에트지구 파견 대표로 선출된 김산이 해맹에 대한 중공당의 승인 및 지원을 얻기 위해 위험을 무릅쓰고 연안에 갔다고 한다(이회성·미즈노 나오끼 엮음, 『김산과 님웨일즈 : 아리랑 그후』, 44쪽).
44) 님웨일즈, 『아리랑』, 284쪽.
45) 金午星, 「金星淑論」, 680쪽.

참여한 후에도 임시정부 산하의 정당, 단체들의 합작운동에서 빼놓을 수 없는 '매개물'(중재자-필자)이 되었다.[46)]

3. 조선민족전선연맹과 김성숙

1) 조선민족전선연맹의 수립

1937년 7월 7일 노구교사건에 의해 전면적인 중일전쟁이 발발하였다. 같은해 8월 이후 일본군의 공격으로 상해가 함락될 상황에 처하자 관내지역의 한인독립운동진영은 南京으로 이동하였다. 이때 김성숙이 이끄는 해맹도 상해를 떠나 남경으로 활동근거지를 옮겼다.

한편 독립운동진영은 전면적인 중일전쟁의 발발에 따라 장래 蘇日戰爭, 美日戰爭, 더 나아가 세계대전까지도 예견하였다. 전세계적으로도 반파시즘통일전선이 확산되었으며 그에 영향을 받은 중국의 제2차 국공합작은 한인민족운동진영에 적지 않은 영향을 미치게 되었다. 이러한 객관적 정세는 다시 한인민족운동진영의 협동전선운동에 유리하게 작용하였다. 또한 민족운동진영 자체내에서도 모든 역량을 결집해 효과적인 항일투쟁에 임하자는 요구가 대두되기 시작하였다.

그 결과 민족주의 우파세력은 한국광복운동단체연합회(이하 광선), 민족주의 좌파세력은 조선민족전선연맹(이하 민선)을 결성하였다. 그럼으로써 양측이 연합할 수 있는 조건이 형성되었다.[47)] 민선은 1937년 11월 漢口에서 김원봉의 민족혁명당, 김성숙의 해맹, 류자명의 조선혁명자연

---

46) 「韓國黨派之調査與分析」, 76-77쪽. 중국 국민당정부의 정보 보고서에서도 해맹의 주요업무가 통일전선사업이라고 하였다.

47) 金正明, 『朝鮮獨立運動』 2, 東京: 原書房, 1967, 606쪽.

맹의 3단체가 단체본위 조직원칙에 의거하여 조직한 민족주의 좌파세력의 연합전선이다.[48] 민선은 결성 당시 3개 단체가 참여하였으나 1938년 10월, 민선 산하에 군사조직인 조선의용대가 창설되면서 최창익이 이끄는 조선청년전위동맹(이하 전맹)이 참가함으로써 그 구성단체는 4개 단체로 늘어났다.[49]

민선 결성과정에서 김성숙은 먼저 무정부주의자 류자명과 통일전선의 조직방식에 대해 협의하였다.[50] 김성숙과 류자명이 민선을 결성할 때, 단체본위 조직원칙에 합의할 수 있었던 것은 세력이 약한 소단체의 특성상 강대한 조직과 연합하는 과정에서 자신들의 정체성을 유지하는 데 보다 유리하였기 때문이다.

한편 김원봉은 기존의 단체를 해체하고 개인본위 조직원칙에 의거한 강력한 단일당 구성을 주장하였다. 민혁당이라는 강력한 조직을 이끌고 있던 김원봉으로서는 자신의 주도하에 해맹 등 군소단체를 흡수하고자 하였다. 이에 대해 김성숙은 "우선 당은 함께 못하더라도 연합전선을 펴자"고 주장하였다.[51] 김원봉으로서도 김구의 민족주의 우파계열이 광선으로 결집하여 세를 과시하고 있었기 때문에 이와 맞설 수 있는 좌파 연합체 결성이 시급한 실정이었다. 이와 같이 김성숙의 설득과 김원봉의 양보로 단체본위의 원칙에 의거한 민선이 조직될 수 있었다.

김성숙은 민선 결성 후 연맹의 상임이사 겸 선전부장으로 활동하였다.[52] 아울러 연맹의 기관지 『朝鮮民族戰線』의 편집인으로 참여하였다.

---

48) 內務部 警報局 保安課, 『特高月報』, 1938년 6월호, 100쪽 ; 金正明, 『朝鮮獨立運動』 2, 676쪽 ; 류자명, 『나의 회억』, 133-134쪽 ; 邵毓麟, 『使韓回憶錄』, 臺北 : 傳記文學出版社, 1980, 29쪽. ().

49) 楊昭全 編, 『關內地區朝鮮人反日運動資料彙編』 上冊, 311쪽.

50) 류자명, 『나의 회억』, 121-122쪽.

51) 李庭植 면담 / 金學俊 편집·해설, 『혁명가들의 항일회상』, 99쪽.

52) 金午星, 「金星淑論」 참조.

『조선민족전선』은 만 2개월 보름동안의 짧은 기간동안 다양한 기사재료
와 논제를 취급하면서 풍부한 논의를 전개하여 필봉투쟁의 전위역할을
담당하였다. 그는 류자명, 한일래와 더불어 『조선민족전선』의 주요 논진
으로 활동하였다.[53] 김성숙은 기관지에 자신의 주장을 피력하는 여러
편의 논설을 게재하였다. 기관지는 현재 5개호가 남아 있는데, 그가 게
재한 글은 다음과 같다.

〈표 2〉 김성숙이 『조선민족전선』에 게재한 논설

번호	제목	호수	내용
1	爲什麽要建立全民族的統一戰線?	창간호 (1938. 4. 10)	현단계 조선혁명의 유일임무는 전민족 통일전선을 결성하여 일제타도 및 진정한 민주독립국가 건설
2	哀悼島山先生	//	1938년 3월 안창호선생의 서거를 애도하는 글
3	如何建立全民族的反日戰線?	제2기 (1938. 4. 25)	전민족 통일전선건립을 위해 통일된 지도이론과 정확한 조직원칙과 방안을 채택하여 민족전선의 총지도기관을 건립하여야 함
4	中韓民族聯合戰線的革命的意義	제4기 (1938. 5. 25)	중한민족연합전선은 중국항일 혁명정책의 일환이며 조선민족해방운동의 기본정책임
5	朝鮮民族反日革命總力量問題	제5·6기 (1938. 6. 25)	조선민족의 반일역량이 어느정도인지 평가하되, 극좌나 극우 기준에서 평가해서는 안된다고 주장하는 글

김성숙이 『조선민족전선』에 게재한 논설의 주요내용은 대체적으로
다음의 두 가지 문제에 집중되어 있다. "① 전민족통일전선의 건립, ②
중한민족연합전선의 결성"으로써 이를 실현하는 문제는 당시 중국관내
지역 한인독립운동진영으로서는 가장 중요한 과제였다.

---

53) 愼鏞廈, 「해제」(독립기념관 한국독립운동사연구소, 『韓國獨立運動史料叢書 - 震
   光·朝鮮民族戰線·朝鮮義勇隊(通訊)』 제2집, 1988).

첫째, 김성숙은 전민족통일전선을 어떻게 구축할 것인지 문제에 대해 천착하였다. 이 문제는 김성숙이 민선을 결성하면서 이론적으로 가장 고심하였던 주제였다. 그는 일련의 글들을 통해 협동전선운동에서 종래의 개인본위 조직론을 비판하고 단체본위 조직론에 의거하여 민족협동전선을 결성해야 하는 당위성을 주장하였다. 곧 「如何建立全民族的反日統一戰線?」에서 민족전선이 결코 일종의 정당 형식의 단체가 아니라 각종 정치단체가 일정한 공동강령 아래서 공동의 행동을 조절하는 일종의 정치적 투쟁기구가 되어야 한다고 주장하였다. 때문에 민족전선은 반드시 단체본위 조직원칙을 채택하여야 한다고 주장하였다. 그러면서 그는 조직 운영이 느슨해질 수 있는 단체본위 조직원칙의 결점을 '민주집권제'라는 제도의 도입으로 보완하고자 하였다.

당시 단체본위, 개인본위 등의 연합전선 조직방법론상의 문제는 그 영도권 곧 헤게모니문제와 얽혀 협동전선 형성의 성공 여부를 가름하는 중요한 요인의 하나가 되었다. 때문에 통일전선운동에서 좌우익 세력 사이의 조직방법론이 전혀 다를 경우 전선의 통일은 바랄 수 없는 것이었다.[54]

안광천이나 한위건 같이 관내지역에서 활동하고 있던 사회주의자들은 민족주의진영과의 유일당 결성은 불가할 뿐만 아니라 실제로도 불가능하다고 하였다. 나아가 유일당 결성은 '무조건 합동'의 비현실적인 통일론이라고 주장하였다. 대신 당적 형태와 같이 영구적이 아닌 임시적 협동, 중앙집권적이 아닌 협의적 협동(공동투쟁위원회, 반제국주의동맹, 단체협의위원회, 폭압반대동맹 등의 이름을 가진 협의위원회)의 형태를 취해야 한다고 하였다.

민족주의진영에서는 코민테른이나 중공당의 지휘와 명령에 따라 국

---

54) 강만길, 「1930년대 중국관내 민족해방운동의 통일전선론」, 『한국사연구』 90, 1995, 304쪽.

제주의노선의 추종을 전제로 하는 '협동'은 도저히 받아들일 수 없는 것으로 인식하고 있었다. 잠정적이고 일시적인 협동이 과연 실효성이 있을지, 설령 효과가 있다고 하더라도 그 효과가 얼마나 지속될지 매우 의심스러운 것이었다. 그러므로 좌익진영의 주장을 전술적 전략 이상의 다른 의미가 없는 것으로 인식하였다.[55] 민족주의 세력은 협동전선에는 원칙적으로 찬성하는 편이었으나, 이를 공산주의자들의 세력만회 수단으로 보고 극력 반대한 경우도 있었다.[56] 따라서 이러한 방법론을 둘러싸고 각자의 방식을 고집함으로써 애써 맞은 전선통일의 호기가 무위로 돌아가기도 하였다. 그 단적인 예가 김구와 김원봉 양인이 민족단일당 구성을 위하여 기강 7당회의를 강행하려다 실패한 경우였다.

이로 미루어 보아 김성숙의 단체본위 조직원칙에 입각한 전선통일은 각 민족운동세력의 주의와 사상이 한층 더 뚜렷해진 당시로서 좌우파 양 세력이 모두 수용할 수 있는 가장 현실적인 방법론이었다고 할 수 있다.[57]

그러나 김성숙의 단체본위 방식의 민족통일전선론도 한계점이 없지 않았다. 관내지역 양대 한인민족세력이었던 김구계열과 김원봉계열이 이에 응하지 않을 경우 그의 협동전선 방안은 현실적으로 실현될 수 없는 한계가 있었다. 때문에 1920년대 의열단시절부터 긴밀한 관계를 유지했던 민혁당의 김원봉도 김성숙을 '團結淸談家'로 비판하였다. 김원봉에게는 김성숙이 사무실에서 말로만 단결을 부르짖는 논객으로 비쳐진 것이었다.[58]

둘째, 한중민족연합전선을 어떻게 수립하느냐 문제를 심도있게 분석하였다. 김성숙은 한중민족연합전선 문제를 중국항일 혁명정책의 일환

55) 김영범, 『한국 근대민족운동과 의열단』, 250-251쪽.
56) 노경채, 「한국독립당 연구」, 고려대학교 박사학위논문, 1991, 82쪽.
57) 강만길, 『조선민족혁명당과 통일전선』, 화평사, 1991, 205쪽.
58) 염인호, 『김원봉 연구』, 창작과비평사, 1993, 231쪽.

이며 조선민족해방운동의 기본정책으로 파악하였다.

그는 중일전쟁에서 일본이 군사적으로 우세하지만 중국은 정치적으로 우세하다고 하였다. 그러므로 중국이 승리하기 위해서는 정치를 동원하여 군비의 열세를 보충하여야 한다고 주장하였다. 또 중국은 중국 민중만이 아니라 해외의 반침략 세력도 동원해야 하는데, 2,300만명의 한인을 반일의 대열에 동원하는 것이 매우 중요하다고 하였다. 또 중국이 미국, 영국, 프랑스, 소련 등의 역량을 동원하는 것도 물론 중요하나 그들의 지원은 물질적인 것에 그치지만 한인은 생명을 동원할 것이라고 역설하였다.[59]

2) 조선의용대의 창설

중일전쟁이 장기화되던 1938년 10월 중국 漢口에서 민선의 무장조직으로서 조선의용대가 창설되었다. 주지하다시피 조선의용대는 1942년 한국광복군에 편입될 때까지 중국군 '6개 전구 남북 13개 성 전지'에 배속되어, 주로 일본군 포로 심문, 대일본군 반전선전, 대중국민 항전 선전 활동을 전개하였다.[60]

김성숙은 조선의용대의 창설 과정에 참여하였다. 민선의 이사, 기관지 편집위원 등으로 활동하던 김성숙은 김원봉, 류자명 등과 함께 중국 국민당정부의 蔣介石을 만나 한인 무력단체의 조직에 대한 동의를 받아냈다.

그리하여 1938년 10월 2일 한국 및 중국 양측 대표들은 회의를 개최하여 조선의용대 지도위원회를 조직하였다. 이 지도위원회는 군의 명칭,

---

59) 奎光, 「中韓民族聯合戰線的革命的意義」, 『朝鮮民族戰線』, 제4기, 1938. 5. 25.

60) 조선의용대에 대해서는 다음의 연구를 참조할 수 있다. 김영범, 「朝鮮義勇隊 研究」, 『한국독립운동사연구』 2, 1988 ; 염인호, 『조선의용군의 독립운동』, 나남출판, 2001.

조직 인선, 편제, 활동경비 등을 결정하였으며, 건립 후에는 의용대를 지도하는 기구로 작용하였다, 지도위원회 위원으로 중국 군사위원회 정치부측 인원 4명과 민선 산하 단체인 민혁당, 해맹, 전맹, 혁명자연맹의 대표 김원봉, 김성숙, 김학무, 류자명 등 4명이 선정되었다.[61]

조선의용대가 정식으로 창설되자 김성숙은 '政治組長'에 선임되었다. 정치조장은 의용대 대원들의 정치 및 사상교육을 담당하던 중요한 자리였다. 이는 중국 국민당이나 중공이 산하 군조직에 정치위원을 파견하여 사상교육을 수행하던 것을 참고한 것이었다. 김성숙은 이와 같이 중요한 임무를 띠고 의용대 대원들의 정치교육에 힘을 쏟았다.

조선의용대 본부는 창설 직후인 1938년 10월 25일 무한이 일본군에 점령되자 광서성 桂林으로 이동하였다. 김성숙도 의용대 본부를 따라 계림으로 옮겨가 활동하였다. 1938년 12월 3일 계림에 도착한 김성숙은 분주한 나날을 보냈다. 즉 대원들의 사상교육을 담당하는 한편 의용대의 기관지에 한국독립운동을 알리고 중국인의 항전의지를 고취하는 글들을 게재하였다. 계림에 주둔하고 있던 중국 각계의 요청으로 항일적인 내용의 강연을 하기도 하였다.[62] 다음은 김성숙이 한달 반이라는 짧은 기간 동안 『朝鮮義勇隊(通訊)』에 게재한 글들이다.[63]

〈표 3〉 김성숙이 『朝鮮義勇隊(通訊)』에 게재한 논설

번호	제목	호수	내용
1	社評 : 慶祝中國國民黨五中全會的成功	제3기 (1939. 2. 5)	왕조명 괴뢰정부의 평화공세에 맞서 장기항전정책 수립 및 피압박민족의 항일운동을 고무한 국민당 5중전회의 성과를 평가하고 축하한 글

---

61) 염인호, 『조선의용군의 독립운동』, 67쪽.
62) 『朝鮮義勇隊通訊』 제3기, 20쪽.
63) 창간호와 제2기에도 글을 게재했을 것으로 생각되나 현재 남아 있지 않다.

2	『三一』運動小史	제5기 (1939. 월일 미상)	3.1운동 제20주년을 맞아 3.1운동의 전 개과정을 회고하는 글
3	『三一』運動以後 朝鮮革命運動的 社新發展	제5기 (1939. 월일 미상)	-해외 조선혁명운동의 주요 정치노선은 전민족, 반일민족전선의 건립 -동시에 한중 양민족의 항일연맹의 건립 -중국 항전의 승리는 곧 조선혁명운동의 승리
4	公演『朝鮮的社女 兒』的革命意義	제6기 (1939. 3. 11)	1939년 3.1절 기념으로 공연된 연극『조 선의 딸』을 보고 평론한 글
5	快向敵人的後方 邁進	제7기 (1939. 3. 21)	중일전쟁이 대치국면으로 접어들고 조선 국내에 징병이 실시되는 혁명시기이므로 전방공작보다 조선 등 적후방의 조선대 중을 쟁취해야한다고 주장한 글

3·1운동과 연극에 대한 소감문을 제외하고는 대개 항일전쟁의 전략과 관련되는 글들이다. ①과 ③은 한중연합전선의 구축이라는 관점에서 그 중요성을 강조한 글이다. ⑤는 조선의용대가 중국군과 일본군이 대치하고 있는 전선에서 대적공작을 전개하고 있던 상황을 반성하고 징병제 실시에 맞추어 국내로 들어가 대중을 쟁취하자는 내용의 글이다. 당시로서는 여러 가지 객관적인 이유로 조선의용대의 활동범위가 중국관내지역을 벗어나지 못하고 있던 시점으로 매우 파격적인 주장이라고 하지 않을 수 없다.

김성숙의 계림에서의 조선의용대 활동은 오래 계속되지 못했다. 그는 1939년 2월 하순 이후 '중요한 일(要事)'로 인하여 급히 중경으로 떠났다.[64] 그는 약 3개월에 걸친 계림에서의 활동을 끝내고 중경으로 활동무대를 옮겼다. '중요한 일(要事)'은 아마도 1939년에 접어들면서 김구와 김원봉이 추진한 관내지역 독립운동진영의 단일당 결성 움직임과 무관

---

64) 『朝鮮義勇隊通訊』 제6기, 1939년 3월 11일, 38쪽. 「本隊消息」에 "본대 정치조장 김규광 동지가 중요한 일로 중경에 갔으며 李達이 정치조장를 대리하고 있다"고 되어 있다.

하지 않을 것이다. 1939년 1월경 이미 중국 최고당국은 김구와 김원봉을 차례로 초청하여 한인독립운동진영의 통일을 촉구하고 있었다.[65] 김성숙으로서는 관내지역의 민족통일전선 결성에서 소수파인 자신과 해맹의 입장을 반영하지 않을 수 없었던 것이다. 이로부터 김성숙은 중경 부근 綦江에서 전개되었던 중국관내지역 통일전선운동에 본격적으로 뛰어들게 되었다.

3) 임시정부 참여

1939년 5월 중일전쟁이 장기화되고, 장차 세계대전의 발발 가능성도 예견되었다. 이에 광선과 민선으로 대립하고 있던 김구와 김원봉은 민족운동진영의 분열 상황을 타개하기 위하여 「同志同胞諸君에게 보내는 公開通信」이라는 장문의 선언서를 발표하였다. 김구와 김원봉 두 사람은 우선 기존의 모든 단체를 해체하고 강력한 단일대당의 건립을 촉구하였다.[66]

선언서는 통일조직의 결성원칙으로 단일당 조직을 강조하였다.[67] 연맹방식, 곧 단체본위 조직원칙에 입각한 협동전선이 결코 종래의 무원칙한 파쟁과 상호마찰을 근본적으로 해소할 수 있는 방법이 아니라고 하여 개인본위 조직원칙에 의거한 단일당결성을 강력히 지향하였다.

이에 대해 민선 산하의 해맹, 전맹의 공산주의단체들은 민족주의자와 사회주의자는 주의와 사상이 다르므로 하나의 당을 결성하는 것은 불가능하다고 하였다. 그리고 김성숙은 김구·김원봉 두 사람에 의한 무조건적인 단일대당의 결성을 반대하고 연맹식 통일을 주장하였다. 단일당 결

---

65) 胡春惠, 『韓國獨立運動在中國』, 臺北 : 三民書局, 1986, 92쪽.
66) 『特高月報』, 1939년 8월, 120쪽.
67) 朝鮮總督府 高等法院 檢事局 思想部, 『思想彙報』20호, 1939년 9월, 243-251쪽 ; 金正明, 『朝鮮獨立運動』2, 637-640쪽 ; 『特高月報』, 1939년 8월, 107-109쪽.

성을 지향하는 이 합작협상은 군소 좌파그룹의 독자성과 정체성을 무시하는 것이기도 하였다.[68] 자신들의 정체성을 손상할 수 있는 무조건적인 단일대당의 결성에는 완강하게 반대하였던 것이다.

해맹은 1939년 5월, 기관지 『新朝鮮』을 창간하여 김구와 김원봉의 단일당 결성운동을 반대하는 글을 실었다.[69] '창간사'에서는 "가능한 범위내에서, 먼저 해외에 있는 조선공산주의자의 통일적 조직과 활동을 완성할 것"을 주장하고 구체적인 통일조직에 대해서는 다음과 같은 의견을 제시하였다.

> ① 민족주의단체는 단일식으로, 사회주의단체도 단일식 혹은 연맹식으로 결합한다.
> ② 그런 연후 결합된 대단체가 다시 연맹식으로 민족적 총결합체를 조직한다.[70]

동시에 해맹, 전맹의 두 단체는 1939년 8월 서로 제휴하여 합동정치위원회를 조직하고[71] 민족·사회주의 두 계열의 단체가 단체본위조직론에 의거하여 연합할 것을 주장하였다.[72] 합동정치위원회는 전민족연합전선 수립과 중한민족연합전선 결성에 대하여 다음과 같은 단계를 제시하였다.

---

68) 梶村秀樹, 「義烈團と金元鳳」, 『朝鮮史のわくぐみと思想』, 東京: 硏文出版社, 1982, 124쪽 ; 한상도, 「재중 한인독립운동단체의 활동과 갈등」, 『한민족독립운동사』 11, 국사편찬위원회, 1992, 502쪽.

69) 金正明, 『朝鮮獨立運動』 2, 675쪽.

70) 위와 같음.

71) 『特高月報』, 1940년 8월, 167쪽 ; 鐸木昌之, 「잊혀진 공산주의자들 - 화북조선독립동맹을 중심으로- 」, 『항전별곡』, 거름, 1986, 74쪽.

72) 金正明, 『朝鮮獨立運動』 2. 675쪽.

① 전맹·해맹의 양맹의 조직적 통일과 전 해외 공산주의자의 통일
   단결
② 전 해외의 우리 민족통일전선, 먼저 관내 각 당파의 통일전선의
   완성
③ 현재 조선의용대의 확대 및 조선혁명에의 발전
④ 우리 민족해방운동에 대한 국제원조, 특히 항일중국의 귀중한 원조
   획득을 위해, 충실하고도 정확하게 노력할 것"[73]

1939년 기강에서 민선, 광선 등의 7단체가 모여 단일당 결성에 대한
대표회합을 가졌다.[74] 회의는 처음부터 벽에 부딪혔는데, 그것은 통일
단체의 조직방식문제에 대한 의견차이 때문이었다. 격렬한 논쟁 끝에
해맹과 전맹은 단일당 통일방식을 반대하고 퇴장하였다.[75] 그후 7당회
의는 5당회의로 되고, 결국에는 민족혁명당의 이탈로 합당회의는 무산
되었다.[76]

한편 1940년 12월, 해맹과 전맹의 양 맹원들은 洛陽으로 집결하여 민
족혁명당에서 탈퇴한 王志延(韓斌), 李貞浩 등을 포용하여 朝鮮民族解
放鬪爭同盟(이하 투쟁동맹)을 결성하였다.[77] 선임된 간부진은 다음과
같다.

　　　• 내무주석 : 王志延(韓斌)
　　　• 외무주석 : 金奎光(金星淑)
　　　• 조직부장 : 金仁哲
　　　• 선전부장 : 李貞浩

---

73) 金正明, 『朝鮮獨立運動』 2, 675-676쪽.
74) 中國 中央調査統計局, 「綦江韓國七黨統一會議經過報告書」(台灣 中央研究院 近代
　　史研究所編, 『國民政府與韓國獨立運動史料』, 1988), 16-28쪽.
75) 김구, 『백범일지』(수정판), 서문당, 1995, 326-327쪽.
76) 앞의 「綦江韓國七黨統一會議經過報告書」 참조.
77) 「韓國黨派之調査與分析」, 78쪽.

- 중앙위원 : 王海公(申翼熙)·金學武·朴建雄
- 湖北支部責任 : 陳漢中
- 湖南支部責任 : 金昌滿[78]

투쟁동맹의 결성은 "먼저 해외의 전체 공산주의자의 통일, 그후의 전
민족통일전선의 결성"이라는 목적을 달성하기 위한 것이었다. 그러나
동 단체는 성립후 몇 개월이 지나지 않아 내부의 의견대립으로 1941년
5월경 전맹 맹원들은 중국 공산당과 가까운 팔로군 지역으로 북상하였
다. 전맹 계열과 그들에 의해 사회주의를 수용한 조선의용대 대원들은
낙양에서 황하를 건너 중공 팔로군지역으로 들어갔다.

조선혁명의 성격을 둘러싼 내부의 노선대립으로 동 단체는 성립된지
몇 개월 지나지 않아 결렬되고 말았다.[79] 여기서 극좌 공산주의자들과
결별을 한 김성숙은 1941년 11월경 해맹의 조직을 복원하고 중경으로
돌아가게 된다.[80] 중경으로 돌아온 그에게 선택지는 많지 않았다. 독자
적으로 활동하느냐 아니면 임시정부에 참여하여 활동하느냐의 갈림길에
서게 되었다.

그런데 그가 중경에 복귀한 직후인 1941년 12월 초 태평양전쟁이 발
발하였다. 태평양전쟁의 발발은 김성숙이 임시정부에 참여할 수 있는 명
분을 제공하였다. 이 무렵 임시정부는 그 위상이 전에 없이 제고되었다.
단일당에 흡수되는 것이 아닌, 해맹을 해체하지 않고 하나의 단체 자격
으로 임시정부에 참여하는 것은 그가 예전부터 주장해왔던 단체본위의
연합과 유사한 것으로 볼 수 있었다. 그의 표현에 따르면, "당을 같이

---

78) 坪江汕二, 『朝鮮民族獨立運動秘史』, 高麗書林 復刻版, 1986, 108-109쪽의 「在支
    朝鮮人團體 組織系統表(1942. 8月)」.
79) 「韓國黨派之調査與分析」, 76쪽.
80) 조동걸, 「조선의용군 유적지 태항산 연안을 찾아서」, 『역사비평』 계간 18호, 1992,
    392쪽.

하는 것이라면 모르겠지만, 정부를 같이 하자는 것이니까 쉽다"는 것이
었다.[81] 이에 그가 이끄는 해맹은 임시정부 참여의 방침을 결정하고 다
음과 같은 임시정부 옹호선언을 발표하였다.

　　"국내외의 각 혁명 당파, 각 사회단체 및 무장대오는 한결같이 임시정
　부에 충성을 다 할 것을 맹세하고 임시정부의 통일적인 영도 하에서 일치
　단결, 공동분투하여야 한다. …… 우리들은 열렬하게 임시정부를 옹호하고
　동시에 한국광복군을 적극 지지한다. 목전의 우리들의 주요임무는 각 무
　장·반무장대오와 각 당파의 군사인재 및 혁명청년들을 모두 광복군의 통
　일지휘와 통일편제 하에 집중시켜야 한다. 외국 영토내에서 무장활동의
　자유를 얻고 건군의 권리를 얻는다는 것이 이 얼마나 중대한 일인가? 광복
　군이 성립됨으로하여 조선민족은 내부의 단결을 촉성할 수 있을 뿐만 아
　니라 국제적 정치무대로도 진출할 수 있게 되었다. 우리들은 절대로 찬성
　한다. '한국 인민은 주의·사상 및 성별을 불문하고 광복군에 참가 복역할
　권리가 있다'는 광복군의 강령을!"[82]

　위에서 보는 바와 같이, 김성숙과 해맹은 임시정부를 열렬히 옹호하
였다. 동시에 모든 독립운동단체와 민족무장대오가 임시정부와 광복군
의 통일지휘와 통일편제하에 집중시킬 것을 주장하였다. 예전과 비교하
여 파격적인 변화라 하지 않을 수 없다. 그 배경에는 민족주의 좌파진영
인 민선의 분열과 와해, 중국측의 일원적인 임시정부 지원, 태평양전쟁
발발에 따른 국제정세의 변화 등 여러가지 요인이 작용하였다.[83]
　또 해맹은 임시정부 참여에 대한 구체적인 정책으로 "① 전민족통일
전선의 건립, ② 조선공산당의 건립, ③ 조선사회주의자들의 조직과 행
동 통일, ④ 중국국민당의 건국 강령 및 정책의 적극 옹호지지"를 제출

---

81) 李庭植 면담 / 金學俊 편집·해설, 『혁명가들의 항일회상』, 113쪽.
82) 독립운동사편찬위원회, 『독립운동사』 제4권 임시정부사, 1972, 1028쪽.
83) 한시준, 「1940년대 전반기의 민족통일전선운동」(金喜坤·韓相禱·韓詩俊·兪炳勇,
　『대한민국임시정부의 좌우합작운동』, 한울아카데미, 1995, 144-147쪽).

하였다. 계속하여 그는 "① 임시정부, ② 반일민주강령, ③ 태극기, ④ 임시정부의 혁명원로(김구 등 - 필자)에 대한 한결같은 지지"라고 하는 4가지 원칙을 제시하였다. 이를 중심으로 하여 민족주의 당파와 사회주의 당파의 합작을 실현하여 민족의 총단결을 이루고자 하였다.[84]

김성숙과 해맹이 임시정부에 참여한 사실은 관내지역에서 활동하고 있던 다른 단체들에 대해서도 파급효과가 있었다. 당시 임시정부의 여자 독립군으로 활동하고 있던 정정화는 해맹의 임시정부 참여에 큰 의미를 부여하였다.[85] 김성숙과 해맹이 종래 임시정부에 대해 거리를 유지하고 있던 중국관내 한인독립운동단체들의 임시정부 참여를 선도했다는 측면에서 그 의의를 높이 평가되었던 것이다.

류자명의 조선혁명자연맹, 신익희를 중심으로 잔류한 전맹 맹원들도 비슷한 시기에 임시정부에 참여하였다. 또한 종래 임시정부에 대하여 '不關主義'를 고수해 오던 김원봉의 민족혁명당도 여러가지 객관 정세의 변화로 말미암아 임시정부 참여의 방향으로 선회하게 되었다.[86] 결과적으로 단체본위 조직원칙에 의거한 연합전선의 결성이라는 김성숙의 주장은 여러 독립운동단체들이 임시정부에 참여하는 방식으로나마 실현되게 되었던 것이다.

4. 맺음말

본고에서는 김성숙이 광주봉기 실패 이후 상해로 돌아오는 1928년부

---

84) 추헌수 편, 『資料 韓國獨立運動』 2, 77쪽, 253쪽.

85) 정정화, 『녹두꽃』, 미완, 1987, 162-163쪽.

86) 추헌수 편, 『資料 韓國獨立運動』 2, 204-211쪽의 「민족혁명당 제6차 전당대표대회선언」 참조.

터 태평양전쟁 발발에 즈음하여 임시정부에 참여하는 1941년 12월까지의 약 14년에 걸친 그의 활동사를 살펴보았다. 앞의 7년 동안의 시기(1928년-1934년)는 김성숙으로서는 사상적 모색기이자 저작활동, 중국의 공개단체에서 활동하는 재충전기였다. 뒤의 7년 동안의 시기(1935년-1941년)는 중일간의 전운이 고조되면서 그가 다시 본격적으로 관내지역의 독립운동에 뛰어들었던 시기였다.

1927년 12월 김성숙은 중국 국민혁명의 좌절 이후 중국공산당이 일으킨 일련의 무장봉기 가운데 하나였던 '광주봉기'에 중공당원으로 누구보다도 적극적으로 참여하였다. 그러나 광주봉기 실패후 상해에 돌아온 그는 1934년까지 중공당이나 한인독립운동진영과는 일정한 거리를 두었다. 대신 그는 두군혜와 결혼하여 가정을 꾸리는 한편 저술활동에 몰두하였다. 이 시기 그가 벌인 대외적인 활동은 주로 중국좌익작가연맹이나 항일구국운동단체에서 전개한 공개적인 것이었다. 이 7년의 기간은 좌익모험주의 노선을 반성하고 새로운 길을 찾는 모색기였다고 할 수 있다.

그러던 그가 다시 민족운동에 투신한 것은 1935년 무렵이었다. 1935년 일제의 화북침략으로 중국전역에서 항일운동이 고조되었다. 이때 그는 중공당을 탈퇴하는 동시에 관내지역의 사회주의자들을 규합하기 시작하였다. 1936년 상해에서 '계급혁명'보다는 '민족혁명'을 우선하는 이른바 '민족적 공산주의자'들을 결집하여 조선민족해방동맹을 결성하였다. 다시 말해 민족주의와 공산주의 이념을 접합시키되 전자를 주로 하고 후자를 거기에 접목시킨다는 것이었다. 그의 이러한 변화는 좌익모험주의에 의한 광주봉기 실패의 교훈에서 나온 결과였다. 아울러 해맹은 민족운동진영의 전선통일을 주요 목표로 설정하고 활동하였다. 그후 김성숙과 해맹은 민선의 결성과정, 임시정부에 참여한 후에도 임시정부 산하의 정당, 단체들의 합작운동에서 중요한 역할을 수행하였다.

1937년 중일전쟁이 발발하자, 김성숙은 김원봉, 류자명과 함께 민족주의좌파의 연합전선인 조선민족전선연맹을 결성하였다. 그는 민선의 이사, 선전부장으로서 기관지 『조선민족전선』을 발간하면서 민족통일전선이나 한중연합전선의 결성을 강조하는 논설을 게재하였다. 1938년 10월 김원봉과 함께 민선 산하의 무장단체로서 조선의용대를 창설하였다. 의용대의 정치조장에 선임된 그는 대원들의 사상교육을 담당하는 한편 의용대의 기관지에 한국독립운동을 알리고 중국인의 항전의지를 고취하는 글들을 실었다. 계림에 주둔하고 있던 중국 각계의 요청으로 항일적인 내용의 강연을 하기도 하였다.

1939년초 관내지역에서 단일당 결성 움직임이 시작되자 그는 계림에서 중경으로 활동무대를 옮기고 전선통일운동에 본격적으로 뛰어들었다. 그는 소수파의 입장을 보호하기 위해 김구와 김원봉이라는 양대 세력이 기존의 모든 단체를 해체하고 무조건 단일당을 결성하려는 움직임에 격렬하게 반대하였다. 그가 생각하는 이상적인 협동전선의 형태는 민족주의나 사회주의단체가 기존의 조직을 해체하지 않고 각기 독자성을 가지고 연합하는 단체본위 조직론이었다.

하지만 김성숙의 주장은 한계점이 없지 않았다. 관내지역 양대 세력이었던 김구 및 김원봉계열이 이에 응하지 않을 경우 그의 협동전선 방안은 애초부터 실현될 수 없었다. 김구와 김원봉 두 사람이 단일당 결성을 강행하자 김성숙은 최창익과 함께 합당회의를 탈퇴하였다. 합당회의를 뛰쳐나왔던 세력들은 낙양으로 가서 조선민족해방투쟁동맹을 결성하였다. 이들이 낙양으로 간 것은 민족주의 우파세력과 결별하고 팔로군지역으로 가기 위한 것이었다. 낙양에 모인 사회주의세력간에도 노선이 일치하지 않았다. 김성숙의 해맹은 프롤레타리아 국제주의를 주창하던 이들과 결별하고 다시 중경으로 돌아갔다. 중경으로 돌아온 그에게 선택지는 많지 않았다. 독자적으로 활동하느냐 아니면 임시정부에 참여하느냐의 갈림길에 서게 되었다.

때마침 발발한 태평양전쟁은 김성숙이 임시정부에 참여할 수 있는 명분을 제공하였다. 자신의 단체를 해체하지 않고 임시정부에 참여함으로써 독자성을 지킬 수 있었다. 뿐만 아니라 관내지역 독립운동단체들의 임시정부 참여를 선도함으로써 전민족영도기구로서의 임시정부의 위상을 드높였다.

요컨대, 1920년대부터 1930년대까지 김성숙은 관내지역 독립운동진영에서 자타가 공인하는 가장 뛰어난 이론가의 한 사람이었다. 그는 1930년대 전반기 저술활동에 몰두하면서 새로운 길을 모색한 결과 계급보다는 민족을 우선하는 노선으로 나아감으로써 정통 공산주의와는 다른 행로를 보였다. 또한 이 시기 그가 보여준 인물 유형은 투사형이나 비밀활동가에서 전형적인 이론가, 정치가로 변모하고 있었다. 그는 소수파의 독자성과 목소리를 대변하는 민족통일전선 노선을 추진하는 동시에 각 단체간의 연합을 주선하고 중재하는 정치가의 면모를 보여주었던 것이다.

제3장 이청천의 관내지역 독립운동

1. 머리말

한국광복군 총사령으로 유명한 백산 이청천은 1919년 망명이후부터 1945년 8·15 광복을 맞이할 때까지 항일독립운동에 일생을 매진한 인물이다. 그의 독립운동 역사를 1919년 이후 만주시기, 1933년 이후의 중국 관내지역 활동시기, 그리고 1940년 9월 이후 한국광복군 총사령 재직시기로 나누어 볼 수 있다. 본고에서 다룰 내용은 바로 두 번째 시기로서 1933년 이청전이 만주에서 관내지역으로 활동근거지를 옮긴 이후부터 1940년 9월 17일 한국광복군이 창설되기까지의 독립운동이다.

그동안 만주시기와 한국광복군 총사령 활동시기는 만주 무장독립운동이나 임시정부 및 한국광복군의 군사활동과 관련하여 적지 않은 연구가 이루어져 왔다. 그에 비해, 만주에서 관내지역으로 이동한 후 낙양군관학교 한인특별반에서의 군사인재 양성활동이나 신한독립당, 민족혁명당, 조선혁명당 등 1930년대 중후반 관내지역 독립운동정당 활동은 그 전후의 시기와 비교하여 상대적으로 조명이 되지 않았다. 이 시기 그의 활동에 대한 연구는 본격적인 것이라기보다 1930년대 관내지역 독립운동사 연구에서 산발적으로 언급되어 있을 뿐이다. 아니면 그의 공적이나 활동 위주로 이루어진 것들이다.

이 시기 그의 활동은 만주에서의 활동을 매듭짓고 이후 대한민국 임시정부의 국군인 한국광복군을 창설하는데 있어 밑거름이 되었던 시기였다는 점에서 객관적으로 정리할 필요가 있다.[1] 또한 1940년대 그의 활동을 이해하기 위해서도 의미가 있을 것이다.

본고는 최근 국사편찬위원회가 탈초·번역하여 공개한 「군관학교사건 심문조서」 등 자료들의 비판적 활용을 통해 그의 활동을 보다 심도있게 고찰하고자 한다. 여기에는 그의 활동사실 뿐만 아니라 그가 관내지역에 들어간 후 경험하였던 인간적인 고뇌, 운동자금을 둘러싼 알력, 이해관계에 따른 이합집산, 자파세력의 확대를 위한 투쟁 등 여러 가지 측면들도 정치적인 시각에서 다루어질 것이다. 그럼으로써 이청천의 생애에서 그리 주목되지 않았던 이 시기 그의 활동과 관련된 다양한 측면들을 포착할 수 있지 않을까 생각한다. 뿐만 아니라 만주지역에서 활동했던 독립운동가들이 '만주사변' 이후 관내지역으로 이동하여 이 지역의 독립운동단체 및 인사들과 어떻게 합작·갈등하며 정착해가는지에 대한 이해도 높일 수 있을 것이다.

---

1) 이청천의 관내지역 독립운동에 대한 기존의 연구는 주로 1930년대 중국관내지역 독립독운동을 다룬 연구에서 찾아 볼 수 있다. 본고는 이들 선행연구에 힘입은 바 컸음을 밝혀둔다. 강만길, 『조선민족혁명당과 통일전선』, 화평사, 1991 ; 염인호, 『김원봉 연구 - 의열단, 민족혁명당 40년사』, 창작과비평사, 1992 ; 한상도, 『韓國 獨立運動과 中國軍官學校』, 문학과지성사, 1994 ; 한상도, 「1930년대 좌우익 진영의 협동전선운동」, 『대한민국임시정부의 좌우합작운동』, 한울, 1995 ; 김영범, 『한국 근대민족운동과 의열단』, 창작과비평사, 1997. 그리고 연구서는 아니지만 이청천의 일대기를 다룬 다음의 평전이 있다. 이청천의 전생애를 종관하는데 도움이 된다. 지복영, 『역사의 수레를 끌고 밀며 - 항일무장 독립운동과 백산 지청천장군』, 문학과지성사, 1995.

2. 관내지역 이동과 낙양군관학교 활동

1) 관내지역 이동

1933년 11월 이청천은 1919년 이래 10여 년 동안 만주에서 항일투쟁을 전개하다가 관내지역에 이동하였다. '만주사변' 직전인 1930년 7월 이청천은 길림성 葦河에서 홍진, 신숙, 오광선 등과 함께 한국독립당을 결성하였다. 그리고 무력기반으로 한국독립군을 조직한 뒤, 자신이 총사령에 취임하여 이를 지휘하였다.[2] 그러나 일제의 대륙침략이 본격화됨에 따라 독립전쟁 노선을 견지하기 어렵게 되었다. 뿐만 아니라, 中國救國軍 제1사장 吳義成과의 불화로 일시 구금당하는 등 한중연합전선도 난항을 겪게 되었다. 그리하여 이청천을 위시한 한국독립군은 군사회의 끝에 일부는 장래에 대비하여 밀산에 파견하고 또다른 일부는 김구의 제의를 받아들여 관내지역으로 이동하게 되었다.[3]

한편 관내지역 독립운동진영에도 큰 변화가 있었다. 1932년 4월 29일 상해 홍구공원에서 윤봉길의사의 의거로 한국독립운동에 대한 중국의 인식을 새롭게 하였고 이후 각계에서 원조 활동이 활발하게 전개되었다. 마침내 1933년 전반기 朴贊翊, 중국측에서 陳果夫 양인의 주선으로 김구와 장개석의 면담이 성사되었다. 이후 김구는 특무공작 계획서를 작성하여 제출하였으며 장개석은 무관학교 설립을 제시하였다. 이에 김구도 적극 찬동하면서 洛陽에 한인군관학교 설립을 추진하기에 이르렀다.

김구는 국민당정부와 한인특별반 개설에 합의한 뒤, 한인특별반의 교관을 물색하는 한편, 북경·천진·상해 등지에서 입교생을 모집하였다. 군사인재를 찾고 있던 김구는 만주사변 이래 무장활동의 난관에 직면해 있

---

2) 金正柱編, 『朝鮮統治史料』 10, 東京: 韓國史料研究所, 1971, 701쪽.

3) 지복영, 『역사의 수레를 끌고 밀며 - 항일무장 독립운동과 백산 지청천장군』, 289쪽.

던 재만 한국독립군 총사령 이청천과 간부를 한인특별반 교관으로 초빙
키로 하였다.[4] 원래 김구는 군사방면에 대한 경험이 적고 또 독자의 힘
으로써 군관학교를 통한 군사인재 양성사업을 진행하기 어렵다는 것을
인식하고 만주로부터 군사적 경험이 풍부한 이청천과 그의 부하들을 초
청하였던 것이다.[5] 김구는 이청천 휘하의 한국독립군을 입교시킴으로써
항일투쟁의 무력기반 확보와 함께 김원봉 세력에 대한 견제효과도 기대
했던 것으로 보인다.

이러한 상황에서 김구로부터 한인특별반 교관 부임을 요청받자, 이청
천은 이규채, 김상덕 등을 파견하여 김구와 교섭토록 하였다.[6] 그리고
이 기회에 한국독립당 본부를 관내지역으로 이전하였다.[7] 이규채는 남
경에서 박찬익과 만나 만주 독립군의 이동문제를 협의한후 김구가 전해
준 한국독립군 이동 경비를 수령하였다. 박찬익과 이규채는 이청천 등
일행을 만주에서 '구출' 혹은 '구원'하였다고 표현할 정도로 만주의 상
황이 절박하였다.[8] 이규채는 이 경비를 가지고 다시 만주로 가서 그간의
소식을 알렸다.[9] 이와 같이 한국독립군의 이동에는 이규채의 역할이 컸
다. 이규채가 양쪽의 연락을 맡은 것은 그가 1924년 12월 임시의정원의
충청도 의원으로 피선되어 임시정부에서 활동하였던 인연도 있고 관내
지역 독립운동 인사들과 면식이 있었기 때문으로 보인다.[10] 이에 이청
천, 오광선을 비롯한 39명은 1933년 11월 북경으로 이동하고 곧바로 낙
양으로 가서 한인특별반의 교관으로 부임하였다.

4) 한상도, 『韓國獨立運動과 中國軍官學校』, 317쪽.
5) 국회도서관편, 『韓國民族運動史料』(中國篇), 1976, 865쪽.
6) 한상도, 『韓國獨立運動과 中國軍官學校』.
7) 국사편찬위원회, 『韓民族獨立運動史資料集』 43, 中國地域獨立運動 裁判記錄 Ⅰ,
   2000, 57, 107쪽.
8) 국사편찬위원회, 『韓民族獨立運動史資料集』 43, 57, 70쪽.
9) 국사편찬위원회, 『韓民族獨立運動史資料集』 43, 40쪽.
10) 국사편찬위원회, 『韓民族獨立運動史資料集』 43, 40쪽.

한편 이청천은 한인특별반 참여와 함께, 자신의 활동지였던 만주지역을 무대로 입교생 모집활동을 전개하였다. 이청천은 북경에 입교생 모집기관을 설치하였다. 책임자는 김원식이었으며, 김두천, 한일광 등의 인물이 입교생 모집원으로 활동하였다. 이청천은 1934년 가을부터 입교생 모집을 위해 오랜 동지인 김원식을 북경에 주재시켰다. 김원식은 북경 德勝門안 會文公寓 9호를 거점으로 길림성 일원의 한인사회를 대상으로 모집활동을 전개하였다. 김원식은 일찍이 서로군정서, 통의부 시절의 동지였던 김두천에게 입교생 모집을 의뢰하며, 당시 동아일보 길림지국 기자로 재직중인 한일광과 협의할 것을 지시하였다.

그리하여 김두천, 한일광은 모집 인물들에게 김원식에게 보내는 '조회장'을 휴대시켜, 북경으로 출발시켰다. 하지만 이청천의 입교생 모집 활동은 일제 간도 총영사관 경찰부에 탐지되어, 3월말에서 4월 초순 사이 11명이 체포됨으로써 좌절되었다. 그러나 7명은 일제 검거망을 피해 북경을 경유 남경으로 이동, 이청천계열에 합류하였다.[11)]

이러한 사실은 이청천과 재만 한국독립군이 관내지역 이동후에도 활동 연고지인 만주지역과 연대관계를 유지하고 있었음을 말해준다. 비록 한인특별반 운영은 1935년 4월을 고비로 중단되었지만, 만주지역에서 모집된 인물들은 이청천의 활동기반 강화에 기여하였다.

이상에서 보듯이, 이청천은 1920년대 만주에서의 독립전쟁노선을 청산하고 관내지역으로 이동함에 따라, 새로운 활동기반의 필요성을 절감하던 중, 김구와의 합작을 통해 한인특별반에 한국독립군 대원을 입교시킴으로써 향후 활동의 발판 마련을 기대하였다. 그리고 김구는 윤봉길의 거를 계기로 국민당정부와의 연대 형성 실마리를 마련한 이래, 한인특별반의 개설과 운영과정을 통해 자신의 항일투쟁역량을 확대하려 하였다.

---

11) 「吉林ヲ中心トスル南京軍官學校生徒募集事件取調槪要(1935. 6. 8)」, 機密 第695號 (東京 한국연구원 소장자료, 한상도교수 제공).

아울러 김원봉은 1932년 가을 이래 조선혁명군사정치간부학교의 설립과 운영을 통해 독자적인 항일투쟁기반을 조성해왔으나, 한인특별반에도 자신의 지지기반을 부식시킴으로써 김구, 이청천과 보조를 같이 하였다. 요컨대 김구, 이청천, 김원봉은 만주사변과 중국 국민당정부의 한인독립운동 지원이라는 1930년대 전반기 정치상황을 배경으로 각기 자신의 세력기반 강화 목적에서 한인특별반 운영 동참을 통한 정치적 연합에 공감하였던 것이다.[12]

2) 낙양군관학교 활동

1934년 2월 28일 중국중앙육군군관학교 낙양분교에서 한인 훈련생 92명으로 1개 군관생도반을 특설하여 군관 양성 활동이 본격적으로 시작되었다.[13] 군관 훈련생들은 대체로 세 가지 경로를 통하여 입교하였다. 우선 한국독립군 출신이 있고 두 번째로 김구가 38명의 학생을 입교시켰고 김원봉이 15명을 입교시켰다. 그리고 한국독립당에서 4명을 입교시켰다.[14]

낙양분교는 1934년 설립되었으며, 교장은 한국독립운동과 인연이 깊은 祝紹周였다.[15] 한인특별반의 공식적인 명칭은 '중국 중앙육군군관학교 낙양분교 제2총대 제4대대 육군군관훈련반 제17대'였다. 1-16대는 중국군관 훈련생이고 17대는 한인청년을 위하여 특별편제한 것이었다. 이청천은 낙양분교 한인특별반의 총책임자로서 군사훈련을 지도하였다. 또한 낙양분교의 교무위원으로 선임되어 중국군과의 대외교섭을 담당하

---

12) 한상도, 『韓國獨立運動과 中國軍官學校』, 316쪽.

13) 독립운동사편찬위원회, 『독립운동사』 6, 1975, 125쪽.

14) 社會問題資料研究所編, 『思想情勢視察報告集』 2, 京都: 東洋文化社, 1976, 358-362쪽.

15) 陳以沛 等 合編, 『黃埔軍校史料』, 廣州: 廣東人民出版社, 1994, 516쪽.

게 되었다. 또 이 학교의 교육과장인 육군 소장이 이청천의 일본육사 동
기생이었다는 것도 그가 군관학교에서 중국측과 교섭하는데 유리한 점
으로 작용하였을 것이다.[16] 그 외 김구는 고문역할을 그리고 이범석이
학생대장, 오광선이 학생반장으로 임명되었다.[17]

낙양분교 한인특별반의 교과내용 및 기타 세칙은 중국군관학교의 교
육내용이 그대로 적용되었다. 교과는 정치훈련과 전술에 치중하였으며
내무교양 등의 학과도 진행하였다. 그 훈련 내용은 다음과 같았다.

- 학 과 : 지형학·축성학·전술학·병기학·통신학·중병기학·정치학·각국
  혁명사
- 술 과 : 체육·체조·무술·검술·야간 연습·야영 연습·步兵操典·사격[18]

한편 실제교육에 들어가면서 교육내용과 관련하여 한중 양측의 의견
차이와 갈등이 없지 않았다. 학교측은 한인 학생들에 대해 삼민주의교육
을 강요하였다. 이는 한인이 중국땅에서 중국의 지원을 받으면서 활동해
가는데 있어 항상 갈등요인으로 작용하였다. 1940년대 임시정부의 한국
광복군에 대해 삼민주의를 강요했던 것처럼 학생 교육에 있어 중국측은
중국국민당의 기본 이념인 삼민주의를 중심으로 한 정치교육을 중시하
였다. 그에 반해, 이청천 등 한인 교관들은 한국독립운동에 요구되는 독
자적인 교육내용을 강조하였다.[19] 조직체계상 낙양분교측의 입장을 외
면할 수 없는 상황이었지만, 한인 교관들은 개교 단계부터 독자적인 교
육운영을 시도하였다. 결국 군사·정치교육은 한인 교관이 담당하고, 중
국측은 운영경비를 지원키로 절충되었다. 그럼으로써 실제 교육에서 국

---

16) 국사편찬위원회, 『韓民族獨立運動史資料集』 43, 248쪽.
17) 金正柱編, 『朝鮮統治史料』 8, 498쪽.
18) 金正柱編, 『朝鮮統治史料』 8, 496-497쪽.
19) 한상도, 『韓國獨立運動과 中國軍官學校』, 311쪽.

민당정부의 영향력이 배제되고, 이청천 등 한인 교관이 주도적 역할을 하였다.

한인특별반이 편성된지 얼마 되지 않은 1934년 3월 1일, 이청천은 3·1절 기념식을 개최하였다. 학생대장·학생반장·학생 들이 집합한 군관학교 강당에서 이청천은 다음과 같은 정신 훈화를 하였다.

> 오늘은 조선 민족이 독립운동의 첫 소리를 낸 날로서 잊어서는 안 될 기념일이다. 우리는 금일의 의기로 목적을 달성하기 위하여 적극적으로 활동해야 한다. 오늘은 이 자리에서 간단하게 식을 거행하지만 본국 안에서 성대한 기념식 축전을 거행하는 날이 바로 조선을 독립시킬 수 있는 날이라고 믿는다.[20]

이청천은 독립운동 전망과 군관 학생의 훈련목적을 더욱 명확하게 제시하였다. 이청천의 훈사에 이어 학생대표 李利興·梁鐵山도 "오늘의 기념일은 우리 조선 민족이 영원히 잊어서는 안된다. 우리는 일치 단결하여 조선 독립을 관철하도록 노력해야 한다"고 결의를 다졌다.[21]

그러나 낙양군관학교 한인특별반 운영에는 안팎으로 난관이 닥쳤다. 우선 내부적으로 학생들 사이에 의견의 대립이 존재하였는데 이것을 효과적으로 극복하지 못하였다. 앞서 설명하였듯이 당시 한인특별반에는 김구·이청천·김원봉 등의 지도 아래 있는 청년들이 입교하였는데 이들 학생들은 서로의 입장 차이를 효과적으로 극복하지 못하였던 것이다. 이청천이나 김구계열 청년들은 민족주의성향을 지니고 있었다. 반면에 김원봉을 따르던 청년들은 의열단의 간부학교를 통해 어느 정도 사회주의 사상을 수용하고 있었다. 게다가 이 세 계열은 상호 세확장을 위해 노력하였다. 즉 서로 다른 계열의 학생들을 자기 쪽으로 끌어들이기 위하여

---

20) 金正柱編, 『朝鮮統治史料』 8, 503-504쪽.
21) 金正柱編, 『朝鮮統治史料』 8, 504쪽.

다방면으로 활동하였다. 이 과정에서 입장과 견해를 달리하는 청년들 사이에 갈등이 생기게 되었다.

한인특별반의 이원적 지휘 체계는 이청천과 김구의 주도권 경쟁을 야기하였다. 한인특별반 운영은 김구가 총괄하였으며, 국민당정부의 지원자금 역시 김구에게 교부되었다. 그러나 운영자금은 김구가 총괄한 반면, 교육훈련은 이청천 등 교관이 주관하였다. 이청천은 입교생 통솔에서 중심 역할을 수행하였다. 그는 휘하의 재만 한국독립군 출신 입교생을 기반으로 현실적 리더십을 발휘하였다. 이청천은 자신의 세력 강화를 위해 자파 인물인 高雲起(公震遠)를 중심으로 한국군인회라는 비밀결사를 조직하였다.22)

훈련이 진행되면서 이청천은 학생들의 신망을 얻기 시작하였다.23) 또 이청천계열의 학생들은 다른 계열의 학생들에게도 이청천을 지도자로 추대하고 신한독립당 입당을 권유하였다.24) 그리고 김구계열에서도 막상 이청천의 지휘하에 훈련이 개시되자 '종전부터 여러 가지 관계상 사이가 좋지 않던' 이청천에게 자파 학생을 일임함으로써 부하를 빼앗길까 우려하였다. 때문에 김구계열은 훈련이 진행되는 동안 이청천에 대해 시위적 태도를 취하였다.25) 김구가 낙양분교에 와서 한인 학생들을 전부 모아놓고 자신을 맹주로 봉대하고 복종할 것을 명령하였다.26) 또 김구가 자신을 군사부장에서 면직시키자 이청천은 크게 분개했던 것으로 보인다.27) 이청천은 자신이 데리고 온 학생들은 물론이고 각파에서 추천되어 입교한 학생들에게 자신을 당주로 받들어 절대 복종하라고 명령한

22) 한상도, 『韓國獨立運動과 中國軍官學校』, 314쪽.
23) 국사편찬위원회, 『韓民族獨立運動史資料集』43, 227쪽.
24) 국사편찬위원회, 『韓民族獨立運動史資料集』44, 20쪽.
25) 국회도서관편, 『韓國民族運動史料』(中國篇), 865쪽.
26) 국사편찬위원회, 『韓民族獨立運動史資料集』44, 7쪽.
27) 대한매일신보사 편, 『백범김구전집』4, 대한민국임시정부 I, 나남출판, 1999, 811쪽.

김구의 발언을 비난하였다.[28] 결국 자파 학생들이 사회주의에 경도되거나 다른 세력으로 넘어가는 것을 우려하여 김구는 자신이 추천한 입교생을 철수시켰다. 이에 이청천, 이범석, 오광선 등 교관들도 사직하였다.[29]

한편 이 시기 이청천의 형편은 매우 열악했던 것으로 보인다. 이청천이 만주에서 관내지역으로 올 때, 그의 앞날을 흐리게 했던 최대의 약점은 재정문제였다고 할 수 있다. 이청천을 만주에서 초빙하였음에도 불구하고 김구의 지원은 매우 적었다. 형식적인 지원이었다고 해도 과언이 아닐 것이다. 게다가 이청천은 김구와의 알력으로 인한 '불면증'으로 매우 피곤한 생활을 이어가고 있었다.[30] 김구의 태도에 대해 불만을 품은 이청천은 김원봉에게 접근하여 원조를 요청하였다. 김원봉은 이를 김구를 견제할 호기로 간주하고 이청천에 대해 경제적 원조를 주게 되었다. 그때로부터 1937년 민족혁명당을 탈당할 때까지 이청천은 김원봉과 함께 같은 당에서 협력, 갈등 관계를 이어갔다.

한편 외부적인 난관은 일제당국의 해체요구에서 왔다. 일제당국은 낙양군관학교 한인특별반 훈련에 대한 정보를 입수하고 중국당국에 엄중 항의하면서 폐교를 강요하였다. 이러한 내외적인 난관에 봉착한 낙양군관학교 한인특별반은 1935년 4월 결국 1기의 졸업생을 배출하고 폐교되고 말았다.

그렇지만 낙양군교 한인특별반 출신의 군관들은 이후 관내지역 독립운동의 기간요원으로 성장하였다. 우선 만주로 파견되어 적후 공작을 전개하기도 하였으며 중국군에 들어가 활동하기도 하였다. 그리고 1938년 창설된 조선의용대 및 이후의 조선의용군, 1940년 임시정부 산하에 창설된 한국광복군에서 이들은 기간요원으로서 중추적인 역할을 수행하였다.

---

28) 국사편찬위원회, 『韓民族獨立運動史資料集』 44, 12쪽.

29) 한상도, 『韓國獨立運動과 中國軍官學校』, 315쪽.

30) 국사편찬위원회, 『韓民族獨立運動史資料集』 43, 72, 86쪽.

3. 독립운동정당 참여와 활동

1) 신한독립당 결성

관내지역으로 이동해온 이청천을 비롯한 재만 한국독립당 세력은 낙양군관학교 활동을 통한 항일군사인재 양성을 추진하였다. 관내 독립운동진영의 독립운동정당과 통합운동을 전개하여 항전력을 강화하고 당세를 확장하고자 하였다.

1934년 2월 25일 남경에서 재만 한국독립당의 홍진, 김원식, 이청천, 조경한 등 간부 및 청년당원 40여 명은, 남경에서 조직되어 활동하고 있던 한국혁명당의 윤기섭, 성주식 등과 협의하여 각 소속당을 해체하고 새로운 정당, 즉 新韓獨立黨을 조직하기로 결의하였다.[31] 한국혁명당의 윤기섭, 성주식 등은 일찍이 신흥무관학교 교관을 역임하거나 만주지역의 초기 항일무장투쟁에 참여했던 경험을 재만 한국독립당의 간부진과 공유하고 있었다. 그러므로 신한독립당은 관내지역에서 활동하던 만주인사들을 결집한 것이었다고 할 수 있다.

게다가 관내지역으로 이동해온 한국독립당 인사들이 정착한 남경은 마침 한국혁명당의 본거지여서 상호접촉이 용이했다. 국민정부에 재직 중인 한국혁명당 당원들의 조력을 통해 중국 국민당으로부터 지원 획득에도 기대할 수 있었다.[32] 한국혁명당으로서도 관내로 이동해온 재만 한국독립당의 간부진을 대거 영입하여 양당 합체의 신한독립당을 발족시킴으로써 괄목할만한 세 확대를 기하게 되었다.

1934년 3월 1일 홍진·김원식·김상덕·신숙·이규채 등 한국독립당 대

---

31) 金正柱編, 『朝鮮統治史料』 10, 701쪽 ; 金正明編, 『朝鮮獨立運動』 2, 東京: 原書房, 1967, 517쪽.
32) 김영범, 『한국 근대민족운동과 의열단』, 371쪽.

표와 성주식·윤기섭 등 한국혁명당 대표가 남경에서 회합하였다. 이 자리에서 신한독립당의 당의·당강·당략 등을 결정하였다.[33] 당강에 있어서 '토지와 대생산 기구의 국유'라는 점이 우선적으로 주목된다. 이것은 당시 민족운동전선에 있어서 일반적인 사회경제정책으로 채용된 것으로 보인다. 실제로 이후 관내의 민족혁명당·한국국민당·한국독립당의 경제 정책, 화북 조선독립동맹의 강령, 임시정부의 건국강령 등에 모두 '토지와 대기업의 국유'라는 내용이 보인다.[34] 항일전쟁과 당강을 연관시켜볼 때, '국민 개병제'를 채택하고 피압박민족해방운동의 단결을 주장하고 있음이 눈에 띤다. 또 독립운동의 실천방안이라고 할 수 있는 당략에서, 무장항일과 대중운동의 결합, 혁명역량의 대동단결, 전세계 각국과의 연합전선 결성 등이 주목된다. 한편 3월 1일의 회의에서는 위원장 홍진, 상무위원 김상덕·신익희·윤기섭 등이 선임되었다.[35]

신한독립당은 이청천이 실질적으로 주도하였던 것으로 보인다. 이는 한인특별반의 신한독립당 계열의 학생들이 이청천을 '黨主', 혹은 '盟主'로 추대한데서도 잘 알 수 있다.[36] 심지어, '영수'라는 호칭으로 불리기도 하였으며[37] 일제는 그를 신한독립당의 '수령'이라고 하였다.[38] 또 한인특별반 학생들 가운데는 신한독립당 계열의 청년들이 가장 많았다. 따라서 신한독립당계열이 학생들의 여론을 주도하였다.[39] 그후 이들 35명의 신한독립당계열 학생들이 졸업후 이청천이 군사부장으로 있던 신한독립당의 군사부에 조직되었다. 50명의 당원 가운데 군사부 부원이

---

33) 국회도서관편, 『韓國民族運動史料』(中國篇), 876-877쪽.
34) 강만길, 『조선민족혁명당과 통일전선』, 86쪽.
35) 金正明編, 『朝鮮獨立運動』 2, 517쪽.
36) 국사편찬위원회, 『韓民族獨立運動史資料集』 44, 21쪽.
37) 국사편찬위원회, 『韓民族獨立運動史資料集』 44, 32쪽.
38) 대한매일신보사 편, 『백범김구전집』 4.
39) 국사편찬위원회, 『韓民族獨立運動史資料集』 44, 21쪽.

40명에 가까우므로 신한독립당은 이청천이 주도하고 있다고 보아도 무리가 아닐 것이다. 동아일보에 의하면, "직접파 양성은 이청천이 직접담당 …… 모처착 정보에 의하면 신한○○당의 군대 양성 계획은 이청천의 수중에서 실현되고 있다 한다"[40]고 하였다. 여기서의 '신한○○당'은 물론 신한독립당을 가리킨다. 적어도 이 기사를 통해 볼 때, 신한독립당이 이청천을 중심으로 하여 무장투쟁에 비중을 두고 있었던 점을 알수 있다.

한편 이청천은 한인특별반에서 군사인재 양성에 힘을 기울이면서 만주 무장항일운동과도 연계를 도모하였다. 당초 이청천이 관내지역으로 이동해 온 것도 만주의 형세가 불리하여 잠시 관내지역으로 이동해 세력을 보존하고 여건이 호전될 경우 다시 만주로 돌아가서 항일투쟁을 전개한다는 계획에서 나온 것이었다. 이 시기 이청천의 만주를 지향한 활동은 주로 만주의 반만항일군과의 연계로 나타났다.[41] 특히 낙양군관학교 학생의 과반수가 만주에서 모집해 온 청년들인 관계로 이들이 졸업한 다시 만주에 들어가 반일활동을 진행한다는 것이다. 또한 북경에 신숙과 이규채를 체류하게 함으로써 만주와 중국 관내의 원활한 연계를 도모하였다.[42] 1934년 이청천은 李春岩을 북경에 파견하여 하북성 주석 于學忠과 회견하고 북방교란계획을 협의하였다. 또 이와 관련하여 이청천은 만주 각지의 의용군과의 연계를 만들기 위하여 노력하였다.[43]

한편 일제의 항의로 낙양군관학교 한인특별반이 폐지된 이후에도 이청천은 지속적인 군사훈련을 진행하였다. 그리하여 1935년 4월 남경의 신한독립당내에 '청년군사 간부특훈반'을 설치하고 그 총책임자로서 청

---

40) 『동아일보』, 1935년 3월 2일.

41) 社會問題資料研究所編, 『思想情勢視察報告集』 2, 19쪽.

42) 국회도서관편, 『韓國民族運動史料』(中國篇), 821쪽.

43) 「金九 기타 한인독립운동자의 동정(1934.6.4.)」(東京 한국연구원 소장자료).

년들의 훈련을 지도하였다.[44]

신한독립당은 이러한 무장활동과 더불어 한국 독립운동진영의 통일을 위하여 노력하였다.[45] 신한독립당은 관내 독립운동진영의 연합전선 구축을 위하여 결성된 '한국대일전선통일동맹'에 참여하였다. 통일동맹은 1933년 11월 '만주사변' 이후의 긴급한 중요과제인 전선통일 문제를 해결하고 독립운동을 강력하게 추진하기 위하여 조직되었다. 李裕弼·宋秉祚·김두봉·최동오·윤기섭·신익희·한일래·朴建雄·김규식 등 9인의 발기에 의해 탄생한 통일동맹의 구성단체는 신한독립당·상해 한국독립당(일부)·조선혁명당·의열단 등이었다. 1934년 당시 통일동맹의 간부는 상무위원으로 송병조·김두봉·김규식·최동오·윤기섭·윤세주, 기타 간부에는 김원봉·이청천·李光濟·김학규 등이 있었다.[46]

통일동맹은 1934년 3월 1일 제 2차 동맹대표대회 및 '한국혁명각단체대표대회'를 개최하였다.[47] 동맹은 각단체를 해소하여 완전한 대동단결체를 조직한다고 천명하였다. 그러나 이 결정은 임시정부측의 반대를 야기하였고 결국 동맹의 참여단체인 상해 한국독립당의 전폭적인 지지를 확보하지 못하였다. 통합의 또다른 걸림돌은 과연 통일전선에 있어서 민족주의와 공산주의가 명실상부하게 통일될 수 있는가 하는 점이었다. 김구는 의열단의 김원봉을 공산주의자로 규정하고 "한이불 속에서 딴꿈을 꾸려는 통일운동에 참가할 수 없다"는 입장을 취하고 있었다.[48]

이러한 경향은 신한독립당도 마찬가지였다. 이청천·閔丙吉·연병호·조경한 등은 공산주의를 표방한 의열단과의 활동에 대하여 내심 우려하고 있었다.[49] 일제 정보자료에는 그가 '김원봉 일파의 공산주의 이데올

---

44) 국회도서관편, 『韓國民族運動史料』(中國篇), 870쪽.
45) 金正明編, 『朝鮮獨立運動』 2, 517쪽.
46) 金正明編, 『朝鮮獨立運動』 2, 515쪽.
47) 金正明編, 『朝鮮獨立運動』 2, 514쪽.
48) 김구, 『백범일지』, 도진순 주해, 돌베개, 1997, 357-358쪽.

로기를 혐오'하여 신당 결성에 반대하는 입장에 선 것으로 되어 있다.[50] 이청천은 기본적으로 사회주의를 반대하는 입장이었다. 낙양분교 한인 특별반 시절, 사회주의계열의 청년인 金學武 등이 學友會를 조직하여 학생들을 포섭한 적이 있었다. 이에 놀란 이청천은 학우회를 강제로 해산하고 이들을 감시한데서도 잘 알 수 있다.[51]

그럼에도 불구하고 낙양군관학교 한인특별반 운영에서 김구와의 사이에 불화와 갈등이 빚어졌던 점을 감안할 때, 아마도 이청천은 김원봉과 같은 배를 타는 것이 별로 내키지는 않았으나 신당을 결성하여 김구를 견제할 필요가 있었던 것이 아닌가 추측된다.[52] 여기에 홍진·윤기섭 등이 적극 참여를 요청하고, 의열단의 김원봉도 "공산주의운동으로서는 도저히 성공할 수 없어 민족주의로 전향한다"고 표명함으로써 대동단결 운동이 적극 추진되었다.[53]

2) 민족혁명당 활동

관내지역으로 이동한 이청천은 재만 한국독립당과 한국혁명당을 통일하여 신한독립당을 조직하고 한국대일전선통일동맹에 참여하였다. 이를 바탕으로 1935년 관내지역 독립운동진영의 단일대당 민족혁명당이 결성되었다. 여기에 참여한 단체는, 의열단(김원봉)·한국독립당(조소앙)·조선혁명당(최동오)·신한독립당(이청천)·대한독립당(김규식) 및 재미 4단체(뉴욕 大韓人僑民團·미주국민회·하와이국민회·하와이혁명동지회) 등 9개 단체였다. 그리하여 1935년 2월 대일전선통일동맹 제3차 대회를

49) 社會問題資料研究所編, 『思想情勢視察報告集』 2, 10쪽.
50) 社會問題資料研究所編, 『思想情勢視察報告集』 2, 32쪽.
51) 「金九일파 특무대원 검거에 관한 건(1936.8.17)」(東京 한국연구원 소장자료).
52) 김영범, 『한국 근대민족운동과 의열단』, 372쪽.
53) 社會問題資料研究所編, 『思想情勢視察報告集』 3, 4쪽.

개최하여 집행위원을 선임하고 6월 25일 각 혁명단체 대표대회를 개최
하기로 결정하였다.[54)]

　대동단결운동은 의열단과 신한독립당이 주도하였다.[55)] 우여곡절을
끝에 신한독립당은 통일대당 참여라고 하는 당론을 확정지었다. 그리하
여 1935년 1월 통일동맹 집행부의 요구대로 통합신당의 주의·강령·정
책·규약의 초안을 작성해 통보하였다. 1935년 6월 25일 남경 소재 신한
독립당 사무실에서 각 혁명단체 대표대회를 개최하여 '신당'을 결성하기
로 결의하였다.[56)] 이어 6월 29일부터 개최된 정식회의에서는 당의·당
강·정책을 제정하였다. 당명만 제외하고는 신한독립당이 제시한 초안의
복사판이라고 해도 좋을 정도로 똑같은 내용이었다. 요컨대, 민족주의에
기초한 민주공화국 건설을 이념으로 삼고, 신국가의 경제체제는 토지와
대생산기관의 국유, 통제경제 체제 및 사유제한의 원칙에서 재구성되어
야 한다고 하였다.[57)] 그리고 민족혁명당은 중앙간부와 각 지부장을 선
임하였으며 장래의 운동방침에 대하여 12개 사항을 결의하였다. 민족혁
명당의 중앙조직 및 간부는 다음과 같다.

- 중앙집행위원회 : 김원봉, 김두봉, 김규식, 이청천, 윤기섭, 신익희, 조
　　　　　　　　　소앙, 성주식, 최동오, 김학규, 진의로, 윤세주 등
- 감찰위원 : 양기탁, 김창환, 이복원, 신악, 강창제 등
- 서기부 부장 : 김원봉, 부원 : 김상덕, 윤세주
- 조직부 부장 : 김두봉, 부원 : 최석순, 김학규, 조경한
- 선전부 부장 : 최동오, 부원 : 신익희, 성주식
- 군사부 부장 : 이청천, 부원 : 김창환, 윤기섭, 성주식
- 국민부 부장 : 김규식, 부원 : 조소앙, 신익희

---

54) 金正明編, 『朝鮮獨立運動』 2, 537쪽.
55) 지복영, 『역사의 수레를 끌고 밀며 - 항일무장 독립운동과 백산 지청천장군』, 309쪽.
56) 社會問題資料研究所編, 『思想情勢視察報告集』 2, 12쪽.
57) 국회도서관편, 『韓國民族運動史料』(中國篇), 876-881면.

- 훈련부 부장 : 윤기섭
- 조사부 부장 : 진의로[58]

위에서 알 수 있듯이, 민족혁명당은 당시 김구를 중심으로 한 임시정부 고수파를 제외한, 중국관내 민족운동진영의 중요한 인물을 망라하였다. 창당 초기의 진용을 통해 볼 때, 이 시기에는 민족혁명당이 어느 한 단체에 치중하지 않고 명실상부한 통일전선정당으로 위치를 잡기 위하여 노력하였음을 알 수 있다.[59] 이청천은 중앙집행위원회 위원 및 군사부 부장에 선임되었다.

한편 당내 역학관계를 볼 때 당무를 관장하는 서기부장 김원봉이 당내 제1인자였다. 낙양군관학교에서 훈련받은 청년 등 군관 50여 명을 포용하고 있던 신한독립당의 지도자 이청천은 그 다음 실력자였다. 이청천이 총괄하는 군사부의 경우, 이청천이 서로군정서 사령관, 신흥무관학교 교성대장으로 활동할 때 함께 군사인재 양성을 위하여 노력하던 김창환·윤기섭·성주식이 군사부원으로 포진하였다. 특히 김창환의 경우 한국독립군 활동시절에는 부사령관의 책임을 맡았던 인사였다. 따라서 군사부의 경우 이청천을 중심으로 구성되었다.

일제 첩보자료에 의하면, 초기 민족혁명당의 당세는 당원 2천여 명에 이른 것으로 나타나고 있다. 의열단계열 300여 명(군관생도 및 졸업자 100여 명, 단원 200여 명), 한국독립당 70여명, 신한독립당 650여 명(군관생도 및 졸업자 50여 명, 당원 600여 명), 조선혁명당 1천여 명, 대한독립당 200여 명 등이었다. 물론 여기에는 상당 정도의 과장되거나 확인되지 않는 부분이 있으므로 실제는 6-700명 정도로 추산되고 있다.[60] 그리고 재정상태는 월 정기수입 4,000여원(의열단 3천여 원, 한국독립당

---

58) 社會問題資料研究所編, 『思想情勢視察報告集』 2, 33-36쪽.
59) 강만길, 앞의 글, 72, 74쪽.
60) 김영범, 『한국 근대민족운동과 의열단』, 401쪽.

6백여 원, 신한독립당 5백여 원) 정도였다고 한다.[61] 그리고 민족혁명당
의 각 지역 조직은 초기에 상해 지부(지부장 金弘敍)·남경 지부(김두
봉)·항주 지부(윤기섭)·광동 지부(文逸民)·사천 지부(최석순)·만주 지부
(김학규)를 조직하였다.[62]

　민족혁명당은 선전활동, 특무활동, 군사활동 등을 전개하였다. 이러한
활동은 중앙당부에 속한 당무부·특무부·군사부에 의해 전개되었다.
1936년 초기 중앙당부에는 서기국(위원장 김원봉)·군사국(위원장 이청
천)·조직국(위원장 김두봉)·검사국 등이 존재했던 것으로 보인다.[63]
1936년 1월 중앙당부의 공작활동을 '당무부·군사부·특무부' 체제로 전
환하고 각 청년들의 지원을 받아 각부에 배치하였다. 군사부는 이청천의
책임아래 화북·만주를 활동지역으로 하여 반만항일군과 연대하여 군사
활동에 종사함과 아울러 각지에서 한국청년의 군사훈련을 실시하는 것
이 주된 활동이었다.[64] 군사부는 3단계의 활동 목표를 수립하고 시기별
로 활동을 전개하였다. 첫 단계 활동은, 간부훈련생의 혁명적 교육, 즉
군사인재의 양성이었다. 둘째 단계의 활동은, 군사공작 부원을 만주·화
북 등 적후방에 밀파하여 지하조직을 확충하는 것이다. 셋째 단계의 활
동은 적후방에서의 적극적 교란 활동을 통하여 독립전쟁을 개시하는 것
이었다.[65] 이러한 활동은 만주에 잔류하고 있는 독립군과 배합하여 전
개될 계획이었다.[66]

　1단계 군사인재 양성은 민족혁명당 군사부의 자체 훈련, 군사학 편찬
위원회의 조직, 중국군관학교에 대한 군사훈련 위탁 등의 형태로 진행되

61) 社會問題資料硏究所編, 『思想情勢視察報告集』 2, 38쪽.
62) 金正明編, 『朝鮮獨立運動』 2, 540쪽.
63) 국회도서관편, 『韓國民族運動史料』(中國篇), 866-867쪽.
64) 社會問題資料硏究所編, 『思想情勢視察報告集』 2, 271쪽.
65) 社會問題資料硏究所編, 『思想情勢視察報告集』 3, 4쪽.
66) 社會問題資料硏究所編, 『思想情勢視察報告集』 3, 33쪽.

었다. 이청천은 민족혁명당 군사부의 1단계 목표인 군사인재 양성을 위하여 신한독립당계열 및 의열단계열의 청년들을 합치기로 하였다. 그리하여 1935년 9월 하순 이청천은 군사부 책임자로서 남경에 근거지를 만들고 원래 신한독립당 군사인재들에다 의열단에서 보내온 군사인재들을 합하여 군관훈련을 지속하였다.[67]

한편 이청천은 김원봉과 더불어 국민정부 군사위원회 소속 남경중앙군관학교에 학생을 입학시키기 위하여 교섭하였다. 이 학교 교장 張治中은 낙양군교 한인특별반의 경우처럼 일본측의 항의가 제기될 것을 두려워하였다. 그러나 이청천과 김원봉의 설득으로 입교에 관해 절대로 비밀을 엄수할 것과 일체의 책임을 민족혁명당에서 질 것을 조건으로 하여, 1935년 10월 중순경 12명의 군관 후보생을 남경중앙군관학교에 입학시키는 성과가 있었다.[68] 그러나 이들 후보생은 일본측의 항의를 우려한 장개석이 '퇴학'시키도록 조치하는 바람에 결국 졸업하지는 못하였다.

낙양군교 특별반, 의열단의 조선혁명간부훈련반, 신당 결성후의 자체 군사훈련, 중국군관학교에의 위탁교육 등을 통하여 관내에서의 군사인재 양성은 큰 성과를 가져왔다. 또한 국제적 상황이 긴박해지고 있다고 판단한 이청천과 민족혁명당의 지도부는 그간의 활동을 바탕으로 1936년 1월부터 2단계의 활동에 들어갔다. 군사 기간요원을 군사부로 배치하고 화북·만주 등지로 파견하여 무장활동의 기반확충을 위하여 활동하기 시작하였다.

민족혁명당에서 이청천은 그로부터 군사교육을 받은 청년들을 적후방 공작을 위하여 파견하였다. 이는 당무부·특무부가 세력을 보존하기 위하여 그 부원 다수를 남경에 잔류시키고 적후지역에는 당활동의 감시

---

67) 社會問題資料研究所編, 『思想情勢視察報告集』 2, 39-40쪽.
68) 社會問題資料研究所編, 『思想情勢視察報告集』 2, 269-271쪽.

를 위하여 소수의 인원만 파견한 김원봉의 경우와 대비가 된다.

당시 일본측 기록은 군사부와 당무부(특무부)의 적후공작 상황에 대하여 다음과 같이 비교하고 있다.

　　현재(1935년) 가을부터 (1936년) 4월까지 주로 이청천 일파의 군사공작 부원인 첨예 청년투사를 속속 만주, 조선, 화북에 밀파하여, 同黨 만주지부의 확립 등 지하조직의 확충에 노력하고 …… 김원봉은 소수의 청년분자를 그 감시를 위해 밀파하여 특무공작에 충당하고 대부분의 부하 첨예분자를 남경에 집결시켜 장래를 위해 대기하고 있는 상태이다.[69]

이를 통해 볼 때, 민족혁명당의 적후공작활동이 이청천의 군사부를 중심으로 하여 이루어지고 있었음을 알 수 있다. 그리고 민족혁명당은 군사부를 중심으로 하여 적후지역으로 공작원을 파견함으로써 독립군의 근거지를 마련하기 위하여 활동하고 있었다. 그 중심되는 지역은 만주·화북 등 일본군 점령지역이었으며 이로 인해 다수의 독립군출신 혹은 군관학교출신 청년들이 체포되기도 하였다.

처음 김원봉은 이청천이 일찍이 만주에서 한국독립군 총사령관을 지내는 등 '영웅적인 지위'에 있었던 것에 비추어 우대하였다. 즉 김원봉 자신이 第1特區部黨部 라고 하는 특별조직체를 지휘하는 것에 비례하여 이청천에게도 같은 위상의 조직체를 주어 균형을 맞추려고 하였다. 이청천은 第2特區部黨部의 주재자가 되어 휘하에 낙양군교 출신 및 기타 당원을 이끌었다.[70] 특히 김구세력이 이청천 및 신한독립당계열을 유인하고 있다고 판단한 김원봉은 김구의 이러한 시도를 방지하는 한편 이청천의 이탈을 막기 위해 신한독립당계열의 중심인물인 이청천, 윤기섭 등에 대해서는 정책적으로 우대하였다. 반면에 이청천 휘하의 청년들을 그들

---

69) 社會問題資料研究所編, 『思想情勢視察報告集』 3, 4-5쪽.

70) 국회도서관편, 『韓國民族運動史料』(中國篇), 868쪽.

로부터 분리시키기 위해 표면적으로는 지부조직 기타 공작임무를 부여
하여 거의 전부를 각지방으로 쫓아내고 자기 부하 학생들로 하여금 이들
을 감시케 하였다.[71]

단일대당으로 출범한 민족혁명당은 성립후 얼마지나지 않아 균열의
조짐이 나타나기 시작하였다. 김원봉의 의열단계는 당체제 정비과정에
서 서서히 당내 기간조직을 장악해갔다. 군사부(부장 이청천) 이외의 여
타 실행부서들(당무부, 조직부, 선전부 등)과 별동조직인 특무대 요원 및
책임자는 거의가 의열단 및 친의열단계 당원으로 충원되었다. 그에 따라
김원봉의 영향력이 점차 커져 주요 당무를 그가 專管하는 양상까지 나
타났다.[72] 당내 최대계파인 의열단이 자파의 세력을 믿고 당 운영에 있
어서 전횡을 하기 시작하였던 것이다.

특히 중국의 지원금을 장악한 의열단계는 재정을 자파 중심으로 운용
하였다. 이 과정에서 다른 계열은 형식적인 지원만 받는다든지 소외되기
일쑤였다. 때문에 이청천은 재정적으로 독립하기 위하여 중국 각방면으
로부터 원조를 구하기 위해 노력하였다. 일찍이 1934년 이청천은 漢口
에 간적이 있었는데, 이는 아마도 중국요로에 원조를 요청하기 위한 것
이 아닌가 추측된다.[73] 1936년 9월 25일경 이청천 등은 西安에 가서 張
學良과 교섭하여 1,000달러를 지원받았다.[74] 그러나 장학량의 원조는
일시적인 것이었다.

그리고 이청천은 상해에서 활동하고 있던 이규채에게 미국으로 가서
미국 교포들로부터 자금을 모집하여 올 것을 지시하였다. 그러나 이규채
로서는 도미 여비가 없는데다 좀더 시기를 기다려보자고 미룸으로써 성

---

71) 국회도서관편, 『韓國民族運動史料』(中國篇), 876쪽.

72) 김영범, 『한국 근대민족운동과 의열단』, 405쪽.

73) 국사편찬위원회, 『韓民族獨立運動史資料集』 43, 86쪽.

74) 社會問題資料硏究所編, 『思想情勢視察報告集』 5, 6쪽.

사되지는 못하였다.[75] 관내지역에서 기반이 없던 이청천은 김원봉의 전
횡에 분개하면서도 섣불리 민족혁명당을 벗어날 수 없었다.

의열단측의 전횡으로 창당 3개월 만에 조소앙·박창길·문일민 등 상
해 한국독립당 출신은 '告黨員同志'를 발표하고 탈당하여 한국독립당을
재건하였다. 그러나 이들의 탈당은 큰 영향을 미치지 못했으며, 민족혁
명당은 여전히 민족주의와 사회주의의 연합체로서 활동을 지속해나갔
다. 그러나 1936년 7월 1일자로 발행된 민족혁명당 기관지『민족혁명』
(3호)에 의열단 團旗를 민족혁명당 黨旗로 발표한 것이 발단이 되어, 의
열단계열과 비의열단세력의 대립이 심화되었다. 그후 중국으로부터의
지원자금을 둘러싼 문제, 이데올로기 문제 등 양측의 모순이 누적되어
갔다. 특히 자금문제는 가장 큰 갈등 요소였다.

결국 이러한 김원봉파와 이청천계열의 갈등은 해소되지 못했다. 1937
년 1월부터 개최된 전당대회를 계기로 민족혁명당은 양분되기에 이르렀
다. 당내 민족주의진영과 사회주의진영 사이의 항일운동상의 견해 차이
는 더욱 첨예화되었다. 내연하던 대결의식은 마침내 상대편을 당에서 축
출하려는 기도로까지 이어졌다. 먼저 이청천 계열은 3월 29일 한국민족
혁명당 비상대회선언을 발표하고 護黨의 입장에서 김원봉 일파에 대한
淸黨을 단행하였다. 이에 김원봉파도 지체없이 자파 중심의 간부회의를
소집하여, 이청천, 유동열, 최동오 등 11명을 제명하기로 결의함으로써
그에 맞섰다. 결과적으로 이청천파가 당에서 축출되는 것으로 사태는 일
단락지어졌다.[76] 이리하여 관내 독립운동진영의 대동단결을 목표로 성
립되었던 민족혁명당은 내부적인 갈등을 해소하지 못하고 분리되고 말
았다.

---

75) 국사편찬위원회,『韓民族獨立運動史資料集』43, 87쪽.

76) 金正明編,『朝鮮獨立運動』2, 602-603쪽.

4. 임시정부 참여

민족혁명당을 탈당한 이청천계열은 새로이 조선혁명당을 창립하였다. 조선혁명당은 "재만 한국독립당·신한독립당·의열단·재만 조선혁명당 등의 순민족주의적 정수와 혁명자로서 조직된 것임"을 선언하였다[77] 이청천은 조선혁명당의 군사부장에 취임하였다. 조선혁명당은 전체적으로 보아 이청천을 비롯하여 만주무장투쟁의 중진으로 구성되었다.

한편 조선혁명당은 군사활동의 추진과 더불어 민족전선의 통일을 강화하였다.[78] 조선혁명당은 결성 후 민족주의정당과 대동단결을 위한 노력을 경주하였다. 그리하여 1937년초 이청천은 홍진(재건한국독립당 대표), 송병조(한국국민당 대표)와 회담하였다.[79] 이러한 민족진영의 대동단결에 미주 지역의 대한인국민회(玄楯)·대한인동지회(李承晚)·대한인단합회(田耕武)·대한인애국단(韓始大)·대한부인애국단(朴信愛) 등 6개 단체도 합류하였다.

이러한 가운데 1937년 7월 7일 전면적인 중일전쟁이 발발하였다. 중일전쟁의 발발과 더불어 이청천 등은 전쟁이 만주에서 관내로 옮겨지고 장기적으로 세계전쟁화될 것으로 예상하였다. 따라서 항일진영의 대동단결, 나아가 무장대오를 편성하고 중국과 연합하여 조속히 항일전에 참여할 필요성이 절대적으로 요구되었다.

그리하여 1937년 8월 17일 3당 6개 단체가 공동제휴하여 한국광복운동단체연합회('광선')를 결성하였다. 이로써 민족주의 독립운동단체의 대동단결이 이루어지게 되었다. 한편 김원봉의 조선민족혁명당은 조선민족해방동맹, 조선혁명자연맹과 협동하여 조선민족전선연맹('민선')을

---

77) 독립운동사편찬위원회, 『독립운동사』 4, 1969, 670쪽.

78) 金正明編, 『朝鮮獨立運動』 2, 646쪽.

79) 독립운동사편찬위원회, 『독립운동사』 4, 671쪽.

결성하였다.

'광선'은 선전활동과 아울러 무장활동을 계획하였다. 당시 일제측 정보기록에 의하면, '광선'은 중국측으로부터 지원금을 확보하여 동북지역에서 대대적인 무장 봉기를 일으킬 계획이었다고 한다. 그러나 임시정부가 이동중이었고 무장활동을 추진할 수 있는 자금이 없었기 때문에 계획은 현실화되지 못했다. 비록 정규군은 아니지만 1938년말 광서성 柳州에서 임시정부 산하 청년들을 위주로 하여 한국광복진선청년공작대가 조직되었다. 청년공작대는 유주 지역에서 항일의식을 고취하기 위한 선전활동을 전개하여 중국인들의 항일의지와 반일감정을 고취시켰다. 공작대는 정규군 편성이 어려운 상황 속에서 당면한 항일선전활동에 주력하여 많은 성과를 거두었다.

1937년 7월 16일 중일전쟁의 급박한 상황속에서, 임시정부는 국무회의를 열어 대일독립전쟁을 개시할 때가 되었다고 판단하고, 군무부 산하에 '군사위원회' 설치를 결정하였다. 그리고 다음날인 7월 16일 군사위원회 위원을 선임하고 군사위원회 규정을 발표하였다. 군사위원회의 목적은 독립전쟁의 계획을 수립하고 군사인재를 양성하여 대일전쟁을 가시화하는 것이었다. 이청천은 유동열·이복원·현익철·安恭根·김학규 등과 더불어 군사위원회의 위원으로 선임되었다. 안공근을 제외하고는 모두 조선혁명당 소속이었다. 그럼으로써 조선혁명당은 군사간부가 부족했던 임시정부의 취약점을 보완하고 이는 후일 임시정부 산하에 광복군을 결성할 수 있는 기초를 제공하였다.

군사위원회는 독립전쟁에 대한 전략수립과 사관양성, 군사교재 편찬을 임무로 하는 상설기구였다. 군사위원회 설치 이전에 임시정부는 이미 군사인재의 양성, 군사기구의 설치, 특무공작의 실행 등을 당면사업으로 제시하였다.

이러한 군사위원회의 활동을 통하여 이청천은 임시정부 활동에 적극 참여하게 되었다. 이청천은 1937년 10월 16일에 개최된 임시의정원 회의에 군사위원의 자격으로 참석하였다. 이 회의에서는 임시정부의 군사활동 중시방침이 확인되었다. 그리하여 군사위원회의 장래 군사활동 계획이 1938년도 시정방침 군사부문에 반영되어 무장대오의 편성을 서두르게 되었다.[80]

1937년 11월 일본군의 공격으로 남경을 떠난 임시정부는 長沙에 도착하였다. 장사에 도착한 이청천 등 군사위원회 일행은 활동을 재개하였다. 한편으로 군대 조직을 위한 공작을 전개하고 한편으로 군사인재 양성을 위한 군사학 편찬활동을 진행하였다.[81]

1938년 5월 독립운동사에서 비극적인 사건의 하나로 꼽히는 楠木廳 사건이 발생하였다. 조선혁명당의 청사인 남목청에서 조선혁명당, 한국독립당, 한국국민당의 3당 합당을 위한 회의가 개최되었다. 이때 연합과정에서 상대적으로 소외된 강창제, 박창세가 이운환을 사주하여 김구 등을 저격하였다. 현익철은 사망하였고 김구 등은 중상을 입었다. 그 와중에서 이청천도 경상을 입었다.[82] 이후 장사에 대한 적의 공습이 심해져서 임시정부는 1938년 7월 광동성 광주, 광서성 유주를 거쳐 1940년 드디어 중국 국민당정부의 배도 重慶에 도착하였다.

1939년 10월 3일 중경 초입 기강에서 임시정부는 임시의정원 회의를 소집하였다. 당시 연이은 전략적 후퇴의 도중에 임시의정원 의원수는 15인으로 줄었다. 이에 홍진·최동오·이청천·조경한·申桓·方順熙·공진원·문일민·박찬익·김학규·조시원·이준식·나태섭 등 13인이 새로이 임시의정원 의원에 선출되었다. 이때 이청천도 임시의정원에 정식으로 참

---

80) 독립운동사편찬위원회, 『독립운동사』 4, 673쪽.
81) 김학규, 앞의 글, 596쪽.
82) 지복영, 『역사의 수레를 끌고 밀며 - 항일무장 독립운동과 백산 지청천장군』, 338-339쪽.

여하였다.

임시의정원 의원에 이어 이청천은 국무위원으로 피임되었다. 1939년 10월 25일 개최된 임시정부 국무회의에서는 내무·외무·군무·참모·법무·재무 등 각 부서를 두기로 하였다. 이청천은 군사활동을 관장하는 軍務長으로 선임되었다.

당시 임시정부 내각은 한국국민당·조선혁명당·한국독립당의 연립내각의 성격을 지니고 있었다. 당시 3당 통합운동이 불의의 사건으로 지연된 가운데서도, 대일항전을 위한 대동단결이란 취지 아래 각 민족주의단체가 연합하여 임시정부를 구성하였던 것이다.

한편 임시정부는 1939년 10월 11일 국무회의에서 조직, 군사, 외교에 대한 3개항의 「독립운동방략」을 결정했다. 이 가운데 하나인 군사 관련 사항은 이청천이 제시한 것으로 보인다. 그 임시정부 공보(65호)에 보이는 관련내용은 다음과 같다.

> 우리의 獨立運動은 組織的으로 訓練받은 英勇한 武裝獨立軍으로야만 成功할 수 있음므로, 今後 三年間에 所要의 將校養成과, 基本的 任務를 다 할 만한 數爻의 武裝隊 編成과, 各地에서 猛烈히 活動할 遊擊隊 活動에 專力하여 敵으로부터 交戰할 만한 軍事上 基礎를 確立할 것.[83]

즉 임시정부가 2년 동안 한곳에 정착하지 못하고 줄곧 옮겨다니는 바람에 군사활동면에서 취약한 바가 많았다. 때문에 이청천은 장기적 관점에서 3년 동안 독립전쟁의 기간요원이 되는 장교를 양성하고 이와 동시에 적지에서 활동할 유격대훈련을 실시할 것을 주장하였던 것이다. 이러한 활동계획은 임시의정원의 1940년도 예산에서 군사비가 57만원으로 전체 임시정부 예산(616,977원)의 90% 이상을 차지하는 것과도 밀접하

---

83) 국사편찬위원회, 『대한민국임시정부자료집』 1, 헌법·공보, 2005, 215쪽.

게 연관되는 것이다. 즉 당시 임시정부는 일차적인 활동의 목표를 군사활동에 두었던 것이다.[84] 이러한 계획은 임시정부의 오랜 숙원이라고 할 수 있는 한국광복군의 창설로 이어지게 되었다.

5. 맺음말

이청천은 1933년 11월 오랫동안 무장투쟁을 전개하였던 만주를 떠나 관내지역으로 이동하였다. 이때 그가 몸담고 있던 한국독립당도 본부를 옮겼다. 1931년 '만주사변' 및 '만주국' 성립 이후 날로 심각해지는 일만군의 토벌로 인해 만주 독립군은 새로운 활동무대를 모색하지 않을 수 없었다. 여기에 관내지역에서 낙양군관학교 한인특별반을 설립하여 군사인재를 양성하려고 하던 김구가 이청천의 관내지역 이동을 적극적으로 권유하였다. 김구는 이청천의 군사경험을 높이 평가하고 있었다.

당초 이청천은 일시적으로 관내지역으로 이동하였다가 다시 만주로 돌아갈 계획이던 것으로 보인다. 관내지역에서 전열을 재정비하여 권토중래하려고 했던 것이다. 하지만 갈수록 엄혹해지는 만주의 상황은 그의 만주 복귀를 허락하지 않았다. 그는 끝내 1945년까지 관내지역에서 활동하다가 8·15를 맞이하게 되었다.

관내지역에 들어온 이청천은 항일운동을 지속적으로 추진하기 위해 김구나 김원봉 등 대중국 지원통로를 장악하고 있는 인사들에 의존하게 되었다. 만주에 기반이 있던 이청천은 이미 이곳에서 기반을 잡고 있던 김구나 김원봉과는 비교가 되지 않았다. 관내지역에 기반이 없던 그로서는 이 지역의 양대세력이라고 할 수 있는 김구나 김원봉계열과 어떤 식

---

84) 독립운동사편찬위원회, 『독립운동사』 4, 696-700쪽.

으로든 관계를 맺지 않을 수 없었다. 그는 서로의 이해관계에 따라 김구 진영으로, 다음에는 김원봉 진영으로 어쩔 수 없이 합작상대를 바꾸지 않으면 안되는 상황이 벌어지기도 하였다. 이청천의 개인적 성향으로서도 정치가라기 보다는 군사지휘관, 즉 군인으로서의 면모가 강했다. 때문에 그는 군사에는 밝았지만 현실정치에는 어두운 측면이 있었다. 관내지역에 기반을 잡고 있던 김구 및 김원봉세력의 복잡다단한 이합집산 과정에서 시행착오를 겪기도 했다.

이청천은 자신의 기반을 강화하기 위해 먼저 관내지역으로 온 만주세력이 주축을 이루고 있던 한국혁명당과 합당하여 신한독립당을 조직하였다. 신한독립당은 '만주세력'의 결집체였다고 할 수 있다. 그리고 만성적인 재정문제를 해결하기 위해 중국측 요로와 교섭하여 재정적인 독립을 시도하였다. 하지만 이러한 노력은 별다른 성과가 없었다. 재정문제는 처음부터 관내지역에서의 그의 험난한 여정을 예고하는 것이었다.

그는 낙양분교 한인특별반에서 지휘관으로서 학생들의 신망을 쌓아갔다. 학생들도 이청천 주위에 모여들었다. 그 결과 이청천계열의 세확대를 우려한 김구계열의 집중적인 견제를 받았다. 이에 그는 김구계열과는 어쩔수 없이 결별을 하였다. 마침 합당을 제의한 김원봉계열과 제휴하여 1935년 7월 관내지역의 단일대당이라고 할 수 있는 민족혁명당을 결성하였다. 민족혁명당내 실세인 김원봉이 당무를 전관함에 따라 이청천계열은 소외되었다. 김원봉계열의 전횡으로 인해 이청천계열은 민족혁명당을 탈당하였다. 이때 이청천과 김원봉의 갈등은 1940년대 전반기 임시정부내에서 광복군 총사령과 군무부장으로 있을 때도 재연되었다.

1937년 7월 중일전쟁 발발후 이청천은 만주인사들이 결집한 조선혁명당을 이끌고 임시정부에 참여하였다. 그는 임시의정원 의원, 군무부장의 중책을 수행하였다. 일찍이 1923년초 상해에서 개최된 국민대표회의에 창조파의 일원으로 참석하여 임시정부 문제를 협의한 바 있던 그에게 있어 임시정부 참여는 여러 가지로 감회가 깊었을 것이다. 임시정부의 군사정책을 관장했던 그는 1940년 9월 창설된 한국광복군의 총사령으로 취임함으로써 그가 제시한 독립전쟁을 펼칠 수 있는 기반을 마련하게 되었다.

제4장 조경한의 중국관내지역 독립운동

1. 머리말

1990년대 대한민국 임시정부(이하 임시정부)의 마지막 생존 국무위원으로 유명했던 白岡 趙擎韓(1900-1993)은 1945년 8·15 광복을 맞이할 때까지 항일독립운동에 일생을 매진한 인물이다. 그는 만주 독립군 및 한국광복군에서는 군사지휘관이자 유능한 참모였으며, 독립운동정당과 임시정부에서는 정치가이자 조직가로서의 면모를 보여주었다. 아울러 한학이나 조선역사에도 해박했던 학자이기도 하였다.

그 외에도 그는 어려웠던 1930년대 이동시절에도 온갖 어려움을 무릅쓰고 생명과도 같은 임시정부 문서를 잘 보존한 임시정부의 파수꾼이었다. 임시정부가 환국할 때 이들 문서를 고스란히 들여왔던 점에서 오늘날 임시정부 연구자들의 주목을 받는 인물이기도 하다.[1]

본고에서 다룰 내용은 조경한의 항일독립운동 가운데 1933년 만주에서 관내지역으로 활동근거지를 옮긴 이후부터 1945년 8월 일제패망때까지 낙양군관학교, 독립운동정당 및 임시정부, 한국광복군에서의 활동이다.

본고는 최근 국사편찬위원회가 탈초·번역하여 공개한 「군관학교사건 심문조서」 등 자료들의 활용을 통해 지금까지 관내지역 독립운동사연구에서 단편적으로 언급되어 왔던 그의 활동을 보다 심도있게 고찰하고자

---

1) 趙擎韓, 「大韓民國臨時政府 文獻 被災 顚末記」(愛國同志援護會編, 『韓國獨立運動史』, 1956, 381-386쪽).

한다. 이는 이 시기 중국관내지역 특히 임시정부의 독립운동을 이해하는
데도 도움이 될 것이다.

2. 관내지역 이동 후의 활동

1) 낙양군관학교 활동

1933년 조경한은 대전자 전승 이후 길림성에 은거하고 있던 중 관내
지역의 윤봉길의사의 거사 소식과 함께 모친의 별세소식을 뒤늦게 듣게
되었다.[2] 나아가 김구 등이 중국정부와 합작하여 중국중앙군관학교 洛
陽分校에 한인특별반을 설치하고 만주지역의 군사 지도자들을 초치하고
있다는 소식도 듣게 되었다.

당시 만주의 독립운동가들은 1931년 '만주사변' 이후 엄혹한 조건하
에서도 항일투쟁을 전개하였지만 정세는 날로 불리해져 갔다. 일제의 대
륙침략이 본격화됨에 따라 더 이상 독립전쟁 노선을 견지하기 어렵게 되
었다. 뿐만 아니라, 중국군과의 한중연합전선도 여러 가지 갈등으로 난
항을 겪었다. 그리하여 이청천을 위시한 한국독립군은 군사회의 끝에 일
부는 장래에 대비하여 밀산에 파견하고 또다른 일부는 김구의 제의를 받
아들여 관내지역으로 이동하게 되었다.

이때 조경한은 만주의 한국독립당 및 한국독립군 등에서 함께 활동했
던 이청천과 뜻을 같이 하고 관내지역으로 이동하였다. 이러한 관계로
관내지역으로 이동한 후에도 그는 이청천과 함께 혹은 그 휘하에서 독립
운동정당, 임시정부, 한국광복군에서 활동하게 되었던 것이다.[3]

---

2) 趙擎韓, 『白岡回顧錄』, 韓國宗敎協議會, 1979, 208-209쪽 ; 沈禛燮 編, 『白岡散文
  集 大甸子大捷』, 예원, 2006, 152쪽.

한편 관내지역 독립운동진영에도 큰 변화가 있었다. 1932년 4월 29일 윤봉길의사의 의거로 한국독립운동에 대한 중국 각계의 원조 활동이 활발하게 전개되었다. 그리하여 1933년 전반기 김구와 장개석의 면담이 성사되었다. 김구는 장개석과 함께 한인군사인재 양성을 위한 무관학교 설립에 합의하고 낙양군교에 한인특별반 설립을 추진하였다.

김구는 국민당정부와 한인특별반 개설에 합의한 뒤 교관을 물색하는 한편, 북경·천진·상해 등지에서 입교생을 모집하였다. 군사인재를 찾고 있던 김구는 만주사변 이래 무장활동의 난관에 직면해 있던 재만 한국독립군 총사령 이청천과 간부를 한인특별반 교관으로 초빙키로 하였다.[4] 원래 김구는 군사방면에 대한 경험이 적었고 또 독자의 힘으로써 군관학교를 통한 군사인재 양성사업을 진행하기 어렵다는 것을 인식하였다. 때문에 만주로부터 군사적 경험이 풍부한 이청천과 한국독립군 지도자들을 초청하였던 것이다.[5] 이에 1933년 10월경 조경한은 이청천 등 재만 한국독립당 일행과 함께 북경을 거쳐 낙양에 도착하였다.[6]

1934년 2월 28일 낙양분교에서 한인 훈련생 92명으로 1개 군관생도반을 특설하여 군관 양성 활동이 본격적으로 시작되었다.[7] 낙양분교 한인특별반의 교과내용 및 기타 세칙은 중국군관학교의 교육내용이 그대로 적용되었다. 교과는 정치훈련과 전술에 치중하였으며 내무교양 등의 학과도 진행하였다. 실제교육에 들어가면서 교육내용과 관련하여 한중 양측의 의견 차이와 갈등이 없지 않았다. 학교측은 한인 학생들에 대해

---

3) 國史編纂委員會, 『韓民族獨立運動史資料集』 43, 中國地域獨立運動 裁判記錄 Ⅰ, 2000, 224-225쪽.

4) 韓相燾, 『韓國獨立運動과 中國軍官學校』, 문학과지성사, 1994, 317쪽.

5) 국회도서관편, 『韓國民族運動史料』(中國篇), 1976, 865쪽.

6) 한상도, 『韓國獨立運動과 中國軍官學校』, 168쪽. 조경한은 1933년 1월경 관내지역으로 이동한 것으로 회고하였지만 이는 착오로 보인다.

7) 독립운동사편찬위원회, 『독립운동사』 6, 1975, 125쪽.

三民主義교육을 강요하였다. 임시정부의 한국광복군에 대해 삼민주의를 강요했던 것처럼 학생 교육에 있어 중국측은 중국국민당의 기본 이념인 삼민주의를 중심으로 한 정치교육을 중시하였다.

그에 반해 이청천, 조경한 등 한인 교관들은 한국독립운동에 요구되는 독자적인 교육내용을 강조하였다.[8] 결국 군사·정치교육은 한인 교관이 담당하고, 중국측은 운영경비를 지원키로 절충되었다. 그럼으로써 실제 교육에서 국민당정부의 영향력이 배제되고, 한인 교관이 주도적 역할을 하였다. 한인특별반의 교관단은 총교도관에 이청천, 교관으로는 오광선, 이범석, 조경한, 송호 등으로 구성되었다.[9]

낙양군교 시절 조경한은 鄭一淸 또는 丁一淸이라는 이름으로 활동하였다.[10] 낙양에 체류하고 있던 조경한은 김구의 한인애국단에도 가입하여 간부로 활동하였던 것으로 나타나고 있다. 나중에 일제에 체포된 낙양군관학교 한인특별반 훈련생이었던 全奉南의 진술에 의하면, 조경한이 梁東五(盧鍾均)와 더불어 한인애국단 낙양지부의 간부로 활동하였지만 나중에 이청천이 김구와 결별하였을 때는 이청천을 따라갔다고 진술하였다.[11] 즉 이청천과 김구의 관계가 원만했을 때는 조경한이 한인애국단에 가입하여 활동하면서 협조하였으나 양자의 갈등 때는 김구를 떠나 이청천을 지지하였던 것으로 보인다. 이는 서로의 이해관계에 따라 관내 지역 독립운동세력의 이합집산이 매우 빈번했음을 잘 보여주고 있다.

하지만 낙양군관학교 한인특별반 운영에는 안팎으로 난관이 닥쳤다. 우선 내부적으로 학생들 사이에 의견의 대립이 존재하면서 이것을 효과적으로 극복하지 못하였다. 당시 이 군관학교는 김구·이청천·김원봉 등

---

8) 한상도, 『韓國獨立運動과 中國軍官學校』, 311쪽.

9) 한상도, 『韓國獨立運動과 中國軍官學校』, 312-313쪽.

10) 國史編纂委員會, 『韓民族獨立運動史資料集』 43, 225쪽. 전봉남은 조경한이 낙양에서 남경으로 옮기면서 鄭一淸에서 安一淸으로 개명하였다고 진술하였다.

11) 國史編纂委員會, 『韓民族獨立運動史資料集』 43, 224-225쪽.

의 지도 아래 있는 청년들이 입교하였는데 이들 학생들은 서로의 입장 차이를 효과적으로 극복하지 못하였던 것이다. 이청천이나 김구계열 청년들은 민족주의성향을 지니고 있었다. 반면에 김원봉을 따르던 청년들은 의열단의 간부학교를 통해 어느 정도 사회주의 사상을 수용하고 있었다. 게다가 이 세 계열간에는 상호 세확장을 위해 노력하였다. 즉 서로 다른 계열의 학생들을 자기 쪽으로 끌어들이기 위하여 다방면으로 활동하였다. 이에 입장과 견해를 달리하는 청년들 사이에 갈등이 생기게 되었다.

한편 외부적인 난관은 일제당국의 해체요구에서 왔다. 일제당국은 낙양군교 한인특별반 훈련에 대한 정보를 입수하고 중국당국에 엄중항의하면서 폐교를 강요하였다. 이러한 내외적인 난관에 봉착한 한인특별반은 1935년 4월 결국 1기의 졸업생을 배출하고 폐교되고 말았다.

그렇지만 낙양군교 한인특별반 출신의 군관들은 이후 관내지역 독립운동의 기간요원으로 성장하였다. 우선 군사적으로 보면, 만주로 파견되어 적후 공작을 전개하기도 하였으며 중국군에 들어가 활동하기도 하였다. 그리고 이들은 1938년 창설된 조선의용대 및 이후의 조선의용군, 1940년 임시정부 산하에 창설된 한국광복군의 기간요원으로서 중추적인 역할을 수행하였다.

2) 독립운동정당 활동

관내지역으로 이동해온 조경한을 비롯한 재만 한국독립당 세력은 낙양군관학교 활동을 통한 항일군사인재 양성을 추진하였다. 동시에 관내지역의 독립운동정당과 통합운동을 전개하여 항전력을 강화하고 당세를 확장하고자 하였다.

1934년 2월 25일 남경에서 재만 한국독립당의 홍진, 김원식, 이청천 등 간부 및 청년당원 40여 명과 함께 한국혁명당의 윤기섭, 성주식 등과 협의하여 각 소속당을 해체하고 新韓獨立黨을 조직하기로 결의하였다.[12] 한국혁명당의 윤기섭, 성주식 등은 일찍이 신흥무관학교 교관을 역임하거나 만주지역에서의 초기 항일무장투쟁에 참여했던 이들이므로 새로이 조직된 신한독립당은 관내지역에서 활동하던 만주인사들을 결집한 것이었다고 할 수 있다.

3월 1일 홍진·김원식·김상덕·신숙·이규채 등 한국독립당 대표와 성주식·윤기섭 등 한국혁명당 대표가 남경에서 회합하였다. 이 자리에서 신한독립당의 당의·당강·당략 등을 결정하였다.[13] 신한독립당의 위원장에는 홍진, 상무위원에는 김상덕·신익희·윤기섭 등이 선임되었다.[14] 그리고 산하에 군사부, 재정부, 서기국, 조사, 선전의 각부가 조직되었으며, 이때 조경한도 간부의 한 사람으로 활동하였던 것으로 나타나고 있다.[15]

조경한은 주로 신한독립당의 군사부에서 조선역사를 강의하는데 힘을 기울였다. 군사부는 낙양군교 한인특별반이 폐쇄되면서 이청천의 휘하 한인청년들을 남경으로 데려와 조직한 부서였다. 여기에 조선역사 강의가 마련된 것은 조선의 민족혁명운동을 하기 위해서는 조선역사에 대해 밝지 않으면 안된다는 문제의식에서였다.

조경한은 낙양군교 출신 한인청년들을 대상으로 매일 1시간씩 조선역사를 강의하였다. 그의 조선역사 강의는 전후 3개월간에 걸쳤다. 내용은 삼국시대, 고려시대, 조선왕조의 멸망때까지 이르는 시기의 역사였다.[16] 특히 그는 이성계가 고려왕조를 멸망시키지 않았더라면 조선민족이 오

---

12) 金正柱編, 『朝鮮統治史料』 10, 701쪽 ; 金正明編, 『朝鮮獨立運動』 2, 東京: 原書房, 1967, 517쪽.
13) 국회도서관, 『韓國民族運動史料』(中國篇), 876-877쪽.
14) 金正明編, 『朝鮮獨立運動』 2, 517쪽.
15) 국사편찬위원회, 『韓民族獨立運動史資料集』 44, 31쪽.
16) 국사편찬위원회, 『韓民族獨立運動史資料集』 44, 28쪽.

래 번영했을 것이라고 하면서 동시에 조선왕조가 잃어버린 조국을 광복
시킬 책임이 있다고 강조하였다고 한다.[17] 그리고 틈틈이 자신이 직접
참여한 만주의 한국독립군의 항일전쟁에 대해서도 강의하였던 것으로
보인다.[18] 이 무렵 그는 재만 한국독립군의 항일전쟁에 대해 직접 글로
남기기도 하였다.[19]

조경한의 조선역사 강의는 매우 깊이가 있었던 것으로 보인다. 당시
한인특별반 훈련생으로서 그로부터 가르침을 받은 전봉남은 후일 일경
에 체포된 후 조경한이 조선역사에 대해 매우 해박했다고 진술하였던 것
이다.[20]

신한독립당은 무장활동과 더불어 한국 독립운동진영의 통일을 위하
여 노력하였다.[21] 신한독립당은 관내독립운동진영의 연합전선 구축을
위하여 결성된 '韓國對日戰線統一同盟'에 참여하였다. 이 통일동맹은
1933년 11월 '만주사변' 이후의 긴급한 중요과제인 전선통일 문제를 해
결하고 독립운동을 강력하게 추진하기 위하여 조직되었다. 李裕弼·宋
秉祚·김두봉·최동오·윤기섭·신익희·한일래·朴建雄·김규식 등 9인의
발기에 의해 조직되었다. 통일동맹의 구성단체는 신한독립당·상해 한국
독립당(일부)·조선혁명당·의열단 등이었다. 1934년 당시 통일동맹의 간

---

17) 위와 같음.
18) 국사편찬위원회, 『韓民族獨立運動史資料集』 43, 246쪽.
19) 당시 조경한은 한국혁명당의 기관지로 추정되는 『革命公論』(제1권 제4기, 1934년
    4월, 66-67쪽)에 「韓國獨立軍與中國義勇軍聯合抗日記實」이라는 글을 게재하여 만
    주 한국독립군의 항일전쟁 업적에 대해 기술하였다(장세윤, 「백산 이청천의 만주
    지역 독립운동」, 『백산 이청천 서거 50주기 추모학술회의 발표자료집』, 2006년
    12월, 28쪽). 이에 대해 조경한 자신도 「9·18후 동북지역 한국독립군의 殺敵略史」
    (『光復』제2권 제1기, 1942년 1월)라는 글에서 이전에 낙양에 머물고 있을때 革命
    公論社의 요청을 받고 이러한 글을 발표하였다고 회고하였다.
20) 국사편찬위원회, 『韓民族獨立運動史資料集』 43, 245쪽.
21) 金正明編, 『朝鮮獨立運動』 2, 517쪽.

부는 상무위원으로 송병조·김두봉·김규식·최동오·윤기섭·윤세주, 기타 간부에는 김원봉·이청천·李光濟·김학규 등이 있었다.[22]

통일동맹은 1934년 3월 1일 제2차 동맹대표대회 및 '한국혁명각단체 대표대회'를 개최하였다.[23] 동맹은 각단체를 해소하여 완전한 대동단결 체를 조직한다고 천명하였다. 그러나 이 결정은 임시정부측의 반대를 야기하였다. 결국 동맹의 참여단체인 상해 한국독립당의 전폭적인 지지를 확보하지 못하였다. 김구는 의열단의 김원봉을 공산주의자로 규정하고 "한이불 속에서 딴 꿈을 꾸려는 통일 운동에 참가할 수 없다"는 입장을 취하였다.[24]

이러한 경향은 신한독립당도 마찬가지였다. 이청천·閔丙吉·연병호· 조경한 등은 공산주의를 표방한 의열단과의 활동에 대하여 내심 우려하고 있었다.[25] 특히 조경한은 만주 시절 한국독립군과 공산주의자들과의 갈등으로 이들을 불신하였다.[26] 이러한 그의 반공적 성향은 이후 임시정부에 참여한 뒤에도 그대로 견지되었다. 그럼에도 불구하고 낙양군관학교 한인특별반 운영에서 김구와의 갈등으로 인해 이청천은 김원봉과 신당을 결성하게 되었다.[27] 이때 김구의 한인애국단 간부로 활동하던 조경한도 김구와 결별하고 이청천을 따라 민족혁명당에 가입하였다.

그리하여 1935년 관내지역 독립운동진영의 단일대당 민족혁명당이 결성되었다. 여기에 참여한 단체는 의열단(김원봉)·한국독립당(조소앙)· 조선혁명당(최동오)·신한독립당(이청천)·대한독립당(김규식) 및 재미 4단체(뉴욕 대한인교민단·미주국민회·하와이국민회·하와이혁명동지회)

---

22) 金正明編, 『朝鮮獨立運動』 2, 515쪽.
23) 金正明編, 『朝鮮獨立運動』 2, 514쪽.
24) 김구, 『백범일지』, 도진순 주해, 돌베개, 1997, 357-358쪽.
25) 社會問題資料研究所編, 『思想情勢視察報告集』 2, 10쪽.
26) 장세윤, 「백산 이청천의 만주지역 독립운동」, 30-31쪽.
27) 김영범, 『한국 근대민족운동과 의열단』, 창작과비평사, 1997, 372쪽.

등 9개 단체였다.

민족혁명당은 민족주의에 기초한 민주공화국 건설을 이념으로 삼고, 신국가의 경제체제는 토지와 대생산기관의 국유, 통제경제 체제를 지향하였다.[28] 그리고 중앙간부와 각 지부장을 선임하였으며 장래의 운동방침에 대하여 12개 사항을 결의하였다. 민족혁명당내에서 조경한은 조직부에서 활동한 것으로 나타나고 있다.

- 중앙집행위원회 : 김원봉, 김두봉, 김규식, 이청천, 윤기섭, 신익희, 조소앙, 성주식, 최동오, 김학규, 진의로, 윤세주 등
- 감찰위원 : 양기탁, 김창환, 이복원, 신악, 강창제 등
- 서기부 부장 : 김원봉, 부원 : 김상덕, 윤세주
- 조직부 부장 : 김두봉, 부원 : 최석순, 김학규, 조경한
- 신전부 부장 : 최동오, 부원 : 신익희, 성주식
- 군사부 부장 : 이청천, 부원 : 김창환, 윤기섭, 성주식
- 국민부 부장 : 김규식, 부원 : 조소앙, 신익희
- 훈련부 부장 : 윤기섭
- 조사부 부장 : 진의로[29]

위에서 알 수 있듯이, 민족혁명당은 당시 김구를 중심으로 한 임시정부 고수파를 제외한, 중국관내 민족운동진영의 주요 인물을 망라하였다. 창당 초기의 진용을 통해 볼 때, 민족혁명당이 어느 한 단체에 치중하지 않고 명실상부한 통일전선정당으로 위치를 잡기 위하여 노력하였음을 알 수 있다.[30]

민족혁명당은 선전활동, 특무활동, 군사활동 등을 전개하였다. 이러한 활동은 중앙당부에 속한 당무부·특무부·군사부에 의해 전개되었다.

---

28) 국회도서관, 『韓國民族運動史料』(中國篇), 876-881면.
29) 社會問題資料硏究所編, 『思想情勢視察報告集』 2, 33-36쪽.
30) 강만길, 『조선민족혁명당과 통일전선』, 화평사, 1991, 72, 74쪽.

1936년 초기 중앙당부에는 서기국(위원장 김원봉)·군사국(위원장 이청천)·조직국(위원장 김두봉)·검사국 등이 존재했던 것으로 보인다.[31] 1936년 1월 중앙당부의 공작활동을 '당무부·군사부·특무부' 체제로 전환하고 각 청년들의 지원을 받아 각부에 배치하였다. 군사부는 이청천의 책임아래 화북·만주를 활동지역으로 하여 반만항일군과 연대하여 군사활동에 종사함과 아울러 각지에서 한국청년의 군사훈련을 실시하는 것이 주된 활동이었다.[32]

1단계 군사인재 양성은 민족혁명당 군사부의 자체 훈련, 군사학 편찬위원회의 조직, 중국군관학교에 대한 군사훈련 위탁 등의 형태로 진행되었다. 이청천은 민족혁명당 군사부의 1단계 목표인 군사인재 양성을 위하여 신한독립당계열 및 의열단계열의 청년들을 합치기로 하였다. 그리하여 1935년 9월 하순 무렵 남경에 근거지를 만들고 원래 신한독립당 군사인재들에다 의열단에서 보내온 군사인재들을 합하여 군관훈련을 지속하였다.[33]

단일대당으로 출범한 민족혁명당은 성립후 얼마지나지 않아 균열의 조짐이 나타나기 시작하였다. 김원봉의 의열단계는 당체제 정비과정에서 서서히 당내 기간조직을 장악해갔다. 군사부(부장 이청천) 이외의 여타 실행부서들(당무부, 조직부, 선전부 등)과 별동조직인 특무대 요원 및 책임자는 거의가 의열단 및 친의열단계 당원으로 충원되었다. 그에 따라 김원봉의 영향력이 점차 커져 주요 당무를 그가 專管하는 양상까지 나타났다.[34] 당내 최대계파인 의열단이 자파의 세력을 믿고 당 운영에서 '전횡'을 하기 시작하였던 것이다.

31) 국회도서관, 『韓國民族運動史料』(中國篇), 866-867쪽.
32) 社會問題資料硏究所編, 『思想情勢視察報告集』 2, 271쪽.
33) 社會問題資料硏究所編, 『思想情勢視察報告集』 2, 39-40쪽.
34) 김영범, 『한국 근대민족운동과 의열단』, 405쪽.

이에 비의열단 계열은 김원봉의 전횡에 반발하기 시작하였다. 결국 김원봉파와 이청천계열의 갈등은 해소되지 못했다. 1937년 1월부터 개최된 전당대회를 계기로 민족혁명당은 양분되기에 이르렀다. 내연하던 대결의식은 마침내 상대편을 당에서 축출하려는 기도로까지 이어졌다. 먼저 이청천 계열은 3월 29일 한국민족혁명당 비상대회선언을 발표하고 護黨의 입장에서 김원봉 일파에 대한 淸黨을 단행하였다. 조경한도 이에 동참하였다.

이에 대해 김원봉파도 지체없이 자파 중심의 간부회의를 소집하여, 이청천, 유동열, 최동오 등 11명을 제명하기로 결의함으로써 그에 맞섰다.[35] 이리하여 관내 독립운동진영의 대동단결을 목표로 성립되었던 민족혁명당은 내부적인 갈등을 해소하지 못하고 해체되고 말았다.

3. 임시정부에서의 활동

1) 임시정부 참여와 활동

민족혁명당을 탈당한 조경한은 이청천 등 재만 한독당계열과 함께 새로이 조선혁명당을 창립하였다. 조선혁명당은 전체적으로 보아 이청천을 비롯하여 한국독립군 등 만주무장투쟁세력이 다시 집결한 것이었다.

이러한 가운데 1937년 7월 7일 전면적인 중일전쟁이 발발하였다. 중일전쟁의 발발과 더불어 전쟁이 만주에서 관내지역으로 확대되었다. 따라서 항일진영의 대동단결, 나아가 무장대오를 편성하고 중국과 연합하여 조속히 항일전에 참여할 필요성이 절대적으로 요구되었다.

---

35) 金正明編, 『朝鮮獨立運動』 2, 602-603쪽.

그리하여 1937년 8월 17일 민족주의 우파세력의 3당 6개 단체가 공동제휴하여 한국광복운동단체연합회('광선')를 결성하였다. 이로써 민족주의 우파 독립운동단체의 대동단결이 이루어지게 되었다. 이때 조경한은 양기탁, 김창환, 유동열, 이청천 등과 더불어 조선혁명당의 대표로 참여하였으며, 광선 성립후에는 홍진, 조완구, 조소앙 등과 함께 광선의 운영 간부로 선임되었다. 광선은 본부를 남경에 두고 선전위원회를 구성하여 잡지 전단, 표어 등을 통한 선전활동을 활발하게 진행하였다. 그 결과 중국의 관민과 재미 교포의 후원금이 답지하였다.[36]

광선은 선전활동과 아울러 무장활동을 계획하였다. 당시 일제측 정보기록에 의하면, 광선은 중국측으로부터 지원금을 확보하여 동북지역에서 대대적인 무장 봉기를 일으킬 계획을 세웠다고 한다. 그러나 임시정부가 이동중이었고 무장활동을 추진할 수 있는 자금이 없었기 때문에 계획은 현실화되지 못했다. 비록 정규군은 아니지만 1938년말 광서성 柳州에서 임시정부 산하 청년들을 위주로 하여 韓國光復陣線靑年工作隊가 조직되었다. 청년공작대는 유주 지역에서 선전활동을 전개하여 중국인들의 항일의지와 반일감정을 고취시켰다. 공작대는 정규군 편성이 어려운 상황 속에서 당면한 항일선전활동에 주력하여 많은 성과를 거두었다.

1937년 11월 일본군의 공격으로 남경을 떠난 조경한은 임시정부 대가족과 함께 長沙에 도착하였다. 그는 이곳 장사에서 1938년 5월 독립운동사에서 비극적인 사건의 하나로 꼽히는 楠木廳사건을 겪었다. 조선혁명당의 청사인 남목청에서 조선혁명당, 한국독립당, 한국국민당의 3당 합당을 위한 회의가 개최되었다. 이때 연합과정에서 상대적으로 소외된 조선혁명당의 姜昌濟, 朴昌世가 李雲煥을 사주하여 김구 등을 저격하였다. 현익철은 사망하였고 김구 등은 중상, 이청천은 경상을 입었다.[37]

---

36) 독립운동사편찬위원회, 『독립운동사』 6, 148쪽.

이후 장사에 대한 적의 공습이 심해져서 임시정부는 1938년 7월 광동성 廣州, 광서성 柳州를 거쳐 1939년 사천성 중경의 초입인 綦江에 도착하였다. 조경한은 기강에서 임시의정원 의원에 선출되어 1944년까지 의정활동에 참여하였다.[38] 사천성 기강현 臨江路 43호에서 3개월간에 걸쳐 열렸던 제31회 임시의정원 회의는 우선 의원진부터 크게 강화하였다. 기존의 15명에서 새로이 18명이 참가하게 되어 의원수는 지난 회의 때보다 배가 넘는 33명이었다. 이때 조경한도 조시원, 유동열, 최동오, 이복원, 공진원, 이청천, 박찬익, 김학규 등과 더불어 의정원에 들어가 의정활동을 수행하게 되었다.[39]

중일전쟁 이후 임시정부가 기강으로 이동하는 사이에 국제정세는 많은 변동이 있었다. 1939년 5월 독일, 이탈리아의 군사동맹, 8월에는 독소 불가침조약이 이루어지고 9월에는 독일의 폴란드 침입으로 제2차 세계대전이 벌어지게 되었다. 한편 중국에서는 국민당의 요직을 역임한 바 있는 汪精衛가 중경을 탈출하여 남경에서 제2의 국민정부를 수립함으로써(1940년 3월) 중국 국민당정부에 큰 충격을 주었다.

이에 임시정부로서도 보다 단결된 역량과 시급한 참전이 요구되어졌다. 따라서 임시정부는 1939년 12월 3일의 국무회의에서 선전위원회 설치를 결의하고 대내, 대외적인 선전활동을 전개하기 시작하였다. 이때 조경한은 14인의 선전위원 가운데 1인으로 선임되어 선전활동을 수행하

---

37) 지복영, 『역사의 수레를 끌고 밀며 - 항일무장 독립운동과 백산 지청천장군』, 문학과지성사, 1995, 338-339쪽.

38) 조경한은 의정원에서 충청도 의원으로 선출되었다. 전라도 출신의 그가 충청도 의원에 선출된 데 대해서는 확실한 이유를 알 수 없다. 다만 군관학교 교관시절 조경한으로부터 조선역사 강의를 들은 훈련생들은 조경한 자신이 청주 출신이라고 말하였으며 또 실제로 그가 충청도 말투를 사용하였다고 진술하였다(국사편찬위원회, 『韓民族獨立運動史資料集』 43, 245쪽). 그리고 한국독립당 간부 명단에도 그의 원적은 충청도로 되어 있다.

39) 국사편찬위원회, 『대한민국임시정부자료집』 2, 임시의정원 Ⅰ, 2005, 302쪽.

게 되었다.[40)]

나아가 관내지역 독립운동세력의 통합과 무장세력의 양성이 시급한 과제로 떠오르게 되었다. 우선 1940년 5월에는 중경에서 임시정부를 지원하는 강력한 정당의 필요성을 절감하고, 3당(조선혁명당, 한국국민당, 한국독립당) 통합운동을 벌여 한국독립당을 창립하였다. 3당 통합은 이미 피난 중이던 장사에서부터 논의가 이루어져왔기 때문에 큰 어려움이 없었다. 이때 조경한은 통합 한독당의 당헌 및 당규를 기초하는데 적극적으로 참여하였다.

한독당은 중앙집행위원장 김구를 위시하여 중앙집행위원으로 홍진 등 15명이 선임되었다. 이때 조경한도 15인 중앙집행위원 가운데 한 사람으로 활동하였다.[41)] 그리하여 한독당은 중국전역과 하와이에 지부를 두고 조직, 선전, 훈련 등을 강화하면서 임시정부의 여당으로서 기능하게 되었다.

2) 광복군에서의 군사활동

임시의정원 및 3당 통합운동에 적극적으로 참여한 조경한은 김구, 이청천 등과 더불어 만주에서의 독립전쟁을 계승하고 장차 교전단체의 필요성을 제기하면서 임시정부 국군 건립운동에 나섰다. 그 결과 한국광복군이 창설되었다.

임시정부는 1940년 9월 17일 중경의 嘉陵濱館에서 한국광복군 총사령부 성립전례식을 거행하였다. 가릉빈관은 중경시를 끼고 흐르는 嘉陵江 기슭에 위치한 호텔로 연합국의 중경주재 서방 기자들이 활동하던 일종의 프레스센터였다. 임시정부는 이곳에서 성립식을 거행함으로써

---

40) 독립운동사편찬위원회, 『독립운동사』 4, 868쪽.

41) 한국정신문화연구원, 『韓國獨立運動史資料集』, 趙素昂篇 4, 18-19쪽.

광복군 창설을 내외에 널리 알리고자 하였다.

광복군 총사령부 성립후 조경한은 총사령부 경리처장 및 정훈처장에 임명됨으로써 1인 2역의 역할을 수행하게 되었다. 총사령부의 경리처장은 광복군의 재정을 관장하고, 정훈처장은 광복군의 민족정신 교육을 책임지는 중요한 자리였다. 이는 임시정부에서 그의 능력을 그만큼 높이 평가한 결과였다고 할 것이다. 이때부터 그는 1942년 10월경까지 약 2년 동안 임시정부내 정치활동을 떠나 광복군과 관련한 군사활동에 몰두하였다.

임시정부와 광복군 총사령부는 광복군의 유기적인 활동을 전개하기 위하여 총사령부를 전방지구인 西安으로 이동할 것을 결정하였다. 서안은 화북지방에 이주한 한인들을 초모하고 만주 및 한반도로 나아가는 요충지였다. 또한 이곳에는 한국독립운동에 우호적이던 胡宗南의 중국군 제34집단군이 주둔하고 있었으며 이미 임시정부의 군사특파단이 파견되어 활동하고 있었다.

서안으로 이동한 총사령부에서 그는 총사령 대리 황학수 휘하의 총무처장 대리에 임명되었다. 1941년 12월에는 서안의 중국군 戰時幹部訓練團에 광복군 장교훈련소인 한국청년훈련반을 설치하였다. 그는 宋虎聲, 羅月煥과 같이 훈련책임을 맡았다.

또한 그는 광복군 총사령부 정훈처장으로서 광복군의 기관지『광복』을 간행하는 일에 정력을 쏟았다. 총사령부가 서안으로 이동한 지 3개월만인 1941년 2월에 기관지『광복』을 창간하게 되었다. 기관지 발간의 목적은 광복군의 창설 사실을 비롯하여 광복군에 대한 선전과 홍보를 위해서였다.

기관지『광복』의 간행은 조경한의 책임하에 편집은 사천사범대학 출신인 金光(본명 高永喜)이 전담하였으며, 원고작성과 번역 등은 지복영·오광심·조순옥 등 여성 대원들이 주로 담당하였다.『광복』의 내용은 다

양했다. 현재 남아 있는 7종에는 모두 40명의 필자가 쓴 1백여편의 글들
이 게재되었다. 필자의 대부분은 임시정부 및 광복군의 간부이거나 지도
급 인물들이었다. 특히『광복』의 간행을 주도한 조경한은 安勳, 혹은 一
靑이라는 이름으로 많은 논설을 게재하였다.[42] 다음은 그가 광복에 게
재하였던 논설 목록과 대략적인 내용이다.[43]

〈표 1〉『광복』에 게재된 조경한의 논설과 내용

권 호	간행시기	제 목	내 용
제1권 제1기(중문)	1941.2.1	·日寇는 지금 남양진공을 감행할 것인가	미국, 영국, 소련 등 연합국의 견제로 인해 남양으로 진공을 결정하지 못하 는 일본의 진퇴양난의 형세를 분석한 글
제1권 제2기(중문)	1941.3.20	·히틀러와 지중해	독일이 지중해 및 수에즈운하를 장악 하고자 하나 영국군에 의해 성공을 거 두지 못하고 있는 정세를 분석한 글
제1권 제3기(중문)	1941.5.20	·한·왜 2천년간 전사 요약(一)	광복을 위해 적과 싸우고 있는 한국들 의 경각심을 높이기 위해 고대 이래 한 일간의 戰史를 정리한 글로 여기서는 주로 삼국시대 왜구의 침략 사실을 다 루었음
제1권 제4기(중문)	1941.6.20	·한·왜 2천년간 전사 요약(속)	위와 같은 취지에서 작성한 글로 주로 고려시대 왜구의 침략과 이에 대한 고 려군의 정벌을 다루었음
제1권 제 5·6기(중문)	1941.8.20	·한·왜 2천년간 전사 요약(속)	위와 같은 취지에서 작성한 글로 주로 조선시대 특히 임진왜란 초기 일본군 의 침략상을 다루었음
제2권 제1기(중문)	1942.1.20	·우리의 노력과 우방에 바라는	1942년 독일의 소련 침공과 일본의 진 주만기습으로 인한 미국의 참전은 한

---

42)『光復』은 조경한의 글을 게재하면서 그가 사학에 정통하다고 소개하기도 하였다
(『광복』, 제1권 제3기의 편집후기).
43) 현전하고 있는『光復』은 2006년 국사편찬위원회에서 모두 번역하여 원문과 함께
편찬하였다(국사편찬위원회,『대한민국임시정부자료집』14, 한국광복군Ⅴ, 2006,
5쪽).

		희망	민족이 갈망한 것으로 이를 계기로 항일투쟁의 강화와 연합국의 임시정부 승인 등을 촉구한 글
		·9·18후 동북지역 한국독립군의 殺敵略史	만주 한국독립군의 1930년대초 항일전쟁사의 개요를 서술한 글

3) 임시정부 복귀와 정치활동

1942년 10월 조경한은 서안의 광복군에서 중경의 임시정부로 복귀하였다. 정확한 이유는 알 수 없지만, 1942년 3월 나월환 지대장 암살 사건 이후 광복군의 조직 개편 및 중경 독립운동진영의 상황과 관련이 있는 것으로 보인다. 나월환 암살 사건 이후 침체에 빠진 서안의 광복군을 수습하고 기존의 제1, 2, 5지대를 제2지대로 통합하면서 발전의 기반을 마련하게 되었으며 서안의 총사령부도 서안에서 중경으로 이전하게 되었다(1942년 9월). 이즈음 중경의 임시정부에 김원봉의 민족주의 좌파세력이 참여하여 임시정부의 위상이 전에 없이 제고되고 있었다. 그러므로 임시정부에서도 그의 존재가 필요했을 것으로 생각된다. 이에 임시정부와 한독당은 그를 중경으로 복귀시켰다. 이때가 1942년 10월 9일이다.[44]

그가 중경에 도착한 이틀 후인 1942년 10월 11일 한독당 임시 중앙집행위원회가 소집되었다. 이때 그는 중앙집행위원으로 피선되었고 징계청원위원장을 역임하였다. 그후 1944년 3월의 한독당 전당대회에서는 중앙상무집행위원 겸 훈련부장에 지명되어 조직책임을 수행하였다. 이와같이 한독당내에서의 그의 위상은 원로지도층과 소장층을 연결하는 중견간부로서 당을 이끌어가는 실질적인 역할을 수행하였다.

---

44) 趙擎韓, 『白岡回顧錄』, 319쪽.

또한 중경 복귀 후 그는 활발한 의정원 활동을 전개하였다. 중경 도착 후 임시의정원 의원으로 복귀한 그는 같은 달 28일, 제34회 의정원 회의에서 18인 의원들과 함께 광복군 행동9개준승 취소안을 상정하였다.[45] 서안의 광복군 총사령부 및 제2지대 시절 광복군과 중국군사위원회의 관계를 누구보다도 잘 알고 있던 그였다.

당시 중국군사위원회는 광복군을 중국군에 편입시키고 제재를 가하였다. 대한민국 국군으로 탄생한 광복군의 통수권을 중국측에 빼앗긴 임시정부는 광복군의 자주권을 되찾아오는데 많은 노력을 기울이고 있었다. 조경한은 9개준승에 대한 5인 수정위원으로 선임되어 수정안에 대해 토의하였다.[46] 조경한 등은 9개준승이 백년전의 남경조약 이상으로 가혹하다고 비판하고 양국의 영원한 우의를 건립하기 위해서는 9개준승을 즉시 취소하고 우호적인 군사협정을 체결할 것을 주장하였다.[47]

그 외에도 여기서 모두 열거하기 힘들 정도로 조경한은 의정원의 예산, 재정, 법제, 청원, 징계 부문에서 많은 활동을 하였다. 다만 여기서는 지면 관계상 그의 의정원 활동 가운데 주요한 것만 표로 제시하고자 한다.[48]

〈표 2〉 1942년 이후 조경한의 주요 의정활동 현황

회기	연월일	안건	내용
제34회	1942. 10. 28	9개준승 폐기	광복군의 임정 통수권을 부정하고 있는 중국의 9개준승 폐기 요구 관련
	1942. 10. 18	임시약헌 개정	개정위원으로 선출되고 개정안 기초 작성
	1942. 11. 8	예산안 심사	1943년도 예산안을 심사하고 그 결과를 의정원 의장에게 제출
제35회	1943. 10. 14	건국강령 修改	건국강령에 불완전한 요소가 많다고 문제 제기하고 수개를 제의

45) 국사편찬위원회, 『한국독립운동사』 자료 1, 559쪽.
46) 공보 제76호(국사편찬위원회, 『대한민국임시정부자료집』 1, 270쪽).
47) 국사편찬위원회, 『대한민국임시정부자료집』 10, 한국광복군 I, 133쪽.
48) 국사편찬위원회, 『대한민국임시정부자료집』 2-6, 임시의정원 I - V, 2005.을 참조.

	1943. 11	임시정부 대표단 구미 파견	임시정부의 승인을 위한 외교대표를 미영 소 연합국에 파견 상주시키자는 내용
	1943. 12. 13	임시약헌 개정	임시약헌의 내용 가운데 불완전한 부분을 수정하는 내용
제36회	1944. 4. 20	임시약헌 수개	임시약헌 수개안을 검토함
제37회	1945. 2. 28	대독 선전포고	정부에서 제출한 대독 선전포고를 심의하고 통과함
제38회	1945. 5. 7	독립운동자대표 대회 소집	임시정부가 해내외의 독립운동자대표대회를 개최하여 중요문제를 결정하도록 제의
제39회	1945. 8. 13	임시의정원의 권한 이양	임시의정원의 권한을 장차 성립될 통일적 임시의회에 봉환하는 것을 제안

임시의정원 활동과 아울러 그는 정부내각에서도 활동하였다. 1944년 4월 제36회 의정원 회의가 개최되었는데, 여기서는 임시정부 기구의 개혁이 이루어졌다. 아울러 임시약장을 임시헌장이라 개칭하여 임시정부 기구의 개혁을 논의하고 국무위원과 아울러 국무원 각 부장을 개선함으로써 임시정부의 강화를 도모하였다. 임시정부의 주석에 대해서는 국가의 원수 지위를 부여하여 당정군의 절대적인 통수권을 부여하여 권한을 확대하였으며 국무위원의 지위도 확대하였다. 이 회의에서는 헌장에 따라 국무위원을 뽑았는데, 주석에 김구, 부주석에는 김규식, 그리고 조경한은 13인의 국무위원 가운데 1인으로 선임되었다.

- 국무위원회 주석 : 김구(한국독립당)
- 국무위원회 부주석 : 김규식(민족혁명당)
- 국무위원 : 이시영, 조성환, 황학수, 조완구, 차리석, 박찬익, 조경한 (이상 한국독립당), 김원봉, 성주식, 김붕준, 장건상(이상 민족혁명당), 김성숙(조선민족해방동맹), 류자명(조선무정 부의자 총연맹)[49]

---

49) 독립운동사편찬위원회, 『독립운동사자료집』 별집 3, 1978, 292쪽.

그는 임시정부의 국무위원 및 의정원 의원으로 분망한 나날을 보내고 있을 무렵인 1945년 8월 9일 밤 일본의 무조건 항복소식을 듣게 되었다. 그러나 기쁨도 잠시 광복군으로 교전단체를 만들어 연합군에 참가해 일본군과 일전을 겨누면서 한반도에 상륙한다는 그의 꿈은 물거품이 되고 말았다. 이후 한반도의 운명은 그가 예견한 바대로 고난에 찬 시기가 이어졌다.

그후 조경한은 중경에서 상해를 거쳐 1945년 12월 1일 임시정부 요인 환국 제2진으로 홍진 등과 함께 고국에 돌아오게 되었다.

4. 맺음말

조경한은 1933년 11월 오랫동안 무장투쟁을 전개하였던 만주를 떠나 관내지역으로 이동하였다. 이때 그가 몸담고 있던 한국독립당도 본부를 관내지역으로 옮겼다. 1931년 '만주사변' 이후 날로 심각해지는 일만군의 토벌로 인해 만주 독립군은 새로운 활동무대를 모색하지 않을 수 없었다. 여기에 관내지역의 낙양군관학교에서 군사인재를 양성하려고 하던 김구가 이청천 등 한국독립군의 관내지역으로의 이동을 적극적으로 권유하였다.

당초 조경한은 이청천 등과 함께 일시적으로 관내지역으로 이동하였다가 다시 만주로 돌아갈 계획이었던 것으로 보인다. 하지만 갈수록 엄혹해지는 만주의 상황은 그의 만주 복귀를 허락하지 않았다. 그는 끝내 1945년까지 관내지역에서 활동하다가 8·15를 맞이하게 되었다.

관내지역에 들어온 조경한은 낙양군관학교 한인특별반, 신한독립당 군사부의 교관으로서 특히 훈련생들을 대상으로 조선역사와 자신이 몸담았던 만주 한국독립군의 항일전쟁사를 강의하면서 그들의 민족의식을 함양하였다. 이때 그는 한때 김구의 한인애국단에도 가입하여 활동하였다.

낙양군교의 교관 생활과 아울러 그는 관내지역 독립운동정당 활동에 참여하였다. 그가 속해 있던 재만 한독당은 먼저 관내지역에 이동해 있던 홍진, 윤기섭 등의 한국혁명당과 통합하여 신한독립당을 조직하였다. 그는 이후 한국대일전선통일동맹, 민족혁명당 등에도 가입하여 활동하였다. 하지만 좌파세력과 결별한 이청천과 함께 그는 조선혁명당을 세우고 민족주의 우파세력과 함께 한국광복운동단체연합회를 결성하게 되면서 임시정부에 본격적으로 참여하였다.

중국 유주, 기강을 거쳐 전시수도인 중경에 도착하는 과정에서 그는 임시의정원 의원에 피선되어 본격적인 의정활동을 전개하였다. 또한 그는 자신이 속한 조선혁명당이 재건 한독당, 한국국민당과 합당하여 통합 한국독립당을 수립하는데 적극적으로 관여하였다. 그는 통합 한독당내에서 중앙집행위원으로서 원로지도층과 소장층을 연계하면서 당내에서 실질적인 역할을 수행하였다.

중일전쟁, 나아가 제2차 세계대전이 발발하는 긴박한 정세속에서 그는 만주의 독립전쟁을 계승하는 동시에 교전단체의 필요성을 제기하면서 임시정부의 국군인 한국광복군의 창설운동에 참여하였다. 광복군 창설후 그는 서안 총사령부에 파견되어 광복군의 재정, 정신교육 방면에서 1인 2역의 역할을 수행하였다. 1942년 10월경 그는 2년 동안의 서안에서의 군사활동을 접고 임시정부가 있던 중경으로 복귀하였다.

중경에 돌아온 그는 국무위원 및 의정원 의원으로 정부의 예산, 재정, 법제 등 방면에서 많은 활동을 하였다. 그가 분망한 나날을 보내고 있을 무렵인 1945년 8월 9일 일본이 무조건 항복하였다. 광복군으로 교전단체를 만들어 연합군에 참가한다는 그의 꿈은 물거품이 되고 말았다.

1945년 12월 1일 그는 임시정부 요인 환국 제2진으로 고국에 돌아오게 되었다.

요컨대, 조경한은 1945년 8·15 광복을 맞이할 때까지 항일독립운동에 매진한 인물이다. 그는 만주 독립군 및 한국광복군에서는 군사지휘관이자 유능한 참모였으며, 독립운동정당과 임시정부에서는 정치가이자 조직가로서의 면모를 보여주었다. 아울러 한학과 조선역사에도 해박했던 학자이기도 하였다. 물론 노선이나 사상에 있어 좌파세력을 용인하지 못한 그의 지나친 반공적 성향은 한계로 지적되어야 할 것이다.

제2부
실업활동

제1장 하문의 의주 상인 정제형의 생애와 활동

1. 머리말

1920년대 중국 上海에서 활동했던 어느 한인 실업가는 일찍이 '고려인삼'을 조상이 가난한 후손들을 위하여 물려준 '靈藥'이라고 극찬하였다.[1] 오랫동안 탁월한 약효를 인정받아 온 고려인삼은 중국에서 죽은 사람도 살린다는 '神藥', '仙藥', '不死草' 등으로 알려져 대단한 환영을 받았다.[2] 고려인삼이 20세기 전반기 중국을 비롯한 전세계에서 인정받을 수 있었던 데는 해외를 전전하면서 풍찬노숙했던 고려인삼 상인들의 숨은 노고가 있었다. 그들 가운데 일부는 일제시기 중국에서 상인이자 독립운동가라는 1인 2역의 '상인독립군'[3]으로도 활약하였다. 상인 신분으로서 독립운동을 하거나 지원하는 활동을 했다는 의미이다. 그런데 이들은 독립운동을 선두에서 이끌어 간 저명한 지도급 인사들이 아니었기 때문에 국외 한인사에서 주목을 받은 바가 거의 없었다.[4]

그 대표적인 한 사람이 의주 상인 鄭濟亨(1886-1943)이 아닌가 한다. 초기 임시정부 기념사진[5]에서 구석진 위치에 있는 모습을 통해 알 수

---

1) 玉觀彬, 「高麗人蔘輸出에 對하야(一)」, 『朝鮮日報』 1923년 2월 1일.
2) 김광재, 「일제시기 上海 고려인삼 상인들의 활동」, 『한국독립운동사연구』 40, 2011, 224쪽.
3) '상인독립군'이라는 말은 1920년대 초반 상해에 유학했던 언론인 禹昇圭가 자신의 회고록에서 사용하였다. 禹昇圭, 『나절로漫筆』, 探求堂, 1978, 57-58쪽.
4) 필자는 중국 상해에서 활동했던 상인 金時文의 생애를 다룬 바 있다(김광재, 「'상인독립군' 金時文의 上海 생활사」, 『한국민족운동사연구』 64, 2010).

있듯이 임시정부 내에서 정제형의 지위는 높은 편이 아니었다. 그럼에도 불구하고 중국지역 한인사에서 정제형의 인생 역정은 매우 독특한 모습을 보여주었다. 전형적인 의주 상인이었던 정제형은 1919년 상해에서 임시정부가 수립되자 여기에 참여하여 독립운동을 전개하였다. 이 무렵 安昌浩의 실업구국 정신에 감화되어 興士團에도 가입하여 활동하였다. 장기적인 독립운동을 위한 물적 기반을 마련하기 위한 흥사단의 '南洋'6) 진출 전략에 맞추어 직접적인 독립운동을 접고 다시 본연의 상인의 길로 나섰다. 그가 중국 동남연안의 良港이자 남양으로 진출하는 교두보인 厦門에 진출하여 太白山人蔘公司를 설립하여 인삼무역을 경영하였던 것도 이때문이었다.

정제형의 태백산인삼공사는 독립운동 거점이자 연락처로 활용되었다. 그의 인삼공사에는 중국 각지와 홍콩, 싱가포르 등 남양 각지를 왕래하는 인삼상인들이 드나들고 있었다. 아울러 그 가운데는 인삼행상을 가장한 독립운동가들도 적지 않았다. 물론 직접적인 증거가 남아 있기 힘든 것이지만 그의 인삼 판매 자금 가운데 일부가 독립운동진영으로 흘러들어갔던 것으로 보인다. 또한 일제가 태백산인삼공사에 기거하고 있던 독립운동가들을 체포한 사건은 하문 현지의 대대적인 배일운동을 촉발하기도 하였다. 그러나 1937년 중일전쟁 이후 전쟁으로 인한 인삼 수요 감

---

5) 1920년 1월 1일 및 1921년 1월 1일 대한민국 임시정부 신년축하회 기념사진이다.

6) 1910년대 이후부터 1940년대 전반기까지 중국지역 한국 독립운동진영에서는 南洋의 전략적 중요성에 주목하면서 이 지역으로의 진출을 끊임없이 시도하였다. 南洋은 태평양 서부와 인도양 동부 사이의 반도와 섬으로 이루어져 있는데, 인도네시아, 말레이반도, 필리핀군도, 태국, 인도차이나, 대만 등을 가리킨다. 대체적으로 보아 오늘날의 동남아시아지역에 해당된다. 남양의 지리적 범위에 대해서는 다음의 문헌이 참고된다. 陳達, 『南洋華僑與閩粤社會』, 上海: 商務印書館, 1937 (李文海 主編, 『民國時期社會調査叢編』 二編, 華僑卷, 福州: 福建教育出版社, 2009, 156쪽). 1910년대 한인들의 남양 진출에 대해서는 다음의 논고가 참고된다. 윤대영, 「1910년대 한인 청년들의 南洋行과 南洋 인식-鄭元澤의 『志山外遊日誌』"를 중심으로-」, 『지역과 역사』 29, 부경역사연구소, 2011.

소와 악화된 지병으로 인해 정제형은 인삼 사업을 정리하고 신병을 치료
하다 타계하였다.

본고는 그간 잘 알려지지 않았던 의주 상인 정제형의 인생 역정을 복
원하는데 목적이 있다. 그의 생애와 인삼무역 활동에 대한 고찰은 관내
지역 한인 사회경제사, 이주사, 생활사, 독립운동사 등 넓은 의미의 한인
사를 재구성하는 데 도움을 줄 수 있다는 연구사적인 의의가 적지 않을
것이다. 본고는 정제형의 생애를 복원하기 위해 일본 관변문서와 중국측
외교부공보와 신문, 한국측이 남긴 회고록, 사진 및 구술 등 현재 남아
있는 자료들을 최대한 활용하고자 한다. 정제형과 그의 태백산인삼공사
가 수행했던 한인 거점 역할 및 인삼 무역 네트워크의 실상을 제대로
이해하기 위해 그의 주위에 있었던 한인 독립운동가들이나 인삼행상들
에 대한 자료들도 활용하고자 한다. 그럼에도 불구하고 본고는 정제형의
태백산인삼공사의 경영이나 독립운동과의 관계에 대한 구체적인 실상을
밝히는 데 자료상의 한계가 적지 않음을 밝혀둔다.

본고는 먼저 정제형의 생애 및 청년기 진로모색과 상해 망명을 살펴
보고자 한다. 다음으로 상해에서 임시정부에 참여하여 전개한 독립운동
과 홍사단 활동 등을 살펴보고자 한다. 그 다음 정제형이 하문으로 진출
한 이후 전개한 인삼무역 활동, 하문을 중심으로 한 국외 한인 인삼무역
네트워크의 일단과 일제의 인삼공사 급습 이후 진행된 하문 현지의 배일
운동 등에 대해서도 고찰하고자 한다.

2. 청년기 진로 모색과 상해 망명

1) 청년기 진로 모색

흥사단 團友 이력서에 따르면, 정제형은 1886년 평안북도 龍川郡 楊光面 龍溪洞에서 태어났다.[7] 본관은 河東이다. 압록강을 사이에 두고 중국의 安東縣과 마주보는 국경도시 용천은 반골의 고장으로 수많은 독립운동가들을 배출한 곳이었다. 정제형의 집안이나 신분이 어땠는지는 확실치 않지만, 그의 이력서에서 보듯이 20세 이전에 한학을 배우고 민족사립학교인 養實中學校에서 수학하였으며 잠시 농업에도 종사했던 점을 보면 중농 이상은 되었을 것으로 추측된다.

정제형이 태어난지 얼마 지나지 않은 1890년 그의 집안은 의주로 이주하였다. 정제형으로서는 태어나기만 했던 용천보다는 성장했던 의주가 사실상의 고향이었을 것이다. 그런만큼 그는 평생을 자칭 타칭 의주인으로 살아갔다. 주지하다시피, 의주는 조선시대에도 평양, 安州와 함께 평안도의 대도회로 중시되었다. 국경 방어의 요충지였고, 외교 사신이 오가는 직로상에 위치했기 때문이다. 국경도시 의주는 청나라와의 中江貿易으로 국제무역 도시로서의 위상을 지니고 있었다.[8] 특히 대청 인삼무역과 관련해서는 거상 林尙沃의 존재가 의주 상인의 위상을 잘 보여준다. 그러나 정제형이 의주에 이주한 1890년대는 운송수단으로 증기선이 등장하여 육로를 통한 무역은 사양길로 접어들 때였다. 1906년 경의선의 건설로 의주 밑에 신의주가 건설됨으로써 번영했던 의주도 몰락의 길을 걷게 되었다. 때문에 의주상인들은 인천 등 국내 개항장이나 해

---

7) 「興士團 第 團友 鄭濟亨」, 1920年(도산안창호선생전집편찬위원회, 『島山安昌浩全集』 10 동우회 II, 흥사단우 이력서, 2000, 959쪽).

8) 국사편찬위원회, 『거상, 전국 상권을 장악하다』, 두산동아, 2005, 201쪽.

외로 나가지 않을 수 없었다. 이러한 시대적 배경은 마지막 세대의 의주 상인일지도 모르는 정제형으로 하여금 자연스럽게 나라 밖으로 진출하여 상업의 길에 나서게 했다.

후일 자신의 학예가 한문임을 밝힌 바 있듯이, 어린 시절 정제형은 한학을 배웠던 것으로 보인다. 한문을 배운 그는 의주의 민족사립학교였던 양실중학교에 입학하여 신학문을 배웠다. 사립학교가 많았던 의주에서도 양실학교는 오랫동안 유지되었던 명문사립학교였다.[9] 자신의 흥사단 이력서에서 '所肯'을 심리학에 관한 학문으로 밝힌 것으로 보아 그는 양실학교에서 신학문을 적극적으로 배웠던 것으로 보인다. 기독교를 수용한 것이나 반일민족의식을 키웠던 것도 이때일 것이다. 첫 딸 泰現이 1908년생으로 보이므로 정제형은 양실학교 재학중인 20세 전후인 1906년경 결혼했던 것으로 보인다.[10] 슬하에 두 딸(泰現, 淑現), 아들(錫彪) 3자녀를 두었다. 부인 장씨는 의주 굴지의 부자집 딸이었다고 한다. 정제형의 둘째 부인의 아들인 錫泰의 회고에 의하면, 어린 시절 남의 땅을 밟지 않아도 될 정도로 대단히 넓은 땅을 소유하고 있었고 열두 대문이 있는 큰 집에 살았다고 한다.[11] 이러한 처갓집의 경제력은 정제형이 남양으로 진출하거나 광업에 투자할 수 있는 경제적 기반이 되었을 것이다.

양실학교 졸업 직후 정제형은 자신의 모교에서 교편을 잡았다. 하지만 그의 교사 생활은 2년을 넘지 못했다. 그가 편안한 생활을 보장해주는 교사 생활을 그만 둔 것은 자신이 구상하고 있던 상업의 길과 관련이 있지 않았을까 싶다. 처자식이 있는 안락한 가정을 떠나 장기간 외지를 떠돈 것도 마찬가지 이유였을 것이다. 상인의 길을 가기 위한 탐색의 일

---

9) 義州郡誌編纂委員會, 1975, 『義州郡誌』, 113쪽.
10) 정명희 구술, 김광재 면담, 2013년 11월 16일 서울역 식당에서. 정명희는 정제형의 손녀이다.
11) 강동호 구술, 김광재 면담, 2013년 4월 30일 과천 식당에서. 강동호는 정제형의 외증손자이다.

환으로 그는 1911년 남양의 '말릭'(말래이반도)와 '蘇向塔剌島'(수마트라)에 가서 '행상'에 종사하였다.[12] 당시 많은 의주, 용천 출신들이 중국이나 남양으로 진출하여 상업에 종사하고 있었다.[13] 특기해야 할 것은 이들이 상업활동에만 머무르지 않았다는 사실이다. 독립운동가 鄭元澤이 1917년 1월 남양 싱가포르에서 만난 의주 상인 李氏, 張氏는 인삼행상뿐만 아니라 朴殷植이 저술한 『安重根傳』100여 권을 가져와서 현지 화교들에게 판매하고 있었다.[14] 그런 의미에서 볼 때, 이들은 화교를 비롯한 외국인들에게 한국 독립운동을 알리는 선전원의 역할을 수행하고 있었던 것이다. 정제형도 그들 의주, 용천 출신 가운데 한 사람이었던 것이다. 정제형의 남양 행상은 1911년부터 1914년까지 3년 넘게 지속되었다.

1914년 귀국한 그는 의주소학교 교원을 역임하였다. 다음해인 1915년에는 광업에 손을 댔다. 이렇게 여러 가지 직업들을 전전한 것은 이유는 확실치 않지만 자신의 장래와 관련된 탐색이 아니었을까 생각된다. 그 중에는 인삼과 관련된 탐색이 많았던 것으로 보인다. 남양에서의 행상 외에도 1915년부터 1917년까지 홍콩에 체재했는데, 이 역시 인삼과 관련된 것이 아니었을까 한다. 홍콩에서 돌아온 그는 1917년부터 1918년까지 경상북도 '榮州 豊基'에 거주하였다. 구체적인 내용은 알 수 없지만, 이 기간 그는 아마도 인삼으로 유명한 영주 풍기에서 인삼을 보는 안목을 키우는 훈련을 했음에 틀림없다. 그의 아들 석태가 회고하였듯이, "썩은 인삼도 부친의 손을 거치면 살아났다"[15]고 한 바와 같이 정제

---

12) 「興士團 第 團友 鄭濟亨(1920)」『島山安昌浩全集』10, 959쪽.

13) 정제형과 같은 용천 출신 김홍일의 부친 金振健도 홍콩, 싱가포르를 왕래하면서 사업하다가 싱가포르에서 타계하였다(金弘壹, 『大陸의 憤怒: 老兵의 回想記』, 문조사, 1972, 41쪽).

14) 鄭元澤, 『志山外遊日誌』, 동국대학교 출판부, 1983, 135쪽.

15) 강동호 구술, 김광재 면담, 2013년 4월 30일 과천 식당에서

형은 인삼에 대한 남다른 안목을 가지게 되었다. 인삼을 다루는 비범한 그의 능력은 후일 하문으로 진출하여 인삼무역에 뛰어들었을 때 그 진가를 발휘할 수 있었다.

2) 상해 망명과 독립운동 참여

정제형이 경북 풍기에서 돌아온 다음해인 1919년 3·1운동이 발발하였다. 이때 그의 나이 33세를 넘기고 있었다. 한 문헌에 의하면, 정제형이 의주에서 만세시위운동에 참여했다고 한다.16)

그는 만세시위 참여 후 상해로 망명했다. 주지하다시피 상해는 당시 동양 최대의 국제도시로서 유럽제국주의 세력이 설정한 '租界'가 있었다. 중국을 비롯한 전세계의 혁명가들은 조계에서 제한된 범위 내에서나마 자유롭게 활동하고 있었다. 이 점을 주목한 한인 독립운동가들이 상해 프랑스조계에서 대한민국 임시정부를 수립한 것도 결코 이상한 일이 아니었다.

정제형이 상해에 도착한 것은 1919년 9월 이전으로 생각된다. 왜냐하면 1919년 9월 23일 정제형이 상해에서 흥사단 입단금을 납부한 기록이 있기 때문이다.17) 상해에서 정제형은 안창호와 밀접한 관계를 맺게 되었다. 이 무렵 안창호는 임시정부의 노동국총판으로 국무총리 李東輝와 더불어 임시정부를 실질적으로 이끌고 있었다. 안창호는 정부의 인사문제에서부터 외무, 군사, 재무, 내무 등 거의 모든 부서의 일을 각 부 관계자들과 의논하고 결정하였다.

정제형에게 안창호는 자신과 같은 평안도 출신 지도자이면서 실업을 중시하였다는 측면에서 지연 및 사상적인 친근성이 있었다. 정제형이 상

---

16) 金承學, 『韓國獨立史』, 獨立文化社, 1965, 349쪽.
17) 「興士團 入團金 目錄」, 1919년 9월 23일(독립기념관 소장 興士團 자료)

해에 온 후 안창호와의 면담 자리에서 "興士團의 主義를 說明한 즉 同情을 甚表"[18]하였다고 하는데서 알 수 있듯이, 정제형은 안창호와 홍사단의 노선에 대한 깊은 공감을 보여주었다. 그것은 홍사단 입단으로 이어졌다. 홍사단은 1913년 미국에서 안창호 등에 의해 설립된 단체로 무실, 역행, 충의, 용감의 4대 정신을 지도 이념으로 하였으며 주로 실력양성운동에 힘썼다. 정제형은 1920년 홍사단에 입단하여 예비단우가 되었다.[19] 현재 볼 수 있는 『안창호일기』에 의하면, 1920년 1월 22일 이후 안창호는 여러 차례 정제형과의 면담을 계획했다. 정제형을 홍사단에 입단시키려는 안창호의 의지를 잘 보여주는 것이라 하겠다. 안창호는 5월 20일 정제형을 초청하여 홍사단의 취지를 설명하였다. 7월 3일 입단 문답을 계획하였으나 실행되지는 못했다.[20] 그러므로 정제형의 홍사단 입단은 1920년 하반기에 이루어졌을 것으로 보인다. 입단하기 이전인 1919년 9월 23일 정제형은 이미 홍사단 입단금을 납부하였다.[21] 입단금을 납부한 후 곧바로 단원이 되는 것은 아니었다. 예비단우가 된 후 일정기간 여러 가지 절차를 거쳐야 정식단우가 될 수 있었다.

홍사단에 입단한 정제형은 매우 적극적으로 활동하였다. 1920년 12월에 열린 홍사단 제7회 원동대회에서는 유연체조, 정좌, 냉수욕, 곤봉, 호흡, 가정체조, 八段錦, 起床四則 등 종목의 시험이 있었다. 가정체조를 발표한 정제형은 전체 53인 가운데 3등에 뽑혔다.[22] 이러한 우수한 성적은 정제형의 홍사단 활동에 대한 열의를 잘 보여주는 것이었다. 후일

---

18) 1920년 5월 20일 일기, 『島山安昌浩全集』 4, 920쪽.

19) 「興士團 第 團友 鄭濟亨」, 1920년(『島山安昌浩全集』 제10권, 959쪽).

20) 1920년 5월 3일-5월 8일, 5월 12일, 5월 18일, 5월 20일, 7월 3일 일기, 『島山安昌浩全集』 4, 901-950쪽.

21) 「興士團 入團金 目錄」, 1919년 9월 23일(독립기념관 소장 興士團 자료).

22) 「興士團 第八回(遠東)大會 經過狀況」, 1920년 12월 30일(독립기념관 소장 興士團 자료).

정제형이 하문으로 간 다음에도 흥사단과의 연계는 계속되었다.[23)]

정제형은 임시정부에도 참여하였다. 1919년 11월 14일 정제형은 崔東昨와 함께 임시정부 내무부 參事에 임명되었다.[24)] 당시 내무부 총장은 李東寧이었다. 총장, 차장, 국장 밑에 있는 참사는 정부의 과장 정도에 해당되는 직위로 보인다. 참사 밑에 서기 등 일반 직원들이 있었다.

정제형은 1920년 새해를 상해에서 맞이하였다. 이 날 임시정부 요인들은 一品香에서 신년축하회를 개최하였다.[25)] 일품향은 公共租界 西藏路(현재의 西藏中路, 인민광장 부근)의 번화가에 있는 유명한 고급 음식점이었다.[26)] 근처에 상해에서도 가장 번화한 남경로가 있었고 길 건너편에는 제국주의의 상징인 경마장이 넓게 펼쳐져 있었다. 임시정부 요인들이 프랑스조계를 벗어나 일본의 영향력이 강한 공공조계로 진출한 데는 임시정부의 존재를 내외에 널리 알리고자 하는 의도가 작용하였을 것이다. 정제형 또한 신년축하회의 말석에 참석하였다. 참석자들은 '독립전쟁 원년'의 의미를 되새기고 전의를 다졌다. 축하회가 끝난 뒤 참석자들은 후일 한국독립운동사에 길이 남을 기념 촬영을 하였다.[27)] 정제형

---

23) 「班組織에 關한 것」, 원동발 제256호, 1930年 12月 19日(독립기념관 소장 興士團 자료). 정제형은 흥사단 원동위원부 제7반(반장 鮮于爀)에 소속되어 활동하였다. 1932년에는 제5반(반장 선우혁)에 소속되어 활동하였다(「委員部 決議 事項 報告 의 件」, 1932年 12月 5日(독립기념관 소장 興士團 자료).

24) 『大韓民國臨時政府公報』 제7호 1919년 11월 17일(大韓民國元年 11月 17日); 『獨立新聞』 1919년 12월 25일, 「敍任及辭令」; 『朝鮮民族運動年鑑』(국사편찬위원회, 『대한민국임시정부자료집』 별책 2, 2009, 37쪽).

25) 上海日本總領事館, 「上海二於ケル鮮人獨立運動關係者ノ寫眞送付ノ件」, 1920年 2月 17日(『不逞團關係雜件』 朝鮮人ノ部 上海假政府).

26) 周三金, 『上海老荣館』, 上海辭書出版社, 2008, 246쪽.

27) 上海日本總領事館, 「上海二於ケル鮮人獨立運動關係者ノ寫眞送付ノ件」, 1920年 2月 17日(『不逞團關係雜件』 朝鮮人ノ部 上海假政府). 이 사진의 하단에는 다음과 같은 제목이 적혀 있다. 「大韓民國二年元月元旦大韓民國臨時政府新年祝賀會紀念撮影」.

의 위치는 제일 뒷열 왼쪽에서 세 번째 자리에 서 있었는데, 임시정부 내 그의 위치를 짐작케 해준다.

1920년 1월 21일 내무부 참사 정제형은 독판부 및 조선내 상황 시찰을 위하여 평안남북도 출장 명령을 받았다.[28] 다음날 1월 22일 저녁 정제형은 안창호를 방문하여 출장 명령을 보고하고 작별 인사를 하였다. 이 자리에서 안창호는 정제형에게 평안남북도 시찰시 독립전쟁을 위한 기반을 만들 것을 지시하였다.[29] 이는 1920년 1월 3일 안창호가 발표한 '대한민국 임시정부 시정방침'과 밀접한 관련이 있는 것이었다. 임시정부는 1920년을 맞으면서 '대한민국 임시정부 시정방침'을 마련하여 독립전쟁을 강조하고 있었다. 시정방침은 1) 통일, 2) 군사, 3) 외교, 4) 교육, 5) 사법, 6) 재정의 여섯 분야에 걸친 임시정부 활동목표를 천명하였다. 기본적으로는 독립전쟁의 시작을 전제로 한 것이었다. 심지어 패전국 독일로부터 '군사상 기술가'를 고용하고 무기와 군수품을 차입하는 것까지 외교활동의 과제로 들고 있다. 시정방침은 1월 3일에 열린 상해 동포들의 신년축하회에서 있었던 안창호의 연설을 통하여 구체적으로 표명되었다. 그는 1920년을 '독립전쟁의 해'로 규정하여 외교전만으로는 소기의 목적을 거둘 수 없다고 인식하고 있었다.[30]

국내로 들어간 정제형은 평안도 일대를 시찰하였다. 평안도는 압록강을 사이에 두고 서간도와 마주하고 있기 때문에 지리적 조건뿐만 아니라 종교, 인적 구성 등에서 두 지역은 밀접한 관계를 가지고 있었다. 평안도는 임시정부에게 인적 및 경제적 자원을 제공하는 저수지의 역할을 하고 있었다. 임시정부가 독립전쟁을 개시하는데 필요한 자금문제를 해결할 수 있는 곳이었다. 임시정부의 연통부 및 교통국도 한반도 북부지방 특

---

28) 『朝鮮民族運動年鑑』(국사편찬위원회, 『대한민국임시정부자료집』 별책 2, 64쪽).
29) 1920년 1월 22일 일기, 『島山安昌浩全集』 4, 842쪽.
30) 尹大遠, 『상해시기 대한민국임시정부 연구』, 서울대출판사, 2006, 143-145쪽.

히 평안도에 집중되어 정보의 수집 전달, 군자금 모집을 비롯한 임시정
부의 절급한 업무를 수행하고 있었다. 나아가 공채모집 역시 모집위원이
평안도에 집중되었으며 이를 반영하듯이 독립공채의 응모액에서도 전체
액수 가운데 50% 이상을 차지할 정도로 평안도가 높은 비중을 차지하
였다. 그만큼 임시정부의 재정수입에서 평안도지방의 기여도가 높았다.
임시정부의 재정수입에 대한 서북지방의 기여는 임시정부 안에서 안창
호를 비롯한 서북파의 정치적 입지를 강화시키는 요인이 되었다.

　정제형은 평안도 현지 시찰 결과를 임시정부 내무부에 보고하였다.[31]
같은 해 4월 14일 정제형은 국내 상황 시찰 임무를 완수하고 안동현을
거쳐 상해로 복귀하였다.[32] 며칠 후 정제형은 안창호를 찾아가 국내 출
장에 대해 보고하였다. 정제형은 "內地同胞들이 政府에 對하야 希望且
依賴하는 마음이 多하고 自行할 마음이 無하다"고 하였다.[33] 이는 국내
외의 단체와 인사들이 상해 임시정부의 자금지원에 거는 기대가 그만큼
컸음을 보여준다. 일제의 『조선민족운동연감』에 의하면, 정제형은 1921
년 2월 4일자로 내무부 참사직에서 면직되었다.[34]

　하지만 정제형은 1921년 2월에도 계속하여 참사직의 명의로 활동했
던 것으로 자료에 나타나고 있다. 일제 보고에 의하면, 임시정부의 露支
各團慰問使가 간도·노령 지역에 파견되었다. 위문사는 임시정부 내무부
참사 정제형, 외교부 교제부장 金斗萬, 군무부 사관학교 교관 黃一淸,
교통부 비서국 비서 李奎鎭, 노동국 노동부장 崔某 등 5명으로 구성되었
다.[35] 위문사가 파견될 무렵은 독립군이 봉오동전투와 청산리전투에서

---

31) 『朝鮮民族運動年鑑』(국사편찬위원회, 『대한민국임시정부자료집』 별책 2, 66쪽).
32) 『朝鮮民族運動年鑑』(국사편찬위원회, 『대한민국임시정부자료집』 별책 2, 70쪽).
33) 1920년 4월 17일 일기, 『島山安昌浩全集』 4, 887-888쪽.
34) 『朝鮮民族運動年鑑』(국사편찬위원회, 『대한민국임시정부자료집』 별책 2, 103쪽).
35) 間島總領事, 「露支各團慰問使ノ行動ニ關スル件」, 1921年 3月 11日(『不逞團關係
　　雜件』 朝鮮人ノ部 在滿洲ノ部).

대승을 거둔 뒤였다. 그에 대한 일제의 보복이었던 庚申慘變으로 독립군들이 북만과 노령으로 이동하던 시기였다. 간도에 남아 있던 독립군들도 조직을 정비하고 재기를 도모하고 있었다. 위문사의 임무는 이들 단체를 위무하고 임시정부의 지령을 하달하는 것이었다.

위문사는 1921년 2월 중순 길림을 경유, 간도에 들어가 百草溝를 지나 羅子溝에 이르렀다. 같은 달 23일부터 5일 간에 걸쳐 이 지역 반일단체 지도자 10여 명을 초치하여 위문하였다. 이 자리에서 위문사는 결사대 파견을 통한 암살과 파괴, 적극 투쟁을 통한 중일, 러일, 미일 간의 이간을 위해 수단과 방법을 가리지 말 것을 지시하였다. 독립전쟁의 원년인 1920년에 이어 1921년에도 독립전쟁의 단서를 얻기 위해 적극적이고 과격한 수단과 행동을 촉구하였던 것이다.

간도에서의 임무를 마친 정제형 일행은 2월 28일 나자구를 떠나 東寧縣을 경유, 노령으로 향하였다. 자료 부족으로는 확실히 알 수 없지만, 정제형 일행은 노령에서도 현지 독립운동단체에 대한 임시정부의 특명을 하달하고 과격 투쟁을 고무하는 임무를 수행했을 것으로 보인다. 그런 다음 적어도 1921년 중반까지는 상해에 복귀하였을 것으로 보인다.

3. 하문 진출과 인삼 무역 활동

1) 하문 태백산인삼공사 경영

1921년 임시정부 위문사 임무를 마치고 상해로 돌아오면서 정제형의 직접적인 독립운동은 일단락되었다. 1920년 임시정부의 연통제와 교통국이 일제에 의해 파괴되면서 임시정부의 독립전쟁론은 점점 현실성을 잃어가고 있었다. 당초의 예상과 달리 독립운동이 장기화될 수 있다는 전망이 대두되고 있었다. 안창호와 흥사단의 실력양성운동 노선이 점점 힘을 얻게 되었다. 그러한 속에서 정제형 또한 경제력이 뒷받침되지 않은 독립운동의 한계를 절감했던 것으로 보인다.[36]

그는 1921년 임시정부 내무부 참사직을 사임하였다. 그의 내무부 참사직 사임은 장기적인 독립운동을 위한 물적 기반을 마련하기 위한 안창호와 흥사단의 남양 진출 전략의 일환이었던 것으로 보인다. 즉 남양으로 가서 항일운동에 우호적인 화교들의 지원을 획득하고 근거지를 마련하여 장기적인 독립운동을 준비한다는 계획이었다.

주지하다시피, 남양은 일찍부터 중국 혁명인사들의 자금줄 역할을 했다. "화교는 혁명의 어머니"라는 손문의 발언은 과장된 수사가 아니었다.[37] 당연하지만 한국 독립운동가들도 남양에 대한 관심이 컸다. 민족의 실력양성을 중시한 흥사단은 말할 것도 없고 일제와의 과격한 투쟁을 불사했던 의열단계열도 남양에 대해 남다른 관심을 보였다. 남양으로 진출할 경우 현지의 화교들이나 국민당 지부 인사와 교류하면서 그들의 지원을 기대할 수 있었기 때문이다.

정제형은 먼저 福建省 하문으로 진출하였다. 이때가 1921년 하반기 무렵이었다.[38] 일단 하문을 중심으로 인삼무역을 전개하여 화남, 남양으로 확대하는 것이 그의 구상이었을 것으로 보인다. 주지하다시피 하문은 대만, 상해, 홍콩 간의 중개무역으로 발전한 세계적인 양항이었다. 하문 앞바다 鼓浪嶼라는 작은 섬에는 서구 열강의 조계가 있었으며 일본영사관도 이곳 영국조계에 주재하고 있었다. 해운 교통이 발달하여 정기선이

---

36) 金承學, 『韓國獨立史』, 349쪽.
37) 김능우 외, 『중국 개항도시를 걷다 - 소통과 충돌의 공간, 광주에서 상해까지』, 현암사, 2013, 175쪽.
38) 하문 일본영사관은 1928년 2월 하문 거주 한인을 조사하면서 정제형이 약 7년 전에 하문에 왔다고 하였는데, 그렇다고 한다면 정제형이 하문에 온 것은 1921년 으로 판단된다.

중국은 물론이고 일본, 대만, 동남아시아 등지를 이어주고 있었다.[39] 서구 세계에 '아모이(Amoy)'라는 이름으로 알려진 하문은 홍콩, 汕頭와 더불어 동남아시아로 화교를 많이 배출한 주요 항구였다. 화교들이 고향에 보내는 송금[僑匯]은 그 규모면에서나 역할의 측면에서나 주목할 만하다. 특히 복건지역 화교 송금 네트워크의 중심인 하문을 포함한 閩南지역은 화교 관련 경제의 비중이 상당히 높았다.[40] 한인과 관련하여서는 뒤에서 보겠거니와, 하문은 고대 해상실크로드의 중심지로서 번영을 구가했던 泉州와 더불어 일제시기 한인 아나키스트의 주요 활동지 가운데 한 곳이었다. 천년 전 신라, 고려의 구법승과 상인들이 빈번하게 왕래하던 민남지역은 송대 성리학체계의 확립과 해금정책의 시행으로 한반도 인들의 발자취가 끊어지게 되었다.[41] 그런데 천년 후 이 일대에 조선의 인삼상인들과 독립운동가들이 출현한 것은 역사의 기연이라 하지 않을 수 없다.

정제형이 하문에 갈 무렵만해도 인삼상인들과 독립운동가들이 이곳을 경유하곤 했지만 장기 거주하는 경우는 거의 없었던 것으로 보인다. 하문 일본영사관의 조사에 의하면, 1921년 하문 거주 한인은 2명으로 파악되었다. 여기에는 정제형도 포함되어 있는 것으로 보인다. 하문 거주 한인은 몇 명 수준을 유지하다가 1926년부터 늘어나기 시작했다. 1926년 20명, 1932년 26명, 1935년 37명, 1936년 41명으로 늘어났다.[42]

---

39) 「厦門槪況」, 1927年 4月(『厦門鮮人逮捕事件並同事件ニ因ル排日關係一件』, 日本外務省外交史料館, B.A.5.3.022); 洪卜仁 主編, 『厦門航運百年』, 厦門大學出版社, 2010, 74-82쪽.

40) 김종호, 「南京國民政府시기 閩南 화교 송금 네트워크의 변화」, 『中國近現代史研究』 45, 2010, 68쪽.

41) 조영록, 『동아시아 불교교류사 연구』, 동국대학교 출판부, 2011, 272-276쪽.

42) 하문 일본영사관의 하문 거주 한인 인구 조사는 다음의 자료를 참고할 수 있다[外務省外交史料館藏, 『外務省警察史』 第51卷, 5 支那ノ部(中支·南支), 東京: 不二出版(株), 2001].

이들의 직업은 거의 예외없이 인삼판매와 관련이 있었다. 하문 일본영사
관의 "현재 당지 재류 조선인들은 모두 조선인삼 판매를 업으로 함으로
써 同業은 거의 그들의 전매와 같은 느낌이 있다"[43]고 피력할 정도였다.
하지만 대부분이 점포를 가지고 영업하는 것이 아니라 행상을 하고 있었
기 때문에 생계를 유지하는 정도였다.

정제형 또한 하문에 진출한 몇 년 동안은 독립된 점포 없이 영업했던
것으로 보인다. 1923년도 홍사단 원동단우 상황에 따르면, 정제형의 주
소는 하문 洋行路街 鴻發棧으로 되어 있다.[44] 그는 상당기간 여관에 묵
으면서 하문을 중심으로 여러 곳을 전전하면서 행상에 종사했던 것으로
보인다. 그렇지만 늦어도 1920년대 중반에는 하문의 번화가 中山路 인
근 五崎頂(相公宮)[45] 16호에 자신의 독립된 건물을 확보하여 태백산인
삼공사를 설립하였던 것으로 보인다. 이 건물은 1930년 후반 정제형이
하문에서 인삼 무역을 그만 둘 때까지 점포 및 주거공간으로 활용했다.

태백산인삼공사의 영업 상황이 어떠했는지 이를 직접적으로 보여주
는 자료는 찾을 수 없다. 하문 일본영사관의 보고를 통해 그 일단을 짐
작할 수 있을 뿐이다. 하문 일본영사관은 처음부터 정제형을 요주의 인
물로 감시하고 있었지만, 그가 표면적인 독립운동과는 거리를 두고 인삼
무역에 종사하고 있다고 보고하였다. 1930년대 중반 하문 일본영사관은
정제형에 대해 다음과 같이 관찰하고 있다.

---

43) 「厦門在留朝鮮人ノ狀況」, 1930년 5月 15日[『在支滿本邦警察統計及管內狀況報告
雜纂(支那4)』(日本外務省外交史料館, D.2.3.0-28]. 일제는 하문에서 한인들의 인삼
판매는 상당한 수익을 거두는 등 발전 전망이 있으나 기타 영업은 재고하여야 한
다고 하였다. 특히 하문은 대만인의 주활동 무대로서 한인이 새로이 들어와 투자
한다하더라도 그들과 경쟁이 곤란하다고 하였다.
44) 「遠東에서 募集된 團友一覽表」, 1925년 1月末 現在(독립기념관 소장 興士團 자료).
45) 필자는 2013년 5월 厦門 현지답사를 통해 五崎頂의 위치를 확인하였다. 五崎頂은
中山路 뒤에 있는 주택가에 있었다. 그러나 五崎頂 16호의 정확한 위치는 찾을
수 없었다.

　　종래 當地는 지리적 관계상 在留 鮮人이 극히 적었는데, 겨우 21戶 38
명에 불과했다. 주로 人蔘商으로 점포를 가지고 있는 자는 2戶에 불과하고
기타는 모두 行商으로 생계를 유지하는 정도로 활동이 극히 미약하다. 그
가운데 유일하게 太白山人蔘公司의 鄭濟亨만이 십수년간 당지에서 재류,
영업을 계속하여 上海 이남의 鮮人 가운데 一成功者로서 자산 數萬 元을
보유하고 있다.[46]

　　위의 하문 일본영사관의 보고에 의하면, 정제형이 하문에 온 뒤 십수
년 동안 꾸준하게 영업한 결과 자본금 수만 원을 보유한 상당한 자산가
가 되었음을 알 수 있다. 그 결과 사업상으로도 확장을 꾀하였는데, 그것
은 1930년대 초반 태백산인삼공사 홍콩지점 개설로 나타났다. 하문에서
인삼 거래로 상당한 부를 축적한 정제형이 인삼 거래의 핵심지역이던 홍
콩을 그냥 지나칠 리 없었다. 민족혁명당원 李初生이 1934년 홍콩의 태
백산인삼공사에서 점원으로 일했다고 한 것으로 보아 적어도 1930년대
초반에는 홍콩지점이 개설되었을 것으로 보인다.

　　태백산인삼공사 홍콩지점은 홍콩섬 上環 文咸東街 66호에 자리잡았
다.[47] 文咸東街와 연이은 文咸西街, 永樂街는 '南北行街'로 불렸다. 이
일대는 인삼, 녹용, 약재, 제비집, 건어물 등 한약재로 유명한 거리이며
전 세계에서 유통되는 인삼의 集散 역할을 하던 곳이었다. 20세기 전반
기 이 지역은 길 양쪽에 상점과 인파로 넘쳐나는 곳이었다. 여기에는 한
인들도 왕래하고 있었다. 1915년 경 홍콩과 광주에 약 30명의 한인이
인삼 좌상이나 행상을 하고 있었다고 하는 일제 문서를 통해 당시의 모
습을 상상하는 것은 어렵지 않다.[48]

---

46) 「昭和十年在廈門領事館警察事務狀況(1935)」(外務省外交史料館藏, 『外務省警察史』
　　第51卷, 271쪽).
47) 필자는 2013년 5월 홍콩 현지답사를 통해 태백산인삼공사가 있었던 文咸東街 66
　　호의 위치를 확인하였다. 지금도 그 일대는 수많은 한약재상들이 성업 중에 있다.
48) 楊昭全 編, 『關內地區朝鮮人反日運動資料彙編』上冊, 沈陽: 遼寧民族出版社, 1987,

홍콩의 태백산인삼공사에서 일했던 이초생은 이곳을 본점이라고 했고 하문 태백산인삼공사를 지점이라고 했다. 확실치는 않지만 정제형이 나중에 홍콩지점을 본점으로 전환한 것이 아닌가 추측된다. 정제형이 화남 광동지방에 이주했다는 1937년 홍사단의 단원 동향 보고서를 통해 태백산인삼공사의 무게중심이 홍콩으로 옮겨진 것으로 유추할 수 있다.[49]

이초생의 눈에 비친 홍콩 태백산인삼공사의 모습을 살펴 보자. 상해에서 사업에 실패한 이초생은 1934년 11월 홍콩으로 가서 정제형의 태백산인삼공사를 찾아갔다. 당시 李禎植, 崔順基가 점원으로 일하고 있었고 그외에도 崔學模(인삼행상), 池天龍(무직) 등이 인삼공사에 기식하고 있었다. 정제형은 이초생이 이전에 상해에서 南洋公司를 경영할 때부터 거래 관계로 가까운 사이였다. 이초생은 정제형에게 부탁하여 태백산인삼공사에 점원으로 취직하였다. 그는 만 1년간 하문 및 산두 태백산인삼공사를 오가며 영업하였다. 나중에 점원을 그만 둔 이초생도 태백산인삼공사에서의 인삼판매 경험을 활용하여 광동, 廣西, 貴州 등 중국 오지방면으로 인삼행상을 다녔다.[50]

이초생은 홍콩지점 외에 산두에도 지점이 있었다고 하였다. 산두 또한 배일근거지이자 남양 화교의 출신지로 1937년 이전에 한인 1인이 있었다.[51] 산두의 한인은 아마도 태백산인삼공사 산두 지점에서 일하던 인삼상이었을 것으로 추측될 뿐 더 이상의 내용을 알려주는 자료는 찾을 수 없다.

다음으로 정제형의 하문 태백산인삼공사를 중심으로 형성된 한인 인

73쪽.

49) 「張德櫓가 美洲 興士團 理事部에 보낸 보고서(1937年 2月 20日)」(독립기념관 소장 興士團 자료).

50) 國史編纂委員會,『韓民族獨立運動史資料集』46, 中國地域獨立運動 裁判記錄 Ⅳ, 2000, 201쪽.

51) 楊昭全 編,『關內地區朝鮮人反日運動資料彙編』上册, 80-81쪽.

삼상 및 독립운동가들의 네트워크에 대해 살펴보자. 1928년 당시 하문
일본영사관이 하문에 체재했던 한인들을 조사한 바 있는데, 그 구체적인
내용은 다음의 표와 같다.

〈표 1〉 하문 및 부근 재류 요주의 한인 조사표(1928년 2월 말 현재)

번호	성명	연령	본적	주소	비고
1	李剛	50	平南 龍岡	厦門 五崎頂 16 太白山蔘行	임시의정원 부의장 역임, 1927년 12월 22일 독립운동 선전 및 자금 모집을 위한 南洋 도항 목적으로 상해에서 하문 도래, 인삼행상
2	李賢壽	37	慶北 大邱	厦門大學 기숙사	상해 丙寅義勇隊 대원, 1928년 1월 상해에서 장남 李貞浩(18세)와 함께 하문 도래, 하문대학 입학 희망, 정제형 권유로 인삼행상
3	金有光	25	平南 安州	하문대학 기숙사	흥사단원, 黃埔軍官學校 졸업, 1927년 12월 하순 광동에서 하문 도래, 생활을 위해 인삼행상 종사
4	金仁洙	22	黃海 信川	하문대학 기숙사	1926년 경 상해로부터 하문 도래, 하문대학 재학, 학생운동에 활발하게 참여, 학비는 인삼행상으로 충당
5	李春擇	25	慶南 陜川	厦門 五崎頂 16 太白山蔘行	1926년 말 경 하문에 도래, 하문 인근 漳州, 同安, 泉州 등지에서 인삼행상
6	鄭濟亨	45	平北 龍川	厦門 五崎頂 16 太白山蔘行	1921년 경 하문에 도래, 太白山蔘行 경영, 매년 흥사단에 기부, 하문에 오거나 경유하는 한인들의 의지처, 한인 통신소 역할
7	李潤炳	39	平北 義州	厦門 五崎頂 16 太白山蔘行	1927년 12월 하순 광동에서 하문 도래, 정제형으로부터 인삼을 받아 인삼행상, 이강과 함께 하문 인근 교회당에서 반일 강연
8	安維才	22	平北 新義州	하문 新馬路 民國日報社內	광동 황포군관학교 졸업, 1927년 광주봉기 때 홍콩으로 도피했다가 1928년 1월 17일 하문으로 도래
9	李箕煥	35	京畿 開城	泉州城內	의열단원, 광동 황포군관학교 졸업, 혁명군 투신, 1927년 11월 상해에서 하문 도래, 福建軍事處 泉永二屬民團編練處 교관 담임
10	柳箕錫	25	不詳	泉州城內	병인의용대원, 1927년 12월 하순 광동에서 하문 도래, 福建軍事處 泉永二屬民團編練處 連長 담임, 최근 총기 구입 위해 상해행

11	鄭乞	不詳	慶北	泉州城內	1928년 2월 17일 상해에서 일경의 체포를 피해 하문 도래, 이기환의 소개장을 가지고 福建軍事處 泉永二屬民團編練處에 가서 재주
12	李漢臣	不詳	不詳	泉州城內	1927년 11월 이기환과 함께 상해에서 하문 도래, 福建軍事處 泉永二屬民團編練處에 재주함
13	金鐵民	不詳	不詳	泉州城內	1927년 11월 이기환과 함께 상해에서 하문 도래, 福建軍事處 泉永二屬民團編練處에 재주함

※ 「要注意鮮人在留增加傾向二關スル件」, 1928年 2月 27日(『廈門鮮人逮捕事件並同事件二因ル排日關係一件』)

먼저 저명한 독립운동가였던 李剛에 대해 살펴보자.[52] 흥미로운 사실은 이강이 하문에서 일제에 체포되어 국내로 압송된 후 진행된 신문에서 자신의 직업을 인삼행상으로 밝혔다는 것이다. 평남 龍岡 출신인 이강은 1903년 하와이를 거쳐 미국으로 가 안창호와 함께 활동하다가 노령에서 오랫동안 민족운동에 종사하였으며 상해에 온 다음에는 임시의정원 부의장을 역임하였다. 다른 많은 한인들이 그랬듯이 그도 상해에서 중국적을 취득하였다.[53] 안창호의 지시에 의한 그의 하문행은 남양 방면으로 가기 위한 것이었다. 다시 말해 정제형과 마찬가지로 이강의 하문행도 장기적인 독립운동을 위한 물적 기반을 마련하기 위한 남양 진출 전략의 일환이었다.

1927년 12월 하순 하문에 도착한 이강은 정제형의 태백산인삼공사에 거처를 정하고 남양으로 가는 여비를 마련하기 위해 인삼행상에 나섰다. 먼저 이강은 하문 인근 漳州에 주둔하고 있는 第11軍 第24師 師長 顔德

---

52) 朝鮮總督府 警務局, 「支那在留禁止者取調二關スル件」, 1928年 4月 23日(『廈門鮮人逮捕事件並同事件二因ル排日關係一件』).

53) 하문 일본영사관은 이강이 상해에서 중국국적을 취득하고 중국 內務部 발급 歸化許可執照(1924년 6월 23日字)를 소지하고 있는 것으로 파악하였다. 「廈門領事가 上海總領事에게 보내는 電報」, 1928年 3月 11日(『廈門鮮人逮捕事件並同事件二因ル排日關係一件』).

基의 도움을 받아 인삼행상을 하고자 했다. 그러나 원래 자금이 넉넉지 못했던 이강이 매입했던 인삼이 질이 떨어지는 값싼 것이었기 때문에 판매에 어려움이 많았다. 인삼행상 도중 이강은 2월 6일 장주 기독교회당을 방문한 적이 있었다. 마침 이 교회의 중국인 黃植庭 목사로부터 강연 요청을 받고 "조선의 현재와 기독교의 상황"이라는 제목으로 반일적인 강연을 하게 되었다. 뒤에서 보겠지만 이 반일연설은 하문 일본영사관이 정제형의 태백산인삼공사에 있던 한인들을 주목하게 되는 직접적인 계기가 되었다.

李賢壽 즉 李斗山은 누구보다도 인삼행상과 인연이 깊다. 1896년 경북 달성 출신인 이두산은 1919년 상해로 망명하여 임시정부 재무부 서기를 역임하고 임시정부에서 설립한 무관학교에 입학하였다.[54] 1920년 8월 그는 임시정부 국내특파원으로 잠입했다가 체포되어 옥고를 치른 후 다시 상해로 망명하였다. 이 무렵 이두산은 韓鎭敎의 海松洋行에 하숙을 했다.[55] 인삼을 판매하는 해송양행에 기거하다보니 그도 자연스럽게 인삼판매에 관심을 보이게 되었던 것으로 생각된다. 그는 한진교의 권유로 인삼 판매를 시작하게 되었는데, 인삼판매구역으로 광동을 지정받았다고 한다.[56] 이러한 인연으로 이두산은 나중에 한진교와 사돈관계를 맺었다.

이두산이 장남 이정호를 데리고 하문에 나타난 것은 1928년 1월이었다. 그는 이정호를 태백산인삼공사에 점원으로 기식케 하고 자신은 하문대학에 입학하기 위한 요량으로 하문대학 기숙사의 김인수 방에 함께 기거했다. 하지만 그는 정제형으로부터 학업보다는 실업 방면에서 활동하라는 권유를 받고 인삼판매 쪽으로 돌아섰던 것으로 보인다.[57] 그후 그

54) 최기영, 「李斗山의 在中獨立運動」, 『한국근현대사연구』 42, 2007, 126쪽.
55) 李淑, 『竹樵回顧錄 - 祖國光復에 命을 걸고』, 1993, 185-186쪽.
56) 韓泰東 구술, 2010년 12월 4일 서울 연희동 자택에서.

는 하문, 광동, 홍콩 그리고 태국을 오가며 인삼행상에 종사하였다. 1930
년대 중반 일제의 조사에 의하면, 그는 태국 방콕에 거주하면서 인삼행
상을 했다.[58] 상해에 살았던 金孝淑의 기억에 의하면, 이 무렵 그는 태
국 여자를 만나 가정을 이루었다.[59] 중일전쟁 이후에는 인삼판매를 그
만두고 광동, 重慶에서 조선의용대와 한국광복군에 참여하여 활동하다
광복을 맞이했다.

하문대학 기숙사에 거주하고 있던 金有光, 金仁洙도 인삼행상을 하였
다. 홍사단원이자 일제문서에 황포군관학교 졸업생으로 나와 있는 김유
광은 실제로는 1926년 의열단원으로서 광동 中山大學을 다녔다.[60]
1927년 12월 광동에서 하문으로 온 것으로 보아 1927년 12월 중국 국민
당정부의 중국공산당 탄압에 저항하여 일어난 廣州蜂起에 참여했다가
하문에 피신온 것으로 추정된다. 하문에 온 초기 경제적으로 곤궁했던
그는 정제형으로부터 많은 도움을 받았던 것으로 보인다. 그는 하문대학
학생은 아니었지만 하문대학 김인수 방에 동거하면서 인삼행상을 하여
생활비를 벌고 있었다. 하문대학 학생 김인수는 학비 마련을 위해 인삼
행상을 했던 것으로 보인다. 그는 1926년에 하문에 와서 하문대학을 다
니면서 학생운동에도 적극 참여하여 적지 않은 중국인 친구들과 알고 지
냈다. 한인 독립운동가들이 하문에 오는 경우 그에게 많이 의지하였으며
하문 거주 한인들 가운데 상당한 발언권을 행사하고 있었다고 한다.[61]

정제형의 태백산인삼공사에 거주하고 있던 李潤炳과 李春擇도 인삼

57) 「要注意鮮人在留增加傾向ニ關スル件」, 1928年 2月 27日(『厦門鮮人逮捕事件並同
事件ニ因ル排日關係一件』).

58) 朝鮮總督府 警務局, 『國外ニ於ケル容疑朝鮮人名簿』, 1934, 298쪽.

59) 金孝淑, 『上海 大韓民國臨時政府와 나』(未刊行), 1996, 24쪽.

60) 韓相禱, 『韓國獨立運動과 中國軍官學校』, 문학과지성사, 187, 1994, 218쪽.

61) 「要注意鮮人在留增加傾向ニ關スル件」, 1928年 2月 27日(『厦門鮮人逮捕事件並同
事件ニ因ル排日關係一件』).

행상을 했다. 이춘택은 1926년 말 경 하문에 와서 태백산인삼공사에 기
식하면서 인근 장주, 同安, 천주 등지를 돌아다니면서 인삼행상을 했다.
그 외의 인적사항은 확실치 않다. 1927년 12월 광동에서 하문에 왔던
이윤병은 아마도 김유광과 마찬가지로 1927년 광주봉기에 참여했다가
하문으로 탈출해온 것으로 보인다. 李潤炳은 李潤昞의 오기로 1920년
9월 임시정부 평안북도 연통제 掌書, 상해의 대한적십자회 서기 등을 역
임하였다.[62] 그는 인삼행상을 하면서 이강이 교회당에서 반일연설을 할
때 동행하기도 했다.

그 외에도 일군의 한인 아나키스트들이 태백산인삼공사를 드나들었
다. 安維才, 李箕煥, 柳箕錫, 鄭乞, 李漢臣, 金鐵民이 그들이다. 먼저 이
기환은 황포군관학교를 졸업한 의열단원이었지만 개성 출신이기 때문에
인삼과 인연이 많았다. 독립운동에 투신하기 이전 일본에 갔다가 다시
귀국한 그는 1922년 가을 동향인 金文榮과 함께 백삼 판매를 하기로 하
고 안동현, 봉천, 대련 등지를 거쳐 상해에 도착하였다. 그는 상해에서도
인삼행상에 종사하다가 의열단에 가입하여 활동하였다. 1925년에는 광
동으로 가서 황포군관학교에서 수학하였으며 졸업 후에는 중국군에서
복무하였다. 1927년 11월 상해에서 하문으로 온 후 福建軍事處 泉永二
屬民團編練處 連長으로 있었다.[63] 그는 하문과 천주를 왕래하면서 활동
하다가 천주의 혁명운동이 실패한 후 하문 시내 민국일보사에 기거하고
있었다.

안유재는 황포군관학교 5기 출신이다.[64] 그는 하문에 온 다음 김인수
방에서 거주하다 이기환의 소개로 민국일보사로 이전하였다. 유기석은

---

62) 「大韓赤十字會 請捐書(1922년 4月)」(독립기념관 데이터베이스).

63) 朝鮮總督府 警務局, 「支那在留禁止者取調二關スル件」, 1928年 4月 23日(『厦門鮮
    人逮捕事件並同事件二因ル排日關係一件』).

64) 韓相禱, 『韓國獨立運動과 中國軍官學校』, 165쪽.

홍사단원이자 아나키스트였다. 유기석은 위 표의 내용처럼 무기 구입차 상해로 갔기 때문에 일본영사관에 체포되는 화를 면할 수 있었다. 鄭乞은 鄭杰의 오기이며, 그는 한인 아나키스트 鄭華岩이다.[65] 그러므로 그의 본적은 경북이 아니라 전북이다. 그는 1928년 2월 17일 상해에서 일제의 검거를 피해 하문으로 왔다. 그는 하문에 온 다음 곧바로 천주로 가서 한중 아나키스트들의 혁명운동에 참여하였다. 이한신, 김철민도 상해의 독립운동진영에서 활동하던 인물들이었다. 이한신은 1923년 상해 국민대표대회에 참석한 바 있으며[66] 김철민은 1936년 남경한교회 집행위원을 지냈던 인물이다.[67] 두 사람 모두 정화암과 마찬가지로 하문을 거쳐 천주로 가서 혁명운동에 참여하였다.

이들 일군의 아나키스트들이 어떤 연유로 복건 하문, 천주에 나타났는지는 설명이 필요하다. 원래 광주를 중심으로 활동하던 중국 아나키스트들은 1927년 4월 15일 이후 국민당측의 공산주의자 및 사회주의자에 대한 탄압으로 활동을 할 수 없게 되자 복건성 지역으로 그 활동 무대를 옮겼다. 이들은 천주를 거점으로 민중무장을 조직하게 되는데 여기에는 중국 아나키스트들과 연대하여 활동하고 있던 한인 아나키스트들도 참여하게 된다. 정화암, 유기석, 이기환 등 상해에서 활동하던 한인 아나키스트들도 천주에 모여들었다. 이들은 대개 상해에서 먼저 선편으로 하문에 도착한 후 태백산인삼공사에서 유숙하면서 정보를 입수한 다음 다시 천주로 갔다. 한중 아나키스트들은 당시 복건성의 국민당 당정기관과 연결되어 천주와 永春 2곳에 民團武裝編練處라는 기관을 설치하고 혁명 근거지를 만들기 위해 활동하고 있었다.[68] 그러나 토비의 공격과 극심

---

65) 朴慶植 編, 『在日朝鮮人關係資料集成』 2, 東京: 三一書房, 1975.

66) 「國民代表會ノ經過ニ關スル件(1923년 3月 16日)」(독립기념관 데이터베이스).

67) 金正明編, 『朝鮮獨立運動』 2, 577쪽.

68) 任春洙, 「1920-30년대 中國 新聞에 실린 韓國 關係 記事 研究」, 『國史館論叢』 90, 2000, 264쪽.

한 자금난으로 그들의 활동은 중지되고 말았다. 한인 아나키스트들은 하문을 거쳐 상해로 철수할 수밖에 없었다.[69]

　　다음은 일제가 하문 거주 한인 가운데 독립운동과 관련된 특별한 '용의점'이 없는 이들을 조사한 것이다. 이들은 대개 직업적인 인삼행상으로 홍콩, 상해, 동남아시아 일대를 왕래하고 있었는데, 독립운동에 종사한 경력은 찾을 수 없다. 사실 하문에 거주하는 한인의 경우 부업으로 인삼행상을 하는 독립운동가를 제외하면 모두 인삼판매를 본업으로 하고 있었다. 이들 가운데 정제형의 친척이나 동향 출신들도 있다. 자료상에 나타나는 이들의 본적, 전주소, 이동경로 등을 통해 중국과 동남아시아에서의 한인들의 인삼 거래 네트워크의 윤곽을 그려 볼 수 있다. 일제의 조사 내용은 다음의 표와 같다.

〈표 2〉 하문 한인 중 용의점이 없지만 전력에 대해 조사 중인 자(1928년 2월)

번호	성명	연령	직업	본적	전주소	현주소	비고
1	鄭錫彩	24	人蔘商 使用人	平北 義州	香港	厦門 五崎頂 16 鄭濟亨방	上海, 香港, 呂宋(루손) 등에 재주하다 1927년 6월 경 하문에 옴
2	鄭錫朝	18	무직	平北 義州	香港	厦門 五崎頂 16 鄭濟亨방	1927년 6월 경 하문에 옴, 신학기 입학 준비 중
3	金養濤	26	人蔘行商	平南 平壤	上海 프랑스조계	厦門 五崎頂 16 鄭濟亨방	1926년 10월 경 하문 도래
4	李明齋	38	人蔘行商	忠北 忠州	上海 프랑스조계	厦門 五崎頂 16 鄭濟亨방	1927년 12월 하문 도래
5	李貞浩	16	점원	慶北 大邱	上海	厦門 五崎頂 16 鄭濟亨방	1928년 1월 부친 李賢壽와 함께 하문 도래

---

69) 이호룡, 『아나키스트들의 민족해방운동』, 한국독립운동의 역사 45, 독립기념관, 2008, 215-217쪽.

6	金成九	49	人蔘行商	平北 義州	싱가포르	厦門 塩萊巷 17	1927년 10월 경 하문 도래
7	金成九 처 김씨	45		동상	싱가포르	厦門 塩萊巷 17	동상
8	金成九 장녀 金錦珠	13		동상	싱가포르	厦門 塩萊巷 17	동상
9	金成九 이남 金泳福	4		동상	싱가포르	厦門 塩萊巷 17	동상
10	黃思宗	28	人蔘行商	平北 義州	上海	厦門 五崎頂16 鄭濟亨방	1928년 2월 27일 상해로부터 하문 도래
11	黃聖坤	27	人蔘行商	平北 義州	上海	厦門 五崎頂16 鄭濟亨방	동상

* 「要注意鮮人在留增加傾向ニ關スル件」, 1928年 2月 27日(『厦門鮮人逮捕事件並同事件ニ因
ル排日關係一件』).

위의 표에서 보는 바와 같이, 이들은 모두 정제형의 태백산인삼공사
혹은 인삼 판매와 직간접적으로 관련이 있다. 11인 가운데 3인을 제외하
면 모두 평북 의주 출신이다. 이들은 김성구 일가족을 제외하면 모두 정
제형의 태백산인삼공사에 거주하였다.[70] 역시 인삼행상에는 의주출신들
이 많았으며 인삼거래 네트워크가 동향 출신을 매개로 이루어지고 있었
음을 보여준다. 이들은 인삼을 매개로 하여 중국 및 동남아시아 한인 인
삼 판매 네트워크를 형성하고 있었다. 그 중심에 정제형의 태백산인삼공
사가 있었다. 태백산인삼공사는 화남 및 남양 일대의 한인 인삼상들이
모이고 흩어지는 集散의 기능을 수행하고 있었다.

이들의 면면을 살펴보자. 우선 鄭錫彩, 鄭錫朝는 의주 출신으로 정제
형의 집안 사람들로 보인다. 정제형의 아들 이름이 錫彪, 錫泰였음을 볼

---

70) 「要注意鮮人在留增加傾向ニ關スル件」, 1928年 2月 27日(『厦門鮮人逮捕事件並同
事件ニ因ル排日關係一件』).

때, 이들은 정제형의 조카 항렬로 보인다. 형으로 보이는 정석채는 전형적인 의주 상인으로 상해, 홍콩, 루손 등지를 거쳐 1927년 6월 경 하문에 왔다. 일제가 그의 직업란에 '인삼행상'이 아닌 '인삼상 사용인'이라고 한 것으로 보아 단순한 인삼행상은 아니었던 것으로 보인다. 정제형의 태백산인삼공사에는 못 미치지만 일반 인삼행상보다는 영업 규모가 컸을 것으로 보인다. 그는 하문을 중심으로 약 8개월 동안 인삼판매를 하고 있었다. 동생인 정석조는 아직 미성년으로 신학기를 맞아 학교 입학 준비를 하고 있었다.

金養濤는 평양 출신 인삼행상으로 상해에서 하문으로 왔다. 그 외의 인적사항에 대해서는 알려진 것이 없다. 李明齋는 충북 충주 출신으로 김양도와 마찬가지로 상해에서 하문으로 왔는데 역시 인삼행상을 하고 있었다. 앞에서 언급한 바와 같이 이현수의 아들 이정호는 아버지를 따라 하문으로 와서 태백산인삼공사의 점원으로 있었다. 일제의 자료에는 나와 있지 않지만 이정호는 인삼공사에서 일하면서 하문대학에 입학하여 공부했다.[71] 하문대학은 1921년 '애국화교' 陳嘉庚이 출자하여 설립한 화교 대학이었다.[72] 하문 출신인 진가경은 말레이시아에서 고무공업으로 대자산가가 된 인물로 손문의 혁명사업, 후일 항일전쟁 시기에는 국민당에 거액의 군비를 지원하였다. 하문대학의 校旨 중에는 "남양 및 기타각지의 화교상황을 연구하여 장래의 발전과 진보를 도모한다"고 제시되어 있다.[73] 그런만큼 한인들에게 하문대학은 남양 진출에 필요한 화교 네트워크와 인맥을 제공할 수 있다는 장점이 있었다.

金成九 일가족은 가족 단위로 인삼행상을 한 흥미로운 경우이다. 그들은 싱가포르에서 인삼행상을 하다가 1927년 10월 경 하문으로 왔다.

---

71) 최기영, 「李斗山의 在中獨立運動」, 130쪽.
72) 朱永涌, 『厦大往事』, 厦門大學出版社, 2011, 28쪽.
73) 최덕경, 「동남아 福建省출신 華僑의 出洋과 家鄕투자」, 『大丘史學』 61, 2000, 110쪽.

가족이 4인이기 때문에 정제형의 인삼공사에 거주하지 않고 근처에 따로 방을 얻어 거주하고 있었던 것으로 보인다. 평북 의주 출신의 黃思宗, 黃聖坤 2인은 1928년 2월 27일 상해에서 하문으로 왔는데 모두 인삼행상에 종사하고 있었다. 두 사람은 의주 출신으로 형제로 보인다. 형제가 함께 다니면서 인삼행상을 하던 경우로 보인다. 그 외의 인적사항에 대해서는 자료를 찾을 수 없다.

2) 하문의 배일운동과 만년 생활

앞에서 살펴 본 바와 같이, 정제형의 태백산인삼공사는 하문 및 상해와 홍콩, 동남아시아를 왕래하는 한인들의 거점이자 연락처로 활용되었다.[74] 그의 인삼공사에는 하문 현지에 머무르고 있던 한인들 뿐만 아니라 중국 각지와 홍콩, 싱가포르 등 남양 각지를 왕래하는 인삼 상인들이 드나들고 있었다. 그 가운데는 인삼행상을 가장한 한인 독립운동가들도 적지 않았다.[75] 태백산인삼공사에 "食客이 끊이지 않고 있다"는 하문 일본영사관의 표현이 그러한 사실을 여실히 보여준다. 일제는 하문이 '불령선인 음모의 책원지' 상해 및 '불령선인의 집합지'인 광동의 중간에 위치하고 있기 때문에 상해에서 광동으로, 광동에서 상해로 왕래하는

---

74) 1928년 1월 상해의 都寅權이 하문의 이강에게 편지를 보낼 때 수신처를 태백산인삼공사로 하였다. 이 편지는 하문 일본영사관이 중간에서 절취하였는데, 일본어로 번역된 편지 내용은 하문 일본영사관 보고서에 실려 있다. 「不逞鮮人李剛ニ關スル件」, 1928年 3月 8日(『廈門鮮人逮捕事件並同事件ニ因ル排日關係一件』).

75) 1928년 상해에서 활동하던 한인 아나키스트 白貞基는 鄭華岩에게 하문으로 가면 태백산인삼공사를 찾으라고 일러주었다. 하문에 간 정화암은 배에서 내리자마자 태백산인삼공사로 갔고 이곳에서 이강, 이기환 등 동지들을 만났다. 이와 유사한 경험은 柳基石의 회고록에서도 잘 보이고 있다. 鄭華岩, 1992, 『어느 아나키스트의 몸으로 쓴 근세사』, 자유문고, 75쪽; 柳基石, 『三十年 放浪記 : 유기석 회고록』, 국가보훈처, 2010, 146쪽.

한인들이 적지 않다고 하였다.76)

나아가 인삼공사의 인삼 판매 자금 가운데 일부가 독립운동진영으로 흘러들어갔던 것으로 보인다. 실제로 일제는 정제형이 매년 흥사단에 수십 불을 기부하고 있으며 흥사단 단보의 배포를 맡고 있다고 보고하였다.77) 일제에 포착된 흥사단 기부금 외에 그가 독립운동자금을 제공했을 가능성이 높다. 다만 그것이 비밀리에 이루어졌을 것이기 때문에 그에 대한 자료는 남아 있지 않다. 정제형의 아들 錫泰의 생전 구설에 의하면, 정제형은 돈과 인삼을 넣은 복대를 차고 위장용으로 그 위에 어린 그를 안고 남경, 홍콩 등지를 다녔다고 한다.78)

따라서 태백산인삼공사가 하문 일본영사관의 감시대상이 되었음은 두 말할 나위없다. 일찍부터 태백산인삼공사를 하문 배일운동의 근거지로 주목하면서 주요인사들의 체포 기회를 노리고 있었다. 중국 북벌 이후 국민당의 청당운동이 진행되고 있는 혼란한 상황을 기화로 일제는 1928년 봄부터 漢口, 남경, 하문 등 도처에서 한인 독립운동가들을 공산당원으로 몰아 검거하였다. 의열단원들을 비롯한 독립운동가들 역시 일경의 감시망을 완전히 벗어나지 못하여 적지 않은 피해를 입었다. 같은 해 2월 28일 한구에서 柳子明, 金斌 등 10명의 단원이 일본영사관 특무경찰의 계략으로 武漢 공안국에 체포되었다.79) 그 이틀 후에 하문의 태백산인삼공사를 급습하여 이기환 등 독립운동가들을 체포하였던 것이다.

일제가 태백산인삼공사를 노린 직접적인 계기는 1928년 2월 장주 교회당에서 행한 이강의 반일연설이었다. 앞에서 살펴보았거니와, 이강은

---

76) 「廈門在留朝鮮人ノ狀況」, 1930년 5月 15日(『在支滿本邦警察統計及管內狀況報告雜纂(支那4)』).

77) 「要注意鮮人在留增加傾向ニ關スル件」, 1928年 2月 27日(『廈門鮮人逮捕事件並同事件ニ因ル排日關係一件』).

78) 강동호 구술, 김광재 면담, 2013년 4월 30일 과천 식당에서.

79) 김영범, 『한국 근대민족운동과 의열단』, 창작과 비평사, 1997, 189-190쪽.

1927년 말 하문에 온 후 인삼행상을 하면서 다음해 2월 6일 장주 기독
교회당에서 중국인 목사의 요청으로 반일강연을 하게 되었다. 이 소식이
하문 일본영사관의 정보망에 의해 포착되었다. 일본영사관은 본국 외무
성, 조선총독부와 연락을 취하여 이강, 이기환 등 독립운동가들의 그간
의 '불령운동'에 대한 자료를 입수하였다.

하문 일본영사관 경찰은 만반의 준비를 갖춘 다음 태백산인삼공사를
급습하였다.[80) 1928년 3월 2일 밤 태백산인삼공사에서 이강, 이기환, 이
명재, 이윤병 등 4인의 독립운동가들이 체포되었다.[81) 이강, 이명재, 이
윤병은 체포 당시 태백산인삼공사에 거주하고 있었다. 이기환은 혁명근
거지 운동이 실패하면서 천주에서 철수하여 하문의 민국일보사 내에 기
숙하고 있었다. 이기환은 이날 밤 상해에 있을 때부터 알고 지내던 이강
을 만나러 태백산인삼공사에 들렀다가 체포되었다. 체포과정에서 격렬
한 저항이 있었던 것으로 보인다. 일본영사관의 보고에 의하면, 체포 당
시 이강 및 이기환은 끌려가면서 거리의 중국인들을 향하여 자신들이 중
국인이라고 소리치면서 강하게 저항하였다.[82)

하문의 배일운동 소용돌이 속에서 정제형이 어떤 반응을 보였는지는
확실치 않다. 우선 정제형을 비롯한 하문의 한인들은 일본의 불법적인
한인 체포 사건을 중국 국민당 하문시당부, 현지 반일회, 그리고 상해
임시정부에 급히 알렸을 것으로 보인다. 임시정부는 3월 6일 임시정부

---

80) 정화암의 회고에 의하면, 그 자신도 상해에서 하문에 온 후 태백산인삼공사에 유
숙했지만 곧 천주로 가는 바람에 체포되는 화를 면했다고 하였다. 그는 하문의 굴
요리가 일품이니 한 잔 하면서 며칠 더 쉬었다 가라는 이강의 만류를 뿌리치고
천주로 갔는데, 바로 그날 밤 하문 일본영사관 경찰이 태백산인삼공사에 들이닥
쳤다고 하였다. 鄭華岩, 『어느 아나키스트의 몸으로 쓴 근세사』, 82쪽.

81) 『中華民國外交部公報』 第1卷 第2號, 1928년 6월(石源華, 李保溫 編, 『中國南京國
民政府外交部公報』 上卷, 圖書出版 高句麗, 1995, 1-4쪽).

82) 「坂本厦門領事電報」, 1928年 3月 11日(『厦門鮮人逮捕事件並同事件二因ル排日關
係一件』).

외무장 吳永善의 명의로 일본의 불법행위와 체포된 독립운동가 4인의 석방을 중국측에 의뢰하는 서한을 중국 국민정부 외교부 黃孚 부장에게 보냈다.[83] 임시정부 외무장 오영선은 중국국민정부 외교부장 황부 외에도 하문 경비를 책임지고 있는 林경비사령 앞으로도 전보를 보내 한인 석방에 힘써줄 것을 요청하였다.[84]

3월 10일 임시정부는 국무위원장 李東寧 명의로 한인석방 교섭을 벌이고 있는 하문경비사령 앞으로 감사 전보를 발송하였다.[85] 의열단계가 주도하고 있던 광동의 留粵革命同志會도 사건 소식을 접하고 하문의 중국측 교섭원에게 일본의 중국 주권 침해의 부당함을 강조하는 전보를 보냈다.[86]

한편 일본의 한인 불법 체포는 하문 현지 중국인들의 일본상품 불매운동을 포함한 대대적인 배일운동으로 발전하는 계기가 되었다. 당시 중국국내 상황은 중국국민정부의 북벌군이 파죽지세로 군벌 군대를 격파하면서 북상하자 전에 없이 민족주의 열풍이 고조되고 있었다. 1927년 중국 북벌군이 장강 유역으로 진출하자 이 지역에 많은 조계와 이권을 가지고 있던 제국주의 열강과의 충돌은 피할 수 없게 되었다. 1927년 1월 한구와 九江의 영국조계에서 영국병과 민중의 유혈사건이 일어나자, 격앙된 민중은 두 지역의 조계를 실력으로 회수하였다.[87] 그후 1928년의 濟南事變, 1931년의 9·18사변(만주사변), 1932년의 제1차 상해사변 등 일본의 도발이 있을 때마다 중국에서는 일본상품 불매운동과 같은 배

---

83) 「廈門鮮人逮捕事件ノ影響ニ關スル件」, 1928年 3月 13日(『廈門鮮人逮捕事件並同事件ニ因ル排日關係一件』).

84) 위와 같다.

85) 「廈門事件ニ對シ僭稱政府ヨリ謝電發送ノ件」, 1928年 3月 12日(『廈門鮮人逮捕事件並同事件ニ因ル排日關係一件』).

86) 「不逞鮮人逮捕ニ對スル當地鮮人ノ意向通報ノ件」, 1928年 3月 17日(『廈門鮮人逮捕事件並同事件ニ因ル排日關係一件』).

87) 小島晋治·丸山松幸 著/朴元熇 譯, 『中國近現代史』, 지식산업사, 1998, 107쪽.

일운동이 끊이지 않았다.[88]

하문의 현지 중국인들은 일본측에 대해 한인 석방, 사과 및 사후 재발 방지를 요구하였다.[89] 특히 하문 현지의 『江聲報』와 『民鍾日報』는 연일 일제의 불법적인 한인 체포 행위를 규탄하였다.[90] 중일 교섭 과정에서 이명재와 이윤병의 경우는 일제에 의해 사안이 경미하다고 판단되어 석방되었다. 하지만 이강, 이기환은 체포된지 18일 만인 3월 20일 대만을 거쳐 국내로 압송되고 말았다.[91] 그후 국내에서 옥고를 치른 이강과 이기환은 다시 복건성 하문과 천주로 돌아와 활동하였다. 하문을 지키고 있던 정제형이 이들과 해후하였을 것임은 상상하기 어렵지 않다.

그러면 만년의 정제형의 모습은 어떠했을까. 이를 알려주는 1차자료는 남아 있지 않다. 정제형의 생애 가운데 가장 확실치 않은 부분이다. 이에 대해서는 유족의 증언에 의존하지 않을 수 없다. 다만 후일 자료

---

88) 荻野富士夫, 『外務省警察史 - 在留民保護取締と特高警察機能』, 東京: 校倉書房, 2005, 663-665쪽; 臼井勝美 著·宋漢鏞 譯, 『中國外交史硏究: 中日戰爭時期』, 선인, 2004, 113쪽.

89) 『申報』 1928년 3월 4일, 「日警在厦擅捕韓人」; 『申報』 1928년 3월 7일, 「厦門排日聲浪日高」. 하문의 배일운동과 관련해서는 『申報』 외에도 『上海時報』와 『天津大公報』도 많은 기사를 게재하였다. 이들 관련기사는 다음의 자료집에 수록되어 있다. 趙中孚 外 主編, 『近代中韓關係史資料彙編』 第2冊, 第6冊, 臺北: 國史館, 1987.

90) 현재 『江聲報』와 『民鍾日報』는 厦門市圖書館에 소장되어 있다. 필자는 2013년 5월 이곳을 방문하여 이들 신문을 열람하고자 하였으나 신문이 오래되어 손상된다는 이유로 열람하지 못하였다.

91) 이강은 국내에서 실형을 치른 다음 다시 복건으로 갔지만 이기환의 경우는 국내에서 징역을 받고 옥고를 치렀는지 다소 불명확하다. 왜냐하면 이기환이 실형을 치르지 않았다는 것을 암시하는 주장이 있기 때문이다. 즉 1928년 3월 2일 하문에서 중국경찰에 체포되어 일본영사관에 넘겨졌는데, 요행히 석방되어 가을에 다시 泉州로 가서 아나키즘운동에 투신하였다고 한다(김영범, 2010, 『혁명과 의열 - 한국독립운동의 내면』, 경인문화사, 449-450쪽). 당시 이기환과 함께 활동했던 정화암도 이기환이 곧 풀려났다고 했다(鄭華岩, 『어느 아나키스트의 몸으로 쓴 근세사』, 85쪽).

발굴을 기다려 보완될 것을 기대한다. 1937년 중일전쟁 발발 이후 정제형은 인삼공사 경영을 접었던 것으로 보인다. 전쟁으로 인해 사람들이 인삼을 많이 찾지도 않았을 뿐만 아니라 젊은 시절부터 병약했던 몸도 돌봐야 했기 때문이었다. 그는 신병 치료로 만년을 보내던 중 1943년 타향에서 끝내 생을 마쳤다.[92]

4. 맺음말

의주 상인 정제형은 1886년 평북 용천에서 태어나 어린 시절 의주로 이주하였다. 그는 의주의 민족명문 양실학교를 수학하고 졸업 후에는 잠시 교직에 몸담았으며 광업에 손을 대기도 하였다. 그러나 무엇보다도 그가 심혈을 기울인 것은 인삼 무역이었다. 일찍이 그는 인삼에 대한 안목을 키우기 위해 인삼의 고장인 경북 풍기에 머문 적도 있었으며 홍콩이나 남양으로 가서 인삼행상에 종사하였다.

1919년 3·1운동이 발발하자 잠재되어 있던 민족의식이 표출되면서 그는 독립운동가로 변신하였다. 의주에서 만세시위운동에 참여하였던 그는 임시정부가 수립되어 있던 상해로 망명하였다. 1919년 11월 그는 임시정부 내무부 참사로 임명되어 평북 및 간도, 노령 일대의 한인 독립운동 상황을 시찰하였다. 이 무렵 그는 안창호의 실업구국 정신에 감화되어 흥사단에도 가입하였다. 1921년 장기적인 독립운동의 물적 기반을 마련하기 위한 흥사단의 남양 진출 전략에 맞추어 직접적인 독립운동을 접고 다시 본연의 상인의 길로 들어섰다.

그가 중국 동남연안의 양항이자 남양으로 진출하는 교두보인 하문에

---

92) 강동호 구술, 김광재 면담, 2013년 4월 30일 과천 식당에서.

진출하여 태백산인삼공사를 경영하였던 것도 이때문이었다. 일제도 인정하듯이 이 시기 정제형은 표면적인 독립운동과는 거리를 두고 인삼 무역에 종사하여 중국 화남의 한인 가운데 성공한 사업가가 되었다. 1930년대 초반에는 홍콩에 진출하여 인삼공사 지점을 설립하는 등 사업을 확장하였다.

정제형의 태백산인삼공사는 독립운동 거점이자 연락처로 활용되었다. 그의 인삼공사에는 중국 각지와 홍콩, 싱가포르 등 남양을 왕래하는 인삼 상인들이 드나들었다. 그 가운데는 인삼행상을 가장한 독립운동가들이 적지 않았다. 물론 자료가 남아 있지 않지만 그의 인삼공사의 인삼 판매 자금 가운데 일부가 독립운동진영으로 흘러들어갔을 가능성이 없지 않는 것으로 보인다.

인삼공사를 하문 배일운동의 근거지로 주목하고 있던 하문 일본영사관은 1928년 3월 이곳을 급습하여 독립운동가들을 체포하여 국내로 압송하였다. 이 사건은 하문의 현지 중국인들이 일제의 불법적인 한인 체포에 대해 항의하면서 대대적인 배일운동으로 발전하는 계기를 제공하였다. 1930년대 중반 인삼 무역으로 수만 원대의 자산가가 된 정제형은 1937년 중일전쟁 이후 인삼공사 경영을 정리하고 젊은 시절부터 병약했던 몸을 치료하면서 만년을 보내다 1943년 작고하였다.

제2장 옥관빈의 상해 망명과 실업활동
-독립운동가에서 실업가로-

1. 머리말

주지하다시피 玉觀彬(玉慧觀, 1891-1933)은 한말 신민회와 청년학우
회, 대한매일신보에서 활발한 활동을 했던 청년애국지사였다. 스승인 安
昌浩가 감탄할 정도의 대중 연설능력의 소유자였던 그는 1919년 독일
유학을 위해 상해에 잠시 체류한 바 있던 이미륵으로부터 "위대한 한국
의 연설가"[1]라는 찬사를 받았다. 105인 사건으로 실형을 받은 6명 가운
데 한 사람이었던 그는 한때 일제의 고문으로 옥사한 것으로 알려지기도
했다.[2] 1915년 석방된 그는 실업활동에 종사하다 1919년 3·1운동 이후
상해로 망명하였다. 물론 상해 시절 그는 독립운동에도 참여했지만 그다
지 적극적인 편은 아니었다. 오히려 그가 두각을 나타냈던 것은 실업 및
종교 방면의 활동이었다.

하지만 그는 상해 망명 직후부터 밀정혐의에 시달렸고 이러한 밀정혐
의는 그가 1933년 8월 1일 한인 아나키스트 계열의 韓人除奸團에 의해
피살될 때까지 그를 집요하게 따라다녔다. 당시 한인제간단은 상해 현지
언론 등 각처에 배포한 斬奸狀에서 그를 '玉逆觀彬'이라고 지칭하면서
단순한 친일파나 밀정 수준을 넘어선 逆徒로 규정하였다.[3]

---

1) 이미륵/정규화 옮김, 「탈출기」, 『그래도 압록강은 흐른다(외)』, 범우사, 1989, 30쪽.
2) 『新韓民報』 1912년 7월 1일, 「吊金根瑩玉觀彬 兩志士」.
3) 韓人除奸團, 「玉逆觀彬罪狀」, 『申報』 1933년 8월 9일.

이러한 시각은 오늘날에도 그대로 이어지고 있다. 한국에서 옥관빈은 친일파, 변절자, 밀정 등으로 낙인이 찍혀 기피인물이 되었다. 한국독립운동사 연구에서 옥관빈이 언급되는 경우는 신민회의 언론운동 및 105인 사건 연구,[4] 상해 한인 아나키스트의 활동 연구에서 그의 친일활동과 처단 사실이 간단하게 소개되는 정도에 불과하다.[5] 옥관빈은 이처럼 오랫동안 연구자들의 관심 밖으로 밀려 나 있다가, 최근 들어 그의 杭州 高麗寺 중건활동이 밝혀진 바 있다.[6]

중국에서는 양상이 사뭇 다른 것 같다. 중국의 종교사 특히 불교사를 연구하는 학자들은 '玉慧觀'을 근대 한중 불교의 가교이자 메신저로 높이 평가하고 있다.[7] 또한 그는 佛慈藥廠을 설립하여 中藥을 근대화한 중국의 애국적인 실업가로서 평가되고 있다.[8] 일본에서도 옥관빈은 연구 대상이 되고 있다. 즉 중국 불교계에서 太虛 法師의 불교개혁운동에 대한 옥관빈의 재정적 후원을 언급한 연구[9]와 1920년대 초반 麗德洋行,

---

4) 윤경로, 『105人事件과 新民會 硏究』, 일지사, 1990.

5) 박환, 「南華韓人靑年聯盟의 결성과 활동」, 『水邨朴永錫教授華甲紀念 韓民族獨立運動史論』, 탐구당, 1992.
   김도형, 「대한민국임시정부의 친일파 처단과 의열투쟁」, 『大韓民國臨時政府 樹立 80周年 紀念論文集』(下), 國家報勳處, 1999.
   이호룡, 『아나키스트들의 민족해방운동』, 한국독립운동사의 역사 45, 독립기념관, 2008. 그밖의 재중 한인 아나키즘운동과 이회영 등 개별 독립운동가들의 활동을 다룬 연구나 대중서들도 동일한 내용을 보이고 있다.

6) 옥관빈을 비롯한 일제시기 상해 한인들의 항주 고려사 중건활동에 대해서는 조영록교수의 연구가 있다. 본고는 이 논문으로부터 시사받은 바가 컸음을 밝혀둔다.
   曹永祿, 「일제 강점기 杭州 高麗寺의 재발견과 重建籌備會」, 『한국근현대사연구』 제53집, 2010.

7) 黃心川, 「民國佛教刊物所見當代韓國佛教史料摭議」, 『世界宗教硏究』 第2期, 2007 ; 黃夏年, 「近代中韓兩國佛教友好交往的使者 : 玉慧觀」, 『玄奘佛學硏究』 第10期, 2008.

8) 중국 蘭州佛慈製藥 홈페이지(http://www.fczy.com/).

9) 大平浩史, 「中國近代の佛教改革運動と南洋華僑-太虛の中國佛教會退出'事件'が示すもの-」, 『立命館文學』, 立命館大學 人文學會, 2008.12.

倍達公司를 통한 옥관빈의 실업활동을 고찰한 논고가 있다.[10]

필자는 옥관빈에 대한 이러한 엇갈린 평가를 보면서 옥관빈의 생애를 제대로 평가하기 위해서는 먼저 옥관빈의 상해에서의 활동과 행적을 실증적으로 고찰할 필요를 느끼게 되었다. 변절이나 밀정 여부를 떠나서 그의 활동과 행적, 나아가 전반적인 생애사에 대한 객관적인 고찰이 우선되어야 할 것이다. 일제시기 상해 망명후 그가 보여준 역동적이고도 치열한 삶은 상해를 비롯한 해외 한인사회의 소중한 역사적 경험이자 자산이기 때문이다.

본고에서는 이러한 문제의식을 바탕으로 지금까지 잘 알려지지 않은 새로운 자료들을 활용하여 상해 망명 이후 옥관빈의 독립운동, 그리고 실업 및 종교활동을 복원하고자 한다. 다만 지면관계상 상해 망명 이후 옥관빈에 대한 밀정설의 허실과 그로 인한 피살, 사회적 파장 등에 대해서는 별도의 논문에서 본격적으로 다루고자 한다. 요컨대, 상해 망명 이후 옥관빈의 역동적이고도 파란만장한 생애와 활동을 복원하는 작업은 그에 대한 객관적인 평가를 내리고 상해 한인사회를 이해하는데 도움이 되리라 생각된다.

2. 상해 망명

먼저 상해로 망명하기 이전의 옥관빈의 생애와 국내에서의 활동을 간단하게 살펴보는 것이 순서일 것이다. 옥관빈은 1891년 1월 8일 평남

---

10) 武井義和, 「1920년대初頭の上海における朝鮮人'實業家'-玉成彬, 玉觀彬を事例として-」, 『愛知大學國際問題研究所紀要』第134號, 2009年 9月. 본고의 탈고 단계에서 일본 大妻大學 石川照子교수의 소개로 愛知大學의 武井義和선생이 위 논문을 보내주어 많은 참조가 되었다. 지면을 빌어 두 분께 깊은 감사를 드린다.

中和에서 玉潤의 장남으로 태어났다.[11] 본관은 宜寧이다.[12] 호는 新島로 자신이 존경했던 安昌浩의 호 島山을 따라 지은 것으로 보인다. 법명은 慧觀으로 1926년 불교에 귀의한 후 중국 불교개혁운동의 선도자였던 太虛 法師가 지어준 것이다. 1928년 중국에 귀화한 후에는 주로 법명을 사용하였기 때문에 중국인 사회에서는 주로 '玉慧觀'으로 알려졌다.[13]

옥관빈은 평양의 예수교 학교를 다녔다. 숭실학교와 대성학교에서 보통학을 배웠으며, 경성 보성전문학교에서 법률학을 공부하였다. 그는 이후 대한매일신보사에 들어가 일본어 및 한문의 번역 기자로 있었다.[14] 그는 청년학우회 설립시 崔南善과 함께 회칙 및 설립취지서를 작성했으며 그 중심인물로 활동했다. 이때 청년애국지사로서의 그의 연설은 스승인 안창호도 감탄할 정도로 뛰어났다. 그는 1911년 일제가 독립운동가를 탄압하기 위해 날조한 '조선총독 암살미수사건'인 '105인 사건'으로 윤치호와 함께 최종적으로 유죄판결을 받은 6명 가운데 한 사람으로 유명했다. 옥중에서는 정치, 경제, 사회, 문화 등 다방면에 걸쳐 많은 독서를 하였다. 옥관빈은 1915년 2월에 4년 여의 옥고를 치르고 석방되었다. 석방 과정에서 옥관빈을 비롯한 윤치호, 양기탁, 이승훈, 안태국, 임치정 등 105인사건으로 유죄판결을 받은 6인은 향후 일본에 협조하겠다는 자술서를 쓰도록 강요받았을 뿐만 아니라 출옥하는 날 "향후 정치운동에 가담하지 않을 것"을 천명하는 기자회견을 열었다고 한다.[15]

약관의 나이에 말 못할 고초를 겪은 옥관빈은 정치활동보다는 주로

---

11) 馮明政,「玉慧觀先生略歷」,『海潮音』, 第14卷 第9號, 1933.10(黃夏年 主編,『民國佛敎期刊文獻集成』第185卷, 北京: 全國圖書館文獻縮微複製中心, 2006, 8쪽).

12) 宜寧玉氏大同譜編纂委員會,『宜寧玉氏大同譜』卷之三, 回想社, 1999, 612쪽.

13) 본고에서는 특별한 경우를 제외하고는 옥관빈으로 통칭한다.

14) 국사편찬위원회,『韓民族獨立運動史資料集』2, 105人事件公判始末書 2, 1986, 271쪽 ; 박찬승,『한국근대정치사상사연구 - 민족주의 우파의 실력양성운동론』, 역사비평사, 1992, 102쪽.

15) 윤경로,『105人事件과 新民會 硏究』, 171-172쪽의 각주 146) 참조.

실업 방면에서 활동하게 되었다. 출옥후 한동안 시세를 관망하던 그는 진남포의 일본인 은행 三和銀行에 들어가 은행원으로 일했다.[16] 옥관빈 사후의 약력에 의하면, 삼화은행의 부지배인으로 있었다고 되어 있는데, 실제로는 은행원으로 근무했던 것으로 보인다. 은행의 부지배인으로 알려지게 된 데는 아마도 옥관빈이 상해에서 자신의 경력을 과시하기 위해 과장한 것이 아닌가 생각된다. 삼화은행은 1916년 11월 진남포에서 일본인 실업가 富田儀作 등이 설립한 자본금 30만원의 은행으로 일반적인 은행업무 외에 소산업자에게 산업자금을 융통하고 저축예금을 취급하였다.[17] 일본인 富田 집안의 개인은행인 삼화은행은 1921년 평양은행에 합병되었다.[18]

오래지 않아 삼화은행을 그만 둔 뒤에는 직접 關西材木商會를 설립하고 경영하였다고 하는데[19] 자세한 내용은 알 수 없다. 상해의 한인 아나키스트들은 이때 옥관빈이 삼화은행의 經理(즉 사장)에 임명되었다고 주장했는데,[20] 이 또한 과장된 것으로 보인다. 아무튼 출옥시 일본에의 협조, 정치운동에 가담하지 않는다는 기자회견에 참여한 사실이나 출옥후 일본인 은행에 근무하였던 경력은 상해 망명 후 밀정 시비가 생겨나는 하나의 원인이 되었다.

옥관빈은 1919년 3·1운동에는 직접 참여하지 않았다.[21] 그는 그해 9

---

16) 上海日本總領事館,「重ナル排日派鮮人ノ略歷(第二輯)」, 1920년 5月(『不逞團關係雜件』 朝鮮人ノ部 在上海地方 ③).

17) 『朝鮮銀行會社要錄(1921년판)』(국사편찬위원회 데이터베이스의 한국근현대회사 조합자료).

18) 홍성찬,「日帝下 平壤지역 일본인의 銀行설립과 경영 : 三和·平壤·大同銀行의 사례를 중심으로」,『연세경제연구』 제3권 제2호, 1996, 381-395쪽.

19) 馮明政,「玉慧觀先生略歷」,『海潮音』, 第14卷 第9號, 1933.10(黃夏年 主編,『民國佛敎期刊文獻集成』 第185卷, 8쪽).

20) 『申報』 1933년 8월 9일,「玉慧觀實爲韓人所殺」.

21) 김상태 편역,『윤치호 일기 : 한 지식인의 내면세계를 통해 본 식민지시기』, 역사

월 상해로 건너갔다.[22] 그의 상해행에는 1920년 상해에서 세상을 떠난 그의 모친도 함께 동행했던 것으로 보인다. 옥관빈이 상해로 가는 데는 먼저 상해에 도착하여 터를 잡고 활동하던 사촌형 옥성빈의 도움이 있었음에 틀림없다. 상해 망명 직후 옥관빈은 상해에서 활동하고 있던 다양한 독립운동단체에 관계하였다. 독립신문사 총무(1919년 11월), 대한교육회(1919년 12월말), 대한적십자회(1920년 2월), 시사책진회(1922년), 상해 대한교민단(1923년) 등 다양한 단체에서 간부로 활동했다. 그리고 교민대회나 시국연설회 등 연설회가 열리면 단골 연사로 초청되어 활약하였다. 이 시기 독립신문에 게재된 다음의 기사는 옥관빈의 상해 활동의 단면을 잘 보여준다.

> ▷ 오래간만에 演說會가 열니닛가 一般 態度가 異樣히 緊張한 中 우서운 일은 무슨 腕力 暴行이나 生할가 하야 어대서 밧삭만 헤도 놀나는 이가 잇다
>
> ▷ 보다가 못 본 玉觀彬先生이 演說 허두에 注意曰「三月運動에 二千年 怨讎에게 對하야까지 暴力을 行하지 안은 吾人이 이 자리에 무슨 腕力을 用할가 시퍼 눈들을 희둠그러케 하시오」 올슴니다 玉先生님 受苦해슴니다,
>
> ▷ 午前 一時가 되엿는데도 아직도 演說 더 듯고 시   분이 만흔 듯하야 엇던 이는 一步도 不動하고 閉會를 잘 헷느니 못 헷느니 最後의 大奮鬪의 모양이나 聽衆의 大部는 一時에 門밧그로「알령이 주므십시오」[23]

비평사, 2001, 96쪽. 윤치호는 1919년 4월 2일 수요일의 일기에서 다음과 같이 적고 있다. "오전 11시쯤 양주삼 씨가 잠깐 들렀다. 그를 보니 반가웠다. 그는 독립소요에 대해 나와 같은 생각을 하고 있었다. 그에게서 옥관빈 씨와 임치정 씨가 이번 시위대열에서 이탈했다는 얘기를 들었다."

22) 『獨立新聞』 1919년 9월 30일, 「人事消息」.

23) 『獨立新聞』 1919년 11월 4일, 「哭中笑」.

위의 상해 北京路 예배당에서 열린 시국연설회를 스케치한 기사에서 옥관빈의 연설활동을 잘 엿볼 수 있다. 하지만 그는 독립운동에는 열성 적으로 참여하지는 않았던 것 같다. 상해 망명 초기를 제외하고는 대체 적으로 사업을 경영하면서 독립운동에 관여하는 정도였다. 오히려 사업 이 주업이었다는 것이 맞을 것이다. 여기에는 두 가지 요인이 있었던 것 으로 보인다. 1915년 출옥후 그는 정치보다는 실업 방면에 관심이 많았 는데, 이러한 성향은 상해에 와서도 크게 달라지지 않았던 것으로 보인 다. 여기에는 그의 스승 안창호의 영향이 컸던 것으로 보인다. 옥관빈은 상해에 와서도 안창호와 밀접한 관계를 맺고 있었다. 이승만의 비선인 安玄卿에 의하면, "옥관빈, 신국권 두 사람은 평안도 사람으로 안씨 동 지들이라"라고 하는 바와 같이 안창호와의 밀접한 관계를 인정하였 다.[24] 일제도 마찬가지로 옥관빈을 안창호파로 분류하였다.[25] 다만 홍 사단 단원 명부에 옥관빈의 이름이 보이지 않는 것으로 보아 어떤 이 유에서인지는 몰라도 안창호의 홍사단에는 가입하지 않은 것으로 보인다.

옥관빈은 안창호의 경제자립사상으로부터 큰 영향을 받았던 것으로 보인다. 안창호는 평소 자신이 설립한 홍사단 단원들의 경제적 자립을 강조하면서 단원들에게 일정 수입이 보장되는 직업을 가져야 함을 역설 했다. 그는 임시정부의 활동과 그 외 모든 독립운동, 혁명활동을 수행하 는데 무엇보다도 재정 확보가 중요하다고 강조하였다. 안창호의 이러한 사상은 "우리의 주의와 정신이 아무리 좋다하더라도 물질, 금력이 없으 면 그 좋은 주의와 좋은 정신을 실현키 불능할 것이요, 그 주의와 정신 은 실지상 실현이 없으면 공상과 허론이 되고 말지니 좋은 주의와 정신 이라 하는 것이 무슨 의미있는 것이 되겠소"[26]라고 하는 그의 발언에서

---

24) 安玄卿 → 李承晩, 1919년 12월 3일(유영익·송병기·이명래·오영섭 편, 『李承晩 東文 書翰集』 下, 연세대출판부, 2009, 10쪽).

25) 國會圖書館編, 『韓國民族運動史料』(中國篇), 1976, 330쪽.

도 잘 알 수 있다. 따라서 임시정부 초기부터 독립운동에 뛰어들었던 홍
사단계열은 독립운동뿐만 아니라 일정한 직업을 가지고 경제활동을 하
였다. 옥관빈도 예외가 아니었다.

상해에 오자마자 받은 밀정 혐의도 좀더 일찍 옥관빈으로하여금 실업
방면에 뛰어들게 한 요인이 되었다. 앞에서 언급한대로 그는 상해에 오
자마자 밀정 시비에 휘말렸다. 조선총독부의 밀정으로 의심을 받았던 것
이다. 밀정 시비에 실망한 그는 자신이 생각한 길을 가기 위해 우선 남
경으로 공부하러 떠나게 되었다. 안창호의 일기에 의하면, 이때 옥관빈
의 심경은 다음과 같이 피력되고 있다.

> 玉觀彬君이 來訪曰 自己가 南京에 留學次로 明日 發程하노라 告別함으
> 로, 余曰 某某 靑年들과 會晤하야 一次 抒情하고 登程함이 似好라 한 즉,
> 玉君의 言은 冷靜한 社會에 會合할 意가 없노라 하다.[27]

밀정 혐의로 인해 옥관빈은 상해에 더 이상 미련을 두지 않은 것으로
보인다. 그는 떠나기 전에 평소 알고 지내던 청년들과 회합하라는 안창
호의 제의를 거절하였다. 자신을 밀정으로 몰고 있는 상해 한인들과는
더 이상 타협할 의사가 없다는 것을 분명히 하였다. 분명한 것은 그가
끊임없이 밀정 혐의에 시달렸지만 동시에 일제의 「중요한 배일파 선인
약력(1920.5)」[28]이나 「체포해야 할 불령선인 연명부(1925.1)」[29]에도 등

---

26) 「興士團第七回遠東大會經過(1920.12.29)」(李明花, 『島山安昌浩의 獨立運動과 統
  一路線』, 경인문화사, 2002, 323쪽에서 재인용함).

27) 도산안창호선생전집편찬위원회, 『島山安昌浩全集』 제4권 일기, 2000, 866쪽의
  1920년 2월 24일 일기.

28) 上海日本總領事館, 「重ナル排日派鮮人ノ略歷(第二輯)」, 1920년 5월(『不逞團關係雜
  件』 朝鮮人ノ部 在上海地方 ③).

29) 「逮捕スベキ不逞鮮人連名簿(1925.1.29)」(국사편찬위원회, 『일본외무성외교사료관
  소장 한국관계사료목록』, 2003, 315쪽).

재되고 있다는 사실이다. 아이러니한 사실이지만 독립운동진영으로부터 는 조선총독부가 파견한 '밀정', 상해 일본영사관측으로부터는 '배일파 선인' 혹은 '불령선인'으로 인식되고 있었다. 이러한 모순을 어떻게 이 해해야 할까? 여하튼 그를 둘러싼 밀정 시비는 십 수년이 흐른 1933년 8월 그가 한인제간단에 의해 암살되고 나서야 끝날 수 있었다.

남경으로 간 그는 金陵小學에 들어가 28세의 '老頭兒小學生'으로서 어린 아동들 틈에 끼어 공부했다고 한다.[30] 오래지 않아 금릉소학을 그 만 둔 그는 중국 남방 각지를 돌아다니면서 현지의 물정과 商情을 살폈 다. 늦어도 1920년 말에는 상해로 돌아온 그는 실업에 힘쓰는 한편 뒤에 서 보겠지만 중국 국적을 취득하고 불교 신앙을 수용하는 등 상해 주류 사회로 진입하기 위해 치열한 노력을 기울였다.

3. 실업 종사

1) 실업관

옥관빈은 경제 문제, 특히 무역이나 실업 방면에 관심이 많았다. 그것 은 1920년대 초 국내외 신문에 게재된 그의 경제 관련 논설을 보면 잘 알 수 있다. 그가 상해에 온 다음에도 국내외 신문에 정력적으로 논설을 게재한 것은 일찍이 그가 대한매일신보사에서 언론인으로 활동했던 것 과 무관하지 않은듯하다. 그는 경제 관련 논설을 전후 30회 가까이 독립 신문이나 국내 신문에 연재하였다. 이들 논설에서 이 시기 그의 상업이 나 실업에 대한 생각을 엿볼 수 있다. 다음은 그가 국내외 신문에 게재

---

30) 上海 玉觀彬, 「버드나무 그늘, 異域의 孤影」, 『동광』 제24호, 1931년 8월 4일.

한 경제 관련 논설들이다.

『獨立新聞』 1920년 5월 18일, 「現代의 經濟 生活」.
『獨立新聞』 1922년 5월 20일, 「上海에 韓國物産會社設立을 建議하노라」.
『東亞日報』 1921년 3월 22일, 「海外貿易을 勸하노라」.
『朝鮮日報』 1923년 2월 1일 - 5일, 「高麗人蔘輸出에 對하야(1-5)」.
『朝鮮日報』 1923년 3월 6일 - 7일, 「生活獨立運動에 對하야(上·下)」.
『朝鮮日報』 1923년 3월 16일 - 18일, 「手工業振興策에 就하야(1-3)」.
『朝鮮日報』 1923년 4월 18일 - 22일, 「海外留學에 對하야(1-5)」.
『朝鮮日報』 1923년 10월 24일 - 30일, 「新經濟學術에 對한 研究(1-7)」.

우선 독립신문에 경제 관련 논설을 게재하였던 것으로 보인다. 기사들은 필자가 기재되어 있지 않지만 그가 독립신문사의 총무로 활동하면서 많은 글을 기고하였으며, 또 뒤에 그가 쓴 경제 관련 기사들과 비교해 볼 때 다음의 독립신문 기사는 옥관빈이 썼던 것으로 보인다. 그는 상해에 한국물산회사의 설립을 주장하였다.

在外同胞生計問題에 對하야 其緊切한 事情과 其密接한 形便을 本報에 旣히 論述하였거니와 수에 吾人은 一步를 更進하야 理論을 刪除하고 實際 實行할 案件의 一을 爲先具體的으로 我同志諸君에게 建議하노니 韓國物産會社의 設立을 主張함이 是라.

上海난 東洋貿易의 大市場이오 世界物産의 集散地라 各國各物이 無不輻輳하고 各族各商이 相互競爭하나니 韓國商人도 黃金의 海波가 蕩양한 此好江山에서 相當히 活動하였으면 國貨의 輸出을 可得이오 利權의 掌握을 可期어늘 從來로 上海에 韓人의 來往이 稀少하고 商家의 注目이 等間하야 太平洋 大西洋 건너 遠方親舊들이 다와서 商權을 擴張하였으나 最近 距離에 處한 吾族의 對此冷淡하였음은 甚히 遺憾이니 今日에 至하야 비로소 本題를 論함이 實로 嗚呼晩矣의 歎이 不無하도다. …… 近來 上海에는 幾個의 公司洋行이 開設되어 內地의 外貨輸入을 目的하난 者 漸盛하난 現象이나 차난 決코 商業의 得策이 아니오 朝鮮輸入關稅의 高率은 輸入業者

에게 莫大한 打擊을 與하는지라 區區한 小利를 取한다한들 무슨 別수가 有하리오 차라리 智力을 合하고 資金을 集하야 國産輸出의 方針으로 會社를 設함이 個人의 營利生計上으로 보던지 國家의 産業政策上으로 생각하든지 此가 最善의 計劃이라 하노라.31)

즉 '東洋貿易의 大市場이오 世界物産의 集散地'인 상해에 한인의 물산회사를 설립하되, 각개적으로 소규모 영세 업체를 세울 것이 아니라 자본과 지력의 합동을 통한 경쟁력을 갖춘 물산회사의 설립을 강조했다.

그는 국내 신문인 동아일보와 조선일보에도 논설을 실었다. 먼저 동아일보에는 해외무역을 역설하는 다음과 같은 논설을 게재하였다.

..... 現今 朝鮮의 經濟가 恐慌하고 財政이 枯渴하야 朝鮮中에서 商業하기로 極難하거날 況且 海外貿易이리오. 하야 商界에 對한 記者의 沒常識을 嘲笑하는 者가 不無할 것이라. 그러나 余는 "內地의 經濟가 恐慌한 故로 海外貿易을 試하라" 勸하노니 世界의 市場은 廣大하고 黃金의 海波는 蕩漾하다. 半島의 一隅가 大하지 못한줄을 하면 奮然히 立하야 視線을 世界貿易舞臺에 一注할 것이다. 배흐고자 하는 者여 돈 벌기를 배호며 일하고자 하는 者여 장사의 일을 하라 돈벌고자 하는 者와 장사의 일을 하고자 하는 者여 海外貿易에 着手하라 우리의 經濟發展이 이로써 促進될 것이라.32)

그리고 조선일보에는 지속적으로 논설을 연재하였다. 특히 1923년 무렵에는 무역뿐만 아니라 국내 물산장려운동에 발맞추어 이와 관련된 글들을 많이 기고하였다.

---

31) 『獨立新聞』 1922년 5월 20일, 「上海에 韓國物産會社設立을 建議하노라」.
32) 『東亞日報』 1921년 3월 22일, 「海外貿易을 勸하노라」. 동아일보는 옥관빈의 이 논설을 게재하면서 "이 論文의 寄稿者 玉觀彬氏는 上海에 잇서 實業界에 從事하는 바 現今 '上海麗德洋行' 總經理의 任에 在한다. 그 所論이 適切함으로 이에 紹介하노라"하였다.

옥관빈은 '고려인삼' 무역에 대해 남다른 관심을 보였다. 그는 1923년 국내 조선일보에 「高麗人蔘輸出에 對하야」라는 인삼과 관련된 글을 5회에 걸쳐 연재하였다.[33] 그는 우리 선조가 후대를 위하여 고려인삼이라는 靈藥을 발견하고 물려주었다고 하였다. 물산이 빈약한 한국의 형편으로는 무엇보다도 가장 적절한 해외무역품은 고려인삼밖에 없다고 하였다.[34]

또 중국의 많은 지역에는 약방이나 약국마다 문전에 '고려인삼'이라는 네 글자를 '黃金大字'로 써서 걸어 놓는 경우가 많다고 하였다. 이로써 볼 때 중국인이 고려인삼을 얼마나 귀하게 여기는지를 알 수 있다고 하였다. 즉 고려인삼은 인도의 면화, 호주의 양모, 중국의 홍차와 같은 세계적으로 유명한 특산이 되었다고 하였다. 때문에 그는 다른 나라 상인과 무역을 상담할 때마다 고려인삼에 대해 얘기를 듣는다고 하였다.[35]

그는 중국인들이 알고 있는 인삼은 고려홍삼이라고 하면서 중국내 일본상품 불매운동으로 중국 각지의 三井物産 창고에 홍삼 재고가 산적하고 있는데, 이를 한인들이 판매하면 일본상품 불매운동의 영향을 받지 않아 그 실적이 다대할 것으로 예측하였다. 실제 그는 고려홍삼 독점판매를 하고 있는 상해의 三井洋行에 가서 특약점이나 대리점 신청을 했는데, 거부당했던 것으로 보인다. 때문에 그는 삼정양행이 오직 현지 중국인들과 거래하고 있는 현실을 비판하였다.[36]

계속하여 그는 현행 법률이 허용하는 범위내에서 취급 가능한 것은 백삼 및 人蔘精 판매라고 하였다. 홍삼은 관영이지만 백삼은 민영으로 수출 무역상 하등 장애가 없으므로 백삼 수출의 전도는 밝다고 하였다.

---

33) 『朝鮮日報』 1923년 2월 1일 - 5일, 「高麗人蔘輸出에 對하야(一 - 五)」.

34) 『朝鮮日報』 1923년 2월 1일, 「高麗人蔘輸出에 對하야(一)」.

35) 『朝鮮日報』 1923년 2월 2일, 「高麗人蔘輸出에 對하야(二)」.

36) 『朝鮮日報』 1923년 2월 3일, 「高麗人蔘輸出에 對하야(三)」.

다만 백삼은 보관이 까다롭고 중국인들에게 광고가 아직 많이 되지 않았
다는 사실을 애로사항으로 들고 있다. 먼저 백삼은 기후가 습한 중국 남
방이나 남양에서는 보존이 매우 곤란한데 자신의 실험에 의하면, 석회분
위에 종이를 깔고 그위에 백삼을 보관하면 방부의 효과가 있다고 소개하
였다. 그리고 중국인들이 잘 모르는 백삼을 조직적인 광고를 통해 알리
면 고려백삼도 미국의 백삼인 화기삼처럼 잘 팔릴 수 있다고 하였다. 자
신도 어떤 중국인에게 백삼 약 2근을 판매하였는데, 그 사람이 고려 백
삼의 효과를 보고 다른 사람들에게 광고하여 그후에 수 십근의 백삼을
판매한 경험을 소개하였다. 그리고 중국 남방에서 인삼 행상하는 한인들
이 매월 일정량의 백삼을 판매하는 실적을 올리는 것만 보아도 광고만
잘 하면 판로가 밝다고 주장하였다.[37)

다만 "간혹 斯業에 有志한 자가 유하나 근소한 자본과 천박한 경력으
로 영업의 정로를 失하고 행상의 소규모로 詐欺를 是事하고 권리를 남
취하야 신용을 타락하고 명예를 훼손하는 자 比比有之하니 차는 과거
선조와 미래 후생에게 죄인이 될지라"[38)라고 하여 부정적인 방법으로
중국인을 속이는 인삼 행상에 대해서는 경계하였다.

다음으로 물산장려운동에 대한 논설을 보자. 그는 조선일보에 「生活
獨立運動에 對하야」라는 논설을 게재하였다.[39) 그는 물산장려운동을
'생활독립운동'으로 표현하면서 "그러나 우리 民族의 今日 物産獎勵運
動은 다만 外國貨를 排斥하려는 主義에서 出함이 아니오. 오직 物産을
獎勵하야 生活의 獨立을 謀하자 함이니 ..... 衣服으로부터 日用物品에
至하기까지 純全히 우리 物産을 消費使用하며 製造獎勵하자는 것이니
其 本意 某一二個國에 物資輸入을 感情的으로 排斥하려는 것이 아니

37) 『朝鮮日報』 1923년 2월 4일, 「高麗人蔘輸出에 對하야(四)」.
38) 『朝鮮日報』 1923년 2월 5일, 「高麗人蔘輸出에 對하야(五)」.
39) 『朝鮮日報』 1923년 3월 6일 - 7일, 「生活獨立運動에 對하야(上·下)」.

오. 父子兄弟가 飢寒에 號泣하는 悽慘地頭에 陷한 吾族이 一面節儉하
고 一面努力하야 自作自給하야 生活의 安定을 得하려는 可隣한 希望에
서 出한 最後의 決心으로 最善의 方針을 定한 것이 是라"라고 하였다.

계속하여 「手工業振興策에 就하야」라는 논설에서 물산장려운동이
수공업, 혹은 소규모 기계공업을 진흥하는 방향에서 이루어져야 된다고
보고, 그것들로서 모자, 양말, 자켓, 메리야쓰, 레스, 헤어레스, 고무신 제
조공업 등을 들었다.40) 그는 수공업을 발전시키기 위해서는 해외의 저
렴한 원료를 수입하여야 한다는 무역측면을 강조하였다. 그의 이러한 주
장은 "베틀을 다시놓고 물레를 다시 돌리라"고 주장했던 당시 물산장려
운동의 대표적인 이론가의 한 사람이었던 설태희의 물산장려론41)을 연
상케 한다.

그밖에 그는 국내 학생들의 중국 유학 문의에 응해 「海外留學에 對하
야」라는 논설을 게재하였다.42) 그는 해외, 특히 중국을 중심으로 유학생
현황, 조건, 어학, 특징 등에 대해 설명하였다. 해외유학을 설명하면서도
그는 상업 무역을 강조하였다. 그는 "中國에 對하야 將來商業을 經營하
려는 者는 반다시 中國留學이 필요"하다고 하고 나아가 "우리 民族이
從今 以後로는 中原大地에서 商權을 잡도록 勉力하여야 할터인즉 中國
의 留學生이 多數히 生하여야될지라"라고 하였다.43)

마지막으로 그는 「新經濟學術에 對한 硏究」라는 논설을 게재하였
다.44) 현대의 경제적 위기와 사회의 불안 상태를 해결하기 위해서는 신
경제학설인 사회주의를 연구하여야 한다고 하였다. 민중운동의 지도자
는 사회주의 경제학설을 이해한 다음 민중을 인도하여야 하는데, 그렇게

---

40) 『朝鮮日報』 1923년 3월 16일 - 18일, 「手工業振興策에 就하야(1-3)」.
41) 박찬승, 『한국근대정치사상사연구 - 민족주의 우파의 실력양성운동론』, 286-287쪽.
42) 『朝鮮日報』 1923년 4월 18일 - 22일, 「海外留學에 對하야(1-5)」.
43) 『朝鮮日報』 1923년 4월 21일, 「海外留學에 對하야(4)」.
44) 『朝鮮日報』 1923년 10월 24일 - 30일, 「新經濟學術에 對한 硏究(1-7)」.

하여야 맹인이 맹인을 인도하는 위험을 면할 수 있다고 주장하였다.

요컨대, 옥관빈은 상업과 실업의 진작을 강조하였다. 가난한 한인은 무역을 통해 부를 이룰 수 있다는 무역부국론을 폈던 것이다. 이러한 그의 실업관은 상해에서 각종 무역회사의 설립으로 나타났다.

2) 실업활동

1920년 말 옥관빈은 본격적인 실업의 길에 들어섰다. 뒤에서 보겠지만, 실업에 대한 그의 재능과 수완은 남달랐다. "商利에 밝고 계산이 분명한 평안도 상인기질"45)을 타고 났던 것으로 보인다. 옥관빈이 가장 먼저 설립한 회사는 1920년 말경 독일인과 합작하여 설립한 麗德洋行이다. '高麗'의 '麗'와 '德國'의 '德'을 따서 회사이름을 지었던 것이다. 자본 규모가 어느 정도인지 알려주는 자료가 없지만, 여덕양행은 약품, 염료, 唐材 등을 수입하고 조선물산을 수출 판매하며 국내 실업가의 중국 거래에 편의를 제공하는 일종의 무역상회였다.46) 옥관빈은 독일 상인의 '買辦'이었던 것으로 보인다. 중국근대사에서 상해, 홍콩 등지에서 유행했던 매판상인은 현지실정에 어두운 유럽이나 미국 상인들을 도와 그들의 중개인, 대리인으로 활동하였다. 자본금이 많지 않았을 옥관빈으로서는 매우 현명한 사업방식임에 틀림없었다. 옥관빈과 그의 사촌형 옥성빈은 여덕양행의 經理(한국의 사장에 해당)였는데, 독일인 經理도 있었다. 독일인 사장은 자본과 제품을 조달하고 옥관빈 형제는 이들 제품의 한반도 판매선을 개척하고 한국 물산을 수입하여 중국 현지 혹은 유럽에 수출하였던 것으로 보인다. 1927년 설립한 三德洋行 또한 미국, 중국인들과 합작한 회사로 그는 '매판'으로 활동했다. 아무튼 옥관빈이 1920년

---

45) 장규식, 『일제하 한국 기독교민족주의 연구』, 혜안, 2001, 268쪽.
46) 『朝鮮日報』1921년 1월 10일, 「上海麗德洋行新出」.

말경 여덕양행을 설립하자 상해 독립운동진영에서는 그 상업자금 출처를 의심하고 그를 요주의인물로 지목하여 경계하였다.[47] 이는 '매판'이라고 하는 사업 형태를 잘 이해하지 못한데서 비롯된 것으로 보인다.

1921년에 여덕양행을 사직한[48] 그는 다음해인 1922년 福煦路(현재의 延安中路) 愛仁里에서 合名會社인 倍達公司를 설립하였다.[49] 옥관빈을 비롯한 몇몇 한인들이 세운 배달공사는 무역상으로서 중국을 비롯한 외국과 한국의 무역을 중계하는 업무를 하였다. 배달공사는 주로 독일약품, 중국 주단, 염료, 잡화 등을 수입하여 판매하였다.[50] 국내 경성에 총대리점인 玉田洋行이 있고 조선 경리는 鐵東洋行, 독일 베를린에 지점이 있었다. 베를린 지점장은 진남포 출신 林勳이 맡았다.[51] 배달공사는 여러 부서가 있었다. 藥料部, 代理需應部, 器械部, 綢緞部, 美術品部, 染料部 등이 있었다.[52] 배달공사는 독일화폐인 마르크의 환율이 금화 140원에 대하여 19,000마르크 정도로 떨어졌기 때문에 무역의 전도는 유망하다고 하여 독일화폐 구입을 알선하기도 하였다.[53]

상해 일본총영사관에서는 상해 한인 실업가들의 사업행위를 부정적으로 보고 있었다. 즉 옥성빈의 여덕공사가 통신판매 과정에서 대금만 받고 물건을 보내주지 않아 물의를 빚은 시례를 들고 있는데, 옥관빈의 배달공사도 '奸商'으로 규정하였던 것이다.[54] 물론 배달공사도 통신판매 과정에서 이러한 일들이 없었다고 배제할 수 없겠지만 여기에는 전통

---

47) 金正明編, 『朝鮮獨立運動』 2, 東京: 原書房, 1967, 146쪽.
48) 『倍達商報』 1922년 3월 1일, 「玉觀彬聲明」.
49) 『倍達商報』 1922년 3월 1일, 「倍達公司設立에 對하야」.
50) 『朝鮮日報』 1923년 1월 23일, 「蔘精輸出을 計劃」.
51) 『東亞日報』 1921년 12월 2일, 「倍達公司伯林支店」.
52) 『倍達商報』 1922년 3월 1일.
53) 『朝鮮日報』 1921년 12월 22일, 「上海倍達公司擴張」.
54) 武井義和, 「1920년代初頭の上海における朝鮮人'實業家'-玉成彬, 玉觀彬を事例として-」, 188쪽.

적인 奸商觀도 작용했을 것이다.

옥관빈은 인삼 판매에도 힘썼다. 특히 고려인삼정을 중국으로 수입하여 판매하기로 하였다. 국내에서 인삼정을 구입하는 것은 배달공사의 국내 총대리점인 옥전양행이 맡아 하기로 하였다. 동시에 인삼정에 대한 광고를 대대적으로 펴기로 하였다.[55] 옥관빈은 국내에서 인삼 판매 시찰단이 오면 만나서 인삼 무역과 관련하여 의견을 나누었다. 1923년 4월 開城蔘業組合 대표 孫鳳祥, 孔聖學 일행이 상해로 인삼 판로 시찰을 왔다.[56] 그때 옥관빈은 이들을 영접하여 면담하고 인삼 판로에 대한 의견을 교환하였다. 그 결과 개성삼업조합 대표들은 중국지역 판로의 무한함을 인식하였다. 그들은 귀국한 후 다시 孫洪駿을 보내 상해에 지점을 두어 화남지역과 남양에도 고려인삼을 수출하기로 결정한 바 있었다.[57] 1928년 개성삼업조합 대표 손봉상과 孔聖求 등이 대만과 홍콩의 인삼 판로 시찰을 마치고 상해를 거쳐 귀국할 때 옥관빈을 만나 면담하였다.[58]

그후 옥관빈은 계속해서 三德洋行, 佛慈大藥廠有限公司를 설립하고 사업을 확장하여 상해 유수의 한인 사업가가 되었다. 三德洋行(A. C. K. Co.)은 1927년 한국, 중국, 미국 등 세 나라가 합작한 회사였다.[59] 원래 三德洋行은 미국인 무역상으로 자료상으로 볼 때 옥관빈이 1923년 경 이미 삼덕양행과 거래를 했던 것으로 보인다.[60]

佛慈藥廠은 1930년 설립된 한중 합작회사였다. 그러므로 이 시기 옥관빈은 삼덕양행과 불자약창이라는 두 개의 회사를 운영하였던 것으로

55) 『朝鮮日報』 1923년 1월 23일, 「蔘精輸出을 計劃」.

56) 孔聖學, 『中游日記』, 1923, 25쪽.

57) 『朝鮮日報』 1923년 6월 9일, 「人蔘販路視察 開城蔘業組合代表」 ; 『朝鮮日報』 1923년 6월 11일, 「和領博覽會에 朝鮮人蔘出品」.

58) 孔聖求 外, 『香臺紀覽』, 1928, 67쪽.

59) 馬長林 編, 『老上海行名辭典(1880-1941)』, 上海古籍出版社, 2005, 1쪽.

60) 玉觀彬, 「1923年中韓貿易情形書」, 『廣州民國日報』 1924년 9월 26일(『羊城晩報』 2010년 5월 18일, 「一份87年前的中韓貿易淸單」에서 재인용함).

보인다. 삼덕양행과 마찬가지로 불자약창은 각종 中藥을 제조하여 중국 및 남양 각지에 판매하였다. 분·지점 및 특약점이 72곳이나 되는 광대한 판로를 가졌다고 한다. 제품은 한약재를 정제하여 液, 丸, 散藥 등의 형태였는데, 그 종류는 수십 종에 달하였다고 한다. 공장은 閘北에 두고 4-50명의 공인과 5-6인의 기사를 두고 시험해가면서 제약을 하는데, 기계의 장치와 설비가 다 상당하였다고 한다. 세계일주 중 상해에 들렀던 이순탁은 불자약창을 견학하고 나서 일본의 三共製藥, 星製藥會社를 연상했다고 한다.61) 그러나 1932년 1·28사변(제1차 상해사변)의 와중에 포탄을 맞아 불자약창 공장이 파손되는 등 상당한 피해를 입기도 하였다.62) 불자약창과 관련해서는 옥관빈의 불교활동과 관련이 깊은 것이므로 뒤에서 더 구체적으로 살펴보기로 한다.

한편 옥관빈은 對華貿易韓國商人駐滬代表處라는 일종의 무역알선소를 설립하였다. 한국과 상해를 왕래하는 무역업자의 편의를 도모한다는 목적이었다. 옥관빈에 의하면, 이 알선소는 상해 한인 상인들의 공립기구이며 주로 해산물, 인삼, 종이, 약재, 골동품, 수공예품, 사과 등의 한국 물산을 상해에 소개 선전하고 그 판로 확장을 도모하여 또 견직물, 마포, 포목, 약재, 기타 잡화 등 한국에 맞는 물건의 수출에 종사하며 그 조직에 대해서는 한국내 상인들의 상당한 원조가 있다고 하였다. 또한 한중 무역 및 상해 한인 무역상 현황을 조사하기도 하였다. 1923년의 한중 무역 현황에 대해 조사하였는데, 이것이 중국 신문에 실린 바 있었다.63) 1924년경에는 상해 한인들이 운영하던 商社의 현황을 조사하기도 하였다.64)

---

61) 이순탁, 『최근 세계 일주기 - 일제하 한 경제학자의 제국주의 현장 답사』, 학민사, 1997, 42쪽.

62) 『東亞日報』 1932년 3월 9일, 「今回上海의 大動亂에 在留同胞財産損失」.

63) 玉觀彬, 「1923年中韓貿易情形書」, 『廣州民國日報』 1924년 9월 26일.

64) 國會圖書館編, 『韓國民族運動史料』(中國篇), 507쪽.

상인이었던 옥관빈이 상인 단체에 가입하였음은 두 말할 나위없다. 상해에도 한인 경제인들의 권익을 옹호하는 단체가 있었다. 1929년에 창립된 上海高麗商業會議所가 그것으로 요즘의 상공회의소와 같은 성격의 단체였다. 고려상업회의소는 1929년 4월 20일 프랑스조계 霞飛路 林盛公司에서 창립회의를 열고 다음 달인 5월 20일 선언 및 규약을 발표하면서 결성되었다. 상업회의소가 내건 목적은 "在上海 조선인 상업 동지는 단결하여 상호동포애의 순결한 德義를 競習增進하고 경제의 학술을 상호 전수하여 殖産技能을 서로 교환하고 新來의 동포에 대해서는 친절한 지도를 하여 그 영업의 안전을 도모하여 공존공영을 기하고 장래 세계적 商戰 무대에 일대 웅비한다"였다. 회원으로는 옥관빈을 비롯하여, 김시문, 孫昌浩, 全龍德, 임승업, 조상섭, 郭憲, 朴昌世, 김붕준 등이 있었다. 임원은 집행위원장에 조상섭, 집행위원에 옥관빈, 전용덕, 회계위원에 전용덕 등이었다.[65]

상업회의소의 활동은 1931년 9·18사변(만주사변) 때 두드러졌다. 9·18사변의 영향으로 상해에서는 대일무역이 거의 두절되고, 일본상선을 이용하는 중국인의 화물은 전무하게 되었다.[66] 중국인들의 일본제품 불매운동이 치열해짐에 따라 한국 상품의 중국 수출도 급감했다. 고려인삼이나 사과도 그러하였다. 중국인들은 인삼이 한국 물산인줄 알았는데, 일본 재벌 三井가 홍삼을 전매하는 사실을 알고 고려인삼도 일본상품으로 간주하여 배척하였다. 한국 상인들이 일본상품 불매운동으로 타격을 받게 되자 상업회의소는 임시정부 교민단과 협의하여 대책을 강구하였다. 교민단과 상업회의소는 중국 抗日救國會에 청원하여 현지 중국인들의 일본상품 불매운동에서 한인들의 상품을 일본상품으로 간주하지 말

---

65) 國會圖書館編,『韓國民族運動史料』(中國篇), 766쪽 ; 孫科志,『上海韓人社會史(1910-1945)』, 한울, 2001, 79쪽.
66) 小島晋治·丸山松幸 著 / 朴元熇 譯,『中國近現代史』, 지식산업사, 1998, 125-126쪽.

아달라고 호소하였다.[67] 이러한 상업회의소의 호소는 일정한 효과를 거둔 것으로 보인다. 한인들이 직접 중국인들에게 이들 물산을 판매하면 어느 정도까지는 일본상품 배척의 영향을 받지 않게 되었다.[68] 즉 중국 항일구국회는 상해의 한인이 수입하는 사과나 인삼 등 물품 상자에는 동회의 검사표를 붙여 중국인들의 불매운동에서 제외가 되도록 하였다.[69]

4. 불교 귀의

1) 태허와의 만남

원래 옥관빈은 기독교 신자였다. 그는 미션스쿨인 평양의 숭실학교 재학 시절 기독교를 수용했던 것으로 보인다. 그런데 1919년 9월 중국에 와서는 기독교 외에도 이슬람교, 그리고 공산주의와 아나키즘을 두루 섭렵하였다. 기독교, 이슬람교, 공산주의, 아나키즘 등 종교와 사상에 대해 연구가 꽤 깊었던 것은 그의 스승 太虛(1889-1947) 法師가 언급한 바 있었다.[70] 옥관빈은 불교를 신앙하기까지 자신의 사상적 편력에 대해 다음과 같이 술회하고 있다.

    …. 혜관은 몸을 이역에 맡겨 마음으로 末法을 근심하고 인생을 諦觀하니 苦海는 모두 貪瞋毒業에서 생기는 것이었습니다. …. 資山과 財海를 다

67) 在上海日本總領事館警察部, 『特高警察ニ關スル事項』, 1934년.

68) 申彦俊, 「조선 대 중국 : 무역의 과거, 현재」, 『東亞日報』 1935년 3월 6일(민두기 엮음, 『신언준 현대 중국 관계 논설선』, 문학과 지성사, 2000, 615-617쪽).

69) 『上海韓聞』 제2호, 1932년 1월 11일, 「우리 商界의 打擊」(국사편찬위원회, 『대한민국임시정부자료집』 33, 한국독립당 I, 2009, 82쪽).

70) 太虛, 『太虛大師全書』 雜藏 : 文叢(一), 善導寺佛經流通處印行, 1956, 303쪽.

　　밝어모아 侈慾이 홍수와 같아 ..... 짐승을 몰아 食人하면서 모두들 予智라
　　하니 인류의 수치가 어찌 이보다 더하겠는가? 이에 망국의 슬픔을 느껴 오
　　래전에 出家할 悲願을 세워 몸을 던져 族類를 구하려 하였으나 단지 힘이
　　없어 한스러울 뿐이었습니다.

　　　　간절히 느낀바 있어 기미년 9월에 표연히 渡華하여 기리스트와 마호매
　　트의 博愛 義勇의 도리를 공부하고, 혹은 마르크스와 크로포트킨의 無君
　　共産의 학설을 들었습니다. 그러나 幻想이 眞覺이 아니라는 사실과 함께
　　인생의 무상함을 깨닫고 드디어 삼보에 귀의하게 된 지 8년이 되었습니다.
　　작년 가을에 우연히 뱃놀이 하다가 서호에서 고려사의 폐허를 순례하게
　　되었습니다.[71]

　　그가 적극적으로 불교를 신앙하게 되는 직접적인 계기는 태허의 설법
이었다. 그는 1926년 11월 14일 상해 尙賢堂에서 「佛法應如何普及今
世」라는 태허의 설법[72]을 듣고 감명을 받아 불교에 귀의하였다.[73] 그는
태허로부터 수계와 '慧觀'이라는 법명도 받았다. 그럼으로써 그는 태허
의 충실한 지지자이자 후원자가 되었다. 불교에 귀의한 직후인 1926년
11월 24일 옥관빈은 상해 功德林이라는 素菜館에서 상해에 거주하는
한인 불교신자의 대표자로서 태허를 환영하는 연회를 개최하였다. 태허
를 환영하는 자리였지만 한중 불교 친선과 고려사 중건을 위한 협조 요
청 등 여러 가지 목적이 있었다. 이 자리에는 재상해 한인 불교신자 외
에 尙賢堂의 미국인 종교학자 李佳白, 불교계의 저명한 거사들인 王一
亭, 謝鑄陳, 張兪人, 佛化靑年會 간사 張宗載, 海潮音社 편집 唐大定,
그리고 상해 현지 신문기자 등 20여 인이 참석하였다.[74] 상해 종교계의

---

71) 「西湖高麗寺重建發願文」, 1928년 1월 1일(조영록, 「일제강점기 杭州 高麗寺의 재
　　발견과 重建籌備會」, 66-67쪽에서 재인용함).
72) 太虛, 『太虛大師全書』 制藏 : 學行, 善導寺佛經流通處印行, 1956, 235-237쪽.
73) 釋印順 編著, 『太虛法師年譜』, 北京: 宗敎文化出版社, 1995, 124쪽. 태허의 설법에
　　감명받은 옥관빈이 태허에게 제자가 되어 수계를 받기를 간청하는 편지를 보냈다.
　　이때의 편지 2통이 『海潮音』, 第7年 第12期, 1926.12, 9-10쪽에 실려 있다.

거물들과 신문 기자들을 한 자리에 초청한 것은 옥관빈의 비범한 사업수
완을 알 수 있게 하는 대목이 아닐 수 없다.

이 무렵 그는 杭州 高麗寺를 참배한 뒤 고려사 중건을 위한 준비에
착수하고 있었다. 그는 솔선하여 고려사 중건을 위한 기금으로 3천 원의
거금을 은행에 예치하였다. 모금 및 주비회와 관련하여 국내의 佛敎社
사장 權相老와 연락하면서 모금운동에 열을 올렸다.[75] 1926년 11월 태
허 법사 환영 연회를 기획한 것도 고려사 중건운동의 일환이었다. 그는
재상해 한국불교도 대표 자격으로 태허 법사의 환영연에서 한중불교교
류에 있어 고려사의 역사적 의의와 미래의 기념도량으로서의 중요성을
강조하고 그 중건에 대한 관심과 협조를 구하였다. 이어 그는 태허와 항
주 靈隱寺 주지를 통하여 항주의 고위 관리들을 움직여 高麗寺址를 회
수하는 일에 착수하는 한편 본국을 상대로 모금운동을 전개하였다. 옥관
빈의 주비회 운영에는 당시 승려신분으로 상해 同濟大學에 유학하면서
독립운동에 종사하던 邊東華의 참여가 있었다. 그는 국내 불교단체의
학비지원으로 상해에 유학한 후 화동한인유학생회, 상해한인청년동맹,
임시의정원 의원 등을 역임하였으며, 1925년 5·30 반제운동에 적극적으
로 참여한 바 있었다.[76]

변동화의 고려사중건주비회에의 참여는 본국 불교계 사정에 어두운
옥관빈의 활동에 많은 도움이 되었을 것이다. 고려사 중건주비회 활동은
시작된지 1년여가 지난 1928년 초 돌연 중단되고 말았다. 여기에는 태
허의 '法苑' 설립에 적지 않은 옥관빈의 사재가 들어가 고려사 중건에

---

74) 『海潮音』 第7年 第12期, 1926.12, 18쪽(黃夏年 主編, 『民國佛敎期刊文獻集成』 第
166卷, 510쪽).

75) 옥관빈의 항주 고려사 중건주비회의 활동에 대해서는 조영록 교수의 연구를 많이
참조하였다. 조영록, 「일제강점기 杭州 高麗寺의 재발견과 重建籌備會」, 54-69쪽.

76) 金玄, 「풍운의 시대를 산 知性 禪山 邊衆船」, 『圓光』 제102호, 원불교 원광사,
1980, 106-107쪽.

더 이상 투입할 여력이 없었던 이유가 있을 것이다. 또한 그동안 상해와 국내 연락을 맡았던 변동화가 일제에 체포되어 국내로 압송되었던 상황도 요인으로 작용하였을 것이다. 이로써 항주 고려사 중건 활동은 중단되고 말았다. 하지만 고려사 중건주비 활동은 옥관빈이 불교사업을 통해 한국에 대한 애정을 보여준 것으로 평가되고 있다.[77]

2) 불교 사회활동

태허를 만난지 얼마 지나지 않은 1926년 말 옥관빈은 상해에서 태허의 불교 개혁운동에 대한 경제적인 후원자가 되었다.[78] 1927년 2월 13일 태허는 상해 靜安寺路 152호에서 佛法僧園인 '法苑'을 조직하여 新僧運動을 시작하였다.[79] 여기에는 옥관빈의 사재 2만 여 원이 투입되었다.[80] '法苑'을 설립한 태허는 승려를 양성하고 다양한 불교사업의 개량을 시도했다. 예를 들어, 일본식 가사를 모방하여 평상복으로 한다든지 결혼식 등 각종 경사에도 불교식 法要를 도입한다든지 등 법요의식의 폭을 확대하려고 시도했다. 옥관빈은 1927년 3월 6일 法苑에서 邊東華와 함께 '故白巖先生追薦制'를 추진하기도 하였다.[81]

그러나 태허의 불교개혁 시도는 불교계 구파의 반대에 부딪치고 그해 국민군이 상해에 입성하면서 경제적 재원 마련 등의 문제, 그리고 태허가 廈門의 南普陀寺 주지로 가면서 실패로 돌아갔다.[82] 비록 단기간의

---

77) 大平浩史,「中國近代の佛敎改革運動と南洋華僑-太虛の中國佛敎會退出'事件'が示すもの-」, 249쪽.

78) 釋印順 編著, 『太虛法師年譜』, 126쪽.

79) 『佛敎』 제33호, 1927.3, 52쪽,「佛敎彙報」.

80) 『佛敎』 제33호, 1927.3, 51쪽,「佛敎彙報」.

81) 『佛敎』 제33호, 1927.3, 53쪽,「佛敎彙報」.

82) 阮仁澤·高振農, 『上海宗敎史』, 上海人民出版社, 1992, 282쪽.

시도로 끝났지만 그러한 시도가 가능했던 것은 옥관빈의 출자에 의한 경제적 기반이 있었기 때문이다.

옥관빈은 태허가 주재하는 불교잡지 『海潮音』[83]을 재정적으로 지원하였으며 한때 『海潮音』의 사장을 역임하였다. 『海潮音』은 태허의 불교개혁운동을 알리는 잡지였다. 태허가 1927년 봄부터 厦門의 南普陀寺 주지 및 閩南佛學院 원장으로서 초빙되어 상해를 떠나는 바람에 『海潮音』은 정간될 처지에 있었다. 마침 옥관빈이 이를 인수해 1926년 12월부터 약 1년간 옥관빈의 삼덕양행에 잡지사를 이전하고 발간하게 되었다.

옥관빈은 다른 상해의 한인들과 마찬가지로 중국 국적을 취득하였다. '국적 회복'을 결심한 것은 한국 국적으로는 본격적인 사업이나 활동을 하는데 있어 불편하였기 때문일 것이다. 1928년 그는 중국 국민정부로부터 국적 회복을 인정받았다. 그는 그 과정에서 새로이 중국 국적을 얻는다는 '入籍'이 아니고 원래의 중국 국적을 되찾는다는 의미의 '復籍'이라는 방법을 취하였다. 즉 자신은 조부 때 중국 雲南에서 평양으로 이거한 화교라는 것이다. 원래 조상이 중국인이었다고 하는 것이 중국에서의 생활이나 사업에 보다 더 편리하였을 것임에 틀림없다. 이는 만주에 이주한 한인들이 생존을 위해 중국 국적을 취득하는 과정에서 자신들의 본관이 중국이라고 한 것과 비슷한 것으로 이를 나쁘다고만 할 수는 없을 것이다.

중국 국적을 획득한 옥관빈은 雲南同鄕會 및 華僑聯合會 회원이 되

---

83) 김영진, 『중국 근대사상과 불교』, 그린비, 2007, 268쪽. 태허에 의하면, '海潮音'의 의미는 "사람의 바다(人海)에서 일어나는 생각의 들고남(思潮) 속에 울리는 깨달음의 음성(覺音)"이다. 1920년 2월 『覺社叢書』를 『海潮音』으로 개칭하면서 계간에서 월간으로 바꾸어 간행된 이 잡지는 근대 중국에서 가장 오랫동안 출간된 불교 간행물이다. 지금도 대만에서 출간되고 있다. 근대 한국의 불교 지식인들도 서가에 한두 권씩 꽂아 둔 잡지였다. 그런만큼 『海潮音』은 權相老가 사장으로 있던 『佛敎』에 광고문이 실리기도 했다(玉慧觀, 「麗華佛敎徒合辦事業의 一인 海潮音雜誌를 紹介합니다」, 『佛敎』 제36호, 1927.6.).

었다. 운남동향회에 가입한 것은 국적 회복때 그가 내세운 원적이 운남이었기 때문이다.[84] 중국의 동향회는 타향에서 동향인들이 서로 도움을 주고 받는 조직으로 상해와 같은 도시에서 사업을 하기 위해서는 동향회의 원조와 지지는 그 무엇보다도 중요했다.[85] 또 화교연합회는 중국에서 활동하는 화교들의 조직으로 회원 상호간 상부상조하는 조직이었다. 옥관빈으로서는 사업을 확장하고 성공하기 위해서는 이들 조직의 도움절실하였다.

옥관빈은 한국에도 처자가 있었지만 상해에 온후 馮佩蘭이라는 항주출신 여성과 결혼하였다. 또 중국 국민당에도 입당하여 상해특별시 제2구 21分部 상무위원, 상해특별시 제2구 시민연합회 집행위원을 역임하였다. 아울러 提唱國貨委員會 상무위원, 閘北保衛團 董事, 國醫公會 회원 등의 다양한 직함도 가졌다. 그는 불교계 거사이자 상해 정재계 명사들인 王一亭, 關炯之, 黃懺華 등과 밀접하게 교류하였다.[86] 그럼으로써 그는 상해 현지 주류사회에 완전히 진입하게 되었다.

이러한 사회적 배경 하에서 그는 1930년 불자약창을 설립하고 사장에 취임하였다. 불자약창을 설립하려는 옥관빈의 구상은 1926년 말로 거슬러 올라간다. 1926년 11월 태허로부터 수계를 받고 그의 제자가 된 옥관빈은 태허의 불교개혁운동을 적극적으로 지지하고 후원하였다. 이를 계기로 그는 '佛敎製藥公司' 설립을 구상하였다.[87] 물론 태허가 그의 구상을 적극적으로 지지하였음은 말할 나위 없다. 옥관빈은 자신의 자본

---

84) 宜寧玉氏大同譜編纂委員會, 『宜寧玉氏大同譜』 卷之三, 612쪽. 그러나 족보에는 옥관빈의 원적이 운남이라는 언급을 찾아 볼 수 없다. 아마도 그가 중국 국적을 '회복'하기 위하여 운남을 원적으로 내세운 것이 아닌가 추측된다.

85) 이병인, 『근대 상해의 민간단체와 국가』, 창비, 2006, 79-83쪽.

86) 馮明政, 「玉慧觀先生略歷」, 『海潮音』 第14卷 第9號, 1933.10.

87) 『佛敎』 제31호, 1927.1, 87쪽의 「佛敎彙報」에 옥관빈이 구상하였던 「佛敎製藥公司簡章」이 보인다.

을 기본으로 하고 중국 불교인들과 합작하여 약창을 설립하기로 하였다.
자본금은 우선 10만원으로 하였으며 약창과 아울러 자비의원을 부설하
여 가난한 사람에 대한 진료를 실시하는 것으로 계획하였다. 나아가 불
교 포교를 위한 포교당까지 건설하기로 계획하였다. 이와 같이 옥관빈이
추진하였던 '불교제약공사'는 事業과 佛事의 양자를 결합하는 이상적인
것이었다. 이에 대해서는 중국측 합작 대상인 中國佛化新靑年會 회장
張宗載와 이미 합의를 마쳤다.[88] 그러나 장종재가 태허와 노선이 맞지
않아 양자가 헤어지면서 당초의 합작회사 설립계획도 무산되었던 것으
로 보인다.[89]

옥관빈의 불교제약공사 설립 구상이 실현된 것은 그로부터 3년이 지
난 1930년이었다. 이 해 그는 陳玉璋, 李醒華, 楊文詠, 馮明政, 白純熊,
王中林 등과 함께 佛慈大藥廠有限公司를 설립하였다.[90] 당초의 '불교
제약공사'라는 이름을 佛慈大藥廠으로 바꾼 것이다. 불자라는 이름은
"我佛慈悲, 藥物普救衆生"에서 취했다. 설립 목적은 과학적인 방법으로
國藥을 개량하는 것이었다.[91] 불자약창에서 생산된 중약은 중국 전역은
물론이고 일본, 동남아 각지로 수출되었다. 또 불자약창은 상해 중심가
인 西藏路 39호에 진료소를 설치하여 자선사업에도 힘을 쏟았다.

옥관빈이 태허의 후원자를 자처하면서 태허가 벌인 여러 가지 불교사
회사업에 재정적인 지원을 아끼지 않은데 대해 태허도 옥관빈이 중국불
교회 조직의 중심으로 진입하는데 도움을 주었다. 그 절정이 1931년 4
월 상해 覺園에서 열린 제3회 중국불교회 전국대표대회였다.

중국불교회는 1929년 4월 상해에서 창립되었는데, 이때까지 중국 불

---

88) 「玉觀彬先生의 書信(其二)」, 『佛敎』 제31호, 1927.1, 79-80쪽.

89) 조영록, 「일제강점기 杭州 高麗寺의 재발견과 重建籌備會」, 59쪽.

90) 馮明政, 「玉慧觀先生略歷」, 『海潮音』 第14卷 第9號, 1933.10.

91) 慧觀, 「佛慈藥廠改良國藥計劃書」, 『海潮音』 第12卷 第4號, 1931.4.

교는 교단을 대표하는 통일적인 조직이 없었다. 그 무렵 중국 남방에서 사찰 재산으로 학교를 설립하는 '廟産興學' 운동이 거세게 일어나 불교계를 심각하게 위협하였다. 사찰의 재산을 이용해서 학교를 설립하겠다는 취지야 그럴듯하지만 정작 해당 사찰의 의사는 무시됐다.[92] 이러한 위기에 즈음하여 불교 지도자들은 회의를 열고 국민정부에 대해 전국적인 불교조직의 설립을 요청하였다. 그리하여 1929년 4월 12일 상해 각 원에서 제1회 전국불교도대표대회가 열리고 정식으로 중국불교회가 성립되었다. 초대 회장에는 다수세력인 불교계 구파를 대표하는 圓瑛이 당선되었다. 개혁세력인 신파의 태허는 36인 집행위원의 1인으로 선출되었다.[93]

1931년 4월 중국불교회 제3회 전국대표대회가 열렸다. 중국 전역, 남양 등지로부터 대표가 참석하였다. 대표 수는 제2회 대표대회의 약 4배에 달했다. 회의에서는 태허가 중국불교회 회장으로 당선되었으며 태허, 원영을 비롯한 36인이 집행위원으로 선출되었다. 36인 집행위원 가운데는 옥관빈도 포함되어 있었다. 옥관빈은 南洋 싱가포르 대표 자격이었다. 불교회 집행위원은 교무의 관리 책임과 사찰 재산을 처분할 수 있는 권한을 가진 중요한 자리였다. 옥관빈이 남양 대표를 맡았다는 사실은 불교개혁의 포부를 펼칠 수 있을 뿐만 아니라 불자약창이 남양 일대에 진출하여 중약을 판매할 수 있는 다시없는 유리한 발판을 마련해주는 것이었다. 남양은 孫文 이래 중국 혁명가들의 자금줄이었는데, 중국 불교계에서도 佛財 모집을 위한 중요한 지역으로 인식되고 있었다. 이로써 옥관빈은 사업가로서나 종교인으로서나 한 단계 더 도약할 수 있는 발판을 마련하게 된 것이다.

그러나 그 과정은 순조롭지 못했다. 대회의 선거 과정에서 신구파의

---

92) 김영진, 『중국 근대사상과 불교』, 264쪽.
93) 阮仁澤·高振農, 『上海宗教史』, 173쪽.

갈등이 매우 극렬하게 표출되었다. 태허를 반대하는 구파에서 이의를 제기하면서 신구파의 논쟁은 공개적으로 진행되었다. 구파 대표의 한 사람으로서 집행위원 선출에서 탈락한 黃健六은 『佛敎評論』(1931년 7월)에 제3회 불교회 선거 과정상의 두 가지 문제점를 제기하면서 선거 결과가 불법이라고 비판하였다. 하나는 대표의 자격에 대한 것이고 다른 하나는 집행위원의 국적에 관한 문제였다.[94]

먼저 대표자의 자격 문제는 참석한 대표들 가운데 자격이 검증되지 않은 이들이 많다고 하는 것이다. 黃健六에 의하면, 이들 가운데 성명이나 본적이 불확실한 이가 있었다는 것이다. 대회 출석자는 증명서와 출석자격의 심사를 거쳐야 하는데, 이런 법적인 절차가 소홀했다고 하면서 이러한 불법적인 선거는 무효라고 주장하였다.

다음 위원의 국적에 관한 문제였다. 이는 옥관빈과 직접적인 관련이 있는 문제였다. 黃健六에 의하면, 대회에서 연설을 한 옥관빈의 서툰 중국어가 그의 국적을 의심하게 만들었다. 옥관빈의 국적을 문제삼은 黃健六은 옥관빈의 국적을 당안에서 확인하여야 한다고 주장하였다. 불교회 집행위원이 교무의 관리 책임과 사찰 재산을 처분할 수 있는 중요한 자리이기 때문에 그 자리에 외국인을 선임하는 것은 국가법령에 저촉된다는 것이다. 黃健六은 옥관빈이 태허의 제자이기 때문에 그 문제는 태허가 책임을 져야 한다고 주장하였다.

이에 대해 태허는 옥관빈이 운남성 昆明籍임을 공표하고 대표자의 자격에 대해서도 남양의 轉道 화상이 옥관빈을 남양 대표로 추천한 공문서가 있다고 반박하였다.[95] 또 옥관빈도 1928년 국민정부 내정부로부터 발급받은 국적회복허가증을 『中國佛敎會報』에 게재하여 자신의 국적

---

94) 大平浩史, 「中國近代の佛敎改革運動と南洋華僑-太虛の中國佛敎會退出'事件'が示すもの-」, 247쪽.

95) 太虛, 「答黃健六居士書」, 『中國佛敎會報』, 1931년 13-19期 合刊, 1쪽.

회복 사실을 증명하였다.[96] 그러나 구파의 조직적인 저항에 부딪힌 태허는 중국불교회 사무를 정상적으로 수행하기 어려웠고 결과적으로 회장직을 자진 사퇴하지 않을 수 없었다. 이때 옥관빈도 태허와 함께 불교회 집행위원직을 사임했을 것으로 보인다.

3) 불교 관련 저작

1926년 중국 불교계의 개혁승려 태허로부터 수계를 받고 독실한 거사가 된 옥관빈은 적지 않은 불교 관련 글들을 썼다. 먼저 그는 불교 관련 연구서를 저술하였다. 1932년에 간행된『釋尊之歷史與敎法』이다.[97] 중문으로 써여진 약 10만자, 220여 쪽 분량의 이 책은 주로 석존의 사적과 교의를 다루었다. 제1장에는 석존의 약전, 제2장에는 교법, 제3장에는 과거 교법의 발전, 제4장에는 교법과 세계학술에 관해 많은 자료를 수집하여 정리하였다. 석존과 불법을 이해하는데 도움을 주는 책으로 불교계의 환영을 받았다고 한다.[98] 또『佛法之科學的說明』이라는 책도 썼다고 하나[99] 현재 확인할 길이 없다.

불교잡지에도 적지 않은 글을 실었다. 현재 볼 수 있는 그의 글은 다음의 목록과 같다. 5편의 글을 제외하고는 모두 태허와 그 자신이 관여하였던『海潮音』이라는 잡지에 수록된 것이다.

1. 「在滬朝鮮佛敎徒歡迎辭」,『世界佛敎居士林林刊』, 第16期.
2. 「西湖高麗寺重建發願文」,『海潮音』, 第7卷 第12期, 1926.12.

---

96)「玉慧觀居士上太虛法師書」,『中國佛敎會報』, 1931년 13-19期 合刊, 2-3쪽.
97) 玉慧觀,『釋尊之歷史與敎法』, 上海: 佛敎書局, 1932.
98) 于凌波,「'釋尊之歷史與敎法'作者玉慧觀」,『中國近現代佛敎人物誌』, 北京: 宗敎文化出版社, 1995, 580쪽.
99)『海潮音』第16卷 第1號, 1935.1, 183쪽

3. 「各處上太虛法師函」, 『海潮音』, 第7卷 第12期, 1926.12.

4. 「大夢與大覺」, 『海潮音』, 第8年 第4, 5期, 1927.4-5.

5. 「高麗版大藏經之沿革」, 『海潮音』, 第8年 第6期, 1927.6.

6. 「批比較宗教學對於佛教之一段」, 『海潮音』, 第8年 第9期, 1927.9.

7. 「韓日佛化彙報」, 『海潮音』, 第8年 第9期, 1927.9.

8. 「中國佛教振興策」, 『海潮音』, 第8年 第11, 12期, 1927.11-12.

9. 「佛敎藥廠改良國藥計劃書」, 『海潮音』, 第12卷 第4號, 1931.4.

10. 「讀書雜評 : 評杜亞泉編人生哲學, 社會主義的一個新學派, 宗敎哲
    學, 中國佛敎史」, 『海潮音』, 第12卷 第6號, 1931.6.

11. 「評超脫時空制限的天眼通」, 『海潮音』, 第12卷 第10號, 1931.10.

12. 「三韓禪學佳話」, 『海潮音』, 第12卷 第10號, 1931.10.

13. 「論胡適的佛法與科學」, 『海潮音』, 第12卷 第11號, 1931.11.

14. 「讀書雜評: 龍樹的敎學短評, 心理學別流三家短評」, 『海潮音』, 第12
    卷 第12號, 1931.12.

15. 「羅登義的蔬食論略評」, 『海潮音』, 第13卷 第2號, 1932.2.

16. 「洛東名山雪寶寺記游」, 『海潮音』, 第14卷 第2期, 1933.2.

17. 「中國新佛敎靑年會宣言」, 『海潮音』, 第14卷 第10期, 1933.10.

18. 「創立中國佛敎靑年會提唱社會文化事業案」, 『中國佛敎會月刊』, 1931
    年 13-19期 合刊.

19. 「關於中國佛敎會本年度維持費案」, 『中國佛敎會月刊』, 1931年 13-19
    期 合刊.

20. 「公募中國佛敎會會所建築費及永久維持基金案」, 『中國佛敎會月刊』,
    1931年 13-19期 合刊.

21. 「玉慧觀居士上太虛法師書」, 『中國佛敎會月刊』, 1931年 13-19期 合刊.

위에서 보는 바와 같이, 옥관빈이 쓴 글들은 편지, 평론, 선언문, 기행
문, 독후감 등 매우 다양하다. 한국 불교를 소개하는 글들도 눈에 띈다.
물론 이론적인 깊이를 차치하고 그가 사업으로 바쁜 와중에 이처럼 많은
편수의 글을 게재한 것은 그리 쉽지 않은 일이었다. 적어도 그의 근면성,
꾸준한 독서습관, 돈독한 신앙심을 반영하는 것이다. 지면관계상 그의
불교 관련 글들을 일일이 다 분석할 수 없을 뿐만 아니라 이는 필자의

능력을 벗어나는 작업이기도 하다. 다만 위의 논설 가운데 「中國佛敎振
興策」라는 글을 보자. 1927년 말 그는 중국의 불교진흥책에 대해 큰 관
심을 가지고 자신의 의견을 과감하게 제시하였다. 당시 중국 불교가 위
기상황에 처해 있다고 전제하고 그 원인은 바깥에 있는 것이 아니고 불
교계 내부에 있다고 하였다. 그 해결책으로는 다음의 3가지 대책을 제시
하였다.

> 1. 조직 통일 도모 : 오늘날의 불교는 흩어져 있는 모래알과 마찬가지
>   이며 비록 하나의 불교 계통에 속함에도 불구하고 정신적으로는 사
>   리사욕 밖에 없으며 이기적이며 독선적이다. 그러므로 통일된 조직
>   을 위해 노력하여야 한다. 조직 통일에는 몇 가지 부차적인 조건이
>   있다.
>   1) 出家 제한 : 현재 승려가 너무 많음
>   2) 授戒 제한 : 장사 속으로 수계를 이용하는 경우가 많음
>   3) 應赴 제한 : 應赴는 망자의 가족을 대신해 시체를 지키는 것으
>   로 佛法을 해치는 것임
>   4) 교육 興辦 : 오늘날의 승려는 학술지식이 부족하므로 교육을 일
>   으켜야 함
> 2. 사회문화운동 참여
>   1) 각종 학교 설립 : 승려와 속인을 수용하여 진정한 불교인을 양
>   성함
>   2) 불교도서관 설립 : 佛化를 보존하는 센터로 활용함
>   3) 자선 의원, 고아 및 빈자 교양소 등 설립
>   4) 월보 창간
> 3. 생활 자립
>   1) 興農 : 불교 노농 제도
>   2) 作工 : 공장에서의 노동 훈련100)

---

100) 慧觀, 「中國佛敎振興策」, 『海潮音』, 第8年 第11, 12期, 1927.11-12월, 3쪽 ; 陳金
    龍, 「從僧伽制度整理看民國時期政敎關係」, 『世界宗敎硏究』, 2006年 第2期, 41쪽.

위와 같이 옥관빈은 중국 불교의 폐단을 비판하고 그에 대한 해결책을 제시하였다. 앞에서 본 바와 같이, 당시 중국 불교계는 통일된 교단 조직이 없었는데, 옥관빈이 이를 언급한지 1년 여가 지난 1929년 전국적인 불교단체인 중국불교회가 조직되었다. 둘째 불교계의 사회문화운동은 옥관빈의 法苑이나 불자약창, 진료소 설립 등으로 나타났다. 세 번째 생활 자립 문제는 그가 1920년대 초 물산장려운동과 관련하여 강조해오던 것이었다.

그밖에 그는 중국불교청년회의 창립을 주장하였다.[101] 1931년 4월 중국불교회 집행위원으로 선출된 그는 불교회의 구체적인 사업의 하나로서 중국불교청년회 창립을 제안하였다. 그는 세계 각 종교단체에는 모두 청년회가 있어 교리를 선양하고 각종 사회문화사업을 전개하고 있음을 예로 들면서 중국불교회는 반드시 이러한 시대조류에 순응하여 중국불교청년회를 조직하여 불법을 선양하고 사회문화사업을 전개해야 한다고 강조하였다.[102]

5. 맺음말

옥관빈은 한말 신민회와 청년학우회, 대한매일신보에서 활발한 활동을 했던 청년애국지사였다. 105인 사건으로 실형을 받은 6명 가운데 한 사람이었던 그는 1915년 출옥후 실업활동에 종사하다 1919년 3·1운동

---

101) 玉慧觀, 「創立中國佛敎靑年會提唱社會文化事業案」, 『中國佛敎會報』, 1931年 13-19期 合刊, 2-3쪽.

102) 그후 옥관빈은 중국불교청년회의 조직을 추진하였던 것으로 보인다. 그의 사후 그가 추진하였던 중국불교청년회 선언서가 그의 遺稿로 『海潮音』에 실렸다. 「中國新佛敎靑年會宣言」, 『海潮音』, 第14卷 第10期, 1933.10月, 100-102쪽.

이후 상해로 망명하였다. 물론 그는 상해에서 독립운동에 참여했지만 그다지 적극적인 편은 아니었다. 오히려 그가 두각을 나타냈던 것은 실업 및 종교 방면의 활동이었다.

평안도 상인 기질을 타고난 사업가였던 그는 한동안 중국 각지를 돌아다니며 중국의 물정을 관찰하였다. 사업 성공의 관건인 현지 주류사회에 진입하기 위해 그는 우선 중국 국적을 회복하였고 중국인 여성과 결혼하였다. 아울러 동향회 및 화교위원회에 가입하고 중국 국민당에도 입당하여 상해시 당직을 역임하였다. 불교로 개종하면서부터는 상해의 정재계, 불교계 저명 인사들과 교류하면서 자신의 입지를 다졌다. 그렇다고 해서 그가 완전한 중국인으로 변신한 것은 아닌 것으로 보인다. 그가 전개한 항주 고려사 중건운동이나 자신의 스승인 안창호나 인성학교에도 경제적인 후원과 같은 독립운동에 대한 지원은 조국에 대한 그의 애정에서 나온 것으로 보아도 좋을 것이다.

그는 본격적인 상업활동을 시작하면서 독립신문이나 국내 신문에 경제 관련 논설을 수십 회에 걸쳐 게재하면서 무역을 중시하는 자신의 주장을 펼쳤다. 실제 그는 무역회사를 설립하여 무역에 종사하였다. 그가 설립한 회사는 여덕양행, 배달공사, 삼덕양행, 불자약창 등이었다. 특히 불자약창의 성공으로 1930년대 초반 그는 성공한 실업가의 반열에 올랐다. 불자약창은 그의 이상인 사업과 불교 신앙을 하나로 결합한 것이었다.

원래 기독교 신자였던 그는 상해 망명후 다양한 사상편력 끝에 불교로 개종하였다. 그 결정적인 계기는 1926년 11월 중국 불교개혁운동의 선도자였던 태허와의 만남이었다. 그는 사업으로 번 돈을 태허의 불교개혁운동에 지원하였다. 그 대신 태허는 옥관빈이 중국불교회의 집행위원으로 선출되는데 도움을 주었다. 이러한 측면은 그가 상해에서 사업하는데 든든한 배경이 되었을 것임에 틀림없다. 여기에 더하여 탁월한 사업가적 마인드와 수완을 겸비함으로써 그는 상해 주류사회로 진입하였다. 그럼으로써 그는 당시 상해 한인으로서는 드물게 보는 성공한 실업가가 될 수 있었다.

제3장 독립운동진영의 실업가에 대한 시선
-옥관빈 밀정설에 대한 비판적 검토-

1. 머리말

일제강점기 국권회복을 위한 한국독립운동은 국내외를 막론하고 줄기차게 전개되었다. 그에 맞서 일제 당국은 한국독립운동진영에 대한 정보를 수집하고 분열시키기 위해 '密偵'[1]을 침투시켰다. 대한민국 임시정부가 수립되었던 중국 상해, 독립군이 활동했던 만주 및 노령 연해주에 걸쳐 일제의 밀정들이 활동하였다. 그런데 뜻밖에도 독립운동진영은 밀정 그 자체보다는 밀정 문제가 야기한 전혀 다른 폐해에 시달려야 했다. 다시 말해 자기 주위에 일제의 밀정이 있을지도 모른다는 의심과 공포감에 사로잡힌 나머지 독립운동을 함께 하는 동지를 밀정으로 의심하고 불신하는 분위기가 나타났다. 반대파나 정적을 제거하기 위해 일제

---

1) 당시 상해 독립운동진영에서는 '密偵'이라는 용어보다는 '偵探'이라는 용어를 더 많이 사용하였던 같다. 다만 본고에서는 편의상 특별한 경우를 제외하고는 오늘날 일반적으로 사용되고 있는 '밀정'이라는 용어를 사용한다. 정운현, 『친일파는 살아있다』, (주)책으로 보는 세상, 2011, 144쪽에 의하면, '密偵'이란 '隱密探偵'의 약자로 비밀스런 명령에 의해 활동하는 정찰자를 말한다고 한다. 다시말해 어떤 국가나 단체의 비밀을 몰래 알아내 이를 상대편에 제공하는 사람을 가리키는 밀정은 친일파처럼 한국 역사에서 일제강점기에 국한돼 사용돼 온 것이 특징이다. 정운현에 의하면, 밀정은 항일투쟁 진영이나 그 소속원들의 동태와 주요 정보를 일제 정보기관에 팔아넘긴 자들로 민족반역자 가운데서도 가장 악랄한 부류에 속하는 것으로 규정하고 있다. 때문에 오늘날 한국 사회에서는 밀정이라는 말은 매우 부정적인 뉘앙스의 개념으로 사용되고 있다.

밀정으로 매도하기도 했다. 일제가 고용하여 파견한 '진짜' 밀정들이 많
았겠지만 그 반면에 독립운동진영 내부의 '政爭'과 '地方熱'로 말미암아
'만들어진' 밀정이 존재하였던 것도 사실이다. 자신과 다른 노선을 걷고
있거나 주장을 달리하는 정적을 공격할 때 '밀정 만들기'는 자주 활용된
유용한 수단이었던 것이다. 한국역사에서도 만주의 民生團 사건, 북경의
朴容萬 밀정설과 1950년대 말 曺奉岩을 간첩으로 무고한 사건이나, 근
대 프랑스에서는 유태인을 독일 첩자로 만든 드레퓌스 사건이 있었다.
제2차 세계대전 기간 프랑스의 항독운동세력간에도 반대측을 적국 첩자
로 몰아붙이는 일들이 있었다고 한다. 미국의 경우 1950년 진보 인사를
소련의 첩자로 날조하는 메카시 선풍이 휩쓴 바가 있었다. 정치적 필요
에 따라 밀정이나 첩자를 '만드는' 이러한 일들은 시대와 장소를 불문한
보편적인 현상인지도 모른다.

　상해지역 독립운동진영에서도 일제 밀정과 관련하여 논란이 적지 않
았다. 밀정설과 관련하여 논란이 많았던 인물의 대표적인 경우가 玉觀
彬(玉慧觀, 1891-1933)이 아닌가 생각된다. 주지하다시피 구한말 신민회
에서 적극적으로 활동했던 청년애국지사였던 옥관빈은 105인 사건으로
옥고를 치렀다. 석방된 후 실업활동에 종사하다 1919년 3·1운동 이후
상해로 망명하였다. 하지만 그는 상해 망명 직후부터 밀정혐의에 시달렸
다. 1933년 8월 1일 한인 아나키스트 계열인 韓人除奸團에 의해 피살될
때까지 밀정 혐의는 14년 동안 그를 집요하게 따라다녔다. 피살 후 오늘
날까지 옥관빈은 별다른 의심없이 밀정이나 韓奸, 친일파 등으로 규정되
어 왔다. 그런데 문제는 옥관빈이 밀정으로 규정되어 처단되는 과정에서
가해자의 일방적인 주장만 있었고 피해자의 항변은 무시되거나 망각되
고 말았다는 사실이다.[2]

---

2) 지면관계상 옥관빈에 대한 연구사는 필자의 다음 논문을 참고하기 바란다. 金光
　　載, 「玉觀彬의 상해 망명과 활동」, 『한국근현대사연구』 제59집, 2011. 필자의 이

필자는 최근 발표한 논문에서 상해시기 옥관빈이 보여준 상업 및 불교 방면에서의 활동을 실증적으로 밝힌 바 있다.[3] 이 연구에서 필자는 상해 망명후 옥관빈이 실업이나 종교계에서 보여준 적극적인 활동은 해외 한인사회의 역동성과 다양성을 보여주었던 좋은 사례의 하나로 지적하였다. 다만 옥관빈을 둘러싼 밀정설을 고찰하는 작업은 추후 별도의 연구로 미룬 바가 있었다. 따라서 본고는 그러한 묵은 과제를 수행하기 위해 상해 망명 이후 옥관빈에 대한 밀정설이 제기되고 확대되는 상황과 그로 인한 피살, 양측의 공방에 대해서 본격적으로 고찰하고자 한다. 어쩌면 옥관빈이 실제로 밀정이었는지 아니었는지는 부차적인 문제일 것이다. 보다 중요한 것은 그가 밀정으로 의심되고 규정되어졌던 당시의 시대적 상황을 규명하는 작업일 것이다. 상해 망명 이후 옥관빈에 대한 밀정설과 그의 피살을 둘러싼 논란을 고찰하는 작업은 그의 역동적이고도 파란많았던 생애에 대한 객관적인 평가를 내리는데 일차적인 목적이 있다. 나아가 밀정이라는 문제를 통해 당시 상해 독립운동진영에 존재했던 상호불신, 정쟁 및 지방열의 한 단면을 살펴보는 데도 도움이 되리라 생각된다.

논문 이후 최근 옥관빈과 관련된 다음의 새로운 논고가 발표되었다. 윤경로, 「105인 사건 피의자들의 사건 이후 행적에 관한 소고 - 친일로 경도된 9인을 대상으로-」, 『한국기독교와 역사』 제36호, 한국기독교역사학회, 2012. 일제강점기 105인 사건 연구의 권위자인 윤경로는 105인사건 피의자들 가운데 출옥 이후 이른바 '친일로 경도'되었다고 하는 金東元, 羅一鳳, 玉成彬, 李根宅, 李春燮, 張膺震, 車均禼, 玉觀彬, 尹致旿 등 9인의 행적을 추적하였다. 특히 9인 가운데 옥관빈에 대해 가장 많은 지면을 할애하여 그가 '친일로 경도'되는 과정과 '친일 행적'을 다루었다. 최종적으로 옥관빈이 결국 '민족과 역사의 길'이 아닌 '순응과 훼절의 길'을 갔다고 하는 도덕사관에 의한 평가를 내리고 있다.

3) 金光載, 「玉觀彬의 상해 망명과 활동」.

2. 옥관빈 밀정설에 대한 논란

1) 밀정설의 뿌리

옥관빈에 대한 밀정 혐의는 그 뿌리가 깊었다. 그것은 옥관빈의 국내 시절로 거슬러 올라가야 할 것이다. 1891년 평남 中和에서 태어난 옥관 빈은 평양의 예수교 학교, 숭실학교와 대성학교를 거쳐 경성 보성전문학 교 등 엘리트 코스를 밟았다. 그는 대한매일신보사에 들어가 항일 언론 활동에서 두각을 나타내기 시작했다.[4] 특히 선전운동에서 그의 연설 솜 씨는 대성학교 은사인 안창호가 감탄할 정도로 발군이었다. 무엇보다 그 를 유명하게 만든 것은 '105인 사건'이었다. 그는 1911년 일제가 독립운 동가를 탄압하기 위해 날조한 '조선총독 암살미수사건'으로 윤치호와 함 께 최종적으로 유죄판결을 받은 6명 가운데 한 사람이 되면서 '少年志 士'의 칭호를 얻게 되었다. 문제는 1915년 2월에 4년 여의 옥고를 치르 고 특별사면의 형식으로 석방되면서 배태되었다. 석방 과정에서 옥관빈 을 비롯한 윤치호, 양기탁, 이승훈, 안태국, 임치정 등 6인은 석방후 일 본에 협조하겠다는 자술서를 쓰도록 강요받았다. 뿐만 아니라 출옥하는 날 "향후 정치운동에 가담하지 않을 것"을 천명하는 기자회견을 열었다 고 한다.[5] 이것이 일제의 연출에 의한 것이었음은 두 말할 나위가 없다.

출옥후 옥관빈은 정치 활동보다는 실업 방면에 종사하였다. 한동안 시세를 관망하던 그는 진남포의 일본 민간은행 三和銀行에 들어가 은행 원으로 일했다.[6] 오래지 않아 삼화은행을 그만 둔 뒤에는 직접 關西材

---

4) 국사편찬위원회, 『韓民族獨立運動史資料集』 2, 105人事件公判始末書 2, 1986, 271쪽 ; 박찬승, 『한국근대정치사상사연구 - 민족주의 우파의 실력양성운동론』, 역사비평사, 1992, 102쪽.
5) 尹慶老, 『105人事件과 新民會 研究』, 171-172쪽의 각주 146) 참조.

木商會를 설립하고 경영하였다고 하는데[7] 자세한 내용은 알 수 없다. 출옥시 일본에 협조하며 정치운동에 가담하지 않는다는 기자회견에 참여한 사실이나 출옥 후 일본 민간은행에 근무하였던 경력은 상해 망명 후 밀정 시비가 생겨나는 하나의 원인이 되었다.[8]

1919년 11월 옥관빈은 상해에 도착하였다. 옥관빈을 기다리고 있었던 것은 일제 밀정 혐의였다. 105인 사건의 석방과정에서의 전향선언, 출옥후 일본은행에서 일했던 옥관빈의 경력은 정치적인 경쟁 세력에게는 좋은 공격 수단이었을 것이다. 여기서 3·1운동 직후 중국 상해에 임시정부가 수립되던 시기 상해지역 한인독립운동진영의 내부 갈등과 일제의 임시정부에 대한 정책을 간단하게 살펴 보자.

3·1운동으로 상해에 한국사 최초의 민주공화제를 표방하여 수립된 임시정부는 국권 회복을 위한 전민족의 기대를 한 몸에 받게 되었다. 적어도 초기 임시정부의 활동은 한민족의 여망에 십분 부합하였다. 그러나 토지나 인민이 없는 외국에서 수립된 임시정부는 한계를 지닐 수 밖에 없었다. 내부적으로도 여러 세력이 갈등과 정쟁을 벌이면서 일제에 대한 효과적인 타격을 가할 수 없었다. 상해 정국은 안창호가 이끄는 서북파와 이동녕, 신규식, 이시영 등의 기호파로 나뉘어져 주도권을 다투고 있었다. 또한 이동휘를 대표로 하는 또 다른 세력이 상해에서 각축을 벌였다. 여기에 임시정부를 반대하는 신채호, 박용만 등 반임시정부세력도 활동하고 있었다. 출신지역이나 노선이 달랐던 사람들이 하나의 정부 아래 모였던 관계로 의견 차이가 없을 수 없었다. 심지어 상호 중상 비방

---

6) 上海日本總領事館,「重ナル排日派鮮人ノ略歷(第二輯)」, 1920년 5月(『不逞團關係雜件』 朝鮮人ノ部 在上海地方 ③).

7) 馮明政,「玉慧觀先生略歷」,『海潮音』, 第14卷 第9號, 1933.10(黃夏年 主編,『民國佛敎期刊文獻集成』第185卷, 北京: 全國圖書館文獻縮微複製中心, 2006, 8쪽).

8) 옥관빈의 국내 시절 활동은 필자의 논문을 많이 참고하였다. 金光載,「玉觀彬의 상해 망명과 활동」, 49-50쪽.

에 유혈사태까지 벌어지는 경우도 없지 않았다.[9]

한편 일제는 3·1운동 직후 수립된 임시정부를 토지와 인민을 갖지 못한 정부라고 무시하면서 임시정부를 독립운동단체 가운데 하나로 치부하였다. 그러나 독립운동 자금이 답지하고 연통제와 교통국의 조직 등을 통해 한국내에 영향력을 확대해 가면서 한인들이 임시정부에 대해 커다란 기대를 보이게 되자 내심 긴장감을 감추지 못하였고 구체적인 대응책 마련에 부심하였다.

일제의 임시정부에 대한 궁극적인 대책은 조직을 해산시켜 근원적으로 파괴하는 것이었다. 그러면서도 강압책으로만 일관할 경우의 부작용을 우려하여 회유 이간을 통한 붕괴 공작도 함께 병행하였다. 그리하여 밀정의 운용 등을 통해 임시정부 요인들의 일거수 일투족을 일제의 정보망 속에서 파악하고 이를 교란하는 책동을 계속하였던 것이다.[10]

일제가 동원한 한인 밀정의 수가 어느 정도였는지 구체적인 상황은 알기 어렵다. 다만 일제 스스로가 "일본 관헌이 파견한 다수의 밀정이 들어와 있어서 피아의 구별 판명이 어렵다"고 표현하고 있는 것을 보면 밀정이 상당수에 이르고 있음을 짐작할 수 있다. 그리고 이들은 독립운동자를 가장하여 임시정부 요인들에게 매우 가까이 접근할 수 있었고 이들의 정체를 독립운동자들이 모르는 경우도 많았던 것으로 보인다. 이들 밀정들은 상해 주재 일본영사관이 고용하는 경우, 그리고 조선총독부가 파견한 통역관이 고용하는 경우 등이 있었다. 그러나 밀정의 운용은 일제의 의도대로 이루어진 것은 아니었다. 밀정들에 대한 독립운동자들의 강력한 대응이 있었다. 특히 임시정부 경무국에 의해 많은 밀정들이 적발되어 처단되었다.[11]

---

9) 禹昇圭, 『나절로漫筆』, 探求堂, 1978, 7-9쪽.
10) 일제의 임시정부 등 상해 독립운동단체에 대한 대응과 정책은 다음의 논고를 많이 참조하였다. 최유리, 「대한민국임시정부에 대한 일제의 정책」, 『대한민국임시정부 수립80주년 기념논문집』(상), 1999, 314-315쪽.

일제의 밀정 파견은 상해 독립운동진영이 밀정 그 자체보다는 밀정 문제가 야기한 전혀 다른 폐해에 시달리게 만들었다. 다시 말해 자기 주위에 일제의 밀정이 있을지도 모른다는 의심과 공포감에 사로잡힌 나머지 독립운동을 함께 하는 동지를 밀정으로 의심하고 불신하는 분위기가 조성되었다. 또 자신과 입장을 달리하는 사람들을 일제의 밀정으로 몰아붙이는 경향도 출현하였다. 그럴수록 독립운동진영은 분열되었으며 운동역량은 약화되어 갔다. 물론 일제가 고용하여 파견한 '진짜' 밀정들이 많았겠지만 그 반면에 독립운동진영 내부의 '政爭'과 '地方熱'로 말미암아 '만들어진' 밀정 또한 존재하였다. 한인독립운동진영에서 자신과 다른 노선을 걷거나 주장을 달리하는 정적을 공격하는 경우 '밀정 만들기'는 자주 활용된 유용한 수단이었던 것이다. 임시정부 기관지 獨立新聞의 다음과 같은 기사는 밀정 문제를 바라보는데 여러 가지 시사점을 준다.

> 敵偵과 懲罰
>
> 臨時政府가 上海에 設立된 以來로 日人이 派遣한 密偵도 만커니와 우리 黨員이 製造한 密偵이 亦是不少하엿다 무슨 感情만 이셔도 "그 놈 偵探한다" 하야 同志의 名譽를 汚損하며 조곰 意見만 衝突되어도 "그 者가 疑心스럽다" 하야 志士의 信用을 墜落식힘으로 能事를 삼는 者 許多하야 同志間의 信義가 甚히 薄弱하니 此를 그냥 두면 우리 黨員間의 信義는 畢竟零이 되고 말지라 此를 救濟하는 方策은 一切警察權은 政府警務局에 두고 他黨員은 모든 偵探한 일을 警務局에 密告하고 警務局은 愼重히 調査하야 確實한 證憑을 엇은 後에 處刑하고 輕率히 流言惡評하야 惡影響이 及치 안토록 함이 第一良策일까 하노라[12]

위의 기사에 의하면, 밀정은 두가지 종류가 있다. 하나는 일본이 파견

---

11) 김도형, 「대한민국임시정부의 친일파 처단과 의열투쟁」, 『대한민국임시정부 수립 80주년 기념논문집』(하), 1999.

12) 『獨立新聞』 1925년 11월 1일, 「革命法庭에 訴함: 敵偵과 懲罰」.

한 밀정이고 다른 하나는 독립운동진영에서 만든 밀정이다. 독립운동진영에서 만든 밀정들이 적지 않아 동지간의 신의가 약화되고 있다고 하였다. 따라서 밀정과 관련된 일은 사사로이 처리하지 말고 반드시 임시정부 경무국에 통보하고 경무국은 신중히 조사하여 확실한 증거가 있은 연후에 처리할 것을 주문하였다.

일찍부터 상해에서 일제 밀정 혐의를 받은 대표적인 경우는 여운형이었다. 여운형은 1919년 말 일본을 다녀오면서부터 일제의 밀정이라는 소문이 돌았다. 안창호의 1920년 1월 20일자 일기에 의하면, 여운형이 일제의 '鷹犬'이라고 중상하는 말이 있었다고 적고 있다.13) 같은 해 3월 6일자 일기에 의하면, 서울에서 의주에 온 모인사의 통신에 따르면 조선총독부가 상해에 암살당 10여 인을 파견하여 임시정부 중요인물을 암살하고자 하는데, 여기에 여운형이 관련되었다고 하였다. 그 과정에서 여운형은 일제로부터 20만원의 뇌물을 받았다는 소문이 있었다. 그러므로 속히 여운형을 잡아서 죽여야 한다고 하였다. 이에 대해 안창호는 여운형이 애국자임을 보증하고 의주의 모인사에게 알려 오해를 풀라고 하였다.14) 이와같이 반대파 인사를 밀정으로 지목하는 경우가 적지 않은데, 대개 근거가 없는 중상에 그치는 경우가 많았다.

독립운동가들의 개인 정보원들도 일제 밀정으로 오해를 받은 경우가 더러 있었던 것 같다. 즉 미국의 이승만에게 보고하기 위해 상해 독립운동진영의 상황을 조사하다가 밀정으로 오해를 받는 경우도 있었다. 상해의 이승만 추종자들은 상해 독립운동진영의 상황을 정기적으로 이승만에게 보고하고 있었다.15) 이승만을 따르던 張斗徹이라는 청년은 정보

---

13) 도산안창호선생전집편찬위원회, 『島山安昌浩全集』 제4권 일기, 2000, 839쪽의 1920년 1월 20일자 일기.

14) 도산안창호선생전집편찬위원회, 『島山安昌浩全集』 제4권 일기, 874쪽의 1920년 3월 6일자 일기.

15) 상해 독립운동진영의 상황을 이승만에게 보고했던 통신원들에 대해서는 다음의

수집 활동을 하다가 김구로부터 밀정 혐의를 받았다.[16] 김구는 장두철을 체포하여 취조한 결과 그로부터 이승만의 '密探' 즉 개인 통신원으로 활동한 사실을 자백받았다고 한다.[17]

2) 밀정설의 확산

상해 도착 직후 옥관빈에게도 밀정 혐의가 따라다녔다.[18] 그러한 사실은 상해의 이승만 비선인 安玄卿이 미국의 이승만에게 보내는 서한에 구체적으로 포착되고 있다. 당시 상해 독립운동진영의 상황을 보고한 안현경의 1920년 1월 16일자 서한에는 다음과 같은 내용이 있다.

> "상해『한인신문』,『독립보』,『신대한보』는 근일에 돈이 업서서 잘 발간치 못하며 신문사 사원들은 먹을 것도 업서 죽을 지경이며 평양 사람 중에서 시비가 난 바 옥관빈이라 하는 사람이 안씨(안창호-인용자)와 절친한 바 일인 정탐에 장물이 탈로되엿다고 자긔들끼리 시비가 분분하드니 근일에는 안씨와 자긔 동지 모모인들 회동하야 의론 후 그 일을 다 발설치 말기로 하엿다 함내다."[19]

논고가 참고된다. 오영섭,「상해 임정내 이승만 통신원들의 활동」,『한국민족운동사연구』 52, 2007.

16) 安玄卿 → 李承晩, 1920년 1월 30일(柳永益·宋炳基·李明來·吳瑛燮 編,『李承晩東文 書翰集』下, 연세대출판부, 2009, 32쪽).

17) 도산안창호선생전집편찬위원회,『島山安昌浩全集』제4권 일기, 848쪽의 1920년 1월 30일자 일기.

18) 윤경로,「105인 사건 피의자들의 사건 이후 행적에 관한 소고 - 친일로 경도된 9인을 대상으로 -」, 133쪽. 윤경로는 옥관빈이 상해에 올 때 이미 일제 당국으로부터 '비밀스러운 약속과 밀령'을 받았을 가능성도 배제할 수 없다는 지나친 추측을 하고 있다.

19) 安玄卿 → 李承晩, 1920년 1월 16일(柳永益·宋炳基·李明來·吳瑛燮 編,『李承晩東文 書翰集』下, 25쪽).

옥관빈이 일제의 밀정이라는 소문이 돌고 있다는 것이다. 여기에서의 '장물'이 구체적으로 무엇을 가리키는 것인지는 알 수 없다. 이 소문은 안창호도 알게 되었다. 그는 1920년 2월 15일 일기에서 다음과 같이 적고 있다.

> (二月十五日 日 雲) ... 金義善君을 訪하야 이에 同歸함에 君이 曰 玉觀彬을 偵探으로 嫌疑하야 平南選擧會에서 議員을 除去하기로 內定이 有하다 하니 如此한 嫌疑를 受한 事實이 有하냐 問함에, 余曰 余는 如此한 事實을 不見하였고, 又 如此한 嫌疑가 有하다 함을 不信한다 하다.[20]

위의 일기를 통해 알 수 있듯이, 안창호는 밀정 혐의를 받고 있던 옥관빈을 전적으로 신뢰하였다. 때문에 그는 옥관빈이 정탐이라는 소문을 알지 못하고 믿지도 않는다고 하였다. 안창호는 옥관빈의 밀정 혐의를 근거없는 중상으로 간주했던 것이다. 안창호를 반대하는 세력에서는 '평양파' 즉 서북파 사람들 가운데 밀정이 많다고 하는 루머를 퍼뜨리는 때였다.[21] 안창호도 정쟁이나 지방열로 인해 자기와 입장을 달리하는 사람들을 밀정으로 만드는 경향을 잘 알고 있었기 때문에 옥관빈에 대한 밀정설을 그렇게 심각하게 여기지 않았던 것으로 보인다.

안창호의 이러한 태도에 대해 아나키스트였던 柳基石은 후일 회고록에서 "그(안창호-인용자)의 주장, 그의 사람됨은 원래 타협심이 풍부하였

---

20) 도산안창호선생전집편찬위원회, 『島山安昌浩全集』 제4권 일기, 859-860쪽의 1920년 2월 15일자 일기.

21) 安玄卿 → 李承晩, 1920년 1월 16일(柳永益·宋炳基·李明來·吳瑛燮 編, 『李承晩東文 書翰集』 下, 26쪽). 안현경은 이승만에게 보고하기를 "이곳서 여간 인편으로 본국에 소식을 보낸다는 것은 다 미들슈 업고 또한 사람을 밋지 못하고 쓰다가는 큰 실패를 당할 것시 불소한 것슨 일인에게 정탐하야 쥬는 일보다 한국놈으로 평양파에 정탐하는 놈이 불소한 고로 상해에 누가 본국을 가려면 데일 무서운 놈이 한인놈으로 한인에게 정탐하야 자귀들 사람이 안이면 봉천이나 안동현이나 내디 들어가서 일인에게 잡히도록 만드는 것 분이외다"고 하였다.

다. 그는 민족운동전선에서 거의 敵我 구분없이 함께 모였으며, 심지어
는 민족이익을 배반한 변절자 혹은 반역자에게까지도 공개적으로 배반
하지만 않으면 도산은 여전히 그와 왕래하였다"고 하여 불만을 드러내
기도 하였다.[22] '변절자 혹은 반역자'의 범주에 옥관빈이 포함되었음은
어렵지 않게 추측할 수 있다.

옥관빈은 자신이 밀정이라는 소문이 나돌자 안창호를 찾아가 어떻게
처신해야할지 문의하였다. 이에 안창호는 옥관빈에게 처세와 관련하여
다음과 같이 조언하였다. 안창호는 1920년 2월 18일자 일기에서 다음과
같이 적고 있다.

> 玉觀彬君이 來訪曰 世上이 余를 偵探이라 嫌疑함에 對하야 如何히 行
> 動함이 可하냐 함에, 余曰 君에 對하야서 如此한 것은 社會의 程度가 幼
> 稚하고 無情한 것을 慨歎하노라. 然이나 君은 罪가 社會에 在하다고 생각
> 지 말고 自身에게 있다 하야 이 時期에 非常한 警醒으로 反省을 求함을
> 힘쓸지라. 君이 如此한 誤解를 取하는 것이 君의 才가 德보다 勝함으로
> 因함이니 自今爲始하야 淳實한 道德方面에 着意하라 하다. 君曰 自己는
> 代議士를 辭職하고 南京 等地로 往하야 修學함이 어떠하냐 함으로 可合
> 하다 하다.[23]

안창호는 옥관빈에게 잘못이 없지만 그러한 소문이 나는 것은 옥관빈
에게도 문제가 있다는 것이다. 즉 "才가 德보다 뛰어나다(才勝德)"는 것
이다. 적절한 지적이 아닐 수 없다. 덕이 받혀주지 않는 그의 뛰어난 능
력은 적지 않은 반대자나 적을 만들었다. 다시 말해, '才勝德'은 그의 장
점이자 한계이기도 했다. 결과론적으로 볼 때, 이는 그가 밀정 혐의로
피살되는 요인이 되기도 했다. 안창호는 옥관빈에게 '反求諸己' 즉 남을

---

22) 柳基石, 『三十年 放浪記 : 유기석 회고록』, 국가보훈처, 2010, 95쪽.
23) 도산안창호선생전집편찬위원회, 『島山安昌浩全集』 제4권 일기, 862쪽의 1920년
   2월 18일자 일기.

탓하지 말고 우선 자신을 돌아보라고 하였다. 그후에도 계속하여 안창호는 옥관빈에게 修養할 것을 권하였다.[24) 이렇듯이 안창호는 계속하여 옥관빈을 신뢰하였다. 다른 사람들이 옥관빈을 비난할 때도 그를 옹호하였다.

밀정 시비에 실망한 옥관빈은 자신이 생각한 길을 가기 위해 상해를 떠나 남경으로 갔다. 안창호의 일기에 의하면, 이때 옥관빈의 심경은 다음과 같이 피력되고 있다.

> 玉觀彬君이 來訪曰 自己가 南京에 留學次로 明日 發程하노라 告別함으로, 余曰 某某 靑年들과 會晤하야 一次 抒情하고 登程함이 似好라 한 즉, 玉君의 言은 冷靜한 社會에 會合할 意가 없노라 하다.[25)

그렇지만 옥관빈은 안창호의 조언을 깊이 새겨듣지 않았던 것으로 보인다. 그는 떠나기 전에 평소 알고 지내던 청년들과 회합하라는 안창호의 제의를 거절하였다. 자신을 밀정으로 몰고 있는 상해 한인들과는 더이상 타협할 의사가 없다는 것을 분명히 하였다. 밀정 혐의로 인해 옥관빈은 상해에 더 이상 미련을 두지 않은 것으로 보인다.

남경에 갔던 옥관빈이 다시 상해로 돌아오자 다시 의심을 받았다. 옥관빈이 1920년 말경 麗德洋行을 설립하자 상해 독립운동진영에서는 그 상업자금 출처를 의심하고 그를 요주의인물로 지목하여 경계하였다.[26) 당시 상해 한인사회에서는 누가 사업을 하는 경우 일제의 지원을 받은 것이 아닌지 그 사업 자금의 출처를 의심하는 경향이 많았다. 옥관빈의

---

24) 도산안창호선생전집편찬위원회, 『島山安昌浩全集』 제4권 일기, 887쪽의 1920년 4월 16일자 일기.

25) 도산안창호선생전집편찬위원회, 『島山安昌浩全集』 제4권 일기, 866쪽의 1920년 2월 24일 일기.

26) 金正明編, 『朝鮮獨立運動』 2, 東京: 原書房, 1967, 146쪽.

경우도 사업 자금의 출처를 의심받았다. 다만 이러한 의심은 옥관빈이
활용했던 '買辦'이라고 하는 사업 형태를 잘 이해하지 못한데서 비롯된
것으로 보인다.[27] 여덕양행은 독일과의 합작회사로 사실상 독일인의 자
본으로 설립한 회사로 옥관빈은 중국과 한국 현지사정에 어두운 서양인
을 대신한 전문 경영인이라고 볼 수 있다. 옥관빈은 아마도 사업체를 자
신의 자본으로 설립한 것으로 과대선전했고 상해 한인사회에서는 그렇
게 알려졌던 것이 아닌가 생각된다. 19세기 중국 광동에서 처음 시작된
매판 제도는 1920년대 상해에서도 널리 성행하고 있었다. 이는 옥관빈
이 1927년 설립한 三德洋行도 마찬가지였다.

　여하튼 옥관빈이 밀정이라는 소문은 국내에까지 퍼졌다. 양주삼으로
부터 이러한 소문을 들은 윤치호는 1921년 4월 15일 자신의 일기에서
다음과 같이 적고 있다.

　　"(1921년 4월 15일 금요일) 양주삼 씨 말로는, 옥관빈이 일본인들의 밀
　정으로 변신한 것으로 알려졌다고 한다. 도저히 믿을 수 없는 얘기다. 옥
　씨는 내가 본 조선인 청년들 중에서 가장 유능한 사람 중의 하나다. 그는
　1911년부터 1915년까지 음모사건으로 극심한 고통을 겪었다. 그때 그는
　육체적으로나 정신적으로나 큰 고통을 겪으면서도 비범하게 잘 견뎌냈다.
　이런 유형의 인물이 반역자가 되었다는 걸, 난 도저히 믿을 수가 없다."[28]

---

27) 윤경로, 「105인 사건 피의자들의 사건 이후 행적에 관한 소고 - 친일로 경도된
　　9인을 대상으로 -」, 134쪽에 의하면, "(옥관빈의) 대규모의 실업활동은 일제의 협
　　조와 지원없이는 절대 가능치 못했기 때문에 더욱 의심의 눈총을 받았을 것이다.
　　따라서 그가 '상리에 밝은 평안도 상인기질'을 타고난 사업의 '귀재'라도 당시 상
　　황에서는 의심을 받기에 충분했다"고 하였다. 그러나 필자가 보기에는 초기 옥관
　　빈의 사업은 그렇게 대규모는 아니었던 것으로 판단된다. 자세한 내용은 金光載,
　　「玉觀彬의 상해 망명과 활동」, 58-59쪽을 참조하기 바란다.
28) 김상태 편역, 『윤치호 일기 : 한 지식인의 내면세계를 통해 본 식민지시기』, 역사
　　비평사, 2001, 593쪽.

윤치호는 옥관빈이 일제 밀정이라는 소문을 믿지 않았다. 윤치호는 옥관빈과 함께 105인 사건으로 옥고를 치렀던 동지였다. 그렇기 때문에 밀정 소문에도 불구하고 옥관빈에 대해 변함없는 신뢰를 보냈다.

이처럼 옥관빈은 상해 한인사회에서 끊임없는 밀정 논란에 시달렸다. 그렇다면 상해 독립운동진영에 대한 감시와 탄압을 전담하고 있던 상해 일본총영사관은 옥관빈을 어떻게 인식하고 있었을까. 소문대로 그를 밀정으로 인정하고 있었을까. 정작 일제는 옥관빈을 자신들에 대한 협력자가 아니라 불령선인으로 분류하고 있다. 상해 일본총영사관은 상해 독립운동가에 대해 조사한 「중요한 배일파 선인 약력(1920.5)」에서 이승만, 안창호, 여운형 등 상해의 독립운동가 48인과 함께 옥관빈을 중요한 배일파 선인으로 분류하면서 그의 약력을 다음과 같이 적기하고 있다.

> 玉觀彬
> 年齡 三十歲位
> 玉은 평양 출신으로 同地 大成學校를 졸업, 新民會 회원이 되었으며 寺內總督 암살 미수사건에 연루되어 피고로서 기소되었지만 증거불충분으로 면소된 후 鎭南浦에서 상업을 영위하거나 또는 은행원으로 있다가 작년 3월 독립운동에 참여하지 않고 上海에 와서 假政府에 투신했지만 총독부 밀정의 혐의를 받고 실망하였기 때문에 곧 南京으로 가서 金陵大學에 들어가 공부하였다.[29]

계속하여 상해 일본총영사관은 불령선인 옥관빈에 대한 감시의 고삐를 늦추지 않았다. 상해 일본총영사관은 1925년에도 「체포해야 할 불령선인 연명부(1925.1)」[30]를 작성한 바 있다. 이 연명부에서도 옥관빈을

---

29) 上海日本總領事館, 「重ナル排日派鮮人ノ略歷(第二輯)」, 1920년 5월(『不逞團關係雜件』 朝鮮人ノ部 在上海地方 ③).

30) 「逮捕スベキ不逞鮮人連名簿(1925.1.29)」(국사편찬위원회, 『일본외무성외교사료관 소장 한국관계사료목록』, 2003, 315쪽).

체포해야 할 불령선인으로 분류하였다.

상해 한인사회에 옥관빈이 조선총독부의 밀정이라는 논란이 있었는데, 그렇다면 조선총독부는 옥관빈을 어떻게 생각하고 있었을까. 1924년 조선총독부 경무국장은 일본 외무성 차관과 상해 일본총영사에게 보내는 문서에서, 옥관빈이 1919년 11월 상해로 간 이래 '不逞運動'에 종사하였으며 1921년 2월부터는 상업에 종사하고 있다고 파악하였다. 계속하여 옥관빈이 신문이나 잡지에 '과대 광고'를 게재하고 통신판매를 통해 국내 구매자로부터 선금만 받고 물건을 보내지 않아 물의를 빚고 있는 대표적인 '奸商'의 한 사람으로 보고 있었다. 조선총독부 경무국장은 이 문서의 끝에서 옥관빈에 대해서는 향후에도 상당한 주의를 요한다고 경고하는 것을 잊지 않았다.31)

아이러니한 사실이지만 옥관빈은 독립운동진영으로부터는 일제 '밀정', 상해 일본영사관 및 조선총독부측으로부터는 '배일파선인', '불령선인' 혹은 '奸商' 등으로 인식되고 있었던 것이다. 옥관빈의 행로는 밀정도 '불령선인'도 아니었다. 이 무렵 옥관빈은 '불령선인'도 밀정도 아닌 중국 주류사회로 진입하기 위한 본격적인 준비를 하고 있었다. 그것은 중국 국적 취득, 중국 국민당 입당, 불교 신앙의 수용, 중국 여자와의 결혼 등의 형태로 나타났다.32)

---

31) 朝鮮總督府 警務局長 → 外務次官, 上海總領事 등, 「在上海朝鮮人玉觀彬ノ言動ニ 關スル件」, 1924년 6월 14日(『不逞團關係雜件』 朝鮮人ノ部 在上海地方 ③).

32) 자세한 내용은 金光載, 「玉觀彬의 상해 망명과 활동」, 66-67쪽을 참조하기 바란다.

3. 옥관빈 암살을 둘러싼 논란

1) 암살 당사자들의 공방

1933년 8월 1일 밤 11시경 상해 프랑스조계 望志路(현재의 興業路)와 馬浪路(현재의 馬當路)가 교차하는 지점에서 살인사건이 발생했다.[33] 살해된 사람은 상해의 성공한 한인 사업가이자 불교계의 유력자였던 옥관빈이었다. 망지로 南永吉里 8호에 살던 사촌형 옥성빈을 방문하러 가던 길이었다.

처음 범인은 오리무중이었다. 옥관빈 피살사건은 미궁으로 빠지면서 국제적으로 물의의 초점이 되었다.[34] 중국인 사회에서 옥관빈 살해범에 대해 의논이 분분하였다. 일제에 의해 살해되었다는 소문도 있었다. 옥관빈이 피살된지 8일만에 南華韓人靑年聯盟은 韓人除奸團 명의로 옥관빈을 처단하였다고 신문지상에 발표하였다.

주지하다시피 남화한인청년연맹은 1929년 만주에서 활동하던 한인 아나키스트들이 상해로 철수하면서 조직한 단체였다. 청년연맹은 상해에서 친일파 처단, 일제 요인 암살 등 활동을 추진하였다. 특히 청년연맹은 산하에 한인제간단이라는 단체를 두고 친일파 처단을 수행하고 있었던 것으로 보인다. 그러므로 이전부터 친일파, 밀정 혐의를 받아온 옥관빈이 이들의 주목을 받게 된 것은 당연하였다.

한인제간단은 8월 8일 옥관빈의 죄상을 나열한 斬奸狀을 작성하여 프랑스조계와 상해 현지 신문사에 배포하였다.[35] 다음날인 8월 9일 상

---

33) 『申報』 1933년 8월 2일, 「昨晚望志路暗殺案」.

34) 『東亞日報』 1933년 8월 15일, 「玉觀彬暗殺은 思想團所爲?」.

35) 「在滬有力韓人玉觀彬暗殺事件」, 1933년 8월 11日, 上海總領事 → 外務大臣(國會圖書館編, 『韓國民族運動史料』(中國篇), 1976, 780쪽) ; 金正明編, 『朝鮮獨立運動』

해에서 가장 많은 부수를 발행하는 신문인 『申報』에 그 전문이 게재되었다. 열거된 죄상에 대한 근거의 유무를 떠나서 아나키스트 계열의 한인제간단이 옥관빈을 어떻게 인식하고 있었는지 잘 보여주고 있다. 그 전문을 번역하여 소개한다.

　　玉逆觀彬이 피살된 후 한인사회는 그 죄악이 가득 차 반드시 죽임을 당할 날이 있음을 일찍부터 알고 있었다. 그런데 일반 중국사회는 진상을 알지 못하고 의논이 자심했다. 우리도 책임이 있음을 느끼고 이에 정중히 성명한다. 우리 한국의 불행에는 이전에 이완용, 송병준 무리가 있었고 지금에는 또 玉逆觀彬이 있다. 이에 우리는 우리가 우애하는 중국동포에 대해 만분의 부끄러움을 느낀다. 1·28淞滬戰役 때 일시 기회를 틈타 漢奸이 되었던 胡立夫가 이미 蘇州에서 교수형을 당하였는데, 다년간 적의 주구가 된 玉觀彬은 오히려 상해에 安居하고 그 간험한 수단이 갈수록 심해지고 있었다. 이로 말미암아 우리는 정의의 사명을 위하여 고식적으로 용인할 수 없어 본월 초일 이 중한 양국의 奸逆을 처단하였으며 아울러 약력과 可殺의 죄상을 다음과 같이 열거한다.

　　옥관빈의 호는 新島이며 한국 평안남도인이다. 즉 현재 상해 法租界 巡捕房 包探인 玉成彬의 從弟이다. 후에 중국적에 입적하여 慧觀으로 개명하였다. 소시적에 총명하고 교제를 잘하여 약관에 못 미쳐 애국운동에 종사하여 일시 성명이 파다하여 少年志士의 칭호가 있어 敵人의 주목을 받게 되었다. 일찍이 옥중생활 중 敵方에 귀순하여 무사히 출옥했다.

1. 출옥당시 조선총독부는 평안남도 장관에게 밀령을 내려 평안남도 진남포 三和銀行長 富田儀作으로 하여금 겉으로는 이 은행의 經理 직에 임명하고 속으로는 애국운동자의 內情을 정탐하도록 하였다. 기미년 한국에 독립운동이 발발한 후 많은 한국혁명운동자이 상해에 모였는데, 이때 조선총독부는 玉逆을 상해로 보내 진상을 정탐하였다. 이 일은 상해에 온 동행인 都寅權이 간파하고 한국임시정부에 밀고하였으며 정부는 사형에 처하려고 하였는데, 玉逆이 알아차리고 英租界로 피신하였으니(이후 정부는 여러차례 그 사형을 집행하

려고 했는데 성공하지 못하고 오늘날에까지 이르렀다), 그 죄가 可
殺이라.

2. 무역을 핑계로 麗德洋行을 개설하고 한국내 다수 상인의 금전을 騙
取하고 후에 상호를 美商 三德洋行으로 고치고 조선총독부 駐滬 사
무관 尾田滿에게 직속되어 그 명을 받들어 중한 양국사정을 정탐하
였으니 그 죄 可殺이라.

3. 삼덕양행으로 개칭한 다음 중국인 陸某와 합자를 명목으로 만여 금
을 편취하였다. 다만 陸某와 같이 일하면서 그 비밀정탐공작이 탄로
되는 것을 두려워하여 육모를 내쫓았으니 그 죄 可殺이라.

4. 적방의 원조로 비밀리에 革新日報 및 기타 다수의 익명의 傳單을 인
쇄하여 한국 각 혁명운동자를 이간시키고 우리 운동의 발전을 파괴
하려고 기도하고 혁명자에 대해 유인 혹은 위협 등의 종종 수단으로
적방에 歸化시켰으니 그 죄가 可殺이라.

5. 한중일 각지를 왕래하는 혁명자의 행적을 정탐하고 체포를 계획하
였으니(유림 대표 金昌淑 등이 체포된 것 또한 玉逆의 소행임), 그
죄가 可殺이라.

6. 한인 신분으로 중국적을 취득할 때 入籍이라 하지 않고 復籍(雲南
昆明人으로 사칭함)이라 하였으니 대개 중국인사의 신용을 얻기 위
함이라. 또 중국 국민당 後運에 가입하여 적방의 기밀비로 연회를
베풀어 연대감을 형성하고 공익을 명목으로 각계 인사를 농락하고
中國軍政 상황을 밀탐하였다. 아울러 1·28淞滬戰役시 중국 軍情을
정탐하여 적방에 건넸으니 그 죄가 可殺이라.

7. 적군 군용품(참호용 목재 약 만여원 어치 및 자동차 1대)을 헌납한
결과 적군부의 장려금을 받았으며 同濟路의 玉逆 가옥이 마침 전투
지역에 속해 있었는데 敵旗를 높이 달아 안전을 보장하였으니 그 죄
가 可殺이라.

8. 근자에 이르러 日陸相 荒木이 조직한 國粹黨의 사명을 받고 虹口방
면의 유랑 불궤분자를 매수하여 폭력단을 조직하고 우리가 작년 홍
구폭탄사건 이후 활동이 부자연스러운 기회를 이용하여 일체의 혁
명운동자의 암살을 계획하였으니 그 죄가 可殺이라.

9. 적방의 비호로 英租界에 안거하고 적영사관이 지급한 권총을 차고
움직일 때는 반드시 이로써 자신의 신분을 요란하게 드러내고 부끄
러움을 모르니 그 죄가 可殺이라.

이상 열거한 여러 가지 사항은 크고 현저한 것에 불과하니 비록 그 가운데 한 가지라도 있으면 그 죄를 사하기 힘듬에도 불구하고 하물며 이와 같이 많음에랴. 該逆이 피살된 다음날 아침 적영사관의 다수 경관이 法捕房에 이르러 屍體를 요구하여 가지고 갔다. 이 한 가지 일로 보더라도 그가 생시에 적방에게 가장 중요한 주구라는 사실을 잘 알 수 있다.

1933년 8월 일 韓人除奸團[36]

이상의 내용을 요약하면, "① 국내에서 이미 귀순하여 일제의 밀정으로 상해에 옴, ② 무역상을 개설하고 중한 양국 사정을 정탐, ③ 중국인으로부터 만여금을 편취, ④ 신문 및 전단을 활용하여 한국의 혁명자를 이간, ⑤ 유림대표 김창숙 등 혁명자를 체포케 함, ⑥ 1932년 제1차 상해사변때 중국 군정을 정탐하여 일본군에 넘김, ⑦ 참호용 목재 등을 일본군에 헌납, ⑧ 폭력단을 조직하여 혁명운동자 암살을 기도, ⑨ 신변보호를 위해 일본영사관이 지급한 권총을 과시" 등이다.

한마디로 옥관빈은 조선총독부의 밀정으로 상해에 와서 한국 혁명자를 이간시키고 중국의 군사정보를 일본군에 건넨 역도라는 것이다. 위의 죄상 가운데 그 근거를 확인하기란 쉽지 않다. 옥관빈이 실제 그러한 행위를 했다면 어떤 식으로든 상해 일본총영사관 등 외무성 자료에 포착되지 않을 수 없었을 것이다. 밀정 활동을 하다가 처단된 경우는 대개 일본측 기록에 밀정으로 명기되기 마련이었다. 다만 다섯째 김창숙이 체포된 것이 옥관빈과 관련되었다고 하는 주장은 사실과 다른 것으로 보인다. 김창숙의 회고에 의하면, 그 자신은 일본 밀정이었던 劉世伯, 朴謙에 의해 체포되었다고 회상하였다.[37] 또한 옥관빈이 중국의 군사정보를 적국에 제공한 것을 강조한 것은 옥관빈 암살이라는 자신들의 행위에 대한 중국측의 공감을 끌어내려는 측면이 강한 것으로 보인다.[38]

---

36) 『申報』 1933년 8월 9일, 「玉慧觀實爲韓人所殺」.
37) 金昌淑, 「躄翁七十三年回想記」, 『心山遺稿』 卷五, 國史編纂委員會, 1973, 331쪽.

한인제간단에서 주장하는 위와 같은 옥관빈의 죄과는 그 직접적인 증거나 근거를 확인할 길이 없다. 당시 옥관빈은 이미 중국 국적을 취득하고 중국 여성과 결혼한 상태였으며 불자대약창과 같은 공장을 경영하는 사업가로서, 상해 불교계 중진으로 활발한 활동을 하고 있었다. 뿐만아니라 국민당 상해시 당부에서 비중있는 당직을 맡는 등 매우 분주한 나날을 보내고 있었다. 이런 사실들을 볼 때 그가 일본 밀정으로 활동했을 가능성은 현실적으로 희박하다. 옥관빈이 특별히 일본을 위한 밀정활동을 해야 할 이해관계가 존재하지 않았던 것은 확실하다. 위에서 제시된 옥관빈의 죄상은 한인제간단의 옥관빈에 대한 부정적인 인식이 투영된 것은 아닐까.

옥관빈을 암살하는데 참여하였던 당사자의 한 사람이었던 아나키스트 鄭華岩은 훗날 당시의 상황에 대해 다음과 같이 회고하였다.

> 옥관빈의 안하무인격인 이 행동에 대항할 사람이 없었다. 그만큼 그는 상해에서 유명인사로 알려져 있었다. 더욱이 수백명의 제약회사 노동자를 거느리고 있고, 많은 돈을 써서 신문사를 포섭하여 상해의 고급 관리는 물론 재계와 종교단체까지 잡고 있기 때문이었다. 호화스런 저택과 고급 승용차에 거만한 언동 등 그의 위세는 너무나 당당했다. 그로부터 몇 년이 지났다. 그로부터 몇해가 지났지만, 옥관빈의 횡포는 여전하였다. 보다 못한 김구가 나를 찾아왔던 것이다. 김구가 보여주었던 그의 죄상 18가지는 고사하고 독립운동가를 모욕하는 그의 언동만으로도 그를 용서할 수 없었다. 옥관빈을 그대로 놔두면 앞으로 어떤 일이 생길지 알 수 없었다. 나와 김구, 안공근 세 사람이 앉은 자리에서 옥관빈을 처단하기로 합의했다.[39]

---

38) 『東亞日報』 1933년 8월 15일, 「玉觀彬暗殺은 思想團所爲?」. 동아일보의 보도에 의하면, 옥관빈이 중국국민당과 상해시민연합회의 요직을 가진 조선인으로 중국의 군사, 정치 정탐을 하였다고 제간단이 죄상을 선포함에 따라 중국측에서도 크게 충동되어 사건을 엄중 조사 중이고 조선인의 입적에 대하여 금후 엄격히 할 것이며 남경 국민당정부에서는 국민당 기타 관공서에 잠입하여 있는 조선인을 조사케 하였다고 보도하였다.

즉 정화암과 한인 아나키스트들에게는 옥관빈이 재력이 급성장하면
서 임시정부 요인에게조차 '안하무인격의 행동'을 했던 것으로 비쳐졌던
것이다. 이 무렵 옥관빈은 아나키스트들에 의해 도덕적으로 단죄해야 할
대상이 되고 있었던 것이다. 직접적인 폭력혁명을 외치는 아나키스트들
에게 '무역부국'의 신조로 민족의 실력을 양성하고자 했던 옥관빈의 주
장은 자신들의 노선에 도전하는 것이었을 것이다.

한편 한인제간단의 참간장에 대해 옥관빈측에서도 반박하는 글을 준
비하였다. 옥관빈이 활동하던 中國 國民黨 上海市 第2區 21分部에서는
'爲玉慧觀先生辯誣'이라는 제목으로 옥관빈에 대한 무고함을 변증하는
글을 『申報』에 게재하였다. 번역하여 소개하면 다음과 같다.

> 玉君 慧觀은 본월 1일 望志路에서 형 成彬의 집에서 나올 때 폭도의
> 총격으로 당장에서 운명하였다. 현재 망자의 가속은 엄중하게 범인을 수
> 배하고 있다. 그런데 8일 申報에 韓人除奸團이 망자의 죄상을 선포한 문장
> 이 게재되어 매우 놀랐다. 열거한 각항은 극히 황당하며 전혀 사실이 아닌
> 날조 중상한 것으로 外界에서 진상을 알지 못할 것을 염려하여 특별히 다
> 음과 같이 진상을 해명하고자 한다.
> 玉君의 휘는 觀彬이고 자는 慧觀으로 그 선조는 雲南 昆明籍으로 祖父
> 인 宗瑞는 高麗에서 벼슬을 했다. 군은 태어나면서 총명하여 신동이라 불
> 리었다. 성장하면서 好學不倦하고 부친의 가르침을 받들어 일찍이 사회에
> 이름을 떨쳤다. 한말 정치가 문란하고 강대한 이웃나라가 날로 압박함에
> 미쳐 군은 의분에 넘쳐 혁명당에 투신, 각지를 순회하면서 선전연설을 하
> 였는데 말이 청산유수와 같아 듣는 사람이 경복하였다. 영국인 베델과 함
> 께 신문사를 경영하고 혁명을 고취하여 일본인들이 그를 눈에 가시처럼
> 보았다. 20세에 마침내 혁명당사건으로 피체되어 감옥에 5년 동안 갇혔다.

---

39) 李庭植 면담 / 金學俊 편집·해설, 『혁명가들의 항일회상』, 민음사, 1988, 333-342
    쪽 ; 鄭華岩, 『어느 아나키스트의 몸으로 쓴 근세사』, 자유문고, 1992, 155-156쪽.
    정화암은 회고록에서 옥관빈을 도덕적으로 논죄하고 있다. 정화암의 회고는 상당
    히 과장된 측면이 있으므로 사료로 활용시 주의가 요청된다.

옥중에서 그는 손에서 책을 놓지 않고 문학, 종교, 정치 등 학문을 연구하여 심득이 있었다. 후에 특사로 출옥하였다.

1919년 한국민은 미국 대통령 윌슨의 선언으로 대규모 독립운동을 일으켰다. 군은 즉 중국으로 도항하여 廣東에서 孫中山先生과 時政을 담론하고 回敎徒를 지도하여 하나의 유력한 단체로 만들어 중국혁명을 원조하고자 하였다. 또 上海에 와서는 韓僑 혁명당과 연계하여 회복을 도모하였다. 民國 17년 국민정부에 국적 회복을 신청하였다. 家譜의 증명과 內政部 核準으로 제3호 증서를 발급받았다. 雲南同鄕會 회원 및 華僑聯合會 회원이 되어 드디어 조국을 위해 노력하기로 결심하고 國民公論社를 설립하여 정치잡지를 발간하였다. 한편으로 佛敎居士들과 교제하여 中國佛敎會 상무위원에 피선되고 이어 손중산선생의 三民主義를 앙모했기 때문에 중국 국민당에 가입하여 上海特別市 第2區 21分部 상무위원으로 피선되었다.

한편으로 사회사업에 노력하여 상해 第2特區 市民聯合會 집행위원, 第2區 第4分會 상무위원, 提唱國貨委員會 상무위원, 閘北保衛團 이사, 醫藥公會 회원 등직에 임명되었다. 9·18사변이 일어나자 군은 日人의 횡포에 분연히 일어나 市民義勇軍에 가입하여 군사훈련을 받았다. 여명에 일어나 집합장소로 달려가서 훈련을 받았다. 비록 바람이 불고 눈이 와도 조금도 태만하지 않았다. 王屛南, 鄔志豪 제동지들이 그의 열성과 의지를 보고 탄복하지 않음이 없었다. 1·28사변이 일어나자 군은 閘北 同濟路의 화염과 총성이 넘나드는 집 안에서 4일 주야를 칩거하다가 탈출하였다. 그 집은 일군에 점거되었고 자동차는 일군이 탈취하여 갔다. 실내의 모든 의류, 집물은 모두 약탈당해 손해가 약 2만금에 이르렀다.

군은 천성이 쾌활 솔직하고 公을 먼저하고 義를 좋아 하였으며 타인의 불행을 자기의 병과 같이 보았다. 勤勉好學하여 동서의 사서에 潛心 연구하지 않음이 없으며 교제에 민첩하고 어진 이를 존경하여 사람들이 이구동성으로 찬미하였으니 적과 통하였다는 말을 누가 믿을 것인가. 이번에 저격을 당한 것도 원통함이 아직 명백해지지 않았거늘 사후에 다시 불명예의 誣衊을 안기니 매우 개탄스럽다. 비록 그렇지만 범인은 언젠가는 체포될 날이 올 것이다. 장래 물이 빠지고 돌이 드러나면 스스로 천하에 명백하될 것이다.

中國國民黨 上海市 第2區 21分部 啓[40]

---

40) 『申報』 1933년 8월 12일, 「爲玉慧觀先生辯誣」.

이상의 내용을 요약하면, 옥관빈은 "① 한말 혁명당에 투신하여 5년 동안 옥살이함, ② 1919년 상해에서 한국 혁명당과 연계를 도모하고 광동의 손문과 중국혁명을 원조, ③ 중국불교회 상무위원에 피선되고 중국국민당에 가입하여 상해시당부의 각종 당직을 역임, ④ 9·18사변후 시민의용군에 가입하여 군사훈련을 이수, ⑤ 1932년 1·28사변후 일본군의 공격으로 약 2만금 손해" 등이다.

이 가운데 두 번째 광동에서 손중산과 담론했다는 주장은 확인되지 않고 있지만 국내 옥살이, 중국불교회 상무위원, 국민당 상해시당부 당직 역임, 시민의용군 훈련, 1.28사변시 공장 파괴로 인한 상당한 피해 등은 자료상으로 확인되고 있다.

이와 같이 한인제간단과 옥관빈측은 옥관빈이 보여준 생전 활동의 평가에 대해 치열한 공방을 벌였다. 당연하지만 옥관빈의 행적에 대해 양측이 제시한 주장은 위와 같이 현격한 차이를 보였다.

2) 암살을 둘러싼 주변의 논란

그렇다면 국내에서는 옥관빈의 죽음에 대해 어떻게 인식하고 있었을까. 국내에서도 옥관빈의 죽음에 대해 여러 가지 소문이 돌았다. 일찍이 옥관빈과 관계가 밀접했던 윤치호는 그의 일기에서 다음과 같이 적고 있다.

"(1933년 8월 21일 월요일) 여운형 군이 금강산 외금강에 가는 길에 잠깐 들렀다. 그는 옥관빈 씨가 1주일쯤 전에 상해에서 암살되었다고 말했다. 옥씨는 약을 특허 내고 사람들에게 사기를 쳐 돈을 번 후, 다년간 원한을 품은 이들의 표적이 되어왔다고 한다. 그는 공적인 대의명분을 위해 봉사하기를 거부했다고 한다. 그는 도와줄 법한 학생조차 도와주지 않았다고 한다. 그는 일본인들에게 잘 보여 자기의 신변을 보호해왔다고 한다."[41]

위 인용문을 통해 옥관빈에 대해 당시 상해 한인사회에 떠돌던 소문이 국내에 그대로 전해졌음을 알 수 있다. 옥관빈이 사업상 사기를 쳤고 '공적인 대의명분'을 위해 봉사하기를 거부해서 살해되었다는 것이다. 여기서의 '공적인 대의명분'이란 아마도 독립운동자금 제공을 가리키는 것이 아닌가 생각된다. 결국 옥관빈이 독립운동단체의 군자금 제공 요구를 거절했기 때문에 피살되었다고 하는 얘기였다. 국내의 『삼천리』라는 잡지에는 옥관빈에 대해 다음과 같이 소개하고 있다.

> 上海 玉觀彬 氏가 피살 당하엿다, 그는 安昌浩의 부하에 잇서 일도 만히 하다가, 정계에서 발을 끈코 실업에 종사하여 벌서 10년, 獨逸化學藥品의 東洋專賣特許를 마터 三德洋行을 경영하여 100여 만원의 巨富를 이루엇다, 각금 운동자금을 달나고 가면 「너 이만 일하겟느냐, 나도 돈버는 목적이 잇다」 하고 모다 거절하여왓다고 이것이 含怨被殺의 主因이라한다.[42]

역시 독립운동 자금 제공을 거부한 것이 피살된 이유라고 하였다. 또한 일찍이 안창호의 비서로 있으면서 안창호와 옥관빈 사이에서 자금 전달을 했던 구익균의 구술을 참고할 필요가 있다. 구익균은 상해 태평촌 흥사단 단소에서 안창호를 만나러 온 옥관빈을 여러 차례 만났다고 회고하였다.[43] 구익균은 옥관빈이 암살되던 1933년 남방의 廣州에서 활동하면서 정기적으로 상해를 왕래하고 있었다. 옥관빈과 아나키스트들의 관계에 대해 구익균은 다음과 같이 구술하고 있다.

> 도산과 신민회 사건 이래의 동지인 옥관빈 같은 사람은(마지막에 무정부주의자에게 살해당했지요). 상해로 망명을 해서 임시정부에서 일하다가 생활도 못하게 되니까 대약창을 경영했는데 선전도 잘되고 장사가 잘돼서

---

41) 김상태 편역, 『윤치호 일기 : 한 지식인의 내면세계를 통해 본 식민지시기』, 604쪽.
42) 『삼천리』 제5권 제9호, 1933년 9월 1일, 「玉觀彬氏의 豪語」.
43) 구익균 구술, 2012년 7월 22일 서울 익선동 자택에서.

돈을 많이 벌었습니다. 그는 다른 사람은 독립운동을 한다고 해도 못 믿겠고 오직 도산 선생만 믿을 수 있다고 해서 도산을 통해 독립운동 자금을 댔고 그 돈으로 윤봉길 사건이나 이봉창 사건도 일어날 수 있었습니다. 무정부주의자들은 아무 근거도 없이 자기들도 무엇인가 해 보겠다고 옥관빈에게 가서 돈을 요구하다 거절당한 적이 있습니다. 이 말은 상해에서 일어나는 임시정부의 일이나 테러라든지 하는 일의 비용이 거의 도산의 손을 통하여 나갔다는 말입니다. 딴 사람은 신용이 없고 일본 형사에 고발하여 경을 치게 하는 경우가 많았기 때문에 아무에게나 자금을 줄 수 없었습니다.[44]

이로 보아 옥관빈은 아나키스트들의 자금 제공 요구를 가차없이 거절했던 것으로 보인다. 대신 옥관빈은 안창호에게 정기적으로 자금제공을 했다. 그는 안창호에 대해서는 정기적으로 독립운동자금 지원을 하였다. 안창호는 대성학교 시절의 은사이자 정신적인 지주였다. 그러므로 옥관빈은 상해 도착 직후부터 안창호와 밀접한 관계를 유지하였다.

옥관빈은 인성학교에도 기부하였다. 1928년경 옥관빈은 안창호를 통하여 인성학교에 2천원의 금액을 기부하였다. 당시 국내의 재외동포위문회가 보내온 지원금이 1천 여 원임을 고려할 때 2천원의 기부액은 상당한 액수임에 틀림없다. 옥관빈의 기부에 의해 폐교 기로에 있던 인성학교는 얼마동안 학교를 충실히 할 수 있었다.[45] 동아일보와 신한민보는 옥관빈의 기부를 보도하면서 상해에도 한인 사업가들이 늘어나고 있기 때문에 인성학교의 재정난도 호전될 것으로 낙관하였다.[46]

그런데 당시 옥관빈의 기부를 둘러싸고 이론이 없었던 것은 아니었다. 정화암에 의하면, 옥관빈이 안창호를 통하여 임시정부와 인성학교에

---

44) 구익균 구술, 「도산을 회고한다 ; 구익균 선생과의 대담」, 『도산사상연구』 제4집, 1997, 313-314쪽.
45) 『東亞日報』 1928년 12월 12일, 「上海 仁成校 曙光」.
46) 위의 『東亞日報』 및 『新韓民報』 1929년 1월 10일, 「상해인성학교의 서광」.

후원금 지원 의향을 밝혀 왔다고 한다. 인성학교의 윤기섭, 김두봉, 조완
구는 우선 학교를 살리기 위해 옥관빈의 기부금을 수용하였다고 한다고
한다. 반면에 김구는 옥관빈의 임시정부 지원 제의를 거절했다. 임시정부
내부에서는 이 문제를 놓고 며칠 동안 심각한 논의가 있었다고 한다.[47]

구익균은 아나키스트계열의 독립운동자금 요구와 그에 대한 옥관빈
의 거부, 암살로 이어지는 과정을 다음과 같이 구술하였다.

> .... 알고말고. 옥관빈이는 평양 사람인데 이이가 소위 대성학교를 다녔
> 어. 도산을 숭배하고 그러고 신민회 회원이고... 그리고 이제 도산 숭배자
> 의 한 사람인데 이이가 상해에 와서 머리가 좋은 사람이야. 인제 어 뭘 했
> 는고 하니 말이야. 중국은 하도 넓으니까니 그런데 거기에 약을 한 가지
> "불자대약창"이라 맨들어 가지고 말이야 약을 맨들었는데, ... 그걸로 성
> 공을 했단 말이야. 해가지고 그래서 도산이 필요한 돈을 거기서 받아쓰고
> 했는데, 아, 무정부주의가 (허허) 이 무정부주의자들이 말이야, 가서 돈 내
> 라 그러고 돈 달라고 그러니까 "내가 목숨을 내더라도 이 소위 중국에
> 무슨 이 동전에 이 새긴 일이 있어. 이건 너한테 못주겠다 그러고 말이야"
> 나쁘다 그러고 말이야. 야단하고 욕을 해서 보냈는데, 그걸 이제 무정부주
> 의자들이 결국 총으로 쏘아서 죽였지. 암살시켰지. ...... (옥성빈이) 이이가
> 뭐 불란서 경찰관에 속하거든. 그러니까 자기 동생을 위해 너를 일망타
> 진 할 것 그랬다고 그랬어. 그래서 옥성빈이를 역시 암살했지. .... 아이구,
> 참 아까운 사람들이야.[48]

구익균은 옥관빈이 한인 아나키스트들의 자금 제공 요청을 거절했기
때문에 피살된 것으로 보고 있다. 아나키스트들에 의해 암살된 옥관빈과
그의 '억울한' 죽음에 반발하여 프랑스조계 형사 신분으로 범인을 추적
하다 오히려 '독립운동 방해죄'로 아나키스트들에 의해 피살된 옥성빈

---

47) 鄭華岩, 『어느 아나키스트의 몸으로 쓴 근세사』, 154-155쪽.
48) 구익균 구술(이창걸 면담), 2007년 8월 15일 서울 낙원동 자택에서(2007년도 국사
　　편찬위원회 구술자료 수집사업 녹취록).

두 사람을 "참 아까운 사람들"이라고 안타까운 느낌을 토로하였다.

1930년대 전반 한인 아나키스트들의 독립운동자금 모집은 방법상 무리한 점이 없지 않았다. 당시 남화한인청년연맹은 독립운동자금을 조달하기 위해 '掠'이라는 과격한 자금조달 방법을 취하고 있었다고 한다.[49] 재중 한인 아나키스트에 대한 연구에서 지적된 바와 같이, 이 시기 한인 아나키스트들은 운동자금 조달의 어려움이 가중되면서 상해 거주 한인들에 대한 '강탈' 행위도 불사하였다. 동시에 한국 교민에 대한 아나키스트들의 일련의 '강도행위'나 '테러'는 1930년대의 자포자기적 상태에서 행해진 '허무주의적' 경향을 띤 것이었던 것으로도 지적되고 있다.[50] 이 과정에서 예전부터 밀정 혐의를 받아왔고 많은 부를 축적했음에도 불구하고 자신들의 독립운동자금 제공 요구를 거부하였을 뿐만 아니라 아나키스트계열의 직접적이고도 과격한 행동 위주의 투쟁 방략을 비판하던 옥관빈은 대표적인 친일파로 처단해야 할 대상에 다름 아니었던 것이다.

4. 맺음말

남다른 사업수완으로 사업과 종교계에서 승승장구하던 옥관빈은 1933년 8월 1일 상해 프랑스조계에서 동족의 손에 의해 살해되었다. 1919년 상해 도착 직후부터 1933년 암살될 때까지 밀정 혐의는 14년 동안 옥관빈의 뒤를 집요하게 따라 다녔다. 그는 자신을 살해한 한인 아나키스트 단체인 한인제간단에 의해 단순한 일본 밀정에서 한 걸음 더 나

---

49) 이호룡, 『아나키스트들의 민족해방운동』, 한국독립운동사의 역사 45, 독립기념관, 2008, 166쪽.
50) 이호룡, 『아나키스트들의 민족해방운동』, 170쪽.

아가 한중 양국의 민족이익을 배신하는 역도로 몰렸다. 오늘날에도 옥관빈은 일제 밀정, 친일파, 한간, 反독립운동 분자 등의 극히 부정적인 이미지로 각인되어 있다. 이는 당시 그를 처단했던 한인 아나키스트들의 주장만 역사에 기록되었던 반면에 그를 변호했던 피해자측의 항변은 망각되었기 때문일지도 모른다.

옥관빈에 대한 밀정 혐의는 그가 국내시절 '105인사건'으로 4년여의 옥고를 치르다 석방된 1915년 무렵으로까지 거슬러 올라간다. 그가 일제의 연출에 의해 옥중에서 윤치호, 안태국, 양기탁 등과 함께 전향선언을 하였던 사건이나 석방 후에는 일본인 회사에 다녔다는 사실에서 밀정설이 배태되었다. 1919년 3.1운동 직후 옥관빈이 도착했던 상해는 일제가 파견한 상당수의 밀정들이 암약하고 있었다. 이들 밀정이 독립운동의 역량을 약화시키고 분열시키고 있었다. 그 과정에서 독립운동가들은 서로를 믿지 못하는 상호 불신의 늪에 빠지기도 했다.

상해 도착 직후부터 옥관빈에게는 조선총독부 밀정 혐의가 씌워졌다. 옥관빈이 밀정으로 의심받는 데는 상해 독립운동진영의 과도한 '政爭'과 '地方熱'이 작용하였음은 부인하기 힘들 것이다. 당시 상해에는 많은 독립운동가들이 모였으나 출신지역이나 정치적인 노선이 달라 갈등이 없을 수 없었다. 동향이 아닌 이들을 의심하거나 자신과 정치적 입장이 다른 사람들을 밀정으로 간주하는 경향이 존재하였다. 또한 '才勝德'이라고 안창호가 지적한 바와 같이 개인적으로 뛰어난 능력과 과시욕이 강한 옥관빈의 스타일은 적지 않은 적들을 만들었다. 이러한 여러 요인들이 작용하여 옥관빈은 반대파로부터 밀정으로 공격받았다. 그런 의미에서 어쩌면 그는 그러한 정쟁과 지방열의 희생자 가운데 한 사람이었는지도 모른다. 옥관빈은 임시정부 초기를 제외하고는 독립운동과 거리를 두고 실업 및 종교활동에 몰두하였다. 그가 특별히 밀정 활동을 해야 할 동기나 이해관계는 존재하지 않았다.

옥관빈 사후 한인 아나키스트 계열 단체인 한인제간단에 의해 제시된 옥관빈의 죄상은 근거가 확인되지 않는다. 그들이 제시한 옥관빈의 죄상은 어쩌면 자신들의 독립운동자금 제공 요구를 거절했고 또한 자신들의 과격한 직접혁명 노선을 노골적으로 비판한 옥관빈에 대한 부정적인 이미지가 투영된 것이 아닌지 모른다. 요컨대 옥관빈이 밀정으로 의심받고 '만들어지는' 과정은 상해 독립운동진영내의 정쟁과 지방열의 모습을 여실히 보여준다. 또한 서로 다른 독립운동 노선을 둘러싼 갈등이나 독립운동자금 제공 거부를 도덕적으로 단죄하려는 과정에서 '만들어진' 밀정이 생길 수도 있었다. 옥관빈을 둘러싼 밀정설과 암살사건은 사건의 원인을 떠나 상해 한인사회와 독립운동진영의 내부 상황이 그만큼 복잡다단했음을 보여주는 것이었다.

제3부
교민단체

제1장 중일전쟁 이후 북경지역의 한인단체

1. 머리말

1937년 중일전쟁 발발후 중국관내지역(山海關 이남의 중국본토지역)의 대한민국 임시정부를 위시한 한인독립운동진영은 일제를 피하여 중국 내륙 오지로 기나긴 피난길에 올랐다. 그 자리에는 점령군인 일본군을 뒤따라 수많은 한인들이 밀물처럼 이주하여 왔다. 중일전쟁 발발 당시 9천여 명에 불과하던 중국 관내지역 일본군 점령지역의 한인 이주는 중일전쟁 발발 이후 크게 증가하였다. 1940년대 전반에는 그 20배가 넘는 약 20만 명에 달했다.

그럼에도 불구하고 중일전쟁 이후 중국관내지역으로 이주하였던 한인들에 대해서는 만주의 그것에 비해 관련연구는 차치하고 사실관계 조차 잘 알려지지 않고 있다.[1] 그 원인은 자료 부족 외에도 독립운동사

---

1) 金光載, 「중일전쟁기 중국화북지방의 한인이주와 蘆臺農場」, 『한국근현대사연구』 제11집, 1999. 필자는 이 논문에서 중일전쟁 이후 일반적이었던 중국관내지역 도시중심의 한인 이주와 달리 특수한 경우이긴 하지만 天津 부근의 蘆臺農場이라는 집단농장에의 4-5천명의 대규모 한인 농업이주 실태를 밝혔다. 일제강점 이후 북경지역의 한인 이주에 대해서는 연구논문은 아니지만 玄圭煥의 개설서와 文日煥의 글이 참고된다. 文日煥은 주로 元明淸시기 북경지역 한인 이주사를 다루면서 일제강점기, 특히 1920년 전반 한인의 북경 이주에 대해서도 간단하게 언급하였다. 玄圭煥, 『韓國流移民史』, 語文閣, 1967.
文日煥, 「북경지역 한국인 이민사」, 『世界속의 韓國文化』, 제1회 세계한민족학술회의 논문집, 한국정신문화연구원, 1991.
그리고 중일전쟁 이전의 북경 한인 이주에 대해서는 다음의 글들이 참고된다. 다

연구에 치중해 왔던 학계의 연구경향 등에 기인한 바 크다.[2] 따라서 우선은 이에 대한 현황파악과 실증적인 연구가 시급한 실정이다.

본고의 대상 시기는 1937년 중일전쟁 이후부터 8·15이후 대부분의 한인들이 귀국을 완료하는 1948년까지이다. 시기를 중일전쟁 이후로 설정한 것은 중일전쟁 이전 중국관내지역의 한인은 수적으로도 적었을 뿐만 아니라 있었더라도 대개 북경, 천진, 상해 등지에서 활동하고 있던 독립운동가들이었기 때문이다. 이들은 1930년대부터 일제의 감시 강화, 나아가 중일전쟁의 발발로 말미암아 중국 국민당정부, 중국공산당을 따라 대륙 깊숙이 이동하여 활동하고 있었다.

본고의 대상지역은 북경지역으로 한정한다. 그 이유는 북경이 중국 화북지방[3]의 중심지이자 한반도 및 중국 동북지방으로 진출할 수 있는

만 이 글들은 한인사회를 본격적으로 연구했다기 보다는 독립운동사 전개의 배경으로 간략하게 다루었다.

辛珠伯, 「1920-30년대 북경에서의 한인 민족운동」, 『한국근현대사연구』 제23집, 2002.

孫艷紅, 「1920년대 전반 북경지역의 한인사회의 민족운동」, 국민대 석사논문, 2002. 그밖에도 북경군사통일회의나 국민대표회의 관련 연구에서도 1920년대 전반 북경의 한인에 대한 언급이 이루어지고 있다.

2) 일제강점기 중국관내지역의 독립운동 관련 연구업적은 그야말로 한우충동이다. 최근 학술진흥재단의 연구지원으로 진행되고 있는 국민대학교 한국학연구소의 8·15이후 해외 한인의 귀환 활동 연구는 그동안의 해외의 독립운동사 연구에만 치중했던 것과는 달리 새로운 연구 경향을 보여주고 있다. 하지만 8·15 이후의 해외 특히 중국관내지역의 한인사회 및 그들의 귀환 활동을 제대로 이해하기 위해서는 1937년 7월~1945년 8월의 한인 사회에 대한 연구가 필수적이다. 1937년 7월~1945년 8월의 중국관내지역 한인 사회는 1937년 이전의 한인사회와 1945년 8·15 이후 귀국하는 한인사회를 연결시키는 고리이기 때문이다.

3) 현재는 北京, 天津 및 河北省, 山西省, 山東省, 河南省의 4개성에 걸친 지역을 말한다. 당시 일제는 화북지방을 '北支'라고 하였는데, 위의 지역에 綏遠省, 察哈爾省까지 포함하였다. 朝鮮總督府 北京出張所, 『在北支朝鮮人槪況』, 東京: 昭和印刷社, 1940 ; 玄永燮, 「北支事變と朝鮮」, 『文敎の朝鮮』, 朝鮮總督府 學務局 朝鮮敎育會, 1938年 9月號, 30쪽.

요충지로서 2만 명이 넘는 한인들이 거주하였던 지역이었기 때문이다. 물론 북경 외에도 천진, 청도, 상해, 남경 등 많은 한인들이 거주한 지역이 있었지만, 이들 지역에 대해서는 별고에서 다룰 계획이다. 본고에서 다룰 내용은 먼저 중일전쟁 이후 화북지방 및 북경지역의 한인 이주를 살펴본 후 한인들의 단체조직 활동, 나아가 8·15 이후 어떻게 변천하였는지 고찰하고자 한다.

주로 활용한 자료는 일본측 관변자료, 현지 한인들이 만든 인명록, 『매일신보』와 『삼천리』를 비롯한 신문 및 잡지자료, 일부 중국당안관 자료들이다. 자료의 영성으로 만주의 한인단체나 한인사회 연구와 같이 입체적인 분석이 이루어지지 못한 한계가 있다. 본고를 통해 해외, 특히 중국지역의 한인 이주사, 한인단체 특히 부일협력단체의 활동을 이해하는데 도움을 주고자 한다.

2. 중일전쟁 이후 북경지역 한인사회의 형성

1) 중국 화북지방의 한인 이주

1910년 일제의 한국강점, 1919년 3·1운동 등의 정치적인 원인으로 중국으로 이주하여 항일운동을 전개하거나 중국을 왕래하면서 무역활동에 종사한 한인들이 없지 않았지만 그 규모는 많아야 몇 천 명을 넘지 않았다. 중국관내지역의 한인 이주는 중일전쟁을 계기로 폭발적으로 증가하였는데, 1940년대 전반기에는 한때 20여 만 명에 이르기도 하였다.

중일전쟁 직전 화북지방의 한인 이주 규모는 1937년 6월말 현재 7,854명으로 나타나고 있다.[4] 중일전쟁 발발 직후 정세가 악화되자 이 지역 한인들은 상당수가 조선 혹은 만주로 철수하여 일시적으로 급감하였다. 그러나 전세가 일본군의 승승장구로 전환되면서 건설사업 등의 '전시특수'가 이어졌다. 이에 따라 한인 이주자도 갑자기 증가하기 시작하여 전쟁 직전에 비교하여 약 8배의 높은 증가를 보였다.[5] 조선내의 상인들도 북경을 비롯한 화북지방으로의 대거 진출을 서두르는 등 화북지방은 한인에게는 '신천지', '낙토'로 다가왔다.[6]

중일전쟁 이후 중국으로의 이주 동기는 대개 경제적인 것이었으며 상업 이주가 가장 많았던 것으로 나타나고 있다. 아래의 표에서 보듯이, 중국으로 이주 혹은 여행하려고 하는 사람에 대해 일제가 발급한 '도지신분증명서'의 수효는 매월 평균 1천 4~5백명이다. 1937년 9월부터 1938년 12월까지 신분증명서 발급 건수는 24,186명, 거부된 경우는 1,233명이었다. 중국으로 가고자 하는 목적 가운데 상업이 5,157명으로 가장 많았다. 그리고 전체 24,186명 가운데 이 기간에 처음으로 중국에 건너 간 경우가 22,965명으로 전체의 95%를 차지하였다.[7]

〈표 1〉 渡支身分證明書 발급 상황 조사(1937.9~1938. 12)

	허이			거부		
	일본인	한인	계	일본인	한인	계
화북방면	5,270	16,328	21,598	97	974	1,071
화중방면	420	2,100	2,520	24	129	153
화남방면	10	58	68	2	7	9
합계	5,700	18,486	24,186	123	1,110	1,233

---

4) 朝鮮總督官方外務部, 『中華民國在留朝鮮人槪況』, 1941, 2쪽.
5) 『每日新報』1939년 5월 9일, 「大陸進出의 基礎 支那語敎授强化, 中等校에도 實施方針」. 조선총독부는 중일전쟁 이후 대륙진출을 위한 중국어 학습을 강화하여 갔다. 1939년 高等商業에 종래 일주일에 8시간 이상을 차지하고 있던 영어시간을 2시간으로 줄이고 대신 중국 진출의 기초 어학으로 중시된 중국어 시간을 6시간으로 늘렸다. 총독부는 상업학교와는 달리 중국어 시간이 아예없던 일반학교에 대해서도 중국어 수업을 실시하기로 하였다.
6) 『每日申報』 1937년 12월 27일, 「平壤의 商圈 北支에 擴張」.
7) 朝鮮總督府 警務局, 『最近に於ける朝鮮治安狀況:昭和13年』, 151-155쪽.

<표 2> 도항 목적 조사(1937. 9~1938. 12)

	화 북 방 면			화 중 방 면			화 남 방 면		
	일본인	조선인	계	일본인	조선인	계	일본인	조선인	계
일 본 군 위 문	146	78	224	14	3	17		1	1
시 찰	904	1,618	2,522	72	130	202	5	3	8
신 문 기 자	31	24	55	2	1	3			
遊 藝 人	10	5	15						
商 用	397	831	1,228	47	87	134		5	5
관 리	65	33	98	10	4	14	1		1
농 업	33	474	507	1	53	54		1	1
은 행 원	66	3	39	7		7			
회 사 원	507	229	736	30	23	53			
토 목 청 부	203	144	347	17	7	24	1		1
광 산 업	30	39	69	5	2	7			
공 업	109	90	199	1	8	9			
상 업	464	4,693	5,157	38	456	494	1	27	28
요리점, 음식점	129	798	927	15	158	173	2	8	10
貨 座 敷	4	66	70	1	44	45			
女 給 仲 居	246	532	778	22	92	114		1	1
藝 娼 妓	127	853	980	3	293	296		4	4
무 직	668	2,245	2,913	53	288	341		1	1
기 타	1,431	3,573	4,704	82	451	533		7	7
계	5,270	16,228	21,598	420	2,100	2,520	10	58	68

　이후 중국으로의 이주는 계속 증가하였다. 아래의 표에서 보듯이 1940년 6월말 현재 중국 화북지역의 한인은 19,338호, 68,462인으로 늘어났다.[8] 그후 한인 인구는 1941년 7월의 73,054명, 1944년 1월 현재의 74,029명으로 계속 증가하였다. 이는 일본 대사관이나 영사관에 신고한 숫자만을 계산한 것으로 신고하지 않은 경우까지 감안한다면 약 10만에

8) 朝鮮總督府 北京出張所, 『在北支朝鮮人槪況』, 4쪽.

이르렀을 것으로 추측된다.9) 이 가운데 대다수는 화북의 정치·경제 중
심지인 북경과 천진 등 도시지역에 집중적으로 거주하였다. 이는 농촌지
역 위주의 농업 이주가 이루어졌던 만주와는 대조적이었다.

〈표 3〉 중국 화북지역 한인 연차별 호구표

년도	호수	인구			증가율	일본인에 대한 비율
		남	여	계		
1937년 6월				8,123		21.5%
1938년 7월	5,645	10,514	7,507	18,021		22.0%
1939년 6월	9,648	19,442	14,372	33,814	87.6	18.8%
1940년 6월	19,338	38,642	29,820	68,462	102.3	22.3%

이들 한인들은 직업상으로는 관리, 회사원, 점원 등 봉급생활자가 다
수를 차지하였다. 그외에도 사진관, 여관, 양복점, 잡화상, 곡물판매상,
토목건축청부업 등 다양한 업종에 종사하였다. 한인들이 경영하는 사업
은 비교적 자본 회수율이 빠른 업종이었다.10) 특히 일부 한인들은 일본
군 군부대 부근 혹은 직후에 진출하여 군대가 필요로 하는 잡화를 운반
하여 판매하기도 하였다.11)

또한 화북의 토목건설현장에서 한인은 대개 작업반장 혹은 감독으로
채용되었다. 이는 '以夷制夷'의 한 방편으로 중국인과 직접 접촉하는 경
우에는 한인을 내세워 중일간의 민족모순을 은폐하였던 일제의 정책에

---

9) 화북지방의 한인인구 규모는 유동이 심하였으며 전시상황으로 인해 정확한 인구
   통계조사가 불가능하였다. 또한 해방이 가까워오면서 일본의 패망을 예상한 일부
   한인들이 귀국하기도 하지만 대체로 보아 약 10만 정도를 유지했을 것으로 추정
   된다. 이는 화북지방의 한인 인구가 1941년 7월 1일 현재 73,054명, 1944년 1월
   1일 현재 74,029명으로 나타나는데서도 잘 알 수 있다(『朝鮮事情』昭和 19年版).
   중국관내지역의 한인 인구는 화중·화남지역의 13만 한인 인구까지 포함하면 20
   만을 넘었다(崔載瑞 編, 『大東亞戰爭と半島』, 京城: 人文社, 1942, 181쪽).
10) 玄圭煥, 『韓國流移民史』上, 語文閣, 1967, 684쪽.
11) 朝鮮總督府 北京出張所, 『在北支朝鮮人槪況』, 2쪽.

기인한 것이었다. 현지 중국인을 직접 상대하였던 탓에 한인들은 중국인
들의 증오의 대상이 되는 경우가 많았다. 이는 1945년 일본 패망 이후
한인들이 중국인들로부터 일본인보다 더 심한 수난과 박해를 당하는 원
인이 되었다.

2) 북경지역 한인사회의 형성

북경은 일제강점기 한국민족운동과 깊은 인연이 있다. 1919년 이후
의열투쟁을 전개하던 독립운동가, 국민대표회의와 관련하여 신채호 등
반임정세력이 왕성한 활동을 펼치던 곳이었다. 30년대부터는 독립운동
가들이 일제의 탄압으로 하나둘 떠나가고 북경지역의 한인들은 격감하
게 되었다.

게다가 1937년 중일전쟁 직후에는 중국인의 한인 박해로 약 1,800명
의 북경 거주 한인들은 국내 혹은 타지역으로 피하였다. 중일전쟁 발발
직후 화북지방, 특히 북경이나 천진 등지의 배일 열기는 절정에 달했다.
그 와중에서 일본인과 동일시된 한인들은 곳곳에서 중국관헌 및 중국군
으로부터 핍박을 당하였다. 한인들은 중국군으로부터 일본 밀정 혐의로
납치당하거나 폭행당하였다.[12] 심지어 배일열기를 틈타 한인들을 약탈
하는 경우도 있었다.[13] 치안불안으로 인해 북경에 거주하고 있던 한인
들 가운데 260여 명은 1937년 7월 16일까지 북경일본대사관의 시달에
따라 일본대사관 및 東城小學校로 피난, 수용되었다. 일부는 천진까지
피난가서 천진조선인회의 구제를 받거나[14] 만주나 조선으로 되돌아가는
경우도 있었다.

---

12) 『每日申報』 1937년 7월 27일, 「支那兵 撤退는 一片 말뿐 北平同胞不安焦燥」 ; 『每
日申報』 1937년 7월 23일, 「同胞 二十九名을 二十九軍이 拉去」.
13) 『每日申報』 1937년 8월 1일, 「平津在留同胞들의 눈물겨운 生活相(二)」.
14) 『每日申報』 1937년 7월 23일, 「北平在留同胞 一部는 避難」.

1937년 7월 29일 일본군의 북경 점령 이후 상황이 점점 '안정'되자 북경의 한인들은 그 동안의 피난생활을 마쳤다.[15] 일본군의 점령지배체제가 공고화되면서 북경지역을 포함한 화북지방은 건설 등 전쟁경기에 끌려 이주하는 한인들이 폭주하였다.[16] 1937년 11월 중일전쟁 발발후 3개월만에 북경 거주 한인은 2배가 되었다.[17] 중일전쟁 발발후 1년째인 1938년 7월에는 1만명을 돌파하였다.[18]

북경지역 한인이주는 중일전쟁 발발 직전의 약 2천명에서 1년이 지난 1938년 7월 3.5배가 증가한 6,960명에 달했다. 2년후인 1940년 6월에는 한인은 17,218명(성인)에 달하여 어린이, 학생까지 모두 포함할 경우 2만명은 넘었을 것으로 추측된다.[19] 이는 전쟁 직전보다 10배 이상의 폭발적인 증가였다. 북경의 한인들은 북경지역의 內一區에 가장 많이 거주하였다. 1940년 6월말 현재 한인 전체 4천호 가운데 절반에 가까운 1,700호가 이 지역에 모여 살았다.[20] 기타 지역에도 한인들이 거주하였으나 중국인 거주지역에 잡거하고 있었던 것으로 보인다.[21]

---

15) 『每日申報』1937년 8월 31일, 「平津附近은 戰雲거처 避難民大槪歸還, 조선상인도 북지에 주목하라」.
16) 林學洙, 「北京의 朝鮮人」, 『三千里』, 1940년 3월호, 278쪽 ; 「北支로 오는 同胞는 現地認識이 必要」, 『每日新報』1939년 3월 19일. 중국 화북전선에서 일본군 중좌로 활동하다 1939년 3월 17일 경성역에 도착한 李應俊은 일부 한인들의 무계획적인 중국 이주를 지양하고 충분한 연구 검토한 후에 이주할 것을 충고하였다.
17) 『每日申報』1937년 11월 25일, 「北支의 治安定安따라 半島人進出激增」.
18) 『每日新報』1938년 7월 9일, 「北支의 明朗化따라 半島同胞의 大活躍, 民團法도 實施하고 小學校의 增設等」.
19) 韓相龍, 「事變後의 現地朝鮮民衆」, 『三千里』, 1940년 9월호, 71쪽. 이 글에서는 1940년 당시의 북경 인구는 170만이었는데 그 가운데 일본인이 5만명이고 한인은 2만명이라고 하였다.
20) 朝鮮總督府 北京出張所, 『在北支朝鮮人槪況』, 89-90쪽. 다른 구의 거주 호수는 다음과 같다. 內二區(464호), 內三區(441호), 內四區(358호), 內五區(209호), 內六區(260호), 公使館區域(4호), 外一區(232호), 外二區(36호), 外四區(107호), 外五區(197호)

출신별 북경 거주 한인은 아래의 표에서 보듯이 평안북도 출신이 압
도적으로 많았다. 1938년 2월말 현재 북경 거주 전체 2,547명 가운데
평북 출신이 1,625명으로 전체의 64%를 점하였으며 그 다음 평남 226
명(9%), 경기 176명(7%), 황해 92명, 경북 83명, 함북 72명, 함남 62명,
충남 59명, 경남 51명, 충북 34명, 강원 27명, 전남 23명, 전북 18명으로
나타났다.[22] 이와 같은 통계는 중일전쟁 후 초기 한인의 북경 이주가 대
개 철도 교통이 편리하거나 지리적으로 가까운 순서로 이루어졌음을 보
여주고 있다. 이는 함경도 사람들이 북간도지역에 많이 이주한 것과 유
사한 현상이었다.

〈표 4〉 북경 거주 한인의 도별 출신(1938년 2월말 현재)

도별	전체	평북	평남	경기	황해	경북	함북	함남	충남	경남	충북	강원	전남	전북
인구(명)	2,547	1,625	226	176	92	83	72	62	59	51	34	27	23	18
비율	100%	64%	9%	7%	4%	3%	3%	2%	2%	2%	1%	1%	0.9%	0.7%

북경지역 한인의 연차별 호구표는 다음과 같다.[23] 1940년 6월 현재의
한인의 호당 평균 가구원수는 평균 2.8인으로 나타나 가족 동반의 장기
이주보다는 단기간의 단독 이주자가 많았음을 보여주고 있다. 또한 성비
가 매우 높게 나타나고 있어 남성 단신 이주가 많았으며 따라서 정착성
의 정도가 극히 낮았음을 알 수 있다.

---

21) 朝鮮總督府 北京出張所, 『在北支朝鮮人槪況』, 97-98쪽.

22) 『每日申報』 1938년 3월 16일, 「北京在住의 朝鮮人 二千五百의 多數」. 총독부 보
    안과 조사에 의하면, 1938년 2월말 현재 북경의 한인은 2,547명으로 신고하지 않
    은 경우는 1천여 명으로 추측하였다.

23) 朝鮮總督府 北京出張所, 『在北支朝鮮人槪況』, 86쪽.

〈표 5〉 북경지역 한인 연차별 호구표

년도	호수	인구			증가율	일본인에 대한 비율
		남	여	계		
1937년 6월	740	1,221	842	2,063	-	51%
1938년 7월	2,778	3,962	2,946	6,960	583.0	30%
1939년 6월	3,034	4,958	3,814	8,772	27.0	22%
1940년 6월	6,029	10,241	6,977	17,218	99.6	23.3%

북경지역에 이주한 한인의 낮은 정착성은 이 지역 한인들의 빈번한 전출입 상황에서도 잘 알 수 있다. 1939년 7월부터 1940년 6월까지 1년 동안 북경의 한인 전출입 현황은 다음의 표와 같다.[24]

〈표 6〉 한인 이동 상황표(1939년 7월 - 1940년 6월)

전 출				전 입			
호수	남	녀	계	호수	남	녀	계
1,152	1,328	1,052	2,380	3,934	6,376	4,189	10,565

같은 기간 한인 1,152호, 2,380인이 타지역으로 전출하여 가고 대신 그 보다 5배에 가까운 3,934호, 10,565인이 전입하는 등 이동이 매우 빈번하였다. 전출자도 많았지만 전입자가 더 많아서 전출자의 자리를 메꾸는 양상을 띠었다. 이렇게 전출자가 많았던 것은 경제적 기반이 없어 사업에 실패하거나 일단 북경에 왔다가 일본군의 내륙 공격선을 뒤따라 이주하는 2차 이주가 많았기 때문으로 보인다.

북경에 이주해온 한인들은 직업상으로 다양한 업종에 종사하고 있었다. 이들 한인들의 구체적인 직업 내역은 다음의 표와 같다.[25]

---

24) 朝鮮總督府 北京出張所, 『在北支朝鮮人概況』, 88쪽.
25) 朝鮮總督府 北京出張所, 『在北支朝鮮人概況』, 91-93쪽.

〈표 7〉 북경지역 한인 직업별 호구표

직업별	호수	인구		계	직업별	호수	인구		계
		남	여				남	여	
농업	24	36	25	61	官吏	63	68	64	132
금융업	12	14	10	24	公吏	151	190	130	320
질옥업	9	14	16	30	은행회사원	792	843	609	1,452
토목건축청부업	23	34	6	39	교원	30	42	20	62
인쇄업	16	22	14	36	점원	670	774	527	1,301
사진업	21	28	18	46	軍從事員	361	528	232	760
운송업	1	4	3	7	大工左官	109	145	101	246
자동차업	22	30	25	55	일용인	287	359	115	474
세탁업	10	15	9	24	疊제조업	6	17	10	27
대서업	5	7	5	12	무역상	8	9	6	15
제과업	23	27	19	46	간판업	9	12	7	19
곡물판매업	9	16	10	26	관상업	2	4	2	6
양복상	34	44	24	68	연와제조업	6	8	5	13
안경 및 시계상	10	14	10	24	喫茶店	4	9	7	16
악기상	3	3	2	5	하숙간대업	14	18	10	28
천막상	1	20	13	33	식료품제조업	5	9	4	13
가구상	4	6	3	9	酒醬油業	10	14	11	25
전기상	6	8	4	12	산파업	3	2	3	5
문방구상	5	7	6	13	안마업	2	5	2	7
재목상	3	8	8	16	미용원	1	3	1	5
金物商	2	3	2	5	諸機器판매업	4	7	3	10
약종상	24	29	25	54	광고업	1	2	2	4
고물상	26	33	31	64	製繩業	1	2	3	5
석탄상	3	5	2	7	신문판매업	1	2	1	3
양품잡화상	6	8	8	16	이발업	1	-	1	1
식품잡화상	106	133	109	242	두부제조업	1	-	1	1
荒物잡화상	11	15	9	24	광산업	1	1	-	1
흥행업	3	10	14	24	면화상	2	2	-	2
여인숙업	24	30	37	67	토목종사원	17	22	17	39
주선 및 중개업	2	4	2	6	운전수	3	3	-	3
음식점	24	43	37	80	직공	6	8	2	10
작부	138	-	245	245	女中	1	-	1	1
카페	4	7	5	12	견습간호원	-	-	1	1
여급		-	30	30	외교원	2	2	-	2
요리점	46	68	60	128	치과의	1	1	-	1
藝妓	47	-	47	47	土工	5	5	2	7
의사	23	31	21	52	기타 직업	56	126	101	227
목사	2	5	3	8	무직	2,616	6,199	4,041	10,240

1940년 6월 현재 100호 이상이 종사한 주요 직업은 무직을 제외하고
는 은행회사원이 1,452인으로 가장 많았다. 그 다음으로 점원, 군종사원,
일용인, 관공리, 작부, 잡화상 등의 순서로 나타난다. 그가운데 관공리가
452인이나 있었던 것으로 나타난다. 이들은 대개 일본 북경대사관, 조선
총독부 북경출장소, 일본거류민단, 興亞院, 중국괴뢰정부 등에 근무하였
던 것으로 보인다.[26] 또한 작부가 245인이나 존재하였는데, 이들은 한인
들이 경영하였던 요리점 등 유흥가에 거주하고 있었던 것으로 보인다.

특히 무직자가 1만명에 달하였는데, 북경의 전체 한인 성인 남녀 약
17,000명의 60%를 점하고 있다. 이들은 조선 국내에서 기반이 없는 경
우로 중일전쟁 이후 중국에 건너온 부류이다. 이들 가운데 일부는 이른
바 '不正業'에 종사하였던 것으로 보인다. 하지만 재중 한인의 '부정업'
종사자들의 존재가 일본군의 중국침략과 관련하여 일제가 의도적으로
조성하였다는 것은 주지의 사실이다.[27]

또한 북경의 한인들이 경영하는 사업의 대부분은 일본인에 비해 영세
하였다. 대개 자본 회수율이 빠른 소매업 업종이었다.[28] 한인들이 주로
진출하였던 직종은 주로 일본인과 중국인들이 취급하지 않는 '틈새시장'
이었다.

반면에 일정한 규모의 자금으로 기업을 경영한 경우도 적지 않았다.
1940년 현재 일제가 파악하고 있는 한인 기업은 주로 요리옥, 건설업체,
여관, 전당포, 인쇄소, 공사 등이었다. 이들은 대개 수만원의 영세한 자

---

26) 玄錫虎, 『한 삶의 告白』, 探求堂, 1986, 17쪽. 1939년 5월 玄錫虎는 조선총독부
   사무관으로 북경출장소 및 홍아원 사무관에 부임하였다. 그는 그후 홍아원 천진
   출장소, 북경대사관 등을 전전하다 1944년 11월 귀국하였다.

27) 梶村秀樹, 「1930年代滿洲における抗日鬪爭にたいする日本帝國主義の諸策動 - '在
   滿朝鮮人問題'と關聯して」, 『日本史硏究』 94號, 京都: 日本史硏究會, 1967(梶村秀
   樹著作集刊行委員會·編集委員會, 『朝鮮近代の民衆運動』, 梶村秀樹著作集 第4卷,
   東京: 明石書店, 1993, 98쪽).

28) 玄圭煥, 『韓國流移民史』 上, 684쪽.

본금에 대개 10명 전후의 종업원은 두고 영업하였다.[29] 다만 500,000원
의 자본금으로 1년에 310,800원의 생산고를 올리던 광산 경영주 金子政
雄의 新新鑛業公司는 자본금 규모면에서 북경 한인 기업 가운데 가장
컸다. 직원으로는 일본인 7인, 한인 69인, 중국인 130인을 거느렸다.
1939년 4월부터 1940년 4월까지 1년간의 생산고는 텅스텐 鑛精鑛量 50
톤에 이르렀다.[30] 金桐谷의 桐谷醫院도 자본금이 300,000원, 河應湖의
中上福洋行도 260,000원에 달해 규모가 컸다. 초기 임시정부에서 활동
했던 尹潛善도 이 시기 북경에서 자본금 50,000원의 金剛租라는 토목건
축회사를 경영한 바 있다.[31]

〈표 8〉 북경지역 한인 주요기업(1940년 6월 현재)

상 호	업 종 별	경 영 자	자 본 금	1개년 取引高(생산고)	종업원수
朝日館	요리옥	朴昌燁	30,000원	69,000원	24
松竹館	요리옥	黃我白	40,000원	68,000원	26
金泉館	요리옥	朴善郁	30,000원	42,000원	
滿月館	요리옥	韓銀河	28,000원	40,000원	12
大連館北京樓	요리옥	孫將鐵	25,000원	60,000원	25
花月樓	요리옥	金洪燁	20,000원	69,000원	14
明月樓	요리옥	金潤蓮	20,000원	29,000원	10
美香館	요리옥	亭金□	30,000원	19,000원	15
代加樓	요리옥	尹日南	30,000원	48,000원	
食道園	요리옥	趙容喆	30,000원	85,000원	20
振興館	요리옥	金京珍	30,000원	51,600원	11
海東樓	요리옥	金秀松	30,000원	15,000원	11
吾妻亭	요리옥	朴男順	30,000원	38,832원	12
上海	카페	李□具	25,000원		
聚和莊	카페	鄭玉□	40,000원		9
銀座	카페	金晟鍾	30,000원		57
東方飯店	여관	東應壁	50,000원	48,000원	4

---

29) 朝鮮總督府 北京出張所, 『在北支朝鮮人槪況』, 103-105쪽.

30) 朝鮮總督府 北京出張所, 『在北支朝鮮人槪況』, 102쪽.

31) 朝鮮總督府 北京出張所, 『在北支朝鮮人槪況』, 104쪽.

平壤旅館	여관	朴仁淑	20,000원	29,600원	10
交通旅館	여관	崔明通	30,000원	13,000원	
保民醫院	의사	李光環	20,000원	90,000원	
同和醫院	의사	鄭錫容	50,000원	25,000원	
桐谷醫院	의사	金桐谷	300,000원	86,000원	
平山齒科醫院	의사	申仁澈	50,000원		
京城齒科醫院	의사	李昌榮	20,000원		
亞細亞藥局	약종상	金煥	30,000원		2
富永質店	質業	姜瓚欽	25,000원		2
□□□□	식료잡화	桂宅敎	30,000원		
日支洋行	식료잡화	廉鳳鎭	60,000원		
金剛組	토목건축	尹潽善	50,000원		
中上福洋行	毛類綿布業	河應湖	260,000원		
金華公司	毛類綿布業	金煥	30,000원		
大通自動車部	자동차업	金善鎬	50,000원		
協大公司	자동차업	申仁均	20,000원	20,000원	
昭和印刷社	인쇄업	趙炳植	50,000원	50,000원	일7,한69,중130
新新鑛業公司	광업	金子政雄	500,000원	310,800원	

　한편 국내의 한인 노동자들이 중일전쟁 이후 고조된 건설경기에 따라 대거 이주하여 왔다. 이들은 특수기술자가 아니면 현장감독으로 채용되는 경우가 많았다. 다음의 표에서 보듯이 한인 노동자의 평균 임금은 3.65圓으로 일본인 4.34圓과 중국인 1.73圓의 중간이었다. 하지만 일본인 평균에 보다 가까웠으며 중국인의 2배에 달했다.[32]

---

32) 朝鮮總督府 北京出張所, 『在北支朝鮮人槪況』, 105쪽.

〈표 9〉 한·중·일 노동자 임금표

종목	임 금 (圓)		
	한인	일 본 인	중 국 인
大工	4.00	5.00	1.86
石工	3.00	4.44	2.00
左官	3.80	-	1.67
人夫	3.80	5.20	1.40
其他	3.65	3.60	1.70
평균	3.65	4.34	1.73

3. 북경지역 한인단체의 활동

1) 일제의 한인 정책

1937년 7월 16일 조선총독부는 중일전쟁으로 '위험에 처해진' 재중 한인의 이른바 보호무육이라는 명목으로 중국으로 진출하였다.[33] 조선 총독부는 외사과 室田 사무관, 경무국 보안과 佐佐木 屬으로 조사반을 구성하여 중국에 파견하였다. 전황이 일본에게 유리하게 전개되자 총독 부에서는 촉탁, 雇員 등을 현지에 파견하였다. 같은 해 10월, 조선총독부 와 일본 외무성은 재중 한인 업무에 관하여 협정을 맺고 업무를 분담하 였다.[34] 재중 한인 관련업무는 종래 일본 외무성이 담당하였으나 중일 전쟁 이후 한인이주가 폭증하면서 조선총독부와 업무를 분담하여 처리 하게 되었던 것이다.

즉 외무성은 민회 및 경찰소 취체에 관한 사항, 조선총독부는 교육,

---

33) 「拓務省設置關係一件」(일본외무성 외교사료관문서 M.1.1.3, 국사편찬위원회 수집 자료).

34) 「在支鮮人事務ノ處理方ニ關スル件」(정부기록보존소 마이크로필름, 필름번호 88-1713, 문서번호 88-110) ; 玄圭煥, 앞의 책, 690쪽.

위생, 산업, 금융 기타 보호무육에 관한 사항을 담당하기로 하였다. 1938년 4월에는 북경 일본대사관에 한인 관련 업무를 담당하는 조선과가 신설되었다.[35] 1938년 6월에는 북경과 張家口에 출장소를 개설하고 북경 출장소의 감독하에 천진과 청도에도 출장소를 설립했다. 1938년 濟南에 파견원을 두고 상해에 출장소를 개설하였다. 총독부 출장소는 재류 한인의 교육, 산업, 금융, 의료, 授産 등 각기관과의 연락, 산업 기타 현지 제사정의 조사 등 광범위한 업무를 취급한 한인 지도기관이었다. 출장소의 소장은 도지사급이었으며 그 외 외사과 사무관 1명, 경무국 사무관 1명 및 속관 수명으로 구성되었다.[36]

일제는 화북지방에서의 건설경기 등 인력이 부족함에 따라 이 지역으로의 한인 이주를 부추기면서도 한편으로는 통제정책도 활용하였다. 한인 이주가 폭발적으로 증가하자 화북지방 일대의 사회불안 방지 및 치안유지를 위해 중국으로의 한인 이주를 통제하였던 것이다. 일제는 중국으로 가는 자에 대해서는 심사를 거쳐 '도지신분증명서'를 발급하였다. 중국으로 이주 및 여행하려는 사람은 관할 경찰서에 신분증명원을 제출하고 본인의 신분과 직업, 중국으로의 이주 혹은 여행 목적과 요건, 기간 등을 조사, 필요하다고 인정되는 자에 한하여 신분증명서를 발급하였다.[37] 신분증명서를 소지하지 않고 중국에 여행 또는 이주하려는 자는 각지에서 단속하였다. 즉 인천, 진남포 및 기타 항구와 한중 국경, 그리고 大連, 營口 등지에서 단속하였다. 그러나 통제정책은 별 실효를 거두지 못하였던 것으로 판단된다.

---

35) 「北京의 大使館內에 今月부터 朝鮮課 新設, 對支開發에 對處하기 爲하여, 經濟部도 新設計劃」, 『東亞日報』 1938년 4월 13일.

36) 玄錫虎, 『한 삶의 告白』, 17쪽.

37) 「北支旅行에 警鐘」, 『每日新報』 1939년 4월 25일. 일제가 가정형편이나 사상문제로 중국 이주 신청을 불허하자 거짓 이름과 주소로 신청하다 발견되어 구류처분을 받는 경우도 있었다.

한편 조선총독부는 팔로군 침투방지 및 식량의 현지 생산조달, 생활
기반이 없이 화북지방에 이주해온 한인들을 수용하기 위해 화북일대에
대규모 농장을 건설하기 시작하였다.[38] 재중 한인업무를 담당하는 조선
총독부, 일본 외무성과 천진주둔 육군특무기관, 동양척식주식회사(이하
동척) 등은 중일전쟁 직후 곳곳에서 전투가 발발하면서 북경, 천진 등으
로 피난한 한인들, 화북지방을 떠돌면서 부정업에 종사하던 한인들을 대
규모 집단농장에 수용하였다.[39] 이 과정에서 총독부 파견 사무관들은
북지파견 일본군의 군촉탁으로 제일선 및 후방과의 정보수집활동을 하
고 있던 보병중좌 李應俊, 촉탁 예비역 보병대위 柳寬熙, 촉탁 예비역
보병중위 嚴柱明 등에게 한인문제에 대하여 자문을 구하였다.[40]

일제는 이주 한인에 대한 지배를 강화하기 위해 화북지방 도처에서
조직된 조선인회 등 한인자치단체들을 활용하였다. 중일전쟁 이후 중국
관내지역으로 이주해온 한인들은 조선총독부, 현지 대사관, 군부대, 외
무성 등의 원조를 얻어 중국관내지역 각지에서 조선인회 등을 조직하여
활동하였다.

---

38) 金光載, 「중일전쟁기 중국화북지방의 한인이주와 蘆臺農場」 참조.

39) 원래 중국관내지역은 만주지방과 달리 한인들의 농업이주가 거의 없었다. 조선총
독부는 중일전쟁을 계기로 만주와 마찬가지로 중국관내에서도 농업이주가 확대되
기를 기대하면서 다음과 같이 전망하고 있다. "조선인은 원래 수전경작에 극히 능
란하지만 치안관계 및 토지소유권에 대한 불안 등의 이유로 농업에 적극적으로
진출하는 자는 아직 없으며 근근히 京山線 연선, 京漢線 順德, 淸化鎭 부근, 山西
省 남쪽의 同蒲線 남부 및 山東의 일부에서 영농하는데 그치고 있다. 그리고 그나
마 아직 본격적인 경영에 착수하지 못하고 있으며 그 규모도 영세하여 현재 특별
히 기재할만한 것은 없으나 장래 큰 발전의 가능성이 있다."(朝鮮總督府 北京出張
所, 『在北支朝鮮人槪況』, 31-32쪽)

40) 「支那事變關與事項調書」(정부기록보존소, 앞의 마이크로필름)
李應俊, 『回顧九十年』, 汕耘紀念事業會, 1982, 187-188쪽 ; 李基東, 「日帝統治下
韓國人 高級將校의 運命 - 1930年代 滿洲·上海에서의 洪思翊」, 『何石金昌洙敎授
華甲紀念史學論叢: 韓國民族獨立運動史의 諸問題』, 범우사, 1992, 269쪽.

원래 조선인회는 만주에서 1911년부터 조선총독부가 조직하였던 조
선인회가 시초였다.[41] 즉 만주의 조선인회는 만주지방의 독립운동을 탄
압하는 일제의 보조기관 혹은 독립운동가들과 조선인들을 유리시킬 목
적으로 조직된 것이다. 중국지역의 조선인회도 이와 유사한 활동을 전개
하였다. 조선인회는 현지의 일본거류민단에 각종 세금을 납부하였다. 조
선인회의 임원들은 대개 현지의 한인 유지, 혹은 유력가들이었다. 만주
의 조선인회 혹은 조선인민회와 마찬가지로 관내지역의 조선인회도 임
원이 모두 일제의 인가를 얻어 임면되었다. 일본 관헌의 감독 밑에서 사
무를 집행하는 등 일제의 말단행정기관 역할도 수행하였다. 다시 말해
일본인 거류민단이 일제침략의 사회적 기반으로서 기능했던 것과 마찬
가지였다.[42]

중일전쟁이 발발하자 중국 현지의 조선인회는 중일전쟁 발발과 동시
에 현지 일본총영사와 경찰, 일본군의 지휘하에 피난민 수용, 구호, 송환
사업을 담당하였다. 중일전쟁의 진전에 따라 의용대 조직, 국방부인회
결성에서 그 중심 역할을 수행하고, 군대위문 및 송영 등에도 적극적으
로 나서 일본인 못지않은 활동을 수행하였다. 그 결과 조선총독 및 육해
군 대신, 관계기관으로부터 감사장, 표창장, 금일봉 등 각종 격려와 찬사
를 받았다.

특히 일본군과 중국군이 대치하고 있던 최전선이었던 河北省 일대의
일부 부일협력 한인 인사들은 1940년대 중국 화북지방에서 항일운동을
벌이고 있던 조선독립동맹의 朝鮮義勇軍을 대상으로 반민족적 선전을
전개하였다. 예를 들어, 1943년 河北省 峯峯鑛區朝鮮人居留民會는 磁
縣朝鮮協勵會 등 화북의 한인들과 함께 「告朝鮮義勇軍諸士에게」라는

---

41) 김태국, 『滿洲地域 '朝鮮人在民會' 硏究』, 국민대학교 국사학과 박사학위논문,
   2001.
42) 木村健二, 「在外居留民の社會活動」, 『近代日本と植民地』 5, 膨脹する帝國の人流,
   岩波書店, 1993, 28쪽.

선전문을 대량으로 산포하였다.[43]

한편 북경에 와서 기업을 경영하던 한인들은 부근의 치안 불안으로 많은 경비원을 고용하여 현지 일본군부대의 '치안공작'에 협력하였다. 예를 들어, 新新鑛業公司(경영주 金子政雄)는 회사 종업원과 경비원 모두 군대식으로 엄격한 규율하에 관리하였는데, 모든 종업원은 무장한채 업무에 종사하였다.[44]

1941년 일제는 조선인회 등의 단체가 내선일체에 방해된다고 인식하고 이들 단체를 해체하기 시작하였다. 그 배경은 1941년부터 1942년까지 일제는 화북지방의 치안을 확보하기 위해 5차례에 걸쳐 '치안강화운동'이라는 점령지 정책에서 찾을 수 있다. 그 주요 내용은 치안상황에 따른 지역의 획분·분할과 빈번한 군사토벌, 보갑제도를 근간으로 한 호구조사, 연좌제의 실시, 양민증의 발급, 자위조직의 확대 강화 등을 통한 항일세력의 색출 및 주민에 대한 감시, 통제, 식민통지 이데올로기의 주입 등이었다.[45] 이러한 상황속에서 일제는 1941년 7월, 華北半島人協會와 하부조직으로 화북일대의 각처에 協勵會를 조직하여 한인들을 더욱 강력하게 통제하였다.

그밖에도 일제는 북경의 한인들에 대해 각종 시찰단을 조직하여 국내로 파견하였다. 원래 일제는 한국 강점 이후 만주 등 해외의 친일 혹은 반일 한인을 조직하여 강점 이후 조선의 '발전상'을 견학케함으로써 친일기반을 확대하는 시찰단을 지속적으로 추진하였었다.[46] 시찰단의 목

43) 「朝鮮義勇軍 工作總結報告」(1943), RG 242, Records Seized by U.S. Military Forces in Korea, Doc 201238, Box 56, NARA(國史編纂委員會 수집자료).

44) 朝鮮總督府 北京出張所, 『在北支朝鮮人槪況』, 102쪽.

45) 北京市檔案館 編, 『日僞在北京地區的五次强化治安運動』上, 北京燕山出版社, 1987, 2-3쪽 ; 尹輝鐸, 「日本의 占領地政策과 華北 民衆의 政治的 行態」, 『東洋史硏究』 제60집, 1997, 107쪽.

46) 國史編纂委員會, 『韓國獨立運動史』 資料 40, 中國東北地域篇 Ⅱ, 探究堂, 2004. 일제는 1917년부터 북간도의 한인으로 조선시찰단 혹은 京城視察團을 조직하여

적은 중국 거주 유력 한인인사들로 하여금 조선의 '발전상'을 직접 견학
케 함으로써 황국신민으로서의 각오와 시국인식을 다지는 데 있었다. 아
울러 시찰을 마치고 돌아간 후 현지 한인들을 '선도교화'하여 한인들을
회유하고 친일기반을 다지는 파급효과를 노렸다. 이와 마찬가지로 상해
등 화중지방에서도 일제의 보조금 지원으로 조직된 한인 유지들의 시찰
단 파견이 빈번하게 이루어졌다.[47]

2) 한인단체의 조직과 활동

중일전쟁 이후 북경지역에서 한인들은 많은 단체를 조직하였다. 자료
상으로 파악되고 있는 단체는 다음의 표와 같다. 먼저 조선인회와 같은
자치조직, 국방부인회, 화북반도인협회, 북경협려회 등과 같은 관제조직,
여관하숙옥조합, 요리옥조합 등 동업조합, 극예술연구회 및 위문봉사대
애국선과 같은 예술단체 등으로 나누어 볼 수 있다.

〈표 10〉 중국 북경지역 한인단체

단체명	설립시기	주요구성원	주요활동
北京朝鮮人會	1930년대 초	金志玉	한인자치 및 일제통치 협력
大日本國防婦人會朝鮮分會	1938년	孫貞礎	일군 위문 및 국방헌금 등
華北半島人協會	1941년	玄永燮, 金振玟	內鮮一體의 皇民的 각성운동
北京協勵會	1941년	申永澈	일제의 전쟁수행 협조
金曜會	1941년	북경유력한인 38인	북경의 한인 실업 진흥
北京興業金融組合	1939년 3월		북경 한인상공업자 금융대출
北京朝鮮旅館下宿屋組合	1938년	申永澈, 洪龍範	동업조합, 전행수행 협조

조선에 파견하였다.

47) 「上海朝鮮婦人團 故國山河訪問記」, 『三千里』, 1940년 6월호, p.76 ; 『每日申報』
1939년 9월 26일, 「憧憬의 古土차저 上海在留同胞視察團」 ; 『東亞日報』 1938년
11월 16일, 「二十年만에 歸鄕한 上海在留朝鮮人 總督과 會見」 ; 『東亞日報』 1939
년 9월 17일m 「上海在留朝鮮人 視察團을 派遣」.

北京朝鮮料理屋組合	1937년	金洪燁, 黃我白	동업조합, 전행수행 협조
北京慈善戒煙所	1939년	安東輝雄	일제지원의 개인구호단체
北京半島文藝演劇研究會	중일전쟁 이후	伊東一路	일제를 선전한 예술단체
北京半島演藝慰問奉仕隊愛國船	중일전쟁 이후	伊東一路	일제를 선전한 예술단체

(1) 북경조선인회

북경지역의 대표적인 한인 자치조직은 북경조선인회이다. 조선인회는 북경에 이주해온 한인들이 정착하는데 필요한 여러 가지 활동을 하였을 것으로 보이나 자료부족으로 활동내용은 그다지 자세하지 못하다.

북경조선인회는 1933년 창립되었다.[48] 창립 다음해인 1934년 4월 북경 일본소학교 분교가 창립되어 한인 아동만 분리 교육하였고 이를 조선인회가 경영했다. 1937년 7월 중일전쟁 발발 당시 회장 金志玉, 主席書記 金基仲, 金碩訥, 高春景 등이었다. 이들은 조선총독부에서 파견되어 온 일본인 파견원 川尻忠과 함께 북경 거주 한인들을 북경조선인회 사무실 근처에 있던 한인 소학교 東城學校 분교에 피난시켰다.[49] 이때 소학교로 피난, 수용된 한인은 약 260여 명으로 한동안 외출을 하지 못하였을 뿐만 아니라 양식부족으로 곤란을 겪기도 하였다.[50]

그후 1938년 4월경 조선인회는 북경의 한인 아동들이 증가하자 토지 2천평을 매입하여 300명의 아동을 수용할 수 있는 초등학교를 설립하였다. 학교 설립에 필요한 총경비 8만원 가운데 2만원은 조선총독부로부터 보조를 받았고 1만원은 한인들이 염출하였다. 나머지 5만원은 연부상환

---

48) 『每日申報』 1937년 8월 1일. 「平津在留同胞들의 눈물겨운 生活相(二)」. 1937년 현재 창립된지 4년되었다고 하므로 1933년에 창설된 것으로 판단된다.

49) 『每日申報』 1937년 7월 31일, 「當局의 保護緊切로 平津同胞는 安全(一)」.

50) 『每日申報』 1937년 7월 18일, 「北平在留同胞 二百六十名 收容, 東城小學校 分校로」 ; 『每日申報』 1937년 7월 27일, 「安全히 避亂하고도 食糧缺乏으로 困難」. 『每日申報』 1937년 7월 27일, 「支那兵 撤退는 一片 말뿐 北平同胞不安焦燥」. 7월 27일 기사에는 북경의 한인들이 피난해 있는 동성소학교의 사진이 게재되어 있다.

으로 차관을 얻었다.[51] 조선인회는 그밖에도 한인에 대한 위생, 구호의 공공사무를 처리하였다.

북경조선인회는 1938년 8월 1일 일본 민단법이 실시됨에 따라 해산하였다.[52] 즉 1938년 9월 1일 북경일본거류민회가 북경일본거류민단으로 확대 설립되자[53] 내선일체의 방침에 따라 북경조선인회의 사업을 일본거류민단에 인계하면서 해산하였다.[54] 대신 조선인회 사업은 일본거류민단에 조선부를 두어 처리하였다. 이때 대만인들도 일본 북경거류민단에 통합되었던 것으로 보인다. 1941년 현재 북경거류민단의 단원으로 파악된 한인 및 일본인 현황은 다음과 같다.[55]

〈표 11〉 북경거류민단의 민족별 인구

	남		여		계(87,732)
	대	소	대	소	
한 인	9,380	2,617	5,872	2,498	20,367
일본인	34,374	6,755	19,306	6,470	66,905
대만인	248	76	85	51	460

북경조선인회가 일본거류민단에 통합된 후 일본거류민단의 평의원에 피선되어 활동했던 한인으로는 福田雅仁(福田公司), 桐谷正春(桐谷醫院), 高島次郎(高氏夫婦齒科醫院) 등이었다. 이들은 모두 북경지역의 한인 유지 혹은 사업가들이었다. 그후 이들은 북경지역에 화북반도인협회,

---

51) 『每日申報』1938년 4월 6일, 「北京在住同胞 小學校를 設立」; 『每日新報』1938년 6월 29일, 「北支朝鮮人學校에 國庫補助를 支給」.
52) 『每日新報』1938년 7월 9일, 「北支의 明朗化따라 半島同胞의 大活躍, 民團法도 實施하고 小學校의 增設等」.
53) 靑柳星美, 「漢口及び北京居留民團制度の研究」, 『東亞同文書院大學東亞調査報告書』, 上海東亞同文書院大學, 1942, 856쪽.
54) 『東亞日報』1938년 7월 9일, 「北京의 朝鮮人民會 居留民團에 合流」.
55) 靑柳星美, 「漢口及び北京居留民團制度の研究」, 855쪽.

북경협려회가 조직되자 여기에 가담하여 적극적으로 활동하였다.

(2) 大日本國防婦人會朝鮮分會

국방부인회는 중일전쟁 발발 이후 일본군 후방지원활동을 위해 조직
되었다. 1938년 6월 27일 중일전쟁 1주년을 즈음하여 孫貞礎, 高鳳南,
朴貞文, 李物珍, 韓貞秀 등 10여 인의 북경 거주 부인들이 모여 창립위
원회를 조직하였다.56) 7월 3일 오후 3시 대일본국방부인회 북경본부의
지령에 따라 한인 부인 200명 등 1,000여 명이 북경의 日本人俱樂部에
모여 창립총회를 개최하였다. 북경조선인회 회장의 개회선언을 시작으
로 일본 木內 영사, 高橋 조선총독부 출장소장, 군부대 요인들의 축사와
훈사가 있은 후 만세삼창을 하고 폐회하였다. 이 날 국방부인회 회원들
은 대부분 일본옷을 입고 새로 만든 會章을 찬 후 시내를 행진하였다.57)
부인회는 사무실을 북경 東城東單 3條胡同 일본거류민단내에 설치하
였다. 1940년 상반기 현재 수입 338.05, 지출 603.35원의 지출 초과 상
황이었다. 하지만 부인회에는 조선인회 등과 마찬가지로 총독부, 외무성
등으로부터의 보조금 지원이 있었던 것으로 보인다. 회원수는 1940년
현재 250명이었으나 1941년에는 600명으로 늘어났다. 1940년 현재 임
원진은 다음과 같다.

- 會長 : 朴貞文
- 副分會長 : 金秀松
- 理事 : 趙喜祚, 文實相, 尹日南, 金夜鄕, 爐村惠子, 洙元順

---

56) 『每日新報』 1938년 7월 9일, 「北支의 明朗化따라 半島同胞의 大活躍, 民團法도
　　 實施하고 小學校의 增設等」.
57) 『東亞日報』 1938년 7월 12일, 「北京在留婦人國防婦人分會創立」 ; 『東亞日報』
　　 1938년 7월 14일, 「北京朝鮮婦人이 國婦分會를 組成」 ; 『每日新報』 1938년 7월
　　 14일, 「北京在留의 朝鮮人 國防婦人會結成」.

• 評議員 : 9명[58]

부인회의 주요활동은 대일본국방부인회 회칙에 따라 군대위문, 부상병의 위문, 유골 봉영송, 위령제 참여 등이었다. 국방부인회의 활발한 활동은 일본당국으로부터 내지인의 국방부인회의 활동에 비해 결코 뒤떨어지지 않는 것으로 평가되었다.

1938년 7월 7일 북경 국방부인회는 중일전쟁 1주년 기념식에 일본국방부인회 회원들과 함께 참석한 것을 시작으로 군대의 送迎, 위문에 있어 조선인회의 지도하에 통제된 활동을 하였다. 특히 부상병 위문에 있어서는 일본인측 국방부인회와 협력하였다. 한인요리업조합 등의 협력을 얻어 국방헌금도 여러 차례에 걸쳐 방면군 사령관에 헌납하였다. 국방헌금에 기부한 인원은 141명으로 금액 3,021원에 달하였다.

1940년 9월 국방부인회는 국방은 부엌경제에서부터 시작해야 한다고 선전하였다. 國防婦人獻金箱子를 회원 각가정의 부엌에 배포하여 연말까지 28,000 여 원을 모집하였다. 1941년 국방부인회 지방본부의 환자수송기 헌납운동에도 적극적으로 참여하였고 그밖에도 위문대 제작문 등의 활동을 전개하였다.[59]

(3) 화북반도인협회 및 북경협려회

1941년 7월 북경 일본대사관에서 중국현지 일본대사관, 특무기관, 조선총독부 지휘하에 화북반도인협회가 조직되었다. 화북반도인협회의 하부조직으로 화북 각지에서 협려회가 조직되었다. 두 단체는 내선일체의 황민적 각성운동 및 전시 황민으로서의 책무 완수를 위한 각종 부일협력

---

58) 朝鮮總督府 北京出張所, 『在北支朝鮮人槪況』, 109쪽. 1938년 결성 당시 초대 분회장은 孫貞礎, 초대 副분회장은 朴鳳南, 韓貞秀였다. 국방부인회 임원 가운데 金秀松(海東樓, 자본금 3만원), 尹日南(代加樓, 자본금 3만원)은 요리점 경영주였다.

59) 朝鮮總督府 北京出張所, 『在北支朝鮮人槪況』, 108-109쪽.

활동을 수행하였다.

북경 일본대사관에 사무소를 두었던 화북반도인협회는 일본 북경총영사·조선총독부 북경출장소 소장 등 다수와 한인 玄永燮[60]·金振玫(북경 일본대사관 조선과) 등이 참여하였다. 협회의 임원진은 다음과 같다.

- 이 사 : 北澤直吉, 富山修
- 主 事 : 玄永燮(天野道夫, 綠旗聯盟, 國民精神總動員聯盟 간사)
- 서이기 : 淸川浩明, 西原淸
- 평의원 : 大槻實(北支軍司令部 陸軍中佐), 北支軍司令部 陸軍中佐 1인
         결원, 北京憲兵司令部 中佐 2인 결원, 板垣收(興亞院 事務
         官), 伊關佑二郎(북경일본대사관 서기관), 栗木秀顯(북경일본
         대사관 영사), 安田謙次郎(북경 일본대사관 부영사), 矢野惠
         (조선총독부 사무관), 大林福夫(조선총독부 촉탁), 金振玫(金
         江振政, 조선총독부 북경출장소 촉탁), 水津正雄, 大林福夫[61]

이상에서 보듯이 현영섭, 김진민 2인을 제외한 모든 임원은 일본 고위관리, 군인들이 차지하였다. 협회의 모든 문제는 실제적으로 이들에 의해 결정되어졌던 것으로 보인다.

협회는 조선인지도요강을 만들고 그에 근거하여 하부 지역조직인 각

---

60) 화북반도인협회 조직에 깊이 관여하였던 主事 玄永燮(天野道夫, 綠旗聯盟, 國民精
   神總動員聯盟 간사)은 강원도 참여관, 중추원 참의를 지냈던 玄櫶의 장남이었다.
   원래 아나키즘 및 마르크스주의에 심취, 1930년대 南華韓人靑年聯盟에 가입하여
   활동하였다. 그러나 1935년 치안유지법 위반으로 검거, 사상전향을 하고 이듬해
   무혐의 석방되었다. 그후 在朝鮮 일본인들의 국가주의단체인 綠旗聯盟에 가입해
   적극적인 내선일체론을 주장하였다. 중일전쟁 이후에는 국민정신총동원조선연맹,
   국민총력조선연맹 등에서 적극적으로 부일협력활동을 전개하였다. 1941년경 북
   경에서 화북반도인협회, 협려회 조직과정에서 활동하였고 해방 이후에는 일본으로
   탈출하였던 일제강점기 말기의 대표적 내선일체론자였다(정혜경·이승엽, 「일제하
   녹기연맹의 활동」, 『한국근현대사연구』, 제10집, 1999).
61) 白川秀南 編, 『在支半島人名錄』 第三版, 上海: 白川洋行印刷部, 1942, 155쪽.

처의 협려회를 통해서 화북일대의 한인을 통제하였다. 조선인지도요강
에 나타난 이들 단체의 설립 목적은 다음과 같다.

> 조선인의 지도는 내선일체의 정신을 기조로 하여 물심양면 무차별 무
> 분리하는 사이에 융합 일체화시킴을 목표로 하여 內鮮一元的 지도를 한다.
> (고로 조선인민회 같은 형식에 의한 지도방법을 채용치 않음은 물론, 차별
> 적 의미를 가지며, 내지는 내선분리의 취급이 되는 종류의 것은, 그를 목
> 적으로 하건 결과적으로 그렇게 귀결함을 불문하고 이를 채용하지 않을
> 것이며, 원칙으로 大政翼贊운동 밑에서 내선일원적 지도를 하는 것으로
> 한다. ……… 조선인으로서의 현상을 깊이 재인식시켜 反省自灰하고 친목
> 향상을 도모하고 互助協勵하는 목적으로 각지에 協勵會(가칭)를 설립하여
> 그곳 거주인 조선인 전체를 포옹 가입시키며, 이 단체를 통해서 그 지도목
> 적의 달성을 기함과 동시, 그 지도의 동안에 본회를 통하여 일반 내지인의
> 조선인에 대한 인식의 速進을 도모하며, 내선일체의 실을 거두는 방도에
> 응하게 하고자 한다.[62]

요강은 한인에 대해 내선일체의 원칙에 입각해 지도한다고 선언하였
다. 그 구체적인 '조선인 지도정신'은 다음과 같다. 즉, "① 내선일체의
정신을 기조로 하여 황국신민으로서 각성시킴, ② 흥아성전의 의의에 徹
케 하여 화북재주 황국신민으로서의 실무를 완수시킴, ③ 自省自戒·호
조협력·친화향상에 노력하게 함"이다. 또 그 구체적인 '지도방법'은 다
음과 같다. 소년층에 일원적 일선공학과 졸업생 특별지도에 의한 일어교
육 완수, 청년층에 대정익찬운동의 훈련기관 및 예비적 보충훈련을 통한
흥아전사로의 양성, 성인층에 협려회에 포괄 가입시킴으로써 황민화, 시
국인식 및 내선일체의 擧揚을 기함, 부인층에 국방부인회에 가입하게 하
여 황도여성의 책무를 완수시킴, 무직자·부정업자에 대한 민단·협려회
의 직업보도로 '황민적 정업'에 종사하게 함 등이다.

---

62) 白川秀南 編, 『在支半島人名錄』第三版, 37-38쪽.

북경협려회는 1941년 7월 8일, 북경 일본대사관 조선과 사무소에서 창립되었다. 북경협려회 창립을 시작으로 하여 天津·濟南·靑島·保定·開封·新鄕·太原, 張家口·大同 등 화북일대 31개 지역으로 확산되었다.[63] 북경협려회의 고문, 상담역, 이사, 평의원 명단은 다음과 같다.

- 고 문 : 松崎(特務機關長), 赤藤(헌병대장), 矢野(조선총독부 사무관), 小長(谷領警署長), 村井(居留民團長), 增田(翼贊局長), 中野(商工會議所 會頭)
- 상담역 : 影山(특무기관 中尉), 和田(헌병대 대위), 安田(일본대사관 부영사), 五十嵐(일본대사관 學務課 서기생), 林田(영사관경찰서 警部), 大林(朝鮮總督府派遣員 촉탁), 瀧井(일본거류민단 서무과장), 堀口(민단 翼贊局 서기), 高橋(제2국민학교 교장), 中島(北支開發會社 과장)
- 이 사 : 申永澈(平山八達), 柳澤錫東, 牧山宅珪, 高島次郎, 杉原光成
- 평의원 : 牧山宅珪, 鄭錫鎔, 高島次郎, 金谷忠信, 新木一雄, 丹山泰環, 金炳禮, 西原銀河, 安藤德治, 山川虎雄, 金田源太郎, 田中元吉, 植村正雄, 松江嘉三, 吳憲, 南春雄, 江原道雄, 鄭貞, 高島鳳南, 平本李松, 柳譯金玉, 江山忠信[64]

위에서 보듯이, 북경협려회는 한인 조직임에도 불구하고 화북반도인협회와 마찬가지로 고문, 상담역에 모두 일본인들이 포진하였다. 다만 이사 및 평의원에는 한인들이 참여하였는데, 이들은 모두 북경지역의 유력가들이었다.[65] 이들은 대개 일제의 인가를 얻어 임면되었으며 협려회

---

63) 『每日新報』 1941년 6월 6일, 「自覺徹底한 半島人, 共勵會의 活動을 期待」. 協勵會는 共勵會, 協濟會로도 불리어졌다. 協勵會는 화북지방 각지 30여 곳에서 조직된 것으로 나타나고 있다. 上海, 南京, 廣東 등 화중·화남지방에서는 협려회 대신 기존의 일본인거류민단이나 한인들의 자치조직인 鷄林會가 이와 유사한 기능을 수행하였다.

64) 朝鮮總督府 北京出張所, 『在支半島人名錄』 第三版, 155쪽.

65) 『在北支朝鮮人槪況』, 『在支半島人名錄』 등의 자료에 의하면, 이들 한인들은 북경

를 통해서 적극적인 부일협력활동을 전개하였다. '성인층은 협려회에 포괄가입'시킨다는 방침으로 보아 북경지역의 모든 한인은 각 구 및 반에 포섭되어 자동적으로 협려회에 가입되었던 것으로 판단된다.

이들은 일본영사관·헌병대·특무기관·군부대·경찰서·거류민단의 요인을 고문역·상담역으로 하면서, 대표이사·이사·평의원이 관내 몇 구의 구대표를 지휘하면, 구대표가 그 하부인 몇 명의 반장을 통해서 반원인 협려회원을 통솔하였다.66) 상층기관인 화북반도인협회로부터 일단 명령이 떨어지면 협려회 구 및 반을 통해 순식간에 화북지방의 모든 한인에게 전달되는 체제를 갖추었다. 즉 중국 화북지방의 일본군 점령지역에 '치안강화운동'의 일환으로 보갑제 및 구제 등 통제정책이 실시되었다. 협려회 이사·평의원이 관내 11개 구의 구대표를 지휘하고, 구대표가 그 하부 5-11개의 班을 통해 반원인 협려회원을 통솔하면서 독립운동가의 '침두'를 감시하거나 일제의 전쟁수행에 협조하였다. 현재 자료상으로 파악되는 협려회 각 區 및 班의 조직체계 및 대표는 다음과 같다.

- 內一區
  藤本作廣(區代表)
- 內二區
  桐川英哉(區代表), 金山河一(內二區第一班), 田中信雄(第二班), 成田萬石(第三班), 金子泰雄(第四班), 金光正治(第五班), 高山信雄(第六班), 木戶鳳濟(第七班), 金炯澤(第八班), 金用聖(第九班), 大原俊雄(第十班), 平山秀一(第十一班)
- 內三區
  林順一(區代表), 安東武義(內三區第一班), 大山丙俊(第二班), 義城忠一(第三班), 中村正嚴(第四班), 林順一(第五班), 平野賢次(第六班)

에서 관리, 대규모 요리점, 의사, 무역상 등을 경영하고 있었다.
66)『每日新報』1943년 8월 4일,「協勵會積極活用」; 白川秀南 編,『在支半島人名錄』第三版, 37-38쪽.

- 內四區

  平本一郎(區代表), 金崎賢治(內四區第一班), 邑川永敏(第二班), 三浦
  龍雄(第三班), 高山勝男(第四班), 金村郁夫(第五班), 文岩吉雄(第六
  班), 金山光國(第七班)

- 內五區

  金貞秀(金城貞秀, 區代表), 金山一男(內五區第一班), 河東武雄(第二
  班), 金森世元(第三班), 文平勝國(第四班), 金川淸正(第五班)

- 內六區

  桐谷正雄(區代表), 池元敬善(內六區第一班), 李郁(第二班), 李圭南(第
  三班), 金光錫崇(第四班), 杉浦龍雄(第五班), 李熙斗(第六班), 宮本會
  慶(第七班)

- 外一區

  安田文雄(區代表), 安東赫(外一區第一班), 平田一雄(第二班), 文岩時
  龍(第三班), 德永定一(第四班)

- 外二區

  金冲正雄(區代表), 富永健次(外二區第一班), 金井權一(第二班), 廣田
  昌信(第三班), 福田茂(第四班), 李近春(第五班), 金命基(第六班), 金永
  培(第七班), 文鐵夏(第八班), 金本世植(第九班), 河原茂(第十班), 李時
  峯(第十一班), 伊達富藏(第十二班), 文基憲(第十三班), 西原銀河(第十
  四班), 山川虎雄(第十五班), 安藤德治(第十六班), 植村正雄, 孔河, 張
  斗勳, 金元得, 金興瑞, 金基洛, 張本豊造, 金井信弘, 金井承景

- 外三區

  岩本喜德(區代表), 文村錫俊(外三區第一班), 安田信造, 金川榮吉

- 外四區

  香山弘夫(區代表), 白川宗博(外四區第一班), 金敬鎭(第二班), 張村昌
  根(第三班), 金永天(第四班), 古山仁弼(第五班), 金山德夫(第六班), 金
  魯鶴(第七班), 崔基萬(第八班), 南奎錫(第九班), 長谷川仁奎(第十班),
  梁川愼二(第十一班)

- 外五區

  杉原光成(區代表), 金浦秀男(外五區第一班), 李正根(第二班), 白河泰
  龍(第三班), 香山繁雄(第四班), 平山繼治(第五班), 金章欽(第六班), 西
  河淸一(第七班), 白川英男(第八班), 谷川淸吉(第九班), 義正廣(第十
  班), 滿鮮日報(北中特派員 李鍾鼎)[67]

뿐만 아니라 1941년 협려회 조직 이후 일제의 치안강화운동에 발맞추어 북경 거주 한인 약 2만명, 일본인(대만인 포함) 6만명 등이 함께 북경에서 隣組를 조직하였다. 隣組는 중일전쟁 이후 일제가 전시체제로 돌입하면서 위로부터의 명령하달과 상호감시를 위해 조직되었던 체제였다. 동시에 隣組는 독립운동세력 및 중국 팔로군의 침투를 감시하고 차단하는 역할을 수행하였다.

북경협려회는 중국현지 일본대사관, 특무기관, 조선총독부, 화북반도인협회의 지휘하에 내선일체의 황민적 각성운동 및 전시 황민으로서의 책무 완수, 일본군 필승 기원제 및 각종 시국관계대회 개최, 국채 구입, 금속품 회수, 비행기·병기의 헌납, 국방헌금 등 각종 부일활동을 수행하였다.[68]

1942년 징병제 실시가 발표되자 북경협려회를 비롯한 한인들은 화북 각지에서 일제히 神社에 모여 징병제 실시에 대한 感謝奉告宣誓式을 거행하였다. 북경협려회도 감사봉고선서식을 거행하였는데 이 선서식에는 재중 일본군사령관 岡村이 참석하여 훈시하였다. 나아가 북경협려회 임원들은 조선총독부 북경출장소를 방문하여 감사를 표시하고 조선총독에게 감사전보를 보내기도 하였다.[69]

1942년 9월부터 협려회 산하에 청장년의 훈련단체인 '協勵壯丁訓練隊'가 북경을 비롯한 화북각지에 일제히 결성되었다. 1942년 9월에 결성된 북경협려회의 협려장정훈련대는 조선내의 청년특별연성령의 발표에 선행한 것이었다. 협려장정훈련대를 통하여 당국과 협조하여 국체의 본의, 국가이념의 확립 등을 강화하여 갔다. 장정훈련대는 징병제도 실

---

67) 白川秀南 編, 『在支半島人名錄』 第三版, 166-168쪽.
68) 『日帝下 戰時體制期 政策史料叢書』, 22권, 昭和19年 第86會 帝國議會 說明資料 (官房), 1944.
69) 『每日新報』 1942년 5월 23일, 「外地에서 더욱 感激 在滿支半島人의 徵兵感謝行事」.

시까지의 기간을 1기로 하여 시행하였다. 제1기는 1942년 10월 1일부터 1943년 3월말일까지, 제2기는 1943년 4월 1일부터 1944년 3월말일까지, 제3기는 1944년 4월 1일부터 동년 11월말일까지였다.[70]

1943년 3월까지 6개월간 북경 장정훈련대에 참가한 인원은 142명이었다. 수신, 국어, 교련 등의 과목을 매주 토요일, 일요일에 2시간씩 연성하였다. 북경훈련대는 1942년 10월 9일 일본인 田中의 지도하에 分列행진을 전개한 바 있었다. 북경의 예에 따라 天津, 靑島, 濟南, 開封, 太原, 石門, 保定, 兗州, 張店, 濟寧, 唐山, 塘沽, 博山 등 화북 각지에 협려 장정훈련대가 조직되었다. 일제에 의하면, 이들 훈련대의 훈련성적은 극히 우수하였다고 한다. 이때 훈련받은 청장년수는 북경이 140명, 천진 133명, 제남 86명 등이었다.

1943년 8월에는 제1기에 이어 제2기 장정훈련대의 훈련이 진행되었다. 제2기 장정훈련대의 훈련은 제1기와 마찬가지로 북경 일본청년학교에 위탁 시행하였다. 장정 훈련은 1945년까지 계속되었다. 1945년 4월 17일 북경의 한인 장정 수 십명은 제1회 군인예비연성대원으로서 4월 17일부터 6월 3일까지 화북흥아연성소에 입소하여 교련훈련을 받기 시작하였다. 입소식은 1945년 4월 17일 오전 11시부터 북경주재 일본대사, 연성소장, 대사관 조선과장, 張村 북경협려회 대표이사 등이 참석한 가운데 거행되었다.[71]

한편으로 북경대학, 흥아학원에 다니던 한인 학생들은 징병제도 실시에 즈음하여 1943년 12월 19일 북경 某병원에서 신체검사를 지원하였다.[72] 나아가 협려회는 징병제도 실시에 대비해 북경 거주 한인에 대한

---

70) 『每日新報』 1943년 8월 4일, 「協勵會積極活用, 壯丁訓練隊의 成績良好」.
71) 『每日新報』 1945년 4월 20일, 「北京在留半島壯丁豫備訓練」.
72) 『每日新報』 1943년 11월 18일, 「北京大學과 興亞學院 半島學生全員 志願」;『每日新報』 1943년 12월 23일, 「北京半島學兵檢查」.

호적조사를 강화하고 국방부인회 등 부녀에 대한 징병제도 인식을 제고
하기 위한 교육을 중점적으로 진행하였다.

그밖에도 협려회는 국내시찰단 파견 활동을 추진하였다. 1941년 11
월 26일부터 중국 화북지방의 협려회 대표들은 조선시찰단을 구성하여
조선을 시찰하였다. 대표는 북경협려회 이사 福田雅仁(福田公司 경영,
북경거류민단 평의원), 태원협려회 이사 中原亮(평북 신의주, 中原代書
所), 順德, 保定 등 각지 협려회 대표 10명이었다. 이들은 南次郎 조선총
독을 방문하고 조선 각지를 시찰하였다.[73] 1942년 6월에도 화북지방의
협려회 대표들이 조선시찰단을 구성하여 경성에 가서 총독부 국장과 좌
담회를 개최하였다.[74]

시찰단의 목적은 중국 거주 유력 한인인사들로 하여금 조선의 '발전
상'을 직접 견학케 함으로써 황국신민으로서의 각오와 시국인식을 다지
는 데 있었다. 아울러 시찰을 마치고 돌아간 후 현지 한인들을 '선도교
화'하여 한인들을 회유하고 친일기반을 다지는 파급효과를 노렸다.

(4) 각종 조합 및 예술단체

북경의 한인들은 자치조직, 관제조직 외에도 여러 가지 단체를 조직
하였다. 직업단체와 관련하여서는 金曜會, 北京朝鮮料理屋組合, 北京朝
鮮旅館下宿屋組合 등이 있었다.

우선 금요회는 1941년경 한인 실업가들의 단체로 조직되었다. 매주

---

73) 『每日新報』 1941년 11월 26일, 「鄕土躍進相視察, 北支協勵會 代表들 二十六日入
　　城」 ; 『每日新報』 1941년 11월 27일, 「北支協勵會 一行」. 한편 북경, 천진, 제남,
　　청도, 태원 등 화북지방의 한인 유력인사 30명은 이보다 한 해전인 1940년 9월에
　　도 20일 일정으로 조선 각지를 시찰하였다. 『每日新報』 1940년 9월 14일, 「北支,
　　蒙疆朝鮮人 視察團들 明日入城」 ; 『每日新報』 1940년 9월 15일, 「故鄕同胞들의
　　銃後活動에 驚歎 北支蒙疆視察團入城」.
74) 『每日新報』 1942년 6월 13일, 「緊密한 連絡約束 北支協勵會視察團 京城서 座談會」.

금요일 조선총독부 북경출장소 요원을 초대하여 간담회를 열었다. 그리고 10만원의 자금으로 조선실업회관을 건설하였다. 1941년 9월 실업구락부를 결성하여 북경출장소 공업금융조합과 긴밀한 연락을 취하였다. 아마도 금요회는 현지 일본인의 상공회의소와도 같은 역할을 하였을 것으로 보인다.

북경조선요리옥조합은 북경지역의 한인 요식업자들의 권익옹호단체였다. 1937년 10월 13일 북경 前外百□胡同 3號에서 회원 7명이 모여 창립하였는데, 초대조합장은 金洪燁이었다. 그후 1940년 3월 현재 조합장은 黃我白, 부조합장 金京珍, 회계 朴市燁, 평의원은 4명이었다. 주요 활동은 조합원 상호간의 친목 도모, 황군위문, 국방헌금, 위령제 참여 등이었다.[75]

북경조선려관하숙옥조합은 북경 거주 조선인 여관 경영자들의 권익옹호 단체였다. 1938년 2월 창립총회를 개최, 동월 23일 일제에 의해 정식으로 인가되었다. 창립 당시 조합원수는 17명이었으며 초대회장은 金尙俊이었다. 그후 1940년에는 임원수 32명(여관 19명, 하숙 13명), 조합장은 申英澈(平山八達, 京城旅館), 부조합장 洪龍範, 평의원 7명이었다. 1942년 현재 조합장은 申英澈, 부조합장은 洪龍範(北鮮旅館, 昌黎農場 대표)이었으며 조합원(29인)은 다음과 같다.

清原仁淑(平壤旅館), 洪龍範(北鮮旅館), 車戶洙榮(龍川郡, 東方飯店), 崔明道(交通旅館), 金原俊弘(瑞興郡, 半島旅館), 孫順鳳(朝鮮旅館), 丁範教(前門旅館), 松田成彬(龜山郡, 大川旅館), 鄭順玉(平和旅館), 香川松竹(定州郡, 萬壽旅館), 孫容稷(德慶樓飯店), 崔用大(淸風莊아파트), 金良鐸(振聲飯店), 韓慶南(大東飯店), 平山八達(京城府, 京城旅館), 金命基(春日莊), 神田良治(春滿旅館), 橋木平造(信川郡, 大昌旅館), 趙璇衡(京畿下宿), 文成道(新平莊), 玉山隆造(漢城館), 申炳鎰(아파트), 金敬淑(國都호텔), 朴成玉(新樂屋), 崔龍

75) 朝鮮總督府 北京出張所, 『在北支朝鮮人槪況』, 110쪽.

贊(大林아파트), 鄭萬鉉(常榮館), 平山八達(興亞莊), 柳井敬子(明東호텔)

여관하숙옥조합은 조합원 상호 친목을 도모하고 영업상의 폐해를 교정하였다. 또한 각 조합원간의 밀접한 연락을 통하여 국방헌금, 위령제, 告別式 등에 참여하였다.[76]

금융조합으로는 북경흥업금융조합이 있었다. 1939년 3월 17일 북경지역 한인 상공업자에 대한 금융대출을 목적으로 조직되었으며 궁극적인 목적은 전시하 '저축보국'이었다. 북경흥업금융조합은 조선내의 금융조합을 모방한 것으로 창설 당시 5천원에 달하는 조선총독부의 기금 및 그후 매년 2천여원의 보조금을 지원받았다. 1940년 현재 회원수는 242인이며 조합장 1인, 감사 1인, 부이사 약간인, 감사 3인, 평의원 11인, 總代는 조합원 50인당 1인을 두었었다. 조합장, 이사, 부이사는 중국현지 일본총영사가 임면하고 감사, 평의원, 總代는 총영사의 인가를 요하는 등 일본영사관의 철저한 통제에 의해 운영되었다.

금융조합의 업무구역은 북경시 일원으로 운영은 1) 무담보 대부한도는 1천원, 2) 담보 대부한도는 3천원, 3) 대부기간은 6개월 이내이나 재해 기타 특별한 사유가 있을 때에는 이자지불을 태만히 하지 않은 자에 한하여 그 기간을 갱신할 수 있었다. 담보대부의 경우 토지 구입, 건물의 신축 및 개축, 증축, 수선 또는 구입에 필요한 자금은 10년 이내의 년부상환 또는 5년 이내의 정기상환의 방법에 의해 대부하기로 하였다. 4) 예금은 정기예금, 정기적금 및 저축예금의 3종이고 그 利子步合은 영사관의 인가사항으로 하였다. 1940년 현재 자본금은 2,890원, 대부금액은 80,552원이었다.[77]

---

76) 白川秀南 編, 『在支半島人名錄』 第三版, 165-166쪽 ; 朝鮮總督府 北京出張所, 『在北支朝鮮人槪況』, 109-110쪽.

77) 朝鮮總督府 北京出張所, 『在北支朝鮮人槪況』, 46, 102쪽 ; 玄圭煥, 『韓國流移民史』 上, 684쪽.

일제의 대동아공영권 건설을 문화적 측면에서 선전하였던 예술단체
는 北京半島文藝演劇硏究會, 北京半島演藝慰問奉仕隊愛國船 등이 있
었다.[78] 북경반도문예연극연구회는 중일전쟁 이후 北京 前門外韓家潭
四九號에서 대표사원 伊東一路 등이 중심이 되어 결성된 예술단체였다.
일제의 대동아공영권 건설을 예술계 차원에서 선전하고 협조한 예술단
체로 보이나 구체적인 활동은 자료의 부족으로 파악되지 않고 있다. 북
경반도연예위문봉사대애국선도 일제의 대동아공영권 건설을 예술계 차
원에서 선전하고 협조한 예술단체로서 중일전쟁기간 일본군 위문활동을
수행했던 것으로 보인다.[79]

그밖에 마약중독환자 구호단체로 1939년 한인 安東輝雄이 설립한 北
京慈善戒煙所가 있었다.[80] 1939년 4월 安東輝雄은 일본인 三島酉之助
의 사재 10만원의 기부를 바탕으로 같은해 11월 마약 퇴치를 위한 재단
법인을 설립하고 외무대신으로부터 인가를 받았다. 安東輝雄은 일찍이
동경 및 만주에서 마약범죄 구호사업에 종사하다가 북경대사관의 촉탁
으로서 마약류에 관한 조사에 종사하였던 인물이었다. 마약중독환자의
구호를 위해 자택에 환자를 수용하고, 구호에 종사하였다. 수용환자수는
남자 45명, 여자 9명, 도합 54명으로 그 중 한인 환자는 남자 24명, 여자
3명의 계 27명이었다. 남자는 목공, 경작, 구두, 양말 제작, 여자는 양말
코 뀌어 매는 작업이 일과였다.[81] 그후 이 단체는 북경 廣安門內善果寺

---

78) 白川秀南 編, 『在支半島人名錄』 第四版.
79) 白川秀南 編, 『在支半島人名錄』 第四版.
80) 李鍾玉, 「麻藥中毒患者의 更生道場 北京慈善戒煙所를 보고」, 『朝光』, 朝鮮日報社,
    1941년 7月號, 332쪽.
81) 宋今璇, 「天津, 北京의 初夏」, 『三千里』, 1941년 7월호, 87쪽. 이 수용소의 일과는
    다음과 같다.
    오전 6시 : 기상, 7시 : 청소, 8시 : 신사참배, 정신교육, 9시 : 식사, 10시 : 독서,
    11시 : 운동, 오후 1시 : 작업, 2시 : 점심, 3시 : 독서, 5시 : 청소, 6시 : 운동,
    오후 7시 : 석식, 9시 : 연구, 10시 : 취침

를 임대, 수리하여 1천명을 수용할 수 있을 시설 건설을 추진하였다.

(5) 북경 한인의 성향

북경거주 한인들 가운데 유력층은 일제에 적극적으로 협조하였으나 대개의 경우는 수동적으로 일제에 협력하거나 그때그때의 생활에 안주하고 있었던 것으로 보인다.[82] 특히 북경의 유력 한인들은 북경조선인회가 일본인거류민단과 합병하여 해산된 이후에는 더욱 적극적으로 일제 통치 및 전쟁수행에 협조하였다.

우선 1940년 창씨개명 제도 실시와 더불어 북경 거주 한인들은 경찰서, 민단, 조선총독부 출장소 등 각기관에 신청하여 대부분 창씨개명을 완료하였다. 창씨개명이 시작되자 일제는 북경총영사관 주최하에 여러 차례의 강연회, 좌담회, 협의회 등을 개최하고 그 취지 및 수속 관련사항을 깅조하였다. 그 결과 1940년 2월부터 8월까지 북경지역 한인들은 578건의 창씨개명 신청을 영사관에 제출하였고 그외는 직접 국내의 본적지에 신고하였다.[83]

또 1940년 7월 북경의 한인들은 중일전쟁 3주년을 기념하기 위하여 75,000원의 愛國機(명칭은 朝燕號) 기금을 모금하였다. 이후 일본군 多田부대에 헌납의 수속을 마치고 중일전쟁 3주년이 되던 1940년 7월 7일 북경비행장에서 헌납식을 거행하였다. 그리고 남은 14,000원은 북경 충령탑 건설비용으로 헌납하였다.[84] 1944년부터 징병제가 실시됨에 따라 북경의 한인들은 비행기 24대 헌납을 결의하고 장기적인 헌금운동을 추진하였다.[85] 북경 한인들의 군기 헌납운동은 일본이 패망하는 1945년까

---

82) 원경선, 「나의 이력서/꿈같이 지나간 북경시절」,『한국일보』2003년 9월 21일. 元 敬善(池元敬善)은 중일전쟁 이후 북경에 건너가 약 7년 동안 거주하다가 귀국하였다.

83) 朝鮮總督府 北京出張所,『在北支朝鮮人槪況』, 111쪽.

84)『每日新報』1940년 6월 14일,「本報北京支局에 愛國機 基金 寄託」;『每日新報』 1940년 7월 2일,「北京在住半島同胞 愛國機를 獻納」.

지 계속되었다.[86]

그밖에도 1941년 12월에는 일본군의 무운장구기원제를 거행하였
다.[87] 또 북경에서는 헌혈보국회가 조직되어 헌혈운동을 전개한 결과
일본군 부대장으로부터 감사장을 받기도 하였다.[88] 이와같이 북경의 한
인들은 협려회 등 각종 단체를 통해 일제의 전쟁수행에 협조하였다.

그러나 일제의 패색이 짙어가던 1944년 이후 북경의 한인들은 이 지
역으로 진출해온 조선독립동맹에 가담하는 경우도 있었다. 일제에 협력
하는 한편 항일조직과도 연계를 맺어둠으로써 일제 패망 이후의 안전을
보장받기 위한 목적이었을 것이다. 이미 이때는 일제의 통제 감시장치가
느슨해 있었기 때문에 항일조직과의 연계가 보다 용이했다.[89] 일종의
기회주의적이고 양면적인 처신이었다.

그 결과 1944년 독립동맹의 北平分盟이 조직된 다음해인 1945년 5월
현재 제1조(맹원 55명), 제2조(맹원 30명), 제3조(맹원 12명), 제4조(맹원
7명) 등 4개의 소조로 확대되었다. 제1, 2조의 맹원은 모두 대학 및 중학
의 학생이었고, 제3조의 맹원은 일제의 각종 기관에서 복무하던 사람이
었으며, 제4조의 맹원은 모두 무직자들이었다.[90]

1944년 10월 북경을 비롯한 화북지역의 한인 대표로 구성된 '화북적
점령구 조선인민대표 위문단'이 일제의 봉쇄망을 뚫고 태항산 항일근거
지에 갔다. 근거지 정부는 이들에게 연회를 베풀어 환영을 해주었고, 위
문단은 근거지 정부와 군대에 깃발을 헌상하였다. 위문단이 주재한 만찬

85) 『每日新報』1944년 4월 10일, 「華北에 獻翼熱沸騰」.

86) 『每日新報』1945년 3월 24일, 「愛國機十臺獻納 北京있는 半島人들」.

87) 『每日新報』1942년 2월 15일, 「大陸의 半島人新赤誠」.

88) 『每日新報』1942년 11월 10일, 「銃後獻血運動 華北에 感激의 美談」.

89) 염인호, 『朝鮮義勇軍 硏究』, 국민대 대학원 박사학위논문, 1994, 156쪽.

90) 武亭, 「華北朝鮮獨立同盟 一九四四年一月至一九四五年五月工作經過報告(1945.5.
9)」(楊昭全 等編, 『關內地區朝鮮人反日獨立運動資料彙編』上, 遼寧民族出版社,
1133쪽).

에서 근거지 군구 정치부 부주임의 환영사에 이어 위문단 대표 高哲이
비통한 어조로 연설을 하였다. 高哲은 연설에서 해방구 항일군민과 어깨
를 나란히 하여 일제파쇼를 철저히 궤멸시키겠다고 연설하였다.91)

그 외에 북경에는 임시정부, 한국독립당, 민족혁명당 등 관내지역의
독립운동단체에서 파견되어 적후방공작을 전개하던 이들이 있었다.92)
또한 辛日鎔 등과 같이 과거 한때 민족주의운동이나 사회주의운동에 종
사하였다가 전향을 하고 북경에 정착한 경우도 있었다.93) 일제는 한때
독립운동에 참여하였거나 혹은 장래 반일행위를 할 가능성이 있는 한인
들을 조사하고 감시하였다. 일제는 이들을 김원봉의 민족혁명당, 김구의
한국국민당, 사회주의계열, 무정주의계열 등으로 분류하여 조직적으로
동향을 파악하였다. 1939년 6월말 현재 일제 북경일본대사관 경무부가
파악하고 있던 이른바 북경지역의 '요시찰' 한인들은 44명에 달했다.94)

---

91) 石源華 編, 『中國共産黨과 韓國獨立運動 關係紀事硏究』, 도서출판 고구려, 1997,
273-274쪽.

92) 金光載, 「중일전쟁기 중국화북지방의 한인이주와 蘆臺農場」 참조. 한편, 임시정부
나 조선독립동맹 등 이 지역의 독립운동단체들은 정확한 통계를 접할 수 없는 상
황이었다. 그러므로 중일전쟁 이후 이주해온 한인의 규모를 4십만에서 심지어는
백만으로까지 과대하게 파악하였다. 예를 들어, 韓國光復軍 제2지대장 李範奭도
관내지역의 한인 숫자를 50만 내지 70만으로 파악하였다[「在華鮮台人ニ關スル調
査(1944. 11. 10)」(일본외무성 외교사료관문서 A.5.0.0, 국사편찬위원회 수집자
료)] 아무튼 관내지역 독립운동진영의 입장에서 이주 한인들은 인적 충원을 위한
거대한 저수지와도 같았다. 그러나 이주 한인들 대부분이 일본군 점령지역에서
거주하고 있었으며 또한 일제의 철저한 통제로 말미암아 이들이 독립운동진영에
투신하는 경우는 많지 않았다. 따라서 이들을 동원하여 대일전을 전개하는 데까
지 이르지는 못하였다.

93) 신일용은 북경에서 美香館이라는 요리점을 경영하고 있었다. 한편 일제는 이른바
사상전향자들을 중국 화북지방으로 보내 취업하도록 하였다.『每日新報』1939년
3월 7일, 「興亞의 聖業에 思想轉向者여 도으라 北支進出斡旋次法務局長出張」.

94) 이들 44명의 요시찰 한인에 대한 자세한 내용은 다음의 자료를 참조할 수 있다.
北京日本大使館 警務部, 「北支地方における要視察(容疑者を含む)朝鮮人の槪況」, 1939
(『昭和思想統制史資料』 24, 中國情勢篇, 高麗書林 영인, 1991, 175-227쪽).

이들 가운데 북경에서 큰 규모의 병원을 경영하며 일본인거류민단 평의
원으로 적극적인 부일협력활동을 하던 金燁(金桐谷) 같은 인사도 포함
되어 있을 정도로 일제의 감시는 집요하였다.

3) 8·15 이후 한인단체의 동향

태평양전쟁에서 일본의 패색이 짙어가면서 많은 한인들은 귀국을 서
둘렀다.[95] 때문에 1945년 8월 일본 패망 당시 북경에 거주하던 한인은
약 1만 명으로 줄어들었다.[96] 하지만 같은 해 10월 경에는 중국 각지의
한인들이 귀국하기 위해 북경에 몰려드는 바람에 3만 5천명에 달했
다.[97]

이들은 일본인과 마찬가지로 '集中營'(수용소)에 수용되었다. 현지 중
국인들로부터 일제의 '전위', '주구'라는 비난과 함께 일본인보다 더 혹
독한 수난을 당하기 시작하였다. 한인들은 재산은 물론이고 생명까지 보
장받을 길이 없었다. 8·15이전 북경거주 한인들과 현지 중국인들의 관
계는 우호적이지 못하였다. 중국인들은 대개 한인들을 멸시하였으며 중
일전쟁이 발발하자 한인을 박해하거나 약탈하기도 하였다.

게다가 일본 패망 이전 일부 한인들은 자신이 일본인이라는 우월감을
내세웠다. 심지어 일부 한인들은 일본인의 위세를 등에 업고 중국인의
가옥, 공장 등을 강제로 헐값에 사들이기도 하였다. 중국인 거주지역에
사는 한인들은 가옥문제, 금전대차 문제 등으로 중국인들과 시비가 많았
다.[98] 한인에 대한 중국인의 부정적인 시각은 일제 패망후 한인들이 중

---

95) 「在華鮮台人二關スル調査(1944. 11. 10)」(일본외무성 외교사료관문서 A.5.0.0, 국
　　사편찬위원회 수집자료). 관내지역 한인은 1944년 1월 약 74,000인에서 같은해
　　11월 65,000인으로 감소하였다.
96) 秋憲樹 編, 『資料 韓國獨立運動』 1, 연세대 출판부, 1971, 497쪽.
97) 秋憲樹 編, 『資料 韓國獨立運動』, 490쪽.

국인에 의해 구타, 살해당한다든지 재산 등을 빼앗기고 강제추방당하는 결과로 표출되었다. 중국 국민당정부에 의해 재산과 집을 적산으로 몰수당한 한인들은 이른바 집중영에 수용되어 있다가 모두 강제로 귀국하였다.

그럼에도 불구하고 한인들 가운데 일부 유력자는 임시정부 주화대표단 화북판사처 및 한국광복군이 북경 등 화북지방으로 진출해오자 이에 투탁하였다. 동시에 중국인들로부터의 테러 방지, 재산 보호, 안전한 귀국을 위해 여러 가지 단체를 조직하여 활동하였다. 크게 보아 당시 북경에는 8·15이후 진출해온 임시정부(한국광복군) 관련 단체, 조선독립동맹(조선의용군) 관련단체 외에도 조선인상조회, 한국교민회 등의 자치단체 등이 난립하여 활동하고 있었다.[99]

먼저 북경의 한인들은 부일협력단체 북경협려회를 조선인상조회로 개조하여 활동을 시작했다. 회장은 張竹燮[100]으로 주요 활동은 이 지역 한인에 대한 구제사업 및 귀국 주선이었다.[101] 조선인상조회는 그후 북평한국교민회로 명칭을 바꾸고 활동하였다.

1946년 9월 21일 오후 1시 북평 崇門大街 임시정부 주화대표단 화북판사처에서 한인 31명이 모여 북평한국교민회 창립총회를 개최하였다. 교민회의 會則 제1장 총칙 제삼조에 의하면 "본회는 교포의 단결과 복리증진을 목적으로 하고 本國 駐華代表團 華北辦事處 指導下에 사무를 집행한다"고 하였다. 산하에 다음의 4개부를 두고 활동하였다.

• 消費部 : 화북 한교의 생활 수요품을 생산자로부터 직접 구입하여 최

---

98) 朝鮮總督府 北京出張所, 『在北支朝鮮人槪況』, 87쪽.

99) 孫艶紅, 「일제 패망 후 북경지역 한인사회와 한인의 귀환」(2004년 6월 독립기념관 한국독립운동사연구소 203회 월례발표회 발표논문).

100) 朝鮮總督府 北京出張所, 『在北支朝鮮人槪況』, 106쪽. 張竹燮은 조선 감리교 목사로 1938년 5월 북경에 파견되었다.

101) 韓國精神文化硏究院, 『韓國獨立運動史資料集』, 趙素昂篇4, 1997, 593쪽.

저 가격으로 배급함

- 信用部 : 화북 교포의 저축을 장려하여 자금의 결핍으로 기술 및 기타
  능력을 발휘하기 곤란한 자에게 低利 융통함
- 勞工部 : 화북 한교의 노동력을 동원하여 停頓中의 한교 소유 공장을
  운영하여 증산에 노력함
- 貿易部 : 대륙 근해, 원양 무역을 경영하여 물자교류를 원활케 하여
  사원의 경제적 지위를 향상케함[102]

북평한국교민회 회원은 북평 한교 호주로 구성되었다. 북평 한교는
원칙상 본회 회원이 될 권리가 있되 화북판사처의 인증과 이사회 심사에
의하여 회원이 될 수 있다고 규정하였다. 1947년 5월 현재 북평한국교
민회 임원 명단은 다음과 같다.[103]

〈표 12〉 北平韓國僑民會 임원 명단

직 명	성 명	연 령	籍 貫	학 력	직업
이 사 장	林秀山	58	漢城	고등학교	
상무이사	全成海	54	漢城	전문학교	菜園
상무이사	徐廷弼	34	漢城	전문학교	現職
상무이사	金濟浩	48	평남	대학	現職
상무이사	金順經	31	충남	전문학교	華北辦事處員
상무이사	崔鳳瑞	56	평북	전문학교	華北辦事處員
상무이사	李基善	39	평북	전문학교	木廠
상무이사	朴利葉	42	漢城	高商	
상무이사	金一徹	35	평북	전문학교	公司員
상무감사	金化瑢	44	함북	전문학교	菜園
감 사	金鳳洙	41	漢城	대학	國際問題硏究所
감 사	申英澈	44	漢城	전문학교	華北辦事處員
회원	李光(70세), 張竹燮(60세), 鄭淳杓(27세), 李鴻烈(33세) 등				

위와 또다른 시기 북평한국교민회의 임원 및 각구의 대표 명단은 다

---

102) 全宗號 J166 韓國僑胞宣撫團(中國 北京市檔案館 자료)
103) 全宗號 J166 韓國僑胞宣撫團(中國 北京市檔案館 자료)

음과 같다.104)

- 회장 張竹爕,　　　　　　　　　부회장 李俊秀, 鞠淳葉
- 총무부장 孫相輔,　　　　　　　부원 金燦甸, 權憲, 崔應璃, 崔貞淳
- 사회부장 金圭復,　　　　　　　부원 高春景, 金茂吉, 鄭達錫, 安義煥,
　　　　　　　　　　　　　　　　　　　　　 朴東成, 李雲洛
- 재무부장 洪利杓,　　　　　　　부원 尹奉洙, 玄泳爕
- 문화부장 金致默
- 외사부장 蔡勳,　　　　　　　　부원 崔秀萬
- 경제부장 李順明
　　各區 分會長
- 內一區 분회장 林基松,　　　　副분회장 金熙用, 安慶萬
- 內二區 분회장 徐丙俊,　　　　副분회장 金利權, 金弘斌
- 內三區 분회장 成梓文,　　　　副분회장 朴處根, 金泳鳳
- 內四區 분회장 許基瑞,　　　　副분회장 朱東松, □基洪
- 內五區 분회장 尹承信,　　　　副분회장 張贊植, 金樂元
- 內六區 분회장 沈宜均
- 外一區 분회장 崔用珍,　　　　副분회장 韓銀河, 申貞熙
- 外二區 분회장 李泰環,　　　　副분회장 崔鳳瑞, 李順明
- 外三區 분회장 趙天恩,　　　　副분회장 金觀傑

　　위에서 보듯이 교민회 임원에는 李光의 경우와 같이 중경에서 북경으로 진출한 임시정부 산하 주화대표단 화북판사처 책임자 인사가 있었다. 하지만 대부분은 해방 이전 북경 일대에서 활동하던 인사들이었다. 우선 확실하게 파악되는 경우만 열거하면 다음과 같다. 申永澈(平山八達, 北京協勵會 이사, 昌黎農場 농장주)은 임시정부 華北辦事處의 직원으로 활동하였다. 그 외에도 李泰環(북경협려회 평의원, 保民醫院 경영), 韓銀河(북경협려회 평의원, 滿月館 경영), 張贊植(松田永太郎, 武漢鷄林會

---

104) 全宗號 J166 韓國僑胞宣撫團(中國 北京市檔案館 자료)

부이사장) 등이 있었다. 武漢鷄林會 부이사장으로 활동했던 張贊植이 8·15이후 북경에서 활동하고 있었다는 사실은 특이하다. 아마도 귀국을 위해 무한에서 북경에 온 것으로 보인다. 1937년 북경조선인회 회장을 지냈던 金址玉(金志玉)도 한국광복군 北平지구 특파단 주임으로 활동하였다.[105] 아무튼 해방 이전 북경에서 거주하던 다수의 한인 인사들이 8·15이후 북경으로 진출해온 임시정부에 의탁하였던 것으로 보인다.

임시정부, 교민회 등의 노력에도 불구하고 중국 국민당정부는 한인에 대해 강제추방정책을 결정하였다. 그로말미암아 1948년까지 거의 모든 한인들은 강제적으로 귀국을 완료하였다. 국민당정부는 귀국할 의사가 없는 한인에 대해서도 탄압과 협박으로 귀국을 종용하였다. 미군정에서도 재중 한인을 귀국시키기 위하여 북경, 천진 등지에 미군정 주중사무소를 설치하고 실무행정 담당자를 파견하여 한인 귀국업무를 개시하였다.[106] 북경의 한인을 포함한 수만에 달하는 화북의 한인들은 대부분 천진에 집결수용되어 미군정이 제공한 LST(Landing Ship for Tank, 전차상륙함)를 타고 강제로 귀국되기에 이르렀다.

4. 맺음말

1910년 일제의 한국강점, 1919년 3·1운동 등의 정치적인 원인으로 중국으로 이주하여 항일운동을 전개하거나 중국을 왕래하면서 무역활동에 종사한 한인들이 없지 않았다. 그 규모는 많아야 몇 천 명을 넘지 않았다. 중국관내지역의 한인 이주는 중일전쟁을 계기로 폭발적으로 증가

---

105) 秋憲樹 編, 『資料 韓國獨立運動』, 490쪽.
106) 姜則模(당시 미군정 주중사무소 파견원)의 증언(한국정신문화연구원 편, 『내가 겪은 한국진쟁과 박정희정부』, 도서출판 선인, 2004, 48쪽).

하였다. 1940년대 전반기에는 한때 20여 만 명에 이르렀다.

중일전쟁 이후 한인들의 북경 이주 동기는 대개 경제적인 것이었다. 북경의 한인들은 직업상으로는 관공리, 은행회사원, 군종사원, 잡화상, 일용인, 작부, 요리점 경영 외에도 다양한 업종에 종사하였다. 출신별 북경 거주 한인은 평안북도 출신이 압도적으로 많았다. 호당 평균 가구원 수는 평균 2.8인으로 나타나 가족 동반의 장기 이주보다는 단기간의 단독이주자가 많았음을 보여주고 있다. 또한 성비가 매우 높게 나타나고 있어 남성 단신 이주가 많았으며 따라서 정착성의 정도가 극히 낮았음을 알 수 있다.

중일전쟁 이후 북경지역에서 한인들은 많은 단체를 조직하였다. 먼저 조선인회와 같은 자치조직, 국방부인회, 화북반도인협회, 북경협려회 등과 같은 관제조직, 여관하숙옥조합, 요리옥조합 등 동업조합, 극예술연구회 및 위문봉사대애국선과 같은 예술단체, 조선인상조회 등의 해방후 한교단체 등으로 나누어 볼 수 있다.

북경지역의 대표적인 조선인 자치조직은 북경조선인회이다. 조선인회는 중일전쟁 발발과 동시에 현지 일본총영사와 경찰, 일본군부의 지휘 하에 피난민의 수용, 구호, 송환 사업을 담당하였다. 중일전쟁의 진전에 따라 국방부인회 결성 등에 있어 그 중심 역할을 수행하였다. 또한 군대 위문, 송영 등에도 전력을 경주하여 일본인 못지 않은 활동을 하였다. 조선인회의 임원은 모두 일제의 인가를 얻어 임면되고 일본 관헌의 감독 밑에서 사무를 집행하는 등 일제의 말단기관 역할도 수행하였다. 북경조선인회는 1938년 9월 1일 북경일본거류민회가 북경일본거류민단으로 확대 설립되자 내선일체의 방침에 따라 일본거류민단에 통합되었다.

국방부인회는 중일전쟁 발발 이후 일본군 후방지원활동을 위해 현지 일본기관, 일본국방부인회, 조선인단체 등의 지도 및 대일본국방부인회 회칙에 의해 일본군대 및 부상병 위문, 유골 봉영송, 위령제 참여 등을 수행하였으며 일제의 대륙침략전선의 후방에서 협력한 단체였다.

1941년 7월 내선일체의 황민적 각성, 전쟁하 황민책무의 완수, 화북 재주 조선인의 협력·친화를 목적으로 북경 일본대사관에서 화북반도인 협회가 조직되었다. 화북반도인협회 하부조직으로 화북일대의 각처에 협려회가 조직되었다. 두 단체는 내선일체의 황민적 각성운동 및 전시 황민으로서의 책무 완수를 위한 각종 부일활동을 수행하였다.

위의 단체 외에도 북경의 한인들은 여러 가지 단체를 조직하여 활동 하였다. 우선 직업단체와 관련하여서는 금요회, 북경조선요리옥조합, 북경조선려관하숙옥조합 등이 있었다. 금융조합으로는 북경흥업금융조합 이 있었다. 북경흥업금융조합은 1939년 3월 17일 북경지역 한인 상공업 자에 대한 금융대출을 목적으로 조직되었던 단체였다. 조선내의 금융조 합을 모방하여 조선총독부의 보조금을 얻어 조직된 것으로 조선인 중소 상공업자의 금융 대출이 목적이었다. 일제의 대동아공영권 건설을 문화 적 측면에서 선전하였던 예술단체는 북경반도문예연극연구회, 북경반도 연예위문봉사대애국선 등이 있었다. 이들 예술단체는 일제의 대동아공 영권 건설을 예술계 차원에서 선전하고 협조하였다.

1945년 일본 패망 당시 북경의 한인은 대략 1만 명이었다. 중국 국민 당정부에 의해 재산과 집은 적산으로 분류되어 몰수당하였으며 이른바 '집중영'에 수용되었다. 한인들은 화북에 진출한 임시정부 주화대표단 화북판사처 및 광복군에 협조하였다. 동시에 북경의 한인들은 중국인들 로부터의 테러 방지, 재산 보호, 안전한 귀국을 위해 여러 가지 단체를 조직하여 활동하였다. 한인들은 부일협력단체 북경협려회를 조선인상조 회로 개조하여 활동을 시작했다. 주요 활동은 이 지역 한인에 대한 구제 사업 및 귀국 주선이었다. 조선인상조회는 그후 북평한국교민회로 명칭 을 바꾸고 활동하였다. 하지만 중국국민당정부의 한인 강제추방정책에 의해 1948년까지 거의 모든 한인들은 귀국을 완료하였다. 국민당정부는

귀국할 의사가 없는 한인에 대해서도 탄압과 협박으로 귀국을 종용하였
다. 북경의 한인을 포함한 수만에 달하는 화북의 한인들은 대부분 천진
에 집결수용되어 강제로 귀국되기에 이르렀다.

제2장 1932년 이후 상해거류조선인회의 조직과 활동

1. 머리말

20세기 전반기 중국 최대의 국제도시 上海는 피압박민족 혁명가들의 낙원이자 제국주의열강의 중국침략을 위한 교두보였다. 한국근대사와 관련하여 상해는 대한민국 임시정부(이하 임시정부)의 탄생지요, 한국 독립운동의 '책원지'였다. 상해 시절 약 13년 동안 초창기를 제외하고는 줄곧 침체되어 있던 임시정부는 1932년 4월 윤봉길의거 이후 국외 동포 사회 및 중국측의 지원을 받으면서 기사회생하였다. 하지만 그에 대한 댓가도 만만치 않았다. 일제의 대대적인 체포 위협에 직면한 임시정부 요인들은 항일의 근거지였던 상해를 탈출, 8년 동안 중국 각지를 옮겨 다니면서 1940년 重慶에 최종적으로 정착하였다.

1932년 윤봉길의거 이전 상해 한인사회는 임시정부 산하 대한교민단의 보호를 받으면서 임시정부를 지탱해주는 물적 기반으로 작용하였다. 윤봉길의거가 한국독립운동사의 일대 분수령이었지만, 상해 한인사회 역사에서 볼 때도 그 전후시기를 갈라놓은 전기였다. 상해 한인사회의 역사를 1919년부터 1945년까지의 26년으로 한정하여 볼 수 있다. 윤봉 길의거를 경계로 하여 전반기 13년(1919-1932)은 독립운동의 사회적 기반으로 기능했던 시기였다. 후반기 13년(1932-1945) 동안의 상해 한인사회는 점차적으로 임시정부의 영향권에서 벗어나 일제 통치체제에 강제로 편입되는 시기였다. 이 시기 한인사회는 '항일', '부일', '관망'의 사이에서 다양한 편차를 보여주고 있었다. 특히 1937년 중일전쟁과 일본 군의 상해 점령 이후 상해 한인사회는 소극적이든 적극이든 일제의 지배 질서에 적응하거나 협조하지 않을 수 없는 처지가 되었다.

후반기 13년의 상해 한인사회에 대한 지도기관을 자임했던 단체가 바로 上海居留朝鮮人會[1](이하 조선인회)였다. 상해 한인사회의 자치단체 이자 일제가 '친일의 모체'[2]로 육성한 조선인회는 1941년 3월 상해일본 거류민단에 합병된 후에도 후계단체 鷄林會로 그 명맥을 이어가면서 상해 한인사회에 대한 영향력을 행사하였다.

그럼에도 불구하고 이 시기 상해 한인사회에 대해서는 연구가 거의 이루어지지 못하였다.[3] 자료 부족 외에도 독립운동사 연구에 치중해 왔 던 학계의 연구경향에 기인한 바 크다.[4] 다른 나라의 경우 상해의 자국

---

1) 上海居留朝鮮人會는 1933년 창립이후 여러 차례 명칭이 변경되었다. 창립 당시의 朝鮮人親友會(1933년 8월), 그후 上海朝鮮人會(1933년 9월 30일), 上海朝鮮人居 留民會(1935년)를 거쳐 上海居留朝鮮人會(1935년 12월 1일)로 바뀌었다(上海居留 民團 編, 『上海居留民團三十五周年記念誌』, 上海: 大陸印刷社, 1942, 999-1002 쪽). 본고에서는 여러 가지 명칭 가운데 1941년 3월 해체될 때까지 가장 오래 사 용되었던 '上海居留朝鮮人會'로 통칭한다.

2) 朝鮮總督府 警務局, 『華中, 華南, 北中美洲居住之朝鮮人槪況』, 1941(楊昭全 編, 『關 內地區朝鮮人反日運動資料彙編』 上册, 沈陽: 遼寧民族出版社, 1987, 4쪽).

3) 일제강점기 상해지역 한인사회 연구로는 중국인 학자 孫科志의 개척적인 연구가 있다. 다만 이 연구는 상해거류조선인회나 중일전쟁 이후의 상해지역 한인사회에 대해서는 거의 다루지 않았다. 孫科志, 『日帝時代 上海 韓人社會 研究』, 고려대 박사학위논문, 1998. 그리고 본격적인 연구는 아니지만 역시 중국인 학자 崔志鷹 의 다음의 시론적인 글도 참고된다. 崔志鷹, 「舊上海韓國僑民的經濟及文化生活」, 『記念中韓抗日戰爭勝利50周年學術硏討會論文』, 1995. 8. 24 在上海.

4) 중일전쟁 이후 중국관내지역 일본군 점령지역의 한인사회, 8·15 이후의 변천에 대해서는 다음의 연구가 있다. 金光載, 「중일전쟁기 중국화북지방의 한인이주와 蘆臺農場」, 『한국근현대사연구』 11집, 1999 ; 김광재, 「중일전쟁 이후 北京지역 의 한인단체 연구」, 『한국독립운동사연구』, 제23집, 독립기념관 한국독립운동사 연구소, 2004. 한편 최근 일본에서도 중국지역의 한인 이주에 관한 연구성과가 나 온 바 있어 참고된다. 木村健二·申奎燮·幸野保典·宮本正明, 「戰時下における朝鮮

교민사에 대해서 일찍부터 많은 연구가 이루어져 왔으나 우리의 현실은
그렇지 못한 실정이다.[5] 따라서 우선은 1930년대, 특히 중일전쟁 이후
조선인회를 비롯한 상해 한인사회에 대한 실증적인 연구가 시급하다.

본고의 대상 시기는 조선인회가 조직된 1933년 이후부터 일본 상해
거류민단에 통합되는 1941년 3월까지이다. 본고에서는 우선 상해 한인
사회의 형성과 이에 대한 일제의 정책을 간단하게 살펴보고자 한다. 그
다음 조선인회의 성립과 활동에 관련된 사실들을 자료가 허락하는대로
최대한 상세하게 고찰하고자 한다.

제한된 지면관계상 1941년 3월 조선인회가 해체되는 과정과 그 후계
단체인 계림회의 설립과 활동, 일제패망 이후 상해 한인사회의 변천에
대해서는 타고에서 고찰하고자 한다.[6] 본고에서 기본적으로 활용한 자
료는 일본측 관변자료, 인명록, 기관지, 잡지 및 신문자료, 회고록, 구술

人の中國關內進出について」, 『靑丘學術論叢』 第23集, 東京: 韓國文化硏究振興財
團, 2003.

5) 熊月之·馬學强·晏可佳 選編, 『上海的外國人(1842-1949)』, 上海古籍出版社, 2003.
상해는 19세기 중반 개항 이후 지금까지 국제사회의 관심의 대상이었다. 조계에
거주했던 외국인들이 많았기 때문에 지금까지 일본, 영국 등을 비롯한 각국의 상
해지역 교민사가 연구되었다. 위의 저서에서 상해지역 각국 교민사 연구의 대략
적인 경향을 잘 볼 수 있다. 여기에는 일본, 영국, 프랑스인 뿐만 아니라 독일인,
러시아인, 유태인, 포르투갈인, 인도인 교민사에 대해서도 전론적인 연구가 소개
되어 있다. 그러나 이들과 비교하여 결코 적지 않은 숫자였던 한인사회에 대해서
는 일본교민사 관련논문의 각주 한 두 곳을 제외하고는 거의 언급되지 않고 있는
실정이다. 그렇지만 상해지역 한인사회 연구를 위해서는 이들 각국의 교민사 연
구를 충분히 참고해야 할 것이다. 교민사 연구 등 상해역사와 관련하여서는 다음
의 글을 참고할 수 있다. 熊月之, 「上海歷史硏究槪況」, 『上海通史』 第1卷 導論,
上海人民出版社, 1999 ; 熊月之 主編, 『海外上海學』, 上海古籍出版社, 2004.
6) 1945년 8·15 이후의 상해 한인사회에 대해서는 장석홍, 「해방직후 상해지역의 한
인사회와 귀환」(『제2회 귀환문제연구 국제학술심포지엄』, 국민대학교 한국학연구
소, 2003)이 참고된다. 8·15이후 상해지역 한인사회에 대해서는 이 논문에서 대체
로 밝혀져 있다. 향후 8·15이후 상해 한인사회에 대해서는 1949년 5월 중국 인민
해방군의 상해함락 이후에도 존속된 한인사회의 역사도 연구되어져야 할 것이다.

자료7) 등이다.

본고의 일차적인 목적은 상해거류조선인회의 성립과 활동을 최대한 실증적으로 밝히는 것이다. 나아가 상해라고 하는 일본군 점령지역 한인사회에 대한 연구를 통해 당시 중국 국민당지역(중공지역 포함)의 한인 독립운동사와 아울러 중국관내지역 한인역사의 전체상을 이해하는데 도움을 줄 수 있을 것으로 기대한다.

2. 일제의 상해한인 정책

1) 상해지역 한인사회의 형성

20세기 전반기 중국 상해는 아시아 최대의 국제도시였다. 청말 이래 상해는 외국인들의 눈에는 동방의 낙토로 비쳐졌다. 1845년 아편전쟁의 결과로 형성된 외국인 조계에는 영국인, 미국인, 프랑스인, 러시아인, 유태인, 일본인 등 많을 때는 58개 국가에서 온 사람들로 붐볐다.8) 각국 열강의 조계지내 세력 관계를 이용하여 수많은 망명가들이나 혁명가들

---

7) 구술자료는 주로 金熙元선생으로부터 수집하였다. 그는 1927년 상해에서 金時文의 장남으로 태어나 1949년 9월까지 상해에서 살았다. 필자는 2005년 3월 이래 10여 차례 김희원선생과 면담하면서 당시 상해 한인사회를 이해하는데 많은 도움을 받을 수 있었다. 지면을 빌어 심심한 감사를 드린다. 참고로 金時文(1892-1978)은 1916년 상해로 이주하여 1968년까지 무려 52년을 상해에서 거주한 상해 한인사회 역사의 산증인이었다. 그는 상해 霞飛路 339號(현재의 淮海中路)에서 잡화점 '金文公司'를 경영하였으며 『獨立新聞』이 자금난에 처해 있을때 그 발행을 떠맡기도 하였다. 당시 霞飛路 寶康里의 길목에 있었던 그의 집에는 늘 독립운동가들이 출입하거나 회합장소로 이용되었다. 또 체포된 독립운동가들의 가족을 돌보거나 일제패망 후에는 많은 이들이 그의 집을 거쳐 귀국하였다. 때문에 그에게는 '한국총영사'라는 별명이 붙게 되었다고 한다.

8) '上海租界誌'編纂委員會 編, 『上海租界誌』, 上海社會科學院出版社, 2001, 90쪽.

이 활동하고 있었다.

특히 1917년 10월 혁명이후 많은 러시아인들이 상해로 망명해 왔다. 볼세비키를 반대했던 프랑스정부의 우호적인 정책에 따라, 상해에 온 러시아인들은 프랑스조계에 많이 거주하였다. 또한 1933년부터 1941년까지 약 3만 명의 유태인들이 상해로 탈출하여 오는 등 상해는 난민수용소를 방불케 하였다. 그들은 조계에서 독자적인 사회를 형성하고 있었다.9)

일본인은 19세기 후반부터 상해로 이주하였다. 그들은 개발이 많이 된 지역보다는 미개발지역으로 지가가 저렴했던 공공조계 虹口지역10)에 집단거주지역을 형성하였다. 1890년 당시 800명에 불과했던 일본인은 1930년에 가서는 홍구에만 3만명에 달했다. 이는 일본인을 제외하고는 상해의 외국인으로 가장 많았던 영국인의 3배였다.11) 홍구에는 상해 거주 일본인의 90% 이상이 모여 살았으며 모든 것이 일본 일색으로 '리틀도쿄(小東京)'로 불렸다.12) 상해에는 일본조계가 없었음에도 불구하고 홍구를 '日本租界'로 오인하는 경우도 많았다.13) 특히 1937년 중일전쟁 이후 홍구지대는 일본군에 의해 점령되면서 일본적인 색채가 더욱 농후해졌다.14)

상해 여러 지역에 산거한 다른 나라 교민들과는 달리 일본인들은 처음부터 현지 일본영사관의 지휘하에 정책적으로 한 곳에 모여 살았다. 일제, 특히 현지 영사관은 자국 국민들을 철저하게 감시하고 생활의 각

---

9) 熊月之 主編, 『上海通史』 第9卷 民國社會, 上海人民出版社, 1999, 345쪽.

10) 홍구지역 북쪽에는 윤봉길의거로 유명한 虹口公園(혹은 新公園)이 있다. 현재는 魯迅公園으로 이름이 바뀌었다.

11) Frederic Wakeman, Jr 著, 章紅 等譯, 『上海警察, 1927-1937』, 上海古籍出版社, 2004, 188쪽. 이 책의 원제목은 다음과 같다. Frederic Wakeman, *Jr, Policing Shanghai*, Unitversity of California Press, 1995.

12) 熊月之 主編, 『上海通史』 第9卷 民國社會, 362쪽.

13) 薛理勇, 『舊上海租界史話』, 上海社會科學院出版社, 2002, 288쪽.

14) 熊月之 主編, 『上海通史』 第1卷 導論, 129쪽.

방면을 통제했다.[15] 현지 자국민에 대한 영사관의 정책수행을 보조한 것이 바로 거류민단이었다. 일본 교민들은 거류민단이 제정한 규칙을 준수하여야 했으며 거류민단에 세금을 납부하였다.[16] 한편 거류민단은 일본의 대륙침략을 위한 첨병이었다. 1932년 이후 중국민중들의 일본상품 불매운동 때는 중국각지, 특히 상해의 일본인거류민단은 대규모 집회를 열고 일본정부에 상해의 무력점령을 요구하였다.

일본인들과는 달리 한인들은 일제의 세력이 미치지 못하는 프랑스조계로 이주하여 정착하였다. 1910년 일제의 한국강점 이후, 특히 1919년 3·1운동 이후 프랑스조계에서 임시정부가 수립되면서 상해에서 한인사회가 형성되기 시작하였다.

당시 상해는 蘇州河를 경계로 하여 그 양쪽에 걸쳐 공공조계가 있었다. 소주하 북쪽은 구 미국조계로 일본인 거주지역인 홍구지역이 있었고 소주하 이남에는 구 영국조계가 있었디. 1863년 영국조계와 미국조계는 합병하여 공공조계를 형성하였다. 구 영국조계 아래에는 프랑스조계가 있었다.

프랑스조계에는 임시정부 등 독립운동진영과 그 가족들이 거주하였다. 프랑스조계의 한인사회는 임시정부 산하 대한교민단의 직접적인 통치를 받았다. 아울러 임시정부 등 독립운동진영의 정신적, 물적 기반으로 역할하였다. 물론 이때에도 소주하 이북의 공공조계 일본인 거주지역 홍구에 친일성향의 한인들이 거주하고 있었지만 수적으로 많지 않았다. 두 지역의 한인들은 상호 왕래가 거의 없었으며 혹 프랑스조계나 중국인가에서 거주하는 한인들이 공공조계에 출입하거나, 반대로 공공조계 거주자가 프랑스조계에 나타나면 일제 스파이로 의심받는 상황이었다.[17]

---

15) Henriot Christian, 「上海的"小日本" : 一個與外界隔離的社團」, 『上海的外國人(1842-1949)』, 上海古籍出版社, 2003, 190쪽.

16) 薛理勇, 『舊上海租界史話』, 287쪽.

상해지역 거주 한인 숫자는 시기에 따라 차이가 컸다. 1919년 임시정
부 수립 이후에는 한때 상해거주 한인의 숫자가 천 명 이상이었으나
1919년 말에는 109세대, 남 362인, 여 326인, 계 688명으로 감소하였다.
그후부터 1931년까지는 6-800명 선을 유지하는 정도였다.[18] 1932년 윤
봉길의거 이후부터 1940년까지 상해 거주 한인의 호수 및 인구는 다음
과 같다.[19]

〈표 1〉 상해 거주 한인 호수인구의 누년 비교표(각년말 현재)

년 도	호 수	인구			비고
		남	여	계	
1932	438	742	610	1,352	
1933	425	983	409	1,392	
1934	448	939	644	1,573	
1935	491	846	877	1,723	
1936	496	897	900	1,797	
1937	393	491	592	1,083	중일전쟁으로 격감
1938	892	1,423	1,715	3,138	1938년 10월 말
1939				6,133	
1940	4,668	4,984	2,871	7,855	1940년 10월 말

위의 표에 의하면, 1932년부터 1936년까지 상해거주 한인은 대체로
1,500명 내외를 유지하였음을 알 수 있다. 그리고 중일전쟁 이후 한인
가운데 절반 가까운 숫자가 다른 곳으로 피난하여 상해거주 한인이 급감
하는 현상을 보였다. 하지만 중일전쟁 발발 후 1년여가 지난 1938년 10
월말 현재 한인 인구는 892호, 남자 1,423인, 여자 1,715인으로 모두

---

17) 金喜坤, 『중국관내 한국독립운동단체 연구』, 지식산업사, 1995, 40쪽.
18) 孫科志, 『日帝時代 上海 韓人社會 研究』, 46쪽.
19) 방선주, 「解題 : 上海日本總領事館의 '昭和十二年管內狀況 - 特高警察に關する事
項 - 在留朝鮮人の狀況'」, 『신동아』 1979년 8월호, 493쪽. 이 자료는 방선주 박사
가 미국 국회도서관에서 발굴한 자료로 위의 신동아에는 해제 외에도 주요내용이
번역되어 있다.

3,138명으로 늘어났다. 전쟁경기 등의 영향으로 상해 한인은 3배 이상 급증하였다.[20] 그리고 1940년 10월 현재 남자 5,069명, 여자 2,830명 계 7,855명으로, 대체적으로 보아 한인수는 당시 약 10만명에 달했던 일본인 인구의 약 8%를 유지하였다.[21]

하지만 1940년 현재 상해의 한인사회는 1호당 인구가 평균 1.7명으로 가족동반 이주보다는 단신이주가 많았음을 알 수 있다. 전출입이 빈번하고 정주성이 떨어지는 불안정한 사회였음을 보여주고 있다. 상해 거주 한인들의 출신지는 일반적으로 북경 등 화북지방의 경우 평북 출신이 압도적으로 많았던[22] 것과는 달리 평북 출신과 경기도 출신이 비슷한 숫치를 보이고 있다. 그 다음이 평남, 경남의 순서로 나타나고 있다.[23] 이로보아 화북지방의 북경 등과 달리 상대적으로 철도보다는 선박을 이용한 이주가 많았음을 알 수 있다. 또한 처음 상해로 오는 한인은 국내에서 바로 오는 경우보다도 화북지방에 이주하였다가 거기서 오는 경우가 더 많았다고 한다.[24] 그곳에서 사업에 실패하고 다시 상해로 오는 재이주가 적지 않았다.

직업적으로는 일부 자영업자, 사업가들을 제외하고는 일반적으로 생활상태가 열악하였다.[25] 다음은 상해거류조선인회에서 조사한 1941년 현재 상해 거주 한인 직업별 호구 현황이다.[26]

---

20) 姜鷺鄕, 「虹口一帶素描」, 『東亞日報』 1938년 6월 24일자. 姜鷺鄕은 중일전쟁 이후 활기에 찬 홍구지역의 분위기를 잘 보여주고 있다. 본고에서 인용한 『東亞日報』는 모두 국사편찬위원회의 한국사데이터베이스의 원문서비스를 활용하였다.

21) 『老上海(SHANGHAI IN OLD DAYS)』, 上海敎育出版社, 1998, 277쪽.

22) 김광재, 「중일전쟁 이후 北京지역의 한인단체 연구」, 231쪽.

23) 木村健二・申奎燮・幸野保典・宮本正明, 「戰時下における朝鮮人の中國關內進出について」, 94-95쪽. 이 통계는 1942년도의 수치이다.

24) 『光化』 제2권 6호, 1941년 11월, 43쪽.

25) 상해 한인들의 사회경제적 처지에 대한 구체적인 내용은 손과지의 앞의 연구를 참조할 수 있다.

〈표 2〉 상해 거주 한인 직업별 호구 현황(조선인회 조사)

직업별	호수	직업별	호수	직업별	호수
금융업	2	가구상	1	土木左官	16
토목건축청부업	3	전기상	3	직공	44
인쇄업	3	金物商	1	遊技場業	1
사진업	3	약종상	6	여급	75
운수업	1	고물상	5	기생	39
자동차업	3	양품잡화상	2	의사	7
세탁업	3	荒物잡화상	15	여인숙업	5
이발업	1	식료잡화상	120	중개업	38
대서업	1	수육판매업	13	음식점	4
제과업	3	官吏	3	작부	527
정미업	2	公吏	10	카페업	9
곡물류 판매업	2	은행회사원	381	요리점	6
양복상	3	교원	3	위안소	12
안경 및 시계상	1	점원	515	목사	3
악기상	1	軍종사원	13	합계	1,910호

위의 표에서 보듯이 상해지역의 한인들은 주로 서비스업에 종사하였
다. 중산층으로 분류될 수 있는 은행회사원도 381호에 달해 상당수였음
을 알 수 있다.[27] 직업 가운데 가장 큰 비율을 차지하는 것은 대개 외국
인의 상점에 고용된 점원이나 작부 등이었다. 특기할 만한 것은 위안소
를 경영한 한인이 12호에 달했고 또 작부 가운데 많은 경우는 이들 위안
소에 고용되었던 위안부로 보인다.[28]

26) 李甲寧, 「上海朝鮮人の實情」, 『三千里』 1941년 4월호, 120-121쪽.
27) 金明洙, 『明水散文錄』, 삼형문화, 1985. 이 회고록은 상해 한인들의 대다수가 마
　　약밀매업 등 이른바 '不正業'에 종사하였거나 친일파였던 것처럼 부정적으로 묘
　　사하였다. 물론 부분적으로는 사실이지만 지나친 비약으로 보인다. 따라서 이러한
　　회고록류는 비판적으로 활용하여야 할 것이다.
28) 상해지역 한인 위안소 및 위안부 실태에 대해서는 다음의 중국측 연구업적을 참
　　조할 수 있다. 蘇智良, 『慰安婦研究』, 上海書店出版社, 1999 ; 蘇智良·陳麗菲·姚

교육 수준 또한 극히 낮았다.[29] 1935년까지 인성학교, 삼일학교 등 민족주의 교육시설이 없지 않았지만, 1935년 일제의 압력에 의해 폐쇄된 후에는 조선인회가 유치원을 운영하는 정도였다. 특히 조선인회는 유치원에서 일본어교육을 위주로 하는 식민지교육을 진행하였다. 유치원 졸업 후에는 일본인 학교에 진학하였기 때문에 민족정체성을 유지하는 데는 문제가 많았다.[30]

2) 일제의 상해한인 정책

일제는 윤봉길의거 이후 상해 한인사회를 조직적으로 통치체제속에 편입시켜 갔다. 임시정부 요인을 비롯한 독립운동가들이 떠난 상해에는 일부 아나키스트들이 프랑스조계에서 지하활동을 전개하고 있었다. 하지만 대부분의 한인들은 생업에 종사하면서 사태를 관망하는 입장이었다. 이러한 경향은 특히 중일전쟁 이후 상해, 남경 등 중국 대도시들이 차례로 일본군에 함락되면서 더욱 심화되었다.[31] 일본군의 통치가 공고화되면서 한인들은 자의든 타의든간에 일제에 협력하지 않을 수 없는 상황에 처하게 되었다.

상해 한인사회에 대한 일제 감독기관은 일본외무성 상해 일본총영사관, 조선총독부의 상해출장소였다. 외무성과 조선총독부는 역할을 분담하여 재중 한인들을 통치하였다. 즉 외무성은 민회 및 경찰소 취체에 관한 사항, 조선총독부는 교육, 위생, 산업, 금융 등에 관한 사항을 담당하였다.[32]

霏,『上海日軍慰安所實錄』, 上海三聯書店, 2005.

29) 朝鮮總督府 高等法院,『上海及南京方面に於ける朝鮮人の思想狀況』, 1936, 2쪽.

30) 조선인회의 유치원 경영 등 교육활동은 뒤의 조선인회의 활동을 참고하기 바란다.

31) 朝鮮總督官房外務部,『中華民國在留朝鮮人槪況』, 1940, 70쪽.

32)「在支鮮人事務ノ處理方ニ關スル件」(정부기록보존소 마이크로필름, 필름번호 88-1713,

조선총독부는 윤봉길의거 이후 일본총영사관과 공조하여 상해 한인 사회의 각 방면을 감시하고 통치하였다. 중일전쟁 이전에도 파견원이 없지 않았지만 중일전쟁이 발발하자 조선총독부는 사무관을 파견하여 한인들을 감독하였다. 재중 동포 보호라는 명분을 내세운 조선총독부는 북경, 천진, 장가구, 상해, 청도 등 중국 각지에 조선총독부 출장소를 설치하였다. 상해에는 1939년 1월 정식으로 출장소가 설립되었다.[33] 출장소 소장에는 같은해 4월 조선총독부에서 파견한 原田一郎 사무관이 취임하였다.[34] 상해 한인사회에 대한 그의 영향력은 막강하였다.

우선 상해 일본총영사관은 1932년 4월 29일 윤봉길의거를 계기로 산하에 영사관경찰부를 신설하고 방대한 규모의 특별고등 경찰체제를 운영하였다.[35] 일반경찰인 경찰부 제1과와 달리 제2과는 항일운동 및 사회주의운동을 전문적으로 탄압하는 特高課로 영사가 경시 및 과장을 겸임하였다. 특고과에는 섭외계, 서무계, 調査規劃係 외에 '鮮人係'(직원 9명), '日本人係'(3명), '露西亞係'(5명), '臺灣人係'(3명), '支那系'(6명) 등이 있었다.[36] 이 가운데 '鮮人係'는 가장 많은 인원이 배치되었는데, 윤봉길의거 이후 한층 강화된 한인정책을 엿볼 수 있다.

영사관경찰서는 상해에 남아 있거나 잠입해 들어오던 한인독립운동가들을 감시하고 체포하였다. 1933년부터 1937년 말까지 만 5년 동안 李裕弼, 趙尙燮, 鮮于爀 등 96명의 독립운동가들이 상해지역에서 체포되었다.[37] 아래 표에서 보듯이 이들 96명의 체포 후 그 결과는 매우 다

문서번호 88-110).

33) 『每日新報』1938년 12월 6일자, 「在支朝鮮人의 保護機關을 擴充 明年에 靑島, 上海에 出張所 設置」;『每日新報』1939년 1월 10일자, 「上海 靑島에 本府出張所」.
34) 『東亞日報』1939년 11월 8일자, 「上海紹介版」.
35) 高綱博文·陳祖恩 主編, 『日本僑民在上海』, 上海辭書出版社, 2000, 12쪽.
36) 「外務省警察史 : 支那の部 第18篇 在上海總領事館」(국회도서관 MF SP126, 21658-21662쪽, 21915쪽).
37) 『外務省執務報告(東亞局)』第6卷, 昭和13年(2) - 昭和15年, 東京: クレス出版, 1993,

양했다.

〈표 3〉 1933~1937년 상해 일본총영사관에 의해 체포된 독립운동가 명단

번호	성명	검거 년월일	죄명	판결 및 처분
1	李裕弼	1933.03.09	治安維持法 違反	징역 3년
2	元心昌	1933.04.18	治安維持法 違反, 爆發物取締罰則違反, 殺人豫備	무기징역
3	白貞基	1933.04.18	治安維持法 違反, 爆發物取締罰則違反, 殺人豫備	무기징역
4	李康勳	1933.04.18	治安維持法 違反, 爆發物取締罰則違反, 殺人豫備	징역 15년
5	郭重奎	1933.05.16	치안유지법 위반	징역 4년 6월
6	朴憲永	1933.07.05	치안유지법 위반	징역 7년
7	文學瑃	1933.07.15	치안유지법 위반	自首送還
8	李成九	1933.10.12	치안유지법 위반, 爆發物取締罰則違反	징역 7년
9	金 哲	1933.10.22	치안유지법 위반	징역 5년 8월
10	崔完奎	1933.11.02	횡령죄	不詳
11	金文熙	1933.11.29	치안유지법 위반	自首轉向
12	孔周宣	1933.11.30	치안유지법 위반	諭旨退去후 鮮內에서 起訴,懲役 2년?
13	鄭義恩	1934.03.05	치안유지법 위반	3개년 중화민국 재류금지처분
14	崔惠淳	1934.04.05	치안유지법 위반	歸順轉向勸告
15	吳基萬	1934.04.15	치안유지법 위반	징역 5년
16	申世徹	1934.08.09	치안유지법 위반	歸順轉向勸告, 釋放
17	李龍基	1934.08.20	치안유지법 위반	微罪釋放
18	姜南善	1934.08.23	逃走罪	諭旨退去
19	趙東宣	1934.09.19	치안유지법 위반	諭旨退去
20	金千萬	1934.09.22	치안유지법 위반	轉向勸告, 기소유예송환
21	玄 慶	1934.09.26	치안유지법 위반 및 절도죄	기소유예, 諭旨退去
22	朴棕植	1934.10.09	살인, 치안유지법 위반, 폭발물취체벌칙 위반	무기징역
23	愼乘桓	1934.10.09	치안유지법 위반	전향권고, 기소유예

369-377쪽.

24	金邦佑	1934.10.15	치안유지법 위반	징역 2년
25	李容馥	1934.10.19	치안유지법 위반	징역 2년
26	李圭彩	1934.11.01	치안유지법 위반	징역 10년
27	崔明洙	1934.12.06	치안유지법 위반	징역 2년 6월
28	金益星	1934.12.14 중국관헌이 인도	살인미수 및 치안유지법 위반	징역 5년
29	金公信	1935.02.14	치안유지법 위반	징역 2년
30	李愼一	1935.02.18	치안유지법 위반	轉向懲罰放免 (金公信 체포에 助力)
31	金仁泰	1935.02.20	치안유지법 위반	微罪諭旨退去
32	金麗河	1935.03.22	치안유지법 위반	微罪放免 행동감시중 도주
33	嚴舜奉	1935.03.25	살인, 폭발물취체벌칙 위반, 치안유지법 위반	死刑
34	李圭虎	1935.03.25	치안유지법 위반	징역 12년
35	李光福	1935.03.26	殺人及治安維持法 위반	징역 13년
36	申聖鳳	1935.04.20	치안유지법 위반	전향자수권고
37	鄭喜童	1935.05.02	치안유지법 위반	석방
38	具益均	1935.05.05	치안유지법 위반	징역 2년
39	閔天錫	1935.05.09	치안유지법 위반	微罪諭旨退去
40	金鶴奎	1935.05.10	치안유지법 위반	微罪實父引渡
41	金喜善	1935.05.10	치안유지법 위반	微罪放免實妹引渡
42	朴容喆	1935.05.22	치안유지법 위반	자수방면 행동감시
43	韓龍權	1935.07.10	치안유지법 위반	징역 5년
44	李漢卨	1935.07.10	치안유지법 위반	징역 5년
45	金復炯	1935.07.29	치안유지법 위반	증거불충분 전향권고석방
46	李洛春	1935.08.29	사기죄	朝鮮護送
47	徐好畓	1935.09.26	치안유지법 위반	微罪諭旨退去
48	孫連鎭	1935.09.26	치안유지법 위반	微罪諭旨退去
49	郭東主	1935.09.26	치안유지법 위반	微罪諭旨退去
50	鄭成彦	1935.10.02	치안유지법 위반	징역 3년
51	李逞雨	1935.10.02	치안유지법 위반	기소유예
52	金 嶺	1935.10.02	치안유지법 위반	징역 3년
53	白贊基	1935.10.07	치안유지법 위반	전향권고송환, 기소유예
54	趙鳳元	1935.10.07	치안유지법 위반	귀순전향권고
55	徐丙添	1935.10.25	치안유지법 위반	전향권고송환

56	鄭斌	1935.11.15	치안유지법 위반	전향권고송환, 기소유예
57	金尙熙	1935.11.15	치안유지법 위반	전향권고송환, 기소유예
58	金成春	1935.11.15	치안유지법 위반	전향권고송환, 기소유예
59	金春南	1936.01.29	치안유지법 위반	전향권고송환
60	李澔錫	1936.02.02	치안유지법 위반	전향권고송환
61	柳瀅錫	1936.02.22	치안유지법 위반	징역 5년
62	韓道源	1936.02.25	치안유지법 위반	징역 5년
63	吳晃植	1936.03.05	살인, 폭발물취체벌칙 위반, 치안유지법 위반	死刑
64	金勝恩	1936.03.05	강도, 치안유지법 위반	징역 3년
65	金昌根	1936.03.06	살인강도, 폭발물취체벌칙 위반, 치안유지법위반	死刑
66	鮮于爀	1936.03.17	치안유지법 위반	전향권고, 행동감시
67	秋元奎	1936.03.17	치안유지법 위반	귀순전향권고 一應取調釋放 행동감시
68	張樂洙	1936.03.20	치안유지법 위반	귀순전향권고一應取調釋放 행동감시(右同審理中)
69	全相國	1936.04.07	치안유지법 위반	一應取調 전항서약 방면
70	呂仁斌	1936.05.04	치안유지법 위반	一應取調 전향서약 방면
71	吳亨模	1936.07.04	치안유지법 위반	징역 1년
72	廉大達	1936.07.15	치안유지법 위반	귀순전향권고 一應取調釋放 행동감시
73	朴奎七	1936.07.28	치안유지법 위반	귀순전향권고 一應取調釋放 행동감시
74	金東範	1936.08.10	치안유지법 위반	時效完成釋放
75	金順坤	1936.08.14	치안유지법 위반, 폭발물취체별직위반	징역 5년
76	張明成	1936.09.04	치안유지법 위반	自首微罪釋放
77	徐判岩	1936.09.26	치안유지법 위반	기소유예
78	全昌洙	1936.10.23	치안유지법 위반	朝鮮에서 審理中
79	吳昌世	1936.11.09		微罪論旨退去
80	林得山	1936.12.20	치안유지법 위반	전향권고석방, 행동감시
81	張德櫓	1936.12.20	치안유지법 위반	전향권고석방
82	延秉學	1937.01.07	치안유지법 위반	朝鮮에서 審理中
83	金聖壽	1937.02.17	살인강도, 치안유지법 위반, 폭발물체체벌칙위반	朝鮮에서 審理中
84	康允熙	1937.03.06	치안유지법 위반	朝鮮에서 審理中

85	朴濟彩	1937.03.12	치안유지법 위반	전향권고석방
86	羅月漢	1937.03.18	치안유지법 위반	압송도중 도주
87	金鎭元	1937.03.27	치안유지법 위반	朝鮮에서 審理中
88	趙尙燮	1937.04.03	치안유지법 위반	전향권고
89	金樂濟	1937.04.13	치안유지법 위반	징역 2년 집행유예
90	張建相	1937.04.17	치안유지법 위반	기소유예
91	張志甲	1937.06.05	강도미수 및 치안유지법위반	징역 5년
92	朴永坤	1937.07.31	치안유지법 위반	귀순전향권고, 석방행동감시
93	崔震武	1937.10.01	치안유지법 위반	전향권고, 기소유예
94	金玄洙	1937.12.06	치안유지법 위반, 강도살인미수	朝鮮에서 審理中
95	安載煥	1937.12.27	치안유지법 위반	朝鮮에서 審理中
96	盧鐘均	1937.12.27	살인강도(大逆嫌疑), 치안유지법위반, 폭 발물취체벌칙위반	상해일본총영사관에서 취조중

* 출전 : 『外務省執務報告(東亞局)』 第6卷, 昭和13年(2) - 昭和15年, 東京: クレス出版, 1993, 369-377쪽.
* 성명의 경우 일부 오기가 있으나 원문 그대로 전재하였음.

일본영사관 경찰에 의해 체포된 이들 96명을 유형별로 정리하면 다음의 표와 같다.

〈표 4〉 1933-1937년의 5년 동안 상해에서 체포된 한인 96명의 처분 유형

유형	實刑宣告	轉向(귀순)	自首	諭旨退去	微罪釋放	審理中	기타	합계
인원수	34	28	4	9	5	7	9	96
비율(%)	52	48						

* 비율(%)은 유지퇴거, 미죄석방과 심리중, 기타를 제외한 66명에 대한 비율임.

우선 전체 96명 가운데, 심리중에 있거나 미죄석방, 유지퇴거, 기타 등의 30명을 제외한 66명 가운데, 실형을 선고받은 이는 34명(52%)이다. 그리고 전향, 귀순, 자수 등 일반적으로 전향으로 분류될 수 있는 경우는 32명(48%)에 달하고 있다. 거의 절반에 가까운 매우 높은 전향률을 보여주고 있다.

일제는 독립운동가를 체포한 후 전향을 권유하여 이에 응하면 석방한
후 감시하였다. 전향 권유를 거부할 경우에는 국내로 호송되어 독립운동
정도에 따라 사형이나 징역 수년 이상의 무거운 형벌을 받았다. 1919년
임시정부 수립 당시부터 활동했던 鮮于爀[38])이나 張德櫓[39])가 전향의 대
표적인 경우이다. 이들은 윤봉길의거 이후 임시정부 요인들이 중국 내륙
으로 이동할 때 상해에 잔류하였다. 오랫동안 거주하여 생활기반이나 교
회, 가족 모두가 있었던 상해를 떠나지 못했던 것으로 보인다. 1932년
윤봉길의거는 상해를 떠나는 이들과 남는 사람들을 명확하게 구별하였
다. 물론 상해를 탈출하였다가 상해로 다시 돌아온 경우도 있다. 1930년
대 초반까지 상해에서 적극적인 독립운동에 종사했던 朴昌世가 그런 경
우이다. 주지하다시피 그는 중일전쟁 이후 호남성 장사에서 楠木廳사건
을 일으켜 金九를 암살하려다가 실패하였다.[40]) 그후 그는 상해로 피신
하여 '在支那派遣總軍司令部'에서 근무하였다.[41]) 이렇듯이 유봉길의거

---

38) 鮮于爀(1882-?)은 평안북도 정주 출신이다. 일찍이 1910년 105인사건으로 옥고를
   겪은 후 상해로 망명하였다. 상해에서는 프랑스조계내에 독립사무소를 설치하고,
   玄楯을 총무로 하여 각국에 독립선언서를 발송하였다. 1919년 4월 10일, 상해에
   서 제1회 임시의정원회의가 열려 임시정부를 수립할 때 교통차장에 선임되었다.
   그 뒤 新韓靑年黨, 上海大韓人居留民團, 仁成學校, 興士團 제1회 遠東大會의 지도
   위원장, 韓國獨立黨 등에 참여하여 활동하였다. 윤봉길의거 이후에는 상해에 잔류
   하여 上海朝鮮人基督敎會의 장로로 있으면서 상해 인성학교, 鷄林會 등에서 활동
   하였다. 8·15이후 그는 상해 교민사회를 이끌면서 한인들의 안전한 귀국을 위해
   많은 활동을 하였다. 金熙元선생의 증언에 의하면, 선우혁은 8·15이후에도 귀국
   하지 않고 중공치하의 상해에서 거주하였다. 1960년 후반 고향 정주가 있는 북한
   에 들어갔다가 사망하였다고 한다[金熙元 구술, 김광재 면담(2005. 4. 2)].

39) 張德櫓(1884-?)는 평북 신의주 출신으로 주로 임시정부, 흥사단 등에서 활동하였
   다. 1932년 윤봉길의거 이후 상해에 잔류하면서 한국독립당에 관여하였다. 그후
   의 행적은 대개 선우혁과 비슷하나 8·15이후 귀국하였다가 6·25때 납북되었다
   (이태호, 『압록강변의 겨울』, 다섯수레, 1991).

40) 『백범일지』, 도진순 주해, 1997, 돌베개, 370쪽. 『백범일지』에 의하면, 박창세의
   맏아들 朴濟道도 일본영사관의 정탐이었다고 한다.

41) 白川秀男, 『在支半島人名錄』 第三版, 上海: 白川洋行印刷部, 1942, 64쪽. 朴昌世는

이후 상해 한인사회는 '항일'과 '부일', '관망' 사이에서 다양한 편차를 보여주고 있었다.

　일제는 친일한인단체의 조직을 지원, 활성화하거나 외부의 친일인사를 영입하기도 하였다. 외부에서 영입한 친일한인으로서 가장 대표적인 인사는 李甲寧과 金璟載를 꼽을 수 있다. 이갑녕[42)]은 1934년 일본외무성 촉탁의 신분으로 상해에 왔다. 그는 일본총영사관 경찰부 특고과 '鮮人系' 및 '調査規劃係' 촉탁으로 근무하였다.[43)] 항일운동가 및 사회주의 운동가 탄압을 위한 특고과에서 두 개의 중요 부서에서 촉탁을 겸하였다는 것은 그에 대한 일본총영사관의 신임이 어느 정도였는지 잘 보여주고 있다. 그는 이를 기반으로 조선인회 회장에 취임하여 활동하였다. 일제

　일찍이 대한교민단 산하 의경대, 병인의용대 등에서 친일파, 밀정 처단을 지휘했던 인물이다. 후일 김구 암살에 실패하고 일본군에 투신한 것은 역사의 아이러니가 아닐 수 없다. 김희원선생의 증언에 의하면, 박창세는 金鐘商이 홍구지역으로 이사간 후 김종상의 집이었던 北永吉里 10號에 거주하였다. 이는 위의 인명록상의 주소와 정확하게 일치하고 있다.

42)『東亞日報』1939년 11월 8일자,「上海紹介版」. 이갑녕은 중추원 참의를 지냈던 李炳烈의 장남이었다. 자칭 일본 東大 農學部 출신으로 부친 李炳烈이 대표로 있던 친일신문 民衆新聞社 기자 생활을 하다가 1934년 일본외무성 촉탁으로 상해에 왔다. 그는 金璟載, 孫昌植과 더불어 조선인회를 움직이는 3인 가운데 한 사람이었다. 이갑녕은 조선인회 회장, 손창식은 조선인회의 참사회 의장, 김경재는 조선인회의 기관지『光化』의 발행인이었다. 또한 이갑녕이 친일행위에서 행동가였다면, 김경재는 이론가였으며 손창식은 재력가였다고 할 수 있다. 이들 3인은 일제 총영사관 및 일본인거류민단의 정책적인 지원하에 조선인회 및 후계단체인 계림회 등을 통하여 상해 한인들을 황국신민화운동에 동원하였다. 이갑녕은 해방후 비밀리에 국내로 잠입해 있다가 반민특위의 추적으로 다시 일본으로 도피하였다. 반민특위는 일본측에 그의 인도를 요청하기도 하였으나 나중에는 기소중지되었다 (허종,『반민특위의 조직과 활동 : 친일파 청산 그 좌절의 역사』, 도서출판 선인, 2003). 동국대학교 이기동 교수의 교시에 의하면, 그는 일본인 후견인의 보호하에 여생을 보냈으며 1980, 90년대까지도 일본에서 주일 한국대사를 만나는 등 활동한 것으로 나타나고 있다.

43)『外務省警察史 : 支那の部 第18篇 在上海總領事館』(국회도서관 MF SP126의 21662, 21740, 21743, 21857쪽, SP127의 22095쪽).

가 많은 노력을 기울였음에도 불구하고 별다른 활동을 보이지 못하고 있
던 조선인회가 정상화되는 데는 이갑녕에 힘입은 바 컸다. 일제는 이갑
녕을 통해 조선인회 및 한인사회에 대한 지배정책을 철저하게 관철시켰
던 것이다.

중일전쟁 이후에는 '만주국'에서 '五族協和' 공작을 적극적으로 전개
하던 김경재[44]가 상해로 진출하였다.[45] 1939년 8월 김경재가 상해로 오
게 된 배경에는 일제의 권유가 있었던 것으로 보인다. 1920년대 초 상해
임시정부의 기관지 『독립신문』 기자로 활동했던 그가 십수년만에 다시
상해에 돌아왔던 것이다. 행동가 유형의 이갑녕과는 달리 이론가 타입의
김경재는 상해에 온 직후 조선인회의 기관지 『光化』[46]를 발간하고 일간
지 『上海時報』(1940년 창간)를 발간하여 일제와 중국 남경정권을 이론
적으로 선전하였다.

다음 일제는 독립운동진영의 인사들에 대한 회유 공작을 추진하였다.
일제는 중경 등지의 독립운동가들을 상해로 회유·유인하였다. 李尙奎와

---

44) 金璟載(1899-?)는 황해도 황주 출신이다. 수원고농, 군사주비단, 1920년대 상해
   『獨立新聞』의 기자, 국내에서 화요파 중진으로 사회주의운동을 전개하다 피체되
   었다. 석방후 전향하였는데 상해에 오기 이전에 만주국 協和會 수도본부의 간부
   로 활약했다(강만길·성대경 엮음, 『한국사회주의운동인명사전』, 창작과비평사, 1996).
   상해에 온 김경재는 지나군사령부 상해특무기관 촉탁, 太平企業公司 부사장을 역
   임하고 조선인회 및 계림회, 上海時報社 사장 등을 역임하였다. 8·15이후 귀국한
   후의 그의 행적은 알려지지 않고 있다.
45) 『在支半島人名錄』 第三版, 61쪽.
46) 조선인회는 1939년 1월 기관지 『光化』를 발행하였다. 이를 위해 산하에 조선인회
   출판부를 두어 기관지 발행을 전담하였다. 현재 『光化』는 4개호가 남아 있다. 제1
   권7호(1939.7.1), 제2권6호(1941.11.30), 제2권7호(1941.12.31), 제2권9호(1942. 4.
   20)이다. 이 가운데, 상해거류조선인회 시기에 나온 제1권7호를 제외한 나머지 3
   개호는 1941년 3월 조선인회의 후계단체 鷄林會의 기관지로 출간되었다. 이로 보
   아 『光化』는 전후 수십개호가 발행되었던 것으로 보이는데 향후 조선인회의 활동
   을 더 구체적으로 이해하기 위해서는 기관지 『光化』의 추가 발굴이 이루어져야
   할 것이다.

鮮于璜의 경우가 좋은 예이다. 두 사람은 선우혁의 사위이자 딸이었다. 조선민족혁명당 당원인 이상규는 중일전쟁 이후 남경을 거쳐 중경으로 탈출하였다. 이 과정에서 부인인 선우황이 같이 가지 못하고 상해에 잔류하였다. 선우황은 중경에 있던 남편 이상규에게 여러 차례 편지를 보내 상해로 돌아올 것을 간절히 요청하였다.

여기에는 선우혁의 설득이 있었던 것으로 보인다. 1939년 선우혁이 일본총영사관에서 영사관경찰서 고등계 주임 藤井로부터, 중경의 독립운동가들이 상해에 오더라도 이전의 독립운동 사실은 불문에 붙이고 생업에 종사할 수 있게 한다는 영사관의 방침을 듣고 있던 터였다. 선우황의 애절한 편지를 두 차례 받고 심리적인 동요를 일으킨 이상규는 林得山 등 주위의 만류에도 불구하고 상해로 귀환하였다. 1939년 4월 30일 상해 프랑스조계 부두에서 선우혁, 선우황 등의 마중을 받고 상해로 돌아왔다. 그는 다음날 조선인회와 일본총영사관에 출두하여 귀환을 신고하였다.[47]

일제는 상해지역의 민족주의단체를 해체하기 시작하였다. 그 대상은 민족주의단체의 상징처럼 남아 있던 흥사단 원동위원부였다. 흥사단 원동위원부는 1932년 안창호 체포후 실질적인 활동없이 명맥만을 유지하고 있었다. 김경재는 일본총영사관, 조선총독부 출장소의 原田과 함께 흥사단 원동위원부 해체에 착수하였다.[48] 그 결과 선우혁, 장덕로 등 단원들은 1940년 7월 16일 흥사단 원동위원부 해소성명서를 발표하기에 이르렀다. 나아가 흥사단 원동위원부는 해체와 동시에 남경에 있던 소유

---

47) 國史編纂委員會,『韓民族獨立運動史資料集』46, 中國地域 獨立運動 裁判記錄 IV, 2001, 137-138쪽.

48)「興士團遠東支部解散ニ關スル件」(上海派秘第五四一號ノ一, 1940. 7. 18, 在上海事務官 原田一郎 → 朝鮮總督府 警務局長, 外事部長) (國史編纂委員會 소장 京城地方法院 編綴文書『思想ニ關スル情報』12 : 국사편찬위원회 홈페이지 한국사데이터베이스 참조).

토지를 일본 지나총사령부 상해기관에 헌납하였다. 여기에는 홍사단 원
동위원부의 서류 전부와 보유 현금 3백원도 포함되었다.

해소성명서는 『매일신보』,[49] 『만선일보』,[50] 『삼천리』[51] 등 국내외
신문, 잡지에 게재되었다. 국내 수양동우회 회원들의 전향에 이은 국외
의 전향 사례로서 일제는 이를 호재로 활용하였다. 상해 한인들에 대한
사상적인 선도 및 중경, 북미의 독립운동가들에 대한 선전공작의 소재로
적극 활용하였다. 일제는 이 성명서를 중경, 북미, 일본, 조선 국내의 언
론매체에 대대적으로 보도하였다.[52]

오랫동안 독립운동에 투신했던 선우혁, 장덕로의 전향 및 홍사단 원
동위원부의 해체 선언은 국내외에 큰 파장을 남겼다.[53] 사실 이들의 전

49) 『每日新報』 1940년 7월 23일자, 「上海興士團 解散」.

50) 『滿鮮日報』 1940년 7월 17일자, 「興士團土地를 公益事業에 提供」 ; 金瑢載, 「興
士團遠東支部의 解消」, 『滿鮮日報』 1940년 7월 31일자.

51) 「興士團遠東支部 解消聲明書」, 『三千里』 1940년 9월호, 8-9쪽.

52) 위의 「興士團遠東支部 解消聲明書」 ;「興士團遠東支部의 解散(1940. 8)」(朝鮮總督
府警務局保安課編, 『高等外事月報』 13) ;「원동특별반 단원들이 미주 理事部 諸
位에게 보낸 공함(1940. 12. 1)」(도산안창호선생전집편찬위원회 편, 『島山安昌浩
全集』 제8편 홍사단 원동지부, 도산안창호선생기념사업회, 2000, 748쪽) ;「興士
團遠東支部의 解散(1940. 8)」(『島山安昌浩全集』 제8편, 915-918쪽). 참고로 성명서
의 내용은 다음과 같다.
  "大正九年頃에 故安昌浩의 主動으로 民族主義團體인 興士團遠東支部가 組織되어
事務所를 上海法界 貝締鑒路 美人里 十號에 두었다가 其後에 霞飛路大德里三十
號로 移轉視務하여오다가 昭和七年四月에 安昌浩가 被捉된 後에는 會務가 停滯
되어 有耶無耶로 三四年間 經過하던中 昭和十二年 秋에 朝鮮에서 本團의 姉妹團
體인 修養同友會가 解散되었다는 消息을 듣고 우리도 또한 興士團遠東支部를 自
行解消키로 하였다. 따라서 過去에 그릇된 思想을 一掃自覺하고 大日本帝國의 臣
民인 것을 再認識하며 皇國臣民의 참다운 길로 勵進하여 오던中 玆今에 右團員思
想의 更新과 그 團體가 名實이 完全解消되었음을 文字로써 公的으로 聲明하는바
이다. 昭和十五年七月十六日, 上海 興士團遠東支部, 委員長 張德櫓, 委員 羅愚,
洪在衡, 班長 鮮于爀, 朴奎燦, 劉正宇 外 團友 一同".

53) 이에 대해 宋秉祚를 비롯한 在重慶 홍사단 단원들은 해소성명서를 발표한 상해
홍사단 단원들을 통렬하게 비난하고 홍사단 부활을 천명하였다. 「선언서(1940.

향은 윤봉길의거 이후 이들이 상해에 잔류하면서 이미 예고된 것이었다. 다시 말해 1940년 흥사단 원동위원부 해소때 전향한 것이 아니라 본고의 <부록>에 나타난 바와 같이 1936년에 이미 전향(정확하게는 '전향 권고석방')한 것으로 보아야 할 것이다. 1940년의 흥사단 원동위원부의 해소성명은 그것을 '文字로써 公的으로' 선포한 것에 불과했다.

일제는 상해의 한인 유지들을 동원하여 중경 임시정부에 대해 방송 선전공작을 실시하였다.54) 1940년 중일전쟁 3주년에 접어들면서 상해의 치안이 안정되었다고 판단한 일제는 본격적으로 중경 등지의 독립운동 진영에 대한 선전공세를 취하기 시작하였다. 조선총독부 출장소장 사무관 原田一郎과 상해 지나군사령부 촉탁 김경재는 일본군 軍報道部 방송국과 교섭하여 중경에 대한 방송을 하기로 결정하였다. 이때는 일제가 상해 흥사단 원동위원부를 와해시키고 "자발적인" 해소성명서를 발표한 직후였다.

방송의 목적은 "평화의 빛이 비치우는 이때 아직도 중경 蔣政權側에서 末路를 더듬는 불쌍한 동포가 四百여명이나 된다. 그들로 하여금 시국을 똑똑이 인식시키며 光明의 새로운 길을 열어" 주기 위한 것이라고 한다. "末路를 더듬는 불쌍한 동포"는 중경의 임시정부 요인들과 그 가족들에 다름 아닐 것이다. 이즈음 연일 중경에 대대적인 공습을 퍼붓고 있던 일제는 방송을 통해 중경 임시정부를 무너뜨리고자 시도하였다. 1940년 8월 11일부터 11일에 한 번씩 "조선말 방송"을 진행하게 되었다. 아나운서는 상해 한인 유지들이 돌아가면서 하는 것으로 하였다.

일제는 한인사회에 대한 정치적인 회유공작 뿐만 아니라 경제적 회유정책도 병행하였다. 조선총독부는 상해 한인의 "복리증진"을 위한다는 명목으로 上海德昌煙工廠을 설립하였다. 연초공장을 세워 그 이익금으

---

10)(『島山安昌浩全集』 제8편, 749쪽).

54) 『東亞日報』 1940년 7월 31일자, 「上海서 朝鮮말 방송 重慶側同胞를 向해」.

로 상해 한인의 복리증진 기금을 마련한다는 것이었다. 조선총독부 專賣局으로부터 朝鮮産 葉煙草의 불하를 받는 한편 興亞院 華中連絡部로부터도 원료 엽연초를 배급받았다. 관리 감독은 조선총독부 상해출장소에서 담당하기로 하였다. 운영은 총영사관의 허가하에 한인 유지들로 구성된 조합이 맡았으며 조합의 총경리에는 宋世浩가 취임하였다.[55] 자료부족으로 이 연초공장이 구체적으로 어떻게 운영되었는지는 알려지지 않고 있다.[56]

---

55) 『光化』 제2권9호, 1942년 4월, 26쪽. 宋世浩(1893-1970)는 승려 출신이다. 임시정부 임시의정원 강원도 대표, 대한민국청년외교단 등에서 군자금 모집활동으로 옥고를 치렀다. 1931년 출옥후 다시 상해에 왔으며 8·15이후에도 귀국하지 않고 중공치하 상해에서 살다가 사망하였다. 잘 알려지지 않은 사실이지만, 송세호는 남화한인청년연맹에 의해 '親日鮮人'으로 지목되어 처단대상이 되기도 하였다. 「南華韓人靑年聯盟關係者檢擧ニ關スル件」(京高特秘第八〇八號ノ三, 1939. 07. 08, 京畿道知事 → 京城地方法院 檢事正, 上海總領事 等) (國史編纂委員會 소장 京城地方法院 編綴文書 『思想ニ關スル情報綴』 4 : 국사편찬위원회 홈페이지 한국사데이터베이스 참조). 상해지역 일본군 위안소 전문연구가인 蘇智良 교수에 의하면, 송세호는 극동댄스홀(遠東舞廳)을 열어 위안소 경영에도 관여했던 것으로 나타나고 있다(蘇智良·陳麗菲·姚霏, 『上海日軍慰安所實錄』, 22, 79, 95쪽).

56) 김희원선생에 의하면, 당시 조선총독부의 연초공장은 상해 浦東지역에 있었다고 한다. 실제로 민국시기 포동지역에는 '煙廠路'(현재의 東方明珠 근처)라고 하는 거리가 있었고(周振鶴 主編, 『上海歷史地圖集』, 上海人民出版社, 1999, 64쪽) 이곳에는 英美香煙公司 공장이 산재해 있었다(上海圖書館, 『老上海地圖』, 上海畵報出版社, 2001, 128쪽). 하지만 1941년 12월 태평양전쟁 발발 이후 상해지역의 이른바 '英美敵性國'의 주요시설은 모두 일본군에 의해 적산으로 몰수되었다(『上海通史』 第8卷, 民國經濟, 395쪽). 이 과정에서 몰수된 영미의 연초공장 일부를 조선총독부가 인수하여 상해지역 한인유지들에게 불하하였을 가능성이 크다. 이 점은 향후 보다 정확한 자료고증을 거쳐 다시 확인하고자 한다.

3. 상해거류조선인회의 성립

조선인회는 1911년부터 조선총독부가 만주에서 조직하였던 것이 시
초였다.[57] 만주의 조선인회는 독립운동을 탄압하고 독립운동가들과 이
주한인들을 유리시킬 목적으로 조직되었다. 독립운동단체에 대한 일종
의 대항조직이었다. 1930년대 이후 중국관내지역에서도 한인 이주가 늘
어나면서 이와 유사한 기능을 수행하는 단체가 생겨나기 시작하였다.

일반적으로 조선인회는 임원이 모두 현지 유지 또는 유력가들로 일제
의 인가를 얻어 임면되었다. 아울러 조선인회는 일본 관헌의 감독 밑에
서 사무를 집행하는 등 일제의 말단행정기관 역할도 수행하였다. 일본인
거류민단이 중국 현지에서 일제침략의 사회적 기반으로서 기능했던 것
과 마찬가지로[58] 조선인회도 일제의 정책을 충실하게 수행하였으며 전
시에는 일본군 후방지원 활동을 전개하였다. 앞에서 본 바와 같이, 상해
거류조선인회는 회장 이갑녕이 일본총영사관 경찰부 특고과 조선인계
촉탁이기도 하였기 때문에 다른 어느 지역보다도 일제의 정책이 효과적
으로 그리고 철저하게 관철되었을 것으로 판단된다.

상해지역에서 조선인회와 같은 친일한인단체가 결성되는 직접적인
계기는 1932년 윤봉길의거 이후 임시정부 등 독립운동진영의 상해 철수
였다. 하지만 그 뿌리는 윤봉길의거 한 해전인 1931년으로 거슬러 올라
간다. 1931년 3월 홍구지역에서 거주하고 있던 申秉均 외 8명의 한인들
이 상해 일본총영사관의 지원하에 同友會라고 하는 친일자치단체 조직
을 시도하였다.[59]

---

57) 김태국,『滿洲地域 '朝鮮人民會' 硏究』, 국민대학교 국사학과 박사학위논문, 2001.

58) 木村健二,「在外居留民の社會活動」,『近代日本と植民地』5, 膨脹する帝國の人流,
    岩波書店, 1993, 28쪽.

59)『在支滿本部警察統計及管內狀況報告雜纂(支那27)』.

프랑스조계당국은 동우회가 임시정부 산하 대한교민단에 대한 대항
조직으로 일제가 동우회의 조직을 비밀리에 재정적, 정신적으로 지원한
것으로 파악하였다. 또한 여기에는 당시 만주에서 벌어지고 있던 중국인
들의 한인 박해로 인한 상해 한인들의 위기의식도 크게 작용하였을 것으
로 보인다.60) 프랑스조계당국의 파악에 의하면, 친우회의 주도인물은 玉
觀彬과 金鉉軾으로 회원수는 약 40명이었다고 한다.61) 하지만 이들이
조직의 강령, 규약 등을 작성할 때, 프랑스조계의 독립운동단체에서 이
들을 불러 엄중하게 경고하였기 때문에 조직 자체가 유야무야되고 말
았다.62)

주도인물인 玉觀彬은 민족운동진영에서 독립운동에 종사하다가 변절
되었다고 하여 1933년 독립운동세력에 의해 처단된 인물이다.63) 金鉉軾
도 한때 국내에서 신민회에 관여하였다가 상해에 온 후 임시의정원에서
활동하기도 하였다.64) 후에 그는 일제의 입김이 강했던 공공조계 경찰
의 警査급 형사를 역임하였다. H. S. Kim 이라는 이름으로 활동한 그의
주요업무는 주로 상해 한인들에 대한 사찰이었다. 한인 시위와 집회의
사전 파악, 신문, 잡지 등 간행물 파악, 혁명단체의 문서 번역 등 매우
다양하였다.65)

---

60) 『中華民國在留朝鮮人槪況』, 56쪽.
61) 國史編纂委員會, 『韓國獨立運動史』 資料 20, 臨政篇 V, 1991, 118쪽의 프랑스조
    계 공부국문서 「朝鮮人同友會에 관한 정보보고」. 하지만 일본측 문서에는 옥관빈
    이 동우회에 관여했다는 내용이 전혀 나오지 않는 것으로 보아 프랑스조계 당국
    의 조사보고는 사실이 아닌 것으로 보인다. 이 시기 옥관빈은 불자대약창을 경영
    하고 있었으며 중국국민당 상해지부의 당직자로서 상해 중국인 주류사회에서 바
    쁜 나날을 보내고 있었다. 옥관빈에 대해서는 이 책에 실린 두 편의 글(玉觀彬의
    상해 망명과 활동, 상해시기 玉觀彬 밀정설에 대한 비판적 검토)을 참고하기 바
    란다.
62) 『在支滿本部警察統計及管內狀況報告雜纂(支那27)』.
63) 『東亞日報』 1933년 8월 3일자, 「上海 法界에서 玉觀彬 被殺」.
64) 國史編纂委員會, 『韓國獨立運動史』, 資料2, 臨政篇 II, 1971, 390쪽.

윤봉길의거 이후 임시정부가 상해를 철수하면서 부터는 프랑스조계
에서 공공조계로 이주하는 한인들이 점차 증가하였다. 그리하여 1933년
7월 15일 狄思威路 李容魯[66]의 집에서 한인 10명이 회합하고 上海韓人
相助會의 창립협의회를 개최하였다. 그 자리에서 회칙안, 자금 5만원 적
립계획안을 수립하고 회원 모집에 착수하였다. 하지만 조직 구성원간의
문제로 상조회와는 별도로 柳寅發[67] 등이 上海朝鮮人親友會를 조직하
였다. 이에 이용로가 유인발과 회합하여 의견을 교환한 결과 상조회는
친우회에 합류하였다.

그후 유인발이 중심이 된 친우회는 회원 모집에 노력한 결과 회원
100여 명을 모집하였다. 1933년 8월 9일 "我等은 帝國臣民이다. 我等은
皇恩에 보답하고 봉사한다"는 기치하에 공공조계 老靶子路 206호의 일
본인기독교청년회관에서 창립총회를 개최하였다.[68] 창립총회에서 선언,
규약을 결정하고 간부를 선임하였다. 창립총회에서 집행위원장에 취임
한 유인발은 같은해 8월 10일 狄思威路의 자택에서 위원회를 열어 부서
를 결정하고 各區 위원을 선임하였다. 사무실은 일본기독청년회관내 2
층에 설치하고 강령으로 "친목 및 단결 도모, 지식개발 및 생활의 향상"
을 표방하였다.[69] 일본기독교청년회는 친우회의 사업을 기독교청년회

---

65) 방선주, 「해제 : 上海共同租界工部局警務處 韓人獨立運動關係文書」(국사편찬위원
　　회 소장자료).

66) 흥사단원으로 활동하다가 변절하여 1935년 처단되었다. 李圭昌, 『運命의 餘燼』,
　　寶蓮閣, 1992.

67) 柳寅發은 일찍이 미국에서 입대하여 제1차 세계대전에 참전하였던 인물이다. 중
　　국 상해에 건너 온 그는 1926년 현재 임시정부 호위, 친일파 처단 임무를 수행하
　　던 丙寅義勇隊 대원으로 활동하기도 하였다. 그후 민족운동진영을 이탈하여 친일
　　활동을 하다가 독립운동진영의 공격을 받았다. 國會圖書館, 『韓國民族運動史料』,
　　中國篇, 1976, 596쪽.

68) 『上海居留民團三十五周年記念誌』, 1000쪽.

69) 『上海居留民團三十五周年記念誌』, 1001쪽.

사업의 일부로 간주하고 일부 친우회 임원들의 생활비도 지급하였다.[70)

친우회는 우선 한인 아동교육에 착수하기 위해 嘉興路에 유치원 개설을 준비하였다. 이때 위원장 유인발이 상해 대한교민단 의경대의 공격을 받아 중상을 입었다.[71) 당시 상해의 조선인회는 교민들의 성분을 조사하고 특히 독립운동가에 대한 정보를 일본 기관에 제공하는 친일단체로 지목받고 있었다.[72) 때문에 조선인회 계열의 친일파나 밀정은 줄곧 독립운동진영의 처단 대상이 되었다.[73) 북경, 천진 등 기타 관내지역의 조선인회 간부들이 독립운동진영으로부터 공격을 받은 사례가 거의 없었다. 그에 비해 상해는 1932년 임시정부의 상해 철수에도 불구하고 여전히 뿌리깊은 항일운동 정서를 잘 보여주고 있다.

독립운동진영의 유인발에 대한 공격으로 말미암아 친우회의 유치원 개설, 東京 相愛會 支部化 등의 계획은 좌절되었다. 상애회는 李起東, 朴春琴이 일제의 사주로 재일한인의 노동운동이나 학생운동의 억압을 위해 일본 동경에서 조직된 친일단체였다. 특히 1923년 9월 1일 관동대지진 때는 한인 노동자 300명을 지진의 뒤처리에 동원하여 일제의 인정을 받았다고 한다. 상애회는 조선총독부 丸山 경무국장의 지지하에 조선으로 진출하여 '조선지부'를 조직하여 민족운동 탄압에 동원되었다.[74) 그후에는 중국 상해 방면으로도 진출을 꾀했던 것으로 보인다.

친우회는 독립운동진영의 응징에 위축되어 조직의 운영 자체가 어렵

---

70)『日本外務省特殊調査文書』제60권, 199쪽 ; 中央朝鮮協會,『上海に於ける朝鮮人の實情』, 1935, 14쪽.

71)『上海居留民團三十五周年記念誌』, 1001쪽 ;「上海韓國人親友會 委員長 柳寅發 狙擊事件」(國會圖書館, 앞의 자료, 782-785쪽). 유인발은 이 부상으로 몇 년후 사망하였다.

72) 李圭昌,『運命의 餘燼』, 204쪽.

73) 김도형,「대한민국임시정부의 친일파 처단과 의열투쟁」,『대한민국임시정부수립 80주년기념논문집』, 하권, 국가보훈처, 1999, 198-223쪽.

74) 姜東鎭,『日帝의 韓國侵略政策史』, 한길사, 1980, 234-236쪽.

게 되었다. 그후 유인발의 경과가 호전함에 따라 李昌夏 등이 친우회 사
무소를 공공조계 노파자로 3호로 옮겼다. 동시에 조직 부흥에 관한 성명
서를 발표하고 회보를 발간하여 조직의 활성화를 위해 노력하였다. 같은
해 9월 30일 일본기독교청년회관에서 제1회 정기총회를 개최, 회명을
上海朝鮮人會라 고치고 종래의 위원제를 역원제로 하는 등 규약을 개정
하였다. 고문에 유인발, 회장에 이창하, 부회장에 이용로, 그리고 李聖君
을 총무로 선출하여 진영을 정비하였다. 1934년 1월 25일『鐘聲』이라는
인쇄물을 발간하면서 회원의 단결을 도모하였다.

또한 간부회를 열어 조직의 확대 강화를 협의한 결과 1934년 3월 8일
부터 사무소에 야학부를 개설하였다. 부회장 이용로가 교사가 되어 생도
10여 명에게 영어를 교육하였다. 그밖에 회원의 지식향상, 의사소통을
도모하기 위해「비상시의 조선」등의 연제로 조선인회 간부들이 연사가
되어 강연회를 개최하기도 하였다.

자금 조달 문제에 시달리던 조선인회는 일본 정보조직 형제회의 알선
으로 일본기독교청년회의 원조를 받았다. 특히 형제회는 조선인회를 장
악하여 이를 활용하고자 노력하였으며 일본기독교청년회에 조선인회를
원조하도록 알선하였다.[75] 1934년 6월 1일부터 이들 단체의 지원하에
야학부 등을 노파자로 일본 기독교청년회관으로 옮겼다. 또 같은 해 6월
15일 현안과제였던 유치원 설립에 대해서도 일본기독교청년회의 지원을
받게 되었다. 그 결과 일어부의 명칭 하에 동회관내에 조선인유치원을
설립, 아동 20명에 대하여 교육하기 시작하였다.

그러나 1934년 말 조선인회는 회장의 공금횡령 등으로 회장 제명 사
건이 발생한데다가 회비징수의 저조로 인한 재정난으로 조직 운영이 큰
타격을 받게 되었다. 이러한 상황을 타개하기 위해 나머지 간부들은 일
본총영사관에 근무하고 있던 이갑녕에게 협조를 요청하고 수차례 회의

---

75)『日本外務省特殊調査文書』제60권, 199쪽.

를 열었다.76) 그 결과 1935년 3월 3일 임시총회를 개최, 조직의 분위기
를 쇄신하기 위해 회명을 上海朝鮮人居留民會라 개칭하였다. 같은해 12
월 말에는 명칭을 上海居留朝鮮人會77)로 개칭하고 규칙을 제정하였
다.78) 그리고 회장에 이갑녕을, 고문에 이용로를 추대하였다. 그리고 신
임 임원은 다음과 같다.

- 회장 : 李甲寧
- 고문 : 李容魯
- 총무 : 李聖昌
- 서기 : 韓尙輝, 金應鎭, 李昌夏
- 평의원 : 上田領事(代表), 佐伯副領事, 一杉事務官, 靑柳領事, 田島署
  長, 島田岬, 古屋孫次郎 (이상 7명)
- 참사 : 申秉均(議長), 白利淳, 金聖洙, 朴一碩, 金觀敎, 李相祐, 河隱益,
  鄭元吉, 金滋鍊, 金小登九, 朴正淳79)

이상의 임원진으로 볼 때, 실제로 업무를 집행하는 회장, 총무, 서기,
참사는 한인들이었다. 위의 임원들 가운데 이갑녕, 이용로 등 몇 사람을
제외하고는 자료부족으로 상세한 인적사항은 알 수 없지만 대개 홍구지
역에서 상업에 종사했던 것으로 보여진다. 白利淳 이나 朴正淳과 같이
중일전쟁 이후에 위안소를 경영하였던 인물들도 있었다.80)

회장 및 참사를 지명하고 중요한 정책을 결정하는 평의원 자리는 상

---

76) 『上海居留民團三十五周年記念誌』, 1002쪽.
77) 위의 자료. 조선인회는 '上海朝鮮人居留民會'라고 하는 명칭이 일본인의 '上海居
   留民團'이라고 하는 명칭과 비슷하였기 때문에 일본인 상해거류민단의 권고로 9
   개월만에 다시 명칭을 변경한 것으로 보인다. '上海居留朝鮮人會'라고 하는 명칭
   은 1941년 조선인회가 해체될 때까지 사용되었다.
78) 『上海居留民團三十五周年記念誌』, 1003-1006쪽.
79) 『上海居留民團三十五周年記念誌』, 1006쪽.
80) 蘇智良·陳麗菲·姚霏, 『上海日軍慰安所實錄』.

해 일본영사를 비롯한 일본인들이 차지하였다. 조선인회 규칙(제3장 제
11조)에 의하면, 평의원은 총영사가 지명하는 영사관원 4명, 조선총독부
가 지명하는 사무관 1명, 상해 일본인기독교청년회 총주사 및 이사로 충
당하도록 규정되어 있었다.[81] 이 규정에 따라 총영사관 관리가 4인, 총
독부 사무관 1인, 일본기독교청년회 2인으로 평의원이 구성되었다. 島田
岬은 사무실 제공 및 경비 지원을 통해 조선인회에 영향력을 행사했던
일본인기독교청년회의 總主事였다. 古屋孫次郎은 기독교청년회의 이사
이자 上海中日敎會 목사였다.[82]

조선인회의 조직과 확대에는 일본기독교청년회가 상당한 역할을 수
행하였다. 일찍이 總主事 島田岬과 古屋孫次郎는 1935년 中央朝鮮協會
주최의 강연회에서 상해 한인에 대한 교화선도에 강한 집념을 보였다.[83]
기독교가 중요한 역할을 했던 상해 한인사회에 대한 영향력 확대에 일본
기독교단체가 적극적으로 활용되었던 것이다.[84]

이갑녕의 회장 취임 이후 조선인회의 활동은 한단계 도약하였다.[85]
물론 3월 25일 이용로가 자택에서 嚴舜奉, 李奎虎 등에 의해 사살되는
사건이 없지 않았다.[86] 이갑녕 등은 이용로의 장례식을 거류민회장으로
거행하였다. 그리고 일본 기독교청년회관에 모여 중국당국에 '범인'의
일본영사관 인도를 요청하기로 결의하였다.[87]

---

81) 『上海居留民團三十五周年記念誌』, 1004쪽.

82) 中央朝鮮協會, 『上海に於ける朝鮮人の實情』, 2쪽.

83) 위의 자료에는 島田岬과 古屋孫次郎 두 사람의 강연록이 수록되어 있다.

84) 방선주, 「解題 : 上海日本總領事館의 '昭和十二年管內狀況 - 特高警察に關する事
項 - 在留朝鮮人の狀況'」, 500쪽.

85) 『上海居留民團三十五周年記念誌』, 1007쪽. 이갑녕은 1935년에 3년 임기의 조선
인회 회장에 선출된 후 1937년 및 1940년에도 그대로 유임될 정도로 한인유지
및 일제로부터 확고한 신임을 받았다.

86) 鄭華岩, 『어느 아나키스트의 몸으로 쓴 근세사』, 자유문고, 1992, 161-164쪽.

87) 國史編纂委員會, 『韓國獨立運動史』 資料 21 臨政篇 Ⅵ, 1992.

이와같이 이용로의 피살은 오히려 친일한인들이 결속하는 계기로 작용하였다.[88] 이용로의 피살사건 이후 조선인회에 대한 일본인측의 원조도 줄을 이었다. 東京에 있던 재단법인 原田積善會로부터 1935년 10월 이후 3년간 연간 3천원의 원조를 받게 되었다. 물론 여기에는 상해 일본총영사관 영사와 부영사의 노력이 컸다.[89] 그후 8월 30일 임원회의 결과 상해거류조선인회 규칙과 1935년도의 경상예산을 확정하였다. 10월 1일부터 사무소를 인근 노파자로 250弄 45號에 개설하였는데, 여기에는 이른바 무료숙박소와 유치원이 병설되어 있었다.

조선인회의 경비는 대부분 일제에 의존하였다. 1935년 10월부터 매월 상해 일본총영사관 및 일본인거류민단의 적극적인 지원을 받게 되었다. 일본 외무성에서 연액 6,600원, 조선총독부와 상해 일본인거류민단으로부터는 각각 연액 600원 등 거액의 보조금을 지원받았다.

물론 중일전쟁 직후 1937년 11월 조선인회 회장 이갑녕이 독립운동단체로부터 공격받거나[90] 조선인회 사무소가 중국군의 포탄에 전소되는(1937년 9월 19일)[91] 수난이 없지 않았다. 그럼에도 불구하고 조선인회는 회원수 등에서 크게 성장하였다. 그동안 일제의 정책으로 프랑스조계거주 한인들은 일본인 집단거주지역인 홍구지역으로 속속 이전하였다. 중일전쟁 이후 일본군이 조계의 외곽지역을 모두 점령하였기 때문에 프랑스조계는 상해의 '孤島'로 전락하였다.[92] 영국과 미국의 공공조계는 일본군이 무력간섭함으로써 일본의 영향력이 강화되었다. 하지만 프랑스조계의 경우는 프랑스의 비시정권이 나치독일의 괴뢰가 되었기 때문에 일제는 독일과의 관계를 고려하여 프랑스조계에는 일본군대가 진입

---

88) 中央朝鮮協會, 『上海に於ける朝鮮人の實情』, 14쪽.
89) 『上海居留民團三十五周年記念誌』, 1006-1007쪽.
90) 金明洙, 『明水散文錄』, 68쪽.
91) 『外務省執務報告(東亞局)』 第4卷, 264쪽.
92) 費成康, 『中國租界史』, 上海社會科學院出版社, 1991, 275쪽.

하지 않았다.[93] 한때 상해 한인사회에서 다수를 차지했던 프랑스조계 거주 한인들은 홍구지역 거주 한인들에게 비해 소수로 전락하고 말았다.[94]

4. 상해거류조선인회의 활동

1) 조선인회의 일반 활동

상해거류조선인회는 설립 취지로 "조선인 상호간의 친목 및 단결향상을 도모하고 공동복리를 증진한다"고 천명하였다.[95] 이는 "재류조선인의 복리증진을 도모"하고 회원의 "생활안정, 교화선도, 교육위생, 직업보도" 등을 내세운 天津朝鮮人民會나 한인들간의 친목과 단합, 회원들의 교육, 위생 그리고 실업을 장려하고 공동의 복리를 도모하는 것을 취지로 내세웠던 만주지역 조선인회의 그것과[96] 대동소이하다.[97] 상해거류조선인회는 조직의 주요사업으로 다음과 같은 사업들을 제시하였다.

    1. 유치원 기타 교육기관의 운영
    2. 무료숙박소의 경영
    3. 직업소개소의 경영
    4. 人事相談 및 분쟁의 조정

---

93) 『上海租界誌』, 105쪽.
94) 李甲寧, 「上海に於ける半島同胞の活動狀況」, 『總動員』 1940년 4月號, 國民精神總動員朝鮮聯盟, 72쪽(신주백편, 『전시체제하 조선총독부외곽단체자료집』 17, 고려서림, 1997 소수). 1939년 상해 한인 6,133명 가운데 프랑스조계의 306명을 제외한 거의 대부분이 홍구지역을 비롯한 공동조계에 거주하였다.
95) 『上海居留民團三十五周年記念誌』, 1003쪽.
96) 김태국, 『滿洲地域 '朝鮮人民會' 硏究』, 130쪽.
97) 『外務省執務報告(東亞局)』 第6卷, 昭和13年(2) - 昭和15年, 289쪽.

5. 지식개발 및 취미의 향상에 관한 사업
6. 기타 복리증진에 관한 사업[98]

위와 같은 규칙에 따라 조선인회는 평소 한인자제를 위한 학교 운영, 무직자에 대한 직업소개, 문서수발, 국외시찰단 파견 활동 등을 수행하였다. 조선인회가 가장 중시한 활동의 하나는 한인 자제들을 위한 교육사업이었다. 만주지역과 마찬가지로 상해의 한인들도 2세교육에 대단한 열의를 보였다. 조선인회가 자제교육을 중시한 것은 상해 독립운동진영이 인성학교를 세워 2세 교육을 중시한 것과 공통점이 있으나, 다만 교육내용은 현격한 차이가 있었다.

조선인회는 養正幼稚園을 설립, 운영하였다. 조선인회는 만 4세 이상의 한인 자제에 대해서는 조선인회 경영 및 지정 유치원, 소학교에의 취학을 의무화하였다.[99] 양정유치원은 '선량한 신민'의 양성과 자제들의 일본소학교 입학준비에 중점을 두었다. 보모 2명으로 학급을 2분하고 초년생은 한인 보모로써 점차적으로 일본어 및 일본습관을 교육하였다. 최종년생(익년 소학교에 입학할 아동)에 대해서는 일본인 보모로 대체하여 황민화 교육이라는 목적을 달성하도록 하였다.[100]

그후 1940년 현재 보모가 5명, 아동 151명으로 늘어났다. 아동의 증가에 따라 양정유치원 교사가 협소해지자 蚔江路 廣東街 舊三義里 小學校 사용을 일본군 당국에 요청하여 허가받았다. 이 학교는 중일전쟁 이후 일본해군 특별육전대의 전적기념건축물로 지정된 건물이었다.

건축에 소요되는 경비는 교민의 모금 외에 조선총독부, 일본 굴지의 대기업들로부터 모집하였다.[101] 한인 黃龍洙가 경영하는 건설회사 水龍

---

98)『上海居留民團三十五周年記念誌』, 1003쪽.
99)『上海居留民團三十五周年記念誌』.
100) 崔志鷹,「舊上海韓國僑民的經濟及文化生活」, 19쪽.
101) 楊昭全 編,『關內地區朝鮮人反日運動資料彙編』上册, 28-29쪽. 유치원 건설에

組가 공사에 착수하여 같은 해 11월 3일에는 성대한 준공식을 거행하였다. 또 학교 운동장 시설 및 神社 건설에 착수하였다. 유치원 정문 앞에 만들어진 신사는 등교하는 유치원생들은 물론하고 이곳을 지나다니는 모든 사람들에게 참배하도록 하였다.[102] 그밖에 조선인회는 야학을 열어 일반인들에 대한 일본어 교육을 실시하였다. 강사 3명으로 증원하여 수준에 따라 교육하도록 하였다.

학교 운영 외에 일제의 행정보조기구로서 조선인회가 1937년 한 해 동안 벌인 사업의 구체적인 내역은 다음의 표와 같다.[103]

〈표 4〉 1937년 조선인회 사업성적 월별표

	1월	2월	3월	4월	5월	6월	7월	8월	9월	10월	11월	12월	계
무료숙박 연인원	66	67	73	101	73	60	51						491
직업소개수	3	2	5	7	4	2	6	235	252	75	42	10	643
쟁의조정 및 풍기취체수	2	3	5	6	3	2	3	5	6	2	2	1	40
행로병자 치료		2	1	1	1	1		2	1	1			10
행로사망자 장례								2	1	1			4
여비보조		1	1	1			2	12	4	2	1	1	25
극빈자구휼 및 원적지 보호송환		1		1	2	2	4	649	4	2	1	1	677
유치원 재적아동	24	24	24	20	20	20	20	20	20	20	20	20	20

소요된 자금 내원은 다음과 같다. 금 2만원 : 三井, 三菱, 東拓, 鮮銀 등에서 출자, 금 1만 7천원 : 조선총독부 보조, 금 29,855원 : 교민이 출연.

102) 『光化』 제2권 7호, 1941. 12, 9쪽.

103) 방선주, 「解題 : 上海日本總領事館의 '昭和十二年管內狀況 - 特高警察に關する事項 - 在留朝鮮人の狀況'」, 503쪽. 참고로 1939년 11월부터 1940년 10월까지 1년 동안의 조선인회 활동내용을 통계숫치화하면 다음과 같다. ① 무료숙식소 수용 人數 : 1,059명, ② 직업 소개 건수 : 144건, ③ 쟁의 조정 건수 : 7건, ④ 행로병자 치료 건수 : 12건, ⑤ 행로사망자 장례 건수 : 5건, ⑥ 여비 보조자수 : 6명, ⑦ 빈곤자 구휼 및 보호 송환자 수 : 20명, ⑧ 각종 문서 전달 건수 : 7,283건, ⑨ 유치원 재적 아동수 : 142명이다. 이에 대한 월별 통계표는 다음과 같다. 李甲寧, 「上海朝鮮人の實情」, 126-127쪽.

民團立소학교에 입학알선	1	2	19	2	2								26
諸官衙 届出經由 서류건수	176	159	133	209	188	206	71	35	28	25	30	26	1286
신병인수 및 신원보증	2	5	3	2	10	2	4	12	18	8	11	9	86

위의 표에서 보듯이, 조선인회는 다양한 업무를 취급하였다. 상해에 이주해 오는 한인에 대한 무료숙박소 운영, 직업 소개, 쟁의 조정, 행로 병자 및 사망자의 치료와 장례거행, 능력이 없는 도항자에 대한 여비보 조 및 송환 등이다. 1932년 상해사변 이후 상해의 경기를 동경하여 '무 작정' 이주해 오는 한인들을 대상으로 무료숙박을 제공하였다. 이들에게 돌아갈 여비를 보조해주거나 원래 거주하던 국내로 송환하였다. 상해로 이주해온 한인들이 조계당국이나 일본총영사관 경찰 등에 의해 체포되 는 경우 이들에 대해 신원보증을 하고 신병을 인수하는 업무도 수행하였 다. 그리고 이들 가운데 환자가 발생하면 치료해주거나 사망자가 생길 경우 장례도 치러 주었다.

또 하나의 일상적인 업무는 상해 일본영사관, 상해 일본인거류민단 등으로부터 한인 관련 문서를 수발하는 것이었다. 조선인회는 거주 및 이전, 고용, 출생, 영업 등의 경우에 신고를 회원의 의무사항으로 규정하 였다. 조선인회는 이들 사항을 조사하여 다시 일본영사관이나 일본인 상 해거류민단에 제출하였다.[104] 이들 일련의 활동들은 표면적으로는 상해 한인사회의 '안녕'과 '정착'을 도모한다는 차원이었다. 동시에 그 이면에 는 상해의 질서 및 치안유지를 통한 일제의 지배체제 구축에 협조하는 측면이 강하였다.

중일전쟁이 장기화되면서 조선인회는 조선총독부의 협조하에 회원들 의 조선시찰을 추진하였다. 목적은 오랫동안 외국에 나와 있어 조선에

---

104) 『上海居留民團三十五周年記念誌』, 1003쪽.

대한 '인식이 없거나 틀린 인식'을 가진 자들을 위주로 조선 및 일본 시
찰단을 조직하고 그곳의 '경이적인' 산업문화의 발달 및 국민정신의 동
향을 견학케 한다는 것이다.

원래 일제는 한국 강점 이후 만주 등 해외의 친일 혹은 반일 한인을
조직하여 강점 이후 조선의 '발전상'을 직접 보도록 함으로써 친일기반
을 확대하는 시찰단을 지속적으로 추진하였다.[105) 상해에서도 유력 한
인들로 하여금 조선의 '발전상'을 직접 시찰케 함으로써 황국신민으로서
의 각오와 시국인식을 다진다는 것이다. 아울러 시찰을 마치고 돌아간
후 이들이 다시 현지 한인들을 '善導敎化'하여 한인들을 회유하고 친일
기반을 확대하는 파급효과를 노렸다. 중일전쟁 이후에는 상해와 마찬가
지로 북경, 천진 등 화북지방에서도 일제의 보조금 지원으로 조직된 한
인 유지들의 시찰단 파견이 빈번하게 이루어지고 있었다.[106)

첫 번째 조선시찰은 1938년에 이루어졌다. 시찰단은 趙尙燮, 張斗徹,
林承業, 金亨植, 金鐘商의 5인으로 구성되었다. 이들 5명 가운데 유고자
가 생길 경우 徐丙浩를 후보자로 하여 파견하도록 하였다. 일제가 파악
한 이들 5인의 인적사항은 다음의 표와 같다.[107)

<표 5> 1938년 조선시찰단 구성원 및 인적사항

성명	본적	주소	직업	년령	약력
趙尙燮	平北 義州	佛租界寶 康里 24	貿易商 兼 牧師	1884년생	1.평양신학교 졸업, 2.1919년 4월 渡上海, 임시 정부 간부로 독립운동에 활약, 3.1924년부터 독립운동을 이탈, 무역상 원창공사 경영, 조선 인야소교 교회 목사, 4.資性온후 자산 약 1만 원, 재류민간에 절대적인 신뢰, 중국어는 잘하 나 일본어는 통하지 않음

105) 國史編纂委員會, 『韓國獨立運動史』 資料 40, 中國東北地域篇 Ⅱ, 探究堂, 2004.
   일제는 1917년부터 북간도의 한인으로 조선시찰단 혹은 京城視察團을 조직하여
   파견하였다.
106) 김광재, 「중일전쟁 이후 北京지역의 한인단체 연구」, 241쪽.
107) 『外務省執務報告(東亞局)』 第6卷, 307-309쪽.

張斗徹	京城府 淸進洞	共同租界 靜安寺路	貿易商 映畵配 給業	1893년생	1.興化학교 졸업, 2.1919년 4월 상해 渡航, 3.1919년 上海友華銀行에 입사, 1933년 퇴사, 4.같은 해 聯利영화공사 및 戲院用品公司, 1938년 7월부터 半島貿易公司 경영, 5.독립운동에 종사한 적 없고 일본인 여자와 결혼, 溫厚篤實하여 재류민 및 중국인간에 큰 신용있음. 자산 약 6만원, 영어, 중국어, 일본어에 통함
林承業	平壤府	佛租界 霞飛路 429	林盛公司 主(잡화상)	1893년생	1.한문수업, 2.1913년부터 평양에서 상업종사, 3.1924년 11월 30일 상해 渡航, 1925년 3월부터 林盛公司 경영, 4.소위 독립운동에 가담한 적이 없으며, 性溫厚篤하여 재류반도인간에 큰 신용이 있으며 자산 약 10만원으로 중국어는 능통하지만 일본어는 해독하지 못함
金亨植	忠南 牙山郡	虹口區 北四川路	三德洋行 지배인	1895년생	1.1915년 경성공립교원양성소 졸업, 2.충남 각지에서 훈도로서 봉직후 平北道屬으로 있다가 퇴직, 인천 永化普校 교원으로 있다가 1928년 9월 퇴직, 상해 渡航, 3.상해도항후 삼덕양행(제약업)에 입사, 각지 지점 근무, 4.資性 극히 溫厚, 자산 약 5만원, 재류민간에 신용있음
金鐘商	京城府 橋北洞	佛租界 望志路 北永吉里	ダラー汽 船會社 사원	1891년생	1.관립경성영어학교 졸업(1901), 2.목포소학교, 한성전기사원을 거쳐 1910년 평양신학교 졸업, 3.1915년 10월 일본 橫濱 渡航, 1920년 1월 상해 渡航, 삼일학교, 인성학교, 南京東明學院 등의 교원, 1925년 5월 ダラー汽船會社 입사하여 금일에 이름, 4.性溫厚篤하여 不逞運動無, 재류민간에 상당한 신용있음, 중국어는 잘하지만 일본어는 잘하지 못함

시찰단 단원으로 선정된 이들은 모두 20년 가까이 상해에 살면서 기반을 닦은 상해 한인사회의 유지들로서 재류 동포들의 신망이 컸다. 특히 상해 한인교회의 목사를 역임한 바 있는 조상섭에 대해서는 "재류민간에 절대적인 신뢰"가 있다고 평가되었다. 또 이들은 일정 정도 이상의 자산가였다.

당시 임승업은 林盛公司를 경영하면서 잡화, 양품을 생산하고 있었다. 1941년 이후에는 중국 실업가와 합작하여 조선과 화중·화남 간의 무역을 추진하는 京華産業을 운영하였다. 이때 이미 1백만원의 자본금을 보유하였는데, 당시의 기록에는 그의 기업이 '準국책회사'같은 존재라고 했다. 그가 크게 성공하게 된 데는 조선총독부 상해출장소 소장 原田의 적극적인 지원이 있었다.[108]

김형식은 1935년 삼덕양행을 설립하여 제약업을 운영하였다. 자본금이 1938년 약 5만원, 1939년에는 8만원에 달하였다. 원래 삼덕양행은 친일파로 지목되어 독립운동단체에 의해 처단된 옥관빈이 운영한 기업이었는데, 옥관빈의 사후에 김형식이 인수하여 운영하였다.[109]

또 김형식을 제외하면 이들은 정도의 차이는 있었지만 모두 독립운동에 종사하였던 경력이 있다. 조상섭은 흥사단 원동위원부의 핵심인물로 초기 임시정부 수립과정에 큰 역할을 수행하였으며 임시의정원 의장을 역임하기도 하였다. 그는 1920년대 후반부터 독립운동과는 일정한 거리를 두기 시작하였던 것으로 보인다. 그리고 일제가 조상섭 외에는 독립운동에 관여한 적이 없는 것으로 파악하고 있는데, 이는 사실이 아니다.

장두철은 1919년 3·1운동 이후 구국단을 조직하여 군자금을 모집하다 상해로 도피한 경력이 있는 인물이다.[110] 김종상은 임시의정원 의원으로 활동하였다.[111] 임승업은 1924년 상해에 온 것으로 되어 있으나 실제로는 1919년 4월 23일 상해에서 임시정부 내무부 위원에 선임된 바 있었다. 같은 해 10월 4일 임시정부 국내특파원으로 활동하다가 서울에서 체포되었으며[112] 다시 국내에서 의용단 사건으로 체포되어 징역 4년을 받았다.[113] 출옥후 1924년 다시 상해에 오면서부터는 그는 더 이상

108) 「현지산업계의 거두」 1, 『光化』 제2권 6호, 1941년 11월호, 7쪽 ; 김인호, 「태평양전쟁기 조선인 자본가의 '중국 침략'」, 『國史館論叢』 제99집, 2002, 230쪽.
109) 위와 같음.
110) 金正明 編, 『朝鮮獨立運動』 第1卷 分冊, 563-566쪽.
111) 國史編纂委員會, 『韓國獨立運動史』 資料 2, 臨政篇 Ⅱ, 1971, 447쪽.
112) 延世大學校 現代韓國學硏究所, 『梨花莊所藏 雩南李承晩文書』 東文篇, 第7卷, 1998, 48쪽의 「특파원 명단」 ; 김용달, 「대한민국임시정부의 국내특파원」, 『대한민국임시정부수립80주년기념논문집』, 상권, 국가보훈처, 1999, 381쪽.
113) 독립운동사편찬위원회, 『독립운동사자료집』 14, 1978, 962쪽.

독립운동에 관여하지 않은 것으로 보인다. 다만 김형식은 상해에 비교적
늦은 시기(1928년)에 건너 간 탓인지 독립운동에 참여한 흔적이 발견되
지 않고 있다.

　1938년 10월 24일부터 조상섭 일행 5인은 20일 동안 조선 각지를 시
찰하였다. 이들은 10월 27일 오전 10시 서울의 조선총독부에서 大野 총
감과 松澤 외사부장을 방문, 회견하였다. 조선호텔에서 松澤 부장과 함
께 오찬을 끝낸 후 시찰에 나섰다. 1938년 11월 11일 조상섭 일행은 조
선내 일정을 모두 마친 후 南次郎 조선총독과 회견하였다.[114] 이 자리에
서 일행은 "일본국민으로서의 면목을 발휘하겠다"는 소감을 피력하였
다. 상해에 돌아간 후에는 상해지역 한인들을 대상으로 조선시찰 보고회
를 열었다.

　다음해 1939년 9월 두 번째 조선시찰단이 조직되었다. 조선인회가 주
최하고, 조선총독부와 조선무역협회가 후원하였다.[115] 상해 거류 조선인
으로 오랫동안 조선을 방문한 적이 없는 중견 지도층에 속하는 사람 가
운데 14인을 시찰단으로 선발하였다. 이들은 1939년 9월 29일부터 만주
를 거쳐 서울, 평양, 부산을 시찰하고 10월 18일 상해로 돌아갔다. 이때
파견된 이들은 단장 李甲寧 등 14인이었다.

- 단장 : 李甲寧
- 부단장 : 朴容珏
- 단원 : 李聖昌, 白利淳, 黃一淸, 韓奎永, 文宗浩, 安俊生, 崔泳澤, 金龍
　　　河, 李建宰, 李澈, 鄭光模, 林炳環[116]

---

114) 『東亞日報』 1938년 11월 16일자, 「二十年만에 歸鄕한 上海在留朝鮮人 總督과
　　會見」.
115) 『每日新報』, 1939년 9월 26일자, 「憧憬의 古土차저 上海在留同胞視察團」; 『每
　　日新報』 1939년 10월 7일자, 「上海在留同胞視察團 十四名今日入城」.
116) 『東亞日報』 1939년 9월 27일자, 「故國視察團 上海에서 27日 出發」.

위의 단원들은 대개 조선인회 간부이거나 박용각, 한규영, 안준생, 최영택, 김용하 등과 같이 상해에서 사업을 경영하던 자들이었다. 이 가운데, 박용각, 황일청, 안준생 등은 한때 독립운동에 참가한 바 있으며 최영택은 황포군관학교를 졸업한 경력을 가지고 있다.[117) 특히 안중근의 아들인 안준생은 이때 시찰단 단원으로 서울에서 伊藤博文의 아들과 만난 일은 잘 알려져 있는 사실이다.[118) 안준생과 伊藤博文 아들과의 극적인 만남은 일제가 의도하는 선전효과를 극대화시켰을 것이다.

그후에도 1940년 조선인회는 在上海朝鮮婦人視察團을 조선 및 일본에 파견하였다. 조선총독부 상해파출소(금 600원 보조) 및 일본대사관, 華中警務部隊의 지원으로 조직되었다. 본단의 목적은 상해 거주 유력 조선인의 부인들을 선발하여 조선 및 일본의 산업시설을 시찰케 하는 것이었다. 파견 대상 4인 가운데 金元慶과 李恩泳을 제외한 나머지 두 사람은 한인과 결혼한 일본인, 중국인이 포함되어 있었다. 시찰단 단원은 다음과 같다.

- 단장 : 金元慶(본적 경성, 崔昌植의 부인)
- 단원 : 李恩泳(본적 평양, 잡화상 林得山의 부인)
  植月美津子(일본인, 본적 長崎, 무역상 張斗徹의 부인)
  劉克儉(중국인, 본적 江西省 九江, 미국계 감리교회 地産部 지배인 車均燦의 부인)[119)

단장 김원경은 崔昌植의 부인으로 초기 사회주의운동 때부터 참여하

---

117) 「九千同胞の活動を見る」, 『三千里』 1943년 3월호, 100쪽.
118) 『白凡逸志』, 408쪽. 백범에 의하면, 安俊生은 국내로 들어가 伊藤博文의 아들에게 부친의 죄를 謝하고 南총독을 애비라 칭하였다고 한다. 그래서 1945년 11월 상해에 도착한 후 백범이 중국관헌에게 민족반역자로 변절한 안준생을 체포하여 교수형에 처하라 부탁하였으나 관헌들이 실행치 않았다고 한다.
119) 「上海朝鮮婦人團 故國山河訪問記」, 『三千里』 1940년 6월호, 76쪽.

였으며 임시정부에서는 애국부인회에 관여하였다.[120] 이은영은 임득산의 부인으로 중일전쟁 이후 임득산이 남경을 거쳐 중경으로 탈출할 때 상해에 잔류하였다. 그후 이은영은 중경에 가서 임득산을 만나고 돌아오기도 하였다.[121]

시찰단은 한 달간의 일정으로 1940년 4월 26일 상해를 출발, 대련, 봉천, 신의주, 평양을 거쳐 각지의 산업시설, 명승고적 등을 시찰하였다. 1940년 4월 29일 부인시찰단은 서울에 도착하여 총독부 관리 부인 및 부인단체의 환영을 받은 후 朝鮮神宮을 참배하였다. 5월 3일까지 서울에 체재하다가 금강산 관광, 그후 일본 下關, 京都, 名古屋, 東京, 伊勢, 大阪, 神戶 시찰을 거쳐 5월 25일 상해로 귀환하였다.[122]

같은 해 조선인회는 조선총독부 시정30주년 기념전례 참석 및 朝鮮大博覽會 참관을 위하여 향토방문대표단을 파견하였다. 조선인회 회장 이갑녕을 단상으로 하는 시찰단 단원 8명이 9월 24일 상해를 출발하여 청도, 대련, 봉천, 서울, 금강산, 대구, 부산, 下關, 長崎 등을 방문하였

---

120) 최창식은 초기 사회주의운동 및 임시정부 수립과정에도 참여한 인물로 임시의정원 의장을 역임하였다. 1931년 상해에서 체포되어 국내에 압송되었다가 1934년 출옥후 다시 상해로 돌아왔다. 상해에 돌아온후 그가 친일행위를 하였다는 항간의 주장이 있지만 이를 뒷받침하는 객관적인 자료는 아직까지 나오고 있지 않고 있다. 다만 1941년 당시 『光化』 기자와의 인터뷰에서 "병든 남편을 봉양한다"(『光化』 제2권7호, 1941.12월, 27쪽)는 김원경의 말로 보아 당시 그는 출옥후의 옥고여독, 신병 등으로 공식적인 사회활동을 거의 하지 못하였던 것으로 보인다. 이는 앞서 김희원선생의 증언과도 일치하고 있다.

121) 임득산은 후일 홍콩에서 일제에 체포되어 상해로 압송되었다가 8·15이전 상해에서 사망하였다.

122) 李甲寧, 「上海朝鮮人の實情」, 126쪽 ; 『每日新報』 1940년 4월 28일자, 「몰라볼 故鄕찾어, 上海在留婦人團體代表來鮮」 ; 『每日新報』 1940년 4월 29일자, 「"感懷가 깁습니다" 上海서 오는 婦人見學一行」 ; 『東亞日報』 1940년 4월 24일자, 「上海在留朝鮮人會 女子視察團 發程 故土의 春色을 찾어」 ; 『東亞日報』 1940년 4월 28일자, 「在上海 朝鮮婦人團 今日中入京」 ; 『東亞日報』 1940년 5월 1일자, 「故土는 아름답다 上海朝鮮婦人團 入京」.

다.[123] 특히 이갑녕은 총독부 시정 30주년기념 경축전례에 즈음하여 '만주국'을 제외하면 유일한 해외 민간공로자로 표창을 받았다. 한 달에 가까운 일정을 마치고 10월 18일 상해로 돌아온 시찰단은 다음날 鷄林會館에서 시찰귀환 보고좌담회를 거행하였다.

2) 중일전쟁 이후 일본군 지원 활동

1937년 7월 7일 중일전쟁이 발발하였다. 8월 13일에는 상해에 대한 일본군의 전면적인 공격이 시작되었다. 3개월에 걸친 중국군의 치열한 저항에 부딪쳐 고전을 거듭하던 일본군은 3개월 후인 11월 11일에 가서야 조계지를 제외한 상해 전역을 점령할 수 있었다.[124] 중일전쟁 8년 동안 상해지역에서의 전투는 규모나 지속기간으로 보나 최대·최장의 전역이었다. 또 그만큼 전쟁의 피해도 컸다.

8월 13일부터 전화가 상해에 미치자 대표적인 일본인 자치조직인 일본인거류민단은 대대적으로 일본군 전쟁지원활동에 나섰다. 일찍부터 상해의 일본인 사회는 중국에서의 일본의 이익을 철저하게 대변하였다. 이러한 경향은 중일전쟁기에 더욱더 노골적으로 나타났다. 상해 일본인거류민단의 보호를 받고 있는 조선인회도 마찬가지였다. 중일전쟁을 전후한 시기 조선인회의 활동은 일본군의 전쟁 수행 협력에 집중되었다.[125] 혼란의 와중에서 많은 한인들이 국내로 피난하기도 했지만[126] 상해에 잔류하고 있던 약 200여 명의 한인들은 조선인회의 지휘하에 비행장 보수, 군수물자 하역 등 일본군 후방지원활동을 수행하였다.[127] 이는

---

123) 『每日新報』 1940년 10월 3일자, 「施政記念佳日에 鷄林靑年團來城」.

124) 『上海通史』 第7卷, 民國政治, 325-337쪽.

125) 『每日申報』 1937년 8월 20일자, 「一般의 感激의 的이 된 在留朝鮮人活躍, 上海事變과 그의 決死的 活動」; 『每日申報』 1937년 8월 21일자, 「在滬半島同胞」.

126) 『每日申報』 1937년 8월 27일자, 「上海를 脫出하여 京城으로 避難客」.

천진지역의 한인들이 조선인회의 지휘하에 천진일본의용대 특별반을 조직하여 일본군을 지원한 것과 마찬가지였다.[128]

1937년 7월 7일 이후 중일전쟁의 상해지역으로의 확대에 대비해 조선인회는 일본총영사관, 일본거류민단과 함께 일찍부터 공조를 취하고 있었다. 조선인회 조직에 配給系, 庶務係, 雜役系, 宿舍系를을 두고 담당자를 선정하는 등 상해에서의 전쟁 발발을 대비하여 만반의 준비를 갖추었다.[129] 상해의 일본인 시설과 더불어 조선인회는 피난민 수용소로 지정되었다. 전란을 피해 온 450명의 피난민이 이곳에 수용되었다.[130] 한인들은 조선인회와 東和劇場에 나뉘어 수용되었다.[131]

8월 13일부터 조선인회는 매일 청장년대를 조직, 일본군을 위한 군수품을 운반하거나 모래주머니[土囊] 제작·운반, 임시 비행장 및 진지 구축 활동에 동원되었다. 피난 일본인을 위한 식량 운반, 통역, 운전사 자원 혹은 정보수집, 사망자 및 부상자 수용과 보호, 전장의 청소 활동도 수행하였다. 아래에서는 1937년 8월 13일부터 일본군이 상해를 점령하는 11월 11일까지 약 3개월에 걸친 조선인회의 일본군 협력활동을 구체적으로 살펴보고자 한다.[132]

> 1. 모래주머니[土囊] 제작 : 조선인회는 전투 개시후 일본군에게 긴요한 모래주머니 제작에 연인원 140명 이상의 한인 청년들을 동원하

---

127) 「上海に殘留すろ二百名」, 『在滿朝鮮人通信』, 興亞協會, 1937年 10月號, 31쪽.

128) 宣傳課編輯系, 「天津日本義勇隊特別班上の活動」, 『總動員』, 1940년 6月號, 國民精神總動員朝鮮聯盟, 80쪽(신주백편, 앞의 자료집 19권).

129) 『外務省執務報告(東亞局)』 第6卷, 306쪽.

130) 『外務省執務報告(東亞局)』 第4卷, 530-531쪽.

131) 『每日申報』 1937년 8월 27일자, 「上海를 脫出하여 京城으로 避難客」.

132) 『中華民國在留朝鮮人概況』, 67-69쪽 ; 『外務省執務報告(東亞局)』 第4卷, 265-267쪽 ; 『每日申報』 1937년 10월 5일자, 「上海戰線에서 朝鮮同胞活躍 國民的 意氣衝天」.

였다. "砲煙彈雨 폭격속"에서 이들이 만든 모래주머니는 3천개에 달했다.

2. 군수물자 운반 : 중국인 노동자나 일본인 인부가 아직 오지 않은 상황에서 조선인회 청장년 34명이 군수물자 하역, 운반에 동원되었다. 특히 大連汽船埠頭에서 군수물자 하역작업 도중 중국군의 사격으로 사상자 3명이 배출되었다.

3. 비행장 보수 : 홍구 근처의 楊樹浦비행장 건설에도 매일 50명 내지 60명(연인원 650명)의 한인 청년들을 파견하였다. 하지만 중국측의 거듭되는 폭격으로 비행장이 파괴되자 다시 건설하는 과정을 반복하였다. 그 와중에서 중상자 6명을 배출하였다.

4. 통역 및 길안내 : 전선에서 일본군을 따라 5명의 통역이 활동하였으며 12명은 상시대기하였다.

5. 운전수 동원 : 트럭 등 자동차 운전수로서 병력 수송, 군수품 운반 등에 7명이 종사하였다. 그 가운데 韓龍文은 용감하게 활동하여 일본군 및 언론의 극찬을 받았다.[133] 또 1명은 상해총영사관 경찰부 운전수로서 활약하였다. 그밖에 5명은 일본 讀賣新聞 등 신문사의 운전수로 고용되어 활약하였다.

6. 거리 청소 : 시내 거리에서 전사 혹은 불에 타죽은 중국군 시체가 폭염속에서 수일간 방치되어 부패하고 있었다. 조선인회는 시체 약 500구의 제거작업에 종사하였다.

7. 부상병 간호 : 부상병 간호인이 부족해지자 일본군 당국이 조선인회에 간호인 파견을 요청하였다. 이에 조선인회는 한인 부인 36명을 파견하여 간호 활동에 종사하도록 하였다.

8. 취사계 근무 : 조선인회는 봉사대를 조직하여 시국위원회에 매일 17명의 취사 인원을 파견하였으며 또는 총영사관에서 소사로 근무하였다.[134]

9. 물자 보급 : 1937년 9월 초순부터 홍구지대 일본 민간인 및 군대에 대한 보급로가 두절되어 곤란을 겪고 있었다. 이에 조선인회에서는

---

133) 『每日申報』 1937년 9월 11일자, 「半島同胞를 爲하야 韓靑年氣焰萬丈」. 1937년 9월 한인 청년 韓龍文은 탄환이 비오듯 하는 속에서 일본군의 전투를 협조하여 화제가 되었다.

134) 「上海に殘留すろ二百名」, 『在滿朝鮮人通信』, 31쪽.

한인 10여 명이 위험을 무릅쓰고 매일 1,000원 내지 5,000원 상당의
물자를 공공조계와 프랑스조계에서 구입하여 공급하였다.

10. 붕대 제작 : 1937년 10월 하순부터 약 2개월에 걸쳐 붕대용 삼각건
을 제작하여 헌납하였다. 일본 군부의 위촉으로 油紙와 白布의 재료
를 지급받고 회원 가정의 부녀자(연인원 1,200명)에 배포하여 붕대
용 삼각건 약 2,500개를 만들어 납입하였다.

이와 별도로 조선인회는 일제의 상해 치안유지활동에도 적극적으로
참여하였다. 조선인회에 가입하지 않은 채 프랑스조계에 거주하던 사상
적으로 '不信한 자'를 조선인회에 가입시켰다. '不信한 자'는 다름 아닌
프랑스조계에서 활동하던 독립운동가이거나 혹은 이들을 도와주던 사람
들일 것이다. 이들에게는 '평소 사상 온건한 자'와 구별하기 위하여 완
장을 착용케 하고 사진을 첨부한 신분증명서를 휴대하도록 하였다.

중일전쟁 초기의 치안유지를 위해 조선인회 산하에 지체 자경단을 조
직하였다.[135] 자경단은 전쟁의 혼잡속에서 피난민을 가장하고 잠입하는
한인 및 중국 항일운동가들을 경계하기 위한 것이었다.[136] 특히 자경단
원 趙秉鉉[137]은 시내의 교량의 입초경계근무에 동원되었다가 중국군의
폭격으로 중상을 입기도 하였다.[138] 자경단은 같은 지역의 일본인 자경
단과 협력하여 조선과 중국의 항일적인 민중들을 탄압하였다.[139]

---

135) 『外務省執務報告(東亞局)』第6卷, 306쪽.

136) 중일전쟁 이후 임시정부나 한국독립당, 민족혁명당, 조선의용대 등 관내지역 독
   립운동단체에서는 적후방 요원을 상해지역에 파견하고 있었다. 또한 남화한인청
   년연맹 등도 상해를 근거지로 하여 친일파 처단활동을 벌였다. 하지만 이들 가
   운데 많은 이들이 일제에 의해 체포되었다.

137) 방선주, 「解題 : 上海日本總領事館의 '昭和十二年管內狀況 - 特高警察に關する事
   項 - 在留朝鮮人の狀況'」, 495쪽. 조병현은 평북 의주 출신으로 당시 카페를 운
   영하고 있었다.

138) 『外務省執務報告(東亞局)』第4卷, 266쪽.

139) 高綱博文, 「上海的日本人居留民」, 『上海的外國人(1842-1949)』, 上海古籍出版社,
   2003, 168쪽 ; 『日本僑民在上海』, 25쪽. 일본은 1932년 상해사변 이후부터 町內

육체적인 봉사 외에도 국방헌금 모집 활동에도 나섰다. 1937년 8월 8일 조선인회를 중심으로 조직된 時局同志會를 대표하여 이갑녕은 일본 군 육전대에 대한 헌금 299원을 모집하였으며 일본군 제3함대 및 육군 에도 헌금 및 위문품을 여러 차례 제공하였다.[140] 그후 같은해 9월 5일 에도 조선인회는 상해주둔 일본 육군 및 해군 무관실에 대표자를 파견하 여 140달러를 기부하였다.[141] 9월 27일에는 일본군 무관부에 287원의 국방헌금을 납부하였다.[142]

이러한 조선인회의 일본군 지원활동은 일제로부터 '총후3대미거'의 하나로 격찬을 받았다.[143] 그 덕분에 조선인회는 일제로부터 많은 지원 을 받게 되었다. 1937년 9월 초순 조선인회는 중일전쟁에 의한 특별지 출금 850원을 일본 외무성으로부터 보조받았다. 같은 해 9월 26일에는 외무성 慰問使 村上公使, 間瀨총영사로부터 위문 및 금일봉(500원)을 받았다.[144] 같은 달 30일에는 南次郎 조선총독으로부터 조선인회의 활 동을 치하하는 "간절한" 감사편지와 금일봉(300원)이 증여되었다.

다음 달 10월 4일 조선총독의 위문금 전달식이 거행되었다. 이갑녕 회장이 이를 수령하고 전달식에 참여한 친일 한인들은 황군을 위하여 활 동할 것을 서약하였다.[145] 이갑녕은 『매일신보』 기자와의 대담에서 "조 선인거류민회의 회원이 여하히 조국애에 불타 활동하고 있는 가는 당신 도 아는 바와 같다. 우리들은 일장기 하에서 일하는 것을 일본인으로서 의 자랑으로 생각한다. …… "[146]고 이 날의 소감을 피력하였다.

會 산하에 자경단을 조직하여 在鄕軍人會 등과 함께 항일적인 중국 민중들을 잔 혹하게 탄압하였다.

140) 『每日申報』 1937년 8월 29일자, 「上海서도 猛活動」.
141) 『每日申報』 1937년 9월 8일자, 「銃後에서 活躍하는 上海朝鮮同胞」.
142) 『每日申報』 1937년 9월 29일자, 「上海居留朝鮮同胞 至誠의 國防獻金」.
143) 『每日申報』 1937년 9월 19일자, 「一般의 感嘆의 的이 된 在滬朝鮮人活躍」.
144) 『每日申報』 1937년 9월 29일자, 「外務省慰問使 위문금으로 五百원을 전달」.
145) 『每日申報』 1937년 10월 6일자, 「南總督의 慰問金받고 在滬朝鮮人感激」.

조선인회의 일본군 지원활동은 1938년 이후 중일전쟁이 장기화된 후
에도 계속되었다. 우선 국방헌금 모집운동을 들 수 있다. 1938년 5월 2
일에는 조선인회장 주도하에 후방국민으로서 이른바 "冗費 절약", "貯
蓄報國"을 위해 상해 조선인저축회를 조직하였다. 이들은 매월 1口 6원
합계 68口를 얻어 1938년 10월 현재 총액이 2,448원에 달하였다.[147]

1938년 중일전쟁 1주년 기념일과 상해사변 6주년 기념일에는 이른바
시국인식, 총후후원운동을 전개하고 국방헌금 225원을 모집 헌납하였
다. 1939년에는 華中忠靈表彰會의 제2차 모금때 한인 85명이 금 11,232
원 및 은 936원을 모집하여 헌납하였다. 일반회원의 국방헌금으로는
1938년 4,936원 19전, 1939년 4,586원 48전, 1940년 총영사관에 200원,
경찰서에 2982원의 국방헌금을 납부하였다. 1940년 2월 中支那 忠靈表
彰會에서 기부금 모집을 발표하자 적극적으로 모금을 하기로 결의, 1월
말까지 11,668원을 거두었다.[148] 이밖에도 일본 海軍表忠塔 건설비용
519원을 모금하여 일본거류민단에 헌납하였다.[149]

또한 신사참배나 치안유지활동에도 동원되었다. 매월 1회 이상 상해
한인 전체를 동원하여 아침에 上海神社를 참배하고 韓服착용을 폐지하
기로 하였다.[150] 조선인회는 회칙에 따라 일본군 점령하 상해의 치안유

---

146) 『每日申報』 1937년 10월 5일자, 「上海戰線에서 朝鮮同胞活躍 國民的 意氣衝天」.
147) 그후 조선인회는 저축회를 금융합작사로 설립하고자 하였다. 1940년 5월 기존의
     저축회를 금융합작사로 만들기 위해 주비회를 구성하는 동시에 8월경 조선총독
     부에 ① 적절한 이사 인선의 알선, ② 이사 봉급의 보조, ③ 조선은행에 대해
     10만원한의 즉각적인 당좌 貸越의 차관 계약 요구를 제시하였다. 1940년 10월
     29일에는 조선인회장 이갑녕 등 8인의 명의로 상해 일본총영사관에 상해금융합
     작사 설립 신청을 제출하였다(楊昭全 編, 『關內地區朝鮮人反日運動資料彙編』
     上冊, 24, 39쪽).
148) 『每日新報』 1940년 2월 20일자, 「上海同胞의 赤誠」.
149) 楊昭全 編, 『關內地區朝鮮人反日運動資料彙編』 上冊, 36쪽.
150) 玄圭煥, 『韓國流移民史』, 語文閣, 1967, 689쪽.

지를 위해 구장제를 강화하였다. 한인 거주 각구를 소구역으로 분할하고 구장을 두어 한인거류자의 동향을 조사하였다. 보고와 연락을 담당하는 구장에게는 매년말 상당액의 사례를 하였다. 그리고 유지 간담회, 구장회 등을 소집하였는데, 유지 간담회는 2개월마다 1회, 구장회는 수시로 열었다.

1939년 5월 10일 오후 6시 조선인회 주최로 西華德路의 大陸會館에서 관민이 참석한 가운데 중일전쟁 이후 일본군을 적극적으로 지원한 이른바 '명예의 반도인' 표창식이 거행되었다. 먼저 궁성요배, 국가합창에 이어 조선인회 회장 이갑녕이 상해사변 당시 일본군 협조 등 전쟁 수행에 공로가 있는 한인 100여 명에게 공로장을 수여하였다.[151]

또한 조선인회는 상해에 김옥균 기념비와 기념관 건립을 추진하였다. 1940년 6월 2일 조선인회장 이갑녕과 김경재는 조선총독부 협조로 상해에 김옥균의 '대아세아주의'를 창도한 "선구적이고 적극적인 활동사적"을 기념하는 비석과 기념관 건립을 추진하였다.[152] 김옥균의 '아세아주의'를 내세워 일본을 중심으로 하는 아시아의 지배질서 구축을 이론적으로 뒷받침하고자 하였다. 기념비 건립을 위해 이갑녕은 시찰단으로 조선, 일본에 체재하는 동안 관계자를 방문하여 협의하였다.

한편 김경재도 만주국 보병 중좌 출신 李萬國과 함께 김옥균이 피살당한 상해 河南路 橋畔(당시는 東和洋行旅館 2층, 1940년 현재 內河汽船株式會社 2층)을 확인하고 이곳 부근에 기념비를 세우기로 계획하였다. 그리하여 1940년 6월 21일 老靶子路 貝加食堂에서 '金玉均殉難記念碑建立促成籌備委員會'를 조직하였다. 그후 李萬國이 일본의 古均會 및 頭山滿과 회견하여 「東亞先驅金氏之碑」라는 비문을 받고 상해로 돌

---

151) 『每日新報』 1939년 5월 14일자, 「上海在留 事變功勞者 百餘名表彰 現地半島人의 名譽」; 『每日新報』 1940년 2월 1일자, 「上海在留事變功勞者 百餘名表彰」.
152) 『每日新報』 1940년 6월 29일자, 「故金玉均氏 記念碑 上海에 竪立計劃」. 이때 頭山滿이 쓴 김옥균 기념비가 세워졌으나, 8·15이후 파괴되었다고 한다.

아와 기념비를 세웠다.[153]

일본군 지원활동에는 조선인회의 산하단체들도 동원되었다. 1940년 9월 조선인회 산하에 조직된 청년단체 鷄林靑年團은 단장에 이갑녕, 부단장은 高濟夢으로 단원은 75명이었다. 계림청년단은 한인청년들의 친목을 도모하는 한편 일본군 지원활동에 나섰다. 청년단은 설립 직후부터 전체 단원이 廣中路 일본 해군표충탑 건설현장에 동원되었다.[154]

또한 조선인회 산하 한인 부인들을 대상으로 조직된 상해시국부인회도 동원되었다. 일본, 국내, 중국관내지역의 기타 지역에서 조직되었던 국방부인회와 유사한 단체로 일본군대에 대한 봉사 및 군대위문, 부상병의 위문, 유골 봉영송, 위령제 참여 등을 수행하였다.[155]

5. 맺음말

상해는 임시정부가 탄생한 해외독립운동의 근거지였다. 임시정부를 위시한 독립운동단체들은 상해 조계가 가지는 국제 역학관계를 적극적으로 활용하였다. 또한 프랑스조계에 형성된 한인사회도 대개가 독립운동가들의 가족이거나 항일운동에 우호적이었다. 때문에 일제도 섣불리 프랑스조계에 침입하여 독립운동가들을 체포하거나 탄압하지 못했다.

항일적인 상해 한인사회를 무력화시키려는 일제의 시도가 없었던 것은 아니었다. 1931년 일제는 일본인 밀집거주지역 홍구지역에 살던 일

---

153) 楊昭全 編, 『關內地區朝鮮人反日運動資料彙編』 上册, 4쪽 ; 「海外海內의 創氏熱」, 『三千里』, 1940년 6월호, 14쪽 ; 『每日新報』 1940년 6월 29일자, 「故金玉均氏 上海에 竪立計劃」.

154) 楊昭全 編, 『關內地區朝鮮人反日運動資料彙編』 上册, 36쪽.

155) 玄圭煥, 『韓國流移民史』, 696쪽.

단의 한인들을 친일한인 자치조직으로 묶어 프랑스조계의 항일적인 한인사회에 대항시키고자 하였다. 그러나 친일한인들의 세력이 아직은 미미했기 때문에 실패로 돌아갔다.

1932년 4월 윤봉길의거 이후 상해지역 한인사회의 버팀목이었던 임시정부가 상해를 떠나가자 홍구지역의 친일한인들은 적극적으로 활동하기 시작하였다. 임시정부가 떠나간 프랑스조계의 한인들도 관망적인 입장을 보이다가 중일전쟁과 일본군의 상해점령 이후에는 일제통치체제에 편입되기 시작했다.

1933년 이후 일본총영사관은 프랑스조계의 한인들을 관리감독이 용이한 홍구지역으로 이주시키고 이들 한인들을 친일조직으로 묶어 통제하고자 하였다. 이러한 속에서 상해 한인사회의 자치조직이자 일본총영사관의 정책을 수행하는 행정보조기구로서 상해거류조선인회가 조직되었다. 조선인회는 상해, 나아가 중국 화중지역 전체 한인에 대한 '중추지도기관'을 자임하였을 뿐만 아니라 일제로부터도 "화중·화남지역에 친일의 모체가 탄생했다"는 극찬의 평가를 받았다.

조선인회는 교육기관을 세워 한인 2세에 대한 식민지교육을 수행하였다. 또한 "일확천금을 꿈꾸고" 상해에 몰려오는 한인들을 통제, 송환시키는 등 일제의 상해지역 지배정책에 협력하였다. 그리고 조선을 떠난지 오래되는 상해 한인사회 유지들을 조선시찰단이라는 명목으로 파견하여 친일인사로 포섭하고 다시 이들을 통해 친일기반을 확대하고자 하였다. 중일전쟁이 장기화되면서 중경의 임시정부를 회유하는 방송 선전활동을 전개하기도 하였다.

1937년 중일전쟁 발발후에는 상해의 일본인거류민단과 더불어 일본군 후방지원활동을 수행하였다. 매일 수백명의 한인들이 조선인회의 지휘하에 군수품을 운반하거나 임시 비행장 및 진지 구축 노역에 동원되었다. 피난 일본인을 위한 식량 운반, 통역, 운전사 자원 혹은 정보수집,

사망자 및 부상자 수용과 보호, 시가지 청소 등을 담당하였다. 또한 조선
인회는 자경단을 조직하여 혼잡속에 피난민을 가장하고 잠입하는 한인
독립운동가들을 경계하였다. 나아가 일본인 자경단과 협력하여 항일적
인 인사들을 탄압하였다.

이러한 적극적인 활동 덕분에 조선인회는 일제로부터 많은 지원을 받
았다. 일본 외무성 뿐만 아니라 南次郎 조선총독으로부터도 감사편지와
금일봉이 증여되었다. 조선인회의 일본군 지원활동은 1938년 중일전쟁
이 장기화된 후에도 국방헌금 모집운동 등을 통해 계속되었다.

한편 1941년 이후 조선 국내의 내선일체 및 황국신민화운동의 영향
은 국외에도 파급되었다. 그 결과 상해를 비롯한 중국 등지에서도 내선
일체운동을 촉진하기 위하여 '조선인회' 등의 민족적 분위기를 풍기는
단체들은 해체되기 시작했다. 상해거류조선인회는 1941년 3월 상해일본
인거류민단에 통합되었으며 한인들의 자치업무도 이 단체에 인계되었다.

조선인회가 일본인거류민단에 합병된 후 후계단체 계림회가 결성되
었다. 계림회는 한인간의 친목 도모를 명목으로 설립되었지만, 한인들을
내선일체운동에 동원하였다. 계림회는 일제의 내선일체운동에 한인들이
자발적으로 참여한다는 모양을 갖추기 위해 조직된 단체였다. 이와 같이
상해거류조선인회는 비록 내선일체를 위해 해체되었지만 그 조직적 기
반은 계림회로 계승되었다.

제3장 광복 이후 상해한국교민단의 설립과 활동
-교민신문 『대한일보』의 기사내용을 중심으로-

1. 머리말

지금까지 한국 역사학계의 근현대 상해 한인사 연구는 대한민국 임시
정부와 그를 둘러싼 독립운동단체 및 인물들에 대한 연구가 주류를 이루
었다. 그 결과 방대한 관련 연구성과가 축적되어 있음은 주지하는 바와
같다. 다만 연구대상이 독립운동사 연구에 편중되어 상해 한인사회의 생
활사나 교민사, 광복 이후의 한인사에 대해서는 눈을 돌리지 못하였던
것이 그간의 실정이었다. 최근 들어 다양한 각도에서 상해 한인사를 조
명하려는 시도들이 나타나고 있다.[1]

본고는 상해 한인사 연구가 다양한 측면에서 접근이 이루어져야 한다
는 문제의식에서 출발하여 광복 이후 상해 교민단체였던 상해한국교민
단[2]에 주목하고자 한다. 광복 이후 상해 한인사회의 모습을 복원하는데

---

1) 김광재, 「'상인독립군' 金時文의 上海 생활사」, 『한국민족운동사연구』 제64집,
2010 ; 「일제시기 上海 고려인삼 상인들의 활동」, 『한국독립운동사연구』 제40집,
2011 ; 「玉觀彬의 上海 망명과 활동」, 『한국근현대사연구』 제59집, 2011 ; 조덕
천, 「상해시기 大韓民國臨時政府 구성원의 生活史 연구」, 『백범과 민족운동연구』
제8집, 2010. 근래 한국의 중국사 연구자들도 都市史의 관점에서 상해의 한인에
대한 일련의 연구를 진행하고 있어 참고가 된다. 최낙민, 「日帝 强占期 上海 移住
韓國人의 삶과 기억」, 『해항도시문화교섭학』 2, 2010 ; 김승욱, 「20세기 초반 韓
人의 上海 인식 - 공간 인식을 중심으로」, 『중국근현대사연구』 제54집, 2012.
2) 上海韓國僑民團은 1945년 9월 '上海韓國僑民會'라는 명칭으로 설립되었다. 같은
해 11월 대한민국 임시정부의 지시로 上海韓國僑民團으로 개칭하였다. 그후 교민

는 상해 한인사회를 이끌면서 교민의 생명·재산을 보호했던 상해한국교
민단에 대한 고찰을 빼놓을 수 없을 것이다. 상해한국교민단은 그 뿌리
가 임시정부 산하의 대한교민단으로까지 거슬러 올라 갈 수 있다. 일제
강점기 대한교민단이 상해 한인사회의 교민단체이자 독립운동단체의 역
할을 수행했다면, 상해한국교민단은 1945년 광복 이후 상해 한인사회에
서 한국교민들의 생명 및 재산 보호, 교육활동이나 그들의 상해 영주 및
안전한 귀국을 추진하는 과정에서 중요한 역할을 수행하였다.

그러므로 1945년 이후 상해 한인사회를 이해하기 위해서는 상해한국
교민단에 대한 연구가 불가결하다. 그럼에도 불구하고 상해한국교민단
에 대해서는 지금까지 전혀 연구가 이루어지지 않았다. 광복 이후 상해
한인의 귀환과 관련한 선행연구에서 소략하게 언급되고 있을 뿐이다.[3]
필자는 상해 한인사 연구의 일환으로 상해한국교민단의 역사를 본격적
으로 다루어보고자 한다. 그럼으로써 광복 이후 상해 한인사회의 다양한
면모를 복원하는데 일조를 할 것으로 생각된다.

본고는 중국측 문서 뿐만 아니라 한국측 문서자료, 구술자료 등도 최
대한 활용하고자 한다. 광복후 상해 한인사회 및 한인들의 귀환과 관련
하여 중국 국민당정부에서 생산한 문서 뿐만 아니라 한국측 자료도 적극
적으로 활용하고자 한다.[4] 여기에 더해 최근 새로이 발굴된 상해 한인사

단은 중국측의 요청으로 上海韓國僑民協會라는 명칭을 사용하였다. 그렇지만 내
부적으로는 여전히 상해한국교민단이라는 명칭을 사용하였다. 본고는 편의상 1945
년 11월까지는 상해한국교민회, 그 이후에 대해서는 상해한국교민단이라는 명칭
을 사용한다. 통칭할 경우는 상해한국교민단으로 한다.
3) 張錫興, 「해방직후 상해지역의 한인사회와 귀환」, 『한국근현대사연구』 28, 2004.
馬軍·單冠初, 「戰後國民政府遣返韓人政策的演變及在上海地區的實踐」, 『史林』 2006
年 第二期, 上海社會科學院 歷史研究所, 2006.
4) 上海市檔案館編, 『中國地域韓人團體關係史料彙編』 1, 上海: 東方出版中心, 1999
; 謝培屛 編, 『戰後遣送外僑返國史料彙編』 1, 韓僑篇, 臺北: 國史館, 2008 ; 국사
편찬위원회, 『광복 이후 재중 한인의 귀환 관련 사료』 Ⅰ, 총론 및 화중·화남지방
편, 해외사료총서 25, 2012.

회의 교민 일간지 『大韓日報』라는 사료를 중점적으로 활용하고자 한다. 이 신문은 광복 직후 상해 한인사회의 모습을 생생하게 보여주고 있다.[5] 또한 당시 상해에 살았던 인사들의 구술이나 회고록도 빼놓을 수 없을 것이다.[6] 이들 구술자료는 문헌자료에서 볼 수 없는 살아 있는 상해 한인사회의 모습을 전해주고 있다. 교민사회의 신문, 관련 인사들의 회고록과 구술은 기존의 중국측 자료 일변도의 활용에서 보여지는 한인사회

---

5) 『大韓日報』는 광복 직후 상해 한인사회의 모습을 그 어떤 자료보다도 역동적으로 보여주고 있다. 본고에서 다루는 상해한국교민단의 설립 및 활동 관련 내용 외에도 중국당국의 한인 집중 정책과 귀국 문제에 대한 상해 한인들의 불안감과 초조함, 경제적 궁핍으로 인한 걱정 등 상해 한인들의 내면적인 심리, 자신들의 전시 대일협력 문제를 어떻게 인식하고 평가할 것인지에 대한 지상설전이 흥미진진하게 펼쳐지고 있다. 이러한 내용들은 기존에 활용된 중국측 관변문서에서는 접하기 힘든 내용이 아닐 수 없다. 추후 광복 이후 혼란했던 상해에 살았던 한인들의 집단심리와 그들이 자신을 어떻게 바라보고 있었는지의 내면사가 상해 한인사 연구에서 다루어질 필요가 있을 것이다. 『大韓日報』에 대해 간단하게 소개하면 아래와 같다. 이 신문은 1930년대 이후 『三千里』 잡지의 상해 특파원을 지냈던 朴巨影이 광복 직후인 1945년 9월 6일 상해에서 창간했던 2면 발행의 타블로이드판 교민사회 일간지였다. 1945년 말까지 103호를 냈으며 1946년 1월부터는 『大韓新報』로 개제하고 旬刊으로 바뀌었다. 현재 남아 있는 것으로는 1946년 1월 20일자 제106호가 마지막이며 언제 폐간되었는지는 확실치 않다. 당시 상해에서 발행된 교민신문으로는 『大韓日報』와 더불어 『新韓日報』, 『韓民報』 등이 있었다. 그 가운데 대한일보는 가장 오래 발행되었으며 현재 실물을 볼 수 있는 유일한 교민 일간지이다. 원래 이 신문은 발행자였던 박거영이 귀국후 보관하고 있다가 사본과 원본 일부를 상해에서 살다가 귀국한 이종찬에게 건네준 것이다. 지면을 빌어 『大韓日報』를 복사하여 열람할 수 있도록 해준 이종찬님 및 월간중앙의 박성현기자께 감사를 드린다. 『大韓日報』에 대한 더 자세한 내용 소개는 다음의 글이 참고된다. 박성현, 「65년 전 홍구공원으로 가는 시간여행 : 광복직후 상하이 발간 대한일보 독점 입수」, 『월간중앙』 2011년 10월호, 224-231쪽.

6) 회고록을 남긴 인사는 具益均, 金明水, 鄭華岩, 太倫基, 李炳注 등이다. 구술자료는 具益均, 韓泰東, 金熙元 등 상해에 거주한 경험이 있는 인사들로부터 수집하였다. 具益均(1908-2013)은 평북 龍川 출생으로 1929년 상해에 건너갔다가 1947년 귀국하였다. 韓泰東(1924-생존)은 상해에서 출생하여 1946년 귀국하였다. 金熙元(1927-생존)은 상해에서 출생하여 1949년까지 생활하다가 귀국하였다.

에 대한 부정적인 묘사에서 벗어나 그 객관적인 모습을 밝히는데 도움이
될 것이다.

본고는 우선 상해한국교민단의 설립 및 조직에 대해 고찰하였다. 중
국정부의 재중 한인 정책 및 상해시당국이 교민단을 어떻게 인식하고 정
책을 시행했는지 살펴보았다. 다음으로 상해한국교민단의 활동에 대해
교민의 교육, 생명·재산 보호 활동 등과 같은 일상 활동과 상해 교민의
영주권 확보 노력 및 귀국 희망자의 안전 귀국 주선 활동으로 나누어
고찰하였다.

2. 상해한국교민단의 설립

1) 설립 및 조직

근대 이후 상해는 한국에게 선진문명 수입의 창구였을 뿐만 아니라
망명지이자 상업무대였다. 그곳을 오간 한인은 개항기 망명정객이 아니
면 인삼상인들이었다. 조선말기의 풍운아 閔泳翊, 尹致昊가 그랬고 玄
尙健과 李學均 같은 일군의 대한제국 망명객들이 상해를 무대로 활동하
였다. 윤치호가 상해 四馬路(福州路) 노상에서 우연히 마주친 한인들은
상인들이었다. 1910년 국권을 상실한 한인들에게 상해는 조계라는 활동
의 무대를 제공해주었다. 그 조계에서 망명독립운동가들은 한국역사상
최초의 민주공화제정부인 임시정부를 수립하였다.

이 무렵 상해에도 본격적인 교민사회가 형성되기 시작했다. 상해지역
한국 교민단체의 기원은 1918년 가을 조직된 상해고려교민친목회였다.
친목회는 1919년 프랑스조계에 임시정부가 수립되면서 민단으로 전환
되었다. 교민단은 단순한 교민단체가 아니라 임시정부 산하의 독립운동

단체 역할을 수행하고 있었다.[7]

교민단은 집행기구와 의결기구로 구성되었다. 교민단은 기본 민단업무와 각종 행사, 교육, 공공질서 유지 등의 활동을 하였다. 호구조사, 재산조사, 민단세 징수, 임시정부와 관련된 각종 행사, 인성학교를 통한 동포 자제들의 교육, 의경대를 통한 치안확보와 밀정 처단 등이 민단 활동의 골격이었다. 교민단은 1932년 윤봉길의거 이후 임시정부가 상해를 떠나게 되면서 약화되었으며 1934년 끝내 해체되었다.[8]

물론 상해에는 임시정부의 지휘를 받던 교민단체만 있었던 것은 아니다. 1932년 4월 윤봉길의거 이후 프랑스조계의 임시정부가 상해를 떠나가자 일본세력 통제하에 있던 虹口지역의 한인들도 교민단체의 조직을 시도하였다. 상해 일본영사관도 홍구지역 한인들을 묶어 프랑스조계의 반일 한인에 대한 대항세력으로 만들고자 하였다. 1933년 조직된 상해거류조선인회가 그것이었다.[9]

1937년 중일전쟁 발발후 상해거류조선인회는 상해 일본인거류민단과 더불어 일본군 후방지원활동을 수행하였다. 1941년 이후 조선 국내의 내선일체운동 및 황국신민화운동의 영향은 상해에도 파급되었다. 한인의 자치단체 조차 용인되지 않는 상황 속에서 상해거류조선인회는 1941년 3월 상해 일본인거류민단에 통합되었다. 조선인회가 일본인거류민단에 합병된 후 한인간의 친목 도모를 명목으로 鷄林會가 조직되었다. 계림회를 통해 상해 한인사회는 태평양전쟁 시기 일제의 내선일체운동에 동원되었다.[10] 내선일체운동의 와중에서 상해 한인들은 일제 패망을 맞

7) 김희곤, 「上海 大韓人民團의 成立과 獨立運動」, 『水邨朴永錫教授華甲紀念 韓民族獨立運動史論叢』, 탐구당, 1992, 836-837쪽. 본고의 대한교민단 관련내용은 위의 연구성과를 많이 참조하였다.

8) 김희곤, 「上海 大韓人民團의 成立과 獨立運動」, 837쪽.

9) 김광재, 「'上海居留朝鮮人會'(1933-1941) 研究」, 『한국근현대사연구』, 제35집, 2005, 182-183쪽.

이하게 되었던 것이다.

1945년 8월 15일 일제 패망후 중국 국민당정부는 다시 상해에 돌아왔다.[11] 국민당정부는 주요도시 상해에 대한 지배력을 확보하기 위해 발빠르게 군대와 관리들을 파견하였다. 아울러 주중 미군사령관에게 상해 등 주요도시에 미군을 파견해 줄 것을 요청하였다. 여기에는 전략적 요충지에서 중국공산당을 견제하려는 의도가 있었다. 상해에 주둔하고 있던 일본군의 항복은 국민군 제3방면군 총사령 湯恩伯이 주관하였다. 국민당정부는 9월 9일 錢大鈞을 상해시장에 임명하였으며 9월 12일 상해시정부가 수립되었다. 9월 12일에는 제3방면군 전진지휘부 주관 하에 일본군 항복식이 거행되었으며 일본군 무장해제가 시작되었다.[12]

광복을 맞이한 상해 한인사회에는 교민의 권익 옹호, 건국운동을 표방하는 각종 단체가 우후죽순처럼 생겨났다. 교민의 대표기관인 교민단체의 설립도 추진되었다. 상해 한인사회 신문『대한일보』는 상해한국교민회의 설립이 일제가 항복을 선언했던 1945년 8월 15일 당일날 제창되었다고 하였다.[13] 상해 한인 대표들은 교민회를 조직하기 위해 서둘렀다. 광복직후인 9월 7일 상해 한인사회의 중견 인물인 具益均과 朴容喆은 교민회 대표 자격으로 미군 비행기를 타고 중경으로 갔다. 중경 임시정부로 간 그들은 상해한국교민회 대표의 자격으로 상해 한국교민의 근황 등을 보고하였다.[14]

---

10) 김광재, 「'上海居留朝鮮人會'(1933-1941) 硏究」, 184쪽.

11) 熊月之 主編, 『上海通史』 7, 民國政治, 上海人民出版社, 1999, 420쪽.

12) 張錫興, 「해방직후 상해지역의 한인사회와 귀환」, 256-257쪽.

13) 『大韓日報』 1945년 9월 6일, 「韓國人証을 僑民會서 發行」.

14) 『大公報』 1945년 9월 14일, 「韓國政府招待記者嚴大衛報告韓政府當前工作」 ; 『中央日報』 1945년 9월 14일, 「韓國臨時政府招待本市新聞界報告光復軍情形」(秋憲樹, 『資料韓國獨立運動』 3, 연세대출판부, 1973, 385-387쪽 ; 국사편찬위원회, 『대한민국임시정부자료집』 22, 재중국 외교활동, 2008, 270-272쪽에 기사내용이 번역되어 있음). 『大韓日報』 등 자료에는 구익균 등이 상해에서 중경으로 간 것은

한편 상해에서는 교민회와 관련하여 9월 6일까지 십 수차례의 발기인
회가 개최되었다.[15] 그 결과 9월 초에는 초보적인 교민회가 설립되었던
것으로 보인다. 이렇게 상해지역에서 교민회가 신속하게 설립될 수 있었
던 데는 광복 직전까지 상해 홍구지역에 계림회라는 한인 친목단체가 운
영되고 있었기 때문이다. 교민회가 설립되는 데는 이들 교민단체의 조직
기반이 활용되었던 것으로 보인다.

교민회는 광복 직후부터 전체 교민이 모이는 교민대회를 개최하고자
했다. 교민회의 설립에 대해 교민대회를 열어 승인을 받을 필요가 있었
기 때문이다. 교민사회에서 교민대회 개최를 요구하는 목소리가 많았다.
하지만 광복직후 혼란한 상황에서 외국인인 한인들의 대규모 교민대회
개최는 제반여건상 쉬운 것이 아니었다.[16] 여기에는 현지 상해시당국의
허가가 필수적인데, 혼란한 상해에서 한인의 교민대회를 허가해줄리 만
무했다.

이러한 객관적인 상황을 고려하여 교민회는 직접적인 교민대회 대신
에 간접적인 교민대표회의를 소집하고자 하였다. 우선 9월 10일 상해지
역의 16구 위원회를 소집하여 그들이 각구 전형위원 1인씩 선정하고 16
인이 다시 모여 교민회 위원 26인을 선임하여 다시 그 배수인 52인을
천거하기로 하였다.[17] 계속하여 17인의 구 전형위원회가 개최되었으며,
15인의 교민회 임시의원이 선출되었다. 임시의원 의장에는 崔昌植이 선
임되었다. 최창식은 1919년 임시정부 수립의 산파역을 수행한 인물로

애국동지회 대표 자격이었다(『大韓日報』 1945년 9월 10일, 「上海人士 朴某, 규某
兩氏要談次로 重慶○○臨時政府에 急行」). 이는 구익균의 회고록에도 보인다(구
익균, 『새역사의 여명에 서서 - 격동속의 일생을 돌아보며』, 일월서각, 1994, 156,
159쪽). 여하튼 구익균 등은 중경에서 상해한국교민회의 대표 명의를 내세웠음은
틀림없다.

15) 『大韓日報』 1945년 9월 6일, 「韓國人証을 僑民會서 發行」.
16) 『大韓日報』 1945년 9월 9일, 「僑民大會는 臨時辦法으로」.
17) 『大韓日報』 1945년 9월 9일, 「僑民大會는 臨時辦法으로」.

임시의정원 의장을 역임한 바 있었다. 1930년대 중반 국내에서 옥고를
치른 후 가족이 있는 상해에 돌아 와서 칩거하고 있다가 광복을 맞이하
였다. 광복후에는 사회주의 활동을 재개하다가 淞滬警備司令部에 감금
되기도 했다.[18] 최창식이 교민회 임시의원 의장에 추대된 데는 그의 오
랜 세월에 걸친 독립운동 경력과 그것이 가지는 상징성이 작용하였던 것
으로 추측된다.

교민회는 9월 15일 회장에 南宮爀을 선임하였다.[19] 다음으로 9월 23
일 교민회의 각 부서 및 책임자가 결정되었다.

- 會長 : 南宮爀
- 總務 : 申國權
- 僑務部長 : 沈云永, 社會部長 : 玄正柱, 財務部長 : 張斗徹, 敎育部長 :
  金相奎, 事務部長 : 申國權(兼)[20]

회장 남궁혁은 서울 출신으로 평양신학교, 미국 프린스턴 대학교 신
학부를 졸업한 신학자였다.[21] 국내에서 활동하던 그가 상해로 건너 간
것은 1939년이었다. 그가 회장으로 추대된 데는 아마도 신학자로서 명
망 때문으로 보인다. 다만 그는 교민회의 다른 간부들과는 달리 상해 거
주 기간도 짧았고 직접적인 독립운동 경력도 없었다. 이 점은 후일 임시
정부 화남선무단이 상해에 들어온 후 교민회가 교민단으로 개조될 때 회
장직에서 사퇴하게 되는 하나의 이유가 되었던 것으로 보인다. 남궁혁
외에 현정주, 장두철, 신국권은 1920년대부터 상해에 거주하면서 한때
독립운동에 참여하였으며 상해 교민사회 사정에 밝았던 중견 인물들이

---

18) 太倫基, 『回想의 黃河 - 피어린 獨立軍의 抗爭手記』, 甲寅出版社, 1975, 318쪽.
19) 『大韓日報』 1945년 9월 16일, 「難産에 韓國僑民會 會長은 南宮爀씨로 決定되다」.
20) 『大韓日報』 1945년 9월 24일, 「全體大會開催까지 우리는 그 會務에 충실하겠다」.
21) 소기천, 「'삶'과 '신앙' 일치했던 신학자 남궁혁」, 『한국기독공보』, 2008년 5월
    28일(http://blog.daum.net/morningcalm/15854590, 2014년 2월 9일 검색).

었다. 특히 신국권은 초기 상해지역 독립운동에 가담하다가 상해 交通
大學 교수로 활동하던 민완가였다. 심운영과 김상규의 이력은 확실치
않다.

교민회는 10월 23일 정기 위원회에서 교민회의 회칙을 제정하였다.[22)
회칙의 총칙 제1조는 교민회의 성격을 명확하게 제시하고 있다.

총則 第1條 : 韓國僑民會는 上海市에 僑居하는 韓國人의 自治團體로서
管轄 當局 指導下에서 僑民會에 屬한 一切事務를 辦理함

교민회는 출범한지 얼마 지나지 않아 임시정부가 상해로 오면서 조직
을 개편하게 되었다. 귀국을 앞둔 임시정부는 중국과의 외교와 한인사무
처리를 위해 중국정부와의 협의하에 1945년 11월 1일 공식적인 주중외
교기구인 '대한민국임시정부 주화대표단'을 설치했다. 주화대표단의 단
장에는 朴贊翊, 대표에는 閔弼鎬와 李靑天이 임명되었다. 1945년 10월
에 이미 중국내 한인들에 대한 선무공작을 진행하던 韓僑宣撫團은 주화
대표단의 지휘 감독을 받게 되었다. 한교선무단은 화북, 화중, 화남 등
3개 구에 파견되어 한인 업무를 수행하고 있었다. 그 가운데 상해가 속
한 것은 화남선무단이었다.

1945년 10월 18일 상해에 도착한 임시정부 화남선무단 단장 겸 광복
군 총사령 이청천은 상해 교민사회의 동정을 파악한 다음 상해 한국교민
회를 임시정부 내무부령에 걸맞는 교민단으로 재조직하고자 하였다. 그
무렵 교민회는 11월 3일에서 4일까지 상해 한국교민회 제1회 의원총선
거가 예정되어 있었다. 선거 전날인 11월 2일 의원 후보자들의 '經綸發
表大會'가 四川路 중국기독교청년회 강당에서 진행되었다.[23)

---

22) 『大韓日報』 1945년 9월 9일, 「韓國僑民會 會則 通過(上)」.
23) 「韓民報社李孟求致上海市警察局報告」, 1945年 11月 2日(上海市檔案館編, 『中國
    地域韓人團體關係史料彙編』 2, 208-209쪽)

11월 2일 이청천 단장은 남궁혁 교민회 회장을 불러 입후보한 14인의 입후보자를 취소하고 새로이 18인의 입후보자를 추천하였다. 이어 指令을 내려 교민회를 교민단으로 개조할 것을 지시하였다. 지령 전문은 다음과 같다.

指令 滬字第101號
大韓民國27年 11月 1日
大韓民國臨時政府 特派 中國華南區 僑胞宣撫團 兼 團長 李靑天
上海韓國僑民會 앞

"僑民團改造에 關한 件"
首題의 件에 關하야 우리 政府에서 頒布한 臨時僑民團 團制에 依據하야 改造하되 特殊한 事情에 居함을 鑑하야 今次에는 議員候選人을 本團長으로붙어 別紙와 如히 權定하야 普選케 하겠스니 貴會에서 公布한 僑民會 第1會 議員總選擧 規則에 準하야 議員을 選擧함을 要함24)

위에서 보는 바와 같이 이청천 단장은 교민회를 임시정부의 감독을 받는 교민단으로 개조할 것을 명령하였다. 임시정부는 광복 직후인 1945년 9월 23일 임시정부 내무부의 교민단 단체 조직에 관한 "大韓僑民團 暫行組織條例"를 제정한 바 있었다. "大韓僑民團 暫行組織條例"의 제1조에는 다음과 같이 명시되어 있다.

第1條 國外各地에 僑居하는 韓國人民은 大韓民國臨時政府 內務部令에 依하야 大韓僑民團을 組織하야 自治自宜를 辦班하되 其名稱에 某國某地의 冠詞를 添用함25)

---

24) 『大韓日報』1945년 11월 3일, 「大韓民國臨時政府特派宣撫團에서 旣定候選人 13 名 流產」.
25) 『大韓日報』1945년 11월 29일, 「새로 强化된 上海僑民團 組織系統」.

위의 조례에서 보는 바와 같이, 교민회는 임시정부 내무부의 감독을
받는 교민단으로 거듭나야 했다. 이를 위해 이청천 단장은 의원총선거
입후보자 18인을 새로이 추천하였다. 남궁혁 회장은 회장 사퇴를 선언하
였으며 최창식 의장은 이청천 단장의 지시에 순종할 것을 천명하였다.
최창식 등 교민회 관계자들은 회의를 열어 선후책을 협의하였다.

최종적으로 교민회가 교민단으로 개조되는 것은 임시정부 김구 주석
의 지시를 기다려야 했다. 11월 5일 중경에서 임시정부 주석 김구 일행
이 귀국을 위해 상해에 도착하였다. 김구 주석 등 임시정부 요인들에 대
한 교민들의 열광적인 환영행사가 이어졌다. 11월 12일 김구는 교민회
회장 남궁혁, 총무 신국권으로부터 교민회의 조직 경과, 현황 및 보선
결과를 들은 다음 교민단 재조직을 지시하였다.[26] 1929년부터 1932년
1월까지 상해의 대한교민단 단장을 역임했던[27] 김구로서는 상해 교민단
체의 재정비에 대한 관심과 애착이 남달랐을 것이다.

그리하여 '상해한국교민회'는 '상해한국교민단'이라는 명칭으로 개정
되었다. 교민회를 교민단으로 바꾼 것은 교민단체가 비공식적인 단체에
서 공식적인 단체로 전환되고 단체의 위상이 그만큼 격상되었다는 의미
를 지니고 있다. 상해에 머물던 김구가 귀국하던 날인 1945년 11월 25
일 화남선무단 이청천 단장은 임시정부 지령을 통해 상해 한인사회의 원
로 지도자 鮮于爀에게 교민회를 접수하고 재조직할 것을 지시하였다.
아울러 교민단 단장과 이사도 다음과 같이 임명하였다.

---

26) 『大韓日報』 1945년 11월 13일, 「金九主席訓示, 僑民會組織을 數日內 指示」. 김구
　　는 교민회에 대해 한간 처리와 한인 집중 문제는 임시정부와 중국정부가 협의하
　　여 처리할 터이니 소동하지 말 것, 임시정부 조직은 광복군총사령부 주호관사처
　　와 화남구 선무단이 유일하며, 홍구공원에 윤봉길 동상을 건립할 것, 인성학교를
　　부흥할 것, 11월 17일 순국선열기념일 예식을 거행할 것 등의 사항을 지시하였다.
27) 김희곤, 「上海 大韓人民團의 成立과 獨立運動」, 828-829쪽.

指令 滬字第104號
大韓民國27年 11月 25日
大韓民國臨時政府 華南僑胞宣撫團 團長 李靑天
鮮于爀 前

"僑民會 接收 組織에 關한 件"
首題의 건에 관하야 상해교민단은 상해지방의 우리 민간 자치단체로
마땅히 교민의 생명재산을 보호하는 동시에 중국의 법령을 존중하며 중
국지방당국에 협조하여 안녕질서를 유지해야 한다. 이에 비추어 우리 임
시정부 국무위원회 김주석이 이번에 입국할 때 이 지역을 지나면서 특별
히 본 단장에게 지시하기를 "상해교민회는 우리 교민 내부가 아직 완전히
정리되기 이전에 간부에 대한 민선을 실행해서는 안되며 과도적 방법으
로 그 간부를 아래와 같이 지정하여 파견한다"고 하였다. 내무부 部令 韓
特字 제4호에 의거하여 신속하게 조직하고 그 경과를 상세하게 보고하기
바란다.
　　團長 : 鮮丁爀
　　理事 : 李剛, 張德櫓, 徐丙浩, 河相麟, 朴容喆, 申國權, 鄭致和, 李圭鶴,
　　　　　 張斗徹[28]

　　위의 내용과 같이 교민단의 단장 및 이사는 임시정부가 직접 임명하
였다. 그럼으로써 교민단은 임시정부 화남선무단의 직접적인 지도 감독
을 받는 교민단체로 거듭났다. 위 교민단 임원 명단에서도 알 수 있듯이,
단장과 이사에는 초기 임시정부 시절부터 독립운동에 종사했던 인사들
이 다수 포진하였다. 선우혁은 1916년 상해 인성학교, 1919년 4월 임시
정부 수립에 핵심적인 역할을 한 인물로 1932년 윤봉길의거 이후에도
상해를 떠나지 않고 교민단체와 인성학교, 기독교 관련활동에 종사하였
던 인물이었다. 당시 교민신문 『대한일보』는 신임 단장 선우혁에 대해

---

28) 「韓國臨時政府 華南宣撫團長 指令 滬字第104號」, 1945年 11月 25日(上海市檔案
　　館編, 『中國地域韓人團體關係史料彙編』 1, 128-129쪽) ; 『大韓日報』 1945년 11월
　　27일, 「僑民會는 僑民團으로」.

"상해에서 인성학교를 세우고 끗까지 교장으로 계실 때 그동안 세 번이
나 재정난에 빠즌 겄을 세 번 다시 更生식히는대, 그 極力奮鬪하여 끌어
낙든 그 진취성이야말로 凡人으로선 도저히 본 바들 바 업섰다고 하니
선생의 성미를 可히 짐작할 수 있을 것이 아닌가 한다. ...."라고 평가하
였다.29)

단체명 및 임원을 일신한 교민단은 11월 26일 제1차 議事會, 교민단
제1차 區長회의를 개최하면서 본격적인 활동에 들어갔다.30) 11월 30일
신임 단장 선우혁은 상해방송국에서 취임사를 발표하였다.31) 이어 12월
1일 신임 임원진의 취임 서약식이 거행됨으로써 상해한국교민단은 정식
으로 발족하게 되었다. 여기에는 단장 이하 각 부장, 구장, 광복군 주호
판사처 처장 金學奎도 참석하였다. 교민단은 화남선무단, 광복군 주호판
사처 등의 노력으로 중국측으로부터도 정식 인가를 받게 되었다.

교민단은 상해에 체재하고 있던 임시정부 요인들, 화남선무단, 광복
군 駐滬辦事處 등과 밀접한 연계하에 활동하였다. 뒤에서 보겠지만, 임
시정부 선전부장 엄항섭이 중국당국의 한인집중정책에 대해 교섭하고
교민을 안심시킨 바 있었다. 11월 27일 화남선무단 단장 이청천과 광복
군 주호판사처 처장 김학규는 중국 제3방면군 湯恩伯 장군을 찾아가 상
해 교민의 생명·재산 보호 문제에 대해 중국측의 전면적인 협조 약속을

---

29) 『大韓日報』 1945년 12월 3일, 「僑民團職員의 印象記(一): 熱의 人 鮮于爀先生」.
    선우혁은 태평양전쟁 시기 상해에서 적극적인 대일협력행위를 하지 않았지만 흥
    사단 단원 장덕로 등과 함께 1940년 상해 및 南京에 있던 興士團 재산을 일제에
    '헌납'하였다는 비판을 받고 있다(李明花, 『島山安昌浩의 獨立運動과 統一路線』,
    경인문화사, 361-363쪽 ; 김광재, 「'上海朝鮮人會'(1933-1941) 硏究」, 156쪽). 물
    론 그 과정에는 일제의 강압이 있었음은 두말할 나위 없다. 이러한 측면에서 임시
    정부 요인들 가운데 특히 김구는 선우혁을 상해에서 절개를 지킨 인물로 묘사하
    였다(김구 저·도진순 주해, 『백범일지』, 돌베개, 1997, 408쪽).
30) 『大韓日報』 1945년 11월 28일, 「指令에 依하야 新組織된 僑民團 第1次 議事會開催」.
31) 『大韓日報』 1945년 12월 1일, 「僑民團長 就任之辭 放送」.

받아내기도 하였다.[32] 임시정부라고 하는 배경은 교민단이 중국당국 특히 상해시당국을 상대로 하여 교민 정책을 추진하는데 큰 도움이 되었음에 틀림없다.[33] 1946년 2월에 가서는 교민단 단장 선우혁이 임시정부 화남선무단 단장에 겸임되었다. 선우혁은 모든 상해 교민 업무를 장악하게 되었는데, 이는 교민단의 활동에 힘을 실어 주었을 것으로 보인다.[34]

교민단으로의 개조 이후 초대 단장 및 이사진 외에 교민단의 집행부서는 다음과 같이 선임되었다.

- 총무부 주임 : 元亨默, 부원 : 張炳善, 金相五
- 재무부 주임 : 具益均, 회계과장 : 金奇成, 과원 : 邊晏植
- 계획부 주임 : 朴容喆
- 구제부 주임 : 張在福, 과원 : 金秉根
- 문화부 주임 : 宋聖燦, 과원 : 李義石, 張春洙, 林永九, 선전과장 : 金明水[35]

위와 같이 교민단의 임원진은 상해에서 활동하던 중진급 인사들로 구성되었다. 교민단 산하에 상해지역을 14개 구로 나누어 각 구를 책임지

---

32) 『大韓日報』 1945년 11월 30일, 「우리 僑胞의 生命財産을 保護/湯司令과 李將軍과의 會見內容」.

33) 『大韓日報』 1945년 11월 30일, 「趙財務部長 放送/最小限의 自肅生活을 營爲하라」. 임시정부 요인들은 11월 말 상해를 떠나 환국하였다. 환국에 즈음하여 임시정부 재무부장 趙琬九는 귀국 전날 상해방송국에서 다음과 같은 담화를 발표하였다. 1. 먼저 귀국하게 되어 유감, 2. 상해는 국제도시로서 유혹이 많으므로 각자 주의할 것, 3. 정식으로 성립된 교민단을 지지하여 우리 동포의 公器로 인식하여 협력할 것 등이다. 방송담화를 통해 상해를 떠나는데 대한 감회를 피력한 조완구는 상해 교민들의 자숙과 교민단에 협조할 것을 당부하였다. '유혹'이 많은 국제도시 상해에 거주하는 교민의 주의를 환기하는 것도 잊지 않았다.

34) 「委任鮮于爀爲華南宣撫團上海分團長的委任狀抄件」, 1946年 2月 6日(上海市檔案館編, 『中國地域韓人團體關係史料彙編』 1, 172쪽).

35) 『大韓日報』 1945년 12월 3일, 「上海韓國僑民團/所管事務部署 決定」.

는 區長을 인선하였다.[36]

교민단 기획부는 상해 거주 교민들로부터 호별 부과금을 징수하여 예산을 편성하였다.[37] 그 외에도 특별부과금, 수수료, 기부금, 기타 특별수입이 총수입이고 지출은 구제비, 교육비, 사무비, 인건비, 교제비 등으로 구성하였다. 특히 부과금은 교민을 8등급으로 나누어 1등급은 法幣 2만원에서 8등급 50원까지 교민들의 형편에 맞추어 징수하기로 하였다.[38]

상해 교민들 가운데 사업가, 상인이나 직장인을 제외하고는 형편이나은 경우가 많지 않았기 때문에 부과금이 순조롭게 걷혀지지는 못했을 것으로 보인다. 교민단은 부족한 재원을 마련하기 위해 교민공장인 德昌煙工廠의 가동을 시도하였으며 교민 사업가로부터 기부를 받기도 하였다. 덕창연공창은 태평양전쟁 시기 조선총독부가 상해 한인의 복지를 위한다는 명목으로 설립했던 담배공장이었다. 교민단은 조직 강화와 사무실 확장 등을 위한 경비 마련이 문제가 되자, 일제 패망과 더불어 동결된 한국 교민들의 재산을 되찾아 충당코자 했다. 중국측에 적산으로 압수된 교민의 재산을 중국당국과 교섭하여 이를 되찾아 일부를 교민단에 기부하는 형식으로 재원을 마련하고자 했다.[39] 그 가운데 기부 규모가 가장 컸던 것은 교민 사업가 孫昌植의 경우였다. 태평양전쟁 시기 일본군에 대한 적극적인 협력행위로 인해 광복후 전범으로 체포되었던 그는

---

36) 『大韓日報』 1945년 12월 4일, 「新僑民團 區長陣容」. 14개 구의 구장 명단은 이 기사를 참조하기 바란다.
37) 鄭華岩, 『어느 아나키스트의 몸으로 쓴 근세사』, 자유문고, 1992, 241쪽. 광복 이후 상해교민단에 관여했던 정화암은 "교민단이나 (인성)학교의 운영에는 많은 돈이 필요했는데 교민단의 이사들이 부담하고 뜻있는 교민들의 후원과 학생들의 납부금을 보태어 겨우 운영할 수 있었다. 그래도 부족한 재정은 여유있는 교민들의 협조를 얻어야 했다"라고 회고하였다.
38) 『大韓日報』 1945년 12월 4일, 「賦課金調整에 僑胞의 諒解를 要望한다」.
39) 「上海市警察局致上海市長呈文」, 1946年 3月 19日(上海市檔案館編, 『中國地域韓人團體關係史料彙編』 1, 293쪽).

교민단과 주화대표단의 노력으로 석방된 바 있었다.[40] 그의 재산은 교민단 뿐만 아니라 여러 독립운동단체에 기부된 바 있었다. 교민단은 교민 사업가 손창식의 재산을 상해 교민사회의 유지 및 교민단의 활동을 위한 경제적 기초로 간주하고 있었던 것으로 보인다.[41]

교민단 조직은 1949년 중국공산당이 상해를 접수하기까지 여러차례 개편되었다. 1947년 7월 8일 교민단은 金鉉軾을 이사장으로 선출하고, 四川路 166호로 이전하였다. 1947년 7월 28일 오후 2시 蚍江支路 吉祥里 2호 인성학교에서 교민단 7월 정기총회가 열려 주관인 김현식, 이사 李相天, 金波, 鄭華岩, 李何有, 鄭致和, 蔡利鏞 그리고 회원 68인이 참가하여 회의 경과, 협회의 경비, 보고 등을 토의하였다. 1948년 3월 安定根을 이사장으로 개선하고 海寧路 316弄 21호에 옮겨 사무를 보았다. 1948년 5월 초 이사장인 안정근이 사직하고, 5월 4일 김현식이 이사장

---

40) 「上海市警察局關于朝鮮籍孫昌植材料」, 上海市檔案館 소장자료, Q131-4-3967, 1946年 8月 8日 - 1947年년 6月 18日.

41) 광복직후 중국측에 체포되었다가 석방된 손창식은 그후 다시 전범으로 체포되면서 그의 재산도 모두 몰수되었다. 그후 손창식은 법정투쟁 끝에 무죄로 석방되었으며 재산도 되찾았다. 손창식의 체포 및 법정투쟁, 석방과정 등에 대해서는 孫科志의 논고가 있다(孫科志, 「제2차 세계대전 종전 직후 재상해 친일한인의 사법 처리와 그 한계 - 孫昌植의 체포와 석방 사례」, 『한국근현대사연구』 제45집, 2008, 138쪽). 孫科志는 임시정부 주화대표단이 중국에 전범으로 체포된 손창식으로부터 재산 기증을 약속받고 석방운동을 추진하여 무죄를 받게 했던 것은 '커다란 실책'이라고 하여 매우 부정적으로 평가하였다. 그러나 이러한 평가는 상해 교민 손창식의 재산이 상해 교민사회 유지의 경제적 기초로서 중요한 의미를 지니고 있으며 교민사회가 공유해야할 재산이라는 주화대표단이나 교민단의 입장, 정책을 간과한 데서 나온 것으로 보인다. 광복 직후 체포되었다가 석방된 손창식에 대한 재차 구속은 전후 중국정부가 기획하고 추진한 중국 민중들의 한간고발운동에 의한 것이었다. 손창식의 공장에서 해고된 중국인 종업원의 고발에 의한 사적 보복의 성격도 띠고 있었던 사실을 염두에 둘 필요가 있을 것이다. 이에 대해서는 추후 별도의 논문에서 다룰 예정임을 밝혀 둔다. 전후 중국민중의 한간고발운동에 대해서는 다음의 연구가 참고된다. 岩間一弘, 「'漢奸'告發運動からみる戰後上海の大衆社會」, 『建國前後の上海』, 日本上海史研究會編, 東京: 硏文出版, 2009.

을 맡고 5월 10일 사무소를 吳淞路 323호로 이전했다. 1949년 1월 28일
에는 朴奎顯이 새 이사장으로 선출되었고, 2월 11일 사무소를 상해시
사천로 807호로 옮겼다. 2월 27일 이사회를 열어 高南極을 이사장으로
개선하였다.[42]

1949년 5월 23일 파죽지세로 대륙을 석권하던 중국공산당 군대는 長
江을 넘어 상해를 접수하였다. 민족주의계열의 임시정부와 밀접한 관련
을 맺고 있던 교민단의 운명은 새로운 국면을 맞이하게 되었다. 중국공
산당의 상해 접수 이후 상해에는 공산 중국에 우호적인 교민단체가 설립
되었다. 그럼으로써 그해 7월 상해한국교민단은 4년에 가까운 활동을 종
료하고 해체되었다.[43]

2) 상해시 당국과의 관계

상해 한인 교민단체로 설립된 상해한국교민회가 공식적으로 활동하
기 위해서는 상해시 당국의 허가가 필요했음은 두 말할 나위가 없다. 뒤
에서 보겠지만 이는 결코 용이한 일이 아니었다. 상해시 당국의 교민회
에 대한 인식과 정책을 본격적으로 살펴 보기에 앞서 중국인의 한인에
대한 전반적인 인식을 살펴보자. 일제강점기 중국인의 한국 인식은 간단
하지 않았다. 중국정부는 임시정부에서 활동하던 반일독립운동가들에
대해서는 우호적이었고 적극적인 지원도 아끼지 않았다. 여기에는 임시
정부를 지원하여 광복후 한반도에 친중정부를 세우고자 했던 정치적 목
적이 없지 않았다.

그에 비해 1930년대 이후 먹고 살기 위해 중국에 왔던 한인들에 대해

42) 「上海市政府致上海市警察局訓令稿, 訓令」外(上海市檔案館編, 『中國地域韓人團體
    關係史料彙編』1, 305-335쪽) ; 張錫興, 「해방직후 상해지역의 한인사회와 귀환」,
    259쪽.
43) 上海外事誌編輯室 編, 『上海外事誌』, 上海社會科學院出版社, 1999, 346쪽.

서는 매우 부정적인 인식을 가지고 있었다. 생존을 위해 중국이라는 낯선 세계에 왔지만 자본이나 기술이 없던 한인들에게 주어진 직업은 현지 중국인들에 의해 비난받는 '不正業' 외에는 많지 않았다. 현지인들과 일자리를 놓고 경쟁할 수 없던 한인들은 현지인들이 기피하는 중개업 등 이주자의 이동성이 요구되는 직업에 종사하였다.[44] 여기에는 밀수라든가 아편거래, 매춘 등이 포함되어 있었다. 이들 한인 존재는 중국인의 한인에 대한 부정적인 이미지가 정형화되는데 중요한 요인이었다.

또한 일제가 만주침략 과정에서 한인을 앞에 내세웠기 때문에 한인들을 일제의 주구로 보는 경향도 강했다. 때문에 대일전 승리후 새로운 국가를 건설할 때 재중 외국인들 특히 한인들은 사회통합에 혼란을 주는 존재로 중국에서 내보내야할 대상으로 지목되고 있었다. 특히 일본패전 후 중국 각지에서 민족주의 열기가 고양되고 국공내전 과정에서 치안상황이 악화되는 상황속에서 한인들은 극심한 排韓情緒나 이념적 중상에 노출됨으로써 재산을 몰수당하거나 생명의 위협을 받기도 하였다.[45] 한인들은 현지 사회에서 일제의 앞잡이로 매도되어 일본인들이 돌아간 뒤 물리적 표적이 되었다. 여기에는 이 지역 한인들은 일부를 제외하고는 일본의 대륙침략과 더불어 이주하기 시작하였고 실제로 일부 한인들은 마약밀매, 매춘업 등에 손을 대는가 하면 일본인과 중국인의 상거래를 중개하는 브로커 역할을 하였기 때문에 항상 오해의 소지가 있었다. 그러므로 일본패망후 관내지역 한인들은 민족주의에 고양된 중국인들의 결속을 끌어내기 위한 '타자'로서 도마에 오르게 되었다. 한인들에 대한

---

44) 유선영, 「식민지민 디아스포라의 불가능한 장소성 - 이동성의 한 유형으로서 浮動性의 존재양식」, 『사회와 역사』 제98집, 2013, 200쪽.

45) 이연식, 「해방직후 조선인 귀환연구에 대한 회고와 전망」, 『한일민족문제연구』 6, 2004, 137, 148쪽. 이 논고에서는 "관내지역의 조선인들이 현지에서 재산을 몰수당한 채 1946년 4-6월에 일괄 송환되었다"고 했는데, 이는 당시의 복잡한 상황을 지나치게 일반화한 것으로 보인다.

재산몰수와 인신상의 린치는 신국가 건설과정에서 '漢奸' 즉 부일협력
자 청산으로 합리화되었다.[46]

물론 일제패망후 중국 국민당정부는 일본 및 한인에 대한 부정적인
인식을 노골적으로 드러내지는 않았다. 오히려 재중 일본인 처리과정에
서 '以德報怨'이라는 입장을 취했고 이는 그들에 대한 송환 정책에도 반
영되었다.[47] 한인들에 대해서도 일괄 귀국시킨다는 정책을 추진하면서
중국인들의 한인에 대한 박해를 금지하였다.[48] 하지만 지방에서는 이러
한 정책이 관철되지 못했다. 중앙정부의 정책 수립과 지방에서의 시행에
는 적지 않은 괴리가 있거나 본래의 의도와는 다른 방향으로 굴절되기
마련이었던 것이다. 지방정부가 중앙의 정책을 획일적으로 집행하는데는
현지 사정상 여러 가지 제약이 따랐다. 사실 지방에서는 한인들이 일본의
주구로 간주되어 현지 중국인들로부터 재산을 강탈당하고 구타당하는 사
례가 비일비재하였다. 중국에서는 일본교민들 뿐만 아니라 한국교민들까
지 하루빨리 강제로 귀국시켜야 한다는 여론이 형성되고 있었다.[49]

---

46) 이연식, 「왜 식민지하 국외 이주 조선인들은 해방 후 모두 귀환하지 못했을까」,
  『내일을 여는 역사』 24, 2006, 97-98쪽.

47) 陳祖恩, 『上海日僑社會生活史(1868-1945)』, 上海辭書出版社, 2009, 490-493쪽.

48) 물론 중국국민당정부 내 외교부 인사들은 친일혐의나 불량분자를 제외한 선량한
  한교는 중국내 거류를 허용한다는 입장을 보인 것도 사실이다. 이에 대해서는 다
  음의 논고가 참고된다. 황선익, 『연합군총사령부의 해외한인 귀환정책 연구』, 국
  민대 박사학위논문, 2012, 120쪽.

49) 「請韓僑回去!」, 『吉普週報』 1945年第19기, 4쪽. 한편 중국 현지에서는 과거 일본
  군에 적극 협력했던 몇몇 한인을 체포하기 위해 한국교민들의 귀국을 연기시킬
  것을 요청하는 경우가 있었다. 『大韓日報』 1945년 12월 7일, 「當地 數團體에서
  僑胞의 歸國延期를 要請」. 이들 한인이 누구인지 확실치 않지만 태평양전쟁 시기
  일제에 적극 협력했던 金景載, 李甲寧, 孫昌植 같은 이들이 해당되지 않을까 생각
  된다. 일제패망후 김경재의 행적은 알려지지 않고 있으며, 이갑녕은 귀국후 반민
  특위의 추적으로 일본으로 밀항하였다가 그곳에서 사망한 것으로 알려져 있다.
  손창식은 앞에서 살펴보았듯이 광복직후 전범으로 체포되고 법정투쟁 끝에 무죄
  로 석방된 바 있었다.

상해 한인사회도 현지 중국인들의 배타적인 시선을 피부로 느끼고 있었다. 교민 일간지인『대한일보』는 중국 일간지『大華夜報』1945년 9월 28일자의 "新疆監察使 羅家偷談 朝僑民及日僑民은 하로바삐 撤退하라"는 기사를 인용하면서 상해 한인들이 모두 강제로 축출될지 모른다는 위기감을 드러냈다.[50]『大華夜報』의 기사 내용에 의하면, 상해의 일본인과 한인을 축출해야 하는 이유는 "과거 8년간 그들로 인하야 중국동포가 많은 손해와 고통을 입엇다는 것이다. 그들 韓僑 及 日僑民은 극히 소수가 正業을 경영할뿐이엿고, 그 외 대부분이 일본군 세력을 배경으로 毒品販賣, 집단도박, 人質引致, 강탈 등 여러 가지 비인도적 행위를 감행하였다는 것이다"[51]라고 하고 있다.

중국 陸軍總司令部도 상해시정부에 代電을 보내 일제 항복 이후 일제의 앞잡이 노릇을 하던 한국 및 대만 流民으로 중국측의 힘을 빌려 일본을 압박하거나 협잡한 사람은 인민들이 적발, 고소히여 법에 따라 처리하는 것을 허락하며 일본 및 한국, 대만 군민과 중국인들과의 접촉을 최대한 제한하여 폐단을 방지하라고 요청하였다.[52]

이러한 상황 속에서 상해한국교민회가 설립되었기 때문에 현지 중국 당국과의 관계는 애초부터 순조로울 수 없었다. 상해시 사회국의 일부 직원은 한국에 대해 매우 부정적인 인식을 가지고 있었던 것으로 보인다. 1946년 상해 한국기독교회가 등기를 신청했을 때 사회국의 한 직원은 그에 대한 출장보고서에서 "고려 문제 상황은 매우 복잡한데, 현재 (그들이) 중국 국민인지 아니면 (외국) 교민인지 외교부는 아직 정식 표명이 없다. 만약 고려가 우리 영토이면 근본적으로 '僑'자가 있을 수 없

50)『大韓日報』1945년 9월 29일,「發言: 僑民들이여 大華夜報를 보았는가」.

51) 위와 같음.

52)「陸軍總司令部致上海市政府代電」, 1946年 1月 24日(上海市檔案館編,『中國地域 韓人團體關係史料彙編』 2, 198쪽).

다"고 하였다.[53)

이와같이 상해시정부는 한국 교민단체에 대해 매우 부정적인 인식을 가지고 있었다. 중국측에서는 상해한국교민단의 활동에 대해서도 견제를 하거나 인정 조차 하지 않는 태도를 보였다. 기본적으로 중국측은 한인 문제를 치안 확보 차원에서 바라보고 있었기 때문에 한인 및 한인단체의 존재를 탐탁치 않게 보고 있었다. 물론 국제도시 특성상 상해에는 외국 교민들이 많았기 때문에 상해시당국으로서는 이들에 대한 관리가 쉽지 않았을 것이다. 특히 한인 문제와 관련해서는 중앙정부의 지시를 기다려야 했기 때문에 시일이 많이 소요되었고 행정인력의 부족으로 한인 활동을 엄격히 관리하지 못했으며 때에 따라 어쩔 수 없이 묵인하는 경우도 있었던 것으로 보인다.[54)

상해한국교민회는 설립 후 중국당국에 대해 설립목적과 성격, 역할 등에 대해 제출하였다. 1945년 10월 1일 교민회는 淞滬警備司令部에 교민회의 설립과 관련된 공문을 보냈는데, 그 내용은 다음과 같다.

> ...... 본회(상해한국교민회-인용자)는 상해에 거주하는 한교 5천여 명이 조직한 자치기관이다. 선거를 통해 남궁혁을 회장에, 신국권을 총무에 선출했다. 한국정부가 아직 정식으로 성립되지 않아 주화대표기관을 파견하지 못하고 있으므로 본시 전체 한교의 위탁을 받아 정치 및 외교상의 일체 직무를 행사하게 되었다.[55)

---

53) 「武逸民關於韓國基督敎會情況調查報告書」, 1946年 9月 7日(上海市檔案館編, 『中國地域韓人團體關係史料彙編』 1, 409쪽).

54) 李鎧光, 『內戰下的上海市社會局研究』, 臺北: 學生書局, 2012, 439쪽. 상해시 사회국의 각종 사회단체에 대한 관리는 대체적으로 보아 느슨한 편이었다. 당시 상해시정부에는 외국 교민을 관리하는 외사조직은 없었고 이들 업무는 사회국과 경찰국에서 맡았던 것으로 보인다.

55) 「上海韓國僑民會致淞滬警備司令部照會」, 1945年 10月 1日(上海市檔案館編, 『中國地域韓人團體關係史料彙編』 2, 72쪽).

이처럼 교민회는 한국에 정부가 아직 수립되지 않았으므로 향후 정부
가 수립되어 정식 외교기관이 올때까지 상해교민에 대한 정치 및 외교상
의 일체 직무를 위임받았다고 하였다. 또한 남궁혁 회장은 기자회견 석
상에서 "교민회는 임시정부를 대행하는 성질과 같은 상해재류 한국교민
에 행정 일체를 잠시 시행하고 있다"고 하였다.[56]

교민회가 한국에서 수립된 정부나 중경 임시정부의 정식승인을 받은
것은 아니었다. 물론 9월 초 구익균 등이 교민회 대표 자격으로 중경에
가서 상해 교민사회의 현황을 보고한 것은 앞서 본 바와 같다. 그렇다고
하더라도 그것은 정식승인이 아니었기 때문에 교민회가 중국측의 설립
인가를 받는데는 많은 제약이 있었던 것이다.

상해시 사회국은 시정부에 보낸 문서에서 10월 17일 육군총사령부의
"어떤 한교단체라도 우리나라 정부의 비준을 받지 않은 안건에 대해서
는 일체의 활동을 금지한다"라는 방침을 인용하면서 한국교민회는 합법
적 지위를 얻지 못했을 뿐만 아니라 마땅히 금지될 형편에 처해 있다고
보고하였다.[57]

1946년 1월 9일 화남선무단 단장 김학규가 상해시 사회국에 교민회
가 김구 주석의 지시로 상해한국교민단으로 재조직되었음을 알리고 그
승인을 요청하는 서신을 보냈다.[58] 상해시 사회국은 이에 대해 3월 18
일자로 다음과 같은 문서를 보냈다.

.... (상해한국교민단이) 만일 법에 따라 조직됐다면, 그 올바른 명칭
인 상해시한교협회로 고쳐야 한다. 아울러 먼저 허락을 받은 뒤 그 성립대

56) 『大韓日報』 1945년 10월 5일, 「大韓靑年團 記者會見에 南宮爀會長 參席하여 發言」.
57) 「上海市社會局致上海市政府呈文」, 1945年 10月 27日(上海市檔案館編, 『中國地域
    韓人團體關係史料彙編』 2, 198쪽).
58) 「韓國臨時政府特派中國華南宣撫團上海分團致上海市社會局函」, 1946年 1月 9日
    (上海市檔案館編, 『中國地域韓人團體關係史料彙編』 1, 143-144쪽).

회를 열기 위한 예비회의를 연 다음 정식으로 이사와 감사를 선거하는 순
서에 의해 일이 진행되는 것이 규정에 부합되는 것이다. 그렇지 않으면 상
해시 한 단체의 내부기구로 볼 수밖에 없어 단독적으로 대외활동을 할 수
가 없다.59)

이와 같이 상해시당국은 교민단이 중국당국의 사전허가도 없이 교민
단체를 설립한 다음에 그것을 신고한 행위에 대해 부정적으로 보았다.
즉 먼저 상해시당국에 허락을 받은 다음에 예비회의를 열고 이사와 감사
를 선출해야 한다는 논리였다. 그렇지 않으면 교민단이 한국의 내부기구
로 보이기 때문에 단독으로 대외활동을 하는데 불편함이 있을 것이라고
하였다. 상해시 사회국에서는 한국교민단의 활동을 상당히 견제하거나
통제하고자 했음을 알 수 있다. 그들은 한국교민단에 대해 '상해한국교
민협회'로 개칭할 것을 요구하였다. 이는 교민단을 상해시 사회국에서
관할하는 하나의 사회단체로 간주하여 관리하려고 했던 데서 나온 것이
었다.

아울러 상해시당국은 상해한국교민회의 한국인증 발급에 대해서도
부정적으로 보고 있었다. 한국교민회는 1945년 10월 1일 상해시 사회국
에 "한국인이라는 신분을 명확히 증명하고자 하는 생각에서 매 한국인
에게 '한국인증'이라는 신분증을 한 장씩 발급한다"60)고 하는 내용의 공
문을 발송했다. 이에 대해 상해시 사회국에서는 이러한 행위는 비준을
받지 않은 것으로 금지시킬 것을 관할 경찰서에 통보하였다.61)

---

59) 「上海社會局簽呈」, 1946年 3月 18日(上海市檔案館編, 『中國地域韓人團體關係史
料彙編』 1, 142쪽).

60) 「上海韓國僑民會致淞滬警備司令部照會」, 1945年 10月 1日(上海市檔案館編, 『中
國地域韓人團體關係史料彙編』 2, 72쪽).

61) 한국인증 발급에 따른 폐단도 없지 않았다. 즉 일본인에게 한국인증이 발급되는
일이 있어 중국당국의 주목을 받은 바 있다. 『大韓日報』 1945년 10월 22일, 「讀
者寄稿: 指導의 責任(四)」.

중국측은 한인들의 집회가 있을 때마다 상해시 경찰국이나 사회국에서 사람들을 파견하여 감시하는 등 실질적으로 통제를 강화해 갔던 것이다. 예를 들면, 교민단이 있던 虹口區의 상해시 경찰국 虹口분국에서는 교민단이 주재하는 회의, 기념식 등 모든 행사를 감시하고 상부에 보고하였다. 보고 내용은 회의 지점, 참가자 신분, 참가자 수, 회의 내용, 토론 목적, 폐회 시간 등 아주 세세한 부분까지 포함하고 있었다.[62]

3. 상해한국교민단의 활동

1) 교민관련 일반활동

광복 직후 상해 한인사회는 격변의 소용돌이 속으로 빠져들었다. 1945년 가을부터 상해 한인사회에는 외지로부터 흘러들어온 수 만 명의 한인들로 붐비기 시작했다. 일본 패망후 중국관내지역에 이주했던 다수의 한인들은 귀국을 위해 상해를 비롯한 北京, 天津, 靑島, 廣州 등 대도시로 몰렸다. 상해에는 원래 거주하고 있던 약 5천 명에 달하는 교민들 외에도 華中地方 일대에 거주하던 한인들이 귀국을 위해 몰려들었다.[63] 여기에 더해 일본군에서 방출된 한적 사병들 또한 귀국을 위해 상해로 집결하였다.

중국 국민당정부는 중국 내륙의 한인들을 귀국시키기 위해 몇 개의 연해 항구도시로 집중시킨다는 정책을 추진하였다. 1945년 9월 8일 상해를 접수한 국민당 제3방면군은 1945년 11월 16일 일본군에 속한 한인

---

62) 「上海市警察局虹口分局致上海市警察局呈文」, 1947年 8月 9日(上海市檔案館編, 『中國地域韓人團體關係史料彙編』 1, 314쪽).

63) 馬軍·單冠初, 「戰後國民政府遣返韓人政策的演變及在上海地區的實踐」, 65쪽.

사병 및 한인들에 대한 집중방법을 선포하였다. 이때 중국국민당은 일본군 및 교민과 마찬가지로 한적사병 및 교민 역시 한곳에 집중시켜 관리한다는 방침을 취했다.64) 국민당정부의 한인 집중정책의 바탕에 중국측의 한인에 대한 부정적인 인식이 깔려 있었음은 앞서 살펴 본 바와 같다.

수시로 들려오는 중국측의 한인집중 및 일괄송환 정책에 대한 소문은 상해 한인들을 불안에 떨게 하였다. 상해의 모든 한인들을 옥석을 가리지 않고 일본교민들처럼 한 곳에 모은 다음 일괄적으로 강제로 귀국시킨다고 했기 때문이다.65) 이러한 소문을 접한 상해 한인사회는 술렁거릴 수밖에 없었다. 광복 직후 중국 내륙에서 상해로 온 한인들뿐만 아니라 이전부터 상해에서 생업에 종사하면서 거주하던 교민들까지 모두 집중영에 수용한다는 것으로 인식되었기 때문이다. 이러한 소문에 일부 한인들은 재산을 처분하거나 현지 중국인들에게 조건부로 맡기는 일들이 발생하였다. 집중수용을 피하기 위해 중국 공무원, 중국군의 고용인이 되거나 蘇北(江蘇省 북부) 중국공산당 신사군지역으로 도망가는 경우도 있었다고 한다.66)

이와같이 불안에 떠는 교민들을 진정시키고 위무하는 일은 교민단의 주요임무가 되었다. 교민단은 우왕좌왕하는 교민들의 침착한 대응을 주문하였다. 즉 "집중 문제에 일희일비하는 우리의 태도"가 문제라며 "先日의 집중에 관한 포고도 구체적 해설이 없는 금일 我流的 선입감으로 심각히 불리하게만 해석할 필요는 만무하다"면서 교민들의 자숙을 요청하였다.67) 교민단의 신국권 내무부장은 상해방송국에서 '집중문제'와

---

64) 「修改韓僑集中辦法」, 1945年 11月 16日(上海市檔案館編, 『中國地域韓人團體關係史料彙編』 1, 3-5쪽).

65) 『大韓日報』 1945년 10월 11일, 「T.H.放送局」 ; 10월 12일, 「韓僑民은 集團生活을 하게 되는가?」.

66) 「淞滬警備總司令部代電」, 1945年 12月 3日(謝培屛 編, 『戰後遣送外僑返國史料彙編』 1, 韓僑篇, 臺北: 國史館, 2008, 10쪽).

'귀국문제'에 대한 담화를 통해 초조해하는 교민들에게 안심할 것을 당부하였다. 귀국문제에 대해서는 현재 중국당국 및 미군정 당국과 교섭하고 있으므로 교섭이 완료되면 3-4개월 후에는 해결될 것이라고 하였다. 집중문제는 합리적으로 해결될 것으로 예상되며 "안심하고 초조하지 말고 歸鮮時까지 착실한 생활을 하지 않으면 안될 것"이라고 하였다.68) 마침 환국을 위해 중경에서 상해에 와있던 임시정부 선전부장 嚴恒燮도 "(집중은) 중국각지에 흩어져 있는 교포들의 그 생명 재산을 위하야 省·도시로 집중한다는 해석이고 절대로 상해지구에 집중관리한다는 말은 안이다"69)라고 하였다. 계속하여 엄항섭은 귀국 희망자는 귀국하되 상해에 영주할 사람은 영주할 수 있다고 하여 교민들을 안심시켰다.

한인 집중정책은 상해 한인들을 불안에 떨게 했지만 임시정부 화남선무단, 교민단 등의 노력에 의해 점차적으로 해결되었다. 환국을 위해 중경을 떠나 상해에 머물고 있던 임시정부 김구 주석은 상해시장에게 일방적 집중을 취소해 줄 것을 요구하는 한편, 한인 처리에 관한 사업을 담당할 임시정부 대표단이 설치된 사실을 통보하였다.70) 그리고 임시정부는 상해 한인에 관한 사무를 화남선무단과 교민단이 협의하여 처리하도록 방침을 세워 나갔다. 또한 중국당국은 1945년 12월 22일 군사위원회의 명의로 한인을 각 성과 시에서 집중관리하되 선무단과 상의하여 처리할 것을 지시하여 한교선무단을 공식적으로 인정했다. 임시정부의 이와 같은 노력으로 상해지역에서 한인에 대한 일방적인 집중은 타결될 수 있었다.71)

67) 『大韓日報』 1945년 11월 15일, 「集中問題에 關하야 自肅生活의 自信을 갖이자」.
68) 『大韓日報』 1945년 11월 21일, 「僑胞歸國問題를 交涉中이다/申內務部長 放送」.
69) 『大韓日報』 1945년 11월 19일, 「集中問題解決/僑胞의 安心을 要望」.
70) 「韓國臨時政府主席金九致上海市長錢大鈞函」, 1945年 11月 16日(上海市檔案館編, 『中國地域韓人團體關係史料彙編』 1, 4-5쪽).
71) 張錫興, 「해방직후 상해지역의 한인사회와 귀환」, 272쪽.

또한 교민회는 상해 한인들에 대한 신분증명서 발급을 추진하였다. "긴박하고 복잡한 상해 現情에 비추어 보아 교민의 신분을 보호할 필요"72)가 있었다. 상해시정부 등 중국측에 대해 한인의 생명과 재산을 보호해 줄 것을 요구하거나, 귀환을 위해서도 명단 작성이 필요했던 것이다. 그 이면에는 중국측의 요구도 있었던 것으로 보인다. 즉 중국측 당국에서 교민단에 대해 상해 한인들의 '僑籍'을 상세히 조사해달라는 요청을 했다고 한다.73)

그러므로 중국측이 교민회를 간섭과 통제의 측면에서만 바라본 것은 아니었다. 중국당국에서는 교민회의 조직을 통하여 상해 한국교민들의 현황을 파악하고자 하였다. 교민회에서는 상해 각구 위원들에게 해당지역의 교민 현황에 대해 보고할 것을 지시하였으며 교민회 사무소에서 각구 위원회를 개최하기로 예정하였다.74) 아울러 상해 한국교민 가운데 중견 지도자 명단을 제출해달라는 중국당국의 요청도 있었다고 한다.75)

교민에 대한 '한국인증' 발급의 구체적인 절차는 교민회 각구 위원회에서 책임구역을 담당하고 각호를 개별 방문하여 그 수속을 취합하기로 하였다. 만일 이 종합수속 때 한국인증을 발급받지 못한 교민은 사진 2매와 인감을 휴대하고 직접 교민회 본부(南京路 66호 3층 109호실)로 와서 수속할 것을 요청하였다.76)

아울러 상해시당국에 대해 이러한 사실을 통보하였다. 상해한국교민회는 신분증 발급을 위해 1945년 10월 1일 상해시 사회국에 "한국인이라는 신분을 명확히 증명하고자 하는 생각에서 매 한국인에게 '한국인증'이라는 신분증을 한 장씩 발급한다"77)고 하는 내용의 공문을 발송했

---

72) 『大韓日報』 1945년 9월 6일, 「韓國人証을 僑民會서 發行」.
73) 『大韓日報』 1945년 9월 25일, 「우리의 生命財産을 保護/速히 僑籍을 報告하라」.
74) 위와 같음.
75) 『大韓日報』 1945년 9월 28일, 「社論: 指導者 報告에 猛省을 促함」.
76) 『大韓日報』 1945년 9월 6일, 「韓國人証을 僑民會서 發行」.

다. 당초 이에 대해 중국측의 부정적인 반응도 있었지만 신분증명서의
발행은 당시 상황에서 반드시 필요한 것이었기 때문에 중국측에서도 점
차적으로 동의했다. 중국측은 한인들을 통제하는 수단으로써 이 신분증
명서를 활용하고자 했다.[78]

상해 교민에 대한 방송 또한 교민단의 주요사업이었다. 교민단은 상
해시 방송국에 교섭하여 매일 1시간씩 한국어 방송 프로그램을 내보냈
다. 국내 및 국외 뉴스, 국사 이야기와 드라마, 합창, 기타 교민 위안 프
로그램으로 편성되었다.[79] 여기에는 선우혁 단장, 신국권 총무 등 교민
단 간부들이나 엄항섭 선전부장 등 상해에 왔던 임시정부 요인들도 출연
하였다. 이들은 방송을 통해 수시로 들려오는 중국당국의 교민집중 정책
에 대한 소문으로 불안에 떠는 교민들을 위무하였다. 이외에 귀국을 위해
중경에서 상해로 왔던 김구 주석이 상해에 도착한지 이틀후인 11월 7일
이 방송에 출연하여 고국의 동포들에게 일성을 내보낸 것도 주목된다.[80]

교민회는 교민교육 방면에서도 많은 관심을 기울였다. 교민회에서는
홍구 조선인기독교회와 東熙華德路 덕창연공창에서 아동부를 개설하여
아동에 대한 교육을 진행하였다.[81] 그리고 청년 학생들을 대상으로 하
는 국문 및 국사 강습회를 열었다. 학생·청년 가운데는 한국어와 한국역
사를 잘 모르는 사람들이 많았기 때문이다. 교민회의 공고에 의하면, 강
습회는 매주 월요일부터 금요일까지 5일 간 진행될 예정이었다.[82]

---

77) 「上海韓國僑民協會致淞滬警備司令總司令部照會」, 1945年 10月 1日(上海市檔案館
編, 『中國地域韓人團體關係史料彙編』 2, 72-73쪽). 교민회는 상해시당국에 공문을
보내면서 한국인증의 양식과 내용에 대해서도 제시하고 있다.

78) 「上海市政府致淞滬警備司令總司令部函稿, 函」, 1945年 10月 30日, 11月 3日(上海
市檔案館編, 『中國地域韓人團體關係史料彙編』 2, 89쪽).

79) 김명수, 『명수산문록』, 삼형문화, 1985, 89쪽.

80) 『大韓日報』 1945년 11월 7일, 「金九主席 朝鮮에 放送하신다」.

81) 『大韓日報』 1945년 10월 27일, 「僑民會 教育部 開講」.

82) 『大韓日報』 1945년 12월 14일, 「初等 國文 國史 講習會」 ; 12월 17일, 「初等 國

아울러 교민단은 1935년에 폐교된 인성학교의 재개교를 서둘렀다.[83] 여기에는 상해에 체재하고 있던 김구 주석의 "인성학교를 교민회가 부흥하라"는 지시도 작용하였다.[84] 1935년 인성학교 폐교 이후 일본, 중국, 서양인 학교에 뿔뿔히 흩어져 국적불명의 교육을 받고 있던 한인 자제들을 한 곳에 모아 민족교육을 실시할 필요가 절실했던 것이다. 교민단 단장 선우혁을 중심으로 1945년 12월경 인성학교 부흥 발기회가 조직되어 활동을 개시하였다.[85] 교민단은 상해 교민사회에서 유지들로부터 학교 재개교에 필요한 자금을 모집하였다.[86]

다음해인 1946년 6월 교민단은 인성학교를 다시 열었다.[87] 1935년 일제에 의해 강제로 폐교된지 11년 만이었다. 초대 교장은 선우혁, 교무 주임은 구익균이었다. 교민단은 유지회를 조직하여 인성학교를 운영하였다. 유지회 이사장은 상해한국교민단 이사로 있던 張德櫓가 선임되었다. 요컨대, 1946년 재개교된 인성학교는 1979년까지 새로운 학생들의 충원이 거의 없는 고립된 상황속에서 상해지역 교민 자제들의 민족교육과 정체성 형성에 큰 기여를 하였다. 뿐만 아니라 상해 교민사회의 정신적 구심점 역할을 다하였다.[88]

교민단은 한인과 현지 중국인의 분쟁을 조정하고 해결하는 활동을 수행하였다. 중국측의 불법적 한인 재산 접수 경우를 조사하여 해결하는데 노력하였다. 교민회 총무 신국권은 상해 제3방면군과 교섭한 결과 중국

文 國史 講習會」.

83) 본고에서는 재개교 인성학교의 대략적인 내용만 제시한다. 인성학교의 재개교 및 운영, 변천에 대한 구체적인 내용은 필자의 다음 논문을 참고하기 바란다. 김광재, 「광복이후 上海 仁成學校의 재개교와 변천」, 『한국근현대사연구』 제54집, 2010.

84) 『大韓日報』 1945년 11월 13일, 「金九主席의 訓示」.

85) 『大韓日報』 1945년 12월 5일, 「仁成學校 復興을 計劃」.

86) 구익균, 『새역사의 여명에 서서 - 격동속의 일생을 돌아보며』, 115쪽.

87) 上海市檔案館, 「上海市外僑學校調査」(B105-5-1350, 1950.6.22).

88) 김광재, 「광복이후 上海 仁成學校의 재개교와 변천」, 278쪽.

측의 한인 재산 접수시 정식기관의 공문이 없는 경우 그 접수에 절대 응하지 말 것, 정식기관의 공문이 있어도 영수증을 받아두고 교민회에 제출할 것을 교민들에게 요청하였다.[89]

중국인과의 가옥 등 재산 분쟁의 조정을 위해 중국당국과 교섭하였다. 교민단과 광복군 주호판사처는 상해 한인이 관련된 가옥 분규가 '疊生'하므로 한인들이 집을 잃어 유리하지 않도록 상해시 경찰국에 통령을 내려 보호해 줄 것을 요청하였다.[90] 즉 위조문건으로 가옥주를 사칭하여 한인을 쫓아내는 경우, 자칭 임차인이라고 하여 한인을 쫓아내는 경우, 내력이 불명한 군인을 이용하여 적산이라고 하여 폭력으로 강점하는 등의 경우가 날로 증가하고 있다. 만약 조기에 방법을 강구하여 방지하지 않는다면 나중에는 감당할 수 없을 것이다. '중한 돈목과 우애'를 위해서나 상해 한인들이 귀국시 좋은 인상을 가지고 갈 수 있도록 원만한 해결을 요청하였다.[91]

교민단은 교민들의 복지에도 관심을 기울였다. 직업이 없는 교민들에게 대해서는 직업을 알선하였으며 결혼하지 않은 청춘 남녀의 결혼을 주선하였다.[92] 그외에 교민단은 교민들의 보건 및 위생방면에 관심을 가지고 의료활동을 진행하였다. 즉 교민들의 의료보건을 위해 민단진료소 및 戒煙所 설치를 계획하였다.[93] 교민들의 질병 예방 차원에서 종두 예방 주사를 실시하였다. 1945년 11월 26일부터 27일까지 이틀 동안 오전 9시부터 오후 5시까지 蚲江支路 寶德里 民衆醫院에서 교민에 대한 무

---

89) 『大韓日報』 1945년 11월 1일, 「不穩한 接收에 對한 注意, 申國權氏 談」.

90) 「淞滬警備總司令致上海市警察局代電」, 1945年 12月 19日 外(上海市檔案館編, 『中國地域韓人團體關係史料彙編』 2, 281-288쪽).

91) 위의 자료집, 288쪽. 그러나 상해시 경찰국은 조사 결과 상해에는 한인이 거처에서 쫓겨난 일이 없다고 보고하였다. 「上海市警察局致上海市政府訓令」, 1946年 6月 24日(上海市檔案館編, 『中國地域韓人團體關係史料彙編』 2, 270-271쪽.

92) 『大韓日報』 1945년 11월 1일, 「僑民會서 따뜻한 사랑」.

93) 『大韓日報』 1945년 12월 4일, 「賦課金調整에 僑胞의 諒解를 要望한다」.

료 종두 예방주사를 실시하기로 하였다.[94]

다음으로 교민단은 광복군 지원활동을 벌였다. 당시 상해에는 광복 직후 화중 일대에 주둔하고 있던 일본군에서 나와 귀국을 위해 상해로 집결하고 있었다. 학병 출신 소설가 李炳注는 그의 자전적 소설『관부연락선』에서 "이미 상해의 거리엔 일본군에서 빠져 나간 한국 청년들이 범람하고 있었고 이들을 먹여 살리는 문제가 상해 거주 교포들의 골칫거리로 되어 있었을 무렵이었다"고 묘사한 바 있다.[95] 이들은 상해에서 한국광복군 상해잠편지대를 조직하여 일본 제6국민학교, 滬江大學, 江灣西兵舍 등지를 전전하면서 집단생활을 하고 있었다.[96] 그러나 광복군에 대한 보급은 크게 부족하여 그들은 매우 비참한 생활을 하였다.[97]

교민단은 광복군 대원들을 위해 비록 부정기적이었지만 밥을 해서 제공하였다.[98] 나아가 교민단은 광복군에 대한 재정지원을 계획하였다. 1945년 10월 25일 교민회 주최로 南京路 南華飯店에서 열린 이청천장군 이하 임시정부 요인 환영연회가 열렸다. 환영연회 석상에서 상해 한인 60여 명은 향후 2개월 동안 교민회 및 광복군에 필요한 40여 억원 가운데 20여 억원은 모금하고 나머지는 일반 교민들로부터 모집하기로 하였다.[99] 또한 11월 14일 교민회는 임시재정위원회를 조직하여 광복군과 난민을 구제하는데 필요한 예산을 마련하기로 하였다.[100] 교민회 임

---

94)『大韓日報』1945년 11월 24일, 「種痘實施」.
95) 李炳注,『관부연락선』1, 한길사, 2006, 70쪽.
96) 염인호, 「해방직후 관내지역 한독당의 광복군 확군운동」,『역사문제연구』제1호, 1996, 307쪽.
97) 당시 광복군의 비참한 생활상에 대해서는 그들이 남긴 기록들에서 잘 나타나고 있다.『上海暫編大隊記』·『流浪의 발자옥』·『同志錄』(한시준 외,『中國內韓國近現代關係資料』, 국사편찬위원회, 1998에 수록되어 있음).
98) 李炳注,『관부연락선』1, 129쪽.
99)『大韓日報』1945년 10월 26일, 「여기에 愛國熱있다!」.
100)『大韓日報』1945년 10월 31일, 「僑民會 臨時財政委員會 趣旨書」.

시재정위원회는 광복군 지원금으로 약속한 20억 원을 마련하기 위해 출연을 약속한 교민들에게 11월 24일까지 완납할 것을 요망하였다.[101] 광복군 주호판사처에서 교민회에 대해 광복군 후원금 미납자에 대해 보고하라는 지령을 내리는 것으로 보아[102] 교민회의 모금은 원활치 못했던 것으로 보인다.

다음으로 교민단은 상해에 오는 독립운동가들에 대한 환영식 개최, 추모행사 개최 등 다양한 활동을 전개하였다. 먼저 독립운동가 환영이다. 광복후 가장 먼저 상해에 들어온 독립운동가는 李蘇民으로 보인다.[103] 상해 근처 浙江省에서 광복군 제1지대 제2구대를 이끌면서 적후방 공작에 종사하던 그는 광복 직후인 9월 13일 상해에 들어와 상해 교민들의 대대적인 환영을 받았다.[104] 1945년 11월 5일 김구 주석이 중경을 떠나 상해에 도착했을 때, 교민들을 모아 홍구공원에서 대환영회를 개최하였다.[105]

또한 1945년 11월 7일 靜安寺路 大光明戲院에서 개천절 기념식을 개최하였는데 3천 명의 교민들이 운집하였다.[106] 11월 8일 오전 10시부터 임시정부 요인들의 강연회도 개최하였다.[107] 교민들의 민족정신을 고취하기 위해 전쟁 중 희생된 순국선열들을 위한 추모행사를 1945년 11월 17일 오전 10시 大光明戲院에서 거행하였다.[108] 이 날은 2천 상해 교민

---

101) 『大韓日報』 1945년 11월 14일, 「佈告」.

102) 『大韓日報』 1945년 11월 23일, 「僑民會에 對하야 指令 두 가지」.

103) 李蘇民에 대해서는 다음의 논고가 참고된다. 김광재, 「중국관내지역 韓人의 국적 문제 일고찰 - 1933년 廣州에서의 '朴義一' 체포를 둘러싼 中日佛 교섭을 중심으로 -」, 『사학연구』 제110호, 2013.

104) 『大韓日報』 1945년 9월 13일, 「今十三日下午二時 光復軍 李蘇民隊長 一行 來滬」.

105) 『大韓日報』 1945년 11월 6일, 「熱狂的 歡聲里에 金九主席을 맞이함」.

106) 『大韓日報』 1945년 11월 8일, 「開天節 記念式」.

107) 『大韓日報』 1945년 11월 9일, 「臨時政府 要人들의 時局講演會 大盛況」.

108) 「上海韓國僑民協會致淞滬警備總司令函」, 1945年 11月 16日(上海市檔案館編, 『中

들이 운집하였다. 마침 귀국을 위해 상해에 체재하고 있던 임시정부 요
인들도 대거 참석하였다.[109] 1946년 3월 1일 大光明戲院에서 임시정부
요인 尹琦燮의 지도 아래 3·1절 경축식을 개최하였다.

교민단의 주도로 외국 영토인 상해에서 한국에 대한 신탁통치 반대운
동이 전개된 바 있었다.[110] 1946년 1월 1일 상해 홍구공원에서 교민민
중대회를 개최하여 신탁통치 반대운동을 벌인 다음 시가지 행진을 하여
현지인들의 주목을 받았다.[111]

2) 교민영주 및 귀국추진

1945년 일제패망후 상해 교민들은 상해에 계속 거주할지 아니면 귀
국할지 선택의 기로에 놓이게 되었다. 원래 상해에 오래 살았던 교민들
가운데 사업이나 상업, 직장이 있는 경우는 대개 상해에 영주하는 편을
선택하였다. 수십년 동안 상해에 거주한 이들에게 상해는 제2의 고향이
나 마찬가지였기 때문이다.[112] 그 외에 이전부터 상해에 살았지만 일제
패망과 아울러 직업을 잃었거나 생활기반을 상실한 교민들과 귀국을 위
해 타지에서 온 난민들은 귀국하는 쪽을 선택하였다.

먼저 교민단이 상해 교민의 영주권 확보를 위해 기울인 노력을 살펴
보자. 상해시 조사에 의하면, 중화인민공화국이 수립된 다음달인 1949년
11월 현재 503명의 한국교민들이 여전히 상해에 거주하고 있는 것으로

國地域韓人團體關係史料彙編』 1, 284-286쪽). 여기에는 교민회가 상해시장 錢大
鈞에게 11월 17일 거행되는 순국선열기념식에 참석할 것을 요청하면서 보낸 초
청장과 기념식 식순이 실려 있다.

109) 『大韓日報』 1945년 11월 19일, 「先烈志士追悼紀念式」.

110) 『東亞日報』 1945년 1월 4일, 「상해한국교민회, 4대국에 반탁결의문 제출」

111) 『大韓新報』 1946년 1월 20일, 「重要日誌」.

112) 김광재, 『어느 상인독립군 이야기 - 상해 한상 김시문의 생활사』 선인출판사,
2012, 122쪽.

나타났다.113) 이로보아, 처음부터 상해에 영주를 원했던 교민들이 적지 않았음을 알 수 있다. 상해를 떠나서는 살 수 없을 정도로 상해에 깊이 뿌리내리고 정착한 사람들은 처음부터 상해를 떠날 생각이 없었던 것이다. 이들에게 중국이나 미국의 무조건적인 한인 귀환 정책은 강대국의 횡포에 다름 아니었다.

사실 상해 거주 교민들의 영주권을 확보하는 문제는 일찍부터 제기되었다. 교민회나 한국광복군 주호판사처의 입장은 광복군은 집결하여 귀국하지만 교민들의 집합적 귀국은 상해라고 하는 지역에 대한 연고권이 없어지는 결과가 되기 때문에 불리한 것으로 간주하였다.114) 그래서 일본교민들처럼 집단적으로 귀국할 필요가 없고 귀국 희망자들은 개인 단위로 귀국하면 된다는 입장을 보이고 있었다.115)

상해 교민신문 『대한신보』는 "歸國促進과 아울러 中國에 居住權을 確保하라!"는 사론에서 상해 거주 한인들의 영주권 문제에 대해 다음과 같이 주장하고 있다.

> 물론 우리는 하로밥삐 歸國해야 한다. 무릇 難民과 光復軍, 一般僑胞 太半數도 그 歸國을 불길같이 要請하고 있다. 이런 점은 關係當局者 民團 또는 歸國促進會 등 같은대서 으레 뻔연히 할 일이겠고 또 하고 있는 듯 하다.
>
> 그런대 여기 한가지 條件附가 있으니 두 말할 것없이 우리 大韓民族으로서 이 땅 中國에 居住權(永住權)을 確保하자는 것이다. 그 이유는 앞흐로 우리 國家가 對外的 發展을 期하자는대 있는 것이다. 즉 經濟, 文化的

---

113) 『1949年上海市綜合統計』(鄒依仁, 『舊上海人口變遷的研究』, 上海人民出版社, 1980, 146-147쪽) ; 上海外事誌編輯室 編, 『上海外事誌』, 252쪽.
114) 염인호, 「해방직후 관내지역 한독당의 광복군 확군운동」, 309쪽. 광복군 주호판사처가 광복군을 집단적으로 국내에 진입시켜 정치세력화하는 목적으로 상해에 와서 광복군에 편입한 한적사병들의 귀국열을 억눌러 원성을 샀다고 하였다.
115) 『大韓日報』1945년 10월 15일, 「光復軍問題.韓僑民 問題 엇덯게 되는가? 金學奎 氏 談話!」.

關聯性을 國際的으로 連結을 갖는 同時에 宣揚해야 할 것이옴에 이것은 新國家 形成에 必然的 要素要件이라하겠다. 만일 우리 大韓民族으로서 對外的 國家進出이 막끼인다면 그것은 즉 滅亡을 意味하는 것이겠습에........116)

위에서 보는 바와 같이 상해에 한인들이 계속 거주해야 하는 이유를 '우리 국가의 대외적 발전'을 위한 것으로 주장하고 있다. 물론 그 이면에는 예전부터 상해에서 살았고 앞으로도 살아가야 할 영주 희망자들의 갈망이 반영된 것으로 보아야 할 것이다. 상해지역 한인의 영주권 문제가 제기된 것은 그만큼 적지 않은 교민들이 상해에 뿌리를 내리고 있었고 나아가 영주를 희망하고 있었다는 사실을 말해준다. 이러한 교민의 상해 영주권 확보 노력은 그뒤 결실을 거두게 되었다.

한인의 귀국이 한창 진행되던 1946년 4월 27일 국민정부 외교부는 한인처리방침과 관련하여 상해시정부에 韓僑處理辦法大綱 및 한교거류증(신분증) 신청서를 첨부하여 내려 보냈다. 이에 의하면, 전범혐의가 있거나 기타 불법행위가 있는 자는 마땅히 법에 따라 처벌하거나 본국에 압송해 보낸다는 것, 행위가 착하고 정당한 직업이 있거나 주화대표단 및 기타 각지 선무단에 근무하는 한인은 본인의 의지에 따라 중국에 계속 체류할 수 있으며 지방당국에서 거류증을 발급해줄 것 등을 규정하였다.117) 이에따라 상해에 계속 거주하는 경우는 外僑居留證을 발급받아 합법적으로 거주할 수 있는 길이 열리게 되었다.

그리고 상해에 남아 있는 한인에 대한 재산처리문제와 관련하여 국민당정부는 1946년 11월 19일 상해시정부에 收復區韓僑産業處理辦法을

---

116) 『大韓新報』 1946년 1월 20일, 「社論: 歸國促進과 아울러 中國에 居住權을 確保하라!」.
117) 「國民政府外交部致上海市政府函」, 1946年 7月 27日(上海市檔案館編, 『中國地域 韓人團體關係史料彙編』 2, 103-106쪽).

하달하고 그에 입각해 처리하도록 지시하였다. 즉 한인이 합법적으로 획
득한 산업을 일제가 몰수하여 사용했거나 혹은 접수자가 조사하여 증거
가 확실할 경우 원 주인에게 돌려줄 것, 이미 차압했거나 혹은 지방 공
사기관에서 사용하고 있는 한인산업이 법에 의해 처분할 수 없는 것은
원 업주가 증명서를 제출하여 敵僞 산업처리기관에 신청하고 행정원에
서 査定한 후 보증인을 세워 원 주인에게 돌려준다는 것이었다.[118] 이로
써 한인들은 상해에 영주하면서 재산권을 정당하게 행사할 수 있는 근거
가 마련되게 되었다. 나아가 교민사회도 단절없이 유지될 수 있는 기반
이 마련되었다. 지난 1950년대 냉전시기 북한 국적으로 편입된 이들 상
해 교민들은 한국으로부터는 잊혀진 존재였다. 그럼에도 불구하고 오늘
날까지 교민사회가 미약하나마 단절없이 유지되어 온 사실은 매우 주목
되는 것임에 틀림없다.

　다음으로 교민회의 난민귀국 추진활동을 살펴보자. 앞에서 본 비 있
거니와 1945년 가을부터 상해 한인사회에는 수 만 명의 한인들이 귀국
을 위해 외지로부터 들어왔다.[119] 이들은 대개 일본의 중국침략과 같은
시기에 온 경우가 많아 중국에 온지 오래되지 않았다. 일본제국이 붕괴
하자 이에 따라 경제적 기반도 무너져 더 이상 중국에 미련이 남아 있지
않은 이들은 귀국 외에는 선택의 여지가 없었다. 1945년 12월 현재
1,300여 명의 난민들이 상해의 6개처의 난민수용소에서 생활하고 있었
다. 이가운데 4개처는 한국교민단에서 설치하여 운영하고 있었다. 난민
수용소의 위치 및 수용 인원수는 다음과 같다.

　　廣東街 : 221명

---

118) 「收復區韓僑産業處理辦法」, 1946年 7月 2日(上海市檔案館編, 『中國地域韓人團
　　體關係史料彙編』 2, 187-188쪽).
119) 『자유신문』 1946년 3월 15일, 「아직도 재중동포 30만명/상해에만 5만명이 집중/
　　상해한교회 김명수씨담」.

蚆江路 : 600명
東寶興路(1) : 160명
東寶興路(2) : 160명
新記濱路 : 49명
濟物浦路 : 160명[120]

여기에 수용된 대다수는 화중지방인 漢口와 九江 등지에서 온 한인들이었다. 九江의 한인들이 상해까지 올 수 있었던 데는 중국군 헌병대에 근무하던 독립운동가 張興의 힘이 컸다.[121] 장흥은 남경으로 전근하면서 구강에 있던 교포 전부를 인솔하여 남경까지 왔다. 그 가운데 일부인 60명은 장흥의 주선으로 상해로 오게 되었다. 위의 수용소 가운데 蚆江路 수용소는 蚆江支路 한국기독교회를 말하는 것이 아닌가 생각된다. 실제로 1946년 2월 20일 중경에서 상해에 도착한 임시정부 대가족은 이곳 한국기독교회에 수용되었다. 교민단 단장 선우혁은 이날 새벽 6시 직접 상해 북역에 가서 임시정부 대가족 200여 명을 영접하여 수용했다고 한다.[122]

상해에 온 외지 한인들은 수용소에서 난민 생활을 하거나 몇 명씩 가옥을 임대하여 생활하였다. 이들은 곤궁한 생활을 면하기 위해 하루라도 빨리 귀국을 하려고 했다. 상해에 온 이들 난민들은 수용소에서 언제일지 모르는 귀국 날짜를 기다리면서 힘든 나날을 보냈다. 이들을 수용하여 귀국까지 주선해야 했던 것이 교민단의 임무였다.

중국측과 협의하여 이들에 대한 수용소 문제, 귀국시 필요한 선박문제, 귀국까지의 생활문제 등에 대해 중국당국과 교섭하였다. 그 과정에는 임시정부 선무단의 공조가 있었음은 물론이다. 이들 한인의 집단수용

---

120) 『大韓日報』 1945년 12월 30일, 「上海헤랄드 12月 29日 所載 上海韓僑難民 困況」.
121) 『大韓日報』 1945년 12월 4일, 「九江서 僑胞 60名 來滬」.
122) 양우조·최선화 저, 김현주 정리, 『제시의 일기』, 혜윰, 1999, 259쪽.

은 중국당국에 의한 수용이 아닌 한인단체의 수용이라는 점에서 주목되고 이는 한인사회가 발달한 상해지역의 특성에서 찾을 수 있다.[123]

한편 교민회는 귀국 희망자에 대한 조사에 착수하였다. 귀국 희망자는 교민회 사무소에 성명, 남녀별, 연령, 현주소, 한국주소 등 필요한 사항을 기재한 귀국 신청서를 제출하였다.[124] 그런데 귀국 희망자가 교민회에 쇄도하여 '대혼란'이 일어났다고 한다.[125] 이로 보아 상해에 왔던 내륙 각지의 한국 난민들이 얼마나 귀국을 원하고 있었는지 잘 알 수 있다.

교민단의 노력에도 불구하고 한인들의 귀국은 차일피일 미루어졌다. 당시 미국과 중국의 정책은 일본군 포로 및 교민을 모두 귀국시킨 다음에 한인의 귀국을 추진한다는 것이었다. 중국내 일본군 포로와 교민을 우선적으로 송환하는 것이 급선무였던 것이다. 한인 송환은 그 다음 문제였다. 하지만 중국내 수백 만에 달하는 일본군 및 일본 민간인을 귀국시키는 것은 쉬운 일이 아니었다.[126] 당시의 여건에서 볼 때 짧지 않은 시일이 소요되는 민족의 대이동이었다. 상해에 모여든 일본인들이 대략 귀국을 완료한 것은 해가 바뀐 1946년 초였다. 상해 한인들이 중국의 한인 송환정책에 대한 구체적인 내용을 알게 된 것은 1946년 1월에 가서였다. 한인들은 이때 비로소 한인 귀국이 일본교민 귀환 완료후에 진행된다는 사실을 듣게 되었다.[127] 일정기간의 준비기간을 거쳐 한인들의 제1차 귀국이 이루어진 것은 1946년 3월 초였다.

---

123) 張錫興, 「해방직후 상해지역의 한인사회와 귀환」, 262쪽.

124) 『大韓日報』 1945년 10월 31일, 「美軍政府의 斡旋으로 우리는 故鄕갈 수 있다」.

125) 『大韓日報』 1945년 11월 2일, 「歸國希望者 僑民會에 殺到」.

126) 中國陸軍總司令, 「일본군포로·교민 및 韓人과 臺灣人의 귀국조치와 관련한 條規」, 1945年 2月(국사편찬위원회, 『광복 이후 재중 한인의 귀환 관련 사료』Ⅰ, 57쪽).

127) 『大韓新報』 1946년 1월 30일, 「時事: 韓僑, 區域集中은 않고 歸國은 日僑歸還 完了後에!」.

미국과 중국의 재중일본인 및 한인 송환정책을 알 도리가 없던 한인
으로서는 불안한 나날을 보낼 수밖에 없었다.『대한일보』(1945년 10월
7일)에 실린 다음의 독자기고문은 기약없이 귀국을 기다리는 당시 상해
한인들의 답답한 심경을 잘 대변해주고 있다.

　　그러나 至今 現狀으로 보아서는 어느 때에나 길이 열녀서 나가게 될넌
지 漠然하고 그러타고 다른 어느 누구가 解決하야 주기를 앉어서 기다릴
수도 없는 躁急한 우리의 問題이니 우리는 이제곳 우리네의 모든 힘을 모
아가지고 여기에 對한 方法을 講究하야 어서밥비 實現식혀야 될 것이다.
近日에 僑民會 當局에서 여기에 對하야 많은 盡力을 하고 있는 中이라고
들으니 머지 안하 조혼 消息이 잇기를 믿으나 이 歸國問題는 現地에 있어
서의 여러 가지 運動○○의 重大 且 深切한 問題이니만큼 一般 僑民 中에
서도 여기에 對한 權威者를 網羅하야서 船舶 送金 짐 혹은 住宅處理 問題
等에 對하야 硏究進行한다면 이 歸國問題를 解決促進達成시키는데 큰 效
果가 있을줄 믿는 바이며 當局者에게 提言하는 바이다.128)

위에서 보는 바와 같이, 자신을 '憂國生'으로 밝힌 이 독자는 언제 귀
국할지 모르는 답답한 심정을 토로하면서도 귀국 문제를 누가 해결해주
기를 앉어서 기다릴 것이 아니라 교민회를 중심으로 해서 적극 노력해서
해결할 것을 촉구하였다.
　이러한 상황은 해가 바뀐 1946년 1월에도 별다른 변화를 보이지 않았
다.『대한일보』는「우리는 얻더케 될 것인가!」라는 사설에서 다음과 같
이 심경을 피력하고 있다.

　　철창없는 감옥에서 해탈한지가 거히 五 개월 - 그동안 우리는 우리의
살임사리와 나라의 걱정하는 남어지 특히 해외의 여러 가지로 닥처오는
악조건을 물이치면서 좀더 아흔 생활근거를 갇기에 각자가 좀처럼 꾸준하

---

128)『大韓日報』1945년 10월 7일,「讀者寄稿(憂國生): 언제나 歸國하게 되나?」.

여 왔든 것이다. 그러나 우리에게 날마다 절박하게 닥쳐오는 여러 가지에
문제는 얻더한 것인가!

　　첫재, 地方的集中問題
　　둘재, 個人財産接收案
　　셋재, 歸國問題難解決

이외에도 여러 가지의 주택강탈사건 등등으로 우리는 자나깨나 생활의
위협을 늣기지안을수 업스며 또는 마음의 조바지를 갖이지 안을수가 없다.
그러면 우리는 앞흐로 얻더케 될것인가? 우리의 갈길은 어데이든고! 점점
쪼여드는 주위의 환경은 결국 우리를 얻더케 만들고 말것인가! 그러치 안
으면 오로지 우리의 뜻과 행동한아로서 좌우될수 있을것일까?[129]

위에서 보는 바와 같이, 상해 한인들이 당면하고 있던 현안문제는 한
인집중 및 귀국 문제, 개인재산의 몰수 문제였다. 이러한 문제들로 인해
한인사회는 안팎으로 힘든 날들을 보냈다. 귀국 날짜가 지연되자 여러
가지 문제가 발생하였다. 특히 상해에서 거주헤온 교민들 외에 중국 내
륙 도시에서 귀국을 위해 상해로 온 한인들에게는 여러 가지 어려움이
가중되었다. 특히 이들은 상해 홍구 등지에 교민단에서 운영하는 수용소
나 타인의 가옥을 빌려 자취를 하고 있었다. 귀국 대기 시간이 장기화되
면서 가지고 있던 얼마간의 돈도 떨어지면서 의식주 해결이 절실한 문제
로 다가왔다. 이러한 경제문제를 해결하기 위해 교민단은 '교민공장'의
재가동을 교섭하였다.[130] '교민공장'은 아마도 광복이전 조선총독부의
지원으로 상해 교민들이 운영하였던 德昌煙工廠을 말하는 것이 아닌가
생각된다.

귀국을 초조하게 기다리는 동안 교민단이 공식적으로 귀국을 추진하
는 외에 개인적으로 귀국편을 알아보는 경우도 적지 않았다. 상해 교민
들 가운데 일부 인사들은 직접 선박편을 마련하여 귀국을 추진하였다.

---

129) 『大韓日報』 1946년 1월 10일, 「社說: 우리는 얻더케 될 것인가!」.
130) 『大韓日報』 1945년 11월 29일, 「社論: 難民救濟問題의 放送을 듯고」.

교민들은 이에 큰 기대를 걸고 있었으며 어떤 이들은 밤을 새워 보따리를 싸는 사람들도 있었다고 한다.[131] 이는 교민회 차원이 아닌 교민회 산하 楊樹浦區 구 위원회의 金世元이라는 사람에 의해 추진된 것이었다. 그는 외국 선박을 임대하여 귀국 희망 신청을 접수하여 귀국을 추진하고 있었다.[132] 그러나 교민회 차원이 아닌 개인적인 차원의 귀국 운동은 혼란을 주었고 결국 실패로 돌아갈 수 밖에 없었다.

교민단 외에도 상해 한인들의 귀국을 추진하는 단체가 조직되어 활동하면서 혼선이 벌어졌다. 1945년 12월 20일 교포들의 귀국열을 해결하기 위해 조직되었다고 하는 귀국촉진위원회라는 단체가 그것이다. 이 위원회는 상해교민단과 입장을 달리하는 사람들에 의해 조직되었다.[133] 당면한 교포사회의 곤란을 구하는 제일의 방책은 '귀국'이라는 것이 위원회가 표방한 구호였다. 위원회는 광복후 임시정부, 광복군 주호판사처와 교민단이 상해 한인사회를 주도하는 가운데, 거기에 참여하지 못한 인사들을 중심으로 조직되었으며 교민단과 양립하여 갈등이 적지 않게 표출되었다.[134] 당시 상해에 살았던 김명수는 교민단을 여당, 귀국촉진위원회를 야당으로 묘사하였다.[135]

이 위원회는 상해주둔 미군측과 교섭하여 1946년 1월 20일 귀국선이 출발한다는 발표를 상해 교민 신문의 하나였던 新韓日報에 게재하였다. 발표가 근거없는 낭설임이 밝혀지면서 교민사회는 한바탕 혼란에 빠졌다.[136] 교포 귀국을 공식적으로 추진하고 있던 교민단은 귀국촉진위원

---

131) 『大韓日報』 1945년 10월 17일, 「朝鮮으로 가는 배를 준비하고 있다」.
132) 『大韓日報』 1945년 10월 22일, 「그들은 왜? 僑民會를 떠난 區役員會를 하게 되었는가?!」.
133) 張錫興, 「해방직후 상해지역의 한인사회와 귀환」, 265쪽.
134) 張錫興, 「해방직후 상해지역의 한인사회와 귀환」, 261쪽.
135) 김명수, 『명수산문록』, 삼형문화, 1985, 92쪽.
136) 『大韓新報』 1946년 1월 30일, 「訪問記 : 歸國船 언제 떠날지 몰으겠다!/歸國促進委員會의 辯」.

회의 무책임한 '월권행위'를 비난하였다.[137]

우여곡절 끝에 1946년 3월 초부터 상해의 한인들은 본격적으로 귀국하기 시작하였다. 1948년 말까지 3년여에 걸쳐 상해에서 귀국한 한인은 3만여 명에 달했던 것으로 알려지고 있다.[138] 교민단측은 한인들의 귀국시 귀국자 명단을 작성하고 귀국선에 승선할 때 일일이 확인하는 절차를 수행하였다.[139]

한편 이 시기 임시정부 주화대표단이 해산되었으며 신생 대한민국의 주상해 총영사관이 설치되었다.[140] 교민단은 주상해 대한민국 총영사관의 감독 하에 교민보호 및 귀국추진 활동을 계속하였다.

그러나 1949년에 접어들면서 중국정세가 급박하게 돌아갔다. 1949년 5월초 新四軍의 상해 입성이 임박하자 상해총영사관은 대만으로 철수하였다. 그러나 교민 귀국 작업은 교민단에 의해 계속 추진되었다. 1949년 5월 한국 정부에서는 상해지역 교민들의 안전한 귀국을 위해 廣東에 있는 李鼎邦 영사를 상해에 급파하였다. 그리하여 천안문에서 중화인민공화국 성립이 선포되기 이틀전인 1949년 9월 29일 한인 110명이 탄 마지막 귀국선이 상해를 출항하면서 상해 교민 귀국 활동은 대미를 장식하게 되었다.[141]

---

137) 『大韓新報』 1946년 1월 20일, 「重要日誌」.
138) 張錫興, 「해방직후 상해지역의 한인사회와 귀환」, 280쪽.
139) 「外交部駐滬辦事處代電」, 1946년 12월 7일(謝培屛 編, 『戰後遣送外僑返國史料彙編』 1, 155쪽).
140) 「國民政府外交部致上海市政府代電」, 1949年 1月(上海市檔案館編, 『中國地域韓人團體關係史料彙編』 1, 386-389쪽).
141) 金熙元 구술, 2014년 1월 25일 과천 커피숍에서. 1949년 9월 29일 상해를 출항하여 황해로 진입한 미국 상선 플라잉 인디펜던스호는 국민당 군함의 해상봉쇄로 1주일 동안 바다 위에서 억류되었다. 국민당정부는 1949년 6월부터 중공을 견제하기 위해 상해항을 봉쇄하고 있었다. 배위에서 추석을 보낸 이들은 10월 9일이 되어서야 가까스로 부산에 도착하였다.

4. 맺음말

근대 이후 상해는 한국에게 선진문명 수입의 창구이자 정치적 망명지이며 상업활동의 무대였다. 1919년 3·1운동 이후 임시정부가 이곳에서 수립되었으며 한인사회가 형성되면서 프랑스조계의 대한교민단, 홍구지역의 상해거류조선인회 등의 교민단체가 활동하였다. 이들 교민단체의 전통과 기반은 광복후 교민단이 설립될 수 있는 기반을 제공해주었다.

중일전쟁 이후 일본군 점령 아래 놓여 있다가 광복을 맞이한 상해 한인사회는 서둘러 교민단체를 설립하였다. 광복직후인 1945년 9월 상해한국교민회가 설립되었다. 교민회는 1945년 11월 임시정부 화남선무단 및 김구의 지시로 개조를 실시하여 임시정부 내무부령에 부합하는 상해한국교민단이라는 이름으로 재출발하였다. 단장에는 1919년 임시정부 수립의 산파역할을 했던 선우혁이 임명되었다. 설립 초기 교민회는 상해시 당국의 견제와 간섭을 받아 활동에 지장이 많았던 것이 사실이다. 여기에는 한인에 대한 중국인들의 부정적인 인식이 영향을 미쳤음은 두말할 나위가 없다. 다만 교민회가 교민단으로 개조된 후 임시정부 화남선무단, 광복군 주호판사처의 도움을 받게 되면서 중국측의 견제는 많이 개선되었다.

교민단은 설립후 방송을 통해 중국당국의 무조건적인 한인집중 소문에 불안해하는 교민들을 진정시키고 위무하였다. 또한 상해 거주 한인들의 소재파악과 명확한 신분보장을 위한 '한국인증'이라는 신분증을 발행했다. 물론 임시정부 김구 주석의 지시가 있었지만 교민단은 숙원사업의 하나로 1935년 일제에 의해 폐교된 인성학교를 부활시켜 자제들에 대한 민족교육을 실시하였다. 교민단은 한인과 현지 중국인의 분쟁을 조정하고 해결하는 활동을 수행하였다. 중국측의 불법적 한인 재산 접수 경우를 조사하여 해결하는데 노력하였다. 교민단은 교민들의 복지에도 관심을 기울였다. 직업이 없는 교민들에게 대해서는 직접을 알선하였으며 교민들의 보건 및 위생방면에도 관심을 가지고 의료활동을 진행하였다. 교민단은 상해에 집결하여 비참하게 생활하고 있는 광복군에 대한 지원활동도 벌였다. 교민단은 귀국을 위해 상해를 경유하는 독립운동가들에 대한 환영식 및 개천절, 순국선열기념식과 같은 각종 추모행사 개최 등 실로 다양한 활동을 전개하였다.

1945년 일제패망후 상해 교민들은 상해에 계속 거주할지 아니면 귀국할지 선택의 기로에 놓이게 되었다. 교민단으로서는 중국당국과 교섭하여 이전부터 살았던 교민들의 거주권 혹은 영주권을 확보하고자 노력하였다. 한인들이 상해에 영주하면서 재산권을 정당하게 행사할 수 있는 권리를 쟁취함으로써 오늘날까지 상해 교민사회가 미약하나마 단절없이 유지될 수 있었던 데는 교민단의 노력이 있었다. 아울러 상해에 몰려 있던 한국 난민들에게 가장 급선무였던 귀국문제를 위해 내외적으로 많은 노력을 기울였다. 교민단은 임시정부 선무단과 연대하고 공조하여 자체 수용시설을 갖추고 한인들을 수용하였다. 이들 한인의 집단수용은 중국당국에 의한 수용이 아닌 한인단체의 수용이라는 점에서 주목된다.

요컨대, 상해한국교민단은 광복 직후 상해의 혼란한 상황 속에서 교민들의 생명·재산 보호 뿐만 아니라 교민들의 영주권 확보 및 한인들의 안전한 귀국을 위해 진력하였다. 일제패망후 중국당국의 견제와 간섭, 어려운 경제적 여건 속에서도 교민단은 자신의 임무를 다하고 1949년 7월 중국공산당이 상해를 접수한 이후 끝내 해체되고 말았다.

제4부
이산과 유동

제1장 중국관내지역 한인의 국적 문제 일고찰

-1933년 廣州에서의 '朴義一' 체포를 둘러싼 中日佛 교섭을 중심으로-

1. 머리말

국적은 근대 국민국가의 구성원을 확정한다는 의미에서 매우 중요하다. 근대 격동기에 여러 가지 원인으로 월경하여 다른 나라에 이주해간 경우 국적과 관련된 문제가 발생되기 마련이었다. 동남아의 華僑, 만주의 韓人, 華南의 臺灣籍民이 그러했다. 1910년 8월 일제의 한국강제병합을 계기로 한인은 자기 의사와는 무관하게 일제에 의해 '일본국민'으로 강제로 편입되었다. 나아가 일본은 한인의 대량 국적 이탈을 우려하여 식민지민인 한인에 대해서는 국적 이탈을 허용하는 자국의 국적법을 시행하지 않았다. 때문에 국내의 한인은 자기의 의지에 의한 국적 변경의 자유까지 박탈당하고 말았다.

그러나 국외에서는 사정이 달랐다. 비록 일본이 허용하지 않았지만 중국관내지역이나 만주로 이주한 한인들은 제한된 범위내에서나마 중국 국적을 선택할 수 있었다. 문제는 한인이 어렵사리 중국 국적을 취득할 수 있었다고 하더라도 한인의 국적 변경을 인정하지 않는 일본 당국의 국적 정책 때문에 한인들은 원래의 국적을 포기하지 못하여 이중국적자로 남게 되는 경우가 상존하였다. 이른바 국적법에서 말하는 '국적충돌' 혹은 '국적저촉' 현상이다. 한인의 귀화를 인정하는 중국과 반면에 국적의 이탈 및 변경을 허용하지 않는 일본 사이에서 한인의 국적 문제는 외교적으로 민감한 갈등 요소였다. 이중국적자인 한인이 체포되는 경우 국적을 어디에 귀속시킬 것인가 하는 문제로 분쟁이 빈번하게 발생하였다.

한인의 이중국적은 중국과 일본 양쪽 모두로부터 통제와 탄압을 받는 원인이 되었다. 반면에 중일의 경계에서 한인들이 이중국적을 활용하여 자신의 이익을 보호할 수 있었던 것도 기억할 필요가 있다. 한인들에게 이중국적은 독립운동과 같은 정치운동, 취학, 사업, 토지소유 등의 편의를 위한 다목적 용도의 수단이었다. 20세기 전반 동남아의 華僑들이 으레 두 세 개의 국적을 보유했던 것처럼 중국에서 활동하는 한인들에게 이중국적은 정치적 위험성과 상업적 리스크를 최소화해주는 방편이었다.

때문에 지금까지 재중 한인의 국적 문제에 대해서는 많은 연구가 이루어져왔다. 질과 양 측면에서 적지 않은 연구성과가 축적되어 있다. 다만 연구 자체가 만주지역의 한인 국적 문제에 집중되어 진행되어 왔던 것이 사실이다.[1] 그에 비해 관내지역 한인의 국적 문제에 대해서는 연구

---

1) 재중 한인의 국적 문제 연구는 주로 만주지역에 치중되어 있는 실정이다. 중국 동북의 延邊 학계와 국내의 역사학 및 법학 학계에서 많은 연구가 진행되었다. 특히 한국 정부의 재중동포법 제정과 관련하여 중국 동북지역 한인의 국적 문제에 대해서 많은 관심과 조명이 이루어진 바 있다. 만주의 한인 이주사나 독립운동사 연구에서도 한인 국적 문제가 언급되기도 하였지만 아래에는 지면관계상 국적 문제를 전론적으로 다룬 주요 연구성과를 제시한다.

朴永錫,「日本帝國主義下 在滿韓人의 法的 地位에 대한 諸問題-1931년 滿洲事變 이전을 중심으로」,『한국민족운동사연구』11, 1995.

盧泳暾,「在中韓人의 國籍에 관한 硏究」,『國際法學會論叢』, 제44권 제2호, 1999.

劉秉虎,『在滿韓人의 國籍問題 硏究(1881-1911)』, 중앙대학교 박사학위논문, 2001.

權寧俊,「近代 中國의 國籍法과 朝鮮人 歸化政策」,『韓日民族問題硏究』, 제5호, 2003.

孫承會,「滿洲事變 前夜 滿洲韓人의 國籍問題와 中國·日本의 對應」,『中國史硏究』31, 2004.

鄭址鎬,「淸末 國籍法制定과 '國民'의 境界」,『中國史硏究』52, 2008.

鄭址鎬,「民國時期 東北地域 朝鮮人의 法的地位」,『中國學報』58, 2008.

최계수,「미귀환 재중한인의 국적귀속문제」,『한국학논총』32, 국민대학교출판부, 2009.

최봉룡,「만주국의 국적법을 둘러싼 딜레마 : 조선인의 '이중국적' 문제」,『한국

가 거의 전무하다시피 하다.[2] 이는 연구 자체가 독립운동 연구 위주로
진행되어 왔던 사정과 무관하지 않다. 아울러 만주지역 한인 국적 문제
연구에서 지적하고 싶은 것은 대개 국적과 관련된 한인의 법적 지위의
전반적인 현황에 대한 연구가 있을 뿐 특정사안에 대한 구체적이고 실증
적인 사례연구는 찾아볼 수 없다는 것이다. 중일 양국의 국적법 적용과
관련된 정책이 양국 관계의 모순으로 인해 시기와 지역에 따라 상이하였
으며 그에 따라 한인들의 법적 지위 또한 달랐다. 사례연구가 필요한 이
유가 바로 여기에 있다.

　관내지역 한인 역사의 온전한 모습을 복원하기 위해서는 한인들의 국
적과 관련한 법적 지위의 실상에 대한 연구는 필수적이라 하지 않을 수
없다. 上海, 廣州, 厦門, 天津 등 관내지역 한인의 국적 문제는 '나라속
의 나라(國中國)'라는 租界의 존재로 인해 늘 변수가 많았다. 다시 말해,
중일 양국뿐만 아니라 프랑스나 영국 등 서구 열강의 이해관계도 걸려

민족운동사연구』 69, 2011.

孫安石, 「東アジアの國籍と近代-1920年代'國民'をめぐる言說」(小川浩三 編, 『複數の
近代』, 札幌: 北海道大學圖書刊行會, 2000).

水野直樹, 「國籍をめぐる東アジア關係」(古屋哲夫·山室信一 編, 『近代日本における
東アジア問題』, 東京: 吉川弘文館, 2001).

許春花, 「·滿洲事變'以前の間島における朝鮮人の國籍問題」, 『朝鮮史研究會論文集』
42, 2004.

田中隆一, 『滿洲國と日本の帝國支配』, 東京: 有志舍, 2007.

遠藤正敬, 『近代日本の植民地統治における國籍と戶籍』, 東京: 明石書店, 2010.

2) 관내지역 가운데 상해지역 한인의 국적 문제에 대해서는 다음의 논문이 있다.
武井義和, 「戰前上海における朝鮮人の國籍問題」, 『中國研究月報』, 第60卷第1號,
東京: 中國研究所, 2006.
이 논문은 관내지역 한인의 국적 문제와 관련한 첫 연구성과로 보인다. 다만 자료
활용에서 일본측 자료 외에 중국이나 프랑스, 한국측 자료는 전혀 활용하지 않아
한계로 지적된다. 그밖에 상해지역 한인 국적 문제에 대해서는 孫科志의 저서에
소략하게나마 언급되어 있다.
孫科志, 『上海韓人社會史(1910-1945)』, 한울, 2001.

있었으므로 한인의 국적 문제가 처리되는 과정은 만주지역의 그것과는 사뭇 다른 양상을 띠었다. 또한 만주지역의 한인 국적 문제가 농촌에서 토지소유를 둘러싸고 전개되었다면, 관내지역은 주로 도시지역의 한인 정치운동이나 상업활동과 관련되었다는 측면에서 차이점을 찾아 볼 수 있다. 즉 만주에서는 토지를 얻기 위한 수단으로, 관내지역에서는 정치상의 자유나 사업상 편의를 위해 중국에 귀화했던 측면이 강했다고 할 것이다.

본고는 이러한 문제의식을 바탕으로 1933년 廣東 일본영사관 경찰이 한인 朴義一을 체포하는 사건이 발발하면서 中日佛 삼국이 한인 국적 문제에 대해 벌인 외교 분쟁을 분석 대상으로 삼고자 한다. 이 사건은 당시 한인들의 국적 실상과 그에 대한 각국의 정책과 입장이 잘 드러나는 좋은 사례로 보인다.

따라서 본고는 광동 일본영사관의 박의일 체포사건을 둘러싼 국제적인 쟁론이 해결되는 과정에 대한 파악을 통해 중국 국적을 취득하여 귀화한 한인들, 더 나아가 재중 한인들의 국적과 관련한 법적 지위의 실상을 이해하고자 한다.

이를 위해 본고는 먼저 박의일의 상해에서의 일본 밀정 처단 활동과 상해 일본영사관 경찰의 추적에 따른 광주로의 도피, 박의일이 광동 일본영사관에 체포되는 과정을 살펴보고자 한다. 다음 박의일의 체포를 둘러싸고 중일불 삼국 간에 벌어진 외교 교섭 과정, 각국의 입장과 한인 국적 정책과 박의일 체포 사건이 최종적으로 어떻게 마무리되어졌는지 고찰하고자 한다.

끝으로 본고는 박의일 체포 사건으로 인한 각국의 입장을 살펴볼 수 있는 다양한 자료들을 활용하였다. 우선 프랑스측 자료이다. 당시 광동 프랑스 영사관은 박의일 사건과 관련하여 많은 문서를 생산하였는데, 현재 이들 문서는 프랑스 낭트 외교문서관에 소장되어 있다. 그 가운데 절반 정도의 문서가 2010년 국사편찬위원회에서 간행한『대한민국임시정부자료집』(24, 대유럽 외교 Ⅱ)에 원문과 함께 번역문이 수록되었다.[3] 본고의 작성에는 이 자료집에 힘입은 바가 컸음을 밝혀둔다. 일본 외교 당국도 이 사건의 한 당사자였기 때문에 사건의 전후 과정에 대한 적지 않은 자료를 남기고 있어 사건의 복원에 도움을 주고 있다. 현재 이들 자료는 일본 외교사료관에 소장되어 있다. 중국 당국의 내부 문서는 아 직까지 확인되지 않고 있으나 당시 광주 및 홍콩에서 발간되던 현지 신문을 통해 중국측의 입장과 방침을 충분히 파악할 수 있다. 그밖에 한국 측도 많지 않지만 일부 회고록에서 그 편린을 찾을 수 있다. 당시 광주 에서 활동했던 具益均 선생으로부터 구술을 확보하여 본고의 분석에서 활용할 수 있었던 점은 특기하고자 한다.

2. 박의일의 체포 경위

1) 박의일은 누구인가

1910년 한국의 일본 식민지화, 1911년 중국의 辛亥革命이라는 역사 의 격동 속에서 한인들은 중국혁명에의 참여를 통한 한국의 국권회복이 라는 노선을 걸었다. 1911년 전후 廣東은 중국혁명의 중심지일 뿐 아니 라, 한국독립운동과도 대단히 밀접한 지역이 되었다. 대한민국 임시정부 수립 초기 외무총장 申圭植이 孫文 대총통을 만나 한국의 독립을 지원 하는 방안을 의논한 역사적인 장소가 바로 이곳이었다. 1924년 설립된 黃埔軍官學校와 中山大學에는 적지 않은 한국청년들이 중국혁명을 체

---

3) 국사편찬위원회, 『대한민국임시정부자료집』 24, 대유럽 외교 Ⅱ, 2010.

득하고 독립운동의 길로 나아갔다. 중산대학에는 많을 때는 50명이 넘는 한인 청년이 재학하고 있었다. 그러나 1927년부터 중국 국민당정부의 용공분자에 대한 숙청과 廣州蜂起 등으로 1930년까지 한인은 찾아보기 힘들었다. 1931년 '만주사변' 이후 다시 중산대학에 한국유학생들이 입학하기 시작하였다. 특히 한국독립당이 한국유학생 입학에 대한 편의를 대학으로부터 확보할 수 있어, 1930년대 중반에는 50명이 넘는 한국유학생이 입학하였다.[4]

　광동지역으로 한국유학생들이 다시 모이게 된 것은 무엇보다 만주사변과 윤봉길의거의 영향이었다. 1931년 9월 만주사변으로 만주가 일제의 점령 하에 놓이게 되었고, 1932년 4월 윤봉길의거 이후 독립운동의 근거지인 상해가 그 이전만큼 안전을 보장받지 못하기 때문이었다. 따라서 일제로부터 안전하고 한국유학생들에게 편의를 주는 교육기관이 있는 광동지역에 한국청년들이 모이게 되었던 것이다. 광동에는 1932년 9월 임시정부를 주도하던 한국독립당의 광동지부가 결성되었다. 기관지로 『韓聲』을 중국어로 발행하고 있었으며, 中韓協會도 결성되었다. 광동의 한인들은 광동성정부 西南政務委員會, 국민당 광동성 당부의 지원을 받으면서 독립운동을 전개하고 있었다.[5]

　바로 이 광주에서 한인의 국적 문제를 둘러싼 국제적인 분쟁이 벌어졌다. 1933년 10월 12일 중국 廣州市 교외 東山 福音村에 위치한 韓國獨立黨 廣東支部 대표 金鵬濬의 집에서 朴義一이라는 한인이 광동 일본총영사관 사복 경찰에 의해 체포되었다. 박의일은 당일 광주 沙面 프랑스조계의 일본영사관으로 연행되어 장시간 신문을 받은 후 다음날 인근의 프랑스영사관 경찰서에 위탁 구금되었다.

　광동 일본영사관의 박의일 체포, 구금 사실이 당일 중국측에 알려지

---

4) 崔起榮,「1930년대 中山大學과 한국독립운동」,『震檀學報』, 제99호, 2005, 73-74쪽.
5) 崔起榮,「1930년대 中山大學과 한국독립운동」, 80쪽.

면서 이로부터 몇 달 동안 박의일의 국적 문제와 일본측의 중국 주권 침해 행위를 둘러싸고 상당한 국제적인 논란이 야기되었다. 중국측은 일본측의 중국 국적소지자인 박의일 체포의 불법성과 중국에 대한 주권 침해 행위를 들어 박의일의 즉각적인 석방을 주장하였다. 일본측은 박의일이 일본인임을 강조하고 한인의 중국 귀화 자체가 무효이므로 체포의 정당성을 주장하였다.

한편 프랑스측은 뜻하지 않게 이 사건에 개입되었다. 프랑스측은 박의일 체포사건에 대한 제3자의 입장에서 중일 양국이 박의일의 국적이 어디에 귀속되는지 합의할 경우 국적 귀속국에 박의일을 인도하겠다는 중재안을 제시하였다. 하지만 중일 양국은 박의일이 서로 자국민이라고 주장하면서 합의를 하지 못한채 시간이 흘렀다. 더 이상 박의일을 구금할 수 없다는 판단을 내린 프랑스영사관측은 체포된지 다섯 달 가까이 지난 1934년 3월 8일 박의일을 프랑스조계에서 추방하는 형식으로 석방하기에 이르렀다.

그렇다면 박의일은 누구인가. 왜 무엇 때문에 중국 華南의 광주에 왔다가 현지 광동 일본영사관 경찰에 체포되게 되었던 것인가. 일제문서에 의하면, 박의일의 본명은 李殷壕로 1904년 평안북도 江界郡 徒南面 長坪里 출신이다.[6] 상해에서는 李景山이라는 이름으로 활동하였고 1933년 8월 말 광주에 와서는 李英이라는 가명을 썼다. 1934년 3월 프랑스조계 경찰서에서 풀려난 후에는 李蘇民이라는 이름을 사용하였다.[7]

---

6) 朝鮮總督府 警務局,『國外ニ於ケル容疑朝鮮人名簿』, 1934, 310쪽.

7) '朴義一'이라는 이름은 중국 귀화시 사용했던 성명이라고 한다. 당시 현지 중국 신문이나 프랑스 영사관 문서에는 박의일이라는 이름만 나타나고 있다. 한국 국내의 동아일보나 조선일보에도 박의일이라는 이름으로 보도되었다. 일본측 문서에서는 李景山이라는 이름만 사용하고 박의일이라는 이름은 전혀 보이지 않고 있다. 본고에서는 비록 박의일이라는 이름이 가공의 이름이지만 이 이름이 세상에 알려졌다는 의미에서 역사성을 지니고 있으며 한인의 이중국적 문제의 현실을 잘 보여주는 것으로 판단되므로 박의일이라는 이름으로 통칭한다. 경우에 따라 이경

1930년대 후반 朝鮮義勇隊에서 함께 활동했던 金學鐵에 의하면, 박의일은 일찍이 강계군청 서기로 일하다가 공금을 훔쳐 상해로 탈출하였다. 김학철이 그를 '테러왕'이라 불렀던 바와 같이, 그는 친일파나 밀정 처단에는 누구보다도 적극적이었던 것으로 보인다.[8] 뒤에서 다시 언급하겠거니와, 그는 상해로 망명한 후 의경대, 병인의용대, 한국독립당, 조선민족혁명당, 조선의용대, 한국광복군을 두루 거친 중국내 독립운동계의 풍운아였다.

그가 언제 상해로 건너갔는지는 확실치 않다. 프랑스문서에서 1933년 현재 그가 중국에 귀화한지 6년이 지났다고 한 것으로 보아 적어도 1927년에는 상해에 있었던 것으로 보인다. 귀화시 '中國 江蘇省 上海縣 朴義一'로 등록하였다고 한다.[9] 그러나 실제로 박의일이 귀화했는지는 향후 좀더 구체적인 자료를 기다려야 할 것이다. 왜냐하면 당시 프랑스 내부문서에서는 그가 실제 중국 국적을 취득했는지에 대해서는 의견이 분분하다고 했기 때문이다. 또한 사건 발생 후 광주시정부가 江蘇省에 박의일의 귀화와 관련하여 조사를 요청하였는데, 그 결과는 알려지지 않았다. 그러나 박의일의 국적과 관련된 교섭은 그가 실제로 중국에 귀화했는지의 여부 보다는 그가 중국에 귀화한 것으로 전제하고 이 귀화 한인의 국적이 어디에 있는지 규명하는 쪽으로 논쟁이 집중되었다.

분명한 사실은 박의일이 활동하던 당시 상해의 한인 독립운동가들이나 사업가들은 중국에 귀화하는 경우가 많았다는 것이다. 상해에서는 수십 명의 한인이 한 번에 귀화 신청을 하여 중국 국적을 취득하는 경우도 있었다.[10] 흥미로운 사실은 귀화를 하지 않은 한인도 프랑스조계 경찰

산, 이소민이라는 이름도 사용한다.

8) 김학철, 『최후의 분대장』, 문학과지성사, 1995, 135쪽.

9) 『香港工商日報』 1933년 10월 18일, 「粤聞: 西南對日交涉」

10) 在上海日本總領事館警察部, 「中國歸化朝鮮人調」, 『特高警察ニ關スル事項』, 1934 (『在支滿本邦警察統計及管內狀況報告雜纂(支那27)』(日本外務省外交史料館,

에 체포되는 경우 중국에 귀화하였다고 주장하여 위기를 모면하려고 했다는 것이다. 상해에서 사회주의운동에 종사하던 曺奉岩이 1932년 9월 프랑스조계 경찰에 체포되었을 때 그러했다.[11] 확실히 중국 국적은 독립운동을 하는데서 오는 위험을 감소시켜 주었으며 사업상의 편의도 제공해 주었다.[12] 이는 후일 박의일이 광주에서 일본영사관에 체포되었을 때 효과를 볼 것이었다.

'중국적 박의일'로 귀화하였지만 그는 여전히 李景山이라는 이름으로 활동하였다. 상해 시기 그는 상해 대한교민단 소속 義警隊 대원으로 활동하였다. 의경대는 상해 교민사회의 경찰 역할을 담당하였는데, 교민사회에 침투한 일제 밀정을 색출하거나 친일파를 처단하는 것이 주임무였다.

일제에 의해 '김구파'로 분류되었던 박의일은 누구보다도 일제 주구 처단에 적극적이었다.[13] 그의 독립운동 경력에 분수령이 되는 것이 바로 일본 밀정 石鉉九 처단 사건이었다. 1933년 8월 17일 박의일은 李雲煥과 함께 상해 프랑스조계 霞飛路 1270호에서 밀정 석현구를 암살하였다. 본명이 李珍龍인 석현구는 羅南憲兵隊 파견 1等憲兵補로서 윤봉길 의거의 배후인 김구를 체포하기 위해 조선총독부에서 파견된 인물이었다. 그는 상해에 온 뒤 한인 독립운동가들과 교제하며 비밀리에 김구의

D.2.3.28). 이 자료에는 1920년부터 1930년대 초반까지 상해에서 중국에 귀화한 한인 202명의 성명, 본적, 귀화시기 등이 수록되어 있다. 물론 일부 누락된 경우도 보여져 실제 귀화자는 이보다 훨씬 더 많았을 것으로 추측된다.

11) 대한민국임시정부기념사업회, 『프랑스 소재 한국독립운동자료집』 1, 2006, 157쪽.

12) 다중국적의 효용성에 대해서는 다음의 논고가 유익하다. Man-Houng Lin, "Overseas Chinese Merchants and Multiple Nationality : A Means for Reducing Commercial Risk(1895-1935)", *Modern Asian Studies*, 35-4, 2001, p.985. 대만 학자 林滿紅에 의하면, 20세기 전반 동남아 화교들은 두 세 개의 국적을 가지고 있는 경우가 많았는데, 그들에게 다중국적은 상업상의 리스크를 최소화하며 새로운 경제적 기회를 제공하는 방편이었다고 한다.

13) 「金九 일파의 군사훈련생의 검거에 관한 건(1935. 10. 28)」, 문서번호 京高特秘 제2822호(국사편찬위원회, 『대한민국임시정부자료집』 9, 군무부, 2006, 187쪽).

행적을 조사하고 있었다. 석현구 처단 사건으로 말미암아 박의일은 오랫
동안 활동했던 상해를 탈출하지 않을 수 없었다. 상해 일본영사관 경찰
의 추격에 직면한 朴昌世를 비롯한 의경대 대원들은 鎭江과 광주 두 지
역으로 나누어 피신하였다. 진강은 중국 국민정부가 있는 南京 인근에
있어 남경 국민정부의 지원을 기대할 수 있는 곳이었다. 남방의 광주는
중국 국민혁명의 근거지로 일찍이 한인 청년들이 황포군관학교와 중산
대학에서 혁명투사로 거듭났던 곳이었다. 거리는 진강보다 훨씬 멀었지
만 상해에서 배를 타면 福州, 厦門, 홍콩을 거쳐 며칠 내에 비교적 안전
하고 용이하게 도착할 수 있는 곳이었다. 박의일이 상해를 탈출할 무렵
광주는 다시 혁명투사를 양성하는 근거지로 떠오르고 있었다.14)

   의경대 내부 협의 결과 박창세와 李秀峰은 진강으로, 金水山(金益星)
과 박의일은 광주로 피신하였다. 뒤에서 다시 보겠지만, 김수산도 상해
에서 친일인사 柳寅發을 처단한 후 광주로 탈출을 시도하였다. 그러나
김수산과 박의일은 운명이 엇갈렸다. 김수산도 박의일을 뒤따라 광주로
탈출하려다가 상해 浦東 선착장에서 광주로 출범하는 중국 기선 안에서
일본영사관 경찰에 의해 체포됨으로써 중일 간에 김수산의 국적을 둘러
싼 긴 교섭이 시작되었다.15)

2) 일본영사관의 박의일 체포

   인삼장수로 변장한 박의일은 상해를 탈출하여 무사히 광주에 도착하
였다. 다른 선배 독립운동가들이 그랬듯이 인삼장수로 가장한 것은 일제
의 추적을 따돌리고 여비를 충당하기 위한 것이었다.16) 광주에 온 박의

---

14) 國會圖書館編, 『韓國民族運動史料』(中國篇), 1976, 786쪽.

15) 在上海日本總領事館警察部, 「重要犯人引渡要求ノ交涉經過:金益星」, 『特高警察ニ
   關スル事項』, 1934 (『在支滿本邦警察統計及管內狀況報告雜纂(支那27)』(日本外務
   省外交史料館, D.2.3.28).

일은 東山 福音村에 위치한 김붕준의 집에 머물렀다. 동산은 외국인이
많이 거주하는 지역으로[17] 광주에서 활동하던 한인들도 대개 이곳에 머
물고 있었다. 김붕준은 한국독립당 광동 지부장으로 활동하고 있었다.
박의일은 이곳에서 한동안 인삼장수로 행세하면서 광주의 정세와 한인
독립운동진영의 상황을 관망하였다.

　광주로 탈출한 박의일은 일제의 감시를 피하기 위해 중산대학 입학을
준비하고 있었던 것으로 보인다. 광주에 온지 한 달 반쯤 지난 1933년
10월 10일 경 광동 일본영사관에서는 박의일의 존재를 포착하였다.[18]
박의일이 석현구를 암살한 후 廣東으로 도주했다는 소문이 떠돌고 있었
다. 상해 일본영사관의 통보를 받은 광동 일본영사관도 박의일을 추적하
고 있었던 것이다.[19]

　광주 시장이 프랑스측에 보낸 서신이라든가 프랑스측에서 조사한 문
서를 바탕으로 박의일이 체포되는 과정을 살펴보자.[20] 1933년 10월 12
일 오후 2시 경 광동 일본영사관의 사복 경찰, 고용된 중국인, 대만인
등 7명은 복음촌 竹園의 김붕준 집에 출동하여 때마침 이곳에 있던 박의
일을 체포하였다. 박의일은 체포되는 과정에서 격렬하게 저항했지만 중
과부적이었다. 박의일을 납치하여 강제로 태운 일본영사관 차량은 전속
력으로 달리다 복음촌 근처 白子路 입구에서 버스와 가벼운 접촉 사고
를 일으켰다. 근처 광주시 공안국 東山分局 소속 경찰이 사고 조사를 위

---

16) 김광재, 「일제시기 上海 고려인삼 상인들의 활동」, 『한국독립운동사연구』 40, 2011,
　　222쪽.
17) 魏志江, 「試論韓國獨立運動與中國廣州的關係」, 『백범과 민족운동연구』, 제5집, 2007,
　　290-293쪽.
18) 崔鳳春, 「국립 중산대학 조선유학생 연구 - 1930년대를 중심으로 -」, 『한국민족운
　　동사연구』 60, 2009, 245-246쪽.
19) 金正明編, 『朝鮮獨立運動』 2, 東京: 原書房, 1967, 504쪽.
20) 劉紀文 廣州 시장 → 보나푸(H. Bonnafous) 프랑스 영사, 1933년 10월 14일(국사
　　편찬위원회, 『대한민국임시정부자료집』 24, 대유럽 외교 Ⅱ, 2010, 120-121쪽).

해 정지 명령을 내렸다. 그런데 일본영사관 차량이 잠시 속도를 멈추는
동안 박의일은 사람들에게 자신이 불법적으로 끌려가고 있다는 것을 알
리기 위해 차 안에서 고함을 질렀다. 중국 경찰이 소리가 나는 차 안을
들여다보기 위해 접근하는 순간 일본영사관 차량은 다시 전속력으로 도
주하였다. 중국 경찰은 차 안에 타고 있던 사람들이 한 남자의 입을 틀
어 막는 모습과 차량 번호판을 볼 수 있었다. 현장 경찰의 보고를 받은
중국 당국은 문제의 차량 번호를 확인하였고 그 결과 일본영사관 소속
차량으로 드러났다. 중국 경찰은 다시 복음촌에 직원을 파견하여 목격자
들로부터 당시 상황에 대한 정보를 수집하였다. 이때 중국 경찰은 자신
을 귀화한 한인으로 2년 반 전에 광동에 와서 인삼 장사를 한다는 楊少
碧이라는 한인으로부터 상황을 구체적으로 들었다.[21] 양소벽은 다름 아
닌 한국독립당 광동지부의 간부로 활동하고 있던 楊宇朝였다.

　김붕준의 딸로서 박의일을 잘 알고 있던 김효숙도 박의일이 체포되는
과정을 구체적으로 회고하고 있다. 인용하면 다음과 같다.

　　어떤 날 하루 어머님께서 혼자 계시면서 뒤곁에서 바깥 길거리를 바라
　보니 두리번 거리는 낯선 사람이 보이고 저쪽에 차도 하나 보이는듯 이상
　하다 싶어 집으로 들어와 앞문으로 내다보니 낯선 중년 남자가 알아듣지
　못하는 말로 무어라 무어라 하니 손만 저어댔을뿐 그때 또다른 한 사람은
　앞집 중국집으로 들어갔다. 그때 얼마전에 이경산(이소민) 그 분은 상해에
　서 인성학교 교편도 잡고 있었고 살기는 최석순 집에 많이 사셨고 나중에
　박창세, 강창제 등과 의열단(교민단 의경대 - 인용자)을 조직, 주구들, 왜의
　정탐꾼을 숙청한다고 의기를 뽐는 한 때도 있었다. 그 분이 난데없이 찾아
　와 만나 집으로 오기는 했으나 거처 할 곳이 마땅치 않고 또 언제 떠나겠
　다는 기약도 없어 그렇다고 안내할 곳도 마땅하지 않아 생각 끝에 주인집
　에 빈방 하나를 빌려줄 수 있느냐고 상의를 했더니 쾌히 승낙하여 그 집에
　묵고 있던 중이었다. 마침 방에서 쉬고 있던 참이었다. 왜놈들이 분명히

21) 각주 20)과 같음.

냄새를 맡고 왔는데, 아니나 다를까 대청에는 태극기와 흥사단 단기가 걸려 있음을 보고 구미가 동했는데, 사람이 안보이니 앞집에 들어가 무리하게 수색하다시피 방방이 문을 열고 들어가니 결국은 붙들렸다. 이것들이 막 끌고 나오니 안 끌려 나오려 버티나 여럿을 당할 수가 없어 급기야 끌려가 자가용차에 실렸다 쏜살같이 달렸다 차속에서 쭈그리고 가만 생각하니 살 길을 찾아야지 이러고 있을 때가 아니라 생각, 차창을 내다보니 외국동네 같은 기분이 들어 있는 힘을 다하여 운전수 쪽으로 밀어 젖혔드니 운전수가 핸들을 조절 못하여 차사고가 났다. 순경이 몰려오고 교통위반의 사리를 가려야 하는데, 그 사고가 난 곳이 사면이라는 외국영사관이 집결해 있는 곳이었다. 물론 일본영사관도 있고 또 마침 영국영사관도 있었다.[22]

김효숙은 상해에서 알고 지냈던 박의일이 광주에서 체포되는 상황을 실감나게 전하고 있다. 의경대를 의열단으로 잘못 알고 있거나 장소에 대한 기억의 착오가 없지 않지만 당시 박의일 체포 과정에 대한 사실을 잘 반영하고 있는 것으로 보인다.

김효숙이 회고하는 바와 마찬가지로, 박의일이 체포되어 끌려가는 도중에 차량 접촉 사고가 벌어졌다. 이 접촉 사고 때문에 사고 당일 중국 경찰이 차량의 번호를 조회하여 그 차량이 사면의 일본총영사관 차량임을 알 수 있었다. 나아가 이 사건을 상부기관인 광주시정부에 보고함으로써 박의일 신병 인도 교섭이 정식으로 시작되었던 것이다. 그렇지 않았다면 박의일은 광동 일본영사관에 끌려갔다가 비밀리에 국내로 압송되어 긴 옥고를 치렀을지도 모를 일이다.

---

22) 金孝淑, 『上海 大韓民國臨時政府와 나』(未刊行回顧錄), 1996, 31쪽.

〈지도 1〉 1930년대 廣州

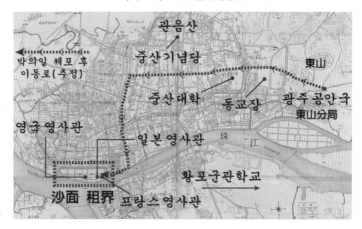

〈지도 1〉 1930년대 廣州

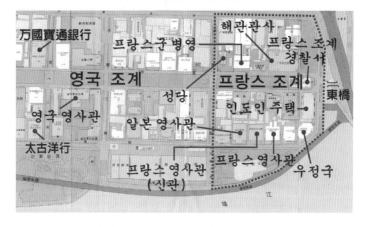

〈지도 2〉 廣州 沙面 租界

광주시 동쪽 교외에서 체포된 박의일은 광주시내를 가로질러 광주시 서남쪽에 위치한 沙面 프랑스조계 입구에 도착하였다. 사면 프랑스조계 입구인 東橋에 도착하여 검문을 받게 되었다. 일본 경찰은 검문하고 있는 러시아 경찰에게 일본인을 태우고 일본영사관으로 가는 중이라고 말했다. 다른 중국 형사는 무리 가운데 한 명이 다른 사람들에게 둘러싸여

있는 것을 보고 일행에게 물었다. 그러자 그들은 "술 취한 일본인을 영
사관으로 데려가는 중이다"라고 대답했다.[23] 결국 우여곡절 끝에 박의
일은 사면의 일본영사관으로 끌려가게 되었다.

체포 당일 박의일은 일본영사관에서 24시간에 걸친 긴 조사를 받았
다. 남은 것은 사건 관할 영사관이 있는 상해로 압송되는 것뿐이었다.
박의일 검거의 '개가'를 올린 광동 일본영사관은 상해 일본영사관에 전
보를 보내 박의일을 인수해가라고 요청하였다. 상해 일본영사관은 10월
18일 영사관 경찰부 경관 2명을 광동에 파견하였다.[24] 그런데 박의일을
호송해 갈 상해 일본영사관 경찰부 요원들이 도착할 때까지 일주일 가까
운 기간 동안 박의일을 가둬놓을 유치장이 필요하였다. 광동 일본영사관
은 일본 교민이 적었던 소규모 영사관인지라 유치장이 없었다. 광주에서
는 한인이 체포되었던 경우가 거의 없었던 것으로 보인다. 한국독립당
광동지부 간부로 활동했던 구익균에 따르면, 박의일이 광주에서 체포된
유일한 한인이라고 회고했는데 그리 과장된 것은 아닌 것으로 보인다.[25]
1919년 임시정부 수립, 1932년 윤봉길의거 이후 방대한 영사 경찰체제
를 운영하고 있던 상해 일본영사관과는 비교할 수가 없었다.[26]

다음날 광동 일본영사관은 인근에 있는 프랑스조계 경찰서에 박의일
구금을 위탁하였다. 일본측의 끈질긴 요청 결과였다.[27] 이 과정에서 프

---

23) 보나푸 프랑스 영사 → 프랑스 외무부, 1933년 11월 21일(국사편찬위원회, 『대한
   민국임시정부자료집』 24, 대유럽 외교 Ⅱ, 141쪽).

24) 在上海日本總領事館警察部, 1934, 「重要犯人引渡要求ノ交涉經過:李殷壕」, 『特高
   警察ニ關スル事項』(『在支滿本邦警察統計及管內狀況報告雜纂(支那27)』(日本外務省
   外交史料館, D.2.3.28).

25) 具益均 구술(김광재 면담), 2012년 5월 13일 서울 익선동 자택에서.

26) 金光載, 「'上海居留朝鮮人會'(1933-1941) 硏究」, 『한국근현대사연구』 제35집, 2005,
   151-152쪽. 1930년대 전반기 상해 일본영사관 경찰서 인원은 본서 외에 虹口 일
   대의 파출소까지 포함하면 수 백명에 달했다. 반면 광동영사관은 1934년 말 현재
   불과 5명의 경찰관이 주재하고 있었다『在支滿本邦警察統計及管內狀況報告雜纂
   (第26-2卷)』(日本外務省外交史料館, D.2.3.0-28).

랑스 영사는 조건부로 박의일 유치를 허락하였다. 프랑스조계로서는 중
국측이 박의일이 중국인임을 입증하면 중국측에 인도할 것이고, 박의일
이 일본인으로 판명될 때는 일본측에 인도한다는 것이다. 프랑스 영사의
제의에 중일 양측이 동의함으로써 박의일은 체포된 다음날인 10월 13일
프랑스조계 경찰서에 감금되었다.[28)]

한편, 박의일이 일본영사관에 의해 체포되자 광주에서 활동하던 한인
들은 즉각 박의일 석방운동에 나섰다. 당시 광주에서 활동하고 있던 한
인들은 광주의 중국 당국과 긴밀한 연계를 맺고 있었다. 한인들 가운데
는 광동성 정부 관청에 근무하는 사람도 있었고, 중국군 군대에서 장교
로서 복무하는 이도 있었다.[29)] 구익균에 의하면, 위험을 무릅쓰고 박의
일이 갇혀 있던 유치장에 면회간 적도 있었다고 하였다.[30)] 김붕준 등은
우선 광주 성·시정부 및 국민당 성·시 당부에 박의일 불법 체포 사실을
알리고 중국측이 나서서 박의일 석방을 위해 일본측에 압력을 가하도록
요청하였다. 박의일이 한인이기도 하지만 이미 중국에 귀화한 중국인이
므로 일본영사관 경찰이 조계도 아닌 중국 영토에서 중국인을 체포하는
것은 중국의 주권을 침해하는 심각한 행위라는 것이었다. 박의일 석방운
동을 통해 광주 한인들은 광동성 당국으로부터 원조를 받으면서 더욱 밀
접한 관계를 맺게 되었다.[31)]

---

27) 하지만 중국측의 설명은 이와 다르다. 박의일 석방 후 중국당국의 발표에 의하면,
당시 중국측은 프랑스측에 대해 일본측이 박의일을 프랑스조계로 연행해 간 것은
불법이므로 프랑스측이 박의일을 넘겨받아야 한다고 해서 그렇게 되었다는 주장
이 있다. 『廣州民國日報』 1934년 3월 11일, 「甘介侯對朴義一案之談話」.

28) 外務省亞細亞局第二課, 「廣州ニ於ケル不逞鮮人李景山拘引事件」, 1933(外務省外交
史料館藏, 『外務省警察史』 第53卷, 5 支那ノ部(南支), 東京: 不二出版(株), 2001,
84-87쪽).

29) 안병무, 『칠불사의 따오기』, 범우사, 1988, 91쪽.

30) 具益均 구술(김광재 면담), 2012년 5월 13일 서울 익선동 자택에서.

31) 「한국독립당 당원명단(1934.6)」(국사편찬위원회, 『대한민국임시정부자료집』 33,

어쩌면 박의일 체포 사건은 5년 전인 1928년 3월 2일 福建省 厦門에서 한인 독립운동가 李剛, 李箕煥 등이 하문 일본영사관 경찰에 의해 불법 체포되면서 현지 중국 민중들의 대대적인 배일운동[32]으로 발전했던 상황과 유사하게 흘러 갈 수도 있었다.

3. 박의일을 둘러싼 중일불 교섭

1) 중일 교섭

(1) 중일의 입장

관내지역 중국의 한인 국적 정책을 이해하기 위해서는 먼저 만주지역 상황을 볼 필요가 있다. 중국정부의 만주 한인 국적 정책은 시기나 지역에 따라 달라 상당히 혼란스러웠다.[33] 한인 귀화 문제를 중앙정부가 지방정부에 일임하고 있어 복잡해진 측면도 있었다. 동시에 중국 국적 취득의 수속이 번잡하고 비용도 만만치 않았다.[34] 1910년대는 귀화의 장려 혹은 강요, 1920년에는 한인을 내세운 일본의 토지침탈을 막는다는 명목으로 한인의 귀화를 제한하였다. 한인 귀화 제한에는 관내지역 山東 등지의 궁민을 만주에 이주시키기 위한 공간을 확보한다는 국내적인 요

한국독립당 Ⅰ, 2009, 54쪽).

32) 『厦門鮮人逮捕事件並同事件二因ル排日關係一件』, 1928年(日本外務省外交史料館, A-5-3-0-13).

33) 1931년 '滿洲事變' 이전 在滿 한인의 법적 지위에 대한 구체적인 내용에 대해서는 다음의 논고가 참고된다. 朴永錫, 「日本帝國主義下 在滿韓人의 法的 地位에 대한 諸問題-1931년 滿洲事變 이전을 중심으로」, 『한국민족운동사연구』 11, 1995.

34) 大韓民國臨時政府, 「東三省韓僑問題」, 1930(국사편찬위원회, 『대한민국임시정부 자료집』 22, 대중국 외교활동, 2008, 31쪽).

인도 작용하였다.[35] 그러던 것이 1928년에는 다시 귀화를 강요하였으며 비귀화자는 추방하는 정책을 실시하였다. 지역당국에 따라 귀화를 희망하는 한인에게 먼저 일본 내무성이 발행하는 국적이탈증명서 제출을 요구하는 등 모순된 현상이 나타나기도 하였다.[36]

만주의 중국 당국은 이주해온 한인들을 일제의 전위로 간주하고 배척하였다. 중국 당국으로서는 일제에 침략의 구실을 주지 않기 위해서는 만주 한인들의 중국 귀화를 강제함으로써 복심의 후환을 없애고 최종적으로는 한인을 중국인으로 동화시키려고 하였다. 대신 중국에 귀화하지 않은 한인들에 대해서는 중국 영토에서 축출한다고 하는 정책을 추진하였다.

관내지역의 상황은 만주와는 상이한 면이 있었다. 관내지역의 한인들은 주로 도시지역에 거주하였으므로 중국 현지인들과의 접촉이 많지 않았고 중국인들의 거부감 또한 크지 않았다. 만주처럼 귀화를 강요당하는 경우는 거의 없었던 것으로 보인다. 한인들 가운데는 독립운동가들이나 지식인, 학생, 상인 계층이 많아 이들이 중국 국적을 취득하는 것은 만주에 비해 어렵지 않았던 것으로 보인다.

일본의 박의일 불법 체포에 대한 중국의 입장을 본격적으로 살펴보기에 앞서 광주 개항 이후 이 지역의 반제, 반외세 운동의 역사를 이해할 필요가 있다. 광주는 중국근대사에서 일찍부터 반제, 반외세 열기가 뜨거웠던 곳이었다. 1841년의 아편전쟁과 1856년 애로우호 사건으로 제2차 아편전쟁 시기 광주 민중들은 영국군을 타격하고 外國商館인 十三行을 불태웠다. 서양 제국주의 세력이 상해와 마찬가지로 광주에도 대규모 租界를 설치하려고 했지만 광주 민중의 격렬한 반발로 인해 沙面이라는

---

35) 황민호, 「1920년대 후반 在滿韓人에 대한 中國當局의 政策과 韓人社會의 對應」, 『한국사연구』 90, 1995, 233쪽.

36) 鄭址鎬, 「民國時期 東北地域 朝鮮人의 法的地位」, 『中國學報』 58. 2008, 294-295쪽.

작은 공간에 조계를 설치하는데 만족해야 했다.

중국 최초의 반미운동이 일어났던 곳도 광주였다. 광동은 미국 화교의 고향이었다. 1905년 미국의 중국인 이민 제한으로 최대의 타격을 받은 것이 광동인 이민이었기 때문에 광주를 비롯한 광동성 각지에서는 격렬한 반미운동이 일어났다.[37] 1925년에는 광동성과 홍콩이 연계한 省港대파업이 있었다. 이 파업은 광동 민중뿐만 아니라 광주 사면 조계에 거주하는 제국주의세력으로서도 잊을 수 없는 사건이었다. 발단은 상해의 일본 방직공장에서의 중국인 노동자 살해를 항의하는 노동자, 학생 등 시위 군중을 영국 경찰이 발포하면서 일어난 5·30운동이었다.

5·30 운동은 상해 뿐만 아니라 전국 규모의 반제국주의 애국운동으로 확산되었다. 그 가운데 규모가 가장 크고 장기간 지속되었던 것이 광동성과 홍콩 노동자들이 연합해 전개한 省港대파업이었다. 5·30사건 소식이 광주에 전해지자 6월 2일 각계에서는 광범위한 시위를 거행했다. 그날 국민당 중앙집행위원회는 영국제국주의자에 대한 투쟁을 선언하면서 6월 19일 대파업을 단행했다. 광주에서는 사면 영불 조계의 중국 노동자들이 6월 21일부터 파업을 시작했다. 6월 23일에는 광동 각계의 군중과 파업노동자 10만 명이 반제 시위를 거행했다. 이들이 대오를 지어 사면의 대안인 沙基에 진입했을 때 사면 조계에 주둔하고 있던 영국과 프랑스 수병들이 시위군중에게 총포를 발사해 52명이 사망하고 170여 명이 중상을 입는 비극적인 사건이 발생했다. 이 소식이 홍콩에 전해지자 파업규모는 더욱 확대되었다. 파업위원회는 영국식민지인 홍콩에 경제적인 타격을 가하기 위해 홍콩에 대한 경제봉쇄를 선포했다. 홍콩은 노동자파업과 경제봉쇄로 사회와 경제가 마비되어버렸다.

---

37) 요시자와 세이치로 지음·정지호 옮김, 『애국주의의 형성 - 내셔널리즘으로 본 근대중국』논형, 2006, 94쪽 ; 陳萍, 「1930年代初廣州國貨運動研究」, 廣州 中山大學 碩士論文, 2006, 1쪽.

한편 중국 국민정부가 북벌을 선포하고 후방의 안정이 필요하자 파업
위원회는 홍콩 봉쇄를 취소함으로써 파업을 종결하기로 결정했다. 그리
하여 1925년 6월 1일 시작되어 장장 16개월에 걸쳐 지속된 省港대파업
은 마침내 끝을 맺게 되었다.38) 그후 1927년의 濟南事變, 1928년의 廈
門에서의 일본의 한인 체포, 1931년의 9·18사변(만주사변), 1932년의
제1차 上海事變 등 일본의 도발이 있을 때마다 중국에서는 일본상품 불
매운동과 같은 배일운동이 끊이지 않았다.39) 광주는 그 열기가 가장 뜨
거웠던 곳이었다고 해도 지나치지 않다.

광주의 박의일 체포 사건 발생 직후 중국측은 일본측의 불법적인 행
위를 주권 침해 행위로 간주하고 대대적인 배일운동을 불사하는 격앙된
분위기가 조성되었다. 중국측은 조계와 치외법권이라는 두 개의 불합리
한 제도로 인해 중국의 주권이 중국의 국경절인 雙十節 이틀 후인 10월
12일에 다시 한번 무자비하게 침해당하였다고 분개하였다.40) 10월 13
일에는 일본 군함 嵯峨號가 광주 인근 惠陽을 거쳐 17일 아침 광주에
들어왔는데, 박의일을 압송하여 간다는 소문이 퍼져 위기감이 번지고 있
었다.41)

박의일 체포 5일 후인 10월 17일 광동정부 최고회의인 西南政務委員
會 회의가 열렸다. 정무회의에서 일본의 불법적인 박의일 체포에 대해
어떻게 대처할 것인지 논의되었다. 논의는 강경파와 온건파로 갈렸다.
陳友仁 같은 강경파는 사면 조계의 영미 등 외국 사절의 협조를 얻어

---

38) 임계순, 『중국의 여의주, 홍콩』, 한국경제신문사, 1997, 331-345쪽.

39) 荻野富士夫, 『外務省警察史 - 在留民保護取締と特高警察機能』, 東京: 校倉書房,
    2005, 663-665쪽 ; 臼井勝美 著·宋漢鏞 譯, 『中國外交史硏究: 中日戰爭時期』, 선
    인, 2004, 113쪽.

40) 보나푸 프랑스 영사 → 월덴(Wilden) 프랑스 공사, 1933년 10월 18일(국사편찬위
    원회, 『대한민국임시정부자료집』 24, 대유럽 외교 Ⅱ, 115쪽).

41) 『香港工商日報』 1933년 10월 18일, 「粵聞 : 西南對日交涉」.

일본이 체포한 박의일을 데려와야 한다는 주장을 할 정도였다. 강경파
정무위원 陳友仁은 일찍이 1926년 國民革命軍의 북벌로 수립된 武漢
국민정부 외교부장으로서 漢口 및 九江의 조계를 영국으로부터 되돌려
받는데 수훈을 세운 '民國外交强人'이었다.[42] 중국인들로부터는 '혁명
외교가'였지만 프랑스 영사관은 그를 "갖은 술책을 주도하고 외국인에
대한 혐오를 갖고 있는 인물로 유명"하다고 혹평하였다.[43]

광동성의 실권자인 陳濟棠은 사태 악화 방지와 문제의 신중한 처리
입장을 고수하였다. 회의에서는 신중파가 다수를 차지하였다. 소요가 발
생할 경우 1927년의 濟南事變처럼 일본군이 교민 보호 등의 구실로 광
주를 공격할지도 모른다고 우려하였던 것이다. 일본의 도발 구실을 주지
않기 위해 지나치게 항일적인 언론과 행동은 제한되었다. 1933년에 접
어들면서 일본의 동북침략인 9·18사변 당시 기세 높던 광주지역의 일본
상품 불매운동도 누그러지고 있었다. 박의일 사건이 다시 배일운동을 촉
발하는 것은 예방할 필요가 있었다. 광동성정부는 박의일 사건 전날 이
미 광주 현지의 民衆救國會에 배일활동을 잠정 중지할 것을 지시하였
다. 吉林 총영사, 靑島 총영사(1929년), 滿洲國 參事官(1932년)을 거쳐
1933년 10월 초 광동 일본총영사로 부임한 川越茂는 곧바로 광주 시장
을 만나 일체의 반일운동을 중지하라는 항의를 제출한 바 있었다.[44] 이
즈음 광동 일본영사관은 광동지역의 일본상품 불매운동을 해결하는데
힘을 쏟고 있었다.[45] 광동성정부로서도 일본군의 화북 침략으로 체결된
1933년 5월의 塘沽協定 이후 모처럼 찾아온 평화무드를 이어갈 필요가
있었던 것이다.

---

42) 陳元珍, 2010,『民國外交强人陳友仁』, 北京: 生活·讀書·新知 三聯書店, 208-217쪽.
43) 보나푸 프랑스 영사 → 프랑스 외무부, 1933년 11월 21일(국사편찬위원회,『대한
　　민국임시정부자료집』24, 대유럽 외교 Ⅱ, 139쪽).
44)『香港工商日報』1933년 10월 18일, 「粤聞 : 西南對日交涉」.
45)『香港工商日報』1933년 10월 19일, 「東山案前途黯淡」.

이러한 광동성정부의 신중한 태도는 일본에 대해 양보 정책을 펴고
있다고 홍콩 언론의 비판을 받았다.46) 물론 남경 국민정부는 뒤에 가서
교섭에 전혀 나서지 않은 것은 아니지만 처음에 박의일 문제를 중앙정부
차원 보다는 광동성 지역 차원에서 해결하도록 하였다.47) 강경파 陳友
仁은 정무위원회에서 자신의 주장이 관철되지 않자 자신의 활동지인 홍
콩으로 돌아가버렸다. 그렇지만 신중파도 일본측의 박의일 체포의 불법
성 및 주권 침해를 성토하고 박의일 인도를 강력하게 요구하였다.

다음으로 일본의 한인에 대한 국적 정책을 살펴보자. 기본적으로 한
인을 '일본신민'으로 간주하는 일본 당국의 방침은 앞에서 언급한 바와
같다. 한인들이 대거 만주로 이주하자 일본도 만주로 진출하여 한인에
대해 영사재판권을 주장하였다. 때문에 중국측이 한인을 일제의 전위로
간주하는 원인이 되기도 하였다. 만주에 이주한 한인들의 이중국적이 심
각한 문제가 되자 일제는 1923년 11월 20일부터 3일간에 걸쳐 서울에서
'在滿洲朝鮮關係領事館打合會議'를 개최하였다. 관계자 수십 명이 참가
한 이 회의는 한인 국적 문제 뿐만아니라 만주 한인 문제와 관련하여서
는 규모가 가장 컸던 회의였다.48)

이 회의에서 奉天 일본총영사 船津辰一郎은 만주의 한인 이중국적
문제를 해결하기 위해서는 한인의 일본 국적 포기를 허용하자고 주장하

---

46) 『香港工商日報』 1933년 10월 19일, 「東山案前途黯淡」. 박의일 사건에 대한 중국
언론의 보도는 두 가지 경향을 띠고 있다. 국민당 기관지인 『廣州民國日報』는 단
순 사실 보도에 그치는 반면에 홍콩에서 발행되던 『香港工商日報』는 국민당의 통
제로부터 상대적으로 자유롭다는 지정학적 위치 덕분에 매우 구체적이고도 비판
적인 보도를 하고 있다.

47) 보나푸 프랑스 영사 → 윌텐 프랑스 공사, 1933년 11월 6일(국사편찬위원회, 『대
한민국임시정부자료집』 24, 대유럽 외교 II, 131쪽).

48) '在滿洲朝鮮關係領事館打合會議'에 대해서는 다음의 논고가 참고된다. 孫安石,
「東アジアの國籍と近代-1920年代'國民'をめぐる言說」(小川浩三 編, 『複數の近代』,
199-205쪽).

였다. 1920년대 전반기 상해 총영사를 역임했던 船津은 자신의 상해총영사 재임 시절 상해에서 일본 화폐위조의 죄명으로 체포되었던 한인 韓鎭敎의 예를 들면서 한인의 일본 국적 이탈을 허용하면 중일간의 분쟁을 줄일 수 있다고 주장하였다.[49] 하지만 간도 총영사 등은 한인의 일본 국적 이탈을 허용할 경우 만주 한인의 대량 일본 국적 이탈이라는 초유의 사태가 벌어져 제국의 이미지가 실추될 수 있으며 '不逞鮮人'을 처벌할 수 있는 근거도 사라지게 된다고 주장하였다. 그러므로 차라리 현재처럼 한인들을 구실로 만주에 간섭할 수 있는 발판을 유지하는 것이 그렇게 나쁘지 않다고 하였다. 결국 현지에서 많은 한인들을 상대해야 하는 간도 총영사의 의견이 다수 의견으로 받아들여지면서 기존의 한인 국적 정책을 그대로 유지하는 것으로 회의는 막을 내렸다.

일본의 관내지역 한인에 대한 국적 정책은 만주의 그것과 다르지 않았다. 중국에 귀화한 한인들일지라도 일본신민으로 간주한다는 것이었다. 일본측은 한인의 중국 입적은 인정할 수 없다하고 '國籍脫離證書'가 없으면 타국으로의 귀화를 불허한다는 입장이었다. 일본은 만주에서 중국측의 한인 귀화 허용에 대하여 그 '불법성'을 여러 차례 항의한 바 있었다. 중국측의 귀화 허용으로 한인의 이중국적 문제가 발생하였다고 비난하였던 것이다.[50]

1932, 33년 상해에는 윤봉길의 홍구공원의거 이후 일본영사관에 체포되는 한인들이 늘어났다. 安昌浩, 李裕弼, 金澈 등 임시정부 요인들을 비롯하여 의경대, 아나키스트 등 허다한 한인들이 상해 일본영사관에 체포되었다. 이들은 대개 중국 국적을 가지고 있었다. 그럴 때마다 중일불 삼자 간에는 줄다리기가 이어졌다. 이 가운데 김철과 같은 일부 한인들

---

49) 金正柱 編,「在滿洲朝鮮關係領事館打合會議報告」,『朝鮮統治史料』8, 東京: 韓國史料硏究所, 1970, 590-591쪽.

50) 權寧俊,「近代 中國의 國籍法과 朝鮮人 歸化政策」, 62쪽.

은 중국 국적 혹은 체포의 불법성에 대한 프랑스조계나 중국측의 항의를
받고 석방되었다. 그외 한인들의 경우 일본측은 국제적인 비난에도 불구
하고 국내로 압송하였다.

상해 일본영사관은 광주로 탈출한 박의일을 체포하여 반드시 한국 국
내로 보내 사법 처리를 한다는 방침이었다. 즉 어떤 한인도 외국 국적으
로 귀화할 수 없으며 중국에의 귀화 여부와 상관없이 일본 국적을 가지
고 있다는 것이다.[51] 광동의 박의일 문제가 어떻게 해결되느냐에 따라
상해에서의 한인 '취체문제'에 대해서도 중대한 영향을 줄 수 있기 때문
이었다. 또한 상해 일본영사관은 한인들이 체포될 경우 국적 시비 등 논
란에 대비하여 사전에 충분한 관련 자료들을 축적하는 노력을 게을리 하
지 않았다. 상해 일본영사관은 박의일의 국내 본적지에 급히 연락하여
받은 박의일의 戶籍騰本을 광동 일본영사관으로 보내 박의일이 일본 국
적자임을 밝히는데 중요한 자료로 활용하도록 하였다.[52]

이 무렵 상해 일본영사관은 중국에 귀화한 한인 金水山 문제로 중국
측과 힘든 교섭을 벌이고 있었다. 광동에서 박의일이 체포되어 교섭이
벌어질 때, 상해에서도 김수산의 국적을 둘러싸고 중일 간에 지지부진한
교섭이 전개되고 있었다. 의경대 대원 김수산은 상해 公共租界에서 친
일적인 교민단체를 결성한 柳寅發을 처단한 후 1933년 9월 8일 상해 포
동 선착장에서 廣州로 출범하는 益蓀號라는 중국 기선 안에서 체포되었
다. 김수산은 중국에 귀화할 때 내세운 이름으로 그의 본명은 金益星이
다. 김수산의 경우 상해 일본영사관 경찰과 통보를 받은 중국 경찰이 공
조하여 체포하였으나, 체포된 지역이 중국 관할지역이므로 중국 공안국
에 넘겨졌으며 그가 현역 중국군 장교였기 때문에 다시 군계통인 淞滬

---

51) 상해 일본 영사 → 吳鐵城 상해 시장, 1933년 12월 15일(국사편찬위원회, 『대한
    민국임시정부자료집』 24, 대유럽 외교 Ⅱ, 154쪽).
52) 在上海日本總領事館警察部,「取締資料ノ蒐集」,『特高警察二關スル事項』, 1934(『在
    支滿本邦警察統計及管內狀況報告雜纂(支那27)』(日本外務省外交史料館, D.2.3.28).

警備司令部로 이첩되었다. 상해 일본영사관은 김수산을 중국측으로부터 넘겨 받기 위해 끈질긴 노력을 하였다. 김수산의 고향 경남 진주로부터 김수산의 호적등본을 받아서 중국측에 제출하는가 하면 김수산의 사망한 부친 金斗文의 除籍謄本, 김두문의 친구, 진주읍장의 진술서 등을 제출하였다. 또 중일 양쪽이 주장하는 김수산의 가족들을 상해로 불러와서 대질신문을 하자고 주장하였다. 김수산은 廣州 福音村에 숙부 金斗山이 거주하고 있다고 주장하였다. 실제로 상해 일본영사관은 광동 일본영사관에 김수산의 숙부라고 하는 金斗山이 광주 복음촌에 거주하고 있는지 확인하도록 요청하였다.53) 金斗山은 김수산이 일본에 체포되었을 경우 내세우기 위해 사전에 설정해 놓은 가공의 인물이었다.

중국측은 일본측의 거듭되는 대질신문 요청을 거부하였다. 광주에 사는 김수산의 숙부 金斗山을 상해로 부르는 것이 곤란하다고 하였다. 하지만 1년 여 동안 일본측의 끈질긴 요구에 중국측도 마지못해 일본측 증인들만으로 대질신문을 하기로 동의하였다. 1934년 12월 14일 국내 진주에서 김수산의 생모, 실형 등 육친을 상해로 불러다가 대질신문을 하게 되었다. 법정에서 생모는 김수산을 끌어안고 울부짖었으며 아들 김수산도 오열하는 광경을 연출하였다. 더 이상 할 말이 없어진 중국측은 당일 저녁 김수산을 상해 일본영사관측에 인도함으로써 1년 4개월에 걸친 교섭이 끝나게 되었다. 결국 김수산은 다음 해인 1935년 1월 23일 출범하는 平安丸으로 국내로 압송되었다.54)

---

53) 劉紀文 廣州 시장 → 보나푸 프랑스 영사, 1933년 10월 14일(국사편찬위원회, 『대한민국임시정부자료집』 24, 대유럽 외교 Ⅱ, 120쪽). 'Kin Taou San'이 金斗山이 아닌 李斗山으로 번역되어 있다. 아마도 당시 廣州에 있던 李斗山과 혼동한 것이 아닌가 생각된다.

54) 在上海日本總領事館警察部, 「重要犯人引渡要求ノ交涉經過:金益星」, 『特高警察ニ關スル事項』, 1934(『在支滿本邦警察統計及管內狀況報告雜纂(支那27)』(日本外務省外交史料館, D.2.3.28).

상해 일본영사관은 김수산이 일본 국적자임을 증명하기 위해 한국에 거주하는 김수산의 가족까지 불러 대질신문하는 등 다양한 방법을 동원하였다. 그에 비해 광주의 상황은 달랐다. 설령 한국에 박의일의 가족이 있다고 하더라도 머나먼 광주에까지 불러서 대질신문을 할 수 있는 여건이 되지 못하였다. 우선은 광동 일본영사관이 중국측에 통보하지 않고 불법적으로 박의일을 체포하여 법적 정당성을 결여하고 있었기 때문이다.

(2) 교섭의 전개

중국측의 대일 교섭 창구는 두 방면이었다. 하나는 중앙정부인 남경 국민정부 西南五省委員會이고, 또 다른 하나는 廣州市政府이다. 당시 광동에는 陳濟棠이라는 군벌이 광동을 근거지로 하여 반독립 정권을 형성하고 있었다. 원래 광동은 군벌 李濟深이 장악하고 있었는데, 이제심의 부하인 진제당이 군벌 이제심을 약화시키려는 장개석을 등에 업고 이제심을 축출하고 광동성의 지배자로 등극하였다. 그러나 1931년 장개석의 국민당 원로 胡漢民 연금으로 反蔣運動이 시작되자 진제당은 남경정부에 등을 돌리고 1936년 兩廣事變으로 하야할 때까지 반독립적으로 광동성을 통치하였다.[55] 반독립적인 광동정부는 외교의 경우 남경정부의 감독을 받고 있었는데, 위에서 언급한 西南五省 外交視察員 甘介侯가 바로 그 역할을 하고 있었다.

박의일 체포 사건 직후 甘介侯는 광주시정부의 요청으로 홍콩에서 급히 광주로 돌아와 박의일 사건과 관련된 법리 문제 등의 자료를 준비하였다. 10월 16일 甘介侯는 신문기자 앞에서 일본측의 박의일 체포에 대한 불법성을 강력하게 비판하였다. 남경 정부에서 파견된 관리이므로 그

---

55) 楊萬秀 主編, 『廣州通史』現代卷 上册, 北京: 中華書局, 2010, 312-332쪽 ; 강진아, 『1930년대 중국의 중앙·지방·상인 - 광동성의 재정과 국가건설』, 서울대학교 출판부, 2005, 14-17쪽.

의 견해는 중앙정부의 입장을 대변하는 것이었다. 그의 비판 논리는 다음과 같다. 첫째, 광동 일본영사관에서 박의일을 일본인으로 규정하고 영사재판권을 주장하고 있는데, 이는 국제공법상 두 가지 문제를 야기하였다. ① 일본정부는 박의일을 관할할 권리가 없으며, ② 일본은 중국영토에서 박의일을 체포할 권리가 없다. 왜냐하면 첫째, 박의일은 江蘇省 上海縣籍에 입적하여 중국 영토 내에서는 완전한 중국국민이기 때문이다. 설령 일본 국적법에 국적 이탈을 금지하는 규정이 있더라도 일본 국내에서만 관할권이 있을 뿐이다. 즉 귀화한 사람이 귀화한 나라에 머무는 동안에는 엄연히 그 나라의 국민이라는 것이다. 박의일에 대해서는 법령 여하를 막론하고 일본은 절대로 관할권이 없으며 이번 사건은 명백한 주권 침해임에 틀림없다.

둘째, 백보를 양보하여 박의일이 중국 국적이 없다고 하더라도 일본영사가 영사재판권을 근거로 중국 영토 내에서 단독으로 자국인을 체포할 수는 없다. 영사재판 조약을 체결한 국가라 하더라도 무조건 중국 영토 내에서 그 권리를 행사할 수는 없다. 만약 일본영사관이 영사재판권을 빙자하여 중국 영토 내에서 마음대로 자국민을 체포한다면 중국 전국의 영토주권은 완전히 파괴될 것이다. 예를 들어, 1896년 중일 양국은 日中通商行船條約을 체결하였는데, 그 제24조 규정에는 "일본인이 범죄나 부채로 중국에 도피하여 중국 내지 혹은 중국 국민의 가옥 혹은 선박에 숨어 있을 경우 (중국측은) 일본영사의 요청하에 범죄인을 인도할 수 있다(日本人在中國犯罪或逃亡負債者潛在中國內地或潛匿中國國民房屋或船上經日本領事照請即將該犯交出)"라고 하였다. 만약 박의일이 일본인으로 범죄행위가 있을 경우 일본영사는 역시 중국관리에게 移交(引渡)하기를 요청해야만 하며 마음대로 체포할 수 없다고 하는 내용이다. 또 그는 1911년 헤이그 국제사법재판소의 사화가(Savarhar)사건에 관한 중재판결서 내용을 인용하였다. 그 내용은 "속임수나 강박적 수단으로 다른 나라 영토 내에 도피한 자국 범인을 체포하는 것은 영토 주권을 침해하는 것이다(以欺騙或强迫手段拘獲逃在別國領土內之犯罪卽爲侵犯領土主權)"라는 것이다. 외국 영토로 피신한 사람을 구인하기 위해 속임수나 무력을 사용하는 것은 해당국에 대한 주권 침해라는 것이다. 박의일을 불법적으로 체포한 것이 바로 이에 해당한다는 것이다.56) 박의일이 중국 국적자임은 1930년 헤이그 國際法典編纂會議에서 결정된 규정 제5항 "외국의 법규에 의하여 그 국적을 취득한 자는 당연히 원유국적의 상실로 인정함"이라는 규정도 그 근거라는 것이다.

甘介侯는 또 다른 예를 들었다. 박의일이 광주에서 체포되던 날인 10월 12일 상해에서도 한인 체포사건이 있었다. 박의일과 같이 활동했던 의경대 소속 李秀峰이 상해 프랑스조계에서 체포되었던 것이다. 이때 상해 일본영사관은 먼저 상해 프랑스조계 당국에 통보하고 협조를 요청하였다. 甘介侯는 이것만 보아도 일본측이 중국 영토내에서 자국민을 체포하는 합법적인 절차를 모르는 것은 아니라고 반박하였다.57)

다음 광주시정부 차원의 중일교섭을 보자. 사건 발생 다음날인 10월 13일 광주시정부의 伍伯勝 參事는 劉紀文 시장의 명으로 박의일 체포사건을 항의하기 위해 사면의 광동 일본영사관을 방문하였다. 伍伯勝 참사는 일본측에 대해 박의일 체포 사건의 진상 조사를 요청하였다. 다음날 10월 14일 川越茂 총영사는 관원을 시정부로 파견하여 박의일의 구인은 상해 일본영사관의 요청에 의한 것으로 그가 공산운동의 혐의자이기 때문이라고 했다. 그러나 중국측은 10월 16일 공문으로 "10월 12일 東山에서 일본 관헌이 上海縣籍을 가진 한인을 체포하였다는데, 이는 중국측의 양해를 경유하지 않고 그 영역 내에서 마음대로 범인을 체

56) *South China Morning Post*, 1933. 10. 17(국사편찬위원회, 『대한민국임시정부자료집』 24, 대유럽 외교 Ⅱ, 123-124쪽).

57) 『香港工商日報』1933년 10월 18일, 「粤聞: 西南對日交涉」 ; 『朝鮮日報』1933년 11월 17일, 「外交問題化햇든/朴義一事件眞相(一)」.

포한 것이며, 국제공법에 위배하여 중국의 주권을 침해한 것이며, 따라서 이 문제의 해결 조건을 제출하겠다."고 표명하였다. 이어 10월 18일경에도 공문으로 프랑스측에 대해 박의일의 자유 회복을 요청하였으며, 일본측에 대해서는 3가지 요구조건을 제시하였다.

1. 공문으로 사과할 것
2. 책임자를 처벌하고 그 결과를 통지할 것
3. 앞으로 이런 일이 없도록 장래를 보장할 것

나중에 보듯이 일본측은 끝까지 사과는 물론 사실을 인정하지도 않았다. 프랑스 영사도 일본은 절대로 사과하지 않을 것이라고 자신있게 말하였다. 오히려 광동 일본영사관 川越茂 총영사는 기자 인터뷰에서 박의일은 중국인이 아닌 한인이며, 공산주의 선전활동에 가담한 것으로 드러나 영사관에 '소환'한 것이라고 하였다. 그리고 박의일이 자의든 타의든 영사관으로 왔는데, 이 과정에서 납치 같은 것은 없었으며 자신은 박의일의 '체포'를 승인한 적이 없다고 항변하였다.[58] 하지만 박의일 체포 같은 중요한 사안에 총영사의 승인이 없었다는 그의 발언은 액면 그대로 받아들이기 힘들다.

다음날 10월 19일에는 伍伯勝 참사가 다시 川越茂 광동 일본총영사를 방문하여 사건의 조속한 해결을 촉구하였다. 이에 대하여 일본 총영사는 "범인은 일본인으로서 上海로부터의 취조 조회를 접하고 신문의 필요상 임의동행을 요구한 것에 불과하므로, 우리의 행동은 위법이 아닐 뿐만 아니라, 또한 중국의 주권을 침해한 것이라고 인정하기 어렵다. 또 취조 결과 동인은 상해 방면에서 공산운동에 종사하는 한편, 다른 죄가 있어서 8월 하순에 도주해 온 자이다."라고 반복하였다. 또한 일본이 중

---

58) *Canton Daily Sun*, 1933. 10. 17(국사편찬위원회, 『대한민국임시정부자료집』 24, 대유럽 외교 Ⅱ, 125쪽).

국 영토 내에서 자국 범죄인을 체포하는 것은 이전부터 관행적으로 해온 것으로 아무런 문제가 없다고 항변하였다. 또한 일본 총영사는 "그는(박 의일은) 스스로 차량에 탔으며, 차를 타고 가다가 무슨 위험이라도 느꼈 는지 처음으로 저항한 것입니다. 그때 힘으로 제압당해 사면에 오게 된 것입니다."59)라고 하였다.

사실 중국 전역에서 일본영사관 경찰이 자국 범죄인을 불법적으로 체 포함으로써 중국의 주권, 특히 경찰권을 침해하는 일이 빈번하였다.60) 물론 일본측이 중국 영토 내에서 자국 범죄인을 체포할 경우 합법적으로 중국측에 통보하여 중국 경찰의 협조를 받는 경우가 없지 않았다. 그러 나 일본측으로서는 합법적인 절차를 거칠 경우 절차가 번거롭고 중국 경 찰과의 공조가 이루어진다고 해도 오히려 방해가 되기도 하고 사전에 정 보가 누설되는 경우도 적지 않다고 판단하고 있었다. 때문에 중국 현지 일본영사관은 중국 측이나 조계당국에 통보하지 않고 한인 체포를 강행 하는 경우가 많았다. 원칙 보다는 누가 먼저 법을 집행하느냐에 따라 주 도권을 행사할 수 있었다. 중국 경찰도 번거로움을 피하기 위해 일본영 사관의 불법 체포를 묵인하는 경우가 많았다.

그 후에도 박의일 인도 문제에 관해서는 광주시정부와 광동 일본영사 관 사이에 교섭이 거듭되었다. 10월 28일 伍伯勝 참사와 川越茂 총영사 사이에 공문서상의 교섭과는 별도로 총영사 및 시장의 협의에 따라 해결 방법을 강구하는 회합이 이루어졌다. 10월 30일 川越茂 총영사는 劉紀文 시장을 방문하는 등 양측의 협의는 계속되었지만 서로의 입장만 되풀이될 뿐이었다. 오히려 중일 양국은 박의일이 다른 상대편으로 인도되는 것을 막기 위해 사태를 현상태 그대로 두려고 하는 양상마저 나타나게 되었다.

---

59) 보나푸 프랑스 영사 → 윌덴 프랑스 공사, 1933년 11월 6일(국사편찬위원회, 『대 한민국임시정부자료집』 24, 대유럽 외교 Ⅱ, 132쪽).

60) 曹大臣, 『近代日本在華領事制度: 以華中地區爲中心』, 北京: 社會科學文獻出版社, 2009, 100쪽.

2) 불일 교섭

(1) 불일의 입장

근대 재중 한인 문제를 둘러싼 프랑스와 일본의 교섭 경험은 상해 프랑스조계 한인과 관련된 양국 간의 교섭이 대표적이다. 상해 프랑스조계 당국은 프랑스혁명의 정신에 입각하여 피압박식민지의 정치망명객이나 혁명가들에 대해서는 비교적 관용적인 태도를 견지하였다. 동시에 일본에 대해서는 재일 베트남인과 재중 한인에 대한 정보교환체계를 수립하고 협조하였던 것도 사실이다. 프랑스는 상해 프랑스조계의 한인에 대해, 일본은 東京의 베트남 망명 인사에 대한 정보를 상호 교환하고 있었다.[61] 공조체제가 상호 이해관계에 기반하였지만 프랑스는 일본측이 일본에 망명중인 베트남 혁명가의 반프랑스 활동에 대한 정보를 제대로 제공하지 않는다고 판단하고 상해 일본영사관측의 한인 단속 및 체포 요구에 비협조적인 경우가 적지 않았다.

그런데 광주의 프랑스 영사관과 일본 영사관은 상해와 같은 공조체제를 구축한 경험이 없었다. 광주 프랑스조계는 상해 프랑스조계와는 달리 한인이 거주하지 않았기 때문이다. 프랑스에게 박의일 사건은 당사자는 아니었지만 부담스러운 사건이었음에 틀림없다. 중일 간에 치열한 쟁점이 되었던 박의일의 국적 문제도 프랑스에게는 부차적인 것이었다. 그보다는 이 사건으로 인해 혹시 외국상품 불매운동이나 반외국 정서가 고조되지 않을까 하는 걱정이 앞섰다. 내부문서를 통해 볼 때, 프랑스는 박의일 사건으로 인해 현지의 반외국인 정서가 빠르게 확산되고 있는 것으로 보고 있었다. 실제 이상으로 상황을 심각하게 파악하고 있었던 것이다.

---

61) 프랑스와 일본의 상호 정보 교환 체계에 대해서는 다음의 논고가 참고된다. 孫安石, 『一九二〇年代, 上海の朝鮮人コミユニテイ研究』, 東京大學 博士學位論文, 1998, 64-88쪽.

프랑스로서는 박의일 사건으로 사면 조계의 평온한 상태가 깨지는 것이 달가울 수가 없었을 것이다. 여기서는 사면 조계에 대해 간단하게 이해할 필요가 있다. 아편전쟁이 끝난 후 얼마 지나지 않은 1859년 설치된 광주 사면 조계는 중국내 산재해 있는 조계 가운데 작은 조계에 속한다. 유럽 열강의 기대와 달리 광주라는 지정학적 위치에 걸맞지 않게 조계가 그렇게 소규모로 설치된 데는 광주 민중들의 치열한 반대 때문이었음은 앞에서 본 바와 같다. 청조 정부도 민중들의 반대를 근거로 유럽 열강의 대규모 조계 설치 요구를 물리칠 수 있었다.

아편전쟁 후 영국과 프랑스는 沙基와 면해 있는 곳에 작은 하천을 준설하고 동서 양쪽으로 사람들이 왕래할 수 있는 다리를 놓았다. 다리 양쪽에는 모두 철책과 철문을 설치하고 서쪽에는 영국이 고용한 인도인이, 동쪽에는 프랑스가 고용한 베트남인이 경계하였다. 동쪽의 영국조계가 사면 조계의 4/5를, 서쪽의 프랑스조계는 1/5의 면적을 차지하였다. 조계에는 중국인의 거주가 금지됨으로써 華洋分居의 원칙이 철저하게 지켜졌다. 중국인 노동자들은 낮 동안에 들어와 일하고 퇴근 후에는 조계 밖으로 나갔다.

5·30운동 때 사면 조계는 이곳의 영불 군대가 시위 군중에게 난사하여 다수의 사상자를 냈기 때문에 광주 민중들의 원성의 표적이 되기도 하였다. 조계에 무장인원이 상주하고 있었지만 사면 앞 白鵝潭에도 늘 두 세척의 군함이 정박해 있었다. 일본이나 미국은 비록 조계가 없었지만 사면에 양행이나 은행 등을 두고 있었으며 白鵝潭에는 그들의 군함이 왕래하였다. 또한 사면 남쪽에는 전용 부두가 있어 조계의 관리, 직원과 교민들이 중국의 검사를 받지 않고 자유롭게 광주로 드나들었다.[62] 그러므로 프랑스조계가 박의일을 일본측에 인도한다면 일본영사관 경찰은 중국의 제재를 전혀 받지 않고 사면에 들어오는 일본 군함에 태워

---

62) 鐘俊鳴 主編, 『沙面: 近一個世紀的神秘面紗』, 廣州: 廣東人民出版社, 1999, 18-24쪽.

박의일을 상해로 압송할 수 있을 것이다.

박의일 사건에 대해 프랑스는 우려와 함께 며칠이면 해결될 것으로 낙관하고 있었다. 하지만 자칫 잘못하면 중일 양국으로부터 악감정을 살 수 있는 애꿎은 처지가 되었다. 국제법적으로도 제3자인 프랑스 당국으로서는 중일 양국 사이에서 어느 편에도 치우칠 수 없는 입장이었다. 그래서 프랑스는 처음부터 자신들의 역할을 제한하였다. 광동 프랑스영사는 자국 외무부에 대해 자신들은 "한인을 맡아두고 있는 사람일 뿐이므로 더 이상의 문제나 책임이 없습니다."라고 하였던 것이다.[63] 그러면서 수감자가 좋은 대우를 받고 있다고 강조하였다.[64]

이러한 광동 프랑스영사관의 소극적인 태도는 상해 프랑스영사관과는 대조적이다. 상해 프랑스영사관은 상해 한인의 이중국적이 문제가 될 경우 최종 국적 귀속의 판단은 자신들의 권리라고 주장하였다. 즉 상해 프랑스 영사관은 "한인들이 일본 국민이므로 치외법권에 따라 중국 영토에서도 자국의 법에 귀속됩니다. …… 이중국적을 허용한다고 하더라도 프랑스 행정부는 '해석의 자유'를 누립니다. 그리고 행정부의 판단에 따라 두 개의 국적 중 어느 것을 받아들일지 정하고 상황에 의해 정당화될 수 있는 결정을 내립니다."[65]라고 하였던 것이다. 그래서 상해 프랑스 영사관은 1933년 프랑스조계에서 체포된 중국 귀화자 金晳의 국적을 중국이 아닌 일본 국적으로 판단하여 그를 상해 일본영사관측에 인도하였던 것이다. 독립운동에 종사하는 한인은 일시적으로 일본 당국을 피하

---

63) 보나푸 프랑스 영사 → 川越 일본 영사, 날짜 미상(국사편찬위원회, 『대한민국임시정부자료집』 24, 대유럽 외교 Ⅱ, 140쪽).

64) 보나푸 프랑스 영사 → 북평 프랑스 공사, 1933년 11월 6일(국사편찬위원회, 『대한민국임시정부자료집』 24, 대유럽 외교 Ⅱ, 133쪽). 프랑스 영사는 박의일이 "오전과 저녁에 3시간 동안 마당에 나올 수 있고 (박의일이-인용자) 임시적으로 안전한 곳에 있게 되어 좋아하고 있습니다."라고 보고하고 있다.

65) 메리에(Meyrier) 상해 프랑스 영사 → 오프노(Hoppenot) 프랑스 공사, 1934년 1월 31일(국사편찬위원회, 『대한민국임시정부자료집』 24, 대유럽 외교 Ⅱ, 147쪽).

려는 목적에서 중국 국적을 취득했기 때문에 일본 국적이 우선한다고 보았던 것이다.

하지만 광동의 상황은 달랐던 것 같다. 상해에서처럼 프랑스와 일본이 공조한 경험도 없었고 게다가 일본측의 한인 체포 절차가 정당성을 결여하고 있었다. 광동의 프랑스 영사로서는 최초의 원인 제공자인 일본측이 원망스러운 심정이었을 것이다. 그는 이웃 일본총영사에게 "제가 조계에서 유일하게 경찰권을 행사할 의무를 지녔기에 이 사실에 대해 관심을 촉구하는 바입니다. 귀하와 제가 이렇게 난처한 상황에 놓이게 된 원인은 (일본 경찰의-인용자) 의도적이고 계획적인 조계 규정 위반입니다."라고 하였다.66) 또는 "(박의일의-인용자) 국적문제는 부수적입니다. 우리 입장에서는 중국 영토에서 끌고 온 사람을 수감하기 위해 우리 조계를 불법 사용하는 문제를 논의하는데 집중해야 합니다."67)라고 불만을 토로하였던 것이다.

프랑스의 입장은 박의일이 일본인이라 해도 중국측에 통보하지 않고 체포한 것은 국제관습상 불합리하다는 것이다. 프랑스 내부 문서에는 일본 영사관 경찰이 "더 할 수 없이 불법적인 방법"으로 한인을 체포했다고 하였다.68) 또 프랑스는 일본측이 불법적으로 체포한 사람을 조계로 연행하여 결과적으로 프랑스조계 규정을 어긴 것으로 간주하고 박의일을 체포하는데 동원된 일본경찰 등 6명에 대해 벌금형 등 처벌 요구를 검토하고 있었다.69)

---

66) 보나푸 프랑스 영사 → 川越 일본 영사, 1933년 11월 14일(국사편찬위원회, 『대한민국임시정부자료집』 24, 대유럽 외교 II, 141쪽).

67) 프랑스 외무장관 → 북평 프랑스 공사, 1934년 2월 24일(국사편찬위원회, 『대한민국임시정부자료집』 24, 대유럽 외교 II, 159쪽).

68) 윌덴 프랑스 공사 → 프랑스 외무부, 1933년 10월 17일(국사편찬위원회, 『대한민국임시정부자료집』 24, 대유럽 외교 II, 115쪽).

69) 보나푸 프랑스 영사 → 프랑스 외무부, 1933년 11월 21일(국사편찬위원회, 『대한민국임시정부자료집』 24, 대유럽 외교 II, 138쪽).

프랑스측은 사면 조계 내에 있는 영국, 미국, 독일 영사와 함께 공동
보조를 취하여 박의일 문제를 해결하고자 하였다. 이번 사건으로 영국이
나 미국, 독일 영사관도 사면 조계의 평화를 우려하고 있었기 때문이다.
바그너 독일 영사는 東山에 거주하면서 사면으로 통근하는 백여 명의
독일인의 안위를 걱정하고 있었다. 프랑스 영사 보나푸도 박의일을 일본
영사관에 그대로 두었다면 현지 중국인들의 항의 소요가 일어났을지도
모른다고 토로하였다.70) 때문에 프랑스 영사는 사면의 각국 영사단 공
식회의를 소집하고 일본 총영사를 출석시킨 다음 광주에 거주하는 전체
외국인의 이익을 위험에 빠뜨릴 수 있는 문제의 책임 소재를 밝힐 계획
을 검토한 바 있었다.71)

(2) 교섭의 전개

사건 직후 중국측은 프랑스 영사관을 방문하여 박의일을 일본에 인도
할 경우 현지의 대중들이 흥분하여 어떤 결과를 야기할지 모른다고 경고
했다. 그럴 경우 사면 조계가 위험해질 수 있다는 것도 암시하였다. 앞에
서 언급한 바 있거니와, 5·30 반제운동과 영불 군대의 沙基 학살과 省港
대파업의 악몽을 기억하고 있을 사면 조계의 서양인들에게는 사건이 확
대되기 전에 서둘러 해결될 필요가 있었다.

10월 17일 프랑스 영사는 영국 총영사대리와 함께 川越茂 일본총영
사를 방문하여 박의일이 일본인이라 해도 중국측에 통보하지 않고 체포
한 것은 국제관습상 불합리하다고 언급하였다. 따라서 일단 박의일을 중
국측에 인도하고, 일본측에서 그가 일본인이라는 증거를 제시하고 인수

---

70) 보나푸 프랑스 영사 → 윌덴 프랑스 공사, 1933년 11월 6일(국사편찬위원회, 『대
　　한민국임시정부자료집』 24, 대유럽 외교 Ⅱ, 131쪽).
71) 보나푸 프랑스 영사 → 프랑스 외무부, 1933년 11월 21일(국사편찬위원회, 『대한
　　민국임시정부자료집』 24, 대유럽 외교 Ⅱ, 140쪽).

하는 방법을 제시하였다. 이에 일본 영사는 단지 '범죄혐의자'에 대하여 '임의동행'을 요구한 것에 불과한 것이라고 하여 애써 사태의 심각성을 축소하였다. 10월 21일 이후 일본측이 당초 박의일을 프랑스조계 경찰서 유치장에 수용을 의뢰했던 것은 단지 일본측의 편의를 위한 것이며 중일 양국의 문제에 프랑스측이 관여할 바가 아니라면서 프랑스 경찰서에 구금되어 있는 박의일을 다시 인도해줄 것을 요구하였다. 유치장이 없어 박의일을 프랑스조계 경찰서에 의뢰하여 수용했던 일본측이 갑자기 다시 박의일 인도를 요청한 것은 어떤 이유에서일까. 이때 이미 박의일을 상해로 압송해갈 상해 일본영사관 경찰 요원이 광동 일본영사관에 도착해 있었기 때문이다.72)

그러나 프랑스측은 중일 양국 간에 박의일의 국적이 결정되지 않으면 어느 쪽에도 인도할 수 없다는 뜻을 표명하며 일본측 요구에 응하지 않았다. 중국측은 프랑스가 일본측의 박의일 인도 요구를 거부한 것에 대해 지지 입장을 표명하였다. 10월 26일에 이르러 프랑스 영사는 "중국측으로 하여금 국적 문제에 저촉되지 않고 단지 그 체면을 세워주기 위하여, 박의일을 연행할 때 일본측에 실수가 있었음을 이유로 일단 박의일을 중국측에 인도하고, 다시 일본측에서 중국측에 대하여 박의일은 일본인이므로 인도를 요구한 뒤에 프랑스조계 경찰의 손을 경유하여 일본측에 인도하는 방책"이라는 매우 복잡한 방법을 제의하였다. 이어서 11월 2일 프랑스 영사는 미국 총영사와 함께 일본측을 방문하여 이 해결 방안을 반복하면서 "중국측으로부터 일본측에 신병을 인도하는 문제는 중국측의 보장을 얻겠다"고 주장하면서 거듭 일본측의 동의를 요구하였다.

---

72) 在上海日本總領事館警察部,「重要犯人引渡要求ノ交涉經過:李殷壕」,『特高警察二關 スル事項』, 1934『在支滿本邦警察統計及管內狀況報告雜纂(支那27)』(日本外務省外交史料館, D.2.3.28). 1933년 10월 18일 박의일을 데려가기 위해 광주에 왔던 상해 일본영사관 경찰 요원은 교섭이 장기화되자 소기의 목적을 달성하지 못하고 11월 24일 상해로 돌아갔다.

그러나 일본측은 이 제안에는 절대로 동의하기 어려울 뿐만 아니라, 이 문제는 불법체포에 의한 주권침해라고 할 만큼 심각한 문제는 아니며, 단지 박의일을 '임의동행'할 때 '약간의 강제력'을 사용한 것에 지나지 않는다고 주장하였다.[73]

이보다 앞서 10월 20일 북평에서는 프랑스 공사관 샤예(Chayet) 서기관이 南京에 체류 중인 윌덴 공사의 명으로 일본측 中山 서기관을 방문하였다. 샤예 서기관은 박의일 문제에 관하여 중국측은 폭력도 불사할 기세를 보이고 있어 자신들은 매우 곤혹스러운 입장에 처해 있으므로 분쟁의 즉각적인 해결이 필요하다고 주장하였다. 나아가 샤예 서기관은 중국측이 프랑스측을 비난하고 있어, 이 사건이 중일 양국 간의 문제로서 프랑스측은 전혀 관여할 바가 아니라는 내용의 중일 공동 성명을 발표해 주기를 요구하였다. 10월 25일 有吉明 공사는 다시 일본측의 입장을 설명하고 윌덴 프랑스 공사가 광주 현지 프랑스 영사에게 박의일의 일본 인도를 지시하는 훈령을 내리기 바란다는 뜻을 전했다. 그러나 이에 대해 프랑스 샤예 서기관은 프랑스 영사가 제시한 바 있는 다음과 같은 세 가지 해결 방안을 제시하였다.

① 박의일을 석방하여 중국측 법정에서 재판을 받도록 한다.
② 박의일로부터 정보를 청취한 후 석방한다.
③ 박의일의 국적 귀속문제를 결정한 후 그 소속국에 인도한다.[74]

프랑스측은 위의 세 가지 방안 중에서 선택하여 해결하는 것이 좋겠

---

73) 日本外務省 外交史料館 所藏, 「廣東二於ケル不逞鮮人李景山拘引事件(交涉事件)」(東亞局第二課, 『最近支那及滿洲關係諸問題摘要(第六十七議會用)』, 1934년 12月 調(議TA-3).

74) 外務省亞細亞局第二課, 「廣州二於ケル不逞鮮人李景山拘引事件」, 1933(外務省外交史料館藏, 『外務省警察史』 第53卷, 5 支那ノ部(南支), 85쪽).

다는 의견을 피력하였다. 10월 28일 샤에 서기관이 有吉明 공사를 방문하여 프랑스 공사는 박의일의 국적 문제가 해결되지 않으면 중일 쌍방의 인도 요구에 응할 수 없다는 것을 명확히 하였다. 有吉明 공사는 이 사건은 상해, 사면 등 프랑스조계 안에서 프랑스 관헌이 일본의 의뢰에 응하여 체포한 한인을 중국측이 인도를 요구한 경우와는 전혀 다르며, '임의동행'한 한인을 일본측의 요청에 의해 프랑스측이 일시 구금한 것에 불과하다고 하였다. 계속하여 중일 양국에 대하여 제3자의 입장에 있는 프랑스가 중국쪽을 고려하여 박의일을 석방한다면 이는 결코 간과할 수 없다고 하였다. 그러므로 프랑스측이 조속히 박의일을 일본에 인도하고, 국적 문제 등의 해결은 중일 당사자 간의 협의에 맡기는 것이 현명하다고 주장하였다. 그후 프랑스측은 본국 정부에서 박의일의 이중국적 문제가 해결된 다음에 인도하는 것이 상책이라는 훈령이 왔으므로 더 이상 교섭상의 진전은 없었다. 11월 25일 마침 상해에 체류하던 프랑스 공사는 박의일 문제에 대하여 프랑스는 조속하고 원만한 해결을 희망하며, 종래 한인 문제 때문에 곤란을 겪은 것이 한 두 번이 아니므로, 향후 상해 프랑스조계에서 한인을 전부 추방하는 방안을 고려하고 있는 중이라고 밝혔다.

　일본측은 박의일 사건 해결이 상해 조계 한인의 단속에 중요한 영향을 미칠 수 있다고 판단하고 다시 구체적인 해결 방안을 제시하였다. 12월 1일 有吉明 공사는 프랑스측에 대해 "중국측은 일단 범인을 프랑스측으로부터 인도받은 뒤에는 반드시 그대로 일본측에 인도한다는 취지를 프랑스측에서 보증하도록 프랑스와 중국이 협정을 맺은 후, 우리 경찰관 입회 아래 일단 범인을 중국측 공안국으로 연행한 다음 즉시 우리에게 인도한다"는 것을 제의하였다. 일본측이 제의한 두 가지 방안의 구체적인 내용은 다음과 같다.

1. 일본측 경찰 입회 하에 우선 범인을 (광주 프랑스조계-인용자) 東橋
   조계 밖으로 연행하여 중국측에 인도하고 다시 그를 일본측에 인도
   한다.
2. 중국측에 범인을 인도하고 다시 중국측으로부터 프랑스측에 반환하
   며 일본측은 프랑스측으로부터 그를 인수한다.[75]

일본측은 박의일을 인도받은 중국이 반드시 다시 일본측에 인도한다
는 보장이 없어 이에 대한 중국과 프랑스의 보장 협정을 요구하였던 것
이다. 그러나 프랑스측이 필요없는 위험 부담을 안고 이런 보장을 할 리
가 없었다. 프랑스 공사는 12월 8일 북평 주재 일본 공사관을 방문했을
때, 프랑스측이 일본에 대해 박의일 인도를 보증하는 것은 곤란하고, 결
국 이 문제는 중일이 직접 교섭하여 '범인 受授'에 의한 사건 해결을 희
망하였다.

3) 교섭 결말

(1) 박의일 석방

1933년 10월 12일 광동에서 체포된 한인 박의일의 국적과 인도 문제
에 대한 중일불 교섭은 두 달여 동안 진행되었지만 뚜렷한 해결을 보지
못하고 해를 넘기게 되었다. 중국과 일본이 아직까지 타협점을 찾지 못
했고 일본과 프랑스 간에도 의견의 일치를 보지 못함으로써 사건 교섭은
장기화될 조짐이 보였다.

1934년 새해 벽두부터 중일 간에는 다시 교섭이 시작되었다. 1월 8일
남경 국민정부 외교차장 唐有任과 일본 주중 有吉明공사의 대표권을 위

---

75) 在上海日本總領事館警察部, 「重要犯人引渡要求ノ交渉經過:李殷壕」, 『特高警察ニ關
    スル事項』, 1934『在支滿本邦警察統計及管內狀況報告雜纂(支那27)』(日本外務省外
    交史料館, D.2.3.28).

임받은 남경 일본영사관 日高 총영사 겸 공사관 일등서기관 간에 본격적인 교섭이 개시되었다. 그러나 여기서도 기존의 양측 주장은 되풀이되었다. 중국측은 중국국적법 제2조 제5항의 규정에 의해 중국정부에 입적권을 취득한 자는 그 원국적의 탈리 여부를 불문하고 중국인으로 인정한다고 하였다. 한인의 중국 입적은 국제공법상 당연히 인정할 바라고 강조하였다. 하지만 중국측이 근거로 내세운 중국국적법 제2조 제5항은 1912년 제정된 북양정부 중화민국국적법을 가리키는 것으로 중국 국적을 취득하기 위해서는 "본래 국적이 없거나 혹은 중화민국 국적의 취득으로 인하여 즉시 그 본국 국적을 상실할 수 있는 자(本無國籍或因取得中華民國國籍卽喪失其本國國籍者)"로 되어 있다.[76] 그러므로 중국측의 국적법 해석은 잘못된 것으로 보여진다.[77] 물론 당시에는 국적법의 이러한 조항에도 불구하고 외국인이 중국 국적을 취득하면 원래 국적은 자동 상실하는 것으로 관례적으로 여겼던 것으로 보인다. 그후 1929년에 제정된 남경정부 중화민국국적법은 북양정부의 그것을 계승하였으나 외국인 귀화시 원래 국적 자동 소멸에 대한 규정을 아예 삭제함으로써[78] 이중국적 문제를 양산하는 계기가 되었다.[79] 박의일이 1927년에 귀화한 것으로 주장되므로 그에 대해서는 1912년의 국적법이 적용되는 것이었다. 일본측은 일본국적법에 따라 國籍脫離證書가 없으면 타국으로의 입적을 허락하지 않기 때문에 박의일은 여전히 일본인이라는 의견을 굽히지 않았다.[80]

---

76) 청국 및 민국시기 중국 국적법은 다음의 문헌을 참조할 수 있다. 蔡鴻源, 『民國法規集成』 第十三册, 合肥: 黃山書社, 1999, 197쪽.

77) 만주 한인 국적 관련 논문에서도 이러한 잘못된 해석이 보인다. 鄭址鎬, 「民國時期 東北地域 朝鮮人의 法的地位」, 279쪽.

78) 楊昭全·李鐵環, 『東北地區朝鮮人革命鬪爭資料彙編』, 沈陽: 遼寧民族出版社, 1992, 67쪽.

79) 鄭址鎬, 「民國時期 東北地域 朝鮮人의 法的地位」, 279-281쪽.

80) 『東亞日報』 1934년 1월 18일, 「남경외교부와 공사관 조선인 국적문제 교섭개시」.

중일 당국이 타협점을 찾지 못하면서 프랑스측은 중일 양쪽 사이에 끼어 어려움을 겪고 있었다. "우리는 법적 근거가 없는 수감을 무한정 지속할 수 없습니다"[81]라는 프랑스 공사의 말에서 그 고충을 알 수 있다. 2월 9일 프랑스는 박의일을 남경에 보내 남경 국민정부 외교부와 일본 공사관이 협의하여 일본측이 박의일을 인도받는 방법을 제의하였다. 그러나 일본측은 박의일을 중국측에 인도하는 것은 동의하기 어렵다고 회답하였다.

그 결과 프랑스측은 본국 정부에 훈령을 요청하였으며 2월 23일 중일 양국에 공문을 보내 "프랑스측은 무기한 박의일을 감금하기 어려우므로, 3월 8일까지 중일 양국 간에 처리 방법을 합의하지 못하면 工部局章程에 따라 처리하는 방법을 고려할 수밖에 없다"는 의견을 전달하였다. 프랑스측은 당초 박의일을 수용할 때 박의일에 대한 중일불 삼자의 '신병 유치위탁에 관한 각서'가 2월 23일 기한 만료로 효력을 잃었으므로 사건을 원상으로 돌린다고 하였다. 중일의 합의가 실패로 돌아갔다고 판단한 것이다.

계속하여 프랑스 총영사는 다음과 같은 서신을 보내 일본총영사의 사건 해결에 대한 결단을 촉구하였다.

사실 프랑스 감옥은 어두울 뿐만 아니라 차갑고 습한 작은 감방입니다. 그곳은 범인들이 관할 당국에 인도되기 전까지 거쳐 가는 곳에 지나지 않습니다. 인도주의적인 책임감에서라도 수감자를 더 그곳에 둘 수는 없는 노릇입니다. 이 기회를 빌려 비위생적인 감옥으로 인해 발생할 수 있는 그 어떤 결과에도 저는 책임이 없다는 사실을 다시 한 번 확인하고 싶습니다. 정상적이고 합법적인 상황에서라면 제가 아니라 유일하게 시설을 보유한 지역 당국(중국측-인용자)이 박의일이라는 자를 맡아야 합니다. 이것이 제

---

81) 오프노 프랑스 공사 → 프랑스 외무부, 1934년 2월 24일(국사편찬위원회, 『대한민국임시정부자료집』24, 대유럽 외교 Ⅱ, 158쪽).

가 귀하에게 하고자 하는 제안입니다. 이 제안은 고결한 존엄성과 치안 및
정의의 준수라는 명목으로 정당화될 수 있다는 이점이 있습니다.[82)

여기에 더해 프랑스측으로 하여금 결단을 불가피하게 한 또 하나의
원인은 박의일 자신이 제공하였다. 구금되어 추이를 관망하던 박의일이
사태 해결의 돌파구를 찾기 위해 단식에 돌입하였던 것이다. 3월 5일 프
랑스측은 일본측에 대해 박의일이 옥중에서 단식을 실행하는 중이고, 이
대로 두면 사망할 우려가 있다고 통보하였다. 한때 프랑스측은 박의일을
병원에 이송하는 방안, 즉 병보석도 고려했던 것으로 보인다.[83)

박의일의 생명 위험을 우려한 프랑스측은 박의일을 3월 8일 석방하기
로 결정하였다. 조계 추방이라는 형식이었지만 사실상 조건이 없는 완전
한 석방이었다. 처음에는 박의일을 중국측에 인도하는 것을 고려했는데,
이는 일본측의 불만을 사는 것이기 때문에 포기했던 것으로 보인다. 그
러면서 프랑스측은 "본 석방은 중국측에 인도할 의사 없이 완전히 방면
하는 것이므로 일본측에서 입회하기 바란다"라고 석방의 대체적인 시각
과 지점을 넌지시 알려주었다. 중국측에 박의일을 넘기는 것이 아니라는
뜻이다. 이에 따라 일본측은 3월 8일 아침 8시 경찰 요원을 파견하여
프랑스조계 당국이 박의일을 석방하여 조계 밖으로 방출하는 과정을 감
시하도록 하였다. 예정된 시간에 석방되지 않았으므로 일본 측은 허탕을
치고 말았다. 프랑스조계 당국이 박의일을 조계 밖 중국지역으로 내보낸
것은 같은 날 오전 10시 경이었다. 물론 일본측이 박의일의 석방 과정을
볼 수 있었더라도 지난번처럼 중국측의 협조없이 불법적으로 그를 체포

82) 보나푸 프랑스 영사 → 川越 일본 영사, 날짜미상(국사편찬위원회, 『대한민국임시
    정부자료집』 24, 대유럽 외교 Ⅱ, 142쪽).

83) 在上海日本總領事館警察部, 「重要犯人引渡要求ノ交渉經過:李殷壕」, 『特高警察ニ
    關スル事項』, 1934(『在支滿本邦警察統計及管內狀況報告雜纂(支那27)』(日本外務省
    外交史料館, D.2.3.28).

하는 것은 더 이상 가능하지 않았다.

중국측은 프랑스의 박의일 석방 조치에 대해 공정한 조치라고 적극적으로 환영하였다.[84] 일본측은 프랑스측에 대해 엄중하게 항의하였다. 일본은 일방적으로 박의일을 석방한 프랑스측의 '不信'을 따졌다. 또한 상해 일본영사관은 프랑스측이 사건의 원만한 해결을 '저해'한 데 대해 깊은 유감을 표명하고 항의문을 보냈다. 그리고 북평의 일본공사관도 프랑스 대리공사에게 프랑스측의 조치는 일본제국의 유감이라고 표명하는 항의문을 보냈다. 하지만 일본측도 더 이상 프랑스측에 대해 따지는 것이 무의미하므로, 차라리 이 사건을 이용하여 프랑스측으로 하여금 상해 프랑스조계의 '불령선인' 단속에 보다 더 호의적인 태도를 갖게 하는 것이 낫다고 판단하였다. 중국측에서는 그 후에도 계속하여 박의일의 체포는 중국에 대한 주권 침해이므로 일본측에 대해 일본측의 사과, 관계자의 처벌 및 장래의 보장 등을 요구하였다. 일본측도 되풀이하여 중국에 대한 주권 침해가 아니라는 것을 변명하였다.[85] 결국 뚜렷한 해결책이 있는 사안이 아니었기 때문에, 중일간의 논쟁도 유야무야 종식되고 말았다.

(2) 박의일 그후

체포된 지 5개월 가까이 지난 다음 풀려난 박의일은 그 후 어떻게 되었을까. 박의일은 석방 직후 李蘇民으로 개명하였다. '蘇民'이라는 것은 죽을뻔하다가 다시 살아났다는 뜻이다.[86] 중국에서 체포되어 국내에 압송, 옥살이했던 선배 독립운동가에 비추어 볼 때 그가 만약 상해를 거쳐 국내로 압송되었다면 장기간의 옥살이는 불가피했을 것이다. 그런 의미

---

84) 『廣州民國日報』 1934년 3월 11일, 「甘介侯對朴義一案之談話」.

85) 日本外務省 外交史料館 所藏, 「廣東ニ於ケル不逞鮮人李景山拘引事件(交涉事件)」 (東亞局第二課, 『最近支那及滿洲關係諸問題摘要(第六十七議會用)』, 1934년 12월 調(議TA-3).

86) 具益均 구술(김광재 면담), 2012년 5월 13일 서울 익선동 자택에서.

에서 자신의 이름을 '蘇民'으로 개명하였던 것도 결코 무리한 것은 아니었다.

3월 8일 석방 당일 박의일은 즉시 자신의 동지들이 있는 中山大學으로 갔다. 중산대학은 체포 전에 머물렀던 복음촌과는 그리 멀지 않은 곳에 있었다. 이날 밤 중산대학 기숙사에서 지낸 그는 다음날 오후 중산대학 교장 鄒魯를 만났다. 주지하다시피, 鄒魯는 일찍이 중국 혁명에 뛰어든 중국 정계의 거물이었으며 한국 혁명가들과도 가까운 관계를 유지하면서 지원을 아끼지 않던 친한 인사였다. 중산대학에 많은 한인 학생들이 입학할 수 있었던 데는 鄒魯 교장의 한국과의 인연이 적지 않게 작용하였다. 鄒魯를 면회한 자리에서 박의일은 지금까지의 자신의 항일 역정과 석방 전후 사정을 이야기하고 보호를 요청하였다. 이날 밤 역시 중산대학 내 抗日遊藝社에서 대책을 협의하였으며 한국독립당 광동지부에도 들러 향후 대책을 숙의하였다. 이틀 후인 3월 11일 박의일은 홍콩으로 일시 피신하였다. 중산대학 교장 鄒魯가 그의 피신처를 주선했던 것으로 보인다. 박의일의 鄒魯 교장과의 인연은 이것으로 끝나는 것은 아니었다.

그리 오래지 않아 박의일은 다시 광주에 모습을 드러냈다. 그해 8월 중산대학 법학원 사회학부에 입학하였기 때문이다. 광주로 돌아온 그는 중산대학에 다니면서 한국독립당 광동지부 區長으로서 중산대학 한인 유학생들을 지도 감독하였다.[87] 1936년 1월 그가 중산대학 학생들의 항일 시위에 앞장섰다는 이유로 광동성 공안국에 체포되었다. 시위에 참여했던 다른 한인 유학생들은 풀려났지만 박의일은 석방되지 못했을 뿐만 아니라 중국인 학생 몇 명과 함께 학교에서 제적되었다. 중산대학 사회학부 2학년 전체 학생들과 전체 한인 유학생들이 각각 연명으로 鄒魯

---

87) 『在支滿本邦警察統計及管內狀況報告雜纂(第40卷)』(日本外務省外交史料館, D.2.3.0 -28).

교장에게 청원하였다. '晩學生'이라고 자신을 밝힌 박의일도 직접 鄒魯 교장에게 글을 올려 자신이 공산당 혐의자가 아님을 표명하였다.[88] 중 산대학의 보증으로 박의일은 석방되어 복교할 수 있었다. 그 과정에 鄒 魯의 역할이 있었던 것은 두말할 나위 없다.

그후 박의일은 한국독립당을 이탈하여 좌파계통인 조선민족혁명당에 참여하여 중앙집행위원으로 선출되었다. 항일전쟁시기에는 중국군관학 교 한인특별훈련반 제6기를 졸업하고 朝鮮義勇隊에 가입하여 金華 독 립분대장 겸 韓台劇團 단장을 지냈다.[89] 1942년 이후 조선의용대가 한 국광복군에 편입되자 제1지대 제2구대에 소속되어 활동하였다. 상해 근 처 金華에서 활동하던 그는 해방 직후 상해에 가장 먼저 개선한 광복군 으로 교민들의 열렬한 환영을 받을 수 있었다. 상해에서 광복군 지휘권 문제로 제3지대장 金學奎와 충돌하다 중국감옥에 갇히는 등 파란만장한 역경 끝에 북한으로 귀국하였다. 그는 한국전쟁 동안 중국 북경에 나와 서 중국의 조선 지원을 호소하는 활동을 한 바 있다. 그의 최후에 대해 서는 1950년대 후반 연안파 숙청 때 제거된 것으로 알려지고 있다.[90]

4. 맺음말

1933년 10월 12일 중국 廣州 福音村에서 광동 일본영사관 경찰이 朴 義一이라는 중국에 귀화한 한인을 체포한 사건은 중일불 삼국 간에 적

---

88) 「李蘇民이 鄒魯에게 보내는 탄원서」, 1936, 廣東省檔案館 자료(국가보훈처 수집 자료).
89) 崔鳳春, 「국립 중산대학 조선유학생 연구 - 1930년대를 중심으로 -」, 245-246쪽.
90) 「李蘇民」(강만길·성대경, 『한국사회주의운동인명사전』, 창작과비평사, 1996, 344-345쪽).

지 않은 외교적 파장을 던졌다. 이로부터 5개월 가까운 시간 동안 중일 불 삼국은 박의일이라는 한인의 국적 귀속 및 인도 문제를 둘러싸고 외교 공방전을 벌였다.

원래 박의일은 상해에서 일본 밀정을 처단한 후 상해 일본영사관 경찰의 추적으로 광주로 피해 있었다. 상해 일본영사관의 통보를 받은 광동 일본영사관은 중국 당국에 통보하지 않고 불법적인 방법으로 중국 영토 내에서 중국에 귀화한 한인을 체포하였다. 광주의 한인들은 광동정부에 이 사실을 알리고 일본측의 중국 주권 침해 행위를 성토하고 박의일의 즉각적인 석방을 요구하였다. 중국측도 이 사건을 일본의 자국에 대한 주권 침해 행위로 간주하고 일본측에 대해 강경하게 항의하였다.

한편 박의일을 체포한 광동 일본영사관에는 유치장이 없었기 때문에 일본측은 박의일을 인근 프랑스조계 경찰서에 감금을 의뢰하였다. 상해 일본영사관이었다면 대규모 경찰서가 있어 체포된 한인을 구금하였다가 국내로 압송하였겠지만 광동 일본영사관은 사정이 달랐다. 이러한 일본의 조치는 이후 보여지듯이 프랑스도 이 사건에 개입하게 만듦으로써 당초 일본측의 의도대로 사건이 해결되지 못하는 결과를 초래하고 말았다.

일본측은 중국이나 프랑스측에 대해 박의일을 '체포'한 것은 아니고 '임의동행'에 불과한 것이며 이는 그동안의 관행에 지나지 않는다고 하였다. 프랑스측은 일본에 대해 중국 영토 내에서 중국으로 귀화한 한인을 체포한 것은 국제관습을 무시하는 것으로 공박하였다.

이후 중일 양국은 5개월 가까이 박의일의 국적에 대해 결론을 내리지 못하고 기존의 주장만 되풀이하였다. 중국측은 박의일이 합법적으로 중국에 귀화하였기 때문에 이전의 일본 국적은 자연스럽게 소멸된다고 하였다. 이에 반해 일본측은 박의일이 국적 이탈을 허가받지 못하였기 때문에 중국에 귀화한 것은 무효이며 그는 여전히 '일본국민'이라는 주장을 반복하였다.

사건의 캐스팅보트는 프랑스측이 쥐고 있었다. 당초 일본이 프랑스조계 경찰서에 박의일 유치를 의뢰할 때 각서로 약속했듯이 중일 양국이 박의일의 국적을 확정짓지 못하였으며 프랑스측으로서도 '불법적으로 체포된' 박의일을 무한정 구금할 수 없는 상황이었다. 여기에 프랑스측의 결단을 재촉한 것은 구금되어 추이를 관망하던 박의일이 사태 해결의 돌파구를 찾기 위해 단식에 돌입하였던 사실이다. 막다른 골목에 쫓긴 프랑스측은 일본측의 항의에도 불구하고 체포된지 5개월 가까이 된 박의일을 프랑스조계에서 추방하는 형식으로 석방하였다. 그럼으로써 중일 양국의 양보없는 대립 속에서 '중국국민'이면서 동시에 '일본국민'이기도 했던 '이중국적자' 한인 박의일은 완전한 자유의 몸이 될 수 있었던 것이다.

제2장 중일전쟁기 중국 화북지방의 한인 이주와 '蘆臺農場'

1. 머리말

1937년 7월 7일 중일전쟁의 발발 이후 수십만에 달하는 한인들이 중국관내지역(山海關 이남 중국본토지역)으로 이주하였다. 이는 일제강점기 해외 한인 이주사 중에서 매우 특이한 경우에 속하는 것으로 알려져 있다. 이러한 관내지역 한인이주사 가운데서도 天津 근교에 세워진 蘆臺農場[1]은 한인이주의 독특한 모습을 보여주고 있다.

노대농장은 일제가 당시 화북지방에 이주하여 왔던 한인들 가운데 일정한 직업없이 떠돌던 일부 한인들을 한곳에 집단수용·통제하여 치안유지, 팔로군의 침투방지, 군량미 생산 등의 다목적 용도를 띤 '정책농장'이었다. 이는 농업이주가 거의 없었다고 해도 좋을 관내지역 한인이주사에서 매우 이색적인 위치를 차지하고 있다. 특히 노대농장은 일제가 화북지방에서 한인들을 동원, 수용하여 건립한 농장 가운데 면적(천여만 평)이나 수용인원(4,000여명)에서 가장 큰 규모였다.

하지만 지금까지 이 농장에 대해서는 소략하게 언급되고 있는 경우를 제외하고는 학계에서 거의 알려지지 않고 있다.[2] 이는 일제강점기 중국

---

1) 당시 일본측은 이 농장을 '模範農村'·'模範農場'·'安全農村', 현지의 중국인들은 한인에 대한 경멸과 멸시의 뜻이 담긴 '高麗圈'·'高麗區', 조선독립동맹이나 임시정부는 '蘆臺農場'으로 불렀다. 본고에서는 특별한 경우를 제외하고는 '蘆臺農場'으로 통칭하고자 한다.

2) 노대농장에 대해서 소략하게나마 언급하고 있는 연구업적은 다음과 같다. 먼저 玄圭煥, 梶村秀樹, 金靜美, 孫春日은 노대농장을 1930년대 초중반 만주에서의 안

관내지역 연구가 독립운동사를 위주로 이루어져 왔기 때문이 아닌가 한
다. 중일전쟁기 대한민국 임시정부나 朝鮮獨立同盟 등 이 지역 독립운
동진영은 화북지방에 이주해온 이들 한인들의 존재에 주목하고 나아가
이들을 쟁취하여 대일전에 동원하고자 노력하였다. 따라서 이들 이주한
인에 대한 연구는 독립운동진영이 쟁취하여야할 인적·물적 기반의 규명
차원에서도 중요하다고 할 것이다.

따라서 필자는 이러한 점을 감안하여 일제가 중일전쟁기 관내지역,
특히 화북지방에 이주하여 왔던 한인들에 대하여 '不正業者', '부랑자'
의 '轉業'이라는 구실 하에 화북지방에 대한 통제강화, 중국주둔 일본군
및 일본 교민의 식량기지로서 세워진 노대농장을 주목하게 되었다.[3]

본고에서는 우선 노대농장이 설립되는 배경으로 중일전쟁 이후 한인

전농촌 건설의 연장으로 파악하고 있다. 玄圭煥, 『韓國流移民史』 上, 語文閣,
1967 ; 梶村秀樹, 「1930年代滿洲における抗日鬪爭にたいする日本帝國主義の諸策
動 - '在滿朝鮮人問題'と關聯して」, 『日本史硏究』 94號, 京都: 日本史硏究會, 1967
(梶村秀樹著作集刊行委員會·編集委員會, 『朝鮮近代の民衆運動』 梶村秀樹著作集
第4卷, 東京: 明石書店, 1993에 재수록됨) ; 金靜美, 『中國東北部における抗日朝
鮮·中國民衆史序說』, 東京: 現代企劃室, 1992 ; 孫春日, 『日帝의 在滿韓人에 대한
土地政策 硏究』, 한국정신문화연구원 박사학위논문, 1998. 다음으로 廉仁鎬는 조
선독립동맹 및 조선의용군의 화북지방 한인관련 농장에 대한 敵區工作의 일환으
로서 고찰하고 있다. 廉仁鎬, 『朝鮮義勇軍 硏究-民族運動을 중심으로』, 국민대학
교 박사학위논문, 1994.

3) 1999년 3월 5일, 필자는 天津市 寧河縣에 있는 노대농장을 답사하였다. 현재 이
농장의 정식명칭은 '國營蘆臺農場'으로 일제패망 이전보다 그 면적이 4배 정도
확대되었다. 천진시 영하현에 위치하고 있으나 행정상으로는 河北省 唐山市 관할
하에 있다. 1949년초 중공이 접수한 후 天津市乞丐수용소에 있던 수백 명의 거지
들을 동원하여 폐허가 되어 있던 농장을 재건하고 이웃 마을들을 합병하여 농장
을 확장하였다. 현재 이곳에는 10여개의 공장을 운영하고 있다. 농장내부에 행정
기관, 전화국, 학교 등이 설립되어 있어 하나의 거대한 국가기업을 이루고 있다.
현재까지 세계 각국의 營農人들이 이 농장을 시찰하고 있으며 일본과의 합작이
활발한 편이다. 특기할만한 것은 일제패망 이전 노대농장에서 협동조합 기사 겸
農務部長을 지냈던 少濱喜太郎 같은 인사도 1980년 이곳을 방문하여 회한에 젖
은 바 있다. 한국측 관련 인사가 방문한 경우는 아직까지 없다고 한다.

의 이주상황과 일제의 '現地自活主義'로 표현되는 식량조달정책을 고찰하고자 한다. 그리고 농장이 설립되는 구체적인 과정과 농장에 수용되었던 한인들의 사회경제적 형편에 대해서 살펴본다. 마지막으로 노대농장에 대한 관내지역 독립운동진영의 대응과 일제패망 이후 농장의 한인들이 중국 국민당정부에 의해 강제로 축출되는 과정을 살펴보고자 한다. 물론 본고는 자료의 부족으로 당시 농장내 한인들의 처지를 생생하게 재현하는데는 많은 한계점을 지니고 있다. 그렇지만 이러한 고찰을 통하여 일제의 한인통제 및 전쟁 동원 정책, 중국(국민당, 공산당)의 한인 정책, 독립운동진영(임시정부, 조선독립동맹)의 한인 동원 노력에 대한 일단을 엿볼 수 있을 것으로 생각한다.

2. 노대농장의 설립배경

1) 중일전쟁 이후 중국화북지방의 한인이주 상황

중국관내지역의 한인 이주는 중일전쟁을 계기로 폭발적으로 증가하였다. 물론 1910년 일제의 한국강점, 1919년 3·1운동 등의 정치적인 원인으로 중국으로 이주하여 항일운동을 전개하는 경우도 없지 않았지만 그 규모는 몇 천 명을 넘지 않았다.

중일전쟁 직전 중국화북지방의 한인 이주 규모는 1937년 6월말 현재 약 8,000명으로 나타나고 있다. 중일전쟁 발발 직후 정세가 악화되자 이 지역 한인들은 상당수가 조선 혹은 만주로 철수하여 일시적으로 급감하는 현상도 보였다. 그러나 전세가 일본군의 승승장구로 전환되면서 건설사업 등의 '전시특수'에 따라 한인 이주자도 갑자기 증가하기 시작하여 전쟁 직전에 비교하여 약 8배의 높은 증가를 보였다. 그리하여 1940년

6월말 현재 19,338호, 68,462인으로 일본 교민 인구의 약 20%를 차지하기에 이르렀다.[4] 이는 일본 대사관이나 영사관에 신고한 숫자만을 계산한 것으로 신고하지 않은 경우까지 감안한다면 약 10만에 이르렀을 것으로 추측된다.[5] 이 가운데 약 반수가 화북의 정치·경제 중심지인 북경과 천진에 집중적으로 거주하였다.

이들 한인들은 직업상으로는 관리, 회사원, 점원 등 봉급생활자가 다수를 차지하고 그외에도 사진관, 여관, 양복점, 잡화상[6], 곡물판매상, 토목건축청부업 등 다양한 업종에 종사하고 있었다. 즉, 한인들이 경영하는 사업은 비교적 자본 회수율이 빠른 업종이었다.[7] 특히 일부 한인들은 일본군 군부대 부근 혹은 직후에 진출하여 군대가 필요로 하는 잡화를 운반하여 판매하였다.[8]

그러나 일본군의 지배가 공고화하면서 치안이 안정되자 한인들은 점차 일본 및 중국 상인들의 압박을 받게 되었다. 특히 일본의 경제통제

---

4) 朝鮮總督府 北京出張所, 『在北支朝鮮人槪況』, 東京: 昭和印刷社, 1940, 1쪽.

5) 화북지방의 한인인구 규모는 비교적 유동이 심하였으며 전시상황으로 인해 정확한 인구통계조사가 불가능하였다. 또한 해방이 가까워오면서 일본의 패망을 예상한 일부 한인들이 귀국하기도 하지만 대체로 보아 약 10만 정도를 유지했을 것으로 추정된다. 이는 화북지방의 한인 인구가 1941년 7월 1일 현재 73,054명, 1944년 1월 1일 현재 74,029명으로 나타나는데서도 잘 알 수 있다(『朝鮮事情』 昭和 19年版). 한편, 임시정부나 조선독립동맹 등 이 지역의 독립운동단체들은 정확한 통계를 접할 수 없는 상황이었으므로 중일전쟁 이후 이주해온 한인의 규모를 40만에서 심지어는 100만으로까지 과대하게 계상하는 경우도 있었다. 아무튼 관내지역 독립운동진영의 입장에서 이주 한인들은 인적 충원을 위한 거대한 저수지와도 같았다. 그러나 이주 한인들 대부분이 일본군 점령지역에서 거주하고 있었으며 또한 일제의 철저한 통제로 말미암아 이들이 독립운동진영에 투신하는 경우는 드물었다. 따라서 이들을 동원하여 대일전을 전개하는 데까지 이르지는 못하였다.

6) 이주 한인 가운데 일정한 직업이 없던 사람들은 일본영사관에 신고할 때 잡화상 등의 명의로 하였다. 그 대부분은 금제품 밀매에 대한 단속을 벗어나기 위한 방편이었다고 한다(玄圭煥, 『韓國流移民史』 上, 671쪽).

7) 玄圭煥, 『韓國流移民史』 上, 684쪽.

8) 朝鮮總督府 北京出張所, 『在北支朝鮮人槪況』, 2쪽.

강화에 따라 심각한 타격을 받고 도산하여 '부정업자'로 전락하기도 하였다. 화북지방에 한인 부정업자가 늘어나게 된 데는 '만주국'의 치외법권 철폐의 영향이 컸다. 1937년 12월 '만주국'에서 치외법권이 철폐되면서 만주에서 '부정업'을 경영하던 많은 한인들이 비교적 단속이 약한 중국 화북지방으로 진출하였다. 이들 한인은 은괴밀수와 몰핀, 헤로인 등과 같은 금제품의 밀매에 종사하였다.9) 일본측은 일부 한인들의 부정업종사에 대해 "조선인들은 정말 성가신 존재들이다"10) 라고 비난하면서 '聖戰'의 목적을 달성하기 위해 방치할 수 없다고 성토하는 등 중일전쟁 전비조달을 위한 자신들의 아편판매정책과 모순되는 태도를 보였다. 즉, 재중 한인의 '부정업' 종사자들의 존재가 일본군의 중국침략과 관련하여 일제가 의도적으로 조성하였다는 것은 주지의 사실이라고 할 수 있다.11)

한편, 조선총독부는 중일전쟁을 계기로 재중 한인에 대한 이른바 '保護撫育'이라는 명분으로 1937년 7월 16일 조선총독부 직원을 천진에 파견하였다. 나아가 전황이 일본에게 유리하게 전개되자 조선총독부에서는 촉탁 고용원 등을 파견하여 재중 한인 관련 업무를 처리하도록 하였다. 같은 해 10월, 조선총독부와 일본 외무성은 재중 한인 업무에 관하여 다음과 같은 협정을 맺고 업무를 분담하였다.

在支 鮮人의 특이성에 비추어 이의 보호통제의 원활을 기하기 위하여

---

9) 금제품 판매과정에서 한인의 역할은 소매상에 불과했고 도매상은 주로 일본인이었다. 또한 최근의 연구에 의하면, 일본은 중일전쟁이 장기화되면서 파생되는 막대한 전쟁비용의 상당부분을 중국인에 대한 아편밀매로 생긴 수입으로 충당하였다고 한다(박강, 『중일전쟁과 아편 - 내몽고지역을 중심으로』, 지식산업사, 1995). 또한 화북의 토목건설현장에서 일제는 한인을 작업반장, 감독으로 내세웠다. 이는 '以夷制夷'의 한 방편으로 중국인과 직접 접촉하는 경우에는 한인을 내세워 중일 간의 민족모순을 은폐하였던 것이다.

10) 朝鮮總督府 北京出張所, 『在北支朝鮮人槪況』, 2쪽.

11) 梶村秀樹, 「1930年代滿洲における抗日鬪爭にたいする日本帝國主義の諸策動」, 198쪽.

조선총독부에 협력을 구하기로 하고 다음과 같이 협정한다.
1. 在北支公館에서 행하는 한인에 관한 사무와 이에 요하는 경비는 다음과 같은 방침으로 분담하기로 한다.
   ① 외무성: 民會 및 警察所 取締에 관한 사항
   ② 조선총독부: 교육, 위생, 산업, 금융 기타 保護撫育에 관한 사항
2. 위의 ②에 속하는 사무는 所轄 在外公館의 방침에 의하여 조선총독부 직원이 이를 분담한다.
3. 예산의 집행과 경리는 각기 所轄 官廳이 이를 행한다.
4. 제1항의 사무운용상 필요가 있을 때에는 조선총독부 직원을 외무성 직원 또는 재외공관 직원에 임용 또는 겸임케 하고 또는 이에 외무성 사무를 囑託하여 北支公館에 배속케 할 수 있다.
5. 在中南支 한인에 관한 사무는 추후 협정이 있을 때까지 종래와 같이 외무성이 이를 행하기로 한다.
   1937년 10월 18일
   外務省 東亞局長 石射猪太郎 조선총독부 외무부장 松澤龍雄[12]

위에서 알 수 있듯이, 재중 한인 관련업무는 종래 일본 외무성이 담당하였으나 중일전쟁 이후 한인이주가 폭증하면서 조선총독부와 업무를 분담하여 처리하게 되었던 것이다. 조선총독부는 급속히 증가하고 있는 재중 한인을 통제하기 위하여 북경 등지에 출장소를 설치하고 사무관을 파견하여 조선국내의 유휴인력을 중국에 이주시키는 등 한인 업무를 관장하게 하였던 것이다. 이 과정에서 조선총독부 파견 사무관들은 북지파견 일본군의 군촉탁으로 제일선 및 후방과의 정보수집활동을 하고 있던 보병중좌 李應俊, 촉탁 예비역 보병대위 柳寬熙, 촉탁 예비역 보병중위 嚴桂明 등에게 한인문제에 대하여 자문을 구하기도 하였다.[13] 그리고 1938년 4월에는 북경 일본대사관에 한인 관련 업무를 담당하는 朝鮮課

---

12) 「在支鮮人事務ノ處理方ニ關スル件」(정부기록보존소 마이크로필름, 필름번호 88-1713, 문서번호 88-110) ; 玄圭煥, 『韓國流移民史』 上, 690쪽.
13) 「支那事變關與事項調書」(정부기록보존소, 앞의 마이크로필름).

가 신설되었다.14)

나아가 재중 한인업무를 담당하는 일본 외무성과 천진주둔 육군특무기관, 조선총독부, 東洋拓植株式會社(이하 東拓) 등은 중일전쟁 직후 곳곳에서 전투가 발발하면서 삶의 터전을 빼앗기고 북경, 천진 등으로 피난한 한인들, 또한 화북지방을 떠돌면서 부정업에 종사하던 한인들을 대규모 집단농장에 수용하여 여기에 조선국내의 '모범농가'를 '초치'하여 화북의 일본군과 일본 교민을 위한 식량생산을 담당케 하기로 협의하였다.15)

2) 중일전쟁기 일제의 '現地自活主義' 정책

일본제국주의는 중국 점령지배에 있어서 우선 도시, 항만, 군수용 지하자원 생산지 등의 '點'을 장악하고 그 점을 서로 연결시키는 '선'으로서의 철도, 도로를 장악하고자 하였다. 나아가 점과 선의 장악과 동시에 중국민중의 압도적인 다수를 차지하고 있는 농민이 거주, 생활하고 있는 광대한 '面'으로서의 농촌을 장악하고자 하였다.

일본은 중일전쟁 이전부터 '商租', '購買', '租賃' 등의 방법으로 중국인의 농토를 대거 매수하였다. 중일전쟁 이후 일본은 특무기관, 保甲조직 혹은 '토지조사위원회' 등의 기구를 이용하여 토지조사를 실시하고

---

14) 『東亞日報』1938년 4월 13일, 「北京의 大使館內에 今月부터 朝鮮課 新設, 對支開發에 對處하기 爲하여, 經濟部도 新設計劃」

15) 원래 중국관내지역은 만주지방과 달리 한인들의 농업이주가 거의 없었다. 중일전쟁을 계기로 일제는 만주와 마찬가지로 중국관내에서도 농업이주가 확대되기를 기대하면서 다음과 같이 전망하고 있다. "조선인은 원래 수전경작에 극히 능란하지만 치안관계 및 토지소유권에 대한 불안 등의 이유로 농업에 적극적으로 진출하는 자는 아직 없으며 근근히 경산선 연선, 경한선 순덕, 청화진 부근, 산서성 남쪽의 동포선 남부 및 산동의 일부에서 영농하는데 그치고 있다. 그리고 그나마 아직 본격적인 경영에 착수하지 못하고 있으며 그 규모도 영세하여 현재 특별히 기재할만한 것은 없으나 장래 큰 발전의 가능성이 있다."(朝鮮總督府 北京出張所, 『在北支朝鮮人槪況』, 31-32쪽)

징발·강점하였다. 또한 점령지역에서 漢奸, 지주, 고리대업자들도 일제에 기대어 많은 토지를 겸병하였다. 일제는 이들 토지에 농장을 건립하고 식량, 면화, 아편 등을 재배하였다.16) 특히 일제는 河北省에서 '華北大米增殖計劃'에 의거하여 '食糧增産重點縣' 63개현을 설치하고 각 重點縣에는 5개 重點村을 설정하였다.

중일전쟁이 武漢會戰 이후 이른바 '전략적 대치단계'에 들어가면서부터 전세를 결정하는 것은 군사전보다도 경제전, 사상전, 정치전(민중획득전)이었다.17) 일본군은 중국점령지의 확대와 동시에 '현지자활주의'의 실현을 위하여 군수용 농산물(米, 소맥, 면화)의 수매에 나섰다. 화북지방 점령지에서의 미곡 생산이 중국점령지 전체에서 극히 낮은 위치를 차지하고 있었다. 하지만 미곡은 일본군이나 일본교민의 주요 식량으로서 필요불가결한 것이었다. 여기서 일본군 특히 천진육군특무기관은 50-60만에 달하는 화북 주둔 일본군과 교민의 식량을 현지에서 조달하기 위하여 천진근교를 중심으로 일본인에 의한 소작제 대농장을 설립하기 시작하였다. 이 대농장들의 稻作經營을 축으로 하여 하북성에서의 수도작부의 확대를 시도하였다.18)

이를 위하여 일본은 1942년부터 일본미곡통제위원회와 華北墾業公司가 북평, 천진, 冀東 연해일대에 건립한 일본자본 및 중일합판농장의 건설을 촉진하였다. 또한 화북의 무토지 소작농, 고공을 고용하여 황무지를 개척하고 벼와 밀을 심게 하고 생산, 판매에 대해서는 일본미곡통제위원회가 전면적인 통제를 실행하였다. 1945년 현재 천진 일본미곡통제회와 화북간업공사가 투자 통제하는 일본자본 농장은 70여 개, 중일합

---

16) 河北省地方誌編纂委員會, 『河北省誌』第16卷 農業誌, 石家庄: 河北人民出版社, 1995, 80쪽.
17) 淺田喬二, 「日本帝國主義による中國農業資源の收奪過程」(淺田喬二 編, 『日本帝國主義下の中國: 中國占領地經濟の研究』, 東京: 樂遊書房, 1981, 101쪽.)
18) 淺田喬二, 「日本帝國主義による中國農業資源の收奪過程」, 109쪽.

자의 이른바 '華系' 농장은 44개에 이르러 점유 수전 면적 49.9만여 畝에 218만톤의 생산이 가능하여 화북 주둔 일본군과 교민의 식량문제를 어느 정도 해결할 수 있었다.[19]

  필자가 파악한 바에 의하면, 이 시기 일본이 기동지구에 설치한 농장 가운데 한인들을 수용하였거나 한인 지주가 직접 경영한 농장은 노대농장을 포함하여 약 16개에 이르고 있다.[20] 이들 농장 가운데 노대농장과 灤縣 柏各庄農場은 일제가 세운 정책농장에 속하고 나머지는 한인 또는 일본인 개인지주에 의해 운영되었던 농장들이다. 이를 도표로 정리하면 다음과 같다.[21]

〈표 1〉 중국 冀東地域의 일제의 한인수용 정책농장 및 한인지주의 개인농장

농장명	소재지	면적(畝)	경영자	경영방식	설립시기	비고
蘆臺농장	寧河縣	42,000		佃耕	1940년	소유지
柏各庄농장	灤縣	319만평	日本 華北墾業會社	전경	1944년 5월	한인농민 300여호 2,500여명 수용
金海농장	天津縣	880	金海基京	전경	1944년	소유지 630 租地 250
大陸농장	天津縣	11,442	金山賀亨	전경	1941년	소유지
新盛농장	天津縣	3,385	金山賀亨	自耕, 전경	1941년	소유지 1,124 조지 2,461
楊柳靑농장	天津縣	16,890	金澤大鉉	전경	1939년	소유지 190 조지 16,700

---

19) 居之芬·張利民 主編,『日本在華北經濟統制掠奪史』, 天津古籍出版社, 1997, 337쪽.
20) 이밖에도 일제는 1943년 山東省 靑島에서도 정책농장을 건설한 것으로 파악되고 있다(梶村秀樹,「1930年代滿洲における抗日闘爭にたいする日本帝國主義の諸策動」, 199쪽).
21) 天津米穀統制委員會移交淸册, 天津檔案館 舊字第19號全宗(居之芬·張利民 主編, 『日本在華北經濟統制掠奪史』, 338-341쪽). 武亭,「華北朝鮮獨立同盟 1944年 1月 至1945年 5月 工作經過報告」(楊昭全 編,『關內地區朝鮮人反日運動資料彙編』下 册, 沈陽: 遼寧民族出版社, 1987, 1129-1140쪽) ; 국사편찬위원회,『韓國獨立運動 史』資料 27 臨政篇 12, 1994, 83쪽.

昌黎농장	昌黎縣	23,127	平山八達	전경	1942년	소유지
中野七里海농장	昌黎縣	15,064	中野宗一	전경	1940년	소유지
裕興농장	撫寧縣	2,300	金川元勇	전경	1940년	소유지 2,000 조지 300
潮河농장	隱梨	1,000	崔相基		1937년	농민 8호 40여명
興農농장			金磷鉉			
天一농장			玄堪			
東一농장			金若三			
西河南농장	撫寧縣	15,000	禹垣貝義	自耕		租地
赤洋海口농장						
七里海농장						

3. 노대농장의 설립과 운영실태

1) 설립 경위

조선총독부는 만주와 마찬가지로 중국관내에서도 대량의 토지를 강제로 매입하여 집단농장을 건설하였다. 물론 이것은 남북만주에서 5개 '안전농촌'과 간도성의 5개 집단부락 건설 이후였다. 만주의 안전농촌이 상당한 성과를 거두었다고 판단한 조선총독부가 중일전쟁 이전부터 북경, 천진 그리고 京山線(北京-山海關) 연선을 떠돌고 있던 한인을 수용하여 장래 화북지방에서 '모범적인' 시설이 될 수 있는 안전농촌건설을 계획하였던 것이다.[22]

중일전쟁 직전인 1937년 5월 在通州特務機關과 冀東政府는 河北省 寧河縣[23]을 관류하는 薊運河 우안에 펼쳐져 있는 광활한 황무지에 한인

---

22) 『朝鮮總督府施政年報』, 1940, 664-666쪽.

23) 寧河縣地方史誌編修委員會 編著, 『天津市 寧河縣誌』, 天津社會科學院出版社, 1991,

집단농장 설치에 대한 협정을 체결하였다.[24] 조선총독부는 이것을 바탕
으로 在唐山특무기관, 천진총영사관, 冀東防共自治政府와 함께 1938년
1월 영하현에 안전농촌의 설치에 대하여 협의하였다. 그리고 조선총독
부는 중일전쟁의 발발과 동시에 화북지방 한인의 '補導'를 위해 사무관
을 파견하고 외무성과도 긴밀한 연락을 취하였다.[25]

농장건설사업은 동척이 담당하기로 하였고 건설 후 농장경영은 협동
조합을 조직하여 운영하기로 하였다. 조선총독부는 농장건설의 보조금
으로 1937년 3만 5천원, 1938년 33만원을 下付하였으며, 외무성도 1937
년 3만 5천원을 하부하였다. 사실 이보다 먼저 동척은 조선총독부와 중
일 관계기관의 협조하에 위의 협정에 따라 안전농촌 건설예정지 즉 영하
현 高家佗 부근의 토지 약 3,500정보의 매수에 착수하였다. 그런데 이런

3-5쪽. 영하현은 화북평원의 동쪽에 위치하고 있으며 북경, 천진, 당산에 둘러싸
여 있다. 현재는 천진시의 屬縣이다. 영하현은 옛부터 '米倉', '魚米之鄕' 등으로
불려온 곡창지대이며 또한 바다와도 가까워 수산자원도 풍부하다. 漢代에는 備糧
屯, 貯糧城으로 불리었으며 唐代에는 조운선과 군량을 비축하던 곳으로 현재도
軍糧城이라는 지명이 있다. 蘆臺라는 지명에서도 알 수 있듯이 갈대 자원이 풍부
하며 갈대로 만든 방석이나 자리가 특산물로 인기가 있다고 한다.

24) 「北支安全農村設定二關スル協定案」(정부기록보존소, 앞의 마이크로필름)

25) 李應俊, 『回顧九十年』, 汕耘紀念事業會, 1982, 187-188쪽 ; 李基東, 「日帝統治下
韓國人 高級將校의 運命 - 1930年代 滿洲·上海에서의 洪思翊」, 『何石金昌洙敎授
華甲紀念史學論叢: 韓國民族獨立運動史의 諸問題』, 범우사, 1992, 269쪽. 중일전
쟁 발발후 일본군 장교로서 산서성에서 중국군과 격전을 치른 뒤 한동안 북경에
서 대민선무공작에 종사하쪽서 조선총독부 파견 관리들의 한인문제에 대한 자문
에 응하기도 하였던 李應俊은 다음과 같이 회고하고 있다. 즉, 조선총독부와 현지
일본군당국은 한인이 北支 각처에 산재하여 정상적인 직업도 없이 마약행상이나
기타 사기행각 등으로 중국인에 대한 선무공작에 큰 장애를 주므로 蘆臺 부근에
집단농장을 설치하여 여기에 집중정착시키자는 계획이 세워졌다고 한다. 하지만
그는 그 계획에 대체로 동조는 하지만 北支에서 떠도는 사람들의 대부분이 농촌
출신이 아니므로 정착적인 농부로 안정을 얻게 될지 의문이었다고 하였다. 또 그
는 마약행상의 모든 책임을 한인에게만 뒤집어 씌우는 것은 부당한 처사이며 우
선 일본인 마약 도매상의 색출을 주장하였다고 한다.

강제적인 매수행위는 해당지역 지주들의 강력한 반대를 받았을 뿐만 아
니라 일부 반일성향이 강한 중국관헌들도 갖은 방법으로 저지하였다. 그
렇지만 영하현 일대 18개 촌의 토지를 경작하고 있던 중국인 농민 대부
분은 과거 직예군벌 吳佩孚의 부하였으며 당시 기동정부의 고위직에 있
던 齊燮元26)의 佃戶였던 관계로 강제로 축출되었다.27) 동척은 일본군의
보호하에 민유지를 헐값에 징발하였다.28) 그리하여 동척은 영하현 大艇
村 등 18개 촌의 토지 5만 여묘를 수용하였다. 당초 토지매수 가격을
21만원에서 51만원으로 인상하였다. 그 가운데 10만원은 기동정부가 이
른바 '중일친선'을 위한다는 뜻에서 자발적으로 제공하여 결국 동척은
20만원만 추가하여 40만원을 지출하였다.29)

　　동척은 즉시 현지를 실측하는 동시에 공사실시 설계도를 작성하였다.
그런데 1938년 7, 8월에 노대 부근의 薊運河가 호우로 범람하는 바람에
일부 설계를 변경시켰다. 즉, 농촌지역의 주위에는 방수제방을 축조하고
수전작에 대한 한인들의 '우수한' 기능을 현지 중국인들에게 가르치기
위하여 예비토지 500정보를 두어 중국인 소작지로 충당하였다. 그런데
관개시설 확장비 등의 원인으로 공사재료가 등귀하는 바람에 예산 102
만원이 108만 3천 원으로 증가하게 되었고 도합 210만 3천 원으로 농장

---

26) 齊燮元(1879-1946)은 直隸 寧河 출신으로 北洋武備速成學堂을 졸업한 후 직계군
　　벌에 투신하였다. 1937년 중일전쟁 발발 후 화북정무위원회 위원 겸 치안총서독
　　판에 임명되어 僞치안군을 훈련시켰으며 일본군이 중국인민을 학살하는데 협조하
　　였다. 일제 패망 후 체포되어 1946년 처형되었다(李盛平 主編,『中國近現代人名大
　　辭典』, 北京: 中國國際廣播出版社, 1989, 150쪽).
27) 河北省 蘆臺農場地方誌 編纂委員會,『蘆臺農場誌』, 北京: 海潮出版社, 1997.
28) 寧河縣地方史誌編修委員會 編著,『天津市 寧河縣誌』, 202쪽. 일본은 1936년 기동
　　정부 조직시 民田 10만묘를 강점하고 당시 벼가 이미 익어 묘당 가격이 천원 내
　　외에 이르는 토지를 1-2원의 가격으로 강제로 구매하였다고 한다. 이 과정에서 일
　　본은 땅주인을 구금하고 압박을 가하여 강제로 땅을 팔도록 하였다. 결과적으로
　　18개촌 3,000여 호 1만여 인이 모두 제 가격을 받지 못하게 되었다고 한다.
29)『朝鮮總督府施政年報』, 1940년, 664-666쪽.

을 건설하게 되었다.

농장건설은 1939년 3월말에 완공하기로 하고 공사를 진행하는 한편 수전작도 개시하였다. 그런데 1938년에 이어 1939년에도 천진 부근을 중심으로 미증유의 대수해가 발생하였다.[30] 때문에 자재의 운반이 불가능하게 되어 공사준공기한을 다음해로 연기하였으며 1940년 예정된 공사를 완성하게 되었다.

2) 농장의 운영상황과 이주한인들의 처지

처음 농장의 수용대상자는 천진, 북경, 당산, 산해관, 석가장 등지의 한인 무직자들로 예정되었다. 그리하여 일본 관계기관에서는 화북 일대에서 일정한 직업없이 떠돌던 한인들을 강제로 검속, 수용하기 시작하였다. 수용된 한인들에게는 협박과 회유를 통하여 입촌 희망신청을 받았던 것으로 보여진다. 그러나 이들 대다수가 북경, 천진 등 도시생활자들이었기 때문에 농촌생활에 잘 적응할지에 대해서는 비관적이었다. 또한 난현 백각장농장의 경우와 마찬가지로 농장으로 수송되는 도중에 일부가 도망을 가거나 농장에 정착한 이후에도 생활환경의 급격한 변화, 치안불량 등으로 인해 도주하는 사례가 적지 않았을 것으로 생각된다.[31]

일제는 이러한 사태를 방지하고 '전업귀농자'를 농장에 정착시키기 위하여 처음부터 일제의 통치에 '순종적'인 국내의 '모범농가'를 '초치'하기로 결정하였다. 강제수용된 한인 귀농자와 중국인 소작농을 지도할 수 있는 우수한 농가를 입식시켜 농업경영의 모범을 보여준다는 것이었

---

30) 林希, 『老天津: 津門舊事』, 南京: 江蘇美術出版社, 1998, 156-158쪽.

31) 朝鮮總督府 財務局, 『問答式議會說明資料(第84回)』第7冊 「在外朝鮮人」의 항목중 「灤縣農村入植者の募集に當り强制せる事實なきや」, 「灤縣農村は相當動搖し居る樣子なるも事實對策如何」(梶村秀樹, 「1930年代滿洲における抗日鬪爭にたいする日本帝國主義の諸策動」, 201쪽에서 재인용함).

다. 조선총독부는 외무성과 협의하여 조선국내에서 초치할 '모범농가'의
자격요건을 다음과 같이 규정하였다.

① 농업훈련소의 수료생 또는 農業實修學校 졸업자
② 가족 구성원이 모두 사상온건하고 성격이 선량하며 전과가 없는 자
③ 현재 온 집안 식구가 모두 농업에 종사하고 자작농 또는 소작농
   인 자
④ 이주가족의 전체가 신체 건강해야 하고 일가족 가운데 남자 2명 이
   상의 노동력을 갖고 있는 자[32]

조선총독부는 마침 조선국내에서 낙동강 범람으로 이재민이 된 경상
도, 전라도 일대의 농가, 나아가 충청도, 평안북도의 농가까지 포함하여
위의 자격요건에 맞는 150여호을 엄선하였다.[33] 즉, 국내에서 모범농가
로 동원된 농민은 150여호, 900인에 가까운 규모였으며 이들의 이사비
용은 동척에서 대부하기로 하였다. 이들은 1939년 11월 21일 오후 7시
10분 대전발 임시열차로 출발하여 3일후인 24일 오후 5시 25분 노대역
에 도착하였다.[34]

당초 노대농장의 수용자는 1,000호 5,000명을 목표로 하였다. 농장
완공후 2년이 거의 지나가는 시점이던 1941년 10월말 현재 노대농장의
한인 인구수는 4,000명을 약간 상회하는 수준으로 나타나고 있다. 이 농장
에 수용된 한인들의 이전 거주지, 호구수, 인구수는 다음의 표와 같다.[35]

---

32) 朝鮮總督府 司政局,『昭和16年 12月 第79回帝國議會說明資料』, 410쪽의「北支安
   全農村關係事項」. 만주에서도 일제는 전업귀농의 요건으로 가족 중 연령 20-50세
   의 남자가 없으면 귀농 부적당자로 인정하여 제외하였다(朝鮮人不正業歸農者輸送
   計劃要領ニ關スル件, 1937. 11. 1, 滿大警合第207號).
33)『東亞日報』, 1939년 10월 25일,「北支에 첫移民 慶北에서 五十戶選定 蘆臺模範農
   村에 入植할 豫定」
34)『東亞日報』1939년 11월 15일,「轉向移民部隊 九百名 二十一日出發 北支蘆臺를
   向하야」; 1939년 11월 24일,「北支指導農家一行 臨時車로 發程(大田)」

<표 2> 노대농장 호구상황표(1941년 10월말 현재)

前住地	호수	인구
국내 : 경상북도	50	263
경상남도	30	157
전라북도	10	54
전라남도	10	59
평안북도	37	199
충청북도	10	51
충청남도	8	45
화북 : 山海關영사관	44	92
北京영사관	209	1,059
天津영사관	202	964
石家莊영사관	158	470
太原영사관	79	323
靑島영사관	9	45
濟南영사관	52	207
唐山영사관	25	79
계	933	4,088

위의 표에 의하면, 국내에서 온 '모범농가'는 155호에 828명이었고 중국화북에서 거주하다가 농장에 수용된 이른바 '전업귀농자'는 778호에 3,260명에 이르렀다. 국내의 농가는 1호당 평균 5.3인이며 '전업귀농자'는 1호당 4.2인으로 국내의 농가가 호당 구성원이 1.1인 더 많음을 알 수 있다. 또한 국내에서는 경상도 농가가 80호로 가장 많고 전업자의 경우 북경과 천진영사관에 수용되었다가 입식된 것이 411호로 전체 778호 가운데 절반 이상을 차지하고 있다. 전체적으로 볼 때, 국내농가와 '전업자' 호수의 비율은 대략 1:4정도로 나타나고 있다.

1940년에 처음 수전작을 시작하였는데 약 1,700정보를 관개하여 양

35) 朝鮮總督府 司政局, 『昭和16年 12月 第79回帝國議會說明資料』, 414-415쪽.

곡 1만 6천여 석을 수확하였다. 이듬해는 약 1,900정보를 작부하여 4만 2천석을 수확하였다.[36] 이후 연간 36만석을 생산할 수 있는 규모로 발전하였다. 조선총독부는 미곡 생산력을 향상시키기 위하여 '農業技手'(기능직 공무원-필자)를 파견하여 농사기술을 지도하거나 부업을 장려하였다.[37]

토지는 22구획으로 나누어 34개의 '리(동)'를 설치하였다. 중앙리에는 일본인 관리들이 주둔하고 나머지 각 리에는 흙벽돌로 가옥을 만들고 保長, 甲長을 두어 상호감시체제하에 통제하였다. 농장 사방에는 홍수를 방지하는 전장 27km, 높이 4m의 제방을 축조하였다.[38] 그리고 薊運河의 물을 관개하기 위하여 수 개소의 양수장을 건설하였다.[39] 농장중심인 중앙리에 경찰서, 학교, 상점, 병원 등을 설치하였다. 농장경영은 조선총독부의 감독하에 있는 농장협동조합에 의해 운영되었고 동척은 주로 영농자금의 대부를 담당하였다.[40] 협동조합내에는 서무, 농무, 금융 등 3부를 두어 호구, 재정, 농업생산 등의 업무를 관장하였다.[41]

일제는 농장에 대한 통제를 강화하기 위해 농장 중앙부락에 영사관경찰서를 설치하였다. 농장과 노대역이 있는 노대진 사이에는 전화를 가설하고 무선전신기를 설치하는 등 경비에 필요한 시설을 완비하여 '비상사태'에 대비하였다.[42] 또 농장경찰서 산하에 自衛團 혹은 警農隊를 조직하고 중앙리와 동서남북 각 요지에 감시초소를 구축하여 경비를 담당하게 하였다. '노대모범농촌 自衛團'은 1939년 12월 23일 蘆臺分署長의

---

36) 『朝鮮總督府施政年報』, 1940년, 664-666쪽.

37) 朝鮮總督府 司政局, 『昭和16年 12月 第79回帝國議會說明資料』, 412쪽.

38) 河北省 蘆臺農場地方誌 編纂委員會, 『蘆臺農場誌』, 49쪽.

39) 1945년 8·15 이전 노대농장의 구조에 대해서는 『蘆臺農場誌』의 「農場行政區劃圖」를 참조.

40) 『東洋拓植株式會社 業務槪要』(帝國議會 說明資料, 1941년 12月), 146쪽.

41) 武亭, 「華北朝鮮獨立同盟 1944年 1月至 1945年 5月 工作經過報告」, 1137쪽.

42) 朝鮮總督府 司政局, 『昭和16年 12月 第79回帝國議會說明資料』, 413쪽.

인가를 받고 결성되었으며 당시 단원수는 190명이었다. 주요임무는 농장 인근지방의 치안악화 또는 '비적'의 습격시 경찰서의 보조로서 활동하는 것이었다. 자위단의 조직체계는 단장 1명, 부단장 1명, 서기 1명, 분대장 35명, 단원대장 35명, 구호반장 1명으로 되어 있었다.43) 그외에도 일제는 경찰서의 지휘하에 밀정들을 부락마다 1, 2명씩 파견하였다. 부락마다 구장과 조수를 한사람씩 두어 농장의 행정사무를 돕게 하였다. 농장의 경찰서, 회사, 학교의 요직은 일본인들이 차지하고 있었다.44)

농민들에게는 1호당 수전 2정보, 밭 4段步를 주어 경작하게 하였다.45) 1940년에 처음 수전작을 시작하였는데 약 1,700정보를 관개하여 양곡 1만 6천여 석을 수확하였다. 이듬해는 약 1,900정보를 작부하여 4만 2천석을 수확하였다.46) 매년 봄이면 농장의 회사로부터 논을 삯으로 갈아주고 볍씨와 화학비료를 외상으로 공급해주었으며 농민들에게 식량을 대여해주었다.47) 물론 이러한 것들은 부채가 되어 한인농민들을 괴롭혔을 것으로 생각된다. 즉, 이사비용, 건설공사비용, 농자금 등의 부채는 연리 7分으로 1946년까지 거치하고 그후 15년간 균등상환하기로 동척과 계약이 체결되어 있었다. 그러나 갈수록 부채가 증가하여 일제의 '自作農創定計劃'은 한인 농민들에게는 이루어질수 없는 꿈에 불과했다. 이러한 현상은 노대농장의 모형이 되었던 만주의 안전농촌도 마찬가지였다.48)

---

43) 朝鮮總督府 北京出張所, 『在北支朝鮮人槪況』, 175쪽.
44) 이동섭, 「로태농장과 조선의용군」, 『승리』(중국조선족역사족적총서5), 북경: 민족출판사, 1992, 44-48쪽. 또한 1943년 중국정부의 통계의 의하면, 蘆薹(영하현 일대를 말하는듯-필자)에는 99명의 일본인이 거주하고 있었던 것으로 나타나고 있다. 아마도 그 대부분은 노대농장의 관계자들이 아닌가 생각된다(국사편찬위원회, 『韓國獨立運動史』 資料22 臨政篇 Ⅶ, 1993, 228쪽).
45) 韓相龍, 「北支一帶의 朝鮮人發展相」, 『三千里』 1940년 9월호, 71쪽.
46) 『朝鮮總督府施政年報』, 1940년, 664-666쪽.
47) 리동섭, 「로태농장과 조선의용군」.

가을 추수기에는 수백명의 경관들이 부락마다 10여명씩 나뉘여 경비
를 서면서 수확한 곡식을 모두 징발하거나 저가에 수매하였다. 일제는
이 곡식을 '軍穀'이라 하여 농민들은 건드리지도 못하게 하였다. 특히
일제는 영하현 일대에서 농민들이 곡식을 숨겨놓고 정미하는 것을 방지
하기 위하여 정미기계를 몰수하거나 파괴하였다. 그리고 중국인 미곡상
이나 개인에게 수매하는 것을 엄격하게 금지하였다. 이를 어길 경우에는
곡식을 몰수하거나 벌금에 처하고 심한 경우는 사형에 처하기도 하였
다.49) 노대농장의 곡식 수매는 일본의 재벌인 三井物産株式會社가 전담
하였다.50) 수매된 곡식은 노대역 부근의 '미곡창고'에 보관되었다가 일
본군의 군량으로 공급되었다.51) 나아가 농장에서는 수확한 곡식의 운반
비 경감 및 판매가격의 향상을 위하여 1940년부터 4개년사업으로 정미
공장 건설에 착수하였다.52)

농민들에게는 1940년부터 1942년까지는 전부 좁쌀을 식량으로 주었
다. 1943년부터는 인심을 사기 위하여 쌀을 공급하였고 때로 사탕, 과자
를 주기도 하였다.53) 화북조선독립동맹 주석 武亭의 보고에 의하면, 농
민들에게는 매월 1인당 13kg의 양식을 배급하였다고 한다. 때문에 농민
들은 암시장에 가서 부족한 양식을 구입하기도 하였다.54) 또한 농민들
이 한 끼를 더 먹거나 보초시간, 집합시간에 늦었다든지 명령을 집행하
는데 조금이라도 소홀히 하면 곧바로 양식배급을 중지하였다. 이러한
'수용소' 생활을 견디다 못한 농민들은 몰래 도망하였다고 한다. 예를

---

48) 만주의 안전농촌에 대해서는 김정미, 손춘일의 논문을 참조.
49) 寧河縣地方史誌編修委員會 編著, 『天津市 寧河縣誌』, 35쪽.
50) 淺田喬二, 「日本帝國主義による中國農業資源の收奪過程」, 110쪽.
51) 寧河縣地方史誌編修委員會 編著, 『天津市 寧河縣誌』, 339쪽.
52) 朝鮮總督府 司政局, 『昭和16年 12月 第79回帝國議會說明資料』, 412쪽.
53) 리동섭, 「로태농장과 조선의용군」, 45쪽.
54) 武亭, 「華北朝鮮獨立同盟1944年1月至1945年5月工作經過報告」, 1137쪽.

들어, 1944년 1년 동안 몰래 도주한 농민이 11호나 되었다고 한다. 일제는 농민들이 도주할 때는 통제를 더욱 강화하였다.[55]

나아가 일제는 농장의 식량생산을 증대시키기 위하여 추가로 더많은 농민들을 농장에 수용하고자 하였다. 즉, 1944년 조선총독부는 200호 이상 증대하는데 필요한 예산을 편성하였다.[56] 물론 이러한 계획은 예정대로 순탄하게 이루어지지 않았던 것으로 보인다. 또한 일제는 인근 灤縣 柏各庄에 노대농장과 같은 정책농장을 건설하기 시작하였다. 노대농장에서는 새로이 세워질 난현 백각장농장에 지도농가 100호를 파견하기로 결정하였다.[57]

한편, 땅을 빼앗기는 등 직접적인 피해를 당한 현지 중국인들은 노대농장에 대하여 심한 반감을 표시하였다.[58] 즉, 일본인은 이 농장을 '노대모범농촌'이라고 불렀으나 현지 중국인들은 '高麗圈'이라 불렀다.[59] '고려권'이라고 하는 말은 농장에서 일하고 있던 한인에 대한 경멸과 멸시, 증오의 뜻을 지니고 있던 것이다. 곧, '권'이라고 하는 말에는 '우리'라고 하는 의미가 있는데 '고려권'이라고 하는 말은 '고려인'들이 살고

---

55) 武亭, 「華北朝鮮獨立同盟1944年1月至1945年5月工作經過報告」, 1137-1138쪽.

56) 朝鮮總督府 財務局, 『朝鮮總督府昭和十九年度豫算增減內譯』중 「北支安全農村(蘆臺)擴充二要スル經費」(梶村秀樹, 「1930年代滿洲における抗日鬪爭にたいする日本帝國主義の諸策動」, 199쪽에서 재인용함)

57) 朝鮮總督府 財務局, 『問答式議會說明資料(第84回)』第7冊 「在外朝鮮人」의 항목중 「灤縣農村設立の目的及經過如何」(梶村秀樹, 「1930年代滿洲における抗日鬪爭にたいする日本帝國主義の諸策動」, 200쪽에서 재인용함)

58) 『大公報』(重慶) 1939년 12월 6일, 「敵驅鮮人移住華北 强占我同胞土地 蘆臺一帶爲最多」(秋憲樹, 『資料韓國獨立運動』2, 연세대 출판부, 1972, 611-612쪽). 신문기사의 내용은 다음과 같다. "적은 현재 적극적으로 조선인을 화북으로 이주시키고 있는데, 노대 일대가 가장 많다. 이들 조선인들이 이르는 곳은 모두 불법적으로 우리 동포의 토지를 강점하여 각지 민중들의 公憤을 사고 있다. 僞臨時政府는 이에 대해 어떻게 해야 할지 난감해 하고 있다고 한다."

59) 河北省 蘆臺農場地方誌 編纂委員會, 『蘆臺農場誌』, 49쪽.

있는 '우리'라는 것이다. 이는 중국팔로군 유격근거지의 각종 인적·물적 자원을 고갈시키기 위해 장성 안밖에 세운 일제의 집단부락을 현지 중국인들이 '人圈'(사람 우리) 또는 '집중영'(수용소)이라고 표현한 것에서도 잘 알 수 있다.[60]

더욱이 일제가 중국인들에게 수전기술을 전수한다는 명목으로 농장내에 중국인 농민 수백인을 소작인으로 고용한 것은 일제의 한·중 민족 이간정책의 하나였다. 이러한 현상은 난현 백각장농장도 마찬가지였다. 백각장농장의 경우 농장내 한인과 중국인 농민에 대한 대우가 서로 달랐다. 즉, 한인 농민에 대한 제반 검사는 허술하게 하고 중국인에 대해서는 엄격하게 검사한다든지, 한인이 중국인 수전에 들어가는 것은 눈감아주고 중국인이 한인 수전에 들어가는 것은 허용하지 않았다. 이러한 여러 가지 방법으로 일제는 한·중 농민을 분열시켜 통치를 용이하게 하고자 하였다.[61]

한편, 일제는 노대농장을 '내선일체'의 '모범적인' 사례로 파악하고 이를 중국인이나 조선국내의 한인들에 대한 선전자료로 활용하였다. 많은 중국인들이 초청되어 농장을 시찰하였던 것으로 보인다. 예를 들어, 1941년 9월 山東省의 중국인 농가 일행이 노대농장을 시찰하였다. 농장을 둘러본 중국인들은 "일본의 이민족에 대한 진정한 정신에 접하여 ..... 우리 지나인들은 동아공영권 이라고 하는 말이 제멋대로 만들어낸 말이며 내선일체라고 하는 것도 일종의 선전에 불과하다고 생각하고 있었는데 오늘 이 노대농촌을 보고 비로소 일본의 眞意를 체득하고 이른바 八紘一宇의 정신도 완전히 이해하게 되었다. 그러므로 금후 우리 지나인들은 일본의 지도하에 동아공영권의 건설에 노력하여야 할 것"이라고

---

60) 尹輝鐸, 「中日戰爭期 日本의 華北支配政策 - 治安强化運動을 中心으로」, 『亞細亞研究』 통권 98호, 高麗大學校 亞細亞問題硏究所, 1997, 193쪽.
61) 史向榮, 「憶朝鮮抗日戰友 - 陳國華同誌」(顧家熙 編, 『中朝人民的戰鬪友誼』, 北京: 人民出版社, 1951, 90쪽)

감탄하였다고 한다.62) 또한 1940년대 조선총독부의 시정보고서나 선전 책자에 '내선일체'의 훌륭한 사례로서 이 농장이 소개되는 경우가 빈번 하였다. 요컨대, 일제는 노대농장이 중국 화북지방 미곡수급의 일익을 담당하는 명실상부한 '모범농촌'이자 '北支 農業開發上의 一大試驗臺' 이며 對民宣撫에도 큰 역할을 하고 있다고 평가하였다.

4. 노대농장과 관내지역 독립운동진영

1) 해방 전후 노대농장과 조선독립동맹

1942년 7월 태항산에서 결성한 화북조선독립동맹(이하 독립동맹) 및 조선의용군은 창립 당초부터 산하에 敵占領區工作委員會(책임자 武亭) 를 설치하였다. 강령에서도 적구의 한인을 적극 쟁취한다고 표방한 바 있었다. 또 1943년도 독립동맹의 공작방침은 대오내부의 단결, 한인에 대한 선전과 아울러 일본군 점령지역 활동을 3대임무의 하나로 꼽고 있 었으며 공작의 원칙까지 제시하기도 하였다.63) 그러나 독립동맹은 일본 군의 대대적이고도 거듭된 팔로군 소탕작전으로 말미암아 창설직후부터 1944년까지 이렇다할 적후공작활동을 전개하지 못하였다.

한편, 1943년 이래 독일과 일본이 유럽과 아시아에서 점차 연합군의 공세에 밀리기 시작하면서 전반적인 정세는 독립동맹에 유리하게 전개 되었다. 1944년 봄부터 가을까지 일본군은 화북, 화중의 주력을 차출하

---

62) 青山信介(總督府 拓務課長), 「半島人海外進出의 現在及將來」(崔載瑞 編, 『大東亞戰 爭と半島』, 京城: 人文社, 1942, 179-180쪽)

63) 염인호, 『朝鮮義勇軍 研究-民族運動을 중심으로』, 149쪽. 독립동맹의 화북지역 농 장에서의 한인쟁취활동에 대해서는 염인호의 앞의 학위논문을 많이 참조하였다.

여 화남에 집중, 豫湘桂戰役을 발동하면서 화북지역에서는 병력과 거점을 축소하였다. 이틈에 화북의 팔로군은 신속하게 해방구를 확대하였다. 그 결과 일본군 점령지역은 1940년 이전의 대도시, 산업중심지와 철도연선의 '점'과 '선'의 범위로 위축되고 일본군은 화북의 광대한 농촌에 대한 통제를 상실하게 되었다.[64]

나아가 중공 항일민주정부는 팔로군의 군수수요를 확보하기 위하여 泰華貿易公司 冀東分公司를 설립하였는데 영하현에는 2개의 '冀興號' 분점을 개설하여 식량의 구매, 수송을 전담시켰다. 아울러 농민들로부터는 '愛國公糧' 혹은 '救國公糧'이라는 명목으로 식량 징수 공작을 전개하였다.[65] 이처럼 화북의 팔로군과 일본군의 대결은 '식량쟁탈전'의 양상을 띠는 것이기도 하였다.

이러한 객관적인 정세속에서 1943년말 경 독립동맹과 조선의용군은 일본군 후방지역(敵區)의 한인동포 쟁취와 한인군대 건설이라는 목표를 세웠다. 태항산과 연안이 임무를 분담한 결과 1944년초 태항산에 敵區工作班이 결성되기에 이르렀다.[66] 그리하여 기동지방의 광산과 농장은 동맹의 晋察冀分盟(冀東分盟)이 담당하였으며 적구공작을 위하여 이 지역 한인농장에 대한 실태를 구체적으로 조사하였다.[67] 우선 冀東地域의 한인 개인지주 농장에서는 대개 친척이나 친구 등의 인간관계를 통하여 공작이 개시되었다. 공작 결과 농장의 청년들이 의용군에 투신하는 사례가 종종 나타나기도 하였다.[68]

요컨대, 일제의 통제장치가 약하였던 한인 개인지주 농장들에서는 독립동맹의 선전활동이 비교적 용이하게 성과를 거둘 수 있었다. 팔로군

---

64) 居之芬·張利民 主編, 『日本在華北經濟統制掠奪史』, 335쪽.

65) 寧河縣地方史誌編修委員會 編著, 『天津市 寧河縣誌』, 339쪽.

66) 염인호, 『朝鮮義勇軍 研究-民族運動을 중심으로』, 150쪽.

67) 武亭, 「華北朝鮮獨立同盟1944年1月至1945年5月工作經過報告」, 1133쪽.

68) 武亭, 「華北朝鮮獨立同盟1944年1月至1945年5月工作經過報告」, 1142쪽.

의 약진을 피부로 느끼고 있던 농장의 한인들은 중국인 천지의 이역에서 한인의 군대 조선의용군이 있었다는 것만으로도 큰 위안이 되었던 것이다.[69]

그러나 일제의 정책농장인 노대농장에 대한 공작활동은 지지부진하였다. 현지 중국인들에 의해 '고려권'으로 불려진데서도 잘 알 수 있듯이 농장은 외부와의 접촉이 차단된 일종의 '수용소'였다. 즉, 농장의 구조가 높이 4m, 전체길이 27km의 제방으로 둘러싸여 있고 곳곳에 감시 망루가 설치되었으며 농장의 사방이 운하, 강, 철도, 도로 등으로 둘러싸여 있었다. 또한 비교적 취약하다고 할 수 있는 농장 서북쪽 외곽에는 별도의 경비부대 2개 중대가 팔로군이나 의용군의 침투를 차단하고 있었다. 그리고 동쪽으로 8km거리의 경산선(북경-산해관) 노대역에 주둔하고 있던 4천명에 가까운 규모의 일본군이 항상 출동할 수 있는 대기상태에 있었으므로[70] 농장에 대한 침투공작은 대단히 어려웠을 것으로 생각된다. 연간 36만석의 식량을 생산하던 노대농장은 그만큼 일본에게는 중요한 식량기지였고 외부세력의 침투 방지는 사활이 걸린 문제였다.

따라서 일제는 농민에 대한 통제를 강화하였고 조선독립동맹과 팔로군에 대한 경계가 매우 삼엄하였다. 또한 의심이 가는 농민을 끌고가 구타하거나 독립동맹과 팔로군의 활동을 말하도록 협박하였다. 게다가 한인농민이 유격지역으로 가다가 일본인과 동일시되어 살해당하는 경우도 있었다. 이러한 사건들은 농민들에게 팔로군에 대한 나쁜 이미지를 주었다. 무정의 보고에 의하면, 이 농장의 한인 농민들은 팔로군이 한인을 살해하지 않을 뿐만 아니라 오히려 조선민족독립운동을 지원하고 변구 정부가 한인을 우대한다는 것에 대해 정확한 인식을 가지지 못하고 여전히 회의적인 태도를 견지하고 있었다고 한다.[71] 공작이 시작되던 1944

---

69) 염인호, 『朝鮮義勇軍 硏究-民族運動을 중심으로』, 162쪽.

70) 寧河縣地方史誌編修委員會 編著, 『天津市 寧河縣誌』, 573쪽.

년 9월 당시에는 농장의 한인농민들의 생활도 어느정도 안정되어 보수
적인 분위기가 강하였다.[72]

독립동맹은 1944년 9월 처음으로 이 농장에 친척관계를 이용하여 1
명의 공작원을 파견, 공작을 개시하였다.[73] 이 공작원은 농장내부에 하
나의 동맹 소조를 건립하였으나 다음달 공작상황을 보고하기 위하여 팔
로군근거지에 가던 중 농장의 구장에 의해 노상에서 피살되었다. 독립동
맹은 다음해인 1945년 3월에 다시 2명의 공작원을 파견하여 농장내부의
조직을 재건하였다.[74] 이때의 공작은 동맹원 李大成의 책임하에 전개되
었다. 공작결과 농장의 감시초소에서 보초를 서고 있던 청년이 무기를
휴대한 채 중공의 근거지로 탈출하는 사례도 나타나게 되었다.[75]

아무튼, 1945년 8월 15일 일본이 무조건 투항하면서 기동에서 활동하
던 공작원들은 노대농장에 들어가서 농장을 접수하기 시작하였다. 이때
노대농장은 조선의용군의 인적, 물적 기반 확대를 위하여 중요한 역할을

---

71) 武亭,「華北朝鮮獨立同盟1944年1月至1945年5月工作經過報告」, 1138쪽.
72) 전신규,「적의 '인후'에 붙어」,『중국의 광활한 대지우에』, 연길: 연변인민출판사,
   1987, 335쪽.
73) 한편,『蘆臺農場誌』, 49-50쪽에 의하면, 노대농장에 대한 공작은 1940년부터 전개
   된 것으로 나타나고 있다. 즉, "1940년 中共 冀東區黨分委는 2명의 조선항일용사
   를 '高麗圈'에 잠입시켜 항일공작을 전개하였으나 불행하게도 일본침략자에 의해
   살해되었다"고 하였다. 이는 아마도 1944년의 일이 아닌가 생각되나 정확한 것은
   확인되지 않고 있다. 또한 1943년에도 공작을 전개한 것으로 서술하고 있다. 즉,
   "1943년 겨울, 中共 冀東地委東部地分委 敵工部長 崔征은 15地委를 통하여 조선
   동맹(조선독립동맹-인용자) 지부의 李大成(중공당원), 李淸을 '고려권'에 파견하여
   항일공작을 전개하고 中共 武(淸)寶(坻)寧(河)工委 3區 區委 서기 佐天(李志)과 배
   합, 농장내 각 부락에 깊이 들어가 2년의 선전조직공작을 거쳐 23개 리에 항일동
   맹의 조직을 건립하고 西雙庄에 주둔하고 있던 2개 조선경비련 내에도 항일동맹
   지부를 건립하였다"고 하였다. 여기서의 李淸, 佐天 등은 중국인 당원으로서 독립
   동맹의 기동지역 공작에 이들도 깊숙이 관련되었음을 잘 알 수 있다.
74) 武亭,「華北朝鮮獨立同盟1944年1月至1945年5月工作經過報告」, 1138쪽.
75) 리동섭,「로태농장과 조선의용군」, 47쪽.

하였다. 일부 조선의용군은 이곳에서 역량을 한층 강화한 후 보다 강력해진 세력을 이끌고 만주로 진출할 수 있었던 것이다.

먼저 독립동맹의 이대성은 농장 서쪽 西雙庄에 주둔하고 있던 2개 중대의 조선경비부대와 협의하여 모든 무장을 휴대한채 평화적으로 접수에 응하도록 하였다.76) 이에 中共 冀東18專署 專員인 常佩池가 武寶寧 4區 雙庄에 와서 이들에 대한 환영대회를 개최하였으며 冀東軍區에서 요원을 파견하여 이 부대를 접수하여 갔다.

같은 해 9월, 일본측 농장 책임자는 이대성에게 면담을 요청하여 武寶寧聯合縣 縣長인 方鋼, 적공부장 佐天 등과 茶淀에서 담판하고 다음과 같이 협의하였다. 즉, "① '高麗圈'의 평화적인 해방을 확인하고 쌍방 무장은 농장에 진입할 수 없다. ② 일본측 책임자, 한인측 위원장과 이대성, 佐天이 함께 농장업무를 처리하며 이들 4인에 대해서는 안전을 보장한다. ③ (수확물에 대해서는-인용자) 조선농민에게는 1畝當 30근을 보수로 준다. (전체의-인용자) 70%는 조선농민의 몫으로 하고 30%는 항일민주정부에 납부한다."77)는 협정을 체결하였다.

이는 일제패망 직후의 중국 국민당정부나 중국공산당 팔로군이 아직 기동지역의 농장을 장악하지 못하고 있었으며 중공, 독립동맹, 농장의 한인대표 및 일본인 등이 공동으로 농장을 경영하는 상황이었음을 말해주고 있다.78) 10월 상순, 농장의 일본측 책임자는 이대성에게 국민당정부에 대한 정식투항을 위하여 노대역에 집결해 있던 일본군을 위하여 노

---

76) 河北省 蘆臺農場地方誌 編纂委員會, 『蘆臺農場誌』, 50쪽.

77) 河北省 蘆臺農場地方誌 編纂委員會, 『蘆臺農場誌』.

78) 河北省 蘆臺農場地方誌 編纂委員會, 『蘆臺農場誌』, 50쪽에 의하면, 1945년 10월 중공 18專署는 노대농장을 접수하여 李志를 農場長, 李鎭平을 副農場長으로 임명하여 영농을 계속하였다고 한다. 그리고 11월에는 이대성이 농장내 한인청년들 가운데 200명을 조선의용군에 편입시켰으며 이들은 李易民(이유민인듯-필자)의 인솔하에 백각장에서 배를 타고 대련을 경유하여 귀국했다고 한다.

대농장 보유 곡식의 일부를 구매 요청하여 이들에게 상당량의 곡식을 판매하기도 하였다.

그러나 1946년초 중국 국민당정부가 노대진을 점령하면서 상황이 급변하였다. 국민당은 농장에 대한 전기 송전을 단절함으로써 농장의 양수기능을 마비시켰다. 머지않아 국민당군대가 진주하게 되는 상황 속에서 당시 의용군 주력이 이미 만주로 진출하고 난뒤 여전히 노대농장에 잔류하여 한인관련업무를 처리하고 있던 이대성 등은 중공중앙의 비준하에 철수를 결정하고 일부 한인들과 만주로 진출함으로써 노대농장은 국민당이 접수하게 되었다.[79] 국민당정부가 농장을 접수하면서 농장에 남아있던 3천여명의 한인농민들은 1946년 한해의 농사를 시작하려는 시점에서 농장에서 내쫓기게 되었다.

2) 해방후 노대농장과 임시정부

해방 이전 임시정부 및 광복군은 독립동맹과 마찬가지로 적구공작을 중시하여 화북으로 공작원을 파견하는 등 많은 노력을 기울였다. 그러나 독립동맹에 비해 상대적으로 화북과의 거리가 멀었던 관계로 공작이 순조롭게 진행되지 못하였던 것으로 보인다. 특히 해방 이전 임시정부측에서 노대농장의 실태를 파악하고 있었음을 보여주는 자료는 현재 발견되지 않고 있다. 다만 문헌상으로 임시정부측이 노대농장과 관계를 가지는 것은 해방 다음해인 1946년초 국민당정부가 화북 특히 기동지역에 진출하고 이 지역을 접수하면서 국민당정부와 함께 진출해온 임시정부 주화대표단 산하의 華北韓僑宣撫團(이하 선무단)이 한인보호활동을 시작하면서부터이다.

한교선무단은 1945년 10월 중순 조직되었으며 그 임무는 국민당 수

---

79) 河北省 蘆臺農場地方誌 編纂委員會, 『蘆臺農場誌』, 50쪽.

복지구에 산재해 있는 한인에 대한 조사와 구호활동이며 화북, 화중, 화
남의 3구로 나누어 파견되었다.[80] 즉, 선무단의 주된 임무는 수복지구
한교(한적 장병 포함)에 대한 조사와 구호였으며 중국군의 수복을 돕는
한시적 조직이었다.[81] 이가운데 화북선무단이 국민당 군대를 따라 화북
으로 진출하였다.

그러나 선무단이 화북에서 한인보호활동을 개시할 무렵은 이미 국민
당정부의 임시정부 및 광복군에 대한 정책이 변경되면서 한인도 일본인
과 마찬가지로 전원 귀국시킨다는 정책을 확정해놓고 있던 상황이었
다.[82] 즉, 한국인도 일본인과 마찬가지로 난민으로 취급하여 재산을 몰
수하고 수용소에 집결시킨 뒤 일괄적으로 강제귀국 혹은 추방시킨다는
것이다.[83] 또한 미군정에서도 재중 한인을 귀국시키기 위하여 북경, 천
진 등지에 미군정 주중사무소를 설치하고 실무행정 담당자를 파견하여
한인 귀국업무를 개시하였다.[84] 국민당정부는 귀국할 의사가 없는 한인
에 대해서도 탄압과 협박으로 귀국을 종용하였다.

이에 임시정부의 김구와 박찬익은 국민당정부에 시정을 촉구하면서
한인교포들을 무차별적으로 일본인과 동일시하는 정책을 중단하고 그
대신 선량한 부류와 불량한 부류로 구별해 차별적으로 대우할 것을 요
청했다.[85]

---

80) 「韓僑宣撫服務條例 및 團員名單」(秋憲樹,『資料韓國獨立運動』1, 연세대 출판부,
   1972, 491-492쪽).
81) 염인호,「해방 후 韓國獨立黨의 中國 關內地方에서의 光復軍 擴軍運動」,『역사문
   제연구』창간호, 역사비평사, 1996, 291쪽.
82) 中國軍事委員會 작성(1945. 12. 22) 韓籍捕虜處理辦法 (秋憲樹,『資料韓國獨立運
   動』1, 495-496쪽) ; 김정인,「임정 駐華代表團의 조직과 활동」,『역사와 현실』
   제24호, 역사비평사, 1997, 134쪽.
83) 秋憲樹,『資料韓國獨立運動』1, 496쪽.
84) 姜則模(당시 미군정 주중사무소 파견원: 1997년 11월 25일 이승억 녹취, 한국정신
   문화연구원 구술자료 수집용역 결과물) 증언.

그리고 기동지역 한인계열 농장의 농민들이 화북의 농업발전에 기여한 바가 지대하므로 계속적인 영농을 하도록 허락해줄 것을 요청하였다. 화북선무단은 기동지역의 한인계열 농장에 대한 실태조사를 벌여 12개 농장을 파악하고 나아가 이 가운데 농장경영 실적이 우수한 6개 농장에 대해서는 직접 보증책임을 지고 국민당정부에 '농장경영계획서'를 제출하여 영농자금 대부를 요청하였다.[86] 당시 선무단이 파악한 한인관련 농장과 영농실태는 다음과 같다.

> 1. 화북선무단이 보증책임을 지는 농장
>   ① 昌黎농장: 申英澈, 韓僑佃戶: 李炳基 외 126명
>   ② 大陸농장: 金贊亨, 한교전호: 李春成 외 13명
>   ③ 新盛농장: 金贊亨, 한교전호: 金順八 외 44명
>   ④ 裕興농장 대표: 金光男, 韓僑佃戶: 金震根 외 154명
>   ⑤ 興農公司농장 대표: 金磷鉉, 한교전호: 張仁國 외 11명
>   ⑥ 蘆臺농장 대표: 金馹重(*본단이 경영을 직접 감독), 한교전호: 金石斗 외 3,068명
> 2. 본단이 보증책임을 지겠으나 계획서는 아직 도착하지 않은 농장
>   ① 潮下농장 대표
>   ② 西河南농장 대표
> 3. 보증책임을 지지 않는 농장
>   ① 東一농장 대표: 金若三, 한교전호
>   ② 楊柳淸농장 대표: 金大鉉, 한교전호
>   ③ 天一농장: 玄墈, 휴농중임
>   ④ 拍客莊농장(柏各庄농장-인용자): 휴농중임[87]

---

85) 秋憲樹, 『資料韓國獨立運動』 1, 494-495, 497쪽.

86) 「임시정부 특파화북지구 교포선무단 단장 李光이 河北省政府」, 1946년 2월 25일 (국사편찬위원회, 『韓國獨立運動史』 資料 27 臨政篇 12, 82-83쪽). 위의 보고에는 노대농장을 포함한 6개농장의 '농장경영계획서'가 첨부되었다고 하였으나 대륙농장의 계획서만 보이고 있다.

87) 국사편찬위원회, 『韓國獨立運動史』 資料 27 臨政篇 12, 83쪽.

위의 내용 가운데에서 주목되는 것은 노대농장에 대해서는 선무단이 직접 경영을 감독하고 있다는 사실이다. 이러한 사실은 독립동맹과 마찬가지로 임시정부 입장에서도 노대농장이 인적, 물적 기반으로서 중요했다는 것을 반영하는 것이라 할 것이다. 1946년 2월 현재 노대농장에 잔류하고 있던 한인은 3,068명으로 파악되고 있었다. 이로 미루어 보아 약 1,000명이 이미 귀국하였거나 독립동맹 산하 의용군에 편입되어 만주로 진출하였던 것으로 보인다. 선무단이 기동 일대 한인관련농장의 실태 조사를 벌이던 1946년 2월은 한인들을 일제의 '전위'로 간주하던 국민당 군대와 중국인들에 의해 노대농장의 농민들이 농장에서 축출되어 강제 귀국하기 시작하던 때였다.

중국 국민당정부는 1945년 9월 하순부터 전국의 적산 산업시설을 접수하기 시작하였다. 화북의 적산농장 접수는 국민당정부의 농림부가 전담하였다.[88] 중국 국민당정부 농림부에서는 산하의 接收華北墾業臨時辦事處로 하여금 모든 한인농장을 접수하여 중국인에게 임대·경작하도록 하는 지침을 내렸다.[89] 특히 국민당정부는 영하현과 노대농장 '근대화 농업모범현' 계획을 실시하여 이 일대의 농업을 '미국의 농업수준'으로 끌어올려 국민당정부의 공산당토벌을 위한 식량기지로 삼고자 하였다.[90]

이에 화북한교선무단 李光은 주화대표단 단장인 박찬익에게 직접 중국 농림부와 교섭하여 한인농민의 경작을 허락하도록 요청하였다. 그 내용은 다음과 같다.

---

88) 日本 大藏省 管理局, 『日本人の海外活動に關する歷史的調査』, 通卷第26冊, 1947, 109쪽.
89) 농림부접수화북간업임시판사처가 화북한교선무단에게, 1945. 3. 16. (국사편찬위원회, 『韓國獨立運動史』 資料 27 臨政篇 12, 89쪽.)
90) 寧河縣地方史誌編修委員會 編著, 『天津市 寧河縣誌』, 5쪽.

　　화북일대에서 농장을 경영하는 교포의 수는 퍽 많습니다. 경지는 넓고 윤택하며 농작의 인원수는 합하여 약 7-8천명이나 됩니다. 그들은 부지런한 노력으로 황무지를 개간하여 양호한 옥답으로 만들어 자신의 생활유지 뿐만 아니라 화북의 전체 생산사업에 대해서도 막대한 공헌을 했던 것입니다. 8월 15일부터 각 농장은 모두 중국정부에서 접수하였고 교포에게는 계속 파종하지 못하게 하였습니다. 그래서 수개월 전부터 하북성 정부 및 건설청과 교섭하면서 한국인에게 파종개시를 허가해 주고 대부를 주어 농기를 잃지 않게 하여 수천명의 생계를 유지케 해주고 소유권의 정당여부는 후에 심사하여 결정해 달라고 요청했습니다. 처음에는 윤허해 줄 뜻이 있는 듯 했는데 지금 농림부 駐平특파원(楊扶靑)이 보내온 서함에는 "농림부에 품신하는 절차를 밟았더니 全한국인의 농장은 전부몰수하여 중국인에게 세주어 농작시키라는 지령을 받았다"고 운운하였습니다. 이 일은 관계가 지대하니 농림부와 교섭하지 않고는 해결되지 않겠습니다. 여기 내왕한 문서와 각 농장의 시설계획서 1부를 동봉해 보내드리오니 査照하시고 급히 농림부와 교섭하여 타당한 방법을 상의하시고 楊위원에게 교포들이 계속 경작하게 준허를 해주라는 영을 내려주게 해주시기를 청합니다.[91]

　그에 따라 박찬익은 직접 중국 농림부에 한인농장의 상황을 설명하고 선처를 호소하였으나 이미 때늦은 일이었다.[92] 이미 같은 해 2월부터 노대농장의 3천여 농민을 비롯한 수만에 달하는 화북의 한인들은 천진에 집결수용되어 미군정이 제공한 LST(Landing Ship for Tank)를 타고 강제로 귀국하기에 이르렀다.

---

91) 李光이 박찬익에게, 1946. 3. 16. (국사편찬위원회, 『韓國獨立運動史』 資料 27 臨政篇 12, 88쪽).

92) 국사편찬위원회, 『韓國獨立運動史』 資料 27 臨政篇 12, 89-90쪽.

5. 맺음말

　중국관내지역의 한인 이주는 중일전쟁을 계기로 폭발적으로 증가하여 1940년에는 약 10만에 이르렀다. 조선총독부는 중일전쟁을 계기로 재중 한인에 대한 이른바 '保護撫育'이라는 명목으로 조선총독부 직원을 중국에 파견하였다. 중일전쟁 이후 급속히 증가하고 있는 재중 한인을 통제하기 위하여 북경, 천진 등지에 출장소를 설치하고 사무관을 파견하여 조선국내의 유휴인력을 중국에 이주시키는 등 한인 업무를 관장하게 하였다.

　한편, 재중 한인업무를 담당하는 조선총독부, 일본 외무성, 천진주둔 육군특무기관, 동척 등은 중일전쟁 직후 곳곳에서 전투가 발발하면서 삶의 터전을 빼앗기고 북경, 천진 등으로 피난한 한인들, 또한 화북지방을 떠돌면서 '부정업'에 종사하던 한인들을 '전업'시킨다는 명목으로 대규모 집단농장에 수용하고자 하였다. 이는 화북에 주둔하고 있던 일본군 및 교민의 식량을 현지조달하는 목적이기도 하였다. 일본이 冀東지역(河北省 동쪽지방)에 설치한 농장 가운데 한인들을 수용하였거나 한인 지주가 직접 경영한 농장은 노대농장을 포함하여 약 16개에 이르고 있다. 그 가운데 노대농장은 면적이나 수용인원에 있어 규모가 가장 컸다.

　농장 건설사업은 동척이 담당하기로 하였고 농장경영은 협동조합을 조직하여 운영하기로 하였다. 농장 건설은 1938, 39년에 연이은 대수해가 발생하는 바람에 목표보다 늦은 1940년에 완공을 보게 되었다. 처음 농장의 수용대상자는 화북지방을 떠돌던 한인 무직자들로 예정되었다. 그러나 이들 대다수가 북경, 천진 등 도시생활자들이었기 때문에 농촌생활에 잘 적응할지에 대해서는 비관적이었다. 이들을 농장에 정착시키기 위하여 일제의 통치에 '순종적'인 국내의 '모범농가'를 입식하기로 결정하였다. 조선총독부는 마침 조선국내에서 낙동강 범람으로 이재민이 된 경상도 일대의 농가를 포함하여 자격요건에 맞는 150여호을 엄선하여 농장에 입식하였다.

농장내 토지는 22구획으로 나누어 34개의 '리(동)'를 설치하였다. 중앙리에는 일본인 관리들이 주재하고 나머지 각 리에는 상호감시체제제하에 한인 농민들을 통제하였다. 농장 중앙부락에 영사관경찰서를 설치하고 농장과 노대역이 있는 노대진에는 일본군이 주둔하고 있었다. 또 농장경찰서 산하에 자위단을 조직하고 중앙리와 동서남북 각 요지에 감시초소를 구축하여 경비를 담당하게 하였다.

노대농장의 곡식 수매는 일본의 재벌인 三井物産株式會社가 전담하였다. 수매된 곡식은 노대역 부근의 '미곡창고'에 보관되었다가 일본군의 군량으로 공급되었다. 일제는 이 곡식을 '군곡'이라 하여 농민들은 건드리지 못하게 하였다. 대신 농민들에게는 1940년부터 1942년까지는 전부 좁쌀을 식량으로 주다가 1943년부터는 인심을 사기 위하여 쌀을 공급하였다.

현지 중국인들은 노대농장을 멸시의 뜻이 담긴 '고려권'이라 부르는 등 심한 반감을 표시하였다. 더욱이 일제가 중국인들에게 수전기술을 전수한다는 명목으로 농장내에 중국인 농민 수백인을 소작인으로 고용하였는데, 이는 일제의 한·중 민족이간정책의 하나였다. 일제는 노대농장을 '내선일체'의 선전자료로 활용하였다.

한편, 1942년 7월 태항산에서 결성된 화북조선독립동맹 및 조선의용군은 창립 당초부터 적구의 한인을 적극 쟁취한다고 표방한 바 있었다. 우선 기동지역 한인농장에 대한 실태를 구체적으로 조사하고 공작을 개시하였다. 일제의 통제가 약하였던 한인 개인지주 농장들에서는 독립동맹의 선전활동이 비교적 용이하게 성과를 거둘 수 있었다. 그러나 일제의 중요한 식량기지였던 노대농장에 대한 침투공작은 대단히 어려웠다.

1945년 8월 15일 일본이 무조건 투항하면서 조선의용군은 노대농장에 들어가서 세력을 강화한 후 만주로 진출하였다.

해방 이전 임시정부 및 광복군도 독립동맹과 마찬가지로 적구공작을 중시하여 화북으로 공작원을 파견하는 등 많은 노력을 기울였다. 다만 거리가 멀었기 때문에 임시정부측이 노대농장과 관련을 가지게 되는 것은 국민당정부와 함께 진출해온 임시정부 주화대표단 산하의 화북한교 선무단이 한인보호활동을 시작하면서부터이다. 한교선무단은 기동지역의 한인계열 농장에 대한 실태조사를 벌여 이 가운데 농장경영 실적이 우수한 6개 농장에 대해서는 직접 보증책임을 지고 국민당정부에 영농자금 대부를 요청하였다. 특히 노대농장에 대해서는 선무단이 직접 경영을 감독하였다. 이는 독립동맹과 마찬가지로 이 농장이 인적, 물적 기반으로서 중요했다는 것을 반영하는 것이다.

그러나 한교선무단이 화북에서 한인보호활동을 개시할 무렵은 이미 국민당정부의 한인 정책이 변경되면서 재산을 몰수하고 전원 강제로 귀국시킨다는 정책을 확정해놓고 있던 상황이었다. 이에 대해 임시정부 주화대표단은 국민당정부에 시정을 촉구하였으나 이미 때늦은 일이었다. 마침내 1946년 2월부터 노대농장의 3천여 농민을 비롯한 수만에 달하는 화북의 한인들은 천진에 집결수용되어 한국으로 강제 송환되었다.

제3장 전후 상해한인사회의 전시 대일협력에 대한 인식
-교민신문 『大韓日報』의 기고문을 중심으로-

1. 머리말

1945년 8월 15일 상해한인사회가 맞이한 광복은 감격적이었음에 틀림없지만 동시에 매우 갑작스럽고 당황스러운 것이었다. 태평양전쟁기 상해한인사회를 통제하고 지배하던 일본제국주의의 갑작스런 붕괴로 인해 한인들은 자신들의 운명이 어떻게 될지 알 수 없게 되었기 때문이다. 1932년 윤봉길의 홍구공원의거 이후 일제의 추격에 쫓긴 대한민국 임시정부 요인들은 상해를 탈출했지만 대다수 교민들은 현지에 남을 수밖에 없었다. 상해에 잔류한 대다수 한인들은 서서히 일본세력의 통제 하에 들어갔다. 특히 1937년 중일전쟁 및 1941년 태평양전쟁에 즈음하여 국내로부터 밀려들어온 내선일체 및 황국신민화운동의 파고는 상해도 예외가 아니었다. 그 결과 상해 한인들은 황국신민화운동에 포섭되고 동원되면서 적극적이든 소극적이든, 능동적이든 수동적이든 '대일협력'[1]을

---

1) 1945년 광복후 임시정부와 상해한인사회에서는 오늘날 한국에서 널리 사용되고 있는 '친일(파)'이라는 용어가 사용되지 않았다. 임시정부는 1945년 9월 3일 발표한 「臨時政府當面政策」에서 '賣國賊', 10월 이후에는 '韓奸'이라는 용어를 사용하였다. 상해 한인들 사이에서도 대개 '韓奸'이라는 용어가 사용되었다. 그리고 드물게는 '漢奸', '奸人', '利敵行爲者', '賣國奴' 등의 용어도 사용되었다. '韓奸'을 사용하게 된데는 현지 중국에서 널리 쓰이던 '漢奸'이라는 용어의 영향 때문인 것으로 보인다. 중국에서의 '漢奸'에 대한 일반적인 정의는 "원래 漢族의 敗類를 가리키는 것으로 후에 外族이나 외국침략자에 의지해 조국과 민족의 이익을 배반하는 사람을 가리킨다"고 되어 있다(漢語大詞典編輯委員會, 『漢語大詞典』 第六卷

하지 않을 수 없었다. 이런 점에서 상해한인사회의 대일협력은 1940년
대 전반기 국내 상황의 축소판이라고 해도 과언이 아닐 것이다.

그러면 1945년 광복을 맞이한 상해한인사회는 자신들의 전시 대일협
력 문제를 어떻게 인식하고 있었을까. 물론 상해에서 살았던 인사가 남
긴 글이 없지 않지만 그 속에 나타나는 상해 한인들의 존재는 시종일관
부정적이다. 즉 '친일' 시비에서 결코 자유로울 수 없는 인사가 대다수
상해 한인들을 부정업에 종사하는 악덕사업가나 민족반역자, 친일부역
배로 그리고 있다.2) 또한 당시 중국 국민당정부 문서에 보이는 한인들
역시 현지사회에서 치안불안을 야기하는 존재로서 하루빨리 강제로 송
환시켜야 하는 부정적인 타자에 다름 아니었다.3)

상해한인사회에 대한 이같은 부정적인 이미지는 지금까지 상해한인
사회에 대한 학문적인 연구의 걸림돌로 작용하였다. 1937년 중일전쟁
이후 상해한인사회에 대한 연구가 논고에 따라 정도의 차이는 있지만 대
체적으로 부정적인 관점에서 이루어져 왔던 것도 그런 이유에서였다.4)
즉 전시 상해 한인들의 '친일성'을 규명하고 고발하는 성격을 띠고 있었
던 것이 사실이다. 광복후 상해한인사회에 대해서도 중국당국 혹은 연합

上冊, 上海: 漢語大詞典出版社, 2001, 49쪽). 즉 '韓奸處分', '韓奸處置', '韓奸行
爲', '韓奸질', 특정인을 지칭할 경우 '李奸' 등과 같이 사용되었다. 본고에서는 도
덕적 가치판단이 내재되어 있는 개념인 '친일' 대신 당시 사용되었던 '韓奸'이나
가치중립적인 개념인 '대일협력'이라는 용어를 기본적으로 사용한다. '친일' 관련
용어의 개념 문제에 대해서는 다음의 논고가 참고된다. 윤해동, 『근대역사학의 황
혼』, 책과함께, 2010, 296-297쪽.

2) 金明洙, 『明水散文錄』, 삼형문화, 1985.

3) 謝培屛 編, 『戰後遣送外僑返國史料彙編』 1, 韓僑篇, 臺北: 國史館, 2008 ; 국사편
찬위원회, 『광복 이후 재중 한인의 귀환 관련 사료』 I, 총론 및 화중·화남지방
편, 해외사료총서 25, 2012.

4) 孫科志, 『上海韓人社會史(1910-1945)』, 한울, 2001 ; 김광재, 「'上海居留朝鮮人
會'(1933-1941) 研究」, 『한국근현대사연구』 제35집, 2005 ; 황묘희, 「침략전쟁기
상해의 친일조선인 연구」, 『한국독립운동사연구』 제24집, 2005.

국의 전후 정책에 의해 그들은 국내로 송환되어야 하는 부정적인 대상으로 묘사되고 있을 뿐이다.[5] 이렇듯이 지금까지의 상해한인사회에 대한 연구는 상해 한인들의 내면적인 목소리를 외면하고 그들을 철저하게 타자화할 뿐이었다.[6] 따라서 필자는 그동안 '친일' 일색으로 매도된 상해한인사회의 내면의 목소리를 담아내고자 하는 문제의식을 가지고 있었다.

그러던 차에 상해 한인들의 생생한 목소리를 들을 수 있는 새로운 사료를 접하게 되었다. 최근 새로이 발굴된 상해 교민신문인『大韓日報』[7]는 상해한인사회의 전시대일협력과 관련하여 외부의 부정적인 시선이 아닌 그들의 입장을 직접적으로 보여주는 좋은 자료로 보인다.『대한일보』에는 광복직후 상해한인사회의 전시 대일협력에 대한 인식을 알 수 있게 하는 유용한 내용들이 담겨 있다.[8] 상해 한인들은 신문 지상에서 태평양전쟁기 자신들의 대일협력을 어떻게 인식하고 평가할 것인가에 대해 치열한 논쟁을 벌였다. 그런데 이러한 생생한 목소리들은 현대사의

---

5) 張錫興,「해방직후 상해지역의 한인사회와 귀환」,『한국근현대사연구』28, 2004 ; 馬軍·單冠初,「戰後國民政府遣返韓人政策的演變及在上海地區的實踐」,『史林』2006年 第二期, 上海社會科學院 歷史研究所, 2006.

6) 다만 최근에 들어와 상해한인사회의 생활사 등 다양한 측면을 고찰하는 연구가 나타나고 있어 고무적인 연구경향으로 지적된다. 김광재,「'상인독립군' 金時文의 上海 생활사」,『한국민족운동사연구』제64집, 2010.

7)『大韓日報』는 1930년대부터『三千里』잡지의 상해 특파원을 지냈던 朴巨影에 의해 광복직후인 1945년 9월 6일 상해에서 창간되었다.『大韓日報』는 2면 발행의 타블로이드판 교민사회 일간지로서 1945년 12월 말까지 103호를 냈으며 1946년 1월부터는『大韓新報』로 개제하고 旬刊으로 바뀌었다. 현재 남아 있는 것으로는 1946년 1월 20일자 제106호가 마지막이며 언제 폐간되었는지는 확실치 않다. 당시 상해에는『大韓日報』와 더불어『新韓日報』,『韓民報』등이 있었는데, 그 가운데『大韓日報』는 가장 오래 발행되었으며 현재 실물을 볼 수 있는 유일한 교민 일간지이다.『大韓日報』의 구체적인 소개는 필자의 다음 논문을 참조하기 바란다. 김광재,「광복 이후 上海韓國僑民團의 설립과 활동-교민신문『大韓日報』의 기사내용을 중심으로」,『한국민족운동사연구』제78집, 2014, 87쪽.

8)『大韓日報』를 활용한 연구성과는 다음과 같다. 김광재,「광복 이후 上海韓國僑民團의 설립과 활동-교민신문『大韓日報』의 기사내용을 중심으로」.

격동 속에서 망각의 심연에 침잠되었다. 필자의 과문 탓인지는 몰라도 광복 직후 국내에서 이와 유사한 사례가 있었다는 이야기는 들어본 바가 없다. 『대한일보』에 실려 있는 상해한인사회의 대일협력에 대한 평가를 둘러싼 논쟁은 나치 독일의 점령에서 해방된 프랑스 지식인 사회에서 대독 협력자 처벌을 둘러싸고 전개된 알베르 카뮈(Albert Camus)와 프랑수아 모리악(Francois Mauriac)의 청산론·관용론 논쟁9)을 연상시키는 흥미로운 주제가 아닐 수 없다.

따라서 필자는 『대한일보』에 게재된 전시 상해한인사회의 대일협력을 둘러싼 인식과 평가에 대한 기고문을 활용하여 그들이 자신들의 전시 대일협력을 어떻게 인식하고 있었는지 살펴보고자 한다. 동시에 또 다른 교민신문이었던 『新韓日報』10)에 그에 대한 반박문이 실리면서 벌어진 지상 논전과 그것이 어떻게 귀결되었으며 당시의 상황에서 어떤 의미를 가지고 있었는지 고찰하고자 한다. 나아가 상해한인사회의 대일협력에 대한 종래의 부정적 입장을 벗어나 보다 균형잡힌 시각에서 상해한인사회의 전시 대일협력에 대한 자기 인식을 고찰함으로써 광복직후 복잡다단했던 상해한인사회의 성격의 일단을 이해하며 한국학계의 대일협력 연구의 지역적 다양성을 고찰하는데 좋은 사례를 보탤 것으로 생각된다. 다만 신문지상의 관련내용이 양적으로 많지 않기 때문에 논쟁의 이론적

---

9) 유진현, 「프랑스의 과거사 청산과 모리악-카뮈 논쟁」, 『본질과 현상』 3호, 2006, 151쪽; 알베르 카뮈 지음·김화영 옮김, 『알베르 카뮈 전집』 4, 책세상, 2010, 452-453, 456쪽; 장 라구튀르 지음·최병곤 옮김, 『모리악』 2, 책세상, 2002, 744-755쪽.

10) 『新韓日報』는 1945년 11월 중순경 상해 한인 사업가 安鍾誠에 의해 창간되었다. 그는 인천 출신으로 1944년 상해에서 三拓商事라는 업체를 경영하였다. 白川秀男, 『在支半島人名錄』 第四版, 上海: 白川洋行印刷部, 1944, 54쪽; 上海市檔案館 編, 『中國地域韓人團體關係史料彙編』 2, 上海: 東方出版中心, 1999, 244쪽. 일제 말기 학병으로 중국 江蘇省 蘇州에서 광복을 맞이하고 상해를 거쳐 귀국했던 太倫基에 의하면, 『新韓日報』는 1945년 1월 19일 정간되었다(太倫基, 『回想의 黃河』, 甲寅出版社, 1975, 315쪽). 현재 실물은 전해지지 않고 있다.

측면을 심도있게 복원하는 데는 한계가 있음을 밝혀둔다.

끝으로 본고는 먼저 중일전쟁 및 태평양전쟁 기간 상해한인사회의 대일협력의 양상을 간단하게 살펴 본 다음 광복직후 상해 현지에서의 중국 국민당정부의 '漢奸' 숙청 상황과 상해 한인들의 대일협력에 대한 시각, 임시정부를 비롯한 독립운동세력의 친일파 처리 정책 및 대의명분이 혼란한 상해의 현실에서 어떻게 굴절되는지 살펴본다. 아울러 환국 직전 김구를 비롯한 임시정부 요인들의 상해 방문을 전후하여 벌어진 상해한인사회의 전시 대일협력에 대한 논전의 내용을 살펴보고 그것이 어떤 의미를 가지고 있었는지 고찰하고자 한다.[11]

2. 전후 상해한인사회의 동향

1) 전후 상해한인사회의 대일협력에 대한 여론

1945년 8월 15일 상해한인사회가 맞이한 광복은 감격적이었음에 틀림없다. 동시에 "한동안 엇쩔줄을 몰으고 彷徨"[12]케 하는 당황스러운 것이었다. 1932년 윤봉길의거 이후 임시정부가 상해를 빠져나가면서 잔류한 대다수의 한인들은 직간접적으로 일제의 통제를 받게 되었다. 특히 1937년 중일전쟁과 1941년 태평양전쟁 발발 이후 상해한인사회는 일제의 통제를 받지 않을 수 없었다. 이처럼 상해 한인들에게 일본군 점령은 점점 일상이 되어갔으며 생존이 기본적인 문제가 되었다. 물론 적극적인

---

11) 본고에서 활용하는『大韓日報』신문기사들의 경우 현행 맞춤법에 맞지 않는 경우가 많으나 당시 상해한인사회의 분위기나 기고문 필자들의 심리, 어감 등을 살리기 위해 가급적 그대로 두었음을 밝혀둔다.

12) 南晶鎬,「僑胞의 當面問題를 論策함/大韓日報 所載 '自身反省'論에 對한 新韓日報의 反駁論文과 關聯하야(中)」,『大韓日報』, 1945년 11월 22일.

대일협력행위에 나선 소수의 한인들이 있었으나 대다수 한인들은 상황의 추이를 관망하였다. 그러나 결국 많은 상해 한인들은 어쩔 수 없이 창씨개명 및 내선일체운동에 휩쓸리게 되었다. 상해도 국내와 마찬가지로 일제의 통치 하에서 정도의 차이는 있지만 협력을 하지 않을 수 없는 상황에 처해 있었다고 할 것이다. 여기서 광복 이전 중일전쟁 및 태평양전쟁 시기 상해한인사회가 어떤 상황에 처해 있었는지 간단하게 살펴볼 필요가 있다.

근대 이래 한인은 상해와 대단히 깊은 관계를 맺었다. 그중에서 가장 상징적이고도 역사적인 사건은 1919년 이곳 상해 프랑스조계에서 한인 망명독립운동가들이 한국역사상 최초의 민주공화제정부인 임시정부를 수립한 사실일 것이다. 이를 계기로 상해에도 본격적인 교민사회가 형성되기 시작했다. 프랑스조계에는 임시정부의 감독을 받는 교민단이 조직되어 한인보호 활동을 폈다. 교민단은 단순한 교민단체가 아니라 임시정부 산하의 독립운동단체 역할을 수행하고 있었다.[13]

1932년 4월 윤봉길의거 이후 프랑스조계의 임시정부 요인들은 상해를 탈출하였으나 대다수의 한인들은 잔류할 수밖에 없었다. 상해에 남아 임시정부와 외부세계와의 연락을 위해, 노약자나 어린이였기 때문에, 혹은 생업이나 신병 등의 이유로 부득이하게 남게 되었던 것이다. 임시정부가 상해를 떠나가자 일본세력 통제하에 있던 虹口지역의 한인들도 일본에 우호적인 교민단체의 조직을 시도하였다. 상해 일본영사관도 홍구지역 한인들을 묶어 프랑스조계의 반일 한인에 대한 대항세력으로 만들고자 하였다.[14]

이러한 속에서 1933년 상해 홍구지역 한인들의 자치조직인 上海居留

---

13) 김희곤, 「上海 大韓人民團의 成立과 獨立運動」, 『水邨朴永錫教授華甲紀念 韓民族 獨立運動史論叢』, 탐구당, 1992, 836-837쪽.
14) 김광재, 「'上海居留朝鮮人會'(1933-1941) 研究」, 182-183쪽.

朝鮮人會가 조직되었다. 1935년 李甲寧이 회장으로 선임되면서 조선인
회는 적극적으로 활동하기 시작했다. 1935년 일본외무성 촉탁의 신분으
로 상해에 온 그는 일본총영사관 警察部 특고과 '鮮人系' 및 '調査規劃
係' 촉탁으로 근무하였다.15) 일제가 많은 노력을 기울였음에도 불구하
고 별다른 활동을 보이지 못하고 있던 조선인회가 정상화되는 데는 이갑
녕에 힘입은 바 컸다. 일제는 이갑녕을 통해 조선인회 및 상해한인사회
에 대한 지배를 관철시켰던 것이다.16)

　1937년 중일전쟁 발발후 조선인회는 상해 일본인거류민단과 더불어
일본군 후방지원활동을 수행하였다. 매일 수백 명의 한인들이 조선인회
의 지휘하에 군수품을 운반하거나 임시 비행장 및 진지 구축 노역에 동
원되었다. 피난 일본인을 위한 식량 운반, 통역, 운전사 자원 혹은 정보
수집, 사망자 및 부상자 수용과 보호, 시가지 청소 등을 담당하였다. 조
선인회의 일본군 지원활동은 1938년 중일전쟁이 장기화되면서 국방헌
금 모집운동 등을 통해 계속되었다.

　한편 1941년 이후 조선 국내의 내선일체 및 황국신민화운동의 영향
은 국외에도 파급되었다. 그 결과 상해를 비롯한 중국 등지에서도 내선
일체운동을 촉진하기 위하여 '朝鮮人會' 등의 민족적 분위기를 풍기는
단체들은 해체되기 시작했다. 상해거류조선인회는 1941년 3월 상해 일

---

15) 『外務省警察史 : 支那の部　第18篇　在上海總領事館』(국회도서관　MF　SP126의
　　21662, 21740, 21743, 21857쪽, SP127의 22095쪽).

16) 김광재, 「'上海居留朝鮮人會'(1933-1941) 硏究」, 154-155쪽. 李甲寧(1904-미상)은
　　서울 출신으로 中樞院 參議를 지낸 李炳烈의 아들이다. 일본 東大 農學部를 졸업
　　했다고 하나 확실치 않다. 귀국후 부친 이병렬이 운영하던 民衆新聞社 기자 생활
　　을 했다. 그후 1934년 일본외무성 촉탁으로 상해에 왔다. 광복후 한국광복군에 의
　　해 체포되었지만 석방후 비밀리에 국내로 잠입해 있다가 반민특위의 추적으로 다
　　시 일본으로 도피하였다. 반민특위는 일본측에 그의 인도를 요청하기도 하였으나
　　나중에는 기소중지되었다. 그는 일본인 후견인의 보호 하에 일본에서 여생을 보
　　냈다.

본인거류민단에 통합되었으며 한인들의 자치업무도 이 단체에 인계되었
다. 조선인회가 일본인거류민단에 합병된 다음 후계단체 鷄林會가 결성
되었다.[17] 계림회는 상해 한인들의 친목 도모를 명목으로 설립되었지만,
실제적인 목적은 한인들을 자발적인 형식으로 내선일체운동에 동원하기
위한 것이었다.

1941년 12월 태평양전쟁 발발 직후 계림회는 산하에 鷄林報國委員會
를 설치하고 국방헌금을 모집하여 납부하였다.[18] 1942년 5월 8일, 상해
계림회는 上海神社에서 이른바 '징병제실시 奉告祭 및 선서식'을 거행
하였다. 1942년 5월 8일부터 18일까지 기념국채 판매운동을 벌였다. 그
밖에 일본군 위문, 노역제공, 국방비·위문금 갹출, 일·중친선행사 개최
활동도 전개하였다.

1943년 7월부터 상해 한인 청년들은 1944년에 예정된 징병제 실시를
대비하여 준비훈련을 시작하였다. 1943년 7월 8일 상해 일본거류민단은
조선 청년에 대해 '特別練成'을 실시하기로 하였다.[19] 아울러 1943년 7
월 24일부터 계림회에서는 조선징병령 발포와 해군지원병제도 실시 기
념 군용기 헌납금을 모집하였다.[20]

내선일체운동의 와중에서 상해한인사회는 갑작스러운 광복을 맞이하
게 되었다. 생각보다 빨리 찾아온 광복은 한 치 앞을 내다볼 수 없는 자
신들의 운명을 고민해야 하는 당황스러운 것임에 틀림없다. 일본제국주
의가 붕괴되면서 상해 한인경제도 직접적인 타격을 받았다. 또한 정치적
인 견지에서 볼 때 상해 한인들은 전시 대일협력으로 인해 중국당국이나

---

17) 原田一郎,「上海鷄林俱樂部の結成と其の役割」,『光化』제2권6호, 1941년 11월 30
    일, 2쪽.
18)『光化』제2권7호, 1941년 12월 30일, 6쪽.
19)『每日申報』1943년 7월 8일,「上海의 半島靑年」;『每日申報』1943년 7월 10일,
    「上海半島同胞들 八日 特別鍊成式」.
20)『每日申報』1943년 7월 31일,「上海在留同胞赤誠」.

임시정부측의 처분을 받을 가능성도 배제할 수 없게 되었다.

그러면 상해한인사회에서는 언제부터 대일협력을 둘러싼 반성 및 처벌과 관련된 논의들이 나오기 시작했을까. 이는 상해 현지의 중국인들의 '漢奸' 체포와 처벌이 진행되는 상황과 어느정도 관련이 있을 것 같다. 일제패망후 중국 전역 특히 상해에서는 중일전쟁 이후 일본점령군에 협력했던 漢奸에 대한 처벌을 주장하는 목소리가 높아갔다. 국민당군대도 각지에서 일본점령군의 투항을 접수하면서 한간 체포를 진행하였다.[21] 중국의 대일협력 청산에 대한 제도적 장치는 1945년 9월 國民參政會가 확정한 「處置漢奸案件條例」 草案을 거쳐 1945년 11월 「處理漢奸案件條例」 및 동년 12월의 「懲治漢奸條例」가 입법원에서 제정되면서 체계화되었다.[22]

상해는 중국의 漢奸 재판이 가장 집중적으로 진행된 곳 가운데 하나였다.[23] 상해지역의 漢奸들은 淞滬警備司令部에서 체포하여 심리하였다.[24] 그리하여 1945년 9월 6일 新聞報社 사장 陳日平 체포를 비롯하여 8일 汪精衛 정권 상해특별시정부 비서장 吳頌皐, 10일 왕정위 정권의 요인 褚民誼, 陳璧君이 체포되었다. 그후 9월말까지 경제계의 袁履登, 林康侯, 聞蘭亭을 비롯한 주요 漢奸들에 대한 체포가 이루어졌다. 그리고 陳公博, 周佛海를 비롯한 왕정권의 핵심관계자와 丁默邨을 비롯한 특무기관의 관련자들에 대해서도 우여곡절을 거쳐 1945년 말까지는 거의 체포되어 재판에 회부되었다.[25] 이들은 그 정도에 따라 사형, 무기징

---

21) 『大韓日報』 1945년 10월 6일, 「社論 : 靑이냐! 白이냐!」.

22) 中國第二歷史檔案館 編, 『中華民國史檔案資料滙編』 第5輯 第3編 政治(一), 南京: 江蘇古籍出版社, 1999, 337-341쪽.

23) 박상수, 「戰後 '漢奸' 재판과 한간의 對日 협력론」, 『중국근현대사연구』, 제47집, 2010, 104쪽.

24) 上海審判誌編纂委員會 編, 『上海審判誌』, 上海社會科學院出版社, 2003, 240쪽.

25) 전인갑, 「불철저한 淸算, 화석화된 遺産 - 1945-47년 中國의 肅奸運動」, 『大邱史學』, 제69집, 2002, 110-112쪽.

역, 유기징역 등을 받았다.[26] 사법적 처벌 외에도 중국 국민당정부는 '漢奸告發運動'을 전개하여 민중들로 하여금 자기 주위에 있는 漢奸들을 고발하여 처벌케 함으로써 그동안 억눌렸던 민중들의 불만을 해소해 주고자 하였다.[27]

상해한인사회에서도 대일협력자를 비난하거나 처벌해야 한다는 주장이 나타나기 시작했다. 중국과 마찬가지로 전후 대일협력자에 대한 처단이 지배적인 담론이 된 것은 상해한인사회도 예외가 아니었다. 대일협력자 처단이라는 지배적인 여론 속에서 그들에 대해 관용을 베풀어야 한다는 목소리는 처음부터 제기되기 힘들었다.

먼저 『대한일보』는 1945년 10월 7일의 사론에서 광복직전 상해의 대일협력 언론인에 대한 비판과 처단을 주장했다.

> 우리의 周圍에서 멀이 떠러저잇는 故國은 且置하고 眼前의 上海를 展望하야 보자. 所謂 某某 機關의 人物들이 듯기만하여도 지긋지긋하고 소름이 기치는 專利的 强制的임을 自處하는 意味의 言辭弄하며 言論界를 從來의 獨裁主義 威脅主義者 時代의 有名無實의 御用 新聞 同一로 輕視하는 態度를 取하는 그 작자들 아마 그들에 頭腦에는 八月十五日 以前의 띠끌이 적지 안케 付着되여 있는 모양이니 아조 억셰인 '다와시'로 힘잇개 문질너 깨끗이 싯쳐버릴 必要가 인는줄노 切感한다.[28]

위에서 나오는 '某某 機關의 人物'은 아마도 일본의 지시를 받고 상해에서 『上海時報』라는 신문을 발간하여 일본과 왕정위 정권의 '和平工作'을 지지했던 金璟載로 보인다.[29] 대한일보의 사론은 김경재와 같은

---

26) 중국의 한간 재판에 대해서는 다음의 연구가 참조된다. 劉傑, 『漢奸裁判-對日協力者を襲つた運命』, 東京: 中公新書, 2000.

27) 岩間一弘, 「'漢奸'告發運動からみる戰後上海の大衆社會-李澤事件を例として」(日本上海史研究會編, 『建國前後の上海』, 東京: 硏文出版, 2009, 59쪽).

28) 『大韓日報』 1945년 10월 7일, 「社論 : 우리는 言論을 알자」.

일본 및 '남경괴뢰정부'에 협력했던 언론인들의 머릿속에 쌓여 있는 '以
前의 띠끌' 즉 친일잔재들을 억센 '다와시'(수세미)를 사용하여 씻어야
한다고 주장하였다. 『대한일보』의 이러한 대일협력자 청산 논조는 이
신문의 창간인 박거영이 지식인이었던 데서 그런 것이 아닌가하는 추측
이 가능하다.

그후 대일협력자에 대한 처벌과 청산을 본격적으로 주장하는 글들이
신문에 게재되었다. 그 가운데 申鼎三이라는 인사가 쓴 기고문이 눈에
띤다. 申鼎三이 어떤 인물인지 자료상으로 확인되지 않는다. 그는 1945
년 10월 18일자『대한일보』에 「奸人肅淸과 指導者問題」이라는 문장을
기고하여 '奸人肅淸' 즉 韓奸 혹은 대일협력자에 대한 강도 높은 숙청을
주장하였다.

　　　…(전략)… 三十六年間 우리들에 祖先先老가 故國에서 追放에 몸이 되
　　어가지고 이 海外에까지 나와 가진 壓迫과 筆舌로 難形한 苦生을 하여가
　　며 民族運動에 獨立運動에 貴重한 그 生命의 數百數千이 今日에 解放을
　　빌어가며 朝露와 갖이 犧牲當하여 간 悲憤한 事實을 알고 思想하여온 同
　　胞가 果然 몃몃 사람이나될가? 하는 疑問이 일 것이다. 그러치는 못하나마
　　昨日까지 日本에 傀儡가 되어 僞愛國家가 되어 가지고 皇民化를 提唱하고
　　同胞相侵相犯하고 相殺相喰하여오든 種類에 人間들이 今日에 와서는 春秋
　　에 筆法을 지로 把□行하듯 같은 形式으로 今日에 愛國을 云云하고 建國

---

29) 김광재, 「'上海居留朝鮮人會'(1933-1941) 硏究」, 155쪽. 金璟載(1899-?)는 황해도
　　황주 출신이다. 수원고농, 군사주비단, 1920년대 상해『獨立新聞』의 기자 등을 역
　　임하였다. 국내에서 화요파 중진으로 사회주의운동을 전개하다 피체된 후 전향하
　　였다. 상해에 오기 이전에 만주국 協和會 수도본부의 간부로 활약했다(강만길·성
　　대경 엮음, 『한국사회주의운동인명사전』, 창작과비평사, 1996, 42쪽). 상해에 온
　　김경재는 지나군사령부 상해특무기관 촉탁, 太平企業公司 부사장을 역임하고 조
　　선인회 및 계림회, 上海時報社 사장 등을 역임하였다. 8·15이후 한때 광복군 상해
　　판사처에 구금된 적이 있던 그의 그후 행적은 알려지지 않고 있다. 김경재가 발간
　　했던『上海時報』는 남경정부의 화평공작을 선전하는 한자 신문으로 현재 상해시
　　도서관에 소장되어 있다.

을 云云한다면 實로 言語道斷 荒唐無稽한 일이라 할 것이다.[30]

   하물며 이런 種類에 人間이 過去에 同胞를 犧牲식혀가지고 飽滿된 物的 地盤과 惡辣狡猾한 그 手段을 利用하여 今日에 指導者 階級에 一人이라도 混在되여가지고 善良한 民衆에게 對하여 協助를 要請하고 指示를 云云한다면 決斷코 容恕치 못할 質로 보아 惡質한, 量으로 보아 大規模的인 實로 空前空後에 人民에 對한 欺瞞이요 詐欺行動이라 할 것이다.

위에서 보는 바와 같이 申鼎三은 대일협력자를 '奸人'으로 묘사하면서 매우 강경한 숙청론을 펼치고 있다. 그는 계속하여 상해에 잠입하여 적후방 공작을 전개하던 광복군 전지공작대 대원을 밀고한 이가 누구인지 추궁하면서 이러한 동포가 수십 명, 수백 명일 것으로 예단하였다. 그의 글에는 처음부터 끝까지 상해 교민들에 대한 강한 불신감이 흐르고 있다. 이러한 상해 교민에 대한 불신은 급기야 申鼎三으로 하여금 소련의 스탈린이 한 것과 같은 극단적인 한인 숙청을 제창하게 만들었다.

   우리는 主張한다. 辯할 것 論할 것 없고 터리끝만한 寬恕도 無用다만 斷然고 處斷을 하여야 한다는 것은 日本에서는 外國사람에 손으로 日本人에 戰爭犯罪者가 摘出되어 處分을 받게 되엿다. 우리는 우리 民衆이 意志에 依하야 우리나라 三十六年間에 賣國奴와 同胞에 生命을 파러먹은 奸人을 摘出하여 處分하여야 할 것이다. 小毫에 寬大도 없이 嚴格히 處斷을 하여두지 않으면 後根을 남길 뿐이니 重複하여 主張한다. 大韓建國에 基礎에 잇서서는 殺戮을 伴한 大量의 屠殺肅淸이 반드시 잇서야 한다는 것을.... 精神的 混血兒도 肉體的 混血과 가치 죽이지 안코는 血에 肅淸을 볼 수는 없을 것이다.

   今日에 强大한 소벳트 露西亞의 建國에 地盤은 저 스탈린이 世界를 驚動식히든 "暴風에 肅淸"에서 되어젓다는 것은 世界가 公認하고 있는 바일것이니 우리 大韓建國에 地盤을 强大이 세울나면은 스탈린 政權을 잡어가지고 이 血의 肅淸以上에 肅淸이 반드시 必要하다는 것을 主張하고 마지 안는 바이다.[31]

---

30) 申鼎三, 「寄稿 : 奸人肅淸과 指導者問題(一)」, 『大韓日報』, 1945년 10월 18일.

위에서 나타나고 있는 바와 같이 申鼎三은 대일협력자에 대한 '小毫에 寬大'도 없는 '屠殺肅淸'을 주장하였다. 그는 이른바 스탈린식의 "暴風에 肅淸"보다도 더 엄격하고 무자비한 숙청을 해야한다고 강경하게 주장하고 있다. 아마도 신정삼은 1930, 40년대 소련의 대숙청을 들어서 알고 있었던 것으로 보인다. 혁명과 내전의 소용돌이 속에서 소련이 국가권력을 유지하는데 숙청, 테러와 강제노동은 필수적인 요소였다. 그러므로 강제수용소는 처음부터 소비에트국가의 적극적인 후원 아래 설치되었으며 스탈린체제가 형성되면서 소련국가체제의 억압적 성격은 강화되었다. 그리하여 1929년부터 1936년까지 소련의 총 2천 5백만 농가 중 1백만호 이상이 자신의 거주지와는 완전히 동떨어진 시베리아로 추방되었다. 또한 1930년대 380만여 명의 사람들이 체포되어 그중 총살형 70만여 명을 포함해 총 270만여 명이 유죄선고를 받았다고 한다. 어느 러시아인 역사가는 1929년부터 1953년까지 무려 2,150만 명의 사람들이 스탈린 체제의 탄압에 의한 희생양이 되었다고 밝혔다.[32] 신정삼이 상해한인사회의 대일협력에 대해 소련 스탈린식의 피의 숙청을 주장한 것은 상해 한인들의 입장에서 보면 지나치게 과도한 것은 아니었을까.

2) 임시정부의 상해 도착과 대일협력자 처리

1945년 8월 일제패망 당시 중국 서남쪽 四川省 重慶에 머물고 있던 임시정부가 일본 패망후 새로운 민족국가의 건설을 위해 대일협력자에 대한 처리 방침을 세워두고 있었음은 두 말할 나위 없다. 이러한 임시정부의 대일협력자 처리 정책은 상해한인사회의 대일협력 행위 처리와 관련된 여론 형성에 일정한 영향을 미쳤다. 대일협력자 처리에 대한 임시

---

31) 申鼎三, 「寄稿 : 奸人肅淸과 指導者問題(二)」, 『大韓日報』, 1945년 10월 19일.
32) 김남섭, 「스탈린 체제와 러시아의 과거청산」, 『세계의 과거사 청산』, 332-340쪽.

정부의 입장은 1941년 발표한 「건국강령」[33]에서 본격적으로 나타났다.
강령에는 '敵에 附和한 者와 獨立運動을 妨害한 者'는 선거권과 피선거
권이 없음을 규정하였다. 임시정부내 한국독립당은 1945년 8월 임시정
당대표대회를 개최하고 당강과 당책을 발표하였다. 당책 가운데 '賣國賊
과 獨立運動을 妨害한 者를 懲治하며 그 財産을 沒收하야 國營事業에
充用하고 土地는 國有로 할 것'을 규정하였다.[34]

그리고 광복직후인 1945년 9월 3일 「臨時政府當面政策」을 발표하여
"獨立運動을 妨害한 者와 賣國賊에 對하야는 公開的으로 嚴重히 處分
할 것"을 강조하였다.[35] 나아가 적산의 몰수만이 아니라 "적의 일체 법
령의 무효와 신법의 유효를 선포"하는 등 '賣國賊'·일제 식민통치기구
의 청산에 대한 강한 의지를 피력했다.[36] 이로 볼 때 임시정부는 '賣國
賊' 처벌에 단호한 입장을 보이고 있었음을 알 수 있다. 새로운 민족국
가를 건설하기 위해서는 일제통치에 협조했던 韓奸의 숙청은 불가피한
것이었다고 할 수 있다.

1945년 9월 26일 임시정부 주석 김구는 국민정부 주석 蔣介石을 만
나 韓奸 즉 대일협력행위자 처리 대상과 범위에 대해 다음과 같이 요청
하였다.

> 在華韓僑를 총계하면 약 4백만인으로서 그 가운데 東北이 약 3백만입
> 니다. 善惡은 같지 않아 즐겨 虎倀이 되어 惡한 자를 위하여 몹쓸 짓을 하
> 는 부류도 있습니다. 삼가 바라옵건대 各收復區의 軍政長官에게 명하여
> 首魁를 엄중 응징하게 하고 威脅에 어쩔 수 없이 따른 자는 寬容하여 懷柔

---

33) 『大韓民國臨時政府公報』제72호, 1941년 12월 8일(국사편찬위원회, 『대한민국임
    시정부자료집』 1, 헌법·공보, 2005, 253쪽).
34) 허종, 『반민특위의 조직과 활동; 친일파 청산 그 좌절의 역사』, 선인, 2003, 60-61쪽.
35) 白凡金九先生全集編纂委員會 編, 『白凡金九全集』제5권, 대한민국 임시정부 Ⅱ,
    대한매일신보사, 1999, 657쪽.
36) 이강수, 『반민특위 연구』, 나남출판, 2003, 45쪽.

하는 뜻을 보이소서. …(후략)…37)

　　이로보아 임시정부의 한인 대일협력행위 처리 원칙은 적극적으로 일
제에 협조한 경우는 엄벌에 처하고 생존을 위해 어쩔 수 없이 일제에
협조한 경우는 관용하는 것으로 정리되었음을 알 수 있다. 김구는 1945
년 10월 29일 환국하기 이전 마지막으로 蔣介石을 면담하는 자리에서
韓奸 처리 문제에 대해 다음과 같이 요구했다.

　　　　김구 : 한국혁명선열인 안중근 의사의 아들이 변절하여 일본에 투항한
　　　　　　　뒤 상해에서 아편을 밀매하는 등 많은 불법행위를 저지른 사실
　　　　　　　은 실로 불행하기 그지없습니다. 또한 원래 한국독립당원이었던
　　　　　　　崔가 공산당에 투항한 뒤 상해에 한국청년연합회를 조직한 것
　　　　　　　도 한국임시정부를 위해하려는 의도에서입니다. 이들의 활동을
　　　　　　　취체할 필요가 절실합니다. 위원장께서 속히 상해경비사령부에
　　　　　　　하명하시어 이들을 체포해주시기 바랍니다.
　　　　총재 : 이와 관련한 자세한 내용을 조사하여 서면으로 알려주시면 조치
　　　　　　　하도록 하겠습니다. … (후략) …
　　　　김구 : 韓奸 처리문제에 대해서입니다. 위원장께서 저에게 지령문을 써
　　　　　　　주시면 제가 직접 상해에 가 湯 장군과 상의하여 처리하도록 하
　　　　　　　는 것이 어떻겠습니까.
　　　　총재 : 주석께서 상해에 도착하시면 현지 당국자들에게 김 주석을 만나
　　　　　　　이 문제를 상의하도록 조치하겠습니다. … (후략) …38)

　　위에서 보는 바와 같이, 귀국을 앞둔 김구가 상해에서 처리할 일 가운

---

37) 「金九가 蔣主席에게 보내는 편지」, 1945년 9월 26일(국사편찬위원회, 『한국독립
　　운동사』 자료27, 임정편 XII, 1994, 42쪽).
38) 張壽賢, 「總裁接見韓國臨時政府主席金九談話」, 1945년 10月 30日(白凡金九先生
　　全集編纂委員會 編, 『白凡金九全集』 제5권, 대한민국 임시정부 II, 대한매일신보
　　사, 1999, 691-694쪽); 국사편찬위원회, 『대한민국임시정부자료집』 22, 대중국 외
　　교활동, 2008, 288-289쪽.

데 가장 우선순위를 두었던 것은 '변절자'와 사회주의자 처리였다. 즉
안중근의 아들로서 '변절'한 安俊生 등 韓奸과 상해 한인사회주의자 가
운데 핵심 인사였던 '崔'를 체포하여 처벌하는 것이었다. 당시 김구는
韓奸의 죄악이 '日寇'보다도 더 심해 한중 양민족의 우의를 해친다고 인
식하고 있었다.39) 특히 김구는 그 누구도 아닌 안중근의 아들 안준생의
변절행위를 대단히 증오했다. 안준생은 1939년 10월 상해 한인들의 '滿
鮮視察團' 일원으로 서울에 들어가 伊藤博文을 기리는 博文寺를 방문하
였다. 그 자리에서 伊藤博文의 아들 伊藤文吉을 만나 아버지 안중근의
'죄'를 '謝'함으로써 국내외 언론에 대서특필된 바 있었다.40) 그때 중국
대륙을 전전하다 막 重慶에 도착한 김구도 조선총독부에 의해 연출된
안준생과 伊藤博文 아들의 '화해극'을 익히 들어 알고 있었음에 틀림없
다. 안중근의 정신을 기리고 그 유가족을 보호하기 위해 최선을 다했던
김구는 그 누구보다도 충격을 받았을 것이다. 민족의 영웅 안중근의 명
예를 더럽힌 안준생의 행위는 결코 용서할 수 없는 것이었다. 이로보아
김구가 독립운동가 후손에 대해서는 일반인보다 더 높은 도덕율을 적용
하고 있음을 알 수 있다.

　김구는 안준생 외에도 상해 한인 가운데 일제에 적극적으로 협력한
韓奸에 대한 처벌을 주장했다. 그는 韓奸 처벌을 위해 蔣介石이 '지령
문'을 써주면 상해에 가서 현지 중국군 사령관인 湯恩伯과 상의하여 처
리하겠다고 하였다. 이에 장개석도 호의적으로 협조를 약속하였다. 실제
로 김구가 중경을 떠나기 하루 전인 1945년 11월 4일 장개석의 지시를
받은 중국군사위원회는 상해 시장 錢大鈞에게 "김구 등이 상해에서 안

---

39)「上海市政府致上海市社會局訓令(要求改善韓僑待遇)」, 1946年 4月 30日(上海市檔
　　案館編,『中國地域韓人團體關係史料彙編』1, 上海: 東方出版中心, 1999, 42쪽).

40) 水野直樹,「'博文寺の和解劇'と後日談: 伊藤博文·安重根の息子たちの'和解劇'·覺え
　　書き」,『人文學報』101, 京都: 京都大學 人文科學研究所, 2011, 88-90쪽; 도진순,
　　「안중근 가문의 유방백세와 망각지대」,『역사비평』90, 2010, 263쪽.

중근의 아들 등 반동분자를 처치하고자한다면 협조를 제공해"[41]줄 것을 지시하였다. 그러므로 김구에게 상해에서의 韓奸 처리는 국내에 들어간 후의 '친일파' 청산을 위한 일종의 시험대였다고 할 수 있다.

또한 김구가 사회주의자를 혐오한 것은 잘 알려진 사실이다. 그는 사회주의자를 '韓人의 異色分子'로 지칭하면서 "저들은 족히 동북의 재건 및 한국의 부흥을 위한 새로운 조치를 방해할 수 있으니" 특별기구를 설치하여 대처하여야 한다고 주장한 바 있었다.[42] 위에서 김구가 언급한 '崔'는 담화내용을 기록한 중국측 담당자가 성만 쓰고 이름은 비워 놓았기 때문에 누구인지 알 수 없다. 그러나 당시의 상황을 미루어보건대 광복후 상해 한인 사회주의운동의 지도자로 활동하고 있었던 崔昌植으로 판단된다. 그는 실제로 중국공산당과 연계하였다는 이유로 상해경비사령부에 의해 상당기간 구금된 바 있었다.

상해를 탈출한지 13년 만에 다시 상해에 돌아온 김구는 상해에 잔류한 한인들을 어떻게 인식하고 있었을까. 『백범일지』의 관련 내용을 소개하면 다음과 같다.

> 왜적이 투항한 후 …(중략)… 11월 5일에 나는 선발로 13년 전에 떠났던 상해의 공기를 비로소 다시 호흡하게 되었다. …(중략)… 세상만사가 어찌 모두 무심하고 우연이라 하리오. 상해에 거주하는 동포 수가 13년 전보다 몇 십 배나 증가되었으나 왜적과의 전쟁으로 인한 생활난의 고통으로 인하여 각종 공장과 사업 방면에서 부정한 업자들이 속출하였다. 이와 같은 상황에서 이전의 독립정신을 굳게 지키며 왜놈의 앞잡이가 되지 않은 사람들은 鮮于爀·張德櫓·徐丙浩·韓鎭敎·曺奉吉·李龍煥·河相麟·韓栢

---

41) 「上海市黨部가 나서 金九 등의 상해에서의 활동에 편의를 제공할 것을 청하는 지령」, 1945년 11월 13일 軍事委員會가 錢大鈞에게 보내는 전보(김영신 편역, 『장중정총통당안 중 한국관련자료 집역』, 선인, 2011, 115-116쪽).

42) 「金九가 蔣主席에게 보내는 편지」, 1945년 9월 26일(국사편찬위원회, 『한국독립운동사』 자료 27, 임정편 XII, 42쪽).

源・元宇觀 등 불과 10여 인에 불과하였다. 그들의 군은 지조를 가상히 여겨 서병호 자택에서 만찬회를 개최하고 기념사진을 촬영하였다. 민족반역자로 변절한 安俊生을 체포하여 교수형에 처하라 중국관헌에게 부탁하였으나 관원들이 실행치 않았다(原註 : 安俊生은 倭놈을 따라 本國에 도라와 倭敵 伊藤博文에게 父親 義士의 罪를 謝하고 南總督을 애비라 稱하였다).[43]

위에서 보듯이 김구의 민족반역자에 대한 인식과 태도는 단순하였음을 알 수 있다. 그가 언급한 '왜놈의 앞잡이'는 韓奸에 다름 아니다. 그는 태평양전쟁 기간 상해 한인 가운데 선우혁 등 10여 인을 제외하면 모두 지조를 잃고 '왜놈의 앞잡이'가 되었다고 하는 도덕적 평가를 내렸다. 김구가 이런 평가를 내린데는 그가 일찍이 스승 高錫魯로부터 배운 위정척사사상의 영향이 컸다. 위정척사사상 가운데서도 '義理'를 기본적인 처세 원칙으로 삼았고 이는 김구의 평생을 관철하였던 것이다.[44]

광복후 중경에서 상해로 '개선'한 임시정부 요인들과 독립운동가들은 상해 한인들에 대해 도덕적인 우위에 서 있었다. 11월 5일 자신의 정치적 고향이나 마찬가지인 상해에 귀환한 김구는 개선장군이나 다름없었다. 상해에 온 김구를 만난 바 있는 정화암은 "김구는 해방 전의 김구가 아니었다. 임정이 천하통일이라도 한 듯이 그의 얼굴에는 희색이 넘쳐 흘렀다"[45]라고 했다. 광복 직후 김구의 정국 주도권 장악에 대한 자신감을 반영하는 것이라고 하겠다.

김구는 상해 도착한 후 6일이 지난 11월 11일 교민회 회장 및 간부들을 접견하였다. 그는 이 자리에서 "韓奸處分과 集中問題는 臨時政府와 中國政府가 協議하여 處理할 터이니 騷動치 말라"고 지시하였다.[46] 1945

43) 김구 지음・도진순 주해, 『백범일지』 돌베개, 1997, 407-408쪽.
44) 권오영, 「高錫魯의 위정척사사상과 '口傳心授'의 교육」, 『백범과 민족운동』 제3집, 2005, 292-295쪽,
45) 鄭華岩, 『어느 아나키스트의 몸으로 쓴 근세사』, 자유문고, 1992, 233쪽.

년 11월 5일 상해에 도착한 김구는 적어도 '首魁'급 韓奸들과 안준생을
체포해서 처벌하려고 했다. 임시정부 및 광복군은 상해 교민들의 제보에
근거해 韓奸들을 조사하여 검거하였다. 검거된 韓奸들은 중국측에 넘겨
정식으로 처벌함으로써 일벌백계의 효과를 거두고자 하였다. 그 중에는
상해거류조선인회 회장을 역임한 李甲寧, 상해에서 '남경괴뢰정부'의 화
평공세를 지지하는 언론활동을 펼쳤던 김경재가 포함되어 있었다.[47] 광
복군 駐滬辦事處 金學奎 처장은 이들을 체포한 다음 상해경비사령부에
대해 이들을 인도해 갈 것을 요청했지만 상해경비사령부는 이를 무시하
였다고 한다. 김학규는 이갑녕 등이 도주할 것을 우려하여 그들을 광복
군 판사처에 구금하였다.[48]

또한 김구의 부탁을 받은 蔣介石과 중국군사위원회가 김구의 안준생
처리에 대한 협조를 지시했지만 상해 지방관헌은 협조하지 않았다. 김구
는 "민족반역자로 변절한 安俊生을 체포하여 교수형에 처하라고 중국
관헌에게 부탁했으나 그들이 실행치 않았다"고 하였다. 사실 중국 지방
당국은 광복군 상해판사처의 한인 체포 행위를 '無視中國主權'[49]으로
간주하였다. 또한 중국관헌은 한인들 내부 사정인 韓奸 문제에 '干涉'[50]
할 수 없다고 인식하고 있었다. 중국당국 입장에서는 중국의 漢奸을 처
리하는데도 인력이 부족한데 한인을 체포하여 재판을 거쳐 처벌하는 것
은 번거로운 일임에 틀림없다. 중국 지방당국의 입장에서는 한인들을 일

---

46) 『大韓日報』 1945년 11월 13일, 「金九主席訓示」.

47) P記者, 「訪問記」, 『大韓新報』 1946년 1월 1일.

48) 「上海市政府致上海市社會局訓令(要求改善韓僑待遇)」, 1946年 4月 30日(上海市檔
案館編, 『中國地域韓人團體關係史料彙編』 1, 43쪽). 그러나 광복군 판사처는 얼마
후 상해 '韓奸輩'의 압력으로 그들을 석방했다고 한다. 이들이 광복군 판사처의
한인 체포의 '불법성'을 중국당국에 제보하는 등 압력을 행사했던 것으로 보인다.

49) 「情報(關於上海共産黨秘密組織中韓民主革命同志會)」, 1945年 11月 30日(上海市檔
案館編, 『中國地域韓人團體關係史料彙編』 1, 501-503쪽).

50) 위와 같음.

괄 귀국시켜 '치안불안요소'를 근본적으로 없애는 것이 더 나을 것이라
는 판단이 없지 않았을 것이다. 김구가 요청한 韓奸 처리에 대한 중국
내부의 불협화음은 재중 한인에 대한 국민당정부 중앙의 정책과 지방당
국이 그것을 집행하는 데는 괴리가 있었음을 알 수 있다.

그런데 김구가 안준생과 더불어 체포를 부탁했던 대상자의 한 사람인
최창식의 경우는 달랐다. 광복후 최창식은 상해에서 中韓民主革命同志
會를 조직하여 중공 新四軍과 연계하면서 활동하였다. 그런데 김구 등
한국독립당 계열은 상해, 북경 등지에서 정국의 주도권을 장악하기 위해
사회주의자들을 경계하였다. 김구가 최창식을 고발한 것도 그러한 이유
에서였을 것으로 보인다. 김구의 요청 때문인지는 몰라도 중국 당국은
최창식의 활동을 조사하고 감시하였다.[51] 조사결과 신사군과의 연계가
드러나자 상해경비사령부에 체포되었던 것이다.[52] 이때 체포된 최창식
은 상해경비사령부에 구금되어 1년 반이나 지난 다음에야 석방될 수 있
었다.[53]

중국 당국이 안준생은 체포하지 않고 최창식을 체포한 것을 어떻게
볼 것인가. 중국 당국의 입장에서 안준생과 같은 韓奸은 한인들의 내부
문제였다. 그러나 최창식의 경우는 중국국민정부를 노골적으로 위협하
는 중공 新四軍과 연계했기 때문에 자신들의 안위와 관계되는 것이었다.
최창식이 체포된 것은 그런 이유에서 보아야 할 것이다.

임시정부의 대일협력자 처단 시도는 중국 지방당국의 비협조라는 현
실적인 벽에 부딪쳤다. 또한 광복 직후 상해는 대일협력 청산문제를 제
기하기에는 너무나 상황이 복잡했다. 타국에서 자기 민족의 대일협력자

---

51) 「上海市政府致上海市社會局訓令(要求改善韓僑待遇)」, 1946年 4月 30日(上海市檔
    案館編, 『中國地域韓人團體關係史料彙編』 1, 503쪽).
52) 太倫基, 『回想의 黃河』, 318쪽.
53) 崔昌植의 딸 崔榮芳(1924년생) 메모(1984년 9월 1일).

처리는 근본적으로 한계가 있을 수밖에 없었다. 대일협력자 처리는 중국의 주권이 적용되는 상해에서 보다는 국내로 들어간 다음에나 가능한 것이었다.

3. 전시 대일협력에 대한 상해한인사회의 인식

1) 청산론의 등장

1945년 11월 5일 김구를 비롯한 임시정부 요인들은 상해 도착 이후 韓奸 처리에 나섰다. 김구의 한간 처벌 시도에 즈음하여 상해 교민신문 지상에서는 대일협력 행위에 인식을 둘러싸고 본격적인 논의가 전개되었다. 대한일보에 실린 지상논전은 중국 특히 상해라고 하는 해외교민사회의 대일협력에 대한 인식을 여과없이 잘 보여주고 있다. 이들의 논쟁은 독일패망 직후 프랑스의 대독협력에 대한 카뮈와 모리악의 논쟁을 연상시킨다.[54]

1944년 8월 24일 파리가 해방되자 드골이 이끄는 자유프랑스 정부는 비시 체제의 이념에 동조하고 대독협력에 앞장섰던 인사들에 대한 숙청 작업을 시작했다. 경제, 정치, 군사, 문화 등 사회의 전 부문을 망라한 숙청 작업에서 특히 여론의 관심을 집중시켰던 것은 문화계에서의 과거사 청산이었다. 나치 강점기 동안 친독 성향의 신문과 잡지에 기고한 언론인, 문인들은 이러한 숙청 작업의 주요 표적이 되었다. 이는 활자화된 글마다 필자 이름이 적혀 있어 부인할 수 없는 대독협력의 증거가 되었기 때문이기도 하였다. 하지만 숙청 과정에서 처벌상의 공정성, 형평성

---

54) 이용우, 『프랑스의 과거청산 : 숙청과 기억의 역사, 1944-2004』, 역사비평사, 2008, 194-196쪽.

부재가 청산 논쟁에서 주요 쟁점이 되었다. 이와 같은 대독협력 지식인 청산 과정에서 프랑스의 지식인들은 크게 청산론과 관용론으로 갈렸다. 프랑스의 젊은 세대 지식인 알베르 카뮈는 "청산 작업에 실패한 나라는 결국 스스로의 쇄신에 실패할 준비를 하고 있는 것이다"는 유명한 문장으로 청산론의 중심이 되었다. 이에 대해 이미 문학적 명성을 쌓은 모리악을 중심으로 한 일군의 작가들은 명백한 반역자의 처벌은 어쩔 수 없으나 국민적 분열을 가져올 숙청의 범위를 가능한 한 축소하고 대독협력자들에게 기독교적 자비와 관용을 최대한 베풀어야 한다고 주장했다. 카뮈와 모리악은 각각 청산론과 관용론을 대변하면서 이 논쟁을 주도적으로 이끌었다.[55]

하지만 이 논쟁은 장기간 지속될 수는 없는 것이었다. 피폐해진 경제와 사회의 재건이 시급한 선결 과제로 대두되면서 대독협력자 처벌에 대한 관심은 빠른 속도로 그 열기가 식어버렸다. 한편 숙청 과정에서 드러난 문제점들에 실망한 지식인들은 점차 숙청 자체에 대한 회의를 품기 시작했다. 대독협력자 재판이 한창 진행되던 1945년 1월 5일 카뮈는 "우린 모리악이 옳았음을 알게 된다. 우리는 자비심을 필요로 할 것이다"라고 쓰면서 모리악의 의견에 부분적으로 동조했다. 그해 8월 카뮈는 대독협력자 숙청이 사실상 실패했음을 인정하였다. 그러자 관용론은 급격히 여론의 주류를 형성하면서 청산론과 관용론 논쟁은 종결되었던 것이다.[56]

대일협력행위에 대한 상해 교민신문의 지상 논쟁은 프랑스의 청산론, 관용론이라는 논쟁을 연상시킨다. 대독협력자를 숙청해야 한다는 까뮈의 청산론, 프랑스의 화합을 위해 대독협력자에게 기독교적 자비를 베풀것을 주장하는 모리악의 관용론과 비슷하다는 느낌을 주고 있다. 그러므

---

55) 유진현, 「프랑스의 과거사 청산과 모리악-카뮈 논쟁」, 155-158쪽.
56) 유진현, 「프랑스 문단과 과거청산」, 『세계의 과거사 청산』, 2005, 113-125쪽.

로 상해 한인들의 대일협력에 대한 인식과 논의에 대해 프랑스의 대독협
력자에 대한 청산론과 관용론이라는 개념을 적용하는 것은 비교연구사
적으로 의미가 있다고 생각한다.

청산론이 제기되는 데는 임시정부 요인들보다 한 달 가까이 먼저 상
해에 와서 韓奸 처리 문제에 대한 여론을 조성한 임시정부 국내 파견
선발대 朴英晩의 주장을 살펴 볼 필요가 있다. 그의 의견은 韓奸 처리에
대한 여론 형성에서 중요한 역할을 했던 것으로 보인다.[57] 그는 임시정
부의 대일협력자 처리 방침을 상해 한인들에게 예고한 셈이었다. 당시
그는 상해에 체재하면서 국내 입국을 기다리고 있었다.[58] 1945년 10월
10일 경 상해에 도착한 그는 1주일 정도 상해한인사회를 관찰한 후 다
음과 같은 평가를 내리고 있다.

> 僑民들의 問題들은? 揚子江을 흘러나려오며 듣고 보니까 우리 僑民들
> 의 問題는 上海와 亦是 一般으로 大同小異하드란 말이다.
> A. 갑작히 앞으로의 生計가 아득해져서 어찌할 바를 몰라 허둥지둥하
>   는 축.
> B. 번돈 다 부러먹은 不良輩와 無能者가 돈 있는 놈 쏘라 먹느라 날뛰

---

57) 朴英晩, 「特別寄稿 : 目前의 우리 問題」, 『大韓日報』 1945년 10월 18일. 이 기고
   문에는 필자인 박영만이 다음과 같이 소개되어 있다. "筆者紹介 : 동경 早稻田大
   學을 나온후 문인협회 회원으로써 문필생활을 하시다. 현직은 광복군 총사령부
   少佐이시고 정부선전부에서 일을 보시다가 동 선전부 경성사무소 주임이란 직임
   을 맡아 국내로 드러가는 길에 상해에 머물러 계시는 동안 주로 民政方面으로 金
   學奎장군을 도웁게 되었음". 국가보훈처의 『功勳錄』(제5권, 1988, 953쪽)에는 박
   영만을 다음과 같이 소개하고 있다. "朴英晩(1914-1981), 평남 安州사람이다. 중
   국으로 망명하여 광복군 제2지대에 입대하였으며, 광복군 군가인 『압록강 행진곡』
   을 작사하여 광복군의 사기를 고취시켰다. 그후 광복군 參領으로 피명되어 政訓
   處 선전과원으로 활약하였다. 또한 李範奭 장군을 도와 한미합작 군사훈련을 실
   시하도록 주선하였으며, 광복군 총사령부 副領으로 승진되어 선전과장으로 임명
   되었다".
58) 朴英晩, 『光復軍』 運命篇 下, 협동출판사, 1967, 556-557쪽.

는 騷擾.

C. 韓奸질로 톡톡히 벌어놓은 돈의 守錢策과 保命策으로 □□□□ 假
   面을 쓰고 댐벼대는 놈.

D. 그래도 손톱문만치는 愛國心을 갖었단 사람은 이 愛國心을 갑작스
   레 擴大表現하랴고 하고 그리고 진정 많이 愛國心을 갖었든 분들은
   當然한 權利를 찾는다는 態度로 政治社會的 地位를 獲得하려고 애
   쓰시는 분들.

이 몇가지 範疇에서 벗어나지 않드란 말이다. 지금 이 上海서도 이 몇
가지 範疇가 서로 섞여 뒤□고 있는 터인데 그러면 이대로 나가는 그 結
論은 무었이냐 하면 .... 忠告하노니 目前 우리 僑民들 앞에 부닥친 問題는
極히 嚴重한 터이니 부디 좀 言과 行을 삼가달라는 겄이다.59)

위의 기고문에서 박영만은 重慶에서 漢口, 九江, 蕪湖를 거쳐오면서
현지 한인에 대한 선무, 보호활동으로 골머리를 앓았던 것으로 보인다.
때문에 상해 한인에 대한 그의 인상이 좋을 수가 없었다. 그는 상해 한
인들에 대해 허둥지둥하는 자, 불량배와 무능자, 한간, 애국심을 내세운
위선자 등의 4가지로 분류하였다. 그러면서 대부분의 상해 한인들이 결
코 이 범주에서 벗어나지 않는다고 자신 있게 주장하고 있다. 박영만의
언설은 독립운동세력의 상해한인사회에 대한 인식을 대변하는 것으로
보아도 무리가 아닐 것이다. 그의 언설에는 독립운동세력의 상해 한인에
대한 도덕적인 우월의식이 강하게 배어 있다. 나아가 상해 한인들 위에
서 군림하는 고압적인 태도마저 읽혀진다. 계속하여 박영만은 상해한인
사회의 '죄상'을 폭로하면서 상해 한인들을 비난하고 있다.

다시 말하노니 이 上海에서 더러운 놈 깨끗한 분이 서로 제멋대로 날
뛰어 혼탕판이 되어 보라. 朝鮮놈은 누구 한 놈없이 倭놈 마찬가지로 되어
이 上海서 쫓겨나가고 앞으로도 우리 民族은 이 上海에 발디딜 餘地가 없
게 될 것은 나는 豫言해둔다. 다시 더 한번 꼬집어드러 말한다. 겉지 않은

59) 朴英晚, 「特別寄稿 : 目前의 우리 問題」, 『大韓日報』 1945년 10월 28일.

外國놈이 제땅에 드러와서 갓인 橫暴스런 짓을 한데 대해 우리 友邦當局
이 가만 팔짱끼고 "好好"를 불러줄줄 아느냐? 안이다. 지금 자네들이 한
가지가지 行한 바 結果를 거울삼아 자네들을 對할 適當한 方法과 對策이
벌서 다 세워진 것이다. 단지 時間이 남아 있을 뿐. …(중략)…60)

그리고 永遠히 가장 가까운 우리의 友邦이 될 中華民國의 友邦同胞들
을 몹쓰게 害한 놈도 자네들 中에 있드란 말이다. 그러면 이 者들을 處理
함에 오로지 友邦當局에만 매끼고 싶지 않은 것이 우리의 本心이다. 그들
의 諒解를 얻고 우리의 손으로 함으로써 우리 僑民의 犧牲을 적게 하자는
것이다. 그럼으로 우리는 지금 淸濁이 범벅에 混濁한 물이 되어 같이 함께
버림을 받게 될 것을 第一 憂慮한다. 그런故로 여러분 自身은 우리보다 더
잘 淸과 濁을 分別할 수 있을테니 같이 설려 뎀벼대지 말고 여러분 自身을
爲해 後方人들과 協力하여야 할 것이 義務일뿐외라 또한 여러분의 民族의
分子된 權利기도 할 것으로 生覺한다.61)

위에서 보는 바와 같이, 박영만은 '더러운' 상해 한인들을 비난하면서
그들에 의해 향후 한민족이 상해 땅에 발디딜 여지가 없게 될 것을 우려
하고 있다. 심지어 '友邦當局'으로부터 중경에서 온 독립운동가들까지
'混濁한 물'에 섞여 같은 취급을 받게 되지나 않을까 걱정하고 있다. 그
러한 한인들에게 대해서는 중국당국에서 처리 대책을 이미 세워놓고 있
는데, 단지 시간 문제라는 경고도 잊지 않았다. 그는 한인 상해 한인 가
운데 악질적인 분자에 대해서는 중국당국에 맡기지 말고 그들의 양해를
얻어 한인이 주체가 되어 처단하자고 주장하였다. 한인들에 대해 '더러
운' 상해 한인들과 자신을 포함한 도덕적으로 깨끗한 독립운동가들로 이
분법적으로 파악하고 있는 이러한 주장은 당시의 상황을 객관적으로 분
석한 다음 내린 것은 아니었다. 그보다는 상해한인사회에 대한 기존의
부정적인 시각에서 나온 매우 즉흥적이며 도덕적인 주장으로 보인다.

이러한 여론 속에서 11월 5일 김구를 비롯한 임시정부 요인들이 환국

---

60) 朴英晩, 「特別寄稿 : 目前의 우리 問題(二)」, 『大韓日報』 1945년 10월 29일.
61) 朴英晩, 「特別寄稿 : 目前의 우리 問題(三)」, 『大韓日報』 1945년 10월 30일.

을 위해 5천 여 상해 교민들의 대대적인 환영 속에서 상해에 도착했다.
그로부터 3일이 지난 11월 8일자 『대한일보』에는 필명이 '안다그라운
드'라는 인사의 韓奸 청산을 주장하는 논설이 실렸다. 그는 상해 한인들
의 대부분이 적극 혹은 수동적으로 일본에 대해 협력하였다고 하면서 맹
렬한 반성과 청산을 촉구하였다. 반성론이자 청산론으로 볼 수 있다.

> 過去 侵略者 日本勢力時에 우리들 僑胞들은 時局認識과 民族의 節操觀
> 念이 薄弱하얏음으로 壓迫者 日本 日本勢力下에서 侵略者 日本帝國의 臣
> 民으로써 忠實히 侵略者 行爲와 利敵行爲를 하고 왔다. 其中에는 富를 得
> 하기 爲하야 또는 朝鮮은 自主獨立의 希望이 없다는 錯誤로써 暴惡者들로
> 붙어 權勢를 得해보려고 民族의 節操를 버려 버릴 뿐 아니라 한거름 더나
> 아가서 積極的 利敵行爲 또는 韓奸行爲를 한 者가 不少하다. 然故로 우리
> 는 우리들 僑胞全員이 過去에 있어서 홧시스트日本의 戰爭力量에 對하야
> 多少 積極, 消極, 直接, 間接, 能動, 受動의 差異는 있으나 援助를 하고 있
> 엇다고 보아도 無妨하다. 그리고 그때 社會에서 富를 得한 者들과 優先權
> 또는 權勢를 得한 者들은 거진 全部가 全部 暴惡者 日本에게 眉態를 보이
> 고 民族의 節操를 팔고 있었다고 본다. …(후략)…62)

위에서 안다그라운드는 전시 상해교민들의 '民族의 節操관념'이 박약
하여 일제에 붙어 '民族의 節操'를 버렸다고 하였다. 상해에서 부와 권
세를 획득한 자들은 모두 일제에 대해 '媚態' 즉 아부했다고 하여 극단
적으로 부정적인 인식을 보여주고 있다. 현재의 자료 수준으로는 안다그
라운드가 어떤 인물인지 알 수 없다. 다만 자신이 "過去에 日本會社에서
일을 하고 있었"63)다고 한 것으로 보아 상해한인사회의 엘리트 그룹에
속하는 인물로 보인다.

---

62) 안다그라운드, 「讀者寄稿 : 먼저 自身을 反省하자(上)」, 『大韓日報』 1945년 11월
8일. 처음에는 필명이 '안다그라운드', 뒤에는 '언더그라운드'로 되어 있는데, 본
문에서는 처음의 것을 따라 '안다그라운드'로 통일하였다.
63) 언더그라운드, 「'自己反省'을 論한 者로 答함」, 『大韓日報』 1945년 11월 21일.

계속하여 안다그라운드는 일제에 협력한 상해 한인들의 90%가 과거의 이적행위로 인해 정치적인 생명을 박탈당할 위기에 처해 있다고 진단하였다.

> 不潔한 人間들의 政治的 生命과 財産을 剝奪하여 이 社會를 淸掃하여야 한다. 이러께 볼 때 上海韓僑의 九十%는 政治的 生命과 財産을 剝奪當할 可能性이 있다. 그러나 過去 韓僑의 環境立場을 酌量하야 韓奸이라고 命名밧는 者 以外는 政治的 生命만은 살녀야 한다.
>
> 上海에는 이와갓치 民族精神에서 墮落한 僑胞가 全僑胞의 九十% 以上이나 됨에도 不拘하고 臨時政府 主席 金九主席 以外 여러 先烈志士 諸位가 熱과 血로 獨立運動에 奮鬪努力하신 結果 朝鮮은 獨立할 條件을 具備하고 또 우리 民族은 獨立할 資格이 잇다고 中蘇美英國은 認定함으로 우리들에게 自由獨立을 約束하며 建國이라는 巨大課題를 强與하연다. 이 神聖하고도 至難한 課題 卽 完全獨立國家 建設事業에 우리들은 過去의 罪를 拂拭하기 爲하야서도 獻身的으로 奮鬪努力하여야한다.[64]

위에서 보는 바와 같이 안다그라운드는 민족정신에서 타락하여 정치적 생명과 재산을 박탈당할 위기에 처한 상해 한인들의 90%에 달하는 이들의 정치적 생명만이라도 살려야 한다고 주장하였다. 이러한 안다그라운드의 반성론과 청산론은 대한일보 11월 13일자에 다시 한번 더 되풀이되면서 강조되고 있다. 그는 자신의 세 번째 기고문을 통해 상해 한인들의 통렬한 '反省 悔改'와 그를 통한 새로운 출발을 촉구하였다.

> 上海僑胞 全數의 九十%에 達하는 우리들 過去의 反逆, 侵略, 搾取, 壓迫, 利敵行爲者 諸氏들이요! 過去의 罪惡行爲를 反省 悔改합시다. 마음깊이 反省後悔하야 씨서도 씨서도 씨서지지안는 恥辱感을 마음깊이 刻印하야 將來에 있어서는 또 다시 그러한 行爲를 되푸리하지 안토록 합시다.

---

64) 안다그라운드, 「讀者寄稿 : 먼저 自身을 反省하자(中)」, 『大韓日報』 1945년 11월 10일.

> 金九主席閣下 以下 獨立運動同志 諸位들이 寬大들하신 마음으로 政治
> 的 生命剝奪을 免할 僑胞 여러분들은 過去 侵略者 日本勢力時에 時하야
> 事實은 民族精神에 對한 節操觀念의 薄弱하여든 까닭이나 漢奸的 或은 利
> 敵行爲을 모르고 過去의 밟웃 私利私慾의 길을 밟어나아가서 公利公安의
> 길을 밟어나아가서 公利公安 卽 朝鮮民族의 最大多數의 福利安寧으로 妨
> 害함으로써 將來에 政治的 生命의 업서지지 안토록 朝鮮民族으로써의 節
> 操를 직혀야하며 한거름 더나와가서 新民主主義下에 聯合統一政府樹立 完
> 成 卽 完全自主獨立國家 建設에 全心全智 全物을 傾注하야 한다.[65]

안다그라운드는 상해 교민의 90%에 달하는 이들은 과거의 죄악행위
를 반성하고 회개하여야 한다고 주장하였다. 상해 한인의 90%가 임시정
부 주석 김구 등 독립운동자들 덕분에 다행히 정치적 생명을 박탈당하지
않게 되었다고 하였다. 그는 한걸음 더 나아가 상해 한인들은 임시정부
와 독립운동가들에게 보답하기 위해서는 임시정부의 자주독립국가 건설
에 최선을 다해 협조해야 한다고 주장하였다.

이와 같이 안다그라운드는 상해한인사회의 전시 대일협력행위를 도
덕적인 관점에서 파악하고 있다. 특히 상해 한인의 90%가 이적행위를
하여 정치적 생명을 박탈당한 위기에 처해 있다고 하는 것은 매우 주관
적인 주장이라 하지 않을 수 없다. 상해 한인의 90%가 이적해위를 했다
는 주장은 어떤 근거에서 나온 것인지 밝히지 않고 있다. 그것은 상해
한인들의 반성을 촉구한 나머지 지나치게 자학적인 주장으로 이어진 것
으로 보인다. 또한 "不潔한 人間들의 政治的 生命과 財産을 剝奪하여
이 社會를 淸掃하여야 한다"는 주장의 내용으로 볼 때 안다그라운드는
도덕적 완벽성을 추구하는 성향도 보이고 있다. 결과적으로 이는 '변절'
한 독립운동가 후손과 '首魁'급 韓奸들에 국한하여 처벌하려고 했던 김
구의 구상과는 큰 차이를 보이고 있다.

---

65) 안다그라운드, 「讀者寄稿 : 먼저 自身을 反省하자(下)」, 『大韓日報』 1945년 11월
13일.

2) 관용론의 반박 및 청산론의 재반박

대한일보 지상에는 창간 직후부터 韓奸의 청산을 주장하는 논설이 게재되었다. 앞에서 본 바와 같이, 대한일보에는 申鼎三과 박영만의 상해한인의 대일협력에 대한 가차없는 청산과 숙청을 주장하는 기고문이 게재되었다. 상해 한인들에게 이러한 과도한 주장은 난감한 일이 아닐 수 없었을 것이다. 그렇지만 그것에 대해 앞에 나서서 이의를 제기하는 것은 더더욱 쉽지 않은 것이었다.

여기에 더해 안다그라운드의 청산론이 제기되자 결국 그동안 억눌려 있던 침묵의 목소리가 터져 나왔다. 왜냐하면 당시는 1932년 이후 상해를 떠나지 않았거나 1937년 중일전쟁 이후의 전시 상해에 있었다는 사실 자체가 부정적으로 인식되고 도덕적인 비난의 대상이 되는 분위기마저 있었다. 게다가 상해 교민들 가운데 90%가 韓奸이거나 정치적 생명이 박탈될 가능성이 있다는 주장에 대해 상해 한인들은 동의하기가 힘들었을 것이다. 특히 전시 상해에서 사업을 했던 인사들은 대일협력에서 자유롭지 못했기 때문에 청산론에는 내심 찬성하지 않고 있었던 것으로 보인다. 그래서 전시 상해에서 사업에 종사했던 安鍾誠이 『신한일보』[66]를 창간하게 되면서 창간호에 청산론을 반박하는 논설이 실리게 되었던 것으로 보인다. 전시 상해에서 사업에 종사했던 이들에게는 전시 상해의 특수성을 무시한 무조건적인 반성과 청산은 비현실적인 무리한 주장으로 비쳐졌을 것이다.

그리하여 신한일보에 청산론을 반박하는 논설이 게재되었다. 신한일보 창간호 제2면에 "上海僑胞의 血淚"라는 "大韓日報 所載의 自身反省

---

66) 신한일보의 창간 일자는 알려지지 않고 있다. 다만 신한일보가 안다그라운드의 세 번째 기고문이 대한일보에 게재된 1945년 11월 13일과 남정호의 기고문이 게재된 11월 21일 사이에 창간된 것으로 보인다. 따라서 신한일보의 창간 시기는 1945년 11월 중순경으로 추정된다.

을 反駁함"이라고 부제를 부친 17,000여 자의 장문 논설이 게재되었던
것이다. 200자 원고지로 환산하면 85매에 달하는 분량의 긴 논설이었다.
현재 신한일보라는 신문 자체가 남아 있지 않으므로 그 반박문이 구체적
으로 어떤 내용인지 알 수 없다. 또한 현재로서는 이 기고문의 필자가
누구인지 전혀 알 수 없다. 다만 그후 대한일보에 南晶鎬라는 인사가 작
성한 상해한인사회의 대일협력 문제에 대한 신문 기고문에 그 내용이 요
약되어 있다. 그 내용을 소개하면 다음과 같다.

> (1) 上海同胞의 來住 歷史를 前後 二期로   아본다면 "前者에 屬한 者
>   는 國內에서 政治的 壓迫을 主로 脫出한 者가 많고 後期에 屬한 者
>   는 政治的 壓迫은 勿論이요 經濟的인 搾取에 견디다 못하여 온 者
>   가 大多數이다.
>
> (2) 後方에서 數十年間 或은 數年間 우리의 自由獨立을 爲하야 싸와주
>   신 先輩들이 처음 北車站에 나린다는 消息을 들을 때 五千男女老幼
>   는 狂喜中에서 救世主를 歡迎하듯하였다.
>
> (3) 論者는(大韓日報 所載의 論者 - 筆者67)) 自稱 獨善的 語調로 功勞를
>   세운 後(後方에 있든 功勞를 스스로 誇張한다는 意味인 듯 싶다 -
>   筆者註) 우리 五千僑胞의 九0파센트를 指摘하야 가진 罪名으로 臆
>   斷한 後 그 財産의 沒收와 漢(韓)奸의 指名論으로 云云하니 그와 같
>   은 沒理解 無慈悲한 者가 後方에서 왔다는 美名下에서 五千의 僑胞
>   를 糾彈한다면" "五千同胞와 臨時政府 사이에 離間策動者로 아니볼
>   수 없다.
>
> (4) 우리 五千僑胞는 君같은 者의 付託을 받기 前부터 임이 反省하고
>   있다.
>
> (5) 今日 같은 過渡期에 處하야 民情을 諒察하고 無益한 形式을 떠나
>   理智的 仁政에 나아가 未然에 防止할 수 있는 摩擦이나 때아닌 犧
>   牲을 내지않게 함이 賢明한 爲政者의 當然한 態度이다.68)

---

67) 이 논설 집필자인 南晶鎬를 가리킨다.
68) 南晶鎬, 「僑胞의 當面問題를 論策함/大韓日報 所載 '自身反省'論에 對한 新韓日報
    의 反駁論文과 關聯하야(上)」, 『大韓日報』 1945년 11월 21일.

신한일보의 기고자는 5천 명에 달하는 상해 한인들 가운데 90%를 韓奸이라고 한 것은 지나친 '臆斷'이라고 하였다. 그리고 최근 상해에 도래한 임시정부에 대해 "過渡期에 處하야 民情을 諒察하고 無益한 形式을 떠나 理智的 仁政에 나아가 未然에 防止할 수 있는 摩擦이나 때 아닌 犧牲을 내지않게 함이 賢明한 爲政者의 當然한 態度"라고 주장하였다. 여기서의 '理智的 仁政'이라 다름 아닌 관용이나 자비가 아닐까. 그렇다고 본다면 신한일보 필자의 주장은 안다그라운드의 청산론에 맞선 관용론이라고 표현해도 좋을 것이다. 또한 그는 안다그라운드가 '後方' 즉 중경 임시정부의 입장에서 상해 교민들을 규탄하고 있다고 비판하였다.

청산론에 대한 신한일보의 반박에 대해 안다그라운드는 다시 반박문을 대한일보에 게재하여 자신의 주장을 강화하였다. 우선 그는 자기 자신도 일본에 협력했던 '이적행위자'였으며 독립운동에 나설 기회를 엿보았으나 일제의 압박에 눌려 실행하지 못했다고 고백하고 있다.

> '自己反省'과 그에 對한 反駁文을 읽고 僑胞 여러분들은 '自己反省'의 論이 果然 僑胞 諸位들을 中傷하얏다고들 보심 가. 아닙니다. 絶對로 中傷한 것이 아닙니다. 全文을 똑똑히 읽어보시고 말하시오. '自己反省'을 쓴 나는 自己의 良心的 苦悶을 煩悶을 吐露하고 앞으로는 어떠한 壓迫 테로 또는 經濟的 困窮下에서라도 人生의 節操를 決斷코 직히겠다고 決心하고 自己와 同等한 立場에 있는 九十%의 僑胞(勿論 成年僑胞의 九十%일것임니다)에게 反省自覺을 促한 것입니다. …(중략)… 論者는 爲先 자기 자신을 반성하 음니다. 자기자신은 의지가 약하야서 독립운동하기 용이한 이 上海에서 結局 實際로는 侵略者 日本의 忠實한 臣民노릇을 하여 暴惡者들 卽 恐怖政治者들에게 消極的 受動的으로라도 利益을 주는 行爲를 하얏다고 認識하고 있었음니다. 論者 自身이 後方으로 逃走하야 革命의 길을 것지 못하고 倭놈들의 奴隸노릇한 것을 後悔하며 金九主席閣下 以下 革命志士 諸位를 歡迎하얏을 때 마음은 북그러움으로 充滿하고 얼골은 물을 수 없는 地境에 있었는데 臨時政府 要人 諸位들의 따뜻하고 寬大하신 意思를 알고 보니 論者는 感謝의 눈물이 복밧어 올나왔음니다. 우리의 高潔

한 人格者에게 對한 報答은 如히 하여야 할가 우리의 過去에 願치 않으면
서도 侵略者 日本의 恐怖警察로 因하야 日本 갱스터-의 奴隸노릇을 한 罪
를 淸算하고 奴隸性을 撲滅하지안으면 안된다고 늣기고 高壓的 表現으로
拙算[稿]을 썻든 것입니다.[69]

위에서 안다그라운드는 자신은 결코 상해 교민들을 중상한 것이 아니
라고 반박하였다. 다만 그는 '節操'를 지키지 못한 90%의 상해 교민들
에게 '反省自覺'을 촉구했다고 하였다. 이러한 '反省自覺'을 통해 '일본
갱스터-의 奴隸 노릇'을 한 죄를 청산하고 '奴隸性'을 박멸해야한다고
주장하였다.

그리고 대한일보측도 신한일보의 반박문이 유치하다고 공박하였다.
반박문을 쓸려면 반박문을 쓰는 기본부터 다시 배우고 작성하라고 주장
하였다. 또한 "적어도 한 個 남의 論文을 論駁할여면 먼저 그 論文을
잘 理解하고 난후에 할 겄인대 게다가 들은 바에 의하면 上·中·下에서
그 하나만을 보고 썼다는 것만 보아도 알 것이고 또는 그 論文記事를
채 알지도 못하고 納得도 못했다는대에 크다란 過失이 있는 것이
다"[70]고 하였다. 즉 대한일보측은 신한일보의 반박문이 대한일보의 관
련기사를 제대로 이해하지도 못하고 있다고 비난하였다. 안다그라운드
의 3회에 걸친 기고문 가운데 하나만 보았기 때문에 문제가 있다고 비
판하였다.

69) 언더그라운드, 「'自己反省'을 論한 者로 答함」, 『大韓日報』 1945년 11월 21일.
70) T.H.生, 「新聞業者의 認識問題/新韓日報社 創刊號에 "上海僑胞의 血淚"란 記事를
    읽고(上)」, 『大韓日報』 1945년 11월 21일.

3) 현실론의 제기와 논란의 종식

1945년 11월 교민신문 지상에서는 전시 상해한인사회의 대일협력을 청산할 것이냐 혹은 관용할 것이냐 하는 문제로 논쟁이 벌어져 뜨겁게 달아올랐다. 이때 청산론 및 관용론과는 거리를 두는 논의가 출현하였다. 南晶鎬라는 인사는 청산론과 관용론의 두 입장을 떠나 현실적인 해결책을 제시하고자 하였다. 말하자면 청산이나 관용을 떠나 현실을 직시하자는 현실론인 셈이다. 南晶鎬는 대한일보에 「僑胞의 當面問題를 論策함」이라는 제목의 논설을 게재하였다. 그는 청산론과 관용론의 양측 주장에 대해 우선 상해한인사회가 처한 현실과 곤경을 먼저 돌아 본 다음 해결하자고 제의하였다.

그는 대한일보 소재 안다그라운드의 논문이 임시정부를 절대 지지하고 있으며 막 창간된 신한일보 역시 신민주주의 정강을 내세운 임시정부를 옹호지지하는 태도를 표방하였다고 하였다. 임시정부를 옹호하는 입장이 동일함에도 불구하고 '韓奸肅情問題'에 있어서는 양자의 의견이 다르다고 하였다. 그는 11월 11일 김구주석이 상해교민회장 및 총무를 접견한 자리에서 "韓奸處分과 集中問題는 臨時政府와 中國政府가 協議하야 處理할터이니 騷動치 말라"고 지시하여 교민들이 은근 자중하고 있는 상황을 언급하면서 이런 상황에서 대한일보측이 韓奸 처분문제에 대한 민의와 여론을 조장하는 것은 언론기관의 직책이 아니라고 주장하였다. 그러한 의미에서 신한일보가 이 문제를 언급한 것은 지극히 당연한 일이라고 경의를 표명하였다. 다만 신한일보의 논지가 너무도 피상적이며 동업자인 대한일보에 대하야 "靑개고리가 울면 비가 온다"는 등의 야유를 퍼붓는 卑俗한 태도라던가 또는 활자신문의 창간호에 보이는 '拙劣한' 편집을 탓하였다. 나아가 韓奸 처분문제에 대하여 교민들의 '過去의 罪過'를 통째로 침략자의 잘못으로 돌리는 것은 가장 비속한 태도의 하나라고 비판하였다.

또한 남정호는 안다그라운드의 논설이 後方 즉 중경 임시정부측 입장에 치우친 감이 없지 않다고 하였다. 그렇지만 그것을 하나의 독자 의견으로 이해할 수도 있다고 하였다. 그러면서 신한일보가 어떤 배경에서 무엇을 지향하고 교민들의 대일협력에 대해 '理智的 仁政'을 '當局' 즉 임시정부에게 요청하였는지, '理智的 仁政'이란 용어부터 이해하기 어렵다고 하였다.[71]

나아가 남정호는 韓奸에 대한 자신의 의견을 다음과 같이 제시하고 있다.

> 우리는 韓奸處置問題를 그렇듯 躁急한 것으로 생각하지는 않는다. 웨냐하면 大多數의 韓國人民에 對하여는 相當한 時日을 두고 보아야 할 것이니까 말이다. …(중략)… 우리가 本國에 도라가서도 人民의 完全한 統一組織을 爲하여서는 때로 피의 肅情도 避치못할 것을 覺悟한다면 問題는 우리에게 있어 차라리 簡單할 것 아닌가. …(중략)… 同時에 僑胞는 더욱더욱 自重하여야 할 것이다. 如履薄氷의 態度로 이 時期를 克服하지 안니하면 아니된다. 新韓日報가 "靑개고리가 울면 비가 온다"고 하였는데 나는 차라리 이렇게 말하고 싶다. "비가 올 것을 確然히 몰우는 靑개고리는 결코 울지 말아달라"고 이 말은 言論機關에 對하여서만이 아니고 僑胞全體에 선물주고 싶은 말이다. 여기는 外國땅이다. 僑胞가 반다시 分數에 넘친 일을 할야고 덤배는 것은 아니겠으나 現在 浮動하고 있는 것만은 事實이오. 달은 社會보다도 말성많고 拮抗많은 것도 事實일 것이다. 지금 우리들이 浮動하고 있는 가장 큰 原因은 經濟問題이다. 여기서 經濟問題란 돈이 있는가 없는가에 對한 問題가 아니고 우리에게 있는 돈을 어떻게 管理하고 어떻게 配分하여야겠느냐 하는 問題이다. 僑胞의 財産과 經濟의 共同管理! 이것이 上海에 在住한 우리들의 當面問題인 것이다.[72]

---

71) 南晶鎬, 「僑胞의 當面問題를 論策함/大韓日報 所載 '自身反省'論에 對한 新韓日報의 反駁論文과 關聯하야(上)」, 『大韓日報』 1945년 11월 21일.

72) 南晶鎬, 「僑胞의 當面問題를 論策함/大韓日報 所載 '自身反省'論에 對한 新韓日報의 反駁論文과 關聯하야(中)」, 『大韓日報』 1945년 11월 22일.

위에서 보는 바와 같이 남정호는 韓奸 처치를 조급한 것으로 생각하지 않았다. 적극적인 대일협력자는 자수를 하든지 귀국후 죄값을 받을 것이라고 하였으며 임시정부 당국에 대해 韓奸 처리에 대한 명백한 방침의 제시를 요청하였다. 그리고 교민들에게 외국 땅인 상해에서 '浮動'하지 말 것을 당부하고 대신 '浮動'의 원인인 경제문제를 해결하는데 주력할 것을 촉구하였다. 구체적으로 상해한인사회의 당면문제를 해결하기 위해 교민회의 강화를 역설하였다. 또 교민회 안에 교민의 재산관리를 위한 人民委員會의 설치를 제안하였다. 인민위원회는 다음과 같은 사업을 시행할 것을 주장하였다.

(가) 어느 時期까지에 僑胞의 몃 割이 歸國하게될 것인가를 情密히 企劃할 것.
(나) 僑胞의 經濟現狀을 數字的으로 正確히 아는 同時에 消費生活經濟에 對한 對策을 세울 것.
(다) 現在 돈없는 사람들의 歸國할 때까지의 生活에 保障制度를 確立할 것.
(라) 有産者에 對하야 金品을 供出시키는 同時에 그들로 하여금 企業體를 가질 수 잇도록 中美當局과의 交涉에 成功할 것
(마) 當分間 失業者를 集團生活시키는 方法을 講究할 것.
(바) 中國當局에 韓國僑胞의 現狀을 理解식키는 同時에 僑胞로 하여금 中國當局에 對한 信賴感을 增進식키도록 人民의 指導에 注力할 것.[73]

즉 교민회의 인민위원회가 교민의 귀국과 소비생활 대책 수집, 곤궁자에 대한 생활 보장, 有産者의 금품 징수와 기업체 설립, 실업자의 집단생활 추진, 한국 교민 상황에 대한 중국당국의 이해 증진 등 현실적으

---

73) 南晶鎬, 「僑胞의 當面問題를 論策함/大韓日報 所載 '自身反省'論에 對한 新韓日報의 反駁論文과 關聯하야(下)」, 『大韓日報』 1945년 11월 23일.

로 다급한 임무를 수행할 것을 촉구하였다. 그리고 그는 한걸음 더나아
가서 이러한 교민회의 활동을 방해하는 자는 교포인민에 대하야 '활(弓)
을 쏘는 자'이니 그와 같은 '背德漢'은 교민들의 손으로 처단하자고 주
장하였다. 요컨대 상해한인사회가 처한 어려운 상황 하에서 대일협력에
대해 청산이냐 관용이냐 하는 논쟁을 더 이상 하는 것은 의미가 없다는
것이다. 그보다는 절박한 상황에 있는 상해 교민들의 생활 보호를 우선
해야한다는 것이다.[74]

　이후 이 논쟁은 어떻게 되었을까. 대한일보에는 11월 23일자의 남정
호의 기고문을 끝으로 대일협력과 관련된 글이 더이상 보이지 않는다.
이로 미루어볼 때, 논쟁은 종료되었던 것으로 보인다.

　그 배경에는 임시정부나 교민단 등의 중재나 조정이 있었을 것으로
보인다. 11월 5일 상해에 왔던 임시정부 요인 제1진은 11월 23일 귀국
을 앞두고 있었다. 임시정부의 입장에서도 이러한 논쟁이 마냥 반가울
수는 없었을 것이다. 일찍이 김구도 교민회 간부들을 접견하는 자리에서
"韓奸處分과 集中問題는 臨時政府와 中國政府가 協議하여 處理할 터
이니 騷動치 말라"[75]고 지시한 것도 그런 맥락에서 나온 것일 것이다.
그러므로 논쟁은 서둘러 종식될 필요가 있었다. 외국 영토인 상해에서
한인 대일협력자를 처리하는 것이 현지 중국 지방당국의 비협조로 쉽지
않다는 것이 실제로 드러났기 때문이다. 대일협력자 처리를 둘러싼 더
이상의 논쟁은 교민들의 곤궁한 상황을 개선하는데 큰 도움이 되지 않는
다는 현실적인 판단도 작용하였을 것으로 보인다. 앞서 살펴 본 프랑스
의 청산론과 관용론 논쟁의 결말과 같이 피폐해진 교민 경제와 사회의
재건이 시급한 선결 과제로 대두되면서 韓奸 처벌 논의에 대한 관심은

---

74) 당시 상해한인사회가 처하고 있던 상황에 대해서는 다음의 논고를 보기 바란다.
　　김광재, 「광복 이후 上海韓國僑民團의 설립과 활동-교민신문『大韓日報』의 기사
　　내용을 중심으로」, 116-123쪽.
75) 『大韓日報』 1945년 11월 13일, 「金九主席訓示」.

빠른 속도로 그 열기가 식어버렸기 때문이다. 즉 경제적 기반을 잃고 곤궁한 형편에 처한 상해 한인들의 현실적인 문제를 해결하는 것이 더 급선무였기 때문이다.

지금까지 살펴 본 것처럼 전후 상해한인사회에서 대일협력 행위를 청산할 것이냐 아니면 관용할 것이냐를 둘러싸고 전개된 논쟁을 통해 전후 대일협력자 처리가 그리 쉽지 않았음을 알 수 있다. 전후 상해한인사회에서는 전시 대일협력에 대한 인식과 평가를 둘러싸고 기존의 반일 및 친일의 이분법적인 시각에서는 볼 수 없는 다양한 층위의 목소리들이 제기되었다. 앞으로의 대일협력 관련 연구는 그러한 이분법적 구도 속에서 외면되었던 다양한 입장과 목소리들을 밝히는 방향으로 이루어져야 할 것이다.

4. 맺음말

1945년 8월 15일 상해한인사회가 맞이한 광복은 감격적이었음에 틀림없지만 동시에 매우 갑작스럽고 당황스러운 것이었다. 1919년 대한민국 임시정부가 수립됨으로써 상해한인사회는 독립운동을 수행하기 위한 물적 기반의 역할을 수행하였다. 하지만 1932년 윤봉길의 홍구공원의거 이후 일제의 추격에 쫓긴 임시정부가 상해를 떠나면서 대다수의 상해 한인들은 일본세력의 통제 하에 들어감으로써 영욕이 교차하게 되었다. 특히 1937년 중일전쟁 및 1941년 태평양전쟁에 즈음하여 국내로부터 밀려들어온 내선일체 및 황국신민화운동은 상해라고 해서 예외는 아니었다. 상해한인사회도 황국신민화운동에 포섭되고 동원되면서 광복 직후 대일협력 시비에서 자유로울 수 없게 되었다.

광복 직후 상해 교민신문인 대한일보에는 대일협력행위를 처단하자는 목소리가 드높았다. 애초부터 대일협력자에 대해 관용을 베풀어야한다는 목소리는 나오기 힘든 분위기였다. 특히 1945년 11월 5일 김구를 비롯한 중경 임시정부 요인들의 환국을 위한 상해 방문에 즈음하여 김구와 임시정부의 韓奸 처리 정책에 동조하면서 대일협력자를 처벌하고 청산하자는 주장들이 본격적으로 제기되었다.

먼저 안다그라운드라는 필자는 대한일보에 기고문을 실어 韓奸 즉 대일협력자를 처단해야 한다는 청산론을 제기하였다. 이에 대해 상해한인사회의 또다른 하나의 교민신문인 신한일보에는 대일협력자에 대해 '理智的 仁政'을 베풀어야 한다는 이른바 관용론이 등장하였다. 이에 대해 청산론을 주장한 안다그라운드는 다시 대한일보에 논설을 기고하여 관용론을 반박하였다.

이러한 청산론과 관용론의 논쟁에 대해 南晶鎬라는 인사는 청산론과 관용론을 넘어선 일종의 현실론을 주장하였다. 그는 상해한인사회가 직면하고 있는 여러 가지 어려운 형편상 대일협력자 처단 논쟁을 더 이상 하는 것보다는 절박한 상황에 있는 상해 교민들의 생활 보호를 우선할 것을 역설하였다.

이후 이 논쟁은 어떻게 되었을까. 대한일보에는 11월 23일자의 남정호의 현실론을 끝으로 대일협력에 관련된 논의가 더 이상 보이지 않는다. 이로 미루어볼 때, 이 논쟁은 더 이상 계속되지 않고 종료된 것으로 보인다. 여러 가지 어려움이 중첩되어 있던 상해한인사회의 현실적인 상황에서 이러한 논쟁이 오래 갈 수 없었음은 처음부터 예견되던 바였다.

논쟁이 갑자기 종식된 배경에는 임시정부나 교민단 등의 중재나 조정이 있었을 것으로 보인다. 1945년 11월 5일 상해에 왔던 임시정부 요인들은 11월 23일 귀국을 앞두고 있었다. 중국 국민당정부 주석 蔣介石이 김구에게 협조를 약속한 안준생과 韓奸 처단 시도는 중국 지방당국의 비협조라는 벽에 부딪쳐 진전되지 못하였다. 임시정부도 논쟁이 더 이상 진행되어봐야 외국 영토인 상해에서 한인 대일협력자를 처리하는 것이 쉽지 않다는 현실적인 입장으로 돌아섰을 것으로 보인다. 이국땅에서 경제적 기반을 잃고 곤궁한 형편에 처한 상해 한인들의 현실적인 문제를 해결하는 것이 더 급선무였을 것이라는 판단도 작용하였을 것으로 보인다.

참고문헌

1. 자료

간행 자료

秋憲樹 編, 『資料 韓國獨立運動』 1~2, 연세대출판부, 1971~1972.

국회도서관 편, 『韓國民族運動史料』(中國篇), 1976.

독립기념관 한국독립운동사연구소, 『韓國獨立運動史料叢書 - 震光·朝鮮民族
戰線·朝鮮義勇隊(通訊)』 제2집, 1988.

국사편찬위원회, 『한민족독립운동사자료집』 별집5, 1992.

신주백 편, 『전시체제하 조선총독부외곽단체자료집』 17, 고려서림, 1997.

韓國精神文化研究院, 『韓國獨立運動史資料集』, 趙素昻篇4, 1997.

石源華 編, 『中國共産黨과 韓國獨立運動 關係紀事研究』, 도서출판 고구려,
1997.

延世大學校 現代韓國學研究所, 『梨花莊所藏 雩南李承晩文書』 東文篇, 第7卷,
1998.

백범김구선생전집편찬위원회 편, 『백범김구전집』 제1권, 친필 『백범일지』·
『도왜실기』, 대한매일신보사, 1999.

백범김구선생전집편찬위원회 편, 『백범김구전집』 제4권, 대한민국임시정부Ⅰ,
나남출판, 1999.

宜寧玉氏大同譜編纂委員會, 『宜寧玉氏大同譜』 卷之三, 回想社, 1999.

도산안창호선생전집편찬위원회, 『島山安昌浩全集』 제4권 일기, 2000.

도산안창호선생전집편찬위원회, 『島山安昌浩全集』 제10권 동우회Ⅱ, 홍사단
우 이력서, 2000

김상태 편역, 『윤치호 일기 : 한 지식인의 내면세계를 통해 본 식민지시기』,

역사비평사, 2001.

국사편찬위원회,『韓民族獨立運動史資料集』43~46, 中國地域獨立運動 裁判
　　　　記錄 Ⅰ~Ⅳ, 2000~2001.

국사편찬위원회,『일본외무성외교사료관 소장 한국관계사료목록』, 2003.

국사편찬위원회,『韓國獨立運動史』資料 40, 中國東北地域篇 Ⅱ, 探究堂, 2004.

대한민국임시정부기념사업회,『프랑스 소재 한국독립운동자료집』1, 2006.

국사편찬위원회,『대한민국임시정부자료집』2-6, 임시의정원 Ⅰ-Ⅴ, 2005.

국사편찬위원회,『대한민국임시정부자료집』9, 군무부, 2006.

국사편찬위원회,『대한민국임시정부자료집』14, 한국광복군 Ⅴ, 2006.

국사편찬위원회,『대한민국임시정부자료집』22, 대중국 외교활동, 2008.

국사편찬위원회,『대한민국임시정부자료집』33, 한국독립당 Ⅰ, 2009.

국사편찬위원회,『대한민국임시정부자료집』35, 한국국민당 Ⅰ, 2009.

국사편찬위원회,『대한민국임시정부자료집』37, 조선민족혁명당 및 기타 정
　　　　당, 2009.

국사편찬위원회,『대한민국임시정부자료집』별책 2, 조선민족운동연감, 2009.

국사편찬위원회,『대한민국임시정부자료집』24, 대유럽 외교 Ⅱ, 2010.

독립기념관,『중국신문 한국독립운동기사집(1)』조선의용대(군), 2008,

柳永益·宋炳基·李明來·吳瑛燮 編,『李承晩 東文 書翰集』下, 연세대출판부,
　　　　2009.

김영신 편역,『장중정총통당안 중 한국관련자료 집역』, 선인, 2011.

국사편찬위원회,『광복 이후 재중 한인의 귀환 관련 사료』Ⅰ, 총론 및 화중·
　　　　화남지방편, 해외사료총서 25, 2012.

玉慧觀,『釋尊之歷史與敎法』, 上海: 佛敎書局, 1932.

楊昭全 編,『關內地區朝鮮人反日運動資料彙編』上册, 沈陽: 遼寧民族出版社,
　　　　1987.

北京市檔案館 編,『日僞在北京地區的五次强化治安運動』上, 北京燕山出版社,
　　　　1987.

台灣 中央硏究院 近代史硏究所編,『國民政府與韓國獨立運動史料』, 1988.

陳以沛 等 合編,『黃埔軍校史料』, 廣州: 廣東人民出版社, 1994.

釋印順 編著,『太虛法師年譜』, 北京: 宗敎文化出版社, 1995.

蔡鴻源,『民國法規集成』第十三册, 合肥: 黃山書社, 1999.

上海市檔案館編,『中國地域韓人團體關係史料彙編』1-2, 上海: 東方出版中心, 1999.

黃夏年 主編,『民國佛敎期刊文獻集成』, 北京: 全國圖書館文獻縮微複製中心, 2006.

朝鮮總督府 警務局,『國外ニ於ケル容疑朝鮮人名簿』, 1934.

中央朝鮮協會,『上海に於ける朝鮮人の實情』, 1935.

朝鮮總督府 高等法院,『上海及南京方面に於ける朝鮮人の思想狀況』, 1936.

朝鮮總督府 警務局,『最近に於ける朝鮮治安狀況:昭和13年』, 1938.

朝鮮總督府 高等法院 檢事局 思想部,『思想彙報』20號, 1939년 9월.

朝鮮總督府 學務局 朝鮮敎育會,『文敎の朝鮮』, 1938年 9月號.

朝鮮總督府 北京出張所,『在北支朝鮮人槪況』, 東京: 昭和印刷社, 1940.

朝鮮總督官方外務部,『中華民國在留朝鮮人槪況』, 1941.

朝鮮總督府 司政局,『昭和16年 12月 第79回帝國議會說明資料』, 1941.

上海居留民團 編,『上海居留民團三十五周年記念誌』, 上海: 大陸印刷社, 1942.

崔載瑞 編,『大東亞戰爭と半島』, 京城: 人文社, 1942.

白川秀南 編,『在支半島人名錄』第三版, 上海: 白川洋行印刷部, 1942.

靑柳星美,「漢口及び北京居留民團制度の硏究」,『東亞同文書院大學東亞調査報告書』, 上海東亞同文書院大學, 1942.

日本 大藏省 管理局,『日本人の海外活動に關する歷史的調査』, 通卷第26册, 1947.

金正明 編,『朝鮮獨立運動』2, 東京: 原書房, 1967.

內務部 警報局 保安課,『特高月報』, 1938년 6월호.

金正柱編,『朝鮮統治史料』10, 東京: 韓國史料硏究所, 1971.

社會問題資料硏究所編,『思想情勢視察報告集』2, 京都: 東洋文化社, 1976.

奧平康弘 編,『昭和思想統制史資料』24, 中國情勢篇, 高麗書林, 1991.

日本外務省東亞局,『外務省執務報告(東亞局)』第6卷, 昭和13年(2) - 昭和15年, 東京: クレス出版, 1993.

外務省外交史料館藏,『外務省警察史』第53卷, 5 支那ノ部(南支), 東京: 不二出版(株), 2001.

미간행 자료

「外務省警察史 : 支那の部 第18篇 在上海總領事館」(국회도서관 MF SP126).

「李光福 身分帳指紋原紙」, 昭和十一年(국가보훈처 소장).

「李光福 判決文」, 昭和十一年刑公合第三十號(국가보훈처 소장).

「李載祥 判決文, 昭和十四年刑公第一九六一號, 1939年 12月 19日」(국가기록
　　원 소장).

「在支鮮人事務ノ處理方ニ關スル件」(정부기록보존소 마이크로필름, 필름번
　　호 88-1713, 문서번호 88-110).

「北支安全農村設定ニ關スル協定案」(정부기록보존소, 필름번호 88-1713, 문서
　　번호 88-110).

「支那事變關與事項調書」(정부기록보존소, 필름번호 88-1713, 문서번호 88-110).

全宗號 J166 韓國僑胞宣撫團(中國 北京市檔案館 자료).

「李蘇民이 鄒魯에게 보내는 탄원서」, 1936, 廣東省檔案館 자료(국가보훈처 수
　　집자료).

「在華鮮台人ニ關スル調査(1944. 11. 10)」(일본외무성 외교사료관문서 A.5.0.0)

『不逞團關係雜件』 朝鮮人ノ部 在上海地方(日本外務省外交史料館).

「吉林ヲ中心トスル南京軍官學校生徒募集事件取調槪要(1935. 6. 8)」, 機密 第
　　695號(東京 한국연구원 소장자료).

『厦門鮮人逮捕事件並同事件ニ因ル排日關係一件』, 1928(日本外務省外交史料
　　館, A-5-3-0-13).

日本外務省 外交史料館 所藏, 「廣東ニ於ケル不逞鮮人李景山拘引事件(交涉事
　　件)」(東亞局第二課, 『最近支那及滿洲關係諸問題摘要(第六十七議會用)』,
　　1934년 12月調(議TA-3).

在上海日本總領事館警察部, 「中國歸化朝鮮人調」, 『特高警察ニ關スル事項』, 1934
　　(『在支滿本邦警察統計及管內狀況報告雜纂(支那27)』(日本外務省外交
　　史料館, D.2.3.28).

『在支滿本邦警察統計及管內狀況報告雜纂(第26-2卷)』(日本外務省外交史料館,
　　D.2.3.0-28).

外務省亞細亞局第二課, 「廣州ニ於ケル不逞鮮人李景山拘引事件」, 1933.

在上海日本總領事館警察部,「重要犯人引渡要求ノ交涉經過:金益星」,『特高警察ニ關スル事項』, 1934(『在支滿本邦警察統計及管內狀況報告雜簒(支那27)』(日本外務省外交史料館, D.2.3.28).

「厦門在留朝鮮人ノ狀況(1930.5.15)」,『在支滿本邦警察統計及管內狀況報告雜簒(支那4)』(日本外務省外交史料館, D.2.3.0-28).

『在外朝鮮人學校教育關係雜件 第一卷 3. 中國 (2)上海仁成學校』(日本 國立公文書館 アジア歷史資料センター DB).

「拓務省設置關係一件」(日本外務省 外交史料館文書 M.1.1.3, 국사편찬위원회 수집자료).

「興士團遠東支部解散ニ關スル件」(上海派秘第五四一號ノ一 , 1940. 7. 18, 在上海事務官 原田一郎 → 朝鮮總督府 警務局長, 外事部長) (國史編纂委員會 소장 京城地方法院 編綴文書『思想ニ關スル情報』12).

「朝鮮義勇軍 工作總結報告」(1943), RG 242, Records Seized by U.S. Military Forces in Korea, Doc 201238, Box 56, NARA(국사편찬위원회 수집자료).

2. 신문 및 잡지

신문

『獨立新聞』,『新韓民報』,『東亞日報』,『朝鮮日報』,『大韓日報』,『조선중앙일보』,『每日申報』,『한국일보』

『申報』,『廣州民國日報』,『香港工商日報』,『解放日報』,『時報』,『民國日報』,『中央日報』,『大公報』(重慶)

South China Morning Post, Canton Daily Sun

잡지

『倍達商報』,『上海韓聞』,『동광』,『佛敎』,『삼천리』,『앞길』,『光復』,『朝光』,『總動員』

『海潮音』, 『中國佛敎會報』, 『在滿朝鮮人通信』

3. 구술자료 및 회고록, 전기류, 地方誌

구술자료

김희원 구술, 김광재 면담, 2005년 3월 이래 10여 차례.
具益均 구술, 김광재 면담, 2012년 5월 13일, 7월 22일 서울 익선동 자택에서.
韓泰東 구술, 김광재 면담, 2013년 3월 2일 서울 자택에서.
강동호 구술, 김광재 면담, 2013년 4월 30일 과천 식당에서.
정명희 구술, 김광재 면담, 2013년 11월 16일 서울역 식당에서.

회고록 및 전기

金光, 『尹奉吉傳』, 上海: 韓光社, 1934.
金午星, 『指導者群像』, 秀英社, 1946.
金昌淑, 『心山遺稿』 卷五, 國史編纂委員會, 1973.
太倫基, 『回想의 黃河 - 피어린 獨立軍의 抗爭手記』, 甲寅出版社, 1975.
禹昇圭, 『나절로漫筆』, 探求堂, 1978.
趙擎韓, 『白岡回顧錄』, 韓國宗敎協議會, 1979.
李應俊, 『回顧九十年』, 汕耘紀念事業會, 1982.
님웨일즈·김산 저 / 조우화 역, 『아리랑』, 동녘, 1984.
金明洙, 『明水散文錄』, 삼형문화, 1985.
玄錫虎, 『한 삶의 告白』, 探求堂, 1986.
김상옥·나석주 열사 기념사업회, 『김상옥·나석주 항일실록』, 삼경당, 1986.
정정화, 『녹두꽃』, 미완, 1987.
안병무, 『칠불사의 따오기』, 범우사, 1988.
李庭植 면담 / 金學俊 편집·해설, 『혁명가들의 항일회상』, 민음사, 1988.
鄭華岩, 『어느 아나키스트의 몸으로 쓴 근세사』, 자유문고, 1992.
李圭昌, 『運命의 餘燼』, 寶蓮閣, 1992.
지복영, 『역사의 수레를 끌고 밀며 - 항일무장 독립운동과 백산 지청천장군』,

　　　문학과지성사, 1995.

김학철, 『최후의 분대장』, 문학과지성사, 1995.

金孝淑, 『上海 大韓民國臨時政府와 나』(未刊行回顧錄), 1996.

김구, 『백범일지』, 도진순 주해, 돌베개, 1997.

한국정신문화연구원 편, 『내가 겪은 한국전쟁과 박정희정부』, 도서출판 선인, 2004.

선우진 지음·최기영 엮음, 『백범선생과 함께 한 나날들 - 백범김구 비서 선우 진 회고록』, 푸른역사, 2008.

柳基石, 『三十年 放浪記 : 유기석 회고록』, 국가보훈처, 2010.

顧家熙 編, 『中朝人民的戰鬪友誼』, 北京: 人民出版社, 1951.

邵毓麟, 『使韓回憶錄』, 臺北: 傳記文學出版社, 1980.

張畢來, 「臺灣義勇隊」, 『革命史資料』 第8輯, 北京: 全國政協, 1982.

조선의용군발자취 집필조, 『중국의 광활한 대지우에』, 연길: 연변인민출판사, 1987.

金振林 主編, 『臺灣義勇隊在金華』, 北京: 九州出版社, 2005.

地方誌

金川郡誌編纂委員會, 『金川郡誌』, 1980.

寧河縣地方史誌編修委員會 編著, 『天津市 寧河縣誌』, 天津社會科學院出版社, 1991.

河北省地方誌編纂委員會, 『河北省誌』 第16卷 農業誌, 石家庄: 河北人民出版 社, 1995.

河北省 蘆臺農場地方誌 編纂委員會, 『蘆臺農場誌』, 北京: 海潮出版社, 1997.

鐘俊鳴 主編, 『沙面: 近一個世紀的神秘面紗』, 廣州: 廣東人民出版社, 1999.

高綱博文·陳祖恩 主編, 『日本僑民在上海』, 上海辭書出版社, 2000.

'上海租界誌'編纂委員會 編, 『上海租界誌』, 上海社會科學院出版社, 2001.

薛理勇, 『舊上海租界史話』, 上海社會科學院出版社, 2002.

上海審判誌編纂委員會 編, 『上海審判誌』, 上海社會科學院出版社, 2003.

楊萬秀 主編, 『廣州通史』 現代卷 上冊, 北京: 中華書局, 2010.

편술서

愛國同志援護會編,『韓國獨立運動史』, 1956.
독립운동사편찬위원회,『독립운동사』4, 임시정부사, 1969.
독립운동사편찬위원회,『독립운동사』6, 독립전투사(하), 1975.
무정부주의운동사편찬위원회,『한국아나키즘운동사』, 형설출판사, 1994.

사전

李盛平 主編,『中國近現代人名大辭典』, 北京: 中國國際廣播出版社, 1989.
姚辛 編著,『左聯詞典』, 北京: 光明日報出版社, 1994.
馬長林 編,『老上海行名辭典(1880-1941)』, 上海古籍出版社, 2005.

지도

周振鶴 主編,『上海歷史地圖集』, 上海人民出版社, 1999.

4. 연구논저

저서

玄圭煥,『韓國流移民史』上, 語文閣, 1967.
윤경로,『105人事件과 新民會 硏究』, 일지사, 1990.
강만길,『조선민족혁명당과 통일전선』, 화평사, 1991.
염인호,『김원봉 연구』, 창작과비평사, 1992.
박찬승,『한국근대정치사상사연구 - 민족주의 우파의 실력양성운동론』, 역사
　　　비평사, 1992.
한상도,『韓國獨立運動과 中國軍官學校』, 문학과지성사, 1994.
金喜坤,『中國關內 韓國獨立運動團體 硏究』, 知識産業社, 1995.
金喜坤·韓相禱·韓詩俊·兪炳勇,『대한민국임시정부의 좌우합작운동』, 한울아
　　　카데미, 1995.
김영범,『한국 근대민족운동과 의열단』, 창작과비평사, 1997.

임계순,『중국의 여의주, 홍콩』, 한국경제신문사, 1997.

孫春日,『日帝의 在滿韓人에 대한 土地政策 研究』, 한국정신문화연구원 박사
　　　학위논문, 1998.

염인호,『조선의용군의 독립운동』, 나남출판, 2001.

김태국,『滿洲地域 '朝鮮人在 民會' 研究』, 국민대학교 국사학과 박사학위논
　　　문, 2001.

李明花,『島山安昌浩의 獨立運動과 統一路線』, 景仁文化社, 2002.

허종,『반민특위의 조직과 활동; 친일파 청산 그 좌절의 역사』, 선인, 2003.

이병인,『근대 상해의 민간단체와 국가』, 창비, 2006.

요시자와 세이치로 지음·정지호 옮김,『애국주의의 형성 - 내셔널리즘으로 본
　　　근대중국』 논형, 2006.

김영진,『중국 근대사상과 불교』, 그린비, 2007.

이호룡,『아나키스트들의 민족해방운동』, 한국독립운동사의 역사 45, 독립기
　　　념관, 2008.

김광재,『어느 상인독립군 이야기 - 상해 한상 김시문의 생활사』, 선인, 2012.

胡春惠,『韓國獨立運動在中國』, 臺北 : 三民書局, 1986.

費成康,『中國租界史』, 上海社會科學院出版社, 1991.

阮仁澤·高振農,『上海宗教史』, 上海人民出版社, 1992.

居之芬·張利民 主編,『日本在華北經濟統制掠奪史』, 天津古籍出版社, 1997.

蘇智良,『慰安婦研究』, 上海書店出版社, 1999.

熊月之 主編,『上海通史』1-15, 上海人民出版社, 1999.

熊月之 主編,『海外上海學』, 上海古籍出版社, 2004.

魏斐德 著, 章紅 等譯,『上海警察, 1927-1937』, 上海古籍出版社, 2004(Frederic
　　　　　Wakeman, Jr, *Policing Shanghai*, Unitversity of California Press, 1995).

蘇智良·陳麗菲·姚霏,『上海日軍慰安所實錄』, 上海三聯書店, 2005.

張小紅 著,『左聯與中國共產黨』, 上海人民出版社, 2006.

姚辛,『左聯史』, 北京: 光明日報出版社, 2006.

曹大臣,『近代日本在華領事制度: 以華中地區爲中心』, 北京: 社會科學文獻出版
　　　社, 2009.

淺田喬二 編, 『日本帝國主義下の中國: 中國占領地經濟の研究』, 東京: 樂遊書房, 1981.

坪江汕二, 『朝鮮民族獨立運動秘史』, 高麗書林 復刻版, 1986.

金靜美, 『中國東北部における 抗日朝鮮·中國民衆史序說』, 東京: 現代企劃室, 1992.

劉傑, 『漢奸裁判-對日協力者を襲つた運命』, 東京: 中公新書, 2000.

臼井勝美 著·宋漢鏞 譯, 『中國外交史研究: 中日戰爭時期』, 선인, 2004.

荻野富士夫, 『外務省警察史 - 在留民保護取締と特高警察機能』, 東京: 校倉書房, 2005.

遠藤正敬, 『近代日本の植民地統治における國籍と戶籍』, 東京: 明石書店, 2010.

논문

김영범, 「朝鮮義勇隊 研究」, 『한국독립운동사연구』 제2집, 1988.

양영석, 「조선민족해방동맹의 노선과 활동」, 『한국독립운동사연구』 제4집, 1990.

文日煥, 「북경지역 한국인 이민사」, 『世界속의 韓國文化』, 제1회 세계한민족 학술회의 논문집, 한국정신문화연구원, 1991.

김희곤, 「상해 대한인교민단의 성립과 독립운동」, 『水邨朴永錫敎授華甲紀念 韓民族獨立運動史論』, 탐구당, 1992.

박환, 「南華韓人靑年聯盟의 결성과 활동」, 『水邨朴永錫敎授華甲紀念 韓民族 獨立運動史論』, 탐구당, 1992.

李基東, 「日帝統治下 韓國人 高級將校의 運命 - 1930年代 滿洲·上海에서의 洪 思翊」, 『何石金昌洙敎授華甲紀念史學論叢: 韓國民族獨立運動史의 諸 問題』, 범우사, 1992.

朴永錫, 「日本帝國主義下 在滿韓人의 法的 地位에 대한 諸問題-1931년 滿洲 事變 이전을 중심으로」, 『한국민족운동사연구』 11, 1995.

황민호, 「1920년대 후반 在滿韓人에 대한 中國當局의 政策과 韓人社會의 對應」, 『한국사연구』 90, 1995.

염인호, 「해방 후 韓國獨立黨의 中國 關內地方에서의 光復軍 擴軍運動」, 『역 사문제연구』 창간호, 역사비평사, 1996.

김광재, 「在中 抗日協同戰線運動과 金星淑」, 『한국민족운동사연구』 13, 1996.

尹輝鐸, 「日本의 占領地政策과 華北 民衆의 政治的 行態」, 『東洋史研究』 제

60집, 1997.

金光載, 「중일전쟁기 중국화북지방의 한인이주와 蘆臺農場」, 『한국근현대사연구』 제11집, 1999.

김도형, 「대한민국임시정부의 친일파 처단과 의열투쟁」, 『大韓民國臨時政府 樹立80周年 紀念論文集』(下), 國家報勳處, 1999.

한상도, 「조선의용대의 국제연대 의식과 대만의용대」, 『한국근현대사연구』 제11집, 1999.

蔣剛, 「천주 무정부주의운동에 대한 초보적 연구 - 조선혁명가와 중국무정부주의 운동의 관계를 중심으로」, 『한국민족운동사연구』 16, 2002.

김인호, 「태평양전쟁기 조선인 자본가의 '중국 침략'」, 『國史館論叢』 제99집, 2002.

辛珠伯, 「1920-30년대 북경에서의 한인 민족운동」, 『한국근현대사연구』 제23집, 2002.

孫艶紅, 「1920년대 전반 북경지역의 한인사회의 민족운동」, 국민대 석사논문, 2002.

權寧俊, 「近代 中國의 國籍法과 朝鮮人 歸化政策」, 『韓日民族問題研究』, 제5호, 2003.

양윤모, 「백범 김구의 '치하포사건' 관련기록 검토」, 『고문서연구』 22, 2003.

張錫興, 「해방직후 상해지역의 한인사회와 귀환」, 『한국근현대사연구』 제28집, 2004.

崔起榮, 「1930년대 中山大學과 한국독립운동」, 『震檀學報』, 제99호, 2005.

金光載, 「'上海朝鮮人會'(1933-1941) 硏究」, 『한국근현대사연구』, 제35집, 2005.

金喜坤, 「19세기말-20세기 전반, 한국인의 눈으로 본 상해」, 역사문화학회편, 『지방사와 지방문화』, 제9권 1호, 2006.

후지나가 다케시, 「상하이의 일본군 위안소와 조선인」, 『해방전후사의 재인식』 1, 한길사, 2006.

오영섭, 「상해 임정내 이승만 통신원들의 활동」, 『한국민족운동사연구』 52, 2007.

최기영, 「李斗山의 在中獨立運動」, 『한국근현대사연구』 제42집, 2007.

김도형, 「한국인의 동남아지역 진출과 인식」, 『1920년대 이후 일본·동남아지역 민족운동』, 한국독립운동의 역사 55, 독립기념관, 2008.

鄭址鎬, 「民國時期 東北地域 朝鮮人의 法的地位」, 『中國學報』 58, 2008.

권대웅, 『1910년대 국내독립운동』, 한국독립운동의 역사 15, 독립기념관, 2008.

崔鳳春, 「국립 중산대학 조선유학생 연구 - 1930년대를 중심으로 -」, 『한국민족운동사연구』 60, 2009.

도진순, 「안중근 가문의 유방백세와 망각지대」, 『역사비평』 90, 2010.

윤유석, 「백범일지의 한국근대사 내러티브(이야기 서술) 특징」, 『백범과 민족운동 연구』 제8집, 2010.

曹永祿, 「일제 강점기 杭州 高麗寺의 재발견과 重建籌備會」, 『한국근현대사연구』 제53집, 2010.

김광재, 「'상인독립군' 金時文의 上海 생활사」, 『한국민족운동사연구』 64, 2010.

金光載, 「玉觀彬의 상해 망명과 활동」, 『한국근현대사연구』 제59집, 2011.

김광재, 「일제시기 上海 고려인삼 상인들의 활동」, 『한국독립운동사연구』 제40집, 2011.

김광재, 「일제시기 상해 仁成學校의 설립과 운영」, 『동국사학』 제50집, 2011.

김광재, 「상해 仁成學校 유지운동과 폐교」, 『백범과 민족운동 연구』 제9집, 2012.

윤경로, 「105인 사건 피의자들의 사건 이후 행적에 관한 소고 - 친일로 경도된 9인을 대상으로 -」, 『한국기독교와 역사』 제36호, 한국기독교역사학회, 2012.

김광재, 「중국관내지역 韓人의 국적 문제 일고찰 - 1933년 廣州에서의 '朴義一' 체포를 둘러싼 中日佛 교섭을 중심으로 -」, 『사학연구』 제110호, 2013.

김광재, 「광복 이후 上海韓國僑民團의 설립과 활동-교민신문 『大韓日報』의 기사내용을 중심으로」, 『한국민족운동사연구』 78, 2014.

陳萍, 「1930年代初廣州國貨運動研究」, 廣州: 中山大學 碩士論文, 2006.

馬軍·單冠初, 「戰後國民政府遣返韓人政策的演變及在上海地區的實踐」, 『史林』 2006年 第二期, 上海社會科學院 歷史研究所.

黃心川, 「民國佛敎刊物所見當代韓國佛敎史料摭議」, 『世界宗敎硏究』 第2期, 2007.

黃夏年, 「近代中韓兩國佛敎友好交往的使者 : 玉慧觀」, 『玄奘佛學研究』 第10期, 2008.

梶村秀樹, 「1930年代滿洲における抗日鬪爭にたいする日本帝國主義の諸策動 - '在滿朝鮮人問題'と關聯して」, 『日本史硏究』 94號, 京都: 日本史硏究會, 1967(梶村秀樹著作集刊行委員會·編集委員會, 『朝鮮近代の民衆運動』, 梶村秀樹著作集 第4卷, 東京: 明石書店, 1993).

梶村秀樹, 「義烈團と金元鳳」, 『朝鮮史のわくぐみと思想』, 東京: 硏文出版社, 1982.

鐸木昌之, 「잊혀진 공산주의자들 - 화북조선독립동맹을 중심으로- 」, 『항전별곡』, 거름, 1986.

木村健二, 「在外居留民の社會活動」, 『近代日本と植民地』 5, 膨脹する帝國の人流, 岩波書店, 1993.

孫安石, 「東アジアの國籍と近代-1920年代'國民'をめぐる言說」, 小川浩三 編, 『複數の近代』, 札幌: 北海道大學圖書刊行會, 2000.

木村健二·申奎燮·幸野保典·宮本正明, 「戰時下における朝鮮人の中國關內進出について」, 『靑丘學術論叢』 第23集, 東京: 韓國文化硏究振興財團, 2003.

大平浩史, 「中國近代の佛敎改革運動と南洋華僑-太虛の中國佛敎會退出'事件'が示すもの-」, 『立命館文學』, 立命館大學 人文學會, 2008.

武井義和, 「1920年代初頭の上海における朝鮮人'實業家'-玉成彬, 玉觀彬を事例として-」, 『愛知大學國際問題硏究所紀要』 第134號, 2009.

岩間一弘, 「'漢奸'告發運動からみる戰後上海の大衆社會」, 日本上海史硏究會 編, 『建國前後の上海』, 東京: 硏文出版, 2009.

水野直樹, 「'博文寺の和解劇'と後日談: 伊藤博文·安重根の息子たちの'和解劇'·覺え書き」, 『人文學報』 101, 京都大學 人文科學硏究所, 2011.

Man-Houng Lin, "Overseas Chinese Merchants and Multiple Nationality : A Means for Reducing Commercial Risk(1895-1935)", *Modern Asian Studies*, 35-4, 2011.

中文自序

本书(《近现代中国关内地区韩人史研究》)是把笔者近年发表的有关近现代中国关内地区(指山海关以南的中国地区)韩人史的论文加以整理编辑而成的。回想本人的学术历程，笔者一开始就对近现代中国关内地区韩人史感兴趣。所以笔者的第一篇研究成果便是关于抗战时期收容韩人农民的天津芦台农场的论文。1999年笔者发表该论文之后，因为资料的不足和自身能力的欠缺，未能延续有关关内地区韩人史的研究。

就在那时，笔者面临要提交博士论文的课题。博士论文主题定为韩国光复军的韩美联合作战。当时研究中国关内地区的韩国史研究者普遍关注韩国独立运动史，笔者的学位论文选题也与此学术倾向不无关系。笔者认为，能够在博士论文里阐述围绕韩国光复军韩美联合作战的韩、中、美、英等四个国家错综复杂的国际关系，是极有意义的。

提交博士论文以后，笔者的官运一直较为顺畅。从2000年开始，笔者在国家报勋处工作了两年。之后转入了目前工作的国史编纂委员会。可是与官运亨通不同，笔者在学术研究方面却收获不多。笔者试图扩展自己的研究领域，把视线转向社会史、文化史、生活史、迁移史等领域，但是很可惜未能如愿。

此时情况出现了峰回路转，2008年笔者有幸以访问学者的身份到中国上海社会科学院历史研究所进行深造，前后为期两年。在这期间，笔者把研究重点放在了中国关内地区韩人史的研究上。结果当完成上海的学研生活回到韩国以后，笔者陆续发表了多篇论文。如有关关内地区活动的韩人实业家和商人的论文，有关生活在中国的韩人之国籍问题的论文，有关上海韩人侨民团体的论文，有关侨民学校和韩侨在战时所做的亲日行径等论文。

　　本书书名定为《近现代中国关内地区韩人史研究》，不免有小题大作之嫌。所谓韩人史要囊括关内地区韩人的文化史、社会史、生活史、迁移史、侨民史、社会经济史等诸多领域。当然，其中并不能缺少独立运动史。因为只有把独立运动史包括在研究领域内，才可以对关内地区韩人史做一个较为全面的整体性阐述。

　　编辑出版此书时，笔者事先把过去发表的论文做了大致的分类整理。结果把论文分成以下四大类，即关内地区韩人的独立运动、实业活动、侨民团体、迁移和流动等四个方面。独立运动方面，收录了有关在中国关内地区活动的独立运动家事迹的论文；实业活动方面，收录了有关在厦门和上海活动的韩人实业家的论文；侨民团体方面，收录了有关北京和上海韩人侨民团体的论文；迁移和流动方面，收录了有关韩人国籍问题的论文，有关抗战爆发后天津地区韩人农场设立及变迁的论文，有关上海地区韩人社会战时亲日行径和自我意识的论文等。

　　虽然笔者把过去发表的论文加以整理后收入到此书，但是却不得不承认心中存有一丝遗憾。因为编辑出版此书前并无具体详细的计划，所以各篇论文里难免有重复叠加之处。且相比于过去的研究，笔者目前的想法有了些变化。但是为了真实体现笔者的思考轨迹，所以并未对原文加以修改。因此，原先笔者想把从前发表的论文加以整理出版的计划，最终为能实现，实在是可惜之至。以笔者之管见，权当此书是把散落各处的论文聚在一起，以此聊以自慰的同时，还望诸位先贤不为计较，仁者见仁，智者见智。

　　本书能得以付梓，期间笔者受到了多方的支援。首先，笔者要感谢从硕士课程开始一直到现在始终给予谆谆教导的恩师金昌洙教授。先生高龄，身患病症，举动不便，在此笔者深深祝愿先生早日康复。其次，如果没有崔起荣老师平时对笔者的鞭挞及鼓励，恐怕笔者不会报有出版此书的意念。还有成周铉老师很早就为笔者推荐了刊行书籍的出版社，在此向他表示感谢的同时笔者对自己的怠慢深感歉疚。在上海度过的难忘岁月里，上海社会科学院历史研究所的熊月

之所长、马学强老师及东华大学的陈祖恩教授、许洪新老师等向笔者热情讲授了有关上海的历史，使笔者的学习研究获益匪浅。另外，无论是在上海还是首尔，青岛科技大学的石建国教授经常给笔者提供了宝贵的意见。在此一并向他们致谢！最后，向长时间激励笔者努力学研工作的母校东国大学史学科各位教授以及国史编纂委员会的各位前辈和晚辈们、韩国近现代史学会及韩国民族运动史学会的前辈、同僚学者们表示深情的感谢！

　　景仁文化社的申鹤泰部长及各位职员，把笔者杂乱无章的稿子整理成眼前这本精美的书籍，使笔者大为感动。借此机会向平素不常致以问候的父母道一声歉意，向默默守候在笔者身旁的妻子和孩子们表示感谢！秀玟、炯鉉、正玟三个孩子已经长大，她(他)们已能理解不甚慈祥的父亲的内心。最后把本书献给始终如一为家人奉献的妻子苏映熹。

2015年7月

于冠岳山三峯脚下

金光载

찾아보기

김광재

동국대학교 문과대 사학과 졸업
동국대학교 대학원 사학과 졸업(문학박사)
동국대학교 강사, 한국근현대사학회 및 한국민족운동사학회 이사, 국가보훈처 독립
유공자 공적심사위원, 중국 상해사회과학원 역사연구소 방문학자 등 역임
현 국사편찬위원회 편사연구관
주요 논저 『한국광복군』
　　　　『어느 상인독립군 이야기-상해 한상 김시문의 생활사』
　　　　「玉觀彬의 상해 망명과 활동」
　　　　「재중 한인의 국적 문제에 대한 일고찰」
　　　　「전후 上海한인사회의 대일협력에 대한 인식」외 다수

근현대 중국관내지역 한인사 연구　　　　값 40,000원

2015년 7월 31일 초판 1쇄 발행
2016년 7월 12일 초판 2쇄 발행

　　　　　　저　　자 : 김 광 재
　　　　　　발 행 인 : 한 정 희
　　　　　　발 행 처 : 경인문화사
　　　　　　　　　　　경기도 파주시 회동길 445-1 경인빌딩 B동 4층
　　　　　　　　　　　전화 : 031-955-6900, 팩스 : 031-955-6910
　　　　　　　　　　　이메일 : kyunginp@chol.com
　　　　　　　　　　　홈페이지 : http://kyungin.mkstudy.com
　　　　　　출판등록 : 406-1973-000003호

ISBN : 978-89-499-1083-3 93910
ⓒ 2015, Kyung-in Publishing Co, Printed in Korea
* 파본 및 훼손된 책은 교환해 드립니다.

*대한민국학술원 우수학술 도서 **문화체육관광부 우수학술 도서